经以俭立
赵德淡泊

贺教育部

离大攻关项目

启动之际

季羡林
九十有八

教育部哲学社会科学研究重大课题攻关项目

"十三五"国家重点出版物出版规划项目

农业转移人口市民化转型：理论与中国经验

URBANIZATION TRANSFORMATION OF
POPULATION TRANSFERRING FROM AGRICULTURE:
THEORY AND CHINA'S EXPERIENCE

潘泽泉 著

中国财经出版传媒集团
经济科学出版社
Economic Science Press

图书在版编目（CIP）数据

农业转移人口市民化转型：理论与中国经验/潘泽泉著．－－北京：经济科学出版社，2021.11
教育部哲学社会科学研究重大课题攻关项目 "十三五" 国家重点出版物出版规划项目
ISBN 978-7-5218-3285-3

Ⅰ.①农… Ⅱ.①潘… Ⅲ.①农业人口-城市化-研究-中国 Ⅳ.①C924.24

中国版本图书馆 CIP 数据核字（2021）第 254012 号

责任编辑：孙丽丽　撒晓宇
责任校对：王肖楠
责任印制：范　艳

农业转移人口市民化转型：理论与中国经验

潘泽泉　著

经济科学出版社出版、发行　新华书店经销
社址：北京市海淀区阜成路甲28号　邮编：100142
总编部电话：010-88191217　发行部电话：010-88191522
网址：www.esp.com.cn
电子邮箱：esp@esp.com.cn
天猫网店：经济科学出版社旗舰店
网址：http://jjkxcbs.tmall.com
北京季蜂印刷有限公司印装
787×1092　16 开　36 印张　690000 字
2022 年 9 月第 1 版　2022 年 9 月第 1 次印刷
ISBN 978-7-5218-3285-3　定价：145.00 元
（图书出现印装问题，本社负责调换。电话：010-88191510）
（版权所有　侵权必究　打击盗版　举报热线：010-88191661
QQ：2242791300　营销中心电话：010-88191537
电子邮箱：dbts@esp.com.cn）

课题组主要成员

课题首席专家　潘泽泉
子课题组成员　潘泽泉　　李　斌　　雍　昕　　杨金月
课 题 参 与 者　李　挺　　邹大宽　　何　倩　　刘丽娟
　　　　　　　　　欧阳小鹃　曾　木　　任　杰　　李亭雨
　　　　　　　　　谭　韵　　蒋彦鹏　　聂君宇　　刘宁宁
　　　　　　　　　王明珠　　黄雪华

总 序

哲学社会科学是人们认识世界、改造世界的重要工具，是推动历史发展和社会进步的重要力量，其发展水平反映了一个民族的思维能力、精神品格、文明素质，体现了一个国家的综合国力和国际竞争力。一个国家的发展水平，既取决于自然科学发展水平，也取决于哲学社会科学发展水平。

党和国家高度重视哲学社会科学。党的十八大提出要建设哲学社会科学创新体系，推进马克思主义中国化、时代化、大众化，坚持不懈用中国特色社会主义理论体系武装全党、教育人民。2016年5月17日，习近平总书记亲自主持召开哲学社会科学工作座谈会并发表重要讲话。讲话从坚持和发展中国特色社会主义事业全局的高度，深刻阐释了哲学社会科学的战略地位，全面分析了哲学社会科学面临的新形势，明确了加快构建中国特色哲学社会科学的新目标，对哲学社会科学工作者提出了新期待，体现了我们党对哲学社会科学发展规律的认识达到了一个新高度，是一篇新形势下繁荣发展我国哲学社会科学事业的纲领性文献，为哲学社会科学事业提供了强大精神动力，指明了前进方向。

高校是我国哲学社会科学事业的主力军。贯彻落实习近平总书记哲学社会科学座谈会重要讲话精神，加快构建中国特色哲学社会科学，高校应发挥重要作用：要坚持和巩固马克思主义的指导地位，用中国化的马克思主义指导哲学社会科学；要实施以育人育才为中心的哲学社会科学整体发展战略，构筑学生、学术、学科一体的综合发展体系；要以人为本，从人抓起，积极实施人才工程，构建种类齐全、梯队衔接的高校哲学社会科学人才体系；要深化科研管理体制改革，发挥高校人才、智力和学科优势，提升学术原创能力，激发创新创造活力，建设中国特色新型高校智库；要加强组织领导、做好统筹规划、营造良好学术生态，形成统筹推进高校哲学社会科学发展新格局。

哲学社会科学研究重大课题攻关项目计划是教育部贯彻落实党中央决策部署的一项重大举措，是实施"高校哲学社会科学繁荣计划"的重要内容。重大攻关项目采取招投标的组织方式，按照"公平竞争，择优立项，严格管理，铸造精品"的要求进行，每年评审立项约40个项目。项目研究实行首席专家负责制，鼓励跨学科、跨学校、跨地区的联合研究，协同创新。重大攻关项目以解决国家现代化建设过程中重大理论和实际问题为主攻方向，以提升为党和政府咨询决策服务能力和推动哲学社会科学发展为战略目标，集合优秀研究团队和顶尖人才联合攻关。自2003年以来，项目开展取得了丰硕成果，形成了特色品牌。一大批标志性成果纷纷涌现，一大批科研名家脱颖而出，高校哲学社会科学整体实力和社会影响力快速提升。国务院副总理刘延东同志做出重要批示，指出重大攻关项目有效调动各方面的积极性，产生了一批重要成果，影响广泛，成效显著；要总结经验，再接再厉，紧密服务国家需求，更好地优化资源，突出重点，多出精品，多出人才，为经济社会发展做出新的贡献。

作为教育部社科研究项目中的拳头产品，我们始终秉持以管理创新服务学术创新的理念，坚持科学管理、民主管理、依法管理，切实增强服务意识，不断创新管理模式，健全管理制度，加强对重大攻关项目的选题遴选、评审立项、组织开题、中期检查到最终成果鉴定的全过程管理，逐渐探索并形成一套成熟有效、符合学术研究规律的管理办法，努力将重大攻关项目打造成学术精品工程。我们将项目最终成果汇编成"教育部哲学社会科学研究重大课题攻关项目成果文库"统一组织出版。经济科学出版社倾全社之力，精心组织编辑力量，努力铸造出版精品。国学大师季羡林先生为本文库题词："经时济世　继往开来——贺教育部重大攻关项目成果出版"；欧阳中石先生题写了"教育部哲学社会科学研究重大课题攻关项目"的书名，充分体现了他们对繁荣发展高校哲学社会科学的深切勉励和由衷期望。

伟大的时代呼唤伟大的理论，伟大的理论推动伟大的实践。高校哲学社会科学将不忘初心，继续前进。深入贯彻落实习近平总书记系列重要讲话精神，坚持道路自信、理论自信、制度自信、文化自信，立足中国、借鉴国外，挖掘历史、把握当代，关怀人类、面向未来，立时代之潮头、发思想之先声，为加快构建中国特色哲学社会科学，实现中华民族伟大复兴的中国梦做出新的更大贡献！

教育部社会科学司

摘　要

党的十八大报告指出，要"加快改革户籍制度，有序推进农业转移人口市民化，让广大农民平等参与现代化进程、共同分享现代化成果"，2014年的第十二届全国人民代表大会再次明确提出，"要有序推进农业转移人口市民化，推动户籍制度改革，实行不同规模城市差别化落户政策，把有能力、有意愿并长期在城镇务工经商的农民工及其家属逐步转为城镇居民"，这标志着有序推进中国农业转移人口市民化成为新时期国家发展战略。

加快推进中国农业转移人口市民化具有重要的理论价值和现实意义。从跨学科视域对农业转移人口市民化问题进行理论和经验研究，有利于促进学科交叉与视域融合，为跨学科理论范式建构提供合法性理论支撑，推动理论创新和理论发展，有利于为有序推进中国农业转移人口市民化提供具体、可操作性的实现路径、行动纲要、行动方案和社会政策建议，有利于从根本上改变我国城乡二元结构，解决"三农"问题，探索一条实现城乡融合发展新路径，加快和推动城乡社会经济持续健康融合发展，有利于推进中国新型城镇化健康持续发展，推进城乡一体化发展，实现城乡融合发展，有利于从发展型社会政策、投资型国家、能促型政府和能动型社会层面，实现改善民生，推进民生建设，增强人民的认同感、获得感、幸福感、安全感和归属感，实现他们对美好生活的需求。

中国农业转移人口市民化是一个涉及发展经济学、发展社会学、发展人类学、发展政治学、发展生态学、城市规划学等跨学科议题，建立一个跨学科视域的问题分析框架，实现跨学科范式重建的本土知识回应，为农业转移人口市民化的"中国道路"或"中国经验"提供新的理论思路，通过农业转移人口市民化问题的中国经验比较，寻求本土视角下的深度个案与中国经验表述，建立基于中国实践的本土化的问题意识和知识回应。

　　基于跨学科的市民化研究，需要在整合性的理论范式、理论假设模型和国家发展战略转型的基础上建立新的问题视域，需要基于"现代性维度""发展维度""可持续生计维度""脆弱性风险维度""融合式发展维度""包容性发展维度""发展型社会政策""社区发展、社会组织与社会工作维度""市民化连续统维度"和"跨学科维度"重新认识农村转移人口市民化问题。重点关注市民化过程中的生命质量、生活质量与社会质量，关注脆弱性风险、公共健康、可持续生计、包容性发展与融入式发展，关注社会整合、反社会排斥、发展型社会政策、资产型社会政策、投资型国家和能促型政府，关注发展中的道德和伦理价值、人的自由与发展、公民权利与身份政治、社会公平与发展正义、共同体意识、公民责任与社群价值、多样性体验、个体差异性与文化的多样性价值、空间正义与包容性发展价值、创造性劳动价值与参与式民主，等等。关注结构性排斥与不平等再生产、阶层分化与地位获得、制度排斥与社会不平等、空间正义性风险、发展伦理与道义经济、贫困、持续性生计的破坏与脆弱性风险、社会偏见与歧视、边缘化与污名化、文化冲突、代际隔阂与社会撕裂等发展中的风险话语与风险应对问题，等等。

　　有序推进中国农业转移人口市民化是一项多层次复杂系统工程，需要实现市民化由单一、同质性群体向多元化、多层次、异质性群体转变，由无序性、同质性和短期性向有序性、阶段性、渐进性转变，由单一维度向多层次、动态性和整体性转变，推进市民化制度创新、社会政策学习及风险规避。中国农业转移人口市民化是一个政治过程、经济过程和社会过程同步推进的过程，存在着时间结构效应、空间结构效应和群体结构效应等作用机制，体现为"阶段—发展模式""结构—发展模式"和"系统支持—发展模式"。市民化中的"时间结构效应"体现为从土地城镇化、就业城镇化到人口城镇化过程，从"生产政治""公民权政治（身份政治）"到生活政治过程，从传统性向现代性转变过程,从生存—经济叙事到身份—政治叙事,再到多元融合—发展叙事过程,从"生存逻辑""权利逻辑"到"发展逻辑"过程,从"脱嵌""去传统化"到"再入嵌"过程,从"赋权""增能"到"促融"过程,从再分配话语、社会融合话语到发展话语过程,从农村土地退出、城市进入、城市融入,再到城市中发展过程,从城乡二元分割、城乡一体化发展到城乡融合发展过程。农业转移人口市民化经历了从控制与闭锁、就地转移与选择性准入、民工潮与歧视性控制到多元化与融合式发展等阶段。市民化中的"空间结构效应"体现为城镇化空间、城镇化水平和城市规模的空间效应、流动空间效应、居住隔离与住房空间分化效应、迁入地和迁出空间效应等。市民化中的"系统支持—发展模式"体现为发展/环境支持系统、行动/结构支持系统与制度/政策工具系统,主要议题有中国农业转移人口市民化过程中的国家行动、政治过程与制度转型,社会质量、可持续生计与市场效应,地位获得、社会流动与社会分层效应,人际互动、社会网络与社会资本效应,文化适应、认同建构与心理资本效应,等等。

  有序推进中国农业转移人口市民化需要对接国家发展战略,经由上升国家战略整体协同推进。需要经由"农业现代化"战略、"现代化"与"工业化"战略、"城市化"与"新型城镇化"战略、"城市群"与"深度城市化"战略、"城乡一体化"战略、"乡村振兴"与"城乡融合发展"等战略协同推进,需要在中国社会发展转型、结构调整、现代化发展战略与推进策略、全球化进程、新型城镇化、城乡一体化等宏大叙事的历史观下研究中国农业转移人口市民化,建立一种整体论的认识方法。

  有序推进中国农业转移人口市民化需要全面实现多元路径选择和体制机制创新。其路径有"协同性的制度创新与社会政策工具路径""多元化的市场机制与资本培育路径""包容性的社会机制与融入式可持续发展路径"等,可行性路径有"身份渐变的内生发展型路径""户籍制度创新路径""'分类梯度转移'复合路径""代际分化、产业梯度转移与'就近市民化''就地市民化'路径""城市异地转移、农村就地转移与城市规模分类推进路径""差异化政策与过渡性市民化路径""土地流转与土地改革城乡协同推进路径""财政分权与市民化成本分担路径""产业升级、产业空间梯度转移路径""人力资本培育与可持续生计路径""赋权—增能—促融与参与式发展路径""社区社会资本培育路径""社区发展、社区营造与社区融入路径""组织化与社会资本培育路径",等等。

  有序推进中国农业转移人口市民化,要求实现从政治发展走向社会政策过程。农业转移人口市民化的社会政策总体方向体现为融合式发展、渐进式改革、分类型实施以及整体性推进,政策定位于市民化过程中的"社会融入的可持续健康发展""发展型社会政策"和包容性"资产型社会政策"。市民化社会政策理念包括公平性与正义性、包容性与整合性、发展性与可持续性、主体性与能动性、投资性与资产性、渐进性、阶段性、协同性和抗风险性、整体性与协同性、时间性与周期性,等等。有序推进农业转移人口市民化的具体社会政策工具议题有市民化的户籍制度改革与政策工具,社会保障和社会福利的改革与政策工具,住房、医疗卫生与教育的改革与政策工具,劳动权利与劳动安全保障政策,劳动收入分配、就业政策和社会管理与服务政策,等等。

Abstract

The report of the 18th National Congress of the Communist Party of China presented: We should accelerate reform of the household registration system, conduct registration of rural migrant workers as permanent urban residents in an orderly way, benefit farmers and increase rural prosperity, and encourage the rural population to participate in modernization on an equal footing and share in its cakes, then the Twelfth National People's Congress in 2014 made it clear again that: "It is necessary to promote the urbanization of the agricultural population in a sequential way, promote the reform of the household registration system, implement differentiated household registration policies in cities of different scales, and gradually absorb the capable, willing and long term migrant workers and their families into urban residents. " This indicates that the well-organized promotion of the urbanization of China's agricultural transfer population has become a national development strategy in the new era.

Accelerating the urbanization of China's agricultural transfer population contains vital theoretical pragmatic value. Conducting theoretical and empirical research on the urbanization of agricultural transfer population from an inter-disciplinary perspective, it is conducive to promoting inter-disciplinary and visual threshold integration, providing legal theoretical support for the construction of inter-disciplinary theoretical paradigms, and promoting theoretical innovation and theoretical development, it is conducive to provide a concrete and operable realization path, action plan, action plan and social policy recommendations for the orderly promotion of the urbanization of China's agricultural migrant population. It is conducive to fundamentally changing the dual structure of China's urban and rural areas, solving the "three dimensional rural issues" exploring a new path for the integration of urban and rural development, and accelerating and promoting the sustainable and benign integration of urban and rural social and economic development. It is conducive to promoting the healthy and sustainable development of

China's new urbanization, promoting the integrated development of urban and rural areas, and realizing the integrated development of urban and rural areas. It is conducive to improving people's livelihood, promoting people's livelihood construction, enhancing people's sense of identity, gain, happiness, sense of security, and belonging from the perspectives of developmental social policies, investment-oriented countries, enabling governments, and mobile society to meet people's yearning for a better life.

The urbanization of China's agricultural migration population is an inter-disciplinary issue involving development economics, sociology of development, development anthropology, development politics, development ecology, and urban planning. Establishing an inter-disciplinary perspective of the problem analysis framework, realize the local knowledge response of inter-disciplinary paradigm reconstruction, and provide new theoretical ideas for the "Chinese road" or "Chinese experience" of the urbanization of the agricultural transfer population. Through the comparison of the Chinese experience of the urbanization of the agricultural transfer population, the in-depth case and the expression of Chinese experience from the local perspective could be modeled and a localized problem awareness and knowledge response based on Chinese practice could be built.

Conducting a research of citizenization based on the inter-disciplinary view, it is necessary to establish a new problem perspective based on the integrated theoretical paradigm, theoretical hypothesis model and the transformation of national development strategy. To re-understand the issue of the urbanization of rural migrants, it is necessary to take "Livelihood dimension", "vulnerability risk dimension", "integrated development dimension", "inclusive development dimension", "development-oriented social policy", "community development, social organization and social work dimension", "citizenization continuum dimension" and the "inter-disciplinary dimension" into consideration. Focus on the quality of life, quality of livelihood and society in the process of citizenization, and focus on fragility risk, public health, sustainable livelihoods, inclusive development and integrated development. Focus on social integration, anti-social exclusion, developmental social policies, asset-based social policies, investment-based countries and enabling governments. Focus on the moral and ethical values in development, human freedom and development, civil rights and identity politics, social fairness and development justice, community awareness, civic responsibility and community values, diverse experiences, individual differences and cultural diversity values, space justice and inclusive development value, creative labor value and participatory democracy. Focus on structural exclusion and unequal reproduction, class differentiation and status acquisition, institutional exclusion and social inequality, space justice risks, development ethics and moral economy, poverty, the destruction of sustainable livelihoods and risks of vulnerability, social prejudice and discrimination, marginalization and stigma, cultural conflicts, generational estrangement, social tearing, and other developing risk discourses and risk response issues and et cetera.

The orderly promotion of the urbanization of China's agricultural migration population is a multi-level and complex system project, which demands to realize the transformation of urbanization from a single, homogeneous, disordered group to a diversified, multi-level, heterogeneous group. The transition from a short-term dimension to an orderly, phased, and gradual nature, from a single dimension to a multi-level, dynamic and holistic nature, promotes the innovation of the citizenization system, the learning of social policies and the avoidance of risks. The urbanization of China's agricultural transfer population is a process of simultaneous advancement of political, economic, and social processes. There are time structure effects, spatial structure effects, and group structure effects, which are embodied as the "Stage – Development Pattern", "Structure – Development Pattern", "System Support – Development Pattern". "The Time Structure Effect" in citizenization is embodied in the process from land urbanization, employment urbanization to population urbanization, from "Production Politics", "Civil Rights Politics (Identity Politics)" to "Life Politics", and the transition from tradition to modernity. The process, from the Survival-economic narrative to the Identity-political narrative, then to the narrative process of Multi-integration-development, from the process of "Existence Logos" and "Power Logos" to "Development Logic", from "Disembedding" and "De-traditionalization" to the process of "Re-embedding", from "Empowerment" and "Enabling" to "Integration", from redistribution discourse and social integration discourse to development discourse, from rural land exit, urban entry, urban integration, and then the process of urban development, from the dual division of urban and rural areas to the process of urban-rural integration. The urbanization of the agricultural transfer population has gone through stages from control and lock-in, local transfer and selective access, migrant workers and discriminatory control to diversified and integrated development. The "Spatial Structure Effect" in urbanization is embodied in the spatial effect of urbanization space, urbanization level and city scale, the effect of flowing space, the effect of residential segregation and housing space differentiation, and the space effect of moving in and moving out. The "System support-development Model" in the process of citizenization reflected as the development/environmental support system, action/structure support system and institution/policy-tool system. The main topics include the national action, political process and system in the process of the citizenization of the migrant population, social quality, sustainable livelihoods and market effects, status acquisition, social mobility and social stratification effects, interpersonal interaction, social networks and social capital effects, cultural adaptation, identity construction and psychological capital effects and et cetera.

The orderly promotion of the urbanization of China's agricultural migrant population needs to be aligned with the national development strategy, and through the overall coordinating national strategy. It also need to go through with the "Agricultural Modernization" strategy, "Modernization" and "Industrialization" strategies, "Urbanization" and "New Urbanization" strategies, "City Cluster" and "In-depth Urbanization" strategies, "Urban-rural Integration" strategies, "Village Revitalization" and "Urban-rural Integration Development" strategies. The coordinated advancement of strategies such as "revitalization" and "urban-rural integration development" requires the study of China under the historical perspective of the grand narratives of China's social development transformation, structural adjustment, modernization development strategy and promotion strategy, globalization process, new urbanization, and urban-rural integration, which requires the urbanization of the agricultural transfer population to establish a holistic method of understanding.

The orderly promotion of the urbanization of China's agricultural migrant population requires the comprehensive realization of multiple path choice and institutional innovations. Its paths include "Coordinated Institutional Innovation and Social Policy Tool Path", "Diversified Market Mechanism and Capital Foster Path", "Inclusive Social Mechanism and Integrated Sustainable Development Path" and et cetera. The achievable paths include "Identity Gradual Endogenous Development Path", "Innovation Path of Household Registration System", "Compound path of 'Classification of Gradient Transfer'", "Intergenerational Differentiation, Industrial Gradient Transfer and 'Local Citizenization', Local Citizenization' path", "City Transfer, Rural in Local Transfer and Urban Scale Classification Promotion path", "Differentiated Policy and Transitional Citizenization path", "Land transfer and land Reform Urban-rural Coordinated Promotion path", "Fiscal Decentralization and Citizenization cost sharing Path", "Industrial Upgrade, Industrial Space Gradient Transfer Path", "Human Resource Cultivation and Sustainable Livelihood Path", "Empowerment – Enabling – Fusion Promotion and Participatory Development Path", "Community Social Capital Cultivation Path", "Community Development, Community Building and Community Integration path", "Organization and Social Capital Cultivation path" and et cetera.

The orderly promotion of the urbanization of China's agricultural transfer population requires a process from political development to social policy. The overall direction of the social policy for the urbanization of the agricultural transfer population is embodied in integrated development, gradual reform, implementation of different types, and overall promotion. The policy is positioned at the "Sustainable and Healthy Development of Social Integration", "Development-oriented Society", "Inclusive Asset-based Social Policy". The concepts of citizenized social policies include fairness and justice, inclusiveness and integration, development and sustainability, subjectivity and initiative, investment and assets, gradual, phased, synergy and risk resistance, and entirety and synergy, time and periodicity, and et cetera. The specific social policy tool topics for the orderly promotion of the urbanization of the agricultural transfer population include the reform of the household registration system and policy tools for the urbanization, the reform and policy tools for social security and social welfare, the reform and policy tools for housing, health care and education, and labor rights, labor safety and security policies, labor income distribution and government policies on employment, social management and service policies and et cetera.

目 录

第一章 ▶ 绪论　1

第一节　选题背景及研究意义　1
第二节　市民化的理论谱系：跨学科问题视域、过程性
　　　　知识与理论建构　7
第三节　市民化过程与中国实践：经验性差异、问题聚焦
　　　　与跨学科范式建构　13

第二章 ▶ 研究设计　27

第一节　研究思路与解释立场　28
第二节　研究思路、研究框架与研究目标　31
第三节　研究内容、拟解决的关键问题和重点难点　43
第四节　研究创新、研究技术和研究方法　59

第三章 ▶ 农业转移人口市民化：理论视域、话语
　　　　变迁与问题向度　65

第一节　跨学科视域与理论对话：理论议题与西方经验　66
第二节　农业转移人口市民化：科学内涵、议题建构与中国经验　92
第三节　农业转移人口市民化：理论谱系、议题建构与中国经验命题　109

第四章 ▶ 农业转移人口市民化：国家行动、政治过程
　　　　与制度转型　127

第一节　国家行动、政治过程与制度转型：理论解释及话语变迁　127
第二节　国家行动、政治过程与制度转型：理论话语与中国实践　132

第三节　市民化的政治实践：实践过程和反思性知识　180

第五章 ▶ 市民化的经济社会过程：社会质量、可持续生计与市场效应　183

第一节　社会质量、可持续生计与市场过程：理论解释及话语变迁　184
第二节　经济过程、可持续生计与市场结构：理论话语与中国实践　198
第三节　经济过程、可持续生计与市场结构：中国经验与行动路径　236

第六章 ▶ 农业转移人口市民化：地位获得、社会流动与社会分层效应　243

第一节　地位获得、社会流动与社会分层：理论解释及其话语变迁　244
第二节　地位获得、社会流动与社会分层：理论话语与中国经验　251
第三节　地位获得、流动过程与社会分层：中国经验与行动路径　267

第七章 ▶ 农业转移人口市民化：人际互动、社会网络与社会资本效应　278

第一节　人际互动、社会网络与社会资本：理论解释及其话语变迁　279
第二节　人际互动、社会网络与社会资本：理论话语与经验发现　286
第三节　人际互动、社会网络与社会资本：经验命题与行动纲要　305

第八章 ▶ 农业转移人口市民化：文化适应、认同建构与心理资本效应　311

第一节　文化适应、认同建构与社会心理：理论解释及其话语变迁　312
第二节　文化适应、认同建构与社会心理：理论话语与中国经验　326
第三节　农业转移人口市民化的心理过程：问题意识与反思性实践　357

第九章 ▶ 农业转移人口市民化：行为适应、现代性培育与城市融入　369

第一节　现代性、城市融入与市民化：理论解释及其话语变迁　370
第二节　市民化的现代性过程与城市融入：理论话语与中国经验　381
第三节　市民化的现代性过程与城市融入：议题建构与行动纲要　407

第十章 ▶ 农业转移人口市民化：发展现状、战略路径与政策工具　415

第一节　农业转移人口市民化的中国经验、问题聚焦与制约因素　416

第二节　农业转移人口市民化的战略推进、路径选择与行动策略　457

第三节　农业转移人口市民化：政策工具、政策福利效应

　　　　与政策调整　497

参考文献　523

后记　541

Contents

Chapter 1 Introduction 1

1.1 Research background and significance of research 1

1.2 The Theoretical Pedigree of Citizenization: The Perspective of Interdisciplinary Issues, Processed Knowledge and Theoretical Construction 7

1.3 The process of Citizenization and Chinese practice: Empirical differences, problem study and interdisciplinary paradigm construction 13

Chapter 2 Research Design 27

2.1 Research ideas and positions of interpretation 28

2.2 Research ideas, research framework and research goals 31

2.3 Research content, key issues and key difficulties 43

2.4 Research innovation, research technology and research methods 59

Chapter 3 The Citizenization of Agricultural Transferred Population: Theoretical Perspectives, Discourse Transition and Problem Dimensions 65

3.1 Interdisciplinary Perspective and Theoretical Dialogue: Theoretical Issues and Western Experience 66

3.2 Urbanization of agricultural transfer population: Scientific conotation, Issue construction and Chinese experience 92

3.3 Urabnization of agricultural transfer population: theoretical pedigree, issue construction and propositions of china's experience   109

Chapter 4 The Citizenization of Agricultural Transfer Population: National Action, Political Process and System Transformation   127

4.1 National Action, Political Process and System Transformation: Theoretical Explanation and Discourse Transition   127

4.2 State Action, Political Process and System Transformation: Theoretical Discourse and Chinese Practice   132

4.3 Political Practice of Citizenization: Practice Process and Reflexive Knowledge   180

Chapter 5 The Economic and Social Process of Citizenization: Social Quality, Sustainable Livelihoods and Market Effects   183

5.1 Social Quality, Sustainable Livelihoods and Market Processes: Theoretical Explanation and Discourse Changes   184

5.2 Economic Process, Sustainable Livelihoods and Market Structure: Theoretical Discourse and Chinese Practice   198

5.3 Economic Process, Sustainable Livelihoods and Market Structure: China's Experience and Action Path   236

Chapter 6 Urbanization of Agricultural Transfer Population: Status Acquisition, Social Mobility and Social Stratification Effect   243

6.1 Status Acquisition, Social Mobility and Social Stratification: Theoretical Explanation and Discourse Changes   244

6.2 Status Acquisition, Social Mobility and Social Stratification: Theoretical Discourse and Chinese Experience   251

6.3 Status Acquisition, Flow Process and Social Stratification: Chinese Experience and Action Path   267

Chapter 7 Urbanization of Agricultural Transfer Population: Interpersonal Interaction, Social Network and Social Capital Effect   278

7.1 Interpersonal Interaction, Social Networks and Social Capital: Theoretical Explanation and Discourse Changes   279

7.2　Interpersonal Interaction, Social Network and Social Capital:
　　　Theoretical Discourse and Empirical Discovery　286
7.3　Interpersonal Interaction, Social Networks and Social Capital:
　　　Experience Propositions and Action Program　305

Chapter 8　Citizenization of Agricultural Transfer Population: Acculturation, Identity Construction, and Psychological Capital Effect　311

8.1　Acculturation, Identity Construction and Social Psychology:
　　　Theoretical Explanation and Discourse Changes　312
8.2　Cultural Acculturation, Identity Construction and Social Psychology:
　　　Theoretical Discourse and Chinese Experience　326
8.3　The Psychological Process of the Urbanization of the Agricultural Transferred
　　　Population: Problem Consciousness and Reflective Practice　357

Chapter 9　Urbanization of Agricultural Transfer Population: Behavior Adaptation, Modernity Cultivation, and Urban Integration　369

9.1　Modernity, Urban Integration and Citizenization: Theoretical
　　　Explanation and Discourse Changes　370
9.2　The modernity process of citizenization and urban integration:
　　　theoretical discourse and Chinese experience　381
9.3　The Modernity Process of Citizenization and Urban Integration:
　　　Issue Construction and Action Plan　407

Chapter 10　Urbanization of Agricultural Transfer Population: Development Status, Strategic Path and Policy Tools　415

10.1　Chinese Experience, Problem Focus and Restrictive Factors of the
　　　Urbanization of Agricultural Transfer Population　416
10.2　Strategic Promotion, Path Selection and Action Strategies for the
　　　Urbanization of Agricultural Transfer Population　457
10.3　Urbanization of Agricultural Transfer Population: Policy Tools,
　　　Policy Welfare Effects and Policy Adjustments　497

References　523
Postscript　541

第一章

绪 论

有序推进农业转移人口市民化问题是当代中国改革发展的主要议题之一。在十八届三中全会、中央城镇化会议对未来中国城镇化进程进行了总体部署的背景下,如何让中国农业转移人口实现城市融入,实现赋权、增能和促融,实现城市居民的合法身份角色转变、社会经济地位和社会权利获得、社会关系重构(结构化),实现价值观、生活方式、行为模式、社会心理状态、精神结构、思维观念、消费品位和文化素质等方面全面向现代城市市民转化,并最终成为新市民问题已经上升为促进中国新型城镇化健康发展、中国产业结构转型升级、中国农业现代化的国家战略。党的十八大报告明确指出,要"加快改革户籍制度,有序推进农业转移人口市民化,让广大农民平等参与现代化进程、共同分享现代化成果",要"促进城乡要素平等交换和公共资源均衡配置",努力实现城镇基本公共服务常住人口全覆盖。新型城镇化的关键在于人的城镇化,人的城镇化的核心在于中国农业转移人口市民化。城镇化的主要任务是解决已经转移到城镇就业的农业转移人口的落户问题,并努力提高中国农业转移人口融入城市的能力和素质。

第一节 选题背景及研究意义

一、问题的提出

农民和农村问题一直是我国政府和社会公众关注的焦点。近年来,随着我国城镇化水平的逐渐提高以及经济快速发展与产业结构的不断转型，农村人口向城镇转移日趋加快。国家人口和计划生育委员会2012年5月发布的一份调查报告显示，3亿农村转移人口未来20年将进入城镇。国家"十二五"规划中也明确指出，农民市民化问题是城镇化过程中必须解决的问题之一。城镇化并不是简单地将农村人口转移到城镇或城市，如何实现农村转移人口适应和融入城市体系，完成农村转移人口的市民化，打破"城乡二元结构"，不让农村转移人口成为城市体系的"边缘人"，才是下一阶段城镇化和城市化建设的重中之重。

2013年十八届三中全会的《关于全面深化改革若干重大问题的决定》进一步提出，要推进农业转移人口市民化，逐步把符合条件的农业转移人口转为城镇居民。创新人口管理，加快户籍制度改革；稳步推进城镇公共服务在常住人口全覆盖，把进城落户农民完全纳入城镇住房和社会保障体系，将在农村参加养老保险和医疗保险接入城镇社保体系。2013年中央一号文件也强调，要"改进农村公共服务机制""完善我国农村公共服务供给机制，加快实现城乡基本公共服务均等化""有序推进农业转移人口市民化"。2013年召开的中央城镇化工作会议，明确要求推进以人为中心的城镇化，把促进有能力在城镇稳定就业和生活的常住人口有序实现市民化作为首要任务。首先主要解决已经转移到城镇就业的农业转移人口的落户问题，努力提高其融入城镇的素质和能力。

2014年的第十二届全国人民代表大会第二次会议通过的政府工作报告，再次明确提出，"合理引导农业人口有序向城镇转移""有序推进农业转移人口市民化。推动户籍制度改革，实行不同规模城市差别化落户政策，把有能力、有意愿并长期在城镇务工经商的农民工及其家属逐步转为城镇居民"。2014年国务院《关于进一步做好为农民工服务工作的意见》明确指出，按照工业化、信息化、新型城镇化、农业现代化同步发展的要求，积极探索中国特色农业劳动力转移道路，着力稳定和扩大农民工就业创业，着力维护农民工的劳动保障权益，着力推动农民工逐步实现平等享受城镇基本公共服务和城镇落户，着力促进农民工社会融合，有序推进、逐步实现有条件有意愿的农民工市民化。这标志着有序推进中国农业转移人口的市民化已纳入党和国家高层领导的议事日程和国家城镇化发展战略。

中国农业转移人口的主体主要是农民工。根据国家统计局的数据（《2018年国民经济和社会发展统计公报》），2018年末全国常住人口城镇化率为59.58%，户籍人口城镇化率为43.37%，全国农民工总量达到2.88亿人，其中，外出农民工1.73亿人，增长0.5%；本地农民工1.15亿人，增长0.9%。随着农业转移人口问题研究的拓展和日益复杂化，农业转移人口市民化问题不再是单一视角下的制度问题，也不是简单的个人发展问题，农业转移人口问题研究在理论方法研究和实践应用面临诸多挑战，这种挑战表现在新形势下对农业转移人口市民化的重新界定、市民化程度测量标准和指标的重新确立、概念框架的统一与理论体系的重新构建、研究领域的多学科交叉与融合、富有效率的新的市民化战略路径的重新制定、国家社会政策的调整。事实上，未来农业转移人口市民化问题的研究趋势除了加强原有经济学、政治学、社会学、管理学等原有学科的交叉研究外，还必须将生态学、公共健康学、政策学、人口学、发展人类学、营养学等其他社会学科纳入农业转移人口市民化研究中，促进学科的交叉与融合，更好地推动农业转移人口市民化研究不同学科相互作用研究领域的应用与发展，本研究试图在跨学科框架内重新思考中国农业转移人口市民化的关键议题和新的问题意识。[1]

二、研究意义

（一）学术价值和理论价值

本研究源自对农业转移人口市民化问题的理性反思与对社会变迁和社会整合问题的强烈关注。随着经济改革的深入和社会转型的加速，农业转移人口问题日益凸显，如何协调城市与乡村的关系，促进农业转移人口向城市市民的转化，实现社会整合，是一个亟待解决的跨学科问题。

（1）从跨学科、整体性视角对农业转移人口市民化问题进行理论和经验研究，有利于促进学科交叉与视域融合。农业转移人口市民化是一个涉及发展经济学、发展社会学、发展人类学、发展政治学、发展人口学、社会工程学等跨学科范畴，是不同学科所关注的"共同议题"，随着社会经济的发展，人们对农业转移人口市民化的认知，也从原来单一的经济视角的观察，转向经济学、社会学、政治学、管理学和人口学等多视角的审视。这种跨学科研究有利于在不同学科之间建立关联，重新对农业转移人口市民化问题做出跨学科的学理性的解释、知识谱系的建构和新的问题意识的形成。

（2）通过农业转移人口市民化问题的经验研究，有利于从经验层面为跨学科理论范式和整体性理论建构的合法性提供经验支撑。本研究可以通过经验说明，有效促进经济学、社会学、政治学、管理学和人口学的跨学科交流与沟通，从多视角、全方位为交叉学科发展和建立、跨学科理论范式和跨学科理论建构的合法性提供经验支持，为学科交叉研究和进一步发展提供良好的理论和实践平台。

---

[1] 潘泽泉：《中国农业转移人口市民化：理论争辩、经验比较与跨学科范式建构》，载于《中国农业大学学报》2017 年第 1 期。

(3) 通过吸收和借鉴西方关于市民化的新的理论成果，有利于推动中国农业转移人口市民化问题及其政策研究的理论创新和理论发展，满足国家和地方政府对农业现代化、工业化、新型城镇化、城乡一体化、城乡融合发展和实现乡村振兴的理论需求。本研究是对社会发展理论等前沿理论问题的探讨和发展，这种创新体现在：结合中国农业转移人口市民化问题的经验研究，对包容性发展与空间正义、脆弱性风险与可持续生计、公共健康、社会风险话语与现代性体验、社会排斥与社会整合、生命质量、生活质量与社会质量、社区发展与社会治理等前沿理论话语进行跨学科阐释，并站在跨学科视角下对这些理论问题展开对话和创新，理论素材是最新的，视角也是最新的，这就为农业转移人口市民化问题研究的理论创新提供了良好的基础。

(4) 有利于推进基于中国经验的本土化理论创新和理论发展，也有利于为市民化的全球化研究提供中国经验。本研究有利于在中国国情和中国发展战略特定阶段的基础上，深刻认识转型期中国农业转移人口市民化问题的独特本质、运行规律和社会效应。根据经典社会学家的理论，乡村是传统的，城市是现代的，历史的发展进程就是由乡村向城市的演进，研究农业转移人口市民化问题的理论范式也是建立在这样的基础上的。但中国转型期的农业转移人口市民化问题，还存在诸多不同于西方的地方，中国农业转移人口市民化问题研究需要一种本土化的理论创新与理论建构。

（二）现实意义和应用价值

农业转移人口市民化涉及几亿农村人口转入非农产业和城镇的社会经济结构变迁，涉及几亿农村人口生产方式和生活方式的转变，是我国社会主义现代化进程中一个重大战略问题。这个问题驾驭得好，我国的现代化进程就可以比较顺利地推动，处理不好可能造成重大不稳定因素。解决好农业转移人口问题，不仅直接关系到从根本上解决农业、农村和农民问题，也关系到工业化、城镇化乃至整个现代化的健康发展，关系到从城乡二元经济结构向现代社会经济结构转变，关系到改革发展稳定的全局。必须进一步转变观念，站在全局和战略的高度，充分认识在全面建设小康社会和实现现代化的进程中推进农业转移人口市民化的重大现实意义。本研究以国家调整农业转移人口社会政策为主题，将农业转移人口的个人发展纳入国家的社会政策框架下进行研究，具有重要的应用价值。该研究能为国家调整农业转移人口相关政策，有序推进农业转移人口群体市民化提供充分的学理依据。

第一，从行动方案和运作机制来看，有利于结合西方的优秀理论成果，为有序推进中国农业转移人口市民化提供具体的、可操作性的实现路径、行动纲要、行动方案和对策建议。围绕中国农业人口市民化过程中的重大理论问题，契合中国的本土化实践，推进当前国家发展战略和宏观政策的全面实现和推进。

第二，从农村经济社会发展和人的全面发展层面看，有利于从根本上改变我国城乡二元结构和解决"三农"问题，探索一条实现城乡融合发展的新路径，加快和推动农村社会经济持续健康发展，促进农业发展机械化与农业现代化，实现弱势群体共享社会发展成果。有助于维护中国农业转移人口的合法性权益，实现中国农业转移人口共享社会发展成果。有序推进农业转移人口市民化的国家行动，一方面源于中国传统经济二元结构的特点，这种特点决定了我们不能从传统农业社会直接转变为现代工业社会的发展道路，必须经历一个农业部门、农业工业部门与城市工业部门并存的三元结构时期。另一方面源于 2014 年以来，中国经济进入新常态，增速放缓、产业转型升级、劳动力的需求结构发生变化，中国农村剩余劳动力的需求可能发生"刘易斯拐点"，人口红利将逐渐消失，需要在经济新常态下，有序推进中国农业转移人口市民化，对城乡或城镇和农村之间和内部的利益结构进行重构，对实现中国社会转型，实现乡村整合和城乡一体化及城乡融合，具有重要意义。

有序推进农业转移人口市民化有利于从根本上解决"三农"问题，走出二元结构困境和解决"三农"问题的关键就是要减少农村人口，解决中国农业转移人口市民化的问题；有利于推动农村土地流转，促进农村土地规模化和集约化经营，促进农业发展机械化与现代化，实现农业及农村经济社会的可持续发展。农业转移人口市民化有利于破除城乡二元结构的巨大压力，只有减少农民，增加市民，从根本上改善城乡资源配置，才能扩大农业规模经营和农产品市场规模，突破土地耕作细碎化的限制，才能为发展现代农业，持续增加农民收入创造条件，才能富裕农民和繁荣农村。有利于从社会全面发展、社会质量提高、共享社会发展成果、社会稳定和和谐社会建构层面加快和推动农村社会发展，提高农村居民的生活质量和生活水平。有利于从农村发展的战略高度和农村社会政策的理性推进，为农村发展提供一种新的社会政策框架和思路，促进农村的社会安全和社会稳定。

第三，从城市发展来看，有利于推进中国新型城镇化持续健康发展，真正实现人的城镇化，提高城镇化质量，真正实现城市化，全面提高城市化水平。有序推进农业转移人口市民化有利于促进城镇化健康发展，是新型城镇化创新的重大课题，也是解决新型城镇化的有效途径。党的十八大报告指出，要加快改革户籍制度，有序推进农业转移人口市民化，推进农业转移人口市民化是推进城镇化的必然要求，当前我国城镇化质量不高的主要问题是农业转移人口市民化滞后，贯彻落实党的十八大精神，以有序推进农业转移人口市民化为重点，提高城镇化质量。

城镇化不仅是指城市数量和人口数量的逐步增加、城市空间的不断扩张，而且还包含着人类生产生活方式的转型以及从农民到市民的群体角色的转变。因此，一个完整的城镇化过程实际上应该同时包含人口转移、空间扩张、社会转型和角色转变四个相互关联的方面。推进农业转移人口市民化是推进城镇化的必然要求，当前我国城镇化质量不高的主要问题是农业转移人口市民化滞后。可为政府发展规划部门制订城镇化方案和指标、市民化过程监控和市民化程度指标体系，改革户籍制度，有序推进市民化和新型城镇化，提供具体建议和理论指导。有利于从新型城镇化层面为当代中国农业转移人口市民化问题解决提供一套既具有一定可操作性，又具有一定可行性的行动计划、行动框架以及城镇化中农业转移人口市民化程度的指标体系；有利于农业转移人口市民化战略、市民化社会政策的理性推进，有利于推进当前新型城镇化的全面实现。

第四，从城乡融合发展的角度看，有利于推进城乡一体化发展和城乡融合发展，实现城乡之间的人口配置优化、资源要素优化和公共服务均等化和城乡发展一体化，有利于促进城乡社会公平正义与和谐社会构建。有序推进农业转移人口市民化有利于创新社会管理，实现社会公平正义，促进社会和谐稳定，有利于缩小城乡居民收入差距。有利于切实保障中国农业转移人口市民化过程中的社会权益，实现其人力资本提升、公共服务均等化、形成城乡融合发展的新格局。

第五，从社会政策和政府决策来看，有利于从发展型社会政策、投资型国家、能促型政府和能动型社会层面，以创业就业政策及社会保障政策为导向，改善民生，推进民生建设，增强人民的认同感、获得感、幸福感、安全感和归属感，实现他们对美好生活的需求，为有序推进农业转移人口市民化提供科学决策、政策咨询和政策服务。[1]

从城乡社会政策的理性推进层面，构建一个跨学科的社会政策框架，在中国农业转移人口市民化的政策框架中推进城镇化过程中人的健康发展，实现改善民生，增强人民的获得感、幸福感和安全感，实现其对美好生活的需求。可为地方政府职能部门、街道社区提高社会治理水平，促进农业转移人口真正融入城市社区提供社会整合的政策建议。有利于从理论和社会政策层面引导社会关注农业转移人口群体，加深社会各阶层对农业转移人口的了解，并在社会政策和行动上真正接纳这一群体；有利于提供一种新的社会政策和理论分析框架以促进农业转移人口实现共享社会发展成果，真正改善农业转移人口的生存状况，真正提高农业

---

[1] 潘泽泉：《中国农业转移人口市民化：理论争辩、经验比较与跨学科范式建构》，载于《中国农业大学学报》2017年第1期。

转移人口的生活质量和生活水平，实现农业转移人口真正融入城市，实现市民化身份的转变。

第六，从社会影响、社会风险视角、人的发展的视角、现代性的视角、社会权利理论视角、发展型社会福利视角和社会政策效果评估及决策的科学性来看，有助于重新评估有序推进农业转移人口市民化水平和市民化社会政策过程的社会风险、发展风险、社会影响和社会效果，有利于经由科学的调查数据和评估的指标体系为农业转移人口市民化提供科学的决策依据。有利于从城乡社会全面发展、社会质量提高、共享社会发展成果、社会稳定和和谐社会建构等宏观层面重新认识中国农业转移人口的社会政策并在新形势下对农业转移人口社会政策做出新的战略调整，最终有益于中国社会的长期稳定和可持续发展，全面实现中国社会健康、公正、稳定和协调发展。

第二节 市民化的理论谱系：跨学科问题视域、过程性知识与理论建构

西方理论话语体系中的迁移人口更多是指移民，始于托马斯（Thomas）和兹纳涅茨基（Florian Witold Znaniecki）对在欧美的波兰农民的研究，重点关注移民文化性身份的转换引发的适应问题。近年来，国外学术界对移民问题越来越关注，针对移民现象变得越来越复杂，国际移民研究取得了相当大的理论突破，纵观20世纪60年代以来的当代西方国际移民理论研究，成果显著，展现了多学科相互借鉴、共同探讨的丰富性与多元性。国际学术界从发展人口学、地理社会空间学、发展社会学等不同专业角度对国际人口迁移的各种流向及类型、国际人口迁移的动因、机制以及延续衍生等进行了深入探讨，提出了许多有影响的理论和模式，如网络说、连锁因果说、系统研究论等。下面就对当代西方国际移民理论中有关移民动力机制的理论和移民延续、衍生的理论进行简要评述。

一、市民化过程：基于结构与系统的宏观研究

结构与系统的宏观视角主要指市民化过程中的社会系统与社会结构整合、政治与制度系统接纳、市场或消费的结构性动力以及经济收入结构、社会分层与结构分化，也包括家庭生态系统、家庭结构变迁与家庭生命周期研究等。19世纪下半叶开始，随着国际移民浪潮的不断涌动，经济学、地理学、社会学等学科不

断关注国际移民。著名经济学家亚当·斯密（Adam Smith）就提出劳动力迁移的理论，这是最早从发展经济学角度来解释移民的理论。国外比较盛行的宏观的理论主要有阿瑟·刘易斯（Arthur Lewis）的"二元经济结构理论"和唐纳德·柏格（D. Bogue）和拉文斯坦（E. G. Ravestein）基于移民迁移规律提出的"推拉模型"，强调农业部门与工业部门之间受边际劳动生产率决定的"工资""城镇资本"和生态环境恶化等的推拉作用，把农民城镇就业行为归结为工资获得与否及其高低问题。乔根森（Jorgenson）从消费结构变化的角度分析了农民城镇就业的影响因素，即农业剩余和消费结构变化使得农民进城务工成为可能。库兹涅茨（Kuznets）和西蒙（Simon）重视迁出地和迁入地之间的"经济机会"的推拉作用，特别是城市因素对农民进城务工的拉力。托拉多（M. O Torado）、哈里斯（J. R. Harris）、卡林顿（Carrinton）等从劳动力供给的角度，强调就业机会和"体面生活获取""预期的城乡收入（绝对收入）差距""利益最大化"，在城乡人口迁移中的推拉作用，并用获得工资概率的大小衡量农民进城就业行为。钱纳里（Chennery）和舒尔茨（T. W. Schultz）从成本—收益的角度分析了迁移的产生，认为迁入地的收入对转移者的就业行为影响显著。斯塔克（O. Stark）则从家庭投资组合理论和契约理论为代表的"新劳动力就业学说"切入，认为统一调配家庭劳动力的就业行为成为影响农村劳动力转移的根本因素。

　　20世纪下半叶，随着国际移民的迅速扩大，移民研究在学术界日益成为不同学科理论争辩的焦点并形成多样性的解释传统，出现了多维的概念、模型与分析框架，包括基于理性人假设的伯杰斯（G. J. Borjas）的新古典经济均衡理论、萨斯塔（Larry Sjaastad）和迈克尔·托达洛（Michael Todaro）的新古典主义经济学理论，后来有奥迪·斯塔克（Oded Stark）和爱德华·泰勒（J. Edward Taylor）新经济移民理论（也称劳动力迁移新经济学），认为移民是理性选择的，但与新古典主义经济理论不同，新经济移民理论强调基于参照群体"相对收入差距"的"相对失落感"在城乡人口迁移中的推拉作用，它把家庭而不是个人看作追求收益最大化的主体。卡尔文·戈德谢德（Calvin Goldscheider）对发展中国家的研究发现经济动机是农村移民的主要动机，但迁移决策的依据不是实际的工作机会而是潜在的就业机会、移民的意愿和家庭的决策。迈克尔·皮奥里等（Michael Piore et al.）学者提出的"劳动力市场分割"理论，也称为"双重劳动力市场"理论，以及后来的巴赫（Bach）、波蒂斯（Portes）提出的"三重市场需求理论"，即在移民研究中，在双重劳动力市场理论的基础上，进一步，即在低级劳动力市场和高级劳动力市场之外，提出了一个新的"族群聚集区"理论，强调移民族群自身发展基础上形成的族群经济圈对其居住人群有特殊的吸引力。

上面的理论主要是从经济因素探讨农民城镇就业行为，还有很多学者从非经济因素就城镇农民城镇就业行为进行研究。达威里（Daveri）、凡尼（Faini）以刘易斯（Lewis）的二元经济模型为基础，运用局部均衡法研究发现：城镇商品房的价格、居住成本、社会制度等因素会对农民城镇就业行为产生显著影响。随着全球化发展中商品、资本和信息的国际流动，越来越多的学者将人口的跨境迁移与"全球化"运动相结合。沃勒斯坦（Immanuel Wallerstein）、埃罗·里基茨等（Erol Ricketts et al.）学者提出的世界体系理论、新马克思主义的代表沃勒斯坦（Immanuel Wallerstein）的"依附理论"及"历史结构论"，这些理论强调资本、技术、市场结构中的"核心—半边缘—边缘"的结构性依附关系、"周期性律动"、不平等的国际秩序与国际人口迁移等。还有阿金马·博贡耶（Akin Mabogunje）、布莱恩·特纳（Bryan S. Turner）、苏黛瑞（Dorothy J. Solinger）提出的"移民系统理论""公民权理论"，另外还有拉文斯坦（E. G. Ravestein）"基于时间序列的人口迁移理论"、李（E. Lee）的"迁移决定因素理论"以及罗格斯（A. Rogers）的"生命周期迁移理论"、希尔等（R. Hill et al.）的"家庭生命周期理论"等，以上理论从单一的问题视域出发，基于单向度的历史叙事和知识建构，基于发达国家的人口迁移与城市化的经验性事实，提出了合理性和针对性的理论解释模式，提供了一些一般性概念、理论假设和研究框架。

有学者乔治·巴兰（Jorge Balan）在研究拉美国家的农业移民时发现，移民的选择性会随着社会经济条件的变化而改变，一方面是大城市带来的工作机会和农村的人口压力，另一方面是城市高速发展需要更多的劳动力，但随着农村大量人口的涌入，就会出现"选择性降低"的现象，即城乡移民从精英型转向大众型，由农村和小城镇的高技能人口扩大到广大的农村地区，包括大量的低技能人口的涌入，即流动人口结构由"精英型"结构向"大众型"结构转变，低技能的移民难以融入城市经济社会结构。也有理论试图从理论上揭示了这些国家人口迁移与城市化的动态机理，发掘人口迁移与城市化发展的一般规律。卡尔文·戈德谢德（Calvin Goldscheider）认为农业人口转移有利于消化农村剩余劳动力，满足城市经济扩展的需求，农业人口转移本质上是一个社会实现代内、代际职业流动的过程，也是国家经济整合的重要机制。移民到城市的农民更多的是有技能、有发展动机、能够和城市居民竞争的群体。由于教育和技能是农村移民和城市居民在正式和非正式部门实现职业获得的重要因素，移民到城市就意味着该群体要不断提升自己的能力、接受更多的教育和技能培训，有利于实现该群体的现代性获得，实现其向上社会流动。

二、市民化过程：基于社会结构网络、社会政策与社会空间的中观研究

社会网络、社会政策过程与社会空间的中观研究主要指市民化过程中的社会资本、社会网络、社会政策、社会空间维度。移民网络是一系列基于家庭为中心的人际关系的组合，其纽带包括血缘、地缘、乡缘关系等，移民网络的延伸产生了较大的"移民增殖效应"。这些理论具体包括道格拉斯·梅西（Douglas S. Massey）、皮尔·布迪厄（Pierre Bourdieu）和詹姆斯·科尔曼（James Coleman）的移民网络社会资本理论，马斯登（Mardsden）、冈萨雷斯（Gonzalez）、米尔格兰姆（Milgram）等学者提出的社会关系网络和复杂网络生长理论模型，这些理论强调移民网络具有自我延续的动态特征，还有冈纳·缪尔达尔（Gunnar Myrdal）、皮尔·布迪厄（Pierre Bourdieu）的累积因果关系、"连锁因果说"或"惯习说"，强调移民行为有其内在的自身延续性（self-perpetuation），即有过移民经历的人，再度移民的可能性或增加，并有可能带动其亲朋好友移民。另外，移民汇回家乡汇款会带来没有移民汇款收入的家庭增强"相对失落感"而引发移民行为。当移民行为内化为超越意识控制的、具有衍生性的"惯习"时，即使最初导致移民的客观环境发生变化，移民行为仍将持续，即会通过一系列社会、经济机制造成新的移民；还有卡斯特（Castel）、威尔逊（Wilson）、莫里斯（Morris）等提出的贫穷集中、社会孤立、社会分割或社会网络分割理论；另外，还有克莱尔（Clare）、曼纽尔·卡斯特等（Manuel·Castells et al.）提出的基于制度主义范式的社会排斥理论、社会分化理论、社会整合或社会一体化理论，约翰·罗尔斯（John Rawls）提出的社会平等、发展伦理与全球正义理论；最后是阿金·马博贡耶（Akin Mabogunje）的移民系统理论，该理论是一种综合的理论框架，它试图整合其他研究方法，对移民流两端的所有关系如移民网络、中介组织、文化资本、国际关系等进行整体性的研究。

三、市民化过程：基于个体或群体心理与行为的微观研究

农业转移人口市民化除了需要制度改革、能力提升、社会关系再构、资产建设以外，还需要实现其文化特质的改变，即由城市特质文化向城市特质文化转变，市民化的过程就是农业转移人口不断内化城市居民的行为方式和价值观念，逐渐产生心理情感的市民认同，从而实现自身角色的全面转换。基于群体互动、个体的社会心理与行为及人际互动的微观研究，主要体现为：市民化过程中的

社会融入或社会整合研究、社会认同研究、群体适应研究、社会距离研究与文化适应等。

这些理论具体包括社会融入理论、脆弱群体理论、同群效应理论、社会距离理论、社会认同理论等，其中社会融合有"盎格鲁遵从论""大熔炉论""融合论""多元文化论""文化生成论""区域融合论"等，还包括迈克尔·豪格（Michael A. Hogg）、艾布拉姆斯等（Domonic Abrams et al.）提出的基于微群体范式的群体适应与社会认同理论、戴维·波普诺（David Popenoe）的社会适应理论、斯梅尔塞等（Smelser Neil Joseph et al.）提出的集体行动与社会运动理论、戴维斯（Davis）的"相对剥削感"理论、麦卡锡（McCarthy）扎尔德（Zald）的资源动员理论、艾辛格（Eisinger）的政治过程理论、斯诺（Snow）和本福特（Benford）的社会建构与"框架建构"理论；另外还有帕兹（Pazy Asyal）、甘扎赫·约夫等（Ganzach Yoav et al.）提出的"心理资本、雇佣关系与心理契约理论"、托达罗（M. Todaro）的"迁移预期收入理论"；其他还有博加德斯（Bogardus）的社会距离理论，莫斯科维奇（Moscovici）的社会表征和污名化理论，吉姆·斯达纽斯（Jim Sidanius）、费利西娅·普拉图（Felicia Pratto）的社会支配理论、社会影响理论，肯尼斯·格根（Kenneth J. Gergende）语境中的社会建构理论，特纳（C. Turner）的自我归类理论，范·戴克（Teun A. Van Dijk）的精英话语与种族歧视理论等。国外对移民社会融合状态程度的测量进行了大量整合性研究，形成了多种分析模型，包括结构性和文化性的二维模型，包含结构性融入、社会—文化性融入、政治—合法性融入的三维模型，包含经济、政治、文化、社会融入的四维模型。各种分析模型的提出，体现了国外在移民的市民化理论发展和经验性说明中整合性的知识谱系和理论发展。

四、范式超越与建构：跨学科理论建构、知识整合和分析框架

当代国际移民在迁入某一国家或地区后，是否会影响原居住国的潜在国际移民？他们自身的迁移是否会持续进行？又将如何进行？这些问题引发了研究者对国际移民问题的进一步关注，产生了关于国际移民延续、衍生的几种观点，针对国际人口迁移的各种流向及类型，国际学术界从人口学、地理学、社会学等不同专业角度对国际人口迁移的成因、机制以及延续衍生等进行了深入探讨，提出了许多有影响的理论范式和理论模型。国外移民研究最近几年取得了较大的理论发展，国外移民研究的最新理论和研究成果包括：1974年由法国学者拉诺（Rene Lenoir）提出而经英国学者汤森等（Townsend et al.）发展，并通过欧盟等国际

组织推动形成的社会排斥分析框架①。反社会排斥与社会整合框架的提出将同样改变社会学对贫困问题的单一的解释策略，反社会排斥、整合与包容性发展同样是一组广泛、跨学科的概念，目标在于推动一种整体的发展观，其中涉及经济、政治、社会、文化等方面，涉及发展哲学、发展经济学、发展社会学、文化人类学等多学科的领域。从跨学科的视角来看，社会排斥一个多向面的动力过程，这个过程包含各种各样的排斥形式：参与决策和政治过程时的政治排斥、进入职业和物质资源时的经济排斥，以及整合成为共同文化时的文化排斥，还有基于交往和社会关系网络中的社会排斥。它们的结合会在某特殊区域内寻找到一块表现空间，并创造激烈的排斥，"排斥"会作为一个社会的总体力量压迫某些个体或群体，制造出贫困；也会以各种不同的形式，对人群作出自然的抑或人为的类别区分。社会排斥是一个动态的累积性过程，并非一种状况，是一个生产与再生产的过程，是一个不断强化的过程，包括制度性安排与排斥、社会关系网络的建立与排斥以及劳动力市场的结构与排斥。

1983年由张伯伦（Chambers）提倡而经斯帝文·邓（Stefan Dercon）、霍尔（Hall）、克里斯曼（Krishman）等发展，并通过世界银行等国际组织推动形成了"脆弱性分析框架"。脆弱性理论的出现，改变了理解社会问题单一的经济视角。脆弱性是一个广泛、跨学科的概念，它不仅包括收入脆弱性，还包括与健康、暴力、社会排斥相关的风险。贫困的脆弱性产生于贫困人口对多种来源的冲击，缺乏应对能力，这些冲击包括自然灾害以及环境因素、个人的健康与教育以及家庭因素、制度和政策等权益性因素、社会福利因素以及经济因素等。国外学术界已将脆弱性研究应用到灾害管理、生态学、土地利用、气候变化、公共健康、可持续性科学、经济学等不同研究领域。目前，随着脆弱性研究应用领域的拓展和相关学科的交融，脆弱性的内涵也在持续地丰富和发展，已经从日常生活中的一般含义逐渐演变成一个多要素、多维度、跨学科的学术概念体系。

1980年代末由森（Sen）等提及而经斯库恩斯（Scoones）等发展，并通过世界环境与发展委员会、联合国开发计划署、国际关怀组织、英国国际发展部等国际组织推动形成了可持续生计框架②。可持续生计框架的提出将改变政治学或者公共政策学对贫困问题的单一的解释策略，可持续生计的维度是多维、跨学科的，包括环境、经济、社会和制度的方方面面，可持续生计框架的方法强调以人

---

① Rodgers, Gerry, Gore, Charles and Figueiredo, Jose B. *Social Exclusion*: *Rhetoric*, *Reality*, *Response* [R]. Geneva: International Institute of Labour Studies, 1995.

② Sen A. *Famines and Poverty* [M]. London: Oxford University Press, 1981. Scoones. *Sustainable livelihood*: *A Framework for Analysis* [R]. IDS Working Paper 72. Brighton: IDS, 1998. Carney D. *Implementing a Sustainable Livelihood Approach* [R]. London: Department for International Development, 1998: 52 – 69.

为中心或综合性，为理解人们在一定的社会、制度、政治、经济和自然环境下如何行动提供了整合性、跨学科的视角，其目标在于推动一种跨学科的、整体的发展观，其中涉及收入、自然资源的管理、赋权、使用合适的工具、金融服务和善治等方面，涉及发展哲学、发展经济学、发展社会学、发展人口学等多学科的领域。

第三节　市民化过程与中国实践：经验性差异、问题聚焦与跨学科范式建构

从 20 世纪 50~60 年代以来，中国学者试图运用源于西方发展经验建立出来的理论模型、分析框架和概念工具，并期望最终建立的这些普适性的理论体系，来比较分析中国社会农业转移人口城市迁移和流动的经验现象，西方移民研究的理论假设、分析框架和变量关系都被理所当然沿用于中国实践移民的经验描述和理论解释，在不断利用西方比较成熟的、基于西方经验建立起来的理论解释、分析范式和测量指标过程中不断被中国本土化问题困扰，不同的学者，甚至包括西方学者加入了对西方移民理论模型和普适性理论观点的反思和批判。

较早用公民权的视角系统地考察解释中国农民工市民化问题的是美国学者苏黛瑞（Dorothy J. Solinger）援引特纳（Bryan S. Turner）的观点，认为现代公民权问题由两个方面构成：一是社会成员资格或身份的问题，即归属于某个共同体的问题；二是资源的分配问题。换言之，公民权的根本特征是排斥，因为它将权利和特权仅仅赋予特定共同体的成员。[①] 在这种公民权概念下，苏黛瑞（Dorothy J. Solinger）联系中国改革开放前计划经济时代的制度遗产，特别是户籍制度，从农民流动者（即农民工）、国家和市场三者之间的关系中来考察分析城市农民工市民化问题。苏黛瑞（Dorothy J. Solinger）认为生活在中国城市边缘的农民流动者处于市场、农民流动者以及消退中的国家计划体制之间复杂的动态关系中，并揭示农民流动者是如何在不利的环境中生存、抗争并催生新的公民权模式的。[②]

市民化过程中农业转移人口的属性特征、构成性差异不同于西方的移民类型。西方理论解释的移民，主要是指迁往国外某一地区永久定居的、较大数量、有组织的人口迁移，西方移民关注的焦点不是身份的合法性问题，而更多的是怎样实现其社会融入和可持续生计的问题。对于农业转移人口，国内一般以"流动

---

① Solinger D. J. *Contesting citizenship in urban China：Peasant migrants, the state, and the logic of the market* [M]. Berkeley：University of California Press，1999.

② 苏黛瑞著，王春光、单丽卿译：《在中国城市中争取公民权》，浙江人民出版社 2009 年版，第 29 页。

人口""农业转移人口"的话语方式和视角展开移民问题研究,基于中国经验的农业转移人口研究主要体现在以下三点。

一、市民化过程:情境的复杂性、经验性差异与推理实践

国内外学者围绕着中国农业转移人口市民化现状、影响因素、障碍、市民化路径和对策进行一系列研究。与西方比较,我国农业转移人口体现了中国本土的情境性、经验性差异及其推理实践,这就要求我们基于中国现实的问题化视域,重写中国农业转移人口市民化的问题向度、概念化书写和方法意识,那些无视中国经验证据的偏激的理论取向对于思考中国农业转移人口市民化是无效的。

(一)市民化过程中农业转移人口的属性特征、构成性差异与市民化研究

国内的大量学者基于中国经验性事实的市民化过程中农业转移人口的属性特征、构成性差异的复杂性和差异性进行了系列研究。我国更多地称作农民工或者流动人口,现在叫农业转移人口,该群体一般不具有身份合法性问题,具有较大的异质性、复杂性和多层次性,表现在将农业转移人口区分出第一代农业转移人口和新生代农业转移人口,新生代流动人口后又将其分为第二代和非第二代农业转移人口,最后提出"第三代农业转移人口",并进一步分割出"白领新移民",提炼概括再细化,提出"半城市化""事实城市化""事实市民化",市民化过程中的"准城镇化""伪城镇化"等值得研究的概念范畴。[1] 由于受制于户籍制度为基础的城乡分割制度流动到城市的农民工并没有自然地整合到城市社会中去,呈现为一种半城市化特征。"半城市化"在城市社会经济领域集中体现为城市社会、管理与文化系统脱节,缺乏整合[2],这种半城市化状态已经呈现为"结构化、长期化甚至是永久化"[3] 特征,这种半城市化体现在市民权、日常生活、社会认同和主观体验等维度。

(二)有序推进农业转移人口市民化现状、影响因素与市民化障碍研究

国内的大量学者基于中国实践的有序推进农业转移人口市民化现状、影响因

---

[1] 何为、黄贤金:《半城市化:中国城市化进程中的两类异化现象研究》,载于《城市规划学刊》2012年第2期。
[2] 余晖:《在深化改革中化解半城市化问题》,载于《开放导报》2009年第1期。
[3] 王春光:《对中国农村流动人口"半城市化"的实证分析》,载于《学习与探索》2009年第5期。

素与市民化障碍进行了系列研究，其研究体现出中国经验事实的复杂性和理论争辩的问题意识的模糊性。学者研究表明，城市农业转移人口并没有顺利实现市民化，绝大多数农业转移人口一直处于一种"半城市化"的状态，他们的城市适应水平较低，在城市处于边缘化或底层地位。农业转移人口市民化面临着多层障碍，即认识障碍、政策障碍、制度障碍和素质障碍四个方面，或者认为农民工的市民化过程遇到了来自制度转换、社会资本、主体素质、认同归属四个层面的约束；有集中强调制度安排、农业转移人口与市民的关系、农业转移人口的个人资源等因素对农业转移人口市民化的影响；有从户籍制度及其衍生福利政策的现实障碍、城市劳动力市场二元分割制度的现实障碍、群体人力资本、社会资本和文化心态的现实障碍等维度展开研究。

（三）农业转移人口市民化标准、市民化路径、市民化水平测量与对策建议研究

国内的大量学者反思了基于中国实践的农业转移人口市民化标准、市民化路径、市民化水平测量与对策建议的中国解释学问题经验性差异和理论争辩的复杂性。国内有学者对市民化测量体系建构进行研究，也有对市民化路径、对策建议进行研究，但学者们之间存在较大分歧，对策建议更是多元化。如在市民化路径上，有主张渐进改革、逐步市民化的，[①] 有主张四五年迅速完成市民化的；[②] 有主张政府承担主要责任的，也有提出改小福利为大福利的。改革户籍制度的意见最为集中，但具体措施则大相径庭，有建议全面户籍改革的，以及户籍改革与城乡社会福利制度统筹的，有主张积分落户的，以及根据城市规模由小到大梯次改革的，也有主张剥离户籍社会福利功能的，以及渐变渐进式改革的，还有主张试行新生代农业转移人口落户的（全国总工会课题组，2010），等等。在农业转移人口市民化路径方面，当前中国学术界有不同的看法，学术讨论陷入了激进改革无条件市民化与渐进发展顺乎自然的市民化两种思路的僵局中。有学者认为，应尽快让农业转移人口在城市定居下来，给予他们完全的市民身份和待遇；也有认为户籍改革应渐进有序，有条件地解决农业转移人口户口问题等，逐步市民化。职业城市化、地域城市化、身份城市化和人的城市化是农业转移人口市民化过程的重要历史阶段[③]。

有学者提出了市民化水平的测量指标，如有学者指出指标体系建构可以从反

[①] 郑功成、黄黎若莲：《中国农民工问题：理论判断与政策思路》，载于《中国人民大学学报》2006年第6期。
[②] 迟福林：《公平与可持续：未来十年的中国追求》，载于《经济体制改革》2012年第2期。
[③] 毛哲山：《农民工城市化的历史发展阶段与趋势》，载于《学术交流》2011年第8期。

映农业转移人口市民化基本内涵及总体特征的居住条件、经济生活、社会关系、政治参与和心理认同5个维度入手,并把这5个评价维度作为整个评价指标系统的一级指标,在此基础上分别提出其二级指标,包括住房条件、居住环境条件、相对收入水平、相对消费水平、有无亲友关系、受社会关照程度、工会组织和党团组织参与程度、情感认同和身份认同情况。

二、市民化的中国经验:市场和社会过程的多重结构性事实和实践过程

(一)市民化过程中的社会地位的结构性变动和社会分层变化的经验发现

重点研究市民化过程中农业转移人口的社会地位和社会分层的变化、市场中的结构性弱势及其社会政策影响。根据劳动力转移理论,我们可以发现,工业化、城市化是发展中国家摆脱贫困、解决农业问题、农村发展问题,实现现代化的必要路径。基于城市化过程中的社会和市场过程的历史现实和结构性事实是理解农业转移人口市民化的关键。国内大量的经验研究发现,农村劳动力转移的主要原因是二元经济结构造成的城乡收入差距[①];中国早期城市重工业优先发展的战略导致中国社会收入分配不平等加剧,城乡收入差距加大,而基于重工业的劳动密集型产业发展为农村居民在城市就业、改善农村收入提供机会,实现农业转移人口的重要机制就是城市化,但中国城乡隔绝的户籍制度、工农产品的"剪刀差"、不合理的税费制度、城市偏向的公共物品投入、城乡隔绝的户籍制度延缓了中国城市化进程。[②]

国内很多学者在研究流动农民工过程中,秉承了社会结构的分析范式,李春玲指出,由于制度安排,进入城镇就业的流动农民工被定位于城镇社会结构系统中的最低社会位置上,流动人口这一群体位置严重制约了他们个人的流动类型,个人流动很难突破该限制[③]。王汉生等认为,现阶段中国大陆农村人口向城市流动,是一个在独特背景下发生的过程,农村人口向城市流动特有的机会、渠道和限制是受国家限制农村人口向城市流动的政策、独特的工业化和城市化道路、城

---

① 王桂新、沈建法、刘建波:《中国城市农民工市民化研究——以上海为例》,载于《人口与发展》2008年第1期。
② 李实:《中国个人收入分配研究回顾与展望》,载于《经济学》(季刊)2003年第2期。
③ "农村外出务工女性"课题组:《农民流动与性别》,中原农民出版社2000年版,第160页。

乡之间的二元结构、与户籍制度相关的一系列制度规定以及城市中的单位制结构等基本制度背景影响的，是在特定制度结构中发生并同时改变这种制度结构的过程[1]；王春光认为，作为一个特殊群体的流动农民进入城市后，与城市社会处于"功能互赖性整合为主，制度性整合薄弱，认同性整合畸形"的状态；他们在城镇社会结构中处于隔离状态，形成"分割化社会"或"二元社区"[2]；在社会总的分层体系中，他们与城市工人同属中国社会的中下层，但流动农民对原来完全封闭的城乡二元社会结构又造成了一定突破，形成某种意义上的"双二元结构"；甘满堂却认为，"城市农民工是转型期中国社会特殊的群体，人数众多，存在时间长，影响较大，足以构成中国社会的第三元，因此中国社会结构是三元结构"[3]。有学者认为，流动农民作为"一个过渡的边缘群体，他们的出现在城乡之间和工农之间创造了一个广阔的中间过渡地带，不是加剧了而是缓解了城镇之间的对立和差异，并正以其特有的边缘群体身份创造一个新的结构层次，并通过这个新的结构层次的扩大和推延来实现社会相对平稳的重组"[4]。

（二）市民化的政治过程：制度排斥、政策过程与经验发现

事实上，在中国户籍制度使中国城乡人口迁移模式不同于其他很多国家城镇化过程中那种以永久性家庭迁移为主导的迁移模式，而是以临时性、单身、钟摆式迁移为主导的迁移为主，这也导致中国城镇化模式从转轨初期的"城镇化速度过低""城镇化滞后于工业化"状态转换为目前流动人口"半城镇化"或"不完全城镇化状态"。

随着农业转移人口研究的深入，大多学者开始关注农业转移人口在城市中获得和城市居民同等的作为权利主体的身份和权利获得过程，出现了从"经济—生存叙事"转向"政治—身份叙事"，开始关注基于其政治身份的居留权、选举权、受教育权和社会福利保障等。学者普遍认为，户籍制度是一种"社会屏蔽"制度，即它将社会上一部分人屏蔽在分享城市的社会资源之外，农业转移人口由于受到户籍身份或制度的限制，受到自身教育水平和自身技术能力的约束，农业转移人口也很难在城市竞争中获得地位的上升，农业转移人口再次职业流动地位变化微小，进入城镇就业的农业转移人口处于城镇社会结构系统中的最低社会位

---

[1] 王汉生等：《"浙江村"：中国农民进入城市的一种独特方式》，载于《社会学研究》1997年第1期。
[2] 周大鸣：《外来工与"二元社区"——珠江三角洲的考察》，载于《中山大学学报》2000年第2期。
[3] 甘满堂：《城市农民工与转型期中国社会的三元结构》，载于《福州大学学报》（哲学社会科学版）2001年第4期。
[4] 李培林：《流动民工的社会网络和社会地位》，载于《社会学研究》1996年第4期。

置上，处于最下层①，基于城乡户籍制度，他们在城镇社会结构中处于隔离状态，形成"分割化社会"或"二元社区"，在社会总的分层体系中，他们与城市工人同属中国社会的中下层，但流动农民对原来完全封闭的城乡二元社会结构又造成了一定突破，形成某种意义上的"双二元结构"②。王春光认为，作为一个特殊群体的流动农民进入城市后，与城市社会处于"功能互赖性整合为主，制度性整合薄弱，认同性整合畸形"的状态；他们在城镇社会结构中处于隔离状态，形成"分割化社会"或"二元社区"③。另外，市民化过程中，户籍制度限定了农业转移人口大多只能从事"次级劳动力市场"，农业转移人口在市场结构中处于弱势和边缘化处境，即在正规劳动力市场之外，选择进入体制外的劳动力市场，就意味着在就业市场中面临着更多风险和不确定性，意味着更有可能遭受非正式经济所带来的贫穷与边缘化。威尔森（Wilson）、甘斯等（Gans et al.）关于黑人的经验性事实同样说明了这一点，贫穷阶级的产生主要是由于不平衡的信息经济、空间的隔离以及错误的公共政策等因素共同造成的。信息经济的发展强调教育，却减少了稳定的制造业的工作机会，使得处在就业市场中初级的贫穷阶级变成劣势了，"劳动力市场上有雇主和雇工两方，我们需要考虑雇主的作用，因为他们在劳动力市场上的决策可能导致工人受排斥，为了追求高回报率，或者出于短期利益"④。因此，"非正式部门不是总是在国家的视野外发展的社会过程，相反，它是新的控制方式的表现，它的特色是使一大部分的劳工失去权利，而且获得国家的默许"⑤。

有序推进农业转移人口市民化过程中的社会政策调整和社会政策选择模式的本土化探索体现在全球化背景下的三种主要政策选择模式，即维持二元结构模式下的社会政策模式、在城市中建构双重社会政策体系、建立统一的和城乡一体化的社会政策体系⑥。有学者着力研究我国社会政策的弱势性问题，长期以来我国的流动人口社会政策处于弱势状态，社会政策弱势性的表现为：片面追求经济增长的发展战略、社会问题的"非问题化"策略、政策选择中精英的经济偏向、社会政策责权的非专属性以及社会福利的意识形态⑦。基于以上事实，学者普遍认

---

① 李培林：《流动民工的社会网络和社会地位》，载于《社会学研究》1996年第4期。
② 周大鸣：《外来工与"二元社区"——珠江三角洲的考察》，载于《中山大学学报》2000年第2期。
③ 王春光：《社会流动和社会重构——京郊"浙江村"研究》，浙江人民出版社1995年版，第219页。
④ 托尼·阿特金森：《社会排斥、贫困和失业》，载于《经济社会体制比较》2005年第3期。
⑤ 曼威·柯斯特、亚历山卓·波提斯著，夏铸九、王志弘译：《底层的世界》，引自《空间的文化形式与社会理论读本》，台湾大学建筑与城乡研究所明文书局2002年版，第351页。
⑥ 关信平：《现阶段我国农村劳动力转移就业背景下社会政策的主要议题及模式选择》，载于《江苏社会科学》2005年第6期。
⑦ 王思斌：《我国社会政策的弱势性及其转变》，载于《学海》2006年第6期。

为，中国社会政策议程中完善农业转移人口的政策支持，重点在于规范政策的决策程序、对政策进行科学的评估、完善政策内容、确保政策的有效执行。①

（三）市民化的社会过程：社会认同、社会关系网络与经验发现

关注的是农业转移人口市民化过程中能否实现群体性社会融入中的能动性建构自我的过程。事实上，把用于分析农村的有关"差序格局"的比喻应用于外来人口的研究忽视了社会环境和情境互动的复杂性，农村外来人口在城市中面临的是一个情境复合体，在跨情境互动的过程中，农村外来人口的生活世界不可能是均质和单一的，而是不同的意义域相互渗透的结果，也是农村外来人口作为一个行动主体的能动性建构自我的过程，存在着一种生成意义上的策略，即他们会不断学会用制度化的方式构建行动，或者跳出初级关系之外来寻求其他信息、机会和资源，这种策略改变了流动人口的传统式的社会行动、意义脉络、动机构成及其知识库存，触及了越来越多的异质的、制度化的社会关系。②

社会网络议题关注的是农业转移人口市民化过程中人际关系的排斥过程、同群效应、社会资本积累、社会关系网络重建。学者指出农业转移人口没有真正融入城市社会并成为真正的市民在于他们没有建立以业缘关系为纽带的生活圈子，农业转移人口在从农村到城市的流动过程中，主要地依赖了其传统的亲缘和地缘的社会网络，并没有从根本上改变他们以血缘地缘关系为纽带的社会网络的边界。也有学者提出"虚拟社区"的概念，即在一个城市内，农民工按照差序格局和工具理性构造出来的社会关系网络，相互之间的非制度化信任是构造这种虚拟社区的基础，而关系强度则是这种社区组织和构造的重要方式。③事实上，农民工进入城市之后，在其原有的亲缘、地缘关系的基础上再构以老乡为对象和以工具理性为目的的城市社会关系网络，这就是学界普遍理解的"同群效应"，有学者对农民工的同乡聚集效应的研究发现，同乡聚集有助于提高农民工收入④。有学者基于中国22个省份的农户调查数据发现了社会网络在城市劳动力市场上对于农民工工资水平的影响。⑤

20世纪90年代中期开始，移民的社会融入与身份认同逐渐引起研究者日益升温的关注，以至于成为一个常规话题。自"新生代流动人口"概念提出后，新

---

① 吴忠民：《从平均到公正：中国社会政策的演进》，载于《社会学研究》2004年第4期。
② 渠敬东：《生活世界中的关系强度——农村外来人口的生活轨迹》，引自柯兰君、李汉林主编：《都市里的村民——中国大城市的流动人口》，中央编译出版社2001年版。
③ 李汉林、王琦：《关系强度作为一种社区组织方式：农民工研究的一种视角》，引自柯兰君、李汉林：《都市里的村民：中国大城市的流动人口》，中央编译出版社2001年版，第15页。
④ 张春泥、谢宇：《"同乡的力量"：同乡聚集对农民工工资收入的影响》，载于《社会》2013年第1期。
⑤ 章元、陆铭：《社会网络是否有助于提高农民工的工资水平？》，载于《管理世界》2009年第3期。

生代移民融入问题引起学界高度关注，研究者从理论和实证不同视角揭示其融入困境和实际状况。学者们认为，城市外来人口的社会融入包括其在多重空间、身份和认同上的转换过程，最终结果就是实现市民化。① 杨菊华运用社会排斥理论揭示其三重弱势处境，② 即处于作为农村人、外来人、年轻人的三重弱势境地。国内城市融入研究注重研究角度测量方法研究，提出测量维度指标体系，即经济整合、文化接纳、行为适应和身份认同，③ 也有学者将城市性纳入测量范畴。④ 关于农业转移人口的社会认同问题的研究也是国内学者比较关注的议题。有学者从宏观结构和制度安排视角展开社会认同问题分析，强调农业转移人口是城市社会结构中的最底层，⑤ "优势权力的社会安排"⑥ "二元制度的惯性效应及其差异"，即"二元制度的惯性"使改变了职业和生活场所的新生代农民工游离于城市体制之外，使他们处于一种"双重边缘人"的状态，导致他们的身份认同混乱，⑦ 还有"社会排斥"等结构性因素也制约着农业转移人口的社会认同和社会融入，城乡二元结构从根本上导致了新生代农业转移人口的身份认同危机，以至于他们认同于自己这个特殊的社会群体，不认同城市社区和农村社区，出现认同"内卷化"问题，⑧ 有学者从农业转移人口的主体性，研究他们的各类认同问题和影响因素。

（四）市民化的主体性实践：市民化过程中的现代性生成、城市融入与城市适应研究

有序推进农业转移人口市民化过程中的现代性生成与城市适应研究也成为学

---

① 梁波、王海英：《城市融入：外来农民工的市民化——对已有研究的综述》，载于《人口与发展》2010年第4期。
② 杨菊华：《社会排斥与青年乡——城流动人口经济融入的三重弱势》，载于《人口研究》2012年第5期。
③ 杨菊华：《流动人口在流入地社会融入的指标体系——基于社会融入理论的进一步研究》，载于《人口与经济》2010年第2期。
④ 张文宏、雷开春：《城市新移民社会融合的结构、现状与影响因素分析》，载于《社会学研究》2008年第5期。
⑤ 李强：《农民工与中国社会分层》，中国社会科学文献出版社2012年版，第12页。
⑥ 孟红莉：《对农民工群体社会认同的探讨》，载于《石河子大学学报》（哲学社会科学版）2005年第3期。
⑦ 魏晨：《新生代农民工的身份认同问题研究——以徐州地区为例》，载于《经济与社会发展》2006年第12期。
⑧ 潘泽泉：《劳动时间、社会交往与社会融入研究》，载于《中国人口科学》2015年第3期；潘泽泉：《社会、主体性与秩序：农民工研究的空间转向》，社会科学文献出版社2007年版；潘泽泉：《自我认同与底层社会建构：迈向经验解释的中国农民工》，载于《社会科学》2010年第4期；李培林：《农民工的社会网络和社会地位》，载于《社会学研究》1996年第4期。

术界关注的重要问题。学者认为农业转移人口市民化是在多重空间、身份与观念、价值以及认同方面的转换,是农业转移人口从传统向现代、从乡土向城市、从封闭向开放转变的过程和变化以及由此获得现代性特征的过程。现代性程度,即农业转移人口自身素质是否可以达到现代城市性的要求是决定其城市融入程度的主要因素。移民社区融入的组织化、专业化、政策行动和文化融入是实现社会融入的四项基本策略。有学者认为,农业转移人口在城市的工作和生活中有一个以"城里人"为参照群体,不断改变自我、调整自己的行为方式,并最终获得不同于传统的价值观念、心理状态和行为模式的现代性的社会过程。学者们较早关注了珠三角农业转移人口的现代性,一些学者建立量表测量农业转移人口的现代性并对农业转移人口现代性的影响因素进行实证检验,基本包括教育、大众传媒、城市经历和流动体验等几个方面。[1]

关注的是农业转移人口市民化过程中能否实现群体性的社会融入。国内一般以"流动人口""农业转移人口"的话语方式和视角展开移民问题研究。由于移民潮来势汹涌、持续不断,相关研究热度不减。从 20 世纪 90 年代中期开始,移民的社会融入逐渐引起研究者日益升温的关注,以至于成为一个常规话题。自"新生代流动人口"概念提出后,新生代移民融入问题引起学界高度关注,研究者从理论和实证不同视角揭示其融入困境和实际状况,杨菊华运用社会排斥理论揭示其三重弱势,政府对此也高度重视。融入研究有两个显著特点:一是较全面,从融入影响因素到现状对策、从基本理论建设到方法研究,覆盖了移民融入的方方面面。如障碍分析普遍认为户籍制度是根本性障碍,基本公共服务差异是重要原因,也有从生存生态与空间秩序角度分析。二是较务实,大量研究是实证性、应用性研究,为剥离现象揭示实情和本质,研究者注重研究角度测量方法研究,提出测量维度指标体系,将城市性纳入测量范畴。国内学者杨菊华认为,社会融入至少包含四个维度:经济整合(economic integration or incorporation)、文化接纳(cultural acceptance)、行为适应(behavioral adaptation or adjustment)、身份认同(identity of the mainstream society)。

事实上对于农业转移人口的是否实现了社会适应,学者们基于经验事实,提出了相反的结论,学者们认为,农业转移人口很难与城市实现融合,阻碍其适应的因素主要有"经济地位低下""制度障碍""文化差距""缺乏对城市的认同和归属感""以赚钱为目标的进城动机""以初级群体为基础的社会网络""与城市居民的摩擦和土地牵制"。虽然城市的生活经历改变着农业转移人口的传统心理

---

[1] 郭正林、周大鸣等:《广东省万丰村的社会发展——中国乡村都市化的一个案例分析》,载于《社会学研究》1996 年第 4 期。

和文化意识，影响了他们的价值观念、行为方式，但总体上，农业转移人口对城市的适应还停留在对城市适应的较低层次上，仅仅是一种生存适应。

三、批判性反思与市民化研究的跨学科范式建构：理论、方法与旨趣

基于以西方关于市民化理论分析和基于城市转移人口市民化的中国实践，农业转移人口市民化问题是一个跨学科的多元视域中的议题，需要跨学科视域和整合性的知识建构，而原有的研究成果和理论对于"农业转移人口市民化"现象的解释缺乏统一的知识论证、理论建构和修正，难以对当代中国语境中的农业转移人口市民化问题进行科学性解释，同时现有的源于西方经验的理论解释、核心概念和假设难以对中国实践中的经验性事实和本土化情境做出回应。

在整合性的理论范式、理论假设模型和中国发展战略转型框架的基础上，从宏观、中观和微观层面建立中国农业转移人口市民化战略新的问题意识、知识谱系、理解框架和实践思路。形成关于农业转移人口市民化问题的一个整体性的认识思路和实践框架，即从理论和发展背景框架下的解释策略和解释维度到三个层面的"共同问题意识"的建立，再到整合性的解释框架的建立，并在这个整合性的解释框架中，回到农业转移人口市民化的国际经验和中国经验，结合国外农业转移人口市民化的基本经验和成功启示，研究中国农业转移人口市民化的科学内涵、市民化概念的重构、内在逻辑、市民化障碍和影响因素、市民化路径、动力机制、基本途径、行动策略、实践框架、国家社会政策调整方向与变化的新趋势。

（一）有序推进中国农业转移人口市民化的理论范式重建

市民化的中国研究范式需要重新在整合性的理论框架中对农业转移人口市民化的相关理论的方法论基础、核心概念、理论命题、各种理论假设模型和理论分析框架做出梳理，思考这些理论解释中国社会的可能性及其阈限，重新思考中国农业转移人口市民化的理论前沿和学理依据，农业转移人口市民化的跨学科理论话语系统和理论进展。

农业转移人口市民化问题研究既在中国语境中的现代化发展战略、现代性与城市适应、城市化与城镇化逻辑、世界体系、依附论、剥夺论、功能论、结构论等传统的理论视角和理论框架下展开，也结合国外市民化研究领域的新的理论动态、理论拓展和前沿研究成果，吸收、借鉴和参考新的理论基础、理论假设模型和整合性的理论视域，诠释性地将西方社会理论发展成果和新的理论话语体系、理论模型和理论成果运用到处理中国本土实践。重点关注中国农业转移人口市民

化中市民化过程中的公民权利、社会质量、全球化、风险社会、脆弱性、可持续生计、包容性发展、社会整合与排斥、社会发展伦理与全球正义、实践理性、道德重建与社会正义诉求、公共健康出等，并就这些前沿理论话语进行跨学科的阐释，并站在跨学科视角下对这些理论问题展开对话和创新，为农业转移人口市民化问题研究的理论创新提供良好的基础。

重点关注跨学科框架下的农业转移人口市民化的理论假设模型、市民化实现程度新的测量标准、新的测量指标的筛选和指标体系的有效性检验。在新的理论的吸收和创新的基础上，建立新的测量农业转移人口市民化的标准，在农业转移人口市民化测量中引入生活质量、公共健康、精神健康、社会质量和可持续生计、包容性发展、生态文明、社会正义、发展伦理、共享社会发展成果、和谐社会、普及教育、促进教育和卫生健康、可持续发展等新的测量指标。基于跨学科整合性的分析框架，进行农业转移人口市民化的动态性、整体性的跟踪调查和动态性瞄准机制和模型的建立。包括生态效益模型、政策评价模型、环境评价模型、成本—效益分析模型、不确定性与中国农村劳动力区际流动模型、市民化过程中的复杂网络生长模型等。

（二）有序推进中国农业转移人口市民化的新的问题意识和知识框架

市民化的中国研究范式需要从跨学科视角对农业转移人口市民化问题进行理论研究，形成农业转移人口市民化问题的跨学科的、整合性的新的问题意识和知识框架。

如何基于整合性的理论分析框架，通过理论创新和经验资料发现中国城乡发展与转型期的农业转移人口市民化新的"问题意识"，实现中国农业转移人口市民化研究的理论创新和理论范式重建；不同学科在农村转移人口市民化问题上的问题意识是什么，如何在不同的学科视域内建立共同的问题意识，建立一个整合性的分析框架，基于上述问题，本研究通过对不同学科关注的农村转移人口市民化问题，建立一个整合性的分析框架。

农业转移人口市民化的跨学科研究和理论创新问题，包括如何在不同的学科视域内、不同的理论范式下建立共同的问题意识，建立一个整合性的分析框架。这些不同的学科包括发展经济学、发展社会学、发展人类学或人口学、发展政治学等。这些跨学科的问题包括：发展经济学关注的农村转移人口市民化的市场逻辑、市场结构中劳动力供求关系的变化、中国的土地制度及各项农业经济政策的调整、地方财政独立所引发的地方集体财政困难与中央政府减少对地方财政的投入方式；政治学或者公共政策学关注的拥有资源的统治阶级资源分配的不合理与集团利益偏好、农村转移人口市民化与土地制度改革与政府的强制性发展干预的相关性、计划经济的城乡二元分治制度、农村转移人口市民化政策的弱势性存在、政策缺失、政策冲突、政策偏好、社会政策曲行的问题域，还有现代化发展战略中的不同区域的差异性建构与不均衡的发展策略、现代化的优先发展战略带来了财富和资源的极化现象和优势积累效应等。社会学或者人口学关注的问题有中国社会发展的社会稳定问题、结构性不平等问题及"群体性事件"和冲突、社会公正和道德正义、发展伦理和道德生态、社会排斥和社会风险、环境生态与文明、社会分化与社会分层、教育不平等、性别不平等。[①]

事实上，随着农业转移人口市民化问题研究的拓展和日益复杂化，农业转移人口市民化问题不再是单一视角下的政治过程，即政治身份和公民权利问题，也不是简单的社会稳定与社会秩序诉求的问题，人口市民化是涉及经济体制、政治体制、社会结构、制度变迁、社会治理、公共服务以及群体心理、社会意识等多层次的转换过程，它是一个动态、持久的整合过程。农业转移人口市民化研究在理论方法研究和实践应用方面临着诸多挑战，这种挑战表现在新形势下对农业转移人口市民化的重新界定、测量标准和指标的重新确立、概念框架的统一与理论体系构建、研究领域的多学科交叉与融合、富有效率的新的农业转移人口市民化战略的重新制订。事实上，未来农业转移人口市民化问题的研究趋势和理论建构表现在：除了加强原有经济学、政治学、社会学、管理学等原有学科的交叉研究外，还必须将生态学、公共健康学、政策学、人口学、发展人类学、营养学等其他社会学科纳入中国流动人口社会融合研究中，促进学科的交叉与融合，更好地推动农业转移人口市民化研究不同学科相互作用研究领域的应用与发展。

因此，从跨学科的视角出发，重新认识农村转移人口市民化问题，建立一个整合性的分析框架，聚焦跨学科形成的新的问题意识。这就要求我们重点关注农业转移人口市民化的跨学科的相关议题，包括跨学科、整合性分析框架的提出，如农业转移人口市民化中的脆弱性分析框架、可持续生计分析框架、包容性发展理论、社会排斥理论、公共健康理论等，这些新近流行的关于农业转移人口市民化的跨学科的理论研究将为研究中国农业转移人口市民化问题提供新的洞见和知识品性，需要系统地结合现有的西方研究的成果，为农业转移人口市民化问题的科学研究提供新的理论支撑，摆脱纯经验和狭隘的对策性的研究取向，实现理论创新。

（三）有序推进中国农业转移人口市民化理论的本土化建构

市民化的中国研究范式需要结合中国本土的经验资料进行理论的本土化建

[①] 潘泽泉：《中国农业转移人口市民化：理论争辩、经验比较与跨学科范式建构》，载于《中国农业大学学报》2017年第1期。

构，为农业转移人口市民化的"中国道路"或"中国经验"提供新的理论框架。

通过吸收和借鉴西方关于市民化的新的理论成果，实现推动中国农业转移人口市民化问题研究的本土化理论创新、理论发展和理论建构，寻求中国经验与普适性的理论发展，提出中国市民化的多个理想类型，建立具有普遍解释力的中国农业转移人口市民化的类型，力图"超越实证社会学"，努力把实例"一般化"，追求"更普遍的解释力""更广泛的对话能力"，在现实中演绎一个个中国实践类型，作为基本的塑造底版，但却具有诸多原型，把这些原型中最有代表性的那些特征和故事提炼出来。悬置那些与主题无关的细节，达成一种主题化构造，凸显那些与主题联系密切的线索，通过对中国农业转移人口市民化链条每一个发展环节理想类型的建立，实现在理论上再造当代中国农业转移人口市民化的生动而又丰富的全过程，复制中国改革开放以后村落非农化、工业化、城市化的全过程。[①]

首先，需要通过农业转移人口市民化问题的中国经验比较，寻求本土视角下的深度个案与中国经验表述，建立基于中国实践的本土化问题意识，从中国经验层面为市民化研究的跨学科理论范式和整体性理论建构的合法性提供本土经验支撑。同时，基于中国社会实证调研基础上的理论研究和社会政策研究，并通过调研发现中国转型时期农业转移人口市民化新问题，从而实现市民化研究的本土化理论建构，为市民化的世界性的研究提供中国经验。其次，要求基于实践操作层面农业转移人口市民化的基本经验和成功启示，包括基于中国语境的农业转移人口市民化的科学内涵、市民化概念的重构、内在逻辑、市民化障碍、市民化模式、动力机制、基本途径、行动策略、实践框架、国家社会政策调整方向与变化的新趋势。[②]

要求基于跨学科范式，重建关于中国农业转移人口市民化的新的问题聚焦、知识框架和关键议题。作为宏观结构层面的中国农村转移人口市民化问题，表现为一种结构性特征与结构性调整，这种结构包括在人口结构（农业转移人口分布及其变化趋势）、空间结构（居住空间及其空间特征）、区域性结构、社会分层结构、收入分配结构、产业结构等，结构性调整意味着在中心与边缘、非均衡发展、差异性建构、社会空间极化与隔离过程中所维持的一种空间生态；包括基于中国社会转型语境中的个体生命历程、家庭生命周期、中国社会转型特点、中国现代化推进策略。作为中观层面的中国农业转移人口市民化问题，关注农业转移人口市民化过程中的社会网络、社会资本、社会关系网络、人口发展质量等重大议题，也同时关注农业转移人口的社会政策调整、社会政策设计和社会管理创

---

①② 潘泽泉：《中国农业转移人口市民化：理论争辩、经验比较与跨学科范式建构》，载于《中国农业大学学报》2017年第1期。

新。同时，在理论研究和新的问题框架中，建立一个农业转移人口市民化过程中的"发展型社会政策""融入式可持续发展"的新的理论体系和新的实践框架。作为微观行动层面的中国农村转移人口市民化问题，包括基于群体和群际理论、理论假设模型及其微群体范式；包括农业转移人口市民化过程中的社会认同及其结构要素对于农业转移人口市民化的机制研究、农业转移人口市民化过程中社会认同的过程研究与社会认同的整合研究、社会认同的影响因素研究和社会认同分化的风险研究；包括农业转移人口市民化过程中的文化心理与身份认同建构、城市适应、现代性与城市体验、社会资本与社会关系网络、城市融入、个体化的叙事与意义追寻等重大议题；包括影响群体行为的人格因素（态度、环境控制观、效能知觉度和个人责任感）、情境因素（文化、习俗、价值观念和宗教信仰等）、影响行动意向的参数（人格因素、行动的技能、对行动策略的知识、对问题的知觉）以及行为方式和策略等。①

---

① 潘泽泉：《中国农业转移人口市民化：理论争辩、经验比较与跨学科范式建构》，载于《中国农业大学学报》2017 年第 1 期。

第二章

研究设计

在理论研究和经验研究的基础上,本研究对我国农民工问题的新特点进行了全面分析,研究农业转移人口市民化过程中较长时期需求变化趋势及与宏观经济社会发展的互动关系;深入评析中国农业转移人口市民化中长期发展趋势;全方位剖析农业转移人口市民化所面临的问题;从全局和战略的高度,提出解决农业转移人口市民化问题的战略思路、基本原则、目标任务、实施步骤、主要措施和具有方向性、全局性、制度性的政策体系。

本研究认为中国农业转移人口市民化理论和市民化政策研究不仅要关注中国农业转移人口市民化中的"身份政治"和"公民权"的合法性问题,而且要重点关注农业转移人口市民化的"有序推进",重点关注农业转移人口"生存—经济叙事""身份—政治叙事"和"多元融合—发展叙事",关注农业转移人口市民化中的经济过程、政治过程和社会过程,关注中国农业转移人口市民化过程中的社会质量和健康可持续发展,即"融入式健康可持续发展""发展型社会政策"与以资产为本的社会福利政策,关注农业转移人口在城市中社会发展质量、可持续生计、包容性发展等外生动力问题,也关注群体适应、市民认同、社会网络增长、社会资本能力提升、价值观念和行为习惯改变等内生动力问题。本研究的目的在于从理论上探讨阻碍农业转移人口融入城市社会的因素,从经验上重新思考中国农业转移人口市民化过程中的社会现实和经验事实,并进一步探讨促进农业转移人口市民化、促进社会整合、实现在城市发展的国家战略、实现路径、行动纲要、可行性策略和社会政策支持,进而促进中国农业转移人口"市民化"整体实现和新型城镇化的健康可持续发展,促进中国"三农"问题的真正解决,加快我国的现代化进程。

第一节　研究思路与解释立场

本研究认为农业转移人口市民化理论和市民化政策研究不仅要关注农民"公民权"的合法性问题,重点关注农业转移人口市民化的"有序推进",关注农业转移人口"生存—经济叙事模式"与"身份—政治"叙事模式,同时更应该关注农业转移人口市民化中的社会质量和健康可持续发展,即"融入式健康可持续发展""发展型社会政策"与以资产为本的社会福利政策,关注农业转移人口在城市中社会发展质量、可持续生计、包容性发展等外生动力问题,也关注群体适应、市民认同、社会网络增长、社会资本能力提升、价值观念和行为习惯改变等内生动力问题。本研究的目的在于从理论上探讨阻碍农业转移人口融入城市社会的因素,并探讨促进农业转移人口市民化、促进社会整合的可行性策略和社会政策支持,进而促进中国农业转移人口"市民化"整体实现和新型城镇化的健康可持续发展,促进中国"三农"问题的真正解决,加快我国的现代化进程。

一、研究思路

本研究在跨学科的视角下,拟采取定量分析与定性分析、理论研究和经验研究、历史研究和比较研究、理论创新与应用研究相结合的研究方法,既从宏观、中观和微观层面,也从理论、经验和应用及效果评价层面探究如下内容:中国发展战略转变后的中国农业转移人口市民化的现状、变化趋势、对中国社会发展的影响和冲击;中国农业转移人口市民化问题对中国社会发展战略的未来转型和中国城乡社会发展的影响、冲击;中国农业转移人口市民化过程带来的发展伦理正义、生态文明、可持续生计、公共健康和农村稳定问题带来的社会风险等,重点关注农业转移人口市民化中的社会质量问题、健康可持续发展问题和自我发展能力问题,即农业转移人口市民化过程中的"融入式健康可持续发展"、发展中的风险问题、可持续生计问题、"发展型社会政策"与以资产为本的社会福利政策。

(一) 农业转移人口市民化方面新的理论范式系和理论话语体系

农业转移人口市民化方面新的理论范式包括有基于政策变革和政策调整的"制度范式"、基于能力提升和素质提高的"主体范式"、基于关系网络重构和社会资本积累的"网络范式"、基于产权改革与资产建设的"资产范式"以及基于心理适应、文化转型和身份认同的"现代性范式",制度范式涉及户籍制度、就业制度、教育制度、医疗保险制度、社会保障和福利制度等相关的制度。主体性范式强调中国农业转移人口的能力和素质、市民化的可行能力、赋权和增能等。网络结构范式涉及其社会资本和社会关系网络等。

农业转移人口市民化方面新的理论范式和理论话语体系吸收、借鉴和参考新的理论基础、理论假设模型和整合性的理论视域,重点关注中国农业转移人口市民化过程中的社会质量问题,包括社会质量、生活质量、生命质量、公共健康、脆弱性、风险社会、可持续生计、包容性发展、生态文明、社会排斥、发展伦理和社会正义、实践理性和后果评价、实践中的道德等。同时,在中国社会发展转型、结构调整、现代化发展战略与推进策略、全球化进程、新型城镇化、城乡一体化、城乡融合发展、乡村振兴等宏大叙事的历史观下研究中国农业转移人口市民化的基础理论问题和理论创新问题,把中国农业转移人口市民化与中国社会发展战略转型看作一个整体来研究,建立一种整体论的认识方法,即整体分析方法。吸收国外关于农业转移人口市民化方面新的理论话语体系和理论发展趋势,构建一个市民化整合性的理论分析框架。

(二)农业转移人口市民化战略新的问题意识、知识谱系、理解框架和实践思路

在整合性的理论范式、理论假设模型和中国发展战略转型框架的基础上,从宏观、中观和微观层面建立中国农业转移人口市民化战略新的问题意识、知识谱系、理解框架和实践思路,形成关于农业转移人口市民化问题的一个整体性的认识思路和实践框架,即从理论和发展背景框架下的解释策略和解释维度到三个层面的"共同问题意识"的建立,再到整合性的解释框架的建立,并在这个整合性的解释框架中,回到农业转移人口市民化的国际经验和中国经验,结合国外农业转移人口市民化的基本经验和成功启示,研究中国农业转移人口市民化的科学内涵、市民化概念的重构、内在逻辑、市民化障碍和影响因素、市民化路径、动力机制、基本途径、行动策略、实践框架、国家社会政策调整方向与变化的新趋势。

农业转移人口市民化战略新的问题意识体现在以下几个方面:一是要以发展型社会政策促进中国农业转移人口市民化,运用多元福利主义、资产建设、工作福利等理论,探索中国农业转移人口市民化过程中经济社会协调发展,实现人力资本的发掘和充分利用,强调社会问题的上游干预。二是要以社会公平和公民权理论推进中国农业转移人口市民化,包括城乡融合式包容发展、发展的道义经济、公共服务的均等化、城乡一体化、社会治理的公正和效率、个人的自由和发

展等。三是探究基于跨学科视域下的新的问题意识和反思性实践的意义，如基于政治过程、经济过程和社会过程的社会排斥与不平等、脆弱性风险与规避、社会质量、可持续生计等。

（三）农业转移人口市民化的中国实践和中国经验事实

这个整合性的分析框架中，基于群体和群际理论、理论假设模型及其微群体范式，关注农业转移人口市民化过程中的人口质量和健康发展问题，如社会认同、城市适应、现代性、社会资本、社会关系网络、城市融入、人口发展质量等重大议题，也同时关注农业转移人口的社会政策调整、社会政策设计和社会管理创新。同时，在理论研究和新的问题框架中，建立一个农业转移人口市民化过程中的"发展型社会政策""融入式可持续发展"的新的理论体系和新的实践框架。在社会质量、脆弱性、风险社会、可持续生计、包容性发展、公共健康、社会排斥、发展伦理和社会正义、实践理性和后果评价、实践中的道德、社会认同和城市群体适应等跨学科的理论框架中重新思考和关注中国农业转移人口市民化问题。

（四）整合性的、契合中国实践的基本途径、行动策略与政策建议方案

本研究通过发现问题、分析问题并提出解决问题的政策建议，提出一个整合性的，契合中国实践的，促进中国社会健康、稳定、协调发展的政策建议方案。建立一个农业转移人口市民化过程中的"发展型社会政策"和"融合式可持续发展政策"的新的政策体系和新的政策实践框架。在整合性的分析框架下，在新的理论的吸收和创新、在中国实证调研的基础上，建立测量中国农业转移人口市民化过程和社会政策效果的新的评价指标体系和监测模型。具有包括指标体系和监测模型的建构；进行指标体系的有效性检验，包括有效性检验（validity tests）、可靠性检验（reliability tests）和可加性检验（additivity tests）；利用因子分析法或层次分析法等统计方法对指标进行筛选，以得出重点监测指标；利用数据包络分析（DEA）法或成本收益方法来评估政府在市民化政策的绩效。在中国农业转移人口市民化的测量和新的知识框架中引入社会资本、社会关系网络、生活质量、公共健康、社会质量和可持续生计、包容性发展、生态文明、社会正义、发展伦理、共享社会发展成果、和谐社会等新的测量指标。本研究试图在整合性知识框架下对社会发展战略转型期中国农业转移人口市民化问题进行全面、系统而深入的研究，建立关于中国农业转移人口市民化社会影响的整合性评价体系，对

中国农业转移人口市民化的社会影响和效果进行整合性评估。

二、研究的学理依据和科学性基础

农业转移人口市民化是指农业转移人口进入城市从事非农产业后，在与城市环境要素发生相互作用的推动，在身份、地位、价值观念、行为和生活方式以及社会资本形态等方面，逐渐向城市市民转化的经济和社会过程。其中，农业转移人口的身份、地位、福利待遇、社会资本形态的变化是农业转移人口市民化外在的表现形式，农业转移人口群体的价值观念、思维方式、文化素质、行为习惯是农民工市民化内在的思想内涵。实现农业转移人口市民化，农业转移人口不仅应在工资待遇、社会保障等方面与城市市民接轨，住房保障、工龄接续等待遇也应与城市市民对接。市民化的真正落足点是"市民"，更多涉及的是经济、政治、社会、文化以及心理等跨学科层面。农业转移人口市民化既是一个过程，又是一种结果。在群体特征差异分析的基础上，农业转移人口市民化蕴含着人口身份转变、社会结构转型、生活方式变化和社会意识转化等诸多方面的深层次内涵。基于本研究中的农业转移人口市民化科学内涵，农民工市民化需要跨学科的范式整合，跨学科的整合性分析框架的建构，农业转移人口市民化应定位于一种新的发展观，即意味着社会、政治、经济、资源、人口、环境各个领域的全面进步。

第二节 研究思路、研究框架与研究目标

本书从现代化理论出发，结合中国农业转移人口的具体路径和中国城镇化的实践来确定本研究的研究思路、研究框架和研究目标，把个人的生命历程、家庭的生命周期和中国社会发展转型的内在要求和有序推动中国农业转移人口市民化结合起来，涉及中国农业转移人口的代际划分问题、居住空间分异问题、教育水平和社会分层问题。中国农业转移人口同样是涉及城乡差异、地区差异和产业类型差异问题，因此需要进一步深入研究如何有序推进。

一、研究思路

本书在跨学科的视角下思考有序推进中国农业转移人口市民化研究，研究思路基于研究视角、阶段模型和结构性维度与结构性效应展开。

（一）有序推进中国农业转移人口市民化的目标定位和研究视角

有序推进中国农业转移人口市民化"两种研究视角"体现为发展、风险与现代性视角和制度转型、社会政策与社会工作视角。发展、风险与现代性视角基于中国农业转移人口发展的视角，包括中国农业转移人口市民化过程中的生存性需要满足（物质支持系统——生理需要、安全需要、生存经济支持）；可持续发展性需要满足（发展支持系统——可持续生计、生活质量）、环境性需要满足（环境支持系统——社会质量、包容性发展、社会公平正义、融入可持续健康发展）、行动与结构性需要（行动结构支持系统——现代性获得、劳动力市场融入、人力资本提升、赋权增能促融等）。制度转型、社会政策与社会工作视角基于国家发展战略系统、制度推进战略系统、社会政策支持系统（发展型社会政策、资产型社会政策、能动型社会与投资型国家等）与社会工作系统。

现代性视角（见图2-1）体现为中国农业转移人口市民化是一个从传统性走向现代性、实现人的现代化的过程，通过现代化建设，借助于工业化和城市化推动，外部"赋能"和内部"增能"，从作为城市居民的合法身份、社会经济地位和社会权利的获得，如居留权、选举权、教育权、劳动与社会保障权等，从农业生产方式和职业身份转变、居住空间转移、社会关系重构到城市社会生活适应（再社会化），进而到价值观、生活方式、行为模式、社会心理状态、精神结构、思维观念、消费品位和文化素质等各方面全面向现代城市市民转化的过程，以实现城市权利主体获得、市民意识普及、城市性养成（城市生活方式的习得和内化）、现代性获得（现代生活理念与价值的建构）、理性精神孕育最终被构建的现代城市文明的社会变迁过程。发展的视角体现为实现人力资本提升，实现可持续生计获得和包容性发展，提高生命质量、生活质量和社会质量，实现现代性生成与城市性获得，消除社会排斥，实现社会整合等。风险视角强调中国农业转移人口融入城市、实现在城市中发展的风险话语和风险暴露的问题，如结构性排斥与不平等再生产、社会排斥、偏见歧视与边缘化过程、城乡二元分割、劳动力市场隔离与非正式就业带来的不确定性风险、道德空间与空间的正义性风险及其破坏等。有序推进中国农业转移人口市民化的社会工作视角强调以"增能""赋权""促融""抗逆力""危机干预"和个人效能感为核心，基于生命模式、生态社会视角、网络化和社会支持系统，实现赋权、增能和促融，实现中国农业转移人口向"可行能力"的转变，通过政策整合、权益保障和赋权增能促融，增强全能，实现"抗逆力"培养和危机干预，实现行动方式创新与思想观念改变，实现理性精神培育和脆弱性人群保护，创造可以增强功能的社会支持网络等途径，市民化过程中的"增能""赋权"与参与式发展路径强调行动研究。

有序推进中国农业转移人口市民化：路线图（Ⅰ）
1. 目标定位：实现融入式健康可持续发展。
2. 研究视角：（1）现代性视角；（2）发展视角；（3）风险视角；（4）社会政策视角；（5）"连续统"视角。
3. 研究内容：理论研究—经验研究—应用研究/对策研究。
4. 系统构成：发展/环境支持系统—行动/结构支持系统—制度/政策工具系统

图2-1 有序推进中国农业转移人口市民化系统性推进

（二）有序推进中国农业转移人口市民化的"阶段—发展模式"

有序推进中国农业转移人口市民化"阶段—发展模型"体现从生存—经济叙事、身份—政治叙事到多元融合—发展叙事的市民化过程（见图2-2），从脱嵌（空间转换与解放）、去传统化（祛魅与世俗化）到再入嵌（融入与整合）过程，从赋权（权益保障）、增能（能力提升）到促融（融入式发展）的过程，从再分配话语、社会融合话语到发展话语（可持续生计、包容性发展、社会人口质量、生活质量与社会质量）的过程，阶段—过程模型强调市民化过程中的职业化、再结构化、再社会化、城市性养成、现代性获得，等等。有序推进中国农业转移人口市民化的阶段模型以农业转移人口的发展需求满足、市民化的阶段性目标和任务、市民化空间结构变迁、流动规模和速度的增长、国家调整中国农业转移人口市民化的政策演变、国家发展战略与制度推进、农业转移人口市民化过程中的现代性培育水平与过程作为划分的标准。"阶段模型"体现了中国农业转移人口市民化的阶段性、渐进性、有序性和规律性特点，也体现了市民化的层次性、多元性、整体性和复杂性特点，体现了市民化的群体诉求、价值和目标层次等特点，体现了有序推进中国农业转移人口市民化的本土化的问题意识、基本内容和行动纲要。

阶段模型体现了几个转变：从亦工亦农到全职非农、从全职非农到身份市民化、从城乡流动到城市融合、从谋求生存到谋求发展的过程。阶段模型体现了从农业（农村、农民身份）到职业非农化（农民身份），再到身份市民化（城市市民身份）过程；从农民到农民工，再到城市新市民的过程；从农村土地退出到城市进入，再到城市融入的过程；从职业转移到地域转移，再到身份角色转变的过程；从"生存逻辑"到"货币逻辑"再到"发展逻辑"转型[①]，从"生存逻辑""权利逻辑"到"发展逻辑"转变，从赋权（权益保障）、增能（能力提升）到促融（融入式发展）转变，从脱嵌（空间转换与解放）、去传统化（祛魅与世俗化）到再入嵌（融入与整合）转变。

[①] 邓大才：《农民打工：动机与行为逻辑——劳动力社会化的动机—行为分析框架》，载于《社会科学战线》2008年第9期。

有序推进中国农业转移人口市民化：路线图（Ⅱ）
生存—经济叙事—身份—政治叙事—多元融合—发展叙事
1. "生存逻辑"—"权利逻辑"—"发展逻辑"。 2. 脱嵌（空间转换与解放）—去传统化（祛魅与世俗化）—再入嵌（融入与整合）。 3. 赋权（权益保障）—增能（能力提升）—促融（融入式发展）。 4. 再分配话语—社会融合话语—发展话语（人口质量、生活质量与社会质量）。 5. 农民身份—农民工身份—市民身份。 6. 农业农民—农民工（职业非农化）—新市民（身份市民化）—市民（现代性和城市性转变）。 7. 农村土地退出—城市进入—城市融入。 8. 职业转移—地域转移—身份角色转移。 9. 土地城镇化—职业城镇化—人口城镇化。 10. 城乡二元分割—城乡一体化发展—城乡融合发展。 11. 城乡二元机制与户籍问题—常住化与居住证制度—市民化与市民权。 12. 空间转移（移民化）—城市居民的合法身份角色转变—社会经济地位和社会权利获得。 13. 农业生产方式和职业身份角色转变（职业化）、社会关系重构（结构化）—城市社会生活适应（再社会化）—价值观、生活方式、行为模式、社会心理状态、精神结构、思维观念、消费品位和文化素质转化—城市生活方式的习得和内化（城市性养成）、现代生活理念与价值的建构（现代性获得）

图 2-2　有序推进中国农业转移人口市民化的"阶段—发展模式"

从空间转移（移民化）到城市居民的合法身份角色转变，到社会经济地位和社会权利获得；从农业生产方式和职业身份角色转变（职业化）、社会关系重构（结构化）到城市社会生活适应（再社会化），再到价值观、生活方式、行为模式、社会心理状态、精神结构、思维观念、消费品位和文化素质等各方面全面向现代城市市民转化的过程，最后到城市生活方式的习得和内化（城市性养成）、现代生活理念与价值的建构（现代性获得）农业（农村、农民身份），实现职业非农化（农民身份）和身份市民化（城市市民身份）。

（三）有序推进中国农业转移人口市民化"过程—发展模型"

有序推进农业转移人口市民化表现为三个发展过程：政治—制度—社会政策过程、市场—经济—人力资本过程、社会行为—文化—心理过程，市民化的三个过程体现了中国农业转移人口市民化从国家自上而下的强制性推进（英国经验）到工业化扩张（美国经验），再到政策引导（日本经验）的特点。三过程模型体现了制度干预与国家主义进路、自由市场与企业主义进路和政策工具与平民主义进路（见图 2-3）。

有序推进中国农业转移人口市民化：路线图（Ⅲ）
政治过程—经济过程—社会过程

1. 身份政治（公民权政治）—生产政治—生活政治。
2. 生活政治—流动政治—移民政治—市民政治。
3. 物理或地理空间的转移—经济生产空间的转移—政治、文化和生活空间的转移。
4. 政治市民化（政治适应）—经济市民化（经济适应）—社会市民化（社会适应）。
5. 国家行政干预（行政机制）—市场经济调节（市场机制）—社会保护（社会机制）。
6. 制度支撑策略—可持续生计策略—融入式发展策略。
7. 制度干预与国家主义进路—自由市场与企业主义进路—政策工具与平民主义进路。
8. 结构性转换—过程性变迁—文化性认同与行为适应。
9. 乡土性—城市性—现代性。
10. 职业角色转变（农业转向非农业—农民角色群体向市民角色群体转变）—政治身份转变（农村农民转向城市市民）—社会行为与文化心理转变（传统性转向现代性）

图 2-3 有序推进中国农业转移人口市民化的"过程—发展模型"

（四）市民化过程的"结构—发展效应"模型

中国农业转移人口市民化过程体现为一个行动—结构的过程，体现为时间—空间—群体三种效应，包括结构性过程（时间结构、空间结构、群体结构）、结构优化过程和解决结构失衡（城乡二元结构、劳动力市场的二元、三元结构、户籍身份二元结构）的过程，有序推进农业转移人口市民化表现为三个结构效应，即时间结构效应、空间结构效应、群体结构效应（见图 2-4）。时间效应包括迁移的阶段性过程、从传统性走向现代性过程、流动的经历、人力资本的积累和社会关系网络重建、社会转型与社会变迁、经济发展和经济转型等。空间效应包括城镇化空间效应、市民化水平与市民化需求的空间效应（东部、中西部、南部和北部、省内省际）、流动空间效应（农村到城市；省际流动、省内流动、县域流动）、住房的空间分化（居住环境、住房类型——商品房、自租房、企业宿舍、工地等、居住空间分异——社区、宿舍或飞地等）、迁入地和迁出地的空间效应、城镇化水平和城市规模（大城市、中等城市、小城镇）等空间效应。群体结构性效应包括性别、民族、年龄、受教育程度、家庭、婚姻、职业和收入、流动经历、迁移模式等。

市民化层面		时间结构性效应—空间结构性效应—群体结构性效应
（Ⅰ）空间层面（空间有序推进）	1. 空间结构效应	（1）城镇化空间效应、市民化水平与市民化需求的空间分化效应（东部、中西部、南部和北部、省内与省际流动）；城镇化水平和城市规模的空间效应（大城市、中等城市、小城镇；半城市化、虚城市化）空间效应；包括就地城镇化与市民化路径、异地城镇化与市民化路径、大中城市和中小城市市民化路径。 （2）流动空间效应（农村到城市；省际流动、省内流动、县域流动）。
	空间隐喻 政治的空间 资本的空间 社会的空间 空间有序推进 空间秩序重构 空间的异质性	（3）居住隔离与住房空间分化效应（居住环境、住房类型—商品房、自租房、企业宿舍、工地等、居住空间分异—社区、宿舍或飞地等）。 （4）群际空间交往、迁入地和迁出空间效应。 （5）脱嵌（空间转换与解放）—去传统化（祛魅与世俗化）—再入嵌（融入与整合）。 （6）城乡二元分割—城乡一体化发展—城乡融合发展。 （7）物理或地理空间的转移—经济生产空间的转移—政治、文化和生活空间的转移
（Ⅱ）时间层面（时间有序推进）	2. 时间结构效应	（1）迁移的时间效应、阶段性过程与渐进性。 （2）现代性获得时间过程：从传统性走向现代性过程。 （3）时间结构：流动的经历、人力资本积累、可持续生计获得和社会关系网络重建。 （4）社会转型与社会变迁、经济发展和经济转型等。 （5）政治市民化（政治适应）—经济市民化（经济适应）—社会市民化（社会适应）。
	时间隐喻 时间结构 时间序列 时间意识 时间政治 时间心理账户 家庭生命周期 个人生命历程	（6）生存—经济叙事、身份—政治叙事到多元融合—发展叙事。 （7）从文化接纳、文化适应到文化融入的过程。 （8）从身份转变、身份认同再到身份融入的过程等。 （9）赋权（权益保障）—增能（能力提升）—促融（融入式发展）。 （10）乡土性—城市性—现代性

市民化层面	时间结构性效应—空间结构性效应—群体结构性效应	
（Ⅲ）群体层面（群体有序推进）	3. 群体结构效应	（1）代际性视角、群体效应与家庭视角。 （2）基于人口结构、人力资本、生命历程、代际分化等（性别、民族、年龄、受教育程度、家庭、婚姻、职业和收入、流动经历、迁移模式）的群体分化效应。
	群体有序推进 群体互动 群体动力 群体规范 群体表征 群体认同	（3）群体互动效应（个体过程、群体内过程、群际过程）。 （4）认同建构效应，实现从身份认同、自我认同到社会认同的过程。 （5）从群体文化接纳、群体文化适应到群体文化融入的过程。 （6）从群体身份转变、群体身份认同再到群体身份融入的过程

图 2-4 有序推进中国农业转移人口市民化的"结构—发展效应模型"

（五）市民化过程的"行动—结构模型"

整个研究体现了农业转移人口市民化问题研究的整合性、系统性框架，即农业转移人口市民化是一个涉及理论、实践和效果评估的"共同问题"；各子研究的关系体现了跨学科之间的关系，也体现了理论研究和实证研究之间的关系、理论研究与应用研究之间的关系，体现了理论、经验和应用的三重思考逻辑，整个研究主要围绕发展/环境支持系统—行动/结构支持系统—制度/政策支持系统思考（见图 2-5），具体包括中国农业转移人口市民化过程中的国家行动、政治过程与制度转型；社会质量、可持续生计与市场效应；地位获得、社会流动与社会分层效应；人际互动、社会网络与社会资本效应；文化适应、认同建构与心理资本效应。

市民化层面	核心议题与视域
（Ⅰ）系统/环境支持系统	1. 系统、环境与结构（宏观—结构化过程）。 社会转型与国家战略。国家战略：现代化、全球化、城市化、工业化、城乡一体化、城乡融合发展；社会转型：社会变迁与政治系统、经济系统、文化系统。 系统条件与系统功能满足。政治系统、经济系统、文化系统、社会系统等结构化过程与结构化适应。经济结构与产业转型升级与梯度转移；城乡二元结构（户籍、社会保障、公共服务供给）；劳动力市场结构（就业、职业与收入）；政治结构、文化结构与社会结构转型；基于结构性的可持续生计、脆弱性风险与社会质量。 生活质量、公共健康、社会质量、可持续生计、社会整合、社会公平与发展正义

市民化层面	核心议题与视域
（Ⅱ）制度/政策支持系统	2. 组织、制度与政策（中观—组织化过程）。 国家行动、政治过程与制度转型：国家、地方政府、家庭、社区、共同体、学校、企业、群体互动。 家庭组织系统：家庭的劳动力迁移决策、家庭禀赋、家庭人力资本投资、家庭文化资本、市民化的代际传递效应。 社区、社会组织、社会工作系统：社区发展、社区营造与社区融入；社会组织、社会工作与学校教育；共同体营造与文化共同体培育。 制度与政策系统：制度创新与社会政策工具
（Ⅲ）行动/结构支持系统	3. 个人、群体与行动（微观—主体性过程）。 地位获得、社会流动与社会分层效应：人力资本培育和能力提升。 人际互动、社会网络与社会资本效应：社会交往、人际关系、社会网络结构、社会资本（关系型社会资本、制度型社会资本、组织型社会资本生产）。 文化适应、认同建构与心理资本效应：现代性培育、城市性生成；心理资本增强，包括社会认知、情感控制、个人效能感、抗逆力培养、增能、促能、精神健康与心理融入。 社会心理、现代人格与行为适应：现代性培育和城市性生成、现代人格塑造、思维方式、精神结构、信仰与价值观念的现代性；角色转换、角色适应、角色再造与认同转变（自我认同、身份认同与社会认同转变）

图 2-5　有序推进农业转移人口市民化的"行动—结构模型"

二、研究框架

本研究旨在以"农业转移人口"为切入点，以"市民化"为核心议题，以"有序推进"为关键目标，来研究有序推进不同类型农业转移人口市民化的路径和战略化布局，对不同类型的农业转移人口及其市民化过程中的重点推进领域进行深入研究，该课题的研究设计及其理论展开，充分体现了该类研究的最新研究特点，具有明确的方法论意义、问题意识和政策建议价值。本研究主要由"一个定位、三大部分"组成，分为理论、经验（实践）与应用。一个定位，即定位于农业转移人口市民化的生活质量、社会质量与健康可持续发展——农业转移人口市民化的"融入式健康可持续发展""自我发展能力建设""发展型社会政策"与以资产为本的社会福利政策。

（一）基础理论研究：理论研究与理论支撑系统

基础理论研究作为有序推进农业转移人口市民化研究的先行性研究，重点研究有序推进农业转移人口市民化的理论发展与新的问题意识（理论支撑系统），从总体上分析和提炼了本课题研究的理论基础和经验借鉴，即国家发展战略框架中农业转移人口市民化的重大理论问题与主要议题研究，对农业转移人口市民化问题进行整体性的跨学科研究，为整个研究提供跨学科的知识背景和理论支撑。

具体包括：农业转移人口市民化的基础理论研究、理论前沿、理论发展和理论解释维度；转型时期农业转移人口市民化的重新界定、国家发展战略与农业转移人口市民化的关系；农业转移人口市民化的国际经验、科学内涵、内在逻辑、市民化障碍和影响因素、动力机制等。本研究从"现代化"理论和"新发展"理论出发，结合中国农业转移人口的具体路径和中国城镇化的实践来确定本研究的研究思路、研究框架和研究目标，把个人的生命历程、家庭的生命周期和中国社会发展转型的内在要求和有序推动中国农业转移人口市民化结合起来。此外，还有中国的城市化理论、现代化理论、工业化理论、新型城镇化理论、城乡一体化理论、科学发展观、社会变迁中的社会整合理论、包容性发展理论、可持续生计理论、脆弱性风险理论、社会质量理论、社会排斥理论、公民权理论等。

（二）经验事实研究：经验研究与研究系统构成

经验研究主要围绕发展/环境支持系统—行动/结构支持系统—制度/政策支持系统进行深入思考，具体包括中国农业转移人口市民化过程中的国家行动、政治过程与制度转型；社会质量、可持续生计与市场效应；地位获得、社会流动与社会分层效应；人际互动、社会网络与社会资本效应；文化适应、认同建构与心理资本效应。

基于中国实践和中国经验，涵括中国农业转移人口市民化的基本经验事实与问题判断，对农业转移人口市民化的基本经验事实判断和问题分析包括三个效应和三个层次。一是有序推进农业转移人口市民化的三个效应，具体包括：（1）有序推进农业转移人口市民化过程中的社会质量效应与可持续生计研究（社会环境动力系统与社会系统整合）；（2）有序推进农业转移人口市民化过程中的群体行动效应与社会融入研究（群体群际行为动力系统与行为系统整合）；（3）有序推进农业转移人口市民化过程中的政策福利效应（制度环境动力系统与制度系统整合）。二是有序推进农业转移人口市民化的三个层次，具体包括：（1）农业转移人口市民化进程中的社会质量、脆弱性与包容性发展研究；（2）农业转移人口市民化进程的可持续发展、风险承担网络、社会支持网络、社会资本、可持续生计研究；

（3）农业转移人口市民化过程中的中国流动人口的群体适应、人的现代性与城市融入问题研究。

（三）应用对策研究：行动研究与政策工具系统

体现为有序推进农业转移人口市民化的战略步骤与系统构成，包括：农业转移人口市民化的政策福利效应与社会政策调整研究；有序推进农业转移人口市民化路径、实践策略和社会政策建议（环境支持与行为动力系统）；有序推进农业转移人口市民化过程监测效果评估和模型建构（效果评价系统）。

有序推进农业转移人口市民化的战略步骤和系统构成，需先确定市民化的基本步骤，再从宏观、中观和微观三个层面来提出有序推进农业转移人口市民化的政策建议。重点研究进城农民工的公共服务与社会支持、城郊失地农民的身份认同与角色再造以及在地农民的内生发展与就地城镇化。具体包括农业转移人口市民化过程中几大重点推进领域，跨学科视域中的农业转移人口市民化的国家战略、实现路径和体制机制创新研究；国家社会政策调整、政策建议和具体政策设计；农业转移人口市民化程度跟踪监测的指标体系和评估技术研究；市民化社会政策的效果及其社会影响等。

各研究始终从理论、经验和社会政策层面，围绕农业转移人口市民化的社会质量与健康可持续发展问题，农业转移人口市民化过程中的自我发展能力建设问题。各研究的提出既是建立在不同学科自身不断反思、重新发展和领域拓展的结果，也是不同学科之间对话和视域交融的结果，各个研究在跨学科的基础上形成了关于有序推进农业转移人口市民化的问题的一个整体性的认识框架，即从有序推进农业转移人口市民化的不同学科的解释策略和解释维度到跨学科的"共同问题意识"的建立，再到跨学科解释框架的建立，并在这个跨学科的解释框架中，回到中国经验世界，对有序推进农业转移人口市民化的问题展开实证研究。这个框架是建立在发展经济学、发展社会学、发展政治学、发展人口学、政策学和管理学跨学科基础之上的，都是这个整合性框架中的一部分，共同构成了认识有序推进农业转移人口市民化的问题的一个整合性的、跨学科的分析框架。

"有序推进农业转移人口市民化的重大理论问题与新的问题意识"研究是在跨学科视域中重新检视关于市民化问题的理论基础和各种理论假设模型，在跨学科理论评介的基础上建立新的问题意识，为农业转移人口市民化提供理论支撑系统，提供多元化、总体性的理论框架研究，是保证研究科学性的重要理论前提。"农业转移人口市民化的社会质量效应与可持续生计研究""农业转移人口市民化的群体行动效应与社会融入问题研究""农业转移人口市民化的政策福利效应与社会政策调整研究"体现了农业转移人口市民化问题的跨学科整合性研究，也体现了农业转移人口市民化问题的新的问题意识,三个研究分别从环境动力系统、行为动力系统与制度动力系统为农业转移人口市民化提供环境支持与社会行动系统,同时体现了农业转移人口市民化的社会(环境)支持、主体行动和政策福利三个理论效应。最后一个研究是评价指标体系的研究,即如何在整合性的总体框架中为解决农业转移人口市民化、重新调整农业转移人口市民化的社会政策建立一个农业转移人口市民化的评估框架,包括跨学科视域中的农业转移人口市民化的评价指标体系和评估技术,为农业转移人口市民化提供一个评价支撑系统。

三、研究创新

(一)认识论与方法论创新

认识论和方法论创新也体现了市民化研究范式超越行动与结构、集体与个人、主观与客观、微观与宏观的二元对立过程,走向一个行动与结构的二重性过程。本研究试图从理论、经验和应用层面,基于发展的视角、风险的视角、代际分化的视角、现代性的视角、可持续生计与包容性发展的视角、社会工作与社区发展的视角,从宏观、中观和微观层面,从时间、空间与群体的结构效应,从政治过程、经济过程到社会过程,基于市民化的价值维度、融入式发展维度和风险维度,基于跨学科的研究视域,为中国农业转移人口市民化提炼新的问题意识和新的整合性的认识方法。面向中国社会发展战略转型和中国社会变迁过程中出现的新情况,发现社会发展战略调整阶段农业转移人口市民化的新的问题意识、剖析并解决这些问题。

对于如何有效推进中国农业转移人口市民化,本研究基于"连续统"的分析性概念,"连续统"具有时间性,也具有空间性,就是基于中国农业转移人口市民化的经验现实中抽象出共同分析要素的概念,建立一般化的概念体系,基于范畴化的方法,基于中国农业转移人口的特点、历史阶段和中国社会转型的社会背景,时间性表现为传统性—现代性、"农民—农民工—市民""农村土地退出—城市进入—城市融入""职业转移—地域转移—身份角色转移""土地城镇化—职业城镇化—人口城镇化"。空间性表现为"乡土—城市的连续统",从"城乡二元分割—城乡一体化发展—城乡融合发展"这一整体的动态连续转变的过程中来系统考察中国农业转移人口市民化问题,中国农业转移人口市民化从城乡二元结构、劳动力市场的二元分割、劳动力部门的三元结构,到城乡一体化、城乡融合发展,"连续统预设"的提出,有利于研究视角和分析方法的融合。

（二）理论发展和理论创新

推进农业转移人口市民化问题研究的理论发展和理论创新。本研究填补了中国农业转移人口市民化整合性研究的理论空白，完善了社会发展战略转型框架下的中国农业转移人口市民化的理论体系，如在中国农业转移人口市民化体系中重新认识中国的城市化理论、现代化理论、工业化理论、新型城镇化理论、城乡一体化理论、科学发展观、社会变迁中的社会整合理论、公民权与市民社会理论等。

本研究基于新发展理论、社会转型理论、风险社会理论、消费社会理论、全球化理论、发展型社会政策理论、资产型社会政策理论和积极社会福利理论，提出了"新发展观"的理论视域，新发展观意味着协调发展、包容性发展、融合式发展和可持续发展。不仅包括经济增长和"可持续生计"，也包括公民权利保障、制度整合、政治接纳，而且也包括包容性发展、社会平等、民主参与、发展伦理和社会正义，包括弱势群体的社会融合、城市适应、身份认同、社会地位的提高、现代性生成与培育等。新发展观涉及转型社会的发展问题。从现代化、工业化、城市化、城镇化过渡到后工业社会、全球化社会、风险社会、消费社会、新城市主义、新型城镇化等后发展主义阶段。

本研究新发展观涉及社会风险、社会质量和人口质量问题，本研究重点提出发展中的"风险"问题，城市移民过程中的贫民窟、空间隔离、社会孤立、社会歧视与社会距离、种族偏见、社会排斥、社会公平与社会正义的破坏、脆弱性风险、可持续生计破坏、城乡二元分割的结构性风险、流动过程中出现的郊区族群化和移民聚居区、城市空间的种族歧视和社会偏见、社会整合的破坏与身份隔离、流动过程中的底层化、贫困化和边缘化、城市吸毒、犯罪和动乱等严重威胁现代社会的发展，新发展问题需要从现实的迫切性出发，以社会问题的解决为目标，实现发展正义和包容性发展。新的社会风险要求我们健全风险研判和决策风险评估机制，实现风险防控协同机制，明确风险防控责任机制。新发展观强调必须承认个体的价值、尊重个体的差异性和文化的多样性，关注其个人自由的价值、发展的权利、共同体意识、公民精神或社群价值、创造性生产劳动的价值、参与式发展、社会正义诉求、团结政治力量、包容性发展等。

（三）经验研究、行动研究与政策研究

经验研究主要围绕发展/环境支持系统—行动/结构支持系统—制度/政策工具系统思考，具体包括中国农业转移人口市民化过程中的国家行动、政治过程与制度转型；社会质量、可持续生计与市场效应；地位获得、社会流动与社会分层

效应；人际互动、社会网络与社会资本效应；文化适应、认同建构与心理资本效应，提出农业转移人口市民化的整合性的建议方案，从社会政策和实现路径层面为当代中国农业转移人口市民化问题解决提供一套既具有一定可操作性又具有一定可行性的有关"农业转移人口实现市民化"的行动方案、社会政策建议、农业转移人口市民化程度评估的指标体系和模型建构；为农业转移人口发展和政府决策机构提供参考和决策依据，提供坚实的智力支持。本研究是在基于经验研究的基础上的，但不是单一的、狭隘的、片面的经验研究，也是行动研究和社会发展干预研究的结合，经验研究为行动研究和干预研究提供科学决策的经验证据，从经验资料的收集、资料的处理到分析，也是一个反思性实践的过程，行动研究是一种适合于社会工作者的研究方法，包括诊断性研究、参与性研究与实验性研究。它既是一种方法技术，也是一种新的研究理念、研究类型。行动研究强调社会科学研究工作者从实际工作需要中寻找课题，理论与实践相结合，在实际工作过程中进行研究，由实际工作者与研究者共同参与，使研究成果为实际工作者理解、掌握和应用，从而达到解决问题，改变社会行为的目的的研究方法。

第三节 研究内容、拟解决的关键问题和重点难点

基于中国转型时期的中国农业转移人口市民化问题的基本的理论判断和主要观点，这就要求我们在分析农业转移人口市民化问题的时候，形成一个基本的解释框架，这个解释框架包括农业转移人口市民化问题研究的主要内容、演绎脉络、思想谱系、内在的逻辑关系和历史进路，也包括研究的基本构件和解释的维度、发展的过程、阶段、演变规律等；包括农业转移人口市民化行动的机制路径、实践策略和社会政策推进。

一、研究内容

研究的主要问题和内容包括农业转移人口市民化的理论流派、理论前沿和学理依据；包括农业转移人口市民化的科学内涵、实践主体、市民化现状、影响因素与障碍、市民化路径、推动策略与动力机制。重点加强国家户籍制度改革、大中小城市的发展战略和国家推进城镇化战略与有序推进农业转移人口市民化研究。

（一）理论话语体系、理论发展、理论分析框架和方法论基础

本研究既需要重新在整合性的理论框架中对农业转移人口市民化的相关理论的方法论基础、核心概念、理论命题、各种理论假设模型和理论分析框架做出梳理，并推动理论创新和理论发展，还需要结合中国本土的经验资料进行理论的本土化建构，为形成农业转移人口市民化的"中国道路"或"中国经验"提供新的理论支撑。既包括中国农业转移人口市民化的理论前沿和跨学科学理依据，农业转移人口市民化的跨学科理论话语系统和农业转移人口市民化研究的跨学科理论进展，也包括农业转移人口市民化的重大理论问题和理论发展问题、农业转移人口市民化研究范式的转换、农业转移人口市民化相关理论的方法论基础、理论的建构逻辑、核心概念、理论命题和理论分析框架；国外关于农业转移人口市民化的最新研究成果，相关领域研究的前沿理论和关注的主要议题。

农业转移人口市民化的理论体现为三个层次，即基于结构主义的宏观的理论研究，包括"二元经济结构理论""推—拉理论""新古典经济均衡理论""新经济移民理论""劳动力市场分割理论""世界体系理论""公民权理论"等；基于社会网络视域的中观的理论研究，包括有迁移预期收入理论、移民网络社会资本理论、贫穷集中或社会孤立理论、社会分割或社会网络分割理论、生命周期迁移理论等；基于群体或个体心理与行为的微观理论，具体有社会融入或社会整合理论、社会认同理论、群体适应理论、社会距离理论、社会表征和"污名化"理论、社会支配理论、社会影响理论等（见图2-6）。

本研究的农业转移人口市民化问题研究既在现代化、现代性、城市化、世界体系、依附论、剥夺论、功能论、结构论等传统的理论视角和理论框架下展开，也结合了国外市民化研究领域的新的理论动态、理论拓展和前沿研究成果。社会转型和全球化语境中，需要从全球化、风险社会、群体性适应、社会认同、生活质量、社会质量、社会发展伦理与正义、实践理性、赋权与社会参与、公民权利、共享社会发展成果、可持续生计、包容性发展、社会整合、人力资源投资、公共健康、人口可持续发展方面来界定农业转移人口市民化；需要关注整合性的相关议题包括跨学科、整合性分析框架的提出，如脆弱性分析框架、可持续生计分析框架、包容性发展框架、参与式发展框架、社会整合框架、社会排斥框架、公共健康框架、人口可持续发展框架、脆弱性与风险规避和预警框架等。

```
┌─────────────────────────────────────────────────────┐
│   有序推进农业转移人口市民化的重大理论问题与新的问题意识   │
└─────────────────────────────────────────────────────┘
                    │               │
        ┌───────────┘               └───────────┐
        ▼                                       ▼
┌──────────────────────────┐      ┌──────────────────────────┐
│ 理论框架与理论发展          │      │ 社会转型与发展战略框架     │
│ 1. 结构主义的宏观理论。     │      │ 1. 社会变迁与发展动力。     │
│ "二元经济结构理论"、新经济   │      │ 现代化、新型城镇化、城乡一体化 │
│ 移民理论、劳动力市场分割理论、│      │ 2. 发展转型与结构性调整。   │
│ 公民权理论等                │      │ 人口结构转变、市场结构、城乡结构、│
│ 2. 社会网络视域的中观理论。  │      │ 就业结构、产业结构、空间结构  │
│ 迁移预期收入理论、移民网络   │      │ 3. 发展价值观和发展目标新诉求。│
│ 社会资本理论、社会网络分割   │      │ 科学发展观、发展伦理与发展正义、│
│ 理论等                     │      │ 包容性发展、和谐社会、生态文明 │
│ 3. 个体或群体心理与行为的   │      │                          │
│ 微观理论。                 │      │                          │
│ 社会认同理论、群体适应、社会 │      │                          │
│ 距离理论                   │      │                          │
└──────────────────────────┘      └──────────────────────────┘
              │                              │
              └──────────────┬───────────────┘
                             ▼
┌───────────────────────────────────────────────────────┐
│ 市民化的多重理论逻辑和新的问题意识                        │
│ 1. 市民化与脆弱性理论。                                  │
│ 可持续生计、风险承担网络、人口质量、公共健康                │
│ 2. 市民化与包容性发展理论。                              │
│ 参与式发展、社会正义与发展伦理、社会整合与反社会排斥         │
│ 3. 市民化与社会发展质量。                                │
│ 社会质量、生活质量、可持续发展生态                         │
│ 4. 市民化与多元化的社会治理。                            │
│ 社会治理、公民权、政治生态、环境生态治理                   │
└───────────────────────────────────────────────────────┘
                             │
                             ▼
┌───────────────────────────────────────────────────────┐
│ 市民化的整合性的理论分析框架                             │
│ 1. 市民化与脆弱性分析框架。                              │
│ 2. 市民化与可持续生计分析框架。                          │
│ 3. 市民化、包容性发展与参与式发展框架。                   │
│ 4. 市民化、公共健康与健康公正框架。                       │
│ 5. 市民化与多元化社会治理框架。                          │
│ 6. 市民化、社会整合与反社会排斥框架                      │
└───────────────────────────────────────────────────────┘
```

图 2-6 有序推进农业转移人口市民化重大理论问题与问题意识

（二）国家战略与有序推进农业转移人口市民化

社会转型、全球化、新型城镇化和现代化国家战略中，需要从国家主义的理论进路与社会发展正义的意识形态连续谱，从社会转型、社会变迁和社会发展、社会公平及和谐社会建构的视域出发对贫困进行重新界定。社会发展的本质是在发展过程中追求社会公平，以使每一个社会成员，特别是弱势人群，都有平等的机会参与分享经济发展的成果。国家户籍制度改革、大中小城市的发展战略和国家推进城镇化战略构成了有序推进农业转移人口市民化的战略背景和历史条件。具体表现在中国经济发展产业结构梯度转移和产业结构升级对农业人口市民化的影响；新型城镇化与农业转移人口市民化、城乡一体化与农业转移人口市民化、公民权与农业转移人口市民化；表现在社会转型、结构性调整与农业转移人口市民化等理论问题；新型城镇化与农业转移人口市民化的理论突破、城乡一体化与农业转移人口市民化城乡协同创新的理论支撑、社会转型语境中农业转移人口市民化的重新定位；现代化、新型城镇化行动中的市民化战略调整等。市民化困境源于现代化发展战略中的不同区域的差异性建构与不均衡的发展策略。现代化的优先发展战略带来了财富和资源的极化现象和优势积累效应。

1. 国家推进新型城镇化战略与农业转移人口市民化的理论突破

新型城镇化是指坚持以人为本，以新型工业化为动力，以统筹兼顾为原则，推动城市现代化、城市集群化、城市生态化、农村城镇化，全面提升城镇化质量和水平，走科学发展、集约高效、功能完善、环境友好、社会和谐、个性鲜明、城乡一体、大中小城市和小城镇协调发展的城镇化建设路子。新型城镇化的本质是增加非农产业的就业岗位，是统筹城乡、把农民就业纳入到整个政府的统一政策安排当中去，有序推动中国农业转移人口市民化；新型城镇化是和社会主义新农村建设相互运作，相互推动，同时进行，城镇人口增加和农村人口减少形成互动机制。

2. 统筹城乡发展的科学发展观与农业转移人口市民化的理论探讨

农村、农业与城市和工业有不同的生产和生活样式，市民化不能一概否定前者。统筹城乡发展，是一项关于全社会的复杂的系统工程，涉及城乡规划、基础设施、土地制度、社会保障、人口管理、文化教育等各个领域。统筹就是要逐步改革城乡二元经济结构，就是为了兼顾、整合、协调，为了正确反映和兼顾不同方面群众的利益，为了社会的安定与和谐。统筹城乡和农民市民化在本质目标上具有同一性，在一定条件下，统筹城乡是农民市民化的手段方式，农民市民化是统筹城乡的重要内容，从人作为根本主体，人的发展是根本目标的角度来说，农民市民化是统筹城乡的长期根本目的。

3. 城乡一体化、城乡融合发展与农业转移人口市民化城乡协同创新的理论支撑

即实现农业转移人口市民化与城乡一体化同步推进，城乡一体化的关键是人的一体化，更确切讲关键是农民向市民的转变，是农民与市民一体化。城乡一体化是实现中国农业转移人口市民化的最有效途径，没有实现城乡一体化就谈不上实现农业转移人口市民化。城乡一体化包括城乡空间结构一体化、城乡经济发展一体化、城乡社会政策一体化、城乡文化一体化、城乡生态一体化和城乡社会管理一体化。

4. 公民权、"身份—政治"叙事模式与中国农业转移人口市民化

包括社会成员资格或身份的问题和资源的分配问题；公民权视角下的社会政策制定取向（价值的或利益的）、政策执行力、农业转移人口对政策的认知与认同程度、农业转移人口与市民间的摩擦与冲突；全球化背景下的农业转移人口与保护性的社会政策、反社会排斥的社会政策；如何构建公正的社会支持系统，确立农业转移人口"公民权"的实践途径；国家、市民社会、市民与农业转移人口对城市融入这一"公民权"的认知及行动选择与社会影响之间的关系。主要命题：内部异质性、自我认同、相对地位、参照群体、社会排斥和社区形成、定居状态、适应路径、群体互动模式、聚居规模；内部社会控制机制和冲突解决机制的存在、内部团结和保护意识的存在；农业转移人口公民权的实现机制，包括公民权利与社会福利政策的制度化；农业转移人口社会资格的确立和身份合法性；社会公平原则下资源的分配与共享问题；以及中国户籍制度的改革和农业转移人口政治参与的实现；等等。

5. 中国社会转型、结构性调整与农业转移人口市民化

包括中国社会转型语境中的人口结构转变、市场结构调整、就业结构变化、产业结构和空间结构出现新的组合；包括农业转移人口市民化推动的价值理念与发展目标转变；包括科学发展观、发展伦理与发展正义、包容性发展、和谐社会、生态文明、美丽中国的价值理念和发展目标。

（三）市民化的科学内涵、实践主体、实践路径和机制研究

1. 有序推进农业转移人口市民化的科学内涵、知识谱系和话语实践

包括有序推进农业转移人口市民化的科学内涵、市民化概念的重构、内在逻辑等，研究的重点在于"有序推进"，包括有序推进的科学内涵和理论依据。本研究在国家—市场—社会的框架中理解有序和无序。有序是计划经济的思想，真正有序实现流入其实应该是市场化的结果，这样留下来的可能性才大。农业转移人口市民化的本质是农民成为与市民相近乃至同质的市场主体或市场经济条件下的生产要素。衍生出来的是农民在物质、精神层面达到或者接近市民的水平与标

准。农民市民化包括空间摆布上的城市化格局的调整、从事职业的非农化，而且还包括一系列角色意识的树立、思想观念的更新、社会权利的履行、行为模式的革新和生产生活方式的转变，是多元化多层次的整体转型过程。我们进一步把农民市民化拓展为五个具体方面的市民化，即五化：居住和户籍城镇化、就业岗位非农化、技能与素质专业化、生活与行为城市化、身份与权利同等化。

研究包括有序推进农业转移人口市民化的相关议题、新问题意识和跨学科性理论分析框架建立。与农业转移人口市民化相关新的问题意识，如脆弱性、结构性平等问题、社会安全感、社会诚信、社会公正和道德正义、社会排斥和社会风险、环境生态与文明、社会分化与社会分层、教育不平等、性别不平等、公共健康与健康分化等。

2. 有序推进农业转移人口市民化的实践主体、群体属性、群体异质性和市民化的实践层次

重点加强农业转移人口本身的类别化和社会分层研究。一是农民工；二是实地农民，被动市民化；三是就地市民化。农民工内部本来就分化，农业转移人口概念更大，需考虑各类人口的差异。具体包括：一是进城务工农民的市民化，即农业转移人口的市民化；二是城镇化中的农民市民化，已经失去土地，离土不离乡，只是住进楼房没有耕地或者进入城镇从事非农产业的农民市民化问题；三是现代农民的市民化，即经受了市场浪潮冲击，生产剩余积极参与市场活动，以自主经营或出卖劳动换取工资收入的农民市民化；四是传统农民的市民化，也就是"不离土不离乡"、自给自足农民的市民化问题。四类农民分别处在四个不同层次，实现市民化的基础、难度和方式存在很大差异。

农民市民化的实践层次的多样性和多层次性。第一个层次，农民市民化内容的主观层次与客观层次，前者主要是指农民自身素质技能、生活方式、社会权利等方面，后者主要是指农民生活与生产的客观条件，诸如基础设施、物质条件等。第二个层次，就是进一步就第一层次的内容再行细化与深化。比如社会权利中的社会保障，甚至具体到医疗保险、养老保险。农民市民化的内容在本研究看来可以概括为七个转变，即法律身份转变、思想观念转变、居住环境转变、技能素质转变、收入来源转变、生活方式转变、社会权利转变。

3. 农业转移人口市民化群体的现状、生存状况和生活质量

本研究采用实地资料收集、问卷调查以及宏观数据采集相结合的方法，深入分析和研究市民化背景下中国流动人口社会融合的整体情况，探索其整体人口特征、迁移方向、迁移趋势及其迁移后果。同时，从政策导向、经济发展、文化和价值观、心理等方面对农业转移人口迁移的影响因素进行实证研究，分析新阶段下农业转移人口迁移的新特征。

中国农业转移人口市民化的话语特征表现为：渐进性特征，即市民化对象的渐进性、市民化内容的渐进性、市民化区域推进上的渐进性；层次性特征；复杂性特征；长期性特征；不可逆性特征。农民市民化的影响因素包括外部因素和内部因素。包括中国流动人口的分布和中国流动人口家庭中的妇女、老人和儿童的人口学特征，中国流动人口群体的性别构成、年龄结构、婚姻地位、个人生命历程和家庭生命周期、家庭生育状况、家庭教育和劳动力市场参与现状；也包括家庭结构、代际分化和代际流动、社会分层和群体分化；贫困、教育与不平等问题研究。

4. 市民化的国际经验及农业转移人口市民化影响因素和市民化障碍

包括国外农业转移人口市民化的基本经验和成功启示、市民化障碍和市民化影响因素。外部因素从类别上有政府推动力，即政策推动和导向，通过发展规划推动（如政府制定统筹城乡发展规划、小城镇建设规划、城市扩容规划、城乡一体化、新型城镇化等）、财政税收手段推动、政府加快公共服务提供的推动或社会福利和保障推动；内部因素主要包括思想观念、受教育水平、劳动素质与能力、创业精神、收入情况五个维度。

5. 农业转移人口市民化的市民化路径、模式和运行动力机制

研究包括市民化模式、动力机制、基本途径、行动策略、实践框架、国家社会政策调整方向与变化的新趋势；具体的机制包括建立提升农业转移人口人力资本的长效机制、建立提升农民工社会资本的长效机制。

社会转型与中国农业转移人口市民化方式的转变、科学发展、和谐社会建设与当代中国农业转移人口市民化重新定位的问题、农业转移人口市民化的反思性过程、农业转移人口市民化战略的调整和方式的转变问题、农业转移人口市民化中可持续发展问题。具体包括的内容如下。知识与实践：农业转移人口市民化的逻辑起点与话语方式；改变话语实践：农业转移人口市民化的实践逻辑与推动策略；冲出话语的重围：农业转移人口市民化的话语实践的新趋势。农业转移人口市民化的推动路径包括小城镇路径、大城市辐射模式和农民进城务工模式。

（四）有序推进农业转移人口市民化的理论与经验研究

1. 农业转移人口市民化进程中的社会质量、社会资本、社会网络与可持续生计的理论分析模型和新的问题意识

主要内容有：农业转移人口持续向非农业和城镇转移的空间、社会资本、社会支持网络、脆弱性与市场不确定性、风险承担网络与农业转移人口市民化；参与式发展、可持续生计与农业转移人口市民化；包容性发展、和谐劳动关系与农业转移人口市民化；公共健康、人口可持续发展与农业转移人口市民化；农业转移人口就业、稳定就业的能力。

2. 市民化过程中的农业转移人口的群体/群际行为、群体适应、社会认同与身份转换的理论分析模型和新的问题意识

主要内容有:农业转移人口市民化过程中的群体适应和行为选择、农业转移人口市民化过程中的社会认同理论研究、社会认同及其结构要素对于农村转移人口市民化的作用机制研究,作为主体性存在的社会认同的建构、内在动力机制,及其对农业转移人口市民化意愿和行为选择的影响,以及其作为中介变量时的"调节机制"作用,揭示社会认同与市民化的关系图谱;社会认同在主体行动效应、社会支持效应、政策福利效应与市民化意愿及行为间的桥梁地位和调适功能;社会关系网络、复杂网络生长模型与农业转移人口市民化行为与意愿研究。

3. 有序推进农业转移人口市民化过程中的群体城市融入、社会整合与人的现代性适应的理论分析模型和新的问题意识

主要内容有:农业转移人口城市融入和社会整合的维度;市民化进程中农业转移人口社会融入社会整合的现状、困境及其影响因素;社会融入与社会整合过程中农村转移人口权利保障和实现机制;农业转移人口融入过程中的网络社会资本、劳动市场机会结构与职业获取机会;农业转移人口社会融入和社会整合的测量维度和测量指标体系构建;人的现代性表现为由传统人向现代人转变中人的现代性的增长,包括他们的城市意识、行动方式和生活方式;个体的主体性、个性、自由、自我意识、创造性、社会参与意识等现代性的文化特质的自觉生成。

(五) 有序推进农业转移人口市民化的实现路径和社会政策建议

关注农业转移人口市民化政策的走向问题,提出市民化过程中的"发展型社会政策"、以资产为本的社会福利政策和"融入式可持续健康发展政策"。重点转向对农业转移人口进入后的整合政策、发展型社会政策和基于可持续生计的具有包容性的以资产为本的社会福利政策。主要内容有:基于住房保障制度、义务教育政策、社会保险政策、土地流转政策等不同市民化政策之间的协同创新;基于城乡一体化发展的城乡社会政策之间的协同创新;作为农业转移人口市民化战略的国家调整农业转移人口政策的现状、过程和潜在的政策含义;国家调整农业转移人口社会政策的宏观的社会发展框架;市民化过程中的国家调整农业转移人口市民化的具体社会政策建议;市民化过程中农业转移人口社会管理与服务创新;如何通过建立人的城镇化,建立人地挂钩、转移支付等政策工具将更多农民转变为市民;具体的社会政策包括:劳动权益保护、城市公共服务享受、城镇住房保障体系纳入、社会保障权益的有效保障、民主权利的保障等。

市民化是一个过程,也是一个应当加以度量的概念,重点研究从"市民化"

的视角研究农业转移人口的不同分层、不同群体的市民化程度。市民化测量和评估体现在建立评价指标系统，包括确定总体评价维度、确定二级评价指标和基础评价指标、建立评价指标系统；确定评价模型及指标权重；具有包括指标体系和监测模型的建构；进行指标体系的有效性检验，包括有效性检验（validity tests）、可靠性检验（reliability tests）和可加性检验（additivity tests）；利用因子分析法或层次分析法等统计方法对指标进行筛选，以得出重点监测指标；利用数据包络分析（DEA）法或成本收益方法来评估政府在市民化政策的绩效等。具体包括评估体制、标准和原则、要求、内容与体系、评估方法、评价指标体系、评估模型、需求评估、过程评估和效果评估等，包括市民化过程及项目实施效果评价指标体系、构建评价模型；建立农业转移人口市民化的社会效益综合评价指标体系，包括社会影响评估（SIA）、社会效益评估；建立各种模型，包括生态效益模型、政策评价模型、环境评价模型、成本—效益分析模型、不确定性与中国农村劳动力区际流动模型、市民化过程中的复杂网络生长模型等。

二、拟解决的关键问题

（一）理论范式建构和方法论认识论问题视域

理论范式建构和方法论认识论问题视域，体现为发展战略转型中的农村转移人口市民化的理论框架和理论依据，即农业转移人口市民化的各种理论假设模型、理论分析框架和方法论基础。本研究既需要重新对农业转移人口市民化的相关理论的方法论基础、核心概念、理论命题、理论分析框架和理论假设模型进行梳理，同时也需要进行理论创新和理论发展，还需要结合中国本土的经验资料进行本土化理论建构，为农业转移人口市民化的"中国道路"或"中国经验"提供新的理论框架。本研究的农村转移人口市民化问题研究既在现代化、现代性、城市化、世界体系、依附论、剥夺论、功能论、结构论等传统的理论视角和理论框架下展开，也结合国外农村转移人口市民化研究领域的新的理论动态、理论拓展和前沿研究成果。社会发展转型和全球化语境中，需要从全球化、风险社会、脆弱性、可持续生计、包容性发展、社会整合与排斥、社会发展伦理与正义、实践理性、道德与生态文明的理论、公共健康出发对农村转移人口市民化进行重新界定。

（二）市民化的核心议题、跨学科知识视域和整合性分析框的建立

不同学科在农村转移人口市民化问题上的问题意识是什么，如何在不同的学

科视域内建立共同的问题意识,建立一个整合性的分析框架。本研究试图通过对不同学科关注的农村转移人口市民化问题,建立一个整合性的分析框架。这些跨学科的问题包括:发展经济学关注的农村转移人口市民化的市场逻辑、市场结构中劳动力供求关系的变化;中国的土地制度及各项农业经济政策的调整、地方财政独立所引发的地方集体财政困难与中央政府减少对地方财政的投入方式;政治学或者公共政策学关注的拥有资源的统治阶级资源分配的不合理与集团利益偏好;农村转移人口市民化与土地制度改革与政府的强制性发展干预的相关性;计划经济的城乡二元分治制度;农村转移人口市民化政策的弱势性存在、政策缺失、政策冲突、政策偏好、社会政策曲行的问题域;现代化发展战略中的不同区域的差异性建构与不均衡的发展策略;现代化的优先发展战略带来的财富和资源的极化现象和优势积累效应等。社会学或者人口学关注的问题有中国社会发展的社会稳定问题、结构性不平等问题、"群体性事件"和冲突、社会公正和道德正义、发展伦理和道德生态、社会排斥和社会风险、环境生态与文明、社会分化与社会分层、教育不平等、性别不平,等等。

从跨学科的视角出发,我们需要重新认识农村转移人口市民化问题,建立一个整合性的分析框架,跨学科带来的新的问题意识表现为:从生活质量、社会质量、共享社会发展成果、可持续生计、包容性发展、社会整合、人力资源投资、公共健康、人口可持续发展方面来界定市民化。关注农业转移人口市民化的跨学科的相关议题,包括跨学科、整合性分析框架的提出,如农业转移人口市民化中的脆弱性分析框架、可持续生计分析框架、包容性发展框架、参与式发展框架、社会整合框架、公共健康框架、人口可持续发展框架、脆弱性与风险规避和预警框架等(见图2-7)。

从跨学科角度和国际经验,研究农村转移人口市民化的内在逻辑与变化趋势。农村转移人口市民化问题出现了一些新的特点和面临着新的挑战;动态的、整合性的研究视角和问题意识;个体的生命历程、家庭的生命周期、中国社会转型的特点、中国现代化的推进策略,关注农业转移人口的可持续发展、可持续生计的维持、环境生态的保护等;农村转移人口市民化的新的内涵、特征和变迁趋势;农业转移人口分布及其变化趋势、区域性特征、空间特征及其变化趋势;新理论框架下的多维农业转移人口市民化测算方法、"市民化"问题的经济计量模型;在跨学科的范式下,在新的理论的吸收和创新的基础上,新的测量农业转移人口市民化的标准的建立,在农业转移人口市民化测量中引入生活质量、公共健康、社会质量和可持续生计、包容性发展、生态文明、社会正义、发展伦理、共享社会发展成果、和谐社会等新的测量指标等。

```
农业转移人口市民化的社会质量效应与可持续生计研究
            ↓
理论框架、理论分析模型与新的问题意识：
1. 市民化与脆弱性风险理论。
可持续生计、风险承担网络、人口质量、公共健康
2. 市民化与包容性发展理论。
参与式发展、社会正义与发展伦理、社会整合与反社会排斥
3. 市民化与社会发展质量。
社会质量、生活质量、可持续发展生态
4. 市民化与多元化的社会治理。
社会治理、公民权、政治权利、环境生态治理
现代性特征和动力
            ↓
```

基于社会质量的整合性分析框架：	基于可持续生计的整合性分析框架：
1. 市民化与脆弱性分析框架。 2. 市民化与可持续生计分析框架。 3. 市民化、包容性发展与参与式发展框架。 4. 市民化社会质量分析框架。 5. 市民化与社会治理框架。 6. 市民化、社会整合与反社会排斥框架。 7. 市民化、现代性过程与融入式发展框架	1. 能力与资产（如教育、技能、健康等）。 2. 生计安全问题（粮食、营养、健康、饮水、住房、教育等基本需求的满足）。 3. 可持续生计政策和规划。 4. 个人或家庭风险抵御。 5. 公共健康与生活质量保障

图 2-7 农业转移人口市民化的社会质量效应与可持续生计框架

（三）跨学科问题意识、本土的知识建构和行动研究

（1）新发展观视域中的农业转移人口市民化问题。从跨学科的视角出发，本研究基于"发展维度""风险维度""融合式发展维度"重新认识农村转移人口市民化问题（见图2-8），新发展观意味着协调发展、包容性发展、融合式发展和可持续发展，新发展观涉及转型社会的发展问题。从现代化、工业化、城市化、城镇化过渡到后工业社会、全球化社会、风险社会、消费社会、新城市主义、新型城镇化等后发展主义阶段；新发展观涉及生命质量、社会质量和生活质量问题；新发展观强调发展中的个体价值、尊重个体的差异性和文化的多样性、农业转移人口作为经验主体的相似性，关注个人自由的价值、发展的权利、共同体意识、公民精神或社群价值、创造性生产劳动的价值、参与式发展、社会正义诉求、团结政治力量、包容性发展等；新发展观强调发展中的风险话语与风险规避问题。

市民化层面	新发展观：市民化的三个维度
（Ⅰ）价值维度	①发展中的道德和价值。 人的自由发展、社会公平与发展伦理正义 共同体、公民责任与社群主义价值 多样性体验与文化的多样性价值 公民权利与国民身份获得 包容性发展与空间正义 创造性劳动的价值 差异性发展的价值
（Ⅱ）风险维度	②发展中的风险话语与风险应对。 结构性排斥与不平等再生产、阶层分化与地位获得失败 制度排斥与社会不平等 空间的正义性风险、发展伦理困境与道义经济 贫困、持续性生计的破坏与脆弱性风险 社会排斥、社会偏见与歧视、边缘化与污名化 排斥性认同、防御性认同与身份歧视性标签 城乡二元分割、劳动力市场隔离与非正式就业的不确定性风险 居住空间分异、空间隔离与社会距离 社会冲突、社会矛盾与社会失范 文化冲突、代际隔阂与社会撕裂 半城市化、虚城市化与逆城市化风险
（Ⅲ）融入式发展维度	③新发展观的理论话语与理论范式。 人力资本积累与能力提升、脆弱性风险规避与可持续生计 投资型国家、能促型政府与发展型社会政策 包容性发展、生命质量、生活质量与社会质量 社区发展、社会组织与社会工作介入 社会融入、社会整合与反社会排斥 赋权、增能和促融 现代性培育、城市性生成与融入式发展

图2-8 新发展观视域中有序推进农业转移人口市民化维度

（2）在整合性的分析框架中，农业转移人口市民化的行动战略、市民化协同创新路径和实践框架。包括国外农业转移人口市民化的基本经验和成功启示；包括农业转移人口市民化的科学内涵、市民化概念的重构、内在逻辑、市民化障碍、市民化模式、动力机制、基本途径、行动策略、实践框架、国家社会政策调整方向与变化的新趋势。作为结构层面的农村转移人口市民化问题，表现为一种结构性特征与结构性调整，这种结构包括在空间结构、区域性结构、社会分层结构、收入分配结构、产业结构等，结构性调整意味着在中心与边缘、非均衡发展、差异性建构、社会空间极化与隔离过程中所维持的一种空间生态；作为行动层面农村转移人口市民化问题社会认同及其结构要素对于农村转移人口市民化的机制研究，具体包括农村转移人口市民化过程中社会认同的过程研究、社会认同的整合研究、社会认同的影响因素研究、社会认同分化的风险研究；包括影响群体行为的人格因素，包括态度、环境控制观、效能知觉度和个人责任感；影响行为的情境因素，包括文化、习俗、价值观念和宗教信仰等；影响行动意向的参数，包括人格因素、行动的技能、对行动策略的知识、对问题的知觉；负责的个人行为，包括行为方式和策略。

（3）农业转移人口市民化过程中的群体/群际理论及理论假设模型。包括农业转移人口市民化过程中的群体适应、社会认同、城市融入、现代性、人口发展的社会质量与可持续生计研究；包括属性数据、关系数据的研究应用和两者的结合，也包括网络形成和发展中的动态演化过程、动态网络中群体的演化特征。重点解决农业转移人口友谊网络的拓扑结构特征，以及它们在友谊演化过程中表现出的规律；解决社会空间中的各种属性与友谊网络结构状态之间的联系；解决复杂网络生长与农业转移人口市民化之间的关系；解决大量的拓扑特征测量问题、属性数据集与关系数据集的关系分析问题等。

（4）市民化进程中农业转移人口社会政策调整、社会政策建议和社会政策协同创新研究（见图2-9）。具体研究包括：第一，农业转移人口市民化与社会政策的相关理论研究；第二，国家发展战略转变与国家调整农业转移人口过程与社会政策体系分析；第三，国家调整农业转移人口市民化社会政策的现状、过程和潜在的社会政策含义；第四，国家调整农业转移人口社会政策过程中的个人或群体的社会政策认知与行为选择；第五，市民化过程中的国家调整农业转移人口社会政策调整与政策建议，重点包括：有序推进农业转移人口市民化的社会政策基本理念；有序推进农业转移人口市民化的社会政策调整方向；有序推进农业转移人口市民化的具体社会政策设计；第六，市民化过程中农业转移人口社会管理与服务创新；第七，国家调整农业转移人口市民化社会政策的社会影响及其政策行动效果评价。在整合性的分析框架基础上对中国农业转移人口市民化程度的监测和动态跟踪进行研究，包括农业转移人口市民化程度监测指标，合理、科学的操作化定义和评估技术的选择，选择适合的观测指标呈现农业转移人口实现市民化身份认同的内部结构；农业转移人口市民化的动态性、整体性的跟踪调查和动态性瞄准机制的建立。包括农业转移人口市民化的概念、多维度衡量市民化程度和评价效果；包括个人的生命历程、家庭

```
┌─────────────────────────────────────────┐
│  农业转移人口市民化的政策福利效应与社会政策调整研究  │
└─────────────────────────────────────────┘
                    ↓
┌─────────────────────────────────────────┐
│ 有序推进农业转移人口市民化的社会政策基本理论与理念    │
│ 公正性：社会政策制定的价值基石和衡量尺度            │
│ 主动性：从解放政治到能动性政治                    │
│ 投资性：从发展主义到发展型、资产型社会政策体系建设    │
│ 可持续性：可持续生计框架作为一种政策制定思路        │
│ 创新性：社会政策的改革和调整的动力                │
└─────────────────────────────────────────┘
                    ↓
┌─────────────────────────────────────────┐
│ 有序推进农业转移人口市民化的社会政策调整方向         │
│ 社会政策战略转变：从控制战略到整合战略的转变         │
│ 重构社会政策议题与模式：从碎片化走向城乡一体化       │
│ 政策调整方向："生存—经济"社会政策、"身份—政治"社会  │
│ 政策转向发展型、资产型社会政策                    │
│ 社会政策的目标调整：包容性发展、可持续生计与资本重建  │
│ 社会政策与发展伦理定位：反社会排斥与道德生活重建     │
│ 社会政策的基本立足点和基本理念：社会公正与发展正义   │
└─────────────────────────────────────────┘
                    ↓
┌─────────────────────────────────────────┐
│ 有序推进农业转移人口市民化的具体社会政策设计         │
│ 有序推进农业转移人口市民化的户籍制度改革            │
│ 有序推进农业转移人口市民化的社会保障与社会福利政策    │
│ 有序推进农业转移人口市民化的住房、医疗卫生与教育政策  │
│ 有序推进农业转移人口市民化的劳动权利与劳动安全保障政策│
│ 有序推进农业转移人口的劳动收入分配和就业政策         │
│ 有序推进农业转移人口的社会管理与服务政策            │
└─────────────────────────────────────────┘
```

图 2-9　有序推进农业转移人口市民化的社会政策调整框架

生命周期视域中的农业转移人口市民化问题研究；农业转移人口市民化的效果评价包括农业转移人口市民化政策的可行性研究实施效果评价指标体系、过程成熟度模型的建立；国家在农业转移人口市民化的发展干预及其效果，如社会融合与一体化工程、反贫困行动计划、移民安置和接纳工程、环境保护运动、再就业工程、创收计划、住房社区推动、老年人的居民区服务、农业转移人口市民化中的家庭发展计划；另外还有农业转移人口市民化的评估体制、标准和原则、要求、内容与体系、评估方法、评估指标体系、指标体系的有效性检验（validity tests）、可靠性检验（reliability tests）和可加性检验（additivity tests）、测量实现市民化的指标和衡量市民化的主要参数设置和函数求值、评估模型、需求评估、过程评估和效果评估等；包括农业转移人口市民化过程及项目实施效果评价指标体系、构建评价模型；建立农业转移人口市民化的社会效益综合评价指标体系，包括社会影响评估（SIA）、社会效益评估；建立农业转移人口市民化绩效评估行为系统；建立各种模型，如包括经济收益模型、生态效益模型、政策评价模型、环境评价模型、成本—效益分析模型等。

三、拟突破的重点难点问题

整合性的研究范式和新的关于农业转移人口市民化问题研究的理论的吸收和创新，结合中国的具体实践经验，形成了许多新的问题意识，这些新的问题意识既是本研究的关键性问题，也是本研究的重点难点问题。

（1）如何基于整合性的理论分析框架，在一种宏大叙事的历史观下研究农业转移人口市民化问题，把社会看作一个整体来研究，建立一种整体论的认识方法和整合性的理论分析框架。如何在构建一定时间序列上的结构的、历史的、制度的大的框架下对农业转移人口市民化问题进行理论分析；研究中国农业转移人口市民化问题，不能忽视中国发展过程中的宏大的历史叙事，中国农业转移人口市民化问题与中国社会发展战略转型、结构调整、现代化发展战略与推进策略、全球化进程、科学发展观等宏大的历史过程相关联。

重点加强国家户籍制度改革、大中小城市的发展战略、工业化、现代化和国家推进城镇化战略与有序推进农业转移人口市民化研究的结合；重点加强中国经济发展产业结构梯度转移和产业结构升级对农业转移人口市民化影响研究；重点加强有序推进中国农业转移人口市民化与新型城镇化、城乡一体化、城乡融合发展结合起来。

（2）如何基于整合性的理论分析框架，通过理论创新和经验资料发现中国城乡发展与转型期的农业转移人口市民化新的"问题意识"，实现中国农业转移人口市民化研究的理论创新和理论范式重建。

本研究最重要的工作之一就是基于实证调研基础上的理论研究和社会政策研究，并通过调研发现中国转型时期农业转移人口市民化的新问题，从而实现市民化研究的本土化理论建构，为市民化的世界性的研究提供中国经验。这既是重点，也是难点。

重点加强"有序推进"研究。研究的重点在于"有序"的科学内涵和理论依据，要求在国家—市场—社会的框架中理解有序。有序是计划经济的思想，真正有序实现流入其实应该是市场化的结果，这样留下来的可能性才大，同时也需要重点加强农业转移人口本身的类别化和社会分层研究。

（3）在整合性框架建构的基础上，如何有效开展交叉研究，推进理论创新和市民化问题的阶段性解决。基于整合性的分析框架，让农业转移人口市民化问题重点关注脆弱性、风险社会、可持续生计、包容性发展、生态文明、社会排斥、发展伦理和社会正义、精神健康、实践理性和后果评价、实践中的道德等。

（4）农业转移人口市民化的跨学科研究和理论创新问题，如何在不同的学科视域内、不同的理论范式下建立共同的问题意识，建立一个整合性的分析框架。这些不同的学科包括发展经济学、发展社会学、发展人类学或人口学、发展政治学等。

（5）在问卷调查部分，重点注重样本的代表性和抽样的科学性问题，数据的挖掘、采集和整理。数据质量决定了整个调研的科学性和可靠性，数据是学术研究的生命，如何有效利用现有数据，如何重新通过社会调研获取有效的数据，是整个项目中的重点，也是难点。

本研究采用被访者驱动抽样（respondent-driven sampling），RDS抽样虽然不是对目标群体的完全随机抽样，但可以在努力改进和严格执行抽样程序的基础上获得一个渐进无偏的样本，并对样本偏差做出估计。RDS可以作为缺乏抽样框群体抽样的有效替代方法。

（6）整合性框架下的农业转移人口市民化的理论假设模型、市民化实现程度新的测量标准、新的测量指标的筛选和指标体系的有效性检验，测量实现市民化的指标和衡量市民化的主要参数设置和函数求值，如何利用因子分析法或层次分析法等统计方法对指标进行筛选，以得出重点监测指标，如何使用数据包络分析（DEA）法或成本收益方法来评估政府在市民化政策的绩效等。在跨学科的范式和整合性的分析框架中，在新的理论的吸收和创新的基础上，建立新的测量农业转移人口市民化的新的标准，在农业转移人口市民化测量中引入生活质量、公共健康、精神健康、社会质量和可持续生计、包容性发展、生态文明、社会正义、发展伦理、共享社会发展成果、和谐社会、普及教育、促进教育和卫生健康、可持续发展等新的测量指标。

（7）基于整合性的分析框架，进行农业转移人口市民化的动态性、整体性的跟踪调查和动态性瞄准机制和模型的建立。包括扩展农业转移人口市民化的概念、多维度地衡量农业转移人口市民化程度和评价"市民化"效果等；包括生态效益模型、政策评价模型、环境评价模型、成本—效益分析模型、不确定性与中国农村劳动力区际流动模型、市民化过程中的复杂网络生长模型等。

（8）基于整合性的分析框架，探索适合中国国情和实际需要的农业转移人口市民化问题的应对方案、政策调整和具体有效的政策设计。在整合性的理论分析框架上，吸收脆弱性、风险社会、可持续生计、包容性发展等新近的理论成果，提出一个跨学科的、整合性的农业转移人口市民化方案，促进中国城乡健康稳定发展。

第四节 研究创新、研究技术和研究方法

一、主要创新点和特色

1. 在结合国内外新的理论成果和跨学科基础上，试图建立一个农业转移人口市民化的整合性的分析框架，在整合性的分析框架中挖掘新的问题意识

本研究试图超越以往单一的解释模式，建立一个多元化多层次的走向市民化的整体转型过程的框架。本研究试图超越了以往对农业转移人口市民化的单一的制度性关注、纯经验和狭隘的对策性的研究、忽视农业转移人口市民化过程中的物质的、精神和行动意愿维度的局限。本研究不仅关注现代化、世界体系、依附论等传统解释范式下的问题意识，而且关注脆弱性、风险社会、可持续生计、包容性发展、生态文明、社会排斥、发展伦理和社会正义、实践理性和后果评价、实践中的道德等视域内的新的问题意识。

这种新的问题意识体现在现代化动力中思考中国农业转移人口市民化的具体路径和中国城镇化的具体实际；把个人的生命历程、家庭的生命周期、社会转型的多样性引入中国农业转移人口市民化研究；把中国农业转移人口放在城乡差异、产业升级与产业梯度转移、地区发展等多重背景下理解中国农业转移人口市民化的路径问题、权益保护问题、市民化问题等基于产业结构升级，本研究从城乡二元劳动技能体制与中国产业工人结构性变迁的角度来实现中国农业转移人口市民化问题。

2. 基于多元化理论框架的理论建构和分析方法具有科学性、系统性

本研究超越以往研究，把农业转移人口视为高度同质性群体的局限，把农业转移人口理解为一个异质性较强的群体，关注农业转移人口的多层次性、异质性和群体分化。以往的研究重视应用研究与可操作性，停留在纯经验和狭隘的对策性的研究取向，缺乏理论关注，尤其是缺乏对新近流行的理论的关注，本研究将综合运用社会学、经济学和政治学等学科的理论、视角、范畴和方法，在全球

化、现代化与中国社会发展转型的理论框架中展开对农业转移人口市民化过程的动态分析和跟踪调查分析，吸收西方的最新理论研究成果（如公民权理论、脆弱性分析框架、包容性发展理论、反社会排斥与社会融合理论、可持续生计理论等）。在整合性的框架中，在新的理论的吸收和创新的基础上，对市民化过程中农业转移人口进行重新界定，建立新的测量标准、新的测量指标和衡量市民化的主要参数等。在农业转移人口市民化测量中引入生活质量、公共健康、精神健康、社会质量和可持续生计、包容性发展、生态文明、社会正义、发展伦理、共享社会发展成果、和谐社会等新的测量指标。

3. 农业转移人口市民化研究框架具有整体性和系统性

本研究将在宏观、中观、微观层面，结合最新的理论成果，构建一套全新的具有一定咨询性的有关农业转移人口市民化的行动方案、社会政策框架、农业转移人口市民化过程及项目实施效果评价指标体系、评价模型、农业转移人口市民化的社会效益综合评价指标体系和各种模型。

4. 农业转移人口市民化体系具有实证性、科学性与可操作性

从研究视角来看，本研究对农业转移人口市民化问题进行整合性研究，改变了过去单一研究的局限和弊端。本研究采用计量经济模型的方法，对其进行测度，探求更科学的农业转移人口市民化程度的测度方法，如采取需求可识别的 BiProbit 模型，采用 Blinder–Oaxaca 分解方法和分位数回归分解方法，测度了市民化程度和市民抑制程度；同时建立一种动态的、整合性的知识体系和问题意识，对农业转移人口市民化发展展开跟踪性调查和监测，并建立一套科学的农业转移人口市民化实现程度的指标体系和评估技术，在研究期间争取每年发布农业转移人口市民化程度的年度分析报告。

二、研究方法

（一）实证研究/实地调研

本研究是对中国农业转移人口的市民化问题进行回应并做出新的战略调整的项目，要想发现真问题，就要特别注重实地调研。同时，本研究有着得天独厚的实证调研条件：课题组和研究团队有舆情与社会调查研究中心和大型的数据处理中心，有利于我们展开中国农业转移人口的市民化问题的应用调研。因此，本研究将坚持调研优先，充分探究中国农业转移人口的变迁趋势和特征，本研究的实地调研包括大型的问卷调查、大规模的个案访谈、深入展开田野调查等。

（二）文献/规范研究

我们采用文献综述的办法，注重收集、研读与中国农业转移人口的市民化问题相关的国内外不同学科的理论著述，相关课题、问题和研究专题的最新进展、学术趋势和政策建议，并对这些文献展开系统梳理、比较、评价和批判；本研究注重创新研究，注重知识增长点的发掘，将对这些研究进行系统性文献梳理，综合分析。

（三）历史/比较研究

历史比较法属于定性研究而非定量研究，从历史/比较法视野出发，在历史的向度中进行，在共时态的跨文化比较的视角中进行，综合借鉴国际移民经验，完善中国农业转移人口的市民化战略和实施方案，更好地推动中国农业转移人口的发展。

（四）行动研究

行动研究强调通过社会工作行动实现"增能""赋权""促融""抗逆力""危机干预"和个人效能感，强调基于生命模式、生态社会视角、网络化和社会支持系统，实现中国农业转移人口向"可行能力"的转变，通过政策整合、权益保障，实现行动方式创新与思想观念改变，实现理性精神培育和脆弱性人群保护，创造可以增强功能的社会支持网络等途径，本研究在市民化过程中的"增能""赋权"与参与式发展路径强调行动研究。

三、研究手段和技术路线

（一）调查对象的确定

本研究的调查对象是中国农业转移人口，包括进城务工农民、城镇化中的农民、现代农民以及传统农民，体现了农业转移人口市民化的实践主体对象的复杂性和层次性；还涉及不同的农业转移人口市民化社会政策和发展干预项目，如农业转移人口的就业、医疗、卫生、教育等社会政策，以及市民化行动项目及其效果，如社会融合与一体化工程、市民化行动计划、移民安置和接纳工程、环境保护运动、再就业工程、创收计划、住房社区推动、老年人的居民区服务、农村转移人口家庭发展计划等。

（二）资料收集和处理方法

我们已经展开了为期一年的前期研究，并发表了相关的学术论文。具体的研究方法包括对现有数据的挖掘、采集和收集，同时采用问卷调查、深入访谈法、观察法、文献法为辅的方式收集研究资料。具体操作是：采用被访者驱动抽样（Respondent-Driven Sampling, RDS），RDS 抽样虽然不是对目标群体的完全随机抽样，但可以在努力改进和严格执行抽样程序的基础上获得一个渐进无偏的样本，并对样本偏差做出估计。RDS 可以作为缺乏抽样框群体抽样的有效替代方法，并从中选择 80 名农业转移人口进行深入的个案访谈，具体的社会分析工具包括市民化过程中的性别分析、时间序列分析、利益攸关者分析、参与式矩阵、逻辑框架、脆弱性分析和风险分析、可持续生存资源和框架分析、公共健康状况分析、市民化社会政策的社会影响评估、市民化项目或发展方案的效果评估、扶贫规划实施效果分析。本研究拟采用 Stata 统计软件包对所收集的量化数据进行统计分析，运用"内容分析技术"简化深入访谈获得的定性资料。本研究的数据来源构成包括线面几组数据：

第一组数据来自课题组进行的中国农业转移人口市民化过程中的"三融入"（融入社区、融入企业、融入学校）调查数据，该调查的抽样总体为湖南省地级市所有流动农民工，即从农村流动到城市、从事非农职业，但仍持农村户籍，以工资收入为主要生活来源的劳动者。为确保抽样的准确性和样本代表性，此次调查以（Probability Proportional to Size Sampling, PPS）抽样随机抽取了 10 000 个样本。此次调查共收回有效问卷 9 987 份，剔除含有本研究所用变量为缺失值的个案，最终得到 8 699 个样本用于统计分析。经信度检验，该问卷的可信的区间范围和对应的组合信度均满足信度要求；同时 KMO 抽样适当性检验和 Bartlett 球形检验结果也表明问卷的效度较好。

第二组数据来自课题组对失地农民市民化过程中的社会融入问题的调查数据。调查中失地农民样本量的选择，既考虑到研究对象的变化程度、样本单位数目、抽样误差和准确度要求以及置信度，结合实际操作的可能性，确定了 1 200 份样本容量。为了确保样本的代表性，使用多阶段分层概率比例规模随机抽样的方法，确定所抽取的各个社区的失地农民样本量，此次调查共收到 1 060 份有效问卷，删除本研究涉及变量的缺失值之后，最终得到 1 039 个有效样本。调查内容包括六个部分，即失地农民的个人、家庭基本情况；经济收入、劳动就业与住房情况；福利制度、权益保障与公共服务；文化、习俗与环境；人际交往、社会支持与社会参与；身份认同、精神生活和社会心理，本研究主要分析失地农民身份认同的相关部分。

（三）研究工具和具体研究技术

研究途径包括农业转移人口市民化的概念、问题、工具和分析技巧。农业转移人口市民化问题的概念和新的议题主要有公平和社会公正、可持续生计、脆弱性、参与式发展、平等和赋权、包容性发展、性别发展、社会风险、社会政策和社会保护、社会排斥与社会整合、精神健康、生活质量、社会质量、社会资本等。社会分析工具和具体技术路线包括社会分析的一些技能、工具和框架，具体有国家发展战略文件制定的形势分析、国际社会建设和社会发展目标的社会范畴（贫困、社会公正、易受伤害程度、权利）、所提交文件的社会鉴定附录、社会分析的一些技能、工具和框架、利益攸关方分析、参与矩阵、男女平等分析、获得服务和易受伤害程度、矩阵、社会融合、排斥、可持续生存资源框架、社会资本、社会政策框架、发展的权利法、PLA 技巧、参与性规划法、参与性社区行动评估、综合发展框架、社会评估、社会影响评估、历史研究方法、ANP 网络层次分析法、AHP 层次分析法、TOPSIS 法、脆弱性分析法、生命周期/历程研究法、家庭生命周期研究法等。

1. PRA、PLA 研究和大规模数据统计分析

采用参与性途径和方法，比如绘制地图和排序—让当地人参与资料收集和分析—视情况而定—很好地推动参与方采取行动。理论上，其目的一般被表述为权力下放给地方，但常常被用作收集资料的快捷手段。经由大规模数据统计分析促进在全国村落之间进行可量化但不针对每个地方的比较，使用调查问卷和具有代表性的样本，比如可在全国选择具有代表性的城市，每个城市选择几个有代表性的企业或社区。

2. 质性研究和田野调查

开展社会学、人类学研究，调查社会问题通常视情况而定，采用参加者的观察报告等人种学方法，但也可能包括一个调查问卷的定性模块，比如关于社会整合，或者目标群体讨论及其他方法。包括：（1）问题分析：问题分析是设计和处理干预的一种工具。有不同的技术用于实施这种分析，例如专题研讨会、集中的小组讨论或者参与快速评估的技术。（2）逻辑框架：逻辑框架被广泛用于加强干预设计、实现和评估。逻辑框架把计划干预的所有关键成分总结到一起，汇入一组明确的说明书。这是一种辅助预期执行、计划和按顺序排列行动的工具，它建立了一个监控和评估的框架，其中，计划和实际结果能够比较。（3）风险分析。这包括对所有风险因素的识别和系统评估。一旦得到确认和评估，风险就能够随后被控制并且确定出对应的措施。适当的风险评估一般需要较多人参与进来，而且通常需要在专题研讨会中提出。风险分析的过程应该在计划阶段以及在发展干预的经济周期的关键地方实施。对风险的控制是一个持续不断的过程。

3. 脆弱性风险评估与"可持续生计"评估方法

可以利用成本收益方法来评估政府在市民化政策的绩效。农业转移人口市民化社会影响，往往是对农村发展和人口可持续发展风险评估的补充。如果重点是在政策方面，可与社会评估通用，分析农业转移人口市民化政策在不同区域之间的效果分布状态。传统意义上的风险评价集中在识别和减轻不利的影响，而且主要是与政治、经济与文化相关的。包括识别和评价风险的社会影响和提高不同人群抗风险的能力和机会，特别是穷人和脆弱群体，并且不断地应用到宏观层面。脆弱性风险评估和"可持续生计"评估重点关注、识别对与人口相关的所有方面的风险，包括政治风险、经济风险和社会文化风险、心理发展风险等；理解在市民化过程中不同群体参与于可持续生计获得的制约因素；理解社会和文化变量的影响的差别；评价什么样的机构和组织是中国农业转移人口容易接近的。

第三章

农业转移人口市民化：理论视域、话语变迁与问题向度

解决中国农业转移人口市民化问题，不仅直接关系到从根本上解决农业、农村和农民问题，也关系到农业现代化、工业化、新型城镇化乃至整个现代化的健康发展，关系到乡村振兴、城乡一体化、城乡融合发展等国家行动，关系到从城乡二元经济结构向现代社会经济结构转变，关系到改革发展稳定的全局。农民市民化的最终目的和意义，不是让所有农村人口都迁移到城市，而是要让所有人口无论居住在城市还是农村，都能享受现代文明生活；农民市民化的目标是在城乡一体化基础上最终消除城乡差距。

有序推进中国农业转移人口市民化需要实现几个转型：从土地城镇化、就业城镇化到人口城镇化转型，从城乡二元分割、城乡一体化发展到城乡融合发展转型，由"生产政治""公民权政治"（身份政治）向生活政治转变，从传统性向现代性转变。农业转移人口市民化体现了多重逻辑：一是市民化社会过程中的价值正当性、发展伦理与社会正义逻辑；二是市民化政治过程中的国家行动、理性秩序、身份政治与市民化的制度逻辑；三是市民化经济过程中的劳动力市场分割、市场区隔与市场逻辑；四是市民化过程中的空间政治、居住空间隔离与空间实践逻辑等。推进农业转移人口市民化要求实现几个转变：一是实现市民化模式从"生存—经济"叙事、"身份—政治"叙事向"多元融合—发展"叙事转变；二是实现市民化对象由单一、同质性群体向多元化、多层次、异质性群体转变；三是实现市民化过程由无序性、同质性和短期性向有序性、阶段性、渐进性、长期性和系统性转变；四是实现市民化内容由单一维度向多层次、动态性和整体性维度转变。

第一节　跨学科视域与理论对话：理论议题与西方经验

19世纪下半叶开始，随着国际移民浪潮的不断涌动，发展经济学、发展社会学、发展人类学、发展政治学、发展生态学、城市规划学等学科不断关注国际移民。国外关于农业转移人口市民化的最新研究成果、相关领域研究的前沿理论和关注的主要议题和理论体现为三个层次。基于结构主义的宏观的理论研究，包括"二元经济结构理论""推—拉理论""新古典经济均衡理论""新经济移民理论""劳动力市场分割理论""世界体系理论""公民权理论"等；基于社会网络视域的中观的理论研究，包括迁移预期收入理论、移民网络社会资本理论、贫穷集中或社会孤立理论、社会分割或社会网络分割理论、生命周期迁移理论等；基于群体或个体心理与行为的微观理论，具体有社会融入或社会整合理论、社会认同理论、群体适应理论、社会距离理论、社会表征和污名化理论、社会支配理论、社会影响理论等。

本研究的农业转移人口市民化问题研究既在现代化、现代性、城市化、世界体系、依附论、剥夺论、功能论、结构论等传统的理论视角和理论框架下展开，也结合国外市民化研究领域的新的理论动态、理论拓展和前沿研究成果。社会转型和全球化语境中，需要从全球化、风险社会、群体性适应、社会认同、生活质量、社会质量、社会发展伦理与正义、实践理性、赋权与社会参与、公民权利、共享社会发展成果、可持续生计、包容性发展、社会整合、人力资源投资、公共健康、人口可持续发展方面来界定农业转移人口市民化；需要关注整合性的相关议题包括跨学科、整合性分析框架的提出，如脆弱性分析框架、可持续生计分析框架、包容性发展框架、参与式发展框架、社会整合框架、社会排斥框架、公共健康框架、人口可持续发展框架、脆弱性与风险规避和预警框架等。

一、市民化跨学科研究的知识前提：方法、旨趣与时代回应

超越单一学科视域下的中国农业转移人口市民化问题研究，建立一个跨学科视域的问题分析框架，是当代社会科学研究跨学科范式重建的知识回应，也是当前中国社会理论发展和经验性说明的反思性聚焦。单一学科视域或单向度历史叙事下的中国农业转移人口市民化发展面临着诸多问题、解释悖论和合法性困境，

强化跨学科的知识对话，在跨学科框架中重建"市民化话语"及其"市民化话语范式"，契合理论建构的方向，寻求市民化理论范式的整合和超越，从而实现对中国农业转移人口市民化的再认识和知识对话。在市民化的社会科学解释中，基于不同关于"社会"解释范式的理论比较来寻求跨学科的概念如何可能，无疑具有重要的理论意义和实践价值。

（一）跨学科整合性的研究范式：市民化研究的方法基础和认识前提

跨学科研究是近来科学方法讨论的热点之一。跨学科的目的主要在于通过超越以往分门别类的研究方式，实现对问题的整合性研究。跨学科研究范式是要把社会科学的基本问题转化为整体性规则的生成、运行、转化的问题。跨学科领域简称跨学科，又称交叉学科、多学科、综合学科或复杂性学科，都是同一个内容，有不同的称谓。跨学科领域的研究是对单一学科研究的挑战与革命，是人类认识自然、改造自然的实质性突破。跨学科研究根据视角的不同可概要地分为方法交叉、理论借鉴、问题拉动、文化交融四个大的层次。

方法交叉有方法比较、移植、辐射、聚合等，这些通常发生在各学科之间，其中每一方面和环节都包含着非常丰富细致的内容。理论借鉴主要指知识层次的互动，通常表现为新兴学科向已经成熟学科的求借和靠近，或成熟学科向新兴学科的渗透与扩张。问题拉动是以较大的问题为中心所展开的多元综合过程，有纯粹为研究客观现象而实现的多领域综合，也有探讨重大理论问题而实现的多学科综合，更有为解决重大现实疑难而实现的各个方面的综合。文化交融是不同学科所依托的文化背景之间的相互渗透与融合，这种融合并不是一个单独的过程，因为学科间的任何互动都有文化的因素参与，但真正的文化交融又是一个更深更广的过程，是跨学科研究的终极目标。

以问题意识为导向，试图确立中国农业转移人口市民化问题研究的跨学科研究范式，为中国农业转移人口市民化问题的研究提供一个跨学科视角、学理依据或者社会科学方法的进程，建立新的问题意识。站在不同的方法论和理论背景上讨论同一个问题，这个学术现象本身就具有重要的学术价值。因此，基于发展的中国农业转移人口市民化是一个涉及发展经济学、发展社会学、发展人类学、发展政治学、发展生态学、城市规划学等跨学科的范畴，随着社会经济的发展，人们对中国农业转移人口市民化的认知，也从原来单一的身份视角的观察，转向政治、经济、社会、文化、环境生态等多视角的知识反思。

(二) 转型社会的"新发展观"：市民化跨学科研究的学理依据和重新定位

推进农业转移人口市民化问题是一个发展的问题。发展问题是当代社会发展的主题，实现人的发展，是一个永恒的话题，是发展的最终目的，也是发展的归宿。转型社会的发展情调实现一种新的发展观，"新发展观"反对单一的、片面的、狭隘的发展观，提出了"整体的"、"内生的"、"综合的"、"以人为中心的"、"关注文化价值的"、应对新的发展风险的新发展观。

其一，新发展观意味着协调发展、包容性发展、融合式发展和可持续发展。在"新人口发展观"看来，发展意味着社会、政治、经济、资源、人口、环境各个领域的全面进步，发展要求的是各个领域的协调发展。它不仅包括经济增长和可持续生计，也包括公民权利保障、制度整合、政治接纳、行为适应和角色转型，而且也包括发展中的包容性、社会平等、民主参与、发展伦理和社会正义，包括弱势群体的社会融合、城市适应、身份认同、社会地位的提高、现代性生成与培育等。发展是一项系统工程，它必须使各系统有序地协调发展，才能保持发展的持续性和稳定性，任何片面的发展都是不可持续的。社会发展是指公平的、包容性的和持续的、响应性的和负责任的发展，是经由赋权、抗逆培养，使贫穷和处于社会边缘化的人有效参与的发展。

新发展问题是一个可持续发展的问题，可持续发展要求不仅仅是解决生存的问题，同时也要解决发展的问题，实现可持续发展需要国家实施发展型社会政策，推进积极的社会福利政策，实现投资型国家和能动性社会，需要经由社会政策实现人力资本积累和劳动力市场融入。可持续发展要求避免人力资本投资不足、职业技能提升缺乏等问题。

其二，新发展观要求重新思考转型社会的发展问题、转型中的中国社会的问题、中国社会结构转型的问题，重新思考社会转型的速度、广度、深度问题。社会转型速度是指中国社会转型整体的快慢程度，其具体表现为许多相应的特征如工业化速度、城市化速度、社会结构的变迁速度等。社会转型的广度主要是指社会转型所涉及的社会领域的范围，包括经济、社会、科学技术、文化、价值观念系统、社会生活等领域。社会转型的深度是指转型在经济、政治、文化、价值系统、社会生活领域纵深发展的程度，以及社会转型在社会结构各层间梯次推进的程度两方面。

转型社会要求我们重新思考中国政治、经济和文化领域现代性过程中的"双轨效应"（计划与市场双轨、城乡双轨等）、社会领域的行为失范效应和大众心理领域的期待反差效应、城市发展和农村发展中的两难效应与不同地区经济和社会发展不平衡效应等。从现代化、工业化（技术化、专业化）、城市化、城镇化过渡到后工业社会、全球化社会、风险社会、消费社会、新城市主义、新型城镇化等后发展主义阶段。新城市发展主义、新型城镇化的关键在于人的城镇化，人的城镇化的核心在于农业转移人口市民化，农民市民化问题是城镇化过程中必须解决的问题，实现人的发展，是转型社会目标和归宿。新发展观意味着转型社会中国家与社会关系的重构，意味着政府职能改变，意味着多元主体协同参与，激发社会组织活力，改进社会治理方式；强调投资型国家、能促型政府、能动型社会和参与式发展，强调发展性社会政策和发展性社会福利，强调与福利国家过渡到福利社会等。

其三，新发展观涉及生命质量、社会质量和生活质量问题。城市移民过程中的贫民窟、空间隔离、社会孤立、社会歧视与社会距离、种族偏见、社会排斥、社会公平与社会正义的破坏、脆弱性风险、可持续生计破坏、城乡二元分割的结构性风险、流动过程中出现的郊区族群化和移民聚居区、城市空间的种族歧视和社会偏见、社会整合的破坏与身份隔离、流动过程中的底层化、贫困化和边缘化、城市吸毒、犯罪和动乱等严重威胁现代社会的发展，新发展问题需要从现实的迫切性出发，以社会问题的解决为目标，实现发展正义和包容性发展。发展风险问题也表现在社会不平等问题，中国社会的两极分化越来越严重，城乡差距越来越大，这种发展的不平等体现在东部地区与中西部地区、城市和农村分化日趋严重，带来了城乡差异、地区差异等不平等的再生产。

其四，新发展观要求关注发展中的道德和价值。新发展观强调在国家干预的实践中，在实现中国农业转移人口的城市融入中，必须承认人的自由和发展、个体的价值、尊重个体的差异性和文化的多样性、农业转移人口作为经验主体的相似性，关注其个人自由的价值、发展的权利、共同体意识、公民精神或社群价值、创造性劳动的价值、参与式发展、社会正义诉求、团结政治力量、包容性发展等。

其五，新发展观强调发展中的风险话语与风险识别问题。现代性过程是一个不断应对风险的过程，也是一个面临着新的风险和再生产风险的过程，这些风险具有制度根源性、跨时空性、建构性、复杂性、不确定性和模糊性等特点。德国著名社会学家乌尔里希·贝克（Ulrich Bec）将这个充满了危机和不确定性的社会称之为"风险社会"，并由此提出了风险社会理论。贝克（Bec）认为，风险社会并不是某个国家在其发展的过程中偶然出现的一个特殊的阶段，而是在整个人类社会的历史推进过程中，各个国家和民族都必须要经历的一个过程，这一风险阶段同时在全球范围内发挥着功能作用，任何一个国家都无法避免。处于全球化风险、社会变迁与社会转型的中国社会同样面临着一个高风险社会,风险意识的滞后和公众的风险意识理性程度较低,尤其是风险跨时空性认识不够,缺乏应对风险的主体意识、方向认知能力和风险规避知识。

中国农业转移人口市民化过程中,同样面临着风险和不确定性,这种风险包括结构性的宏观层面的风险,包括社会发展正义、社会信任、社会整合、社会安全与社会团结,包括结构性冲突和结构性不平等及其再生产。斯洛维克(P. Slovic)强调风险认知的主观性及非逻辑性,指出风险认知是测验人们对于某些事件、活动或新兴技术的潜在危险性并进行评价与表征时所做出的判断。而罗尔曼(B. Rohrmann)则认为,风险认知是指人们对正在或可能影响他们的危险的判断、评估及态度,他进一步区分了"认知"的风险与"实际"的风险,指出"认知"风险是指对风险的识别和判断基于人们的经历、经验及文化背景的联想和直觉感知,而"实际"的风险的识别和判断却是以理论为基础的、系统的计算、统计和分析而得来。这里的风险主要包括环境风险、市场风险、政治风险、社会风险和健康风险等。中国农业转移人口在社会流动中的风险过程和社会风险话语体现为几个层面:

一是风险体验和风险感知等社会心理层面,表现为环境安全的风险感知、判断与健康风险认知的社会心理过程,表现为社会认同与本体性安全风险,信任与本体性安全是彼此密切相关,本体性安全和信任源于人的日常生活实践的培育、积淀,本体安全与实践意识的默契的品质紧密相连,与日常生活中的自然态度紧密相连。本体性安全是一种情感的而非认知的现象,而且植根于无意识之中。[①]农业转移人口在城市从事的往往是劳动密集型产业,环境污染严重、对身心健康影响很大。

二是结构性风险层面,中国农业转移人口在社会流动中的社会风险也体现为结构性风险,包括劳动力市场分割和二元结构带来的不平等效应,社会地位获得过程中的社会分化、职业分化和阶层化。社会转型一方面导致社会结构的灵活性和弹性增强,另一方面也导致了社会结构的固化趋势,结构性社会风险增强,结构性矛盾与结构性冲突不断凸显。

三是社会文化风险层面。中国农业转移人口从农村来到城市,面临着新的城市文化的适应和与传统文化断裂的过程,在现代性这个充满风险的社会里,对每个社会行动者来说,充满着不确定性、矛盾性、差异性和多元性,这种不确定性,在现代性条件下主要表现为"人为的不确定性"或者说未知文化本身带来的

---

① 安东尼·吉登斯著,尹宏毅译:《皮尔森·吉登斯访谈录》,新华出版社2001年版,第77页。

不确定性风险。① 另外还有技术性风险，现代技术的发展，带来了产业结构升级，从劳动密集型产业走向新材料、互联网、大数据、人工智能、金融产业、信息产业等新兴技术型产业的发展，技术风险带来的结果就是中国农业转移人口不断被新兴产业所淘汰，在劳动力市场中进一步边缘化。

因此，基于发展的中国农业转移人口市民化是一个涉及发展经济学、发展社会学、发展人口学、发展政治学、发展伦理学、发展心理学等跨学科的范畴，随着社会经济的发展，人们对中国农业转移人口市民化的认知，也从原来单一的身份视角的观察，转向社会、经济、文化、政治、法律等多视角的审视。市民化可以从政治层面来界说，也可以从社会层面、经济层面、人口学层面来界说。经济层面关注物质保障。而社会层面的市民化，则跟一个人在社会中所获得的资源和权力分配上的匮乏状态有关。这种匮乏，削弱了人们市民化过程中过上自己所崇尚的各种生活的能力。社会层面的市民化包括缺乏信息、教育、医疗和政治权力等的有效途径。这种意义上的中国农业转移人口市民化还可被理解为不平等的社会地位、非均衡的社会关系的一个侧面，其表现就是社会排斥、人生依赖，以及无法融入社会，或者无法与社会建立起有益的联系。

（三）现代公民身份理论的跨学科知识回应：向多元公民身份融合发展的转变

公民身份话语发端于17~18世纪出现的共和主义公民身份到自由主义公民身份，再到20世纪中后期出现的多元公民身份的转变。从自上而下的单一民族国家政治构架的公民身份到自下而上的多元的公民身份发展模式，从强调公民的责任和义务（共和主义传统）到强调公民的权利，从统治阶级缓和社会冲突和促进社会整合的一种"统治阶级策略"② 到马歇尔（Marshall）三类公民身份权利的划分（公民权利、政治权利和社会权利），再到雅诺斯基（Janoski）的四种公民身份的划分（法律权利、政治权利、社会权利和参与权利）。③ 20世纪80年代，文化公民身份成为新的理论关注点，该理论重视"文化"权利扩张，强调作为共同体的成员，公民享有民主平等参与平等公民权利的同时，还享有维持差异的权利④，具体包括王爱华（Aihwa Ong）的"弹性公民身份"、威尔·金利卡（Will Kimlick）的基于自由主义少数群体权利理论的多元文化的公民身

---

① 薛晓源、周战超：《全球化与风险社会》，社会科学文献出版社2005年版，第36页。
② Mann M. Ruling Class Strateges and Citizenship [J]. *Sociology*, 1987, 21: 339-354.
③ 托马斯·雅诺斯基：《公民与文明社会》，辽宁教育出版社2000年版，第21页。
④ 郭忠华：《变动社会中的公民身份：概念内涵与变迁机制的解析》，载于《武汉大学学报》2012年第1期。

份理论①。王爱华提出的"弹性公民身份"用以指"促使主体以投机且流动的方式适应不断变动的政治与经济形势的文化实践……一种容许他们以弹性、流动以及重新定位来适应市场、政府和文化制度的实践,这种文化逻辑不是完全来自于主体内部的意愿,而是受到各种因素的制约和影响,包括国家、政府、市场和家庭等"②。从自上而下的单一民族国家政治构架的公民身份到自下而上的多元的公民身份发展模式的转变,体现了跨学科作为应对社会复杂性的知识回应,也是社会科学发展的趋势。③

(四) 实现现代化过程中农业转移人口市民化的价值正当性要求

实现农业转移人口市民化体现出现代化的价值正当性要求,具体表现为实现社会公平与发展正义,实现社会团结和整合,包括包容性社会关系建构、尊重个人价值和自由、崇尚公民精神和理性品质、反对社会排斥和实现社会整合、增强社会信任与社会团结、实现人的尊严和人的发展、实现放权和参与式发展等。

推进公共服务均等化、社会保障一体化就是为了落实社会公平,实现社会发展正义,实现弱势群体共享社会发展成果,在社会质量、脆弱性、风险社会、可持续生计、包容性发展、公共健康、消除社会排斥、发展伦理和社会正义、实践理性和后果评价、实践中的道德、社会认同和城市群体适应等跨学科的理论框架中重新思考和关注中国农业转移人口市民化问题。实现农业转移人口市民化体现出现代化的价值正当性要求,也表现为逐步实现国民身份平等化过程。国民身份平等化是推进现代化、推进人类社会进步的重要标志,亦是现代国家合法性的基石。无差别的全民福利、各种族平等的公民权利、居住自由、迁徙自由和选择职业自由是现代民族国家最基本的价值追求和目标。④

二、市民化的经济过程:发展经济学的理论视域、知识对话与经验发现

市民化的经济过程理论涉及的主题有经济转型中的劳动力结构变迁与人力资本收益、可持续生计、就业、收入与资产积累;基于市场转型的经济利益驱动、经济市场适应和经济机会获得、市场经济效应、劳动力市场融入;贫困、资本和

---

① 威尔·金利卡:《多元文化的公民身份:一种自由主义的少数群体权利理论》,载于《华东师范大学学报》2017 年第 5 期。
② 王爱华:《弹性公民身份:跨国主题的文化逻辑》,载于《中国学术》2003 年第 3 期。
③④ 潘泽泉:《多重逻辑下的农业转移人口市民化过程:问题视域与理论争辩焦点》,载于《社会科学》2016 年第 11 期。

劳动力市场中的不可抗因素（自然资本）、脆弱性（物质资本）以及无流动的金融资本积累带来的金融服务可及性、人力资本投资和培训等。在西方发达国家，农民市民化就是通过这种人口迁移来完成的。刘易斯（Lewis）的"二元经济结构模型"揭示了这种农民市民化的一般规律。但在我国，这些迁移人群却无法成为"市民"，本身就是一个问题，我们需要重新基于经济过程的相关理论，重新思考农业转移人口市民化的重大理论问题和理论发展问题、农业转移人口市民化研究范式的转换、农业转移人口市民化相关理论的方法论基础、理论的建构逻辑、核心概念、理论命题和理论分析框架。

20世纪下半叶，随着国际移民的迅速扩大，移民研究在学术界日益成为不同学科理论争辩的焦点并形成多样性的解释传统，出现了多维的概念、模型与分析框架，国外关于人口迁移的理论涉及农民流向城市的迁移规律、迁移行为的动力机制、人口迁移与经济发展的一般关系、人口迁移与城市化的动态机理、人口迁移模式和实现机制等。

（一）人口迁移与城市化的宏观结构主义视角：城乡二元结构与迁移定律

人口迁移与城市化的宏观结构主义视角包括"二元经济结构理论"或"二元经济结构模型""双重劳动力市场理论""三重劳动力市场理论"与"劳动力市场分割"等理论。

1. 阿瑟·刘易斯（Arthur Lewis）："二元经济结构理论"和"两部门"理论

发展经济学家、诺贝尔经济学奖获得者阿瑟·刘易斯[①]的"二元经济结构理论"中提出农业剩余劳动力转移的"二元经济结构模型"，将传统的自给自足的农业经济体系和城市现代化工业体系称为国民经济的二元结构。刘易斯的"两部门"理论认为，国家中存在传统农业部门和城市工业部门的"二元经济结构"，在具有二元经济结构特征的社会里，由于传统农业部门以旧有的传统方式进行生产，生产率低、收入微薄，存在着大量低收入的劳动力，城市工业部门以现代的先进方式进行生产，生产率高、收入也高，因此在不受外力干预的情况下，农业劳动者自然便源源不断地从农村流向城市。城市工业部门由于不停地有农业劳动力的补给，便能够无限扩张，从而获得更多的利润，依次循环，直到农业剩余劳动力被完全吸收。刘易斯"二元经济结构模型"的理论缺陷在于：一是关于劳动力是可以无限供给的核心假设难以成立；二是强调农业部门和城市工业部门的二

---

① Lewis W. A. Economic Development with Unlimited Supplies of Labor [J]. *Manchester School of Economics and Social Studies*, 1954 (2): 139 – 191.

元对立，忽视了两个部门间的均衡、协调、一体化和融合发展。

2. 迈克尔·皮奥里（Michael Piore）："劳动力市场分割理论"与"双重劳动力市场理论"

新经济学代表迈克尔·皮奥里等学者提出的"劳动力市场分割理论"，也称为"双重劳动力市场理论"。该理论认为，在现代的工业社会中存在着"收入高、劳动环境和福利待遇优越"的首属劳动力市场和"收入低、工作环境差、福利待遇低劣"的次属劳动力市场。人往高处走，随着次属劳动力市场的人逐步流向首属劳动力市场，需要大量的劳动力来补充次属劳动力市场中的位置，这时农村的剩余劳动力便成为首选。①

3. 托达罗（Harris Todaro）：哈里斯—托达罗模型（Harris Todaro model）人口乡城迁移结构模型的"三重劳动力市场"理论

在上述的双重劳动力市场理论的基础上，托达罗（Todaro）的哈里斯—托达罗模型（Harris Todaro model）提出"三重劳动力市场"理论，相较于刘易斯（Lewis）的二元结构，托达罗认为国家的经济结构由农业部门、传统城市部门和工业部门三部门构成，农业剩余劳动力进入城市后，首先会进入传统城市部门就业，然后才有可能进入工业部门，收入也依次增加。波特斯（Alejandro Portes）和巴赫（Robert Bach）提出了"三重市场需求理论"，即在移民研究中，在双重劳动力市场理论的基础上，进一步，即在低级劳动力市场和高级劳动力市场之外，提出了一个新的"族群聚集区理论"，强调移民族群自身发展基础上形成的族群经济圈对其居住人群有特殊的吸引力。

（二）城市迁移动因：基于工业化和城市化进程的解释视角

人口城市迁移的动力理论强调农业转移人口向城市迁移的动力机制、动力演变规律和驱动力，人口城市迁移的动力理论在西方城市迁移研究领域出现了很多著名的社会学家。

1. 拉文斯坦（E. G. Ravestein）的人口迁移理论

拉文斯坦的"人口迁移法则"（law of migration）是公认最早的人口迁移理论，拉文斯坦认为人们进行迁移的主要目的是改善自己的经济状况，并对人口迁移的机制、结构、空间特征规律分别进行总结，提出著名的人口迁移七大定律，即：多数人倾向于短距离迁移；迁移呈现阶梯性；人口的离心迁移表现出与向心迁移相似的特征；每一次迁移都会引发一次补偿性的反迁移流；进行远距离迁移的人源于对大型商业和工业中心存在偏好；城市居民比农村居民表现出更小的迁

---

① 青觉：《城市少数民族流动人口市民化研究》，载于《中南民族大学学报》2017年第1期。

移倾向；女性比男性更倾向于迁移。

2. 唐纳德·柏格（D. Bogue）的迁移"推—拉"理论

唐纳德·柏格和拉文斯坦[①]一样，从宏观上分析了影响人口迁移的经济原因，基于人口迁移法则（Law of migration）提出了"推—拉"假说和"基于时间序列的人口迁移理论"，即基于移民迁移规律提出的"推—拉模型"，认为人口迁移是其原住地的推力或排斥力和迁入地拉力或吸引力两种力量共同作用的结果。强调农业部门与工业部门之间受边际劳动生产率决定的"工资"、"城镇资本"、生态环境恶化等的推拉作用，把农民城镇就业行为归结为工资获得与否及其高低问题。人口学家 E. G. 拉文斯坦（E. G. Ravestein）总结人口迁移规律，指出了人口迁移的影响因素、迁移流动的递进趋势、迁移倾向存在地区差异和性别差异以及迁移的动机。

3. 李（E. Lee）的城乡人口迁移的决定因素理论

李提出，影响人口迁移的因素有四个方面：一是原居住地因素；二是迁移地因素；三是中间障碍因素；四是迁移者个人因素，而劳动力的乡城迁移就是这四个因素共同作用的结果。[②]

4. 诺瑟姆提（Ray M. Northam）提出的"S"曲线理论

基于农民流向城市的迁移规律农业转移人口市民化的历史进程，提出世界各国城市化发展历史进程呈"S"型曲线，即由慢到快、由快到慢，直至停滞不前的曲线发展过程，城市化发展进程"S"型曲线的形成，与各国经济社会发展的水平密切相关。当一国经济处在起步阶段，城市化比重低于25%（城市人口一般占总人口的10%左右时），这时的城市化进程缓慢，处于传统农业社会状态，农民市民化也是相当缓慢的。当一国经济进入高速发展时期，工业在经济和社会生活中占主导地位，将使城市化和农民市民化步入一个高速度发展时期，直至城市人口占区域总人口的比重达到60%～70%。城市人口达到60%～70%以后，城市与农村的差别日趋缩小，城市人口增长速度下降，城市人口增长处于稳定的发展时期，城市化进程和农民市民化进程呈现出停滞甚至下降的趋势，当城市化发展到高级阶段时，大量农村剩余劳动力基本被城市吸收。

5. 费景汉（John C. H. Fei）和古斯塔夫·拉尼斯（Gustav Ranis）："城市迁移的技术动力论"和"农业劳动边际生产率模型"

美国经济学教授费景汉和拉尼斯修正了刘易斯模型，重视了工业和农业之间的内在联系，并根据技术可以提高农业劳动生产率和农业劳动剩余的一般规律，

[①] E. G. Ravenstein. The Laws of Migration [J]. *Journal of the Royal Statistical Society*, 1889（2）：241 - 305.

[②] Everwtt S. Lee. A Theory of Migration [J]. *Demography*, 1966, 3（1）：47 - 57.

通过引入技术进步变量,从而解决了刘易斯(Lewis)模型中无限劳动力供给问题。费景汉(John C. H. Fei)和拉尼斯(Ranis)理论根据农业劳动边际生产率的不同,把农业剩余劳动力转移划分为三个阶段:农业劳动边际生产率等于零阶段;农业劳动边际生产率大于零小于农业平均固定收入阶段;农业劳动边际生产率等于和大于农业平均固定收入阶段。同时提出,为了使农村剩余劳动力持续转移到第三阶段,在农村剩余劳动力转移过程中,要同时提高农业劳动生产率,使农业生产部门和工业生产部门同步发展。

(三) 城市迁移研究中的微观行为动机理论

1. 亚当·斯密(Adam Smith):劳动力迁移中的比较经济利益差异理论

亚当·斯密的劳动力迁移模型提出的比较经济利益差异理论解释模型是对刘易斯(Lewis)"二元经济结构模型"的修正和发展。著名经济学家亚当·斯密提出的劳动力迁移的理论,是最早从发展经济学角度来解释移民的理论。古典经济学的创始人威廉·配第(William Petty)最早从发展经济学角度揭示了人口流动原因,认为比较利益差异的存在促使了社会劳动者从农业部门流向工业部门和商业部门。

2. 美国经济学家戴尔·乔根森(D. W. Jorgenson):消费结构变化论

乔根森模型修正了刘易斯模型中诸多静态的观察视角,构建出解释劳动力转移的乔根森模型。乔根森从消费结构变化的角度分析了农民城镇就业的影响因素,即农业剩余和消费结构变化使得农民进城务工成为可能。乔根森认为,劳动力的转移动力来自需求结构与消费结构的改变,农业生产剩余的规模决定着工业规模和劳动力转移。

3. 托达罗(Todaro)的哈里斯—托达罗模型(Harris Todaro model):迁移预期收入理论(城乡预期收益差异理论)

拉尼斯—费景汉模型在提高劳动生产率和保持工资不变的关系上也存在不足,而这一点得到了经济学家托达罗的城乡预期收益差异理论的修补,即提出他的农村劳动力向城市迁移决策和劳动力流动行为模型。托达罗对刘易斯理论进行了修正,在托达罗看来,农业劳动力进入城市主要取决于城乡预期收益差异,差异越大,流入城市的人口便越多。他根据发展中国家的经济现实,指出人口流动基本上是一种经济现象,承认了人口流动的经济性冲动,指出城乡预期收入差异是城市严重失业并不妨碍农村人口流入城市的现实依据,事实上,城市中的失业现象并不影响准备流向城市的人们做出合理的决策。一个农业劳动者决定他是否迁入城市的原因不仅取决于城乡实际收入差距,还取决于城市的失业状况。如果农村收入水平不能提高到一定程度,城市部门中充分就业的努力就注定要失败,创造额外的就业机会将导致更多的移民流入城市部门，强行阻碍和限制劳动力的转移可能会减少农业部门的净福利。托达罗模型从劳动力流动本身的微观视角出发，解释了劳动力决策的合理性因素，但无法解释农民劳动力转移到城市以后的后续发展问题。[①]

4. 舒尔茨（Schultz）和贝克尔（Becker）：人力资本"投资—效益"或"成本—收益"理论

现代人力资本理论的发展肇始于舒尔茨和贝克尔，舒尔茨和贝克尔把迁移行为作为个人的一种经济投资过程来看待，应用经济学的基本原理即成本与收益的比较来解释人们迁移行为。人力资本对于实现农民到市民的顺利转化起着关键性的作用。为此，我们只有结合人力资本才能充分厘清农民市民化的演进路径，并发现其中存在的问题，进而提出相应的政策建议。[②] 舒尔茨指出，战后发达国家的经济增长对传统的经济学理论提出了三个现实挑战，即资本—收入比率未随着经济的增长而提高、国民收入的增长要快于资源耗费的增长、劳动者的收入大幅提高，要解释上述三个问题，必须开启对人力资本的研究。舒尔茨也指出，人力资本的增长不仅比物质资本而且比收入的增长都要快，人力资本的投资是一国经济较快增长和居民收入大幅提高的重要源泉。

5. 乔治·巴兰（Jorge Balan）：人口结构转变与选择性降低理论解释模型

在研究拉美国家的农业移民时发现，移民的选择性会随着社会经济条件的变化而改变，一方面是大城市带来的工作机会和农村的人口压力，另一方面是城市高速发展需要更多的劳动力，但随着农村大量人口的涌入，就会出现"选择性降低"的现象，即城乡移民从精英型转向大众型，由农村和小城镇的高技能人口扩大到广大的农村地区，包括大量的低技能人口的涌入，即流动人口结构由"精英型"结构向"大众型"结构转变，低技能的移民难以融入城市经济社会结构。也有理论试图从理论上揭示了这些国家人口迁移与城市化的动态机理，发掘人口迁移与城市化发展的一般规律。卡尔文·戈德谢德认为农业人口转移有利于消化农村剩余劳动力，满足城市经济扩展的需求，农业人口转移本质上是一个社会实现代内、代际职业流动的过程，也是国家经济整合的重要机制。移民到城市的农民更多的是有技能、有发展动机、能够和城市居民竞争的群体。由于教育和技能是农村移民和城市居民在正式和非正式部门实现职业获得的重要因素，移民到城市意味着该群体要不断提升自己的能力、接受更多的教育和技能培训，有利于实现该群体的现代性获得，实现其向上的社会流动。

---

① 杜宇、刘俊昌：《农民工市民化难点与新型城镇化战略》，载于《当代经济管理》2014年第12期。
② 孙大伟：《人力资本提升、适配性与农民市民化》，载于《学术论坛》2013年第11期。

6. 罗纳德·伊兰伯格（Ronald G. Ehrenberg）、罗伯特·史密斯（Robert S. Smith）：距离—迁移成本理论模型

伊兰伯格、史密斯等许多西方学者把距离看成迁移流动的障碍，提出在两地间的迁移概率随距离的增加而减少，在离家近的地方比离家远的地方更容易发现就业的机会，即迁移和距离具有负相关关系。距离在迁移中意味着一种成本，远距离不但减少了有效信息的传播，而且亲友回乡探视的成本大，所以与朋友和亲属的联系机会也相应减少，而且距离越远意味着文化差异越大，心理成本越高。距离带来了迁移成本上升，自然减少了迁移的流量。尤其是对那些处于地方性就业市场的劳动者来说，要获得别处的就业机会的信息是十分困难的。

其他还有库兹涅茨（Kuznets）重视迁出地和迁入地之间的"经济机会"的推拉作用，特别是城市因素对农民进城务工的拉力。托拉多（Torado）、哈里斯（Harris）、卡林顿（Carrinton）等从劳动力供给的角度，强调就业机会和"体面生活获取""预期的城乡收入（绝对收入）差距""利益最大化"在城乡人口迁移中的推拉作用，并用获得工资概率的大小衡量农民进城就业行为。钱纳里（Chennery）和舒尔茨（Schultz）从成本—收益的角度分析了迁移的产生，认为迁入地的收入对转移者的就业行为影响显著。高登斯（Gold Scheider）对发展中国家的研究发现经济动机是农村移民的主要动机，但迁移决策的依据不是实际的工作机会而是潜在的就业机会、移民的意愿和家庭的决策。达威力（Daveri）和凡尼（Faini）以刘易斯的二元经济模型为基础，运用局部均衡法研究发现：城镇商品房的价格、居住成本、社会制度等因素会对农民城镇就业行为产生显著影响。

（四）城市迁移研究中的劳动力迁移新经济学理论（新经济移民理论）

随着市场经济体系的不断完善，特别是户籍制度的松动，如此大规模的流动人口又表现出一个新的特征，即农民流动日渐家庭化。迁移决策理论主要包括生命周期理论和经济收益最大化理论。生命周期理论用生命周期来解释迁移决策，表现为市民化过程中的家庭禀赋、家庭生命周期与家庭决策理论，认为生命周期的变化带动家庭结构的变化，由此带来对住宅的新要求，为适应这种要求而产生迁移。

1. 希尔（Hill）等："家庭生命周期理论"

该理论从单一的问题视域出发，基于单向度的历史叙事和知识建构，基于发达国家的人口迁移与城市化的经验性事实，提出了合理性和针对性的理论解释模式，提供了一些一般性概念、理论假设和研究框架。关于家庭迁移研究始于新劳

动迁移经济理论,经斯塔克(Stark)、布鲁姆(Bloom)和泰勒(Taylor)为代表的学者发展而逐步成熟。新劳动力迁移经济理论强调家庭和家庭决策在劳动力迁移决策中的重要性,强调用投资组合理论和契约安排理论来解释劳动力迁移行为与家庭决策的关系(Stark,1991);在分析迁移因素时,引入了社会特征、社会网络和相对心理资本等因素。从现有文献看,该方面的研究多注重家庭整体迁移问题,代表性的学者有杜鹰和白南生。[①] 奥迪·斯塔克(O. Stark)的以家庭投资组合理论和契约理论为代表的"新劳动力就业学说",认为统一调配家庭劳动力的就业行为成为影响农村劳动力转移的根本因素。明塞尔(Mincer)认为,家庭在劳动力迁移上起到关键作用,参加迁移的不是一个人,而是一个家庭。加德纳(Gardner)指出,劳动力的流动调节是农业劳动者收入与非农业劳动者收入趋同的根本原因,尽管美国农业技术进步速度加快,农产品价格下降,但农民人均收入与非农民收入持平并呈超越趋势。

2. 奥迪·斯塔克(Oded Stark)和爱德华·泰勒(Edward Taylor):劳动力迁移新经济学

奥迪·斯塔克和爱德华·泰勒新经济移民理论(也称劳动力迁移新经济学)和"新劳动力就业学说",认为移民是理性选择的,但与新古典主义经济理论不同,新经济移民理论强调基于参照群体"相对收入差距"的"相对失落感"在城乡人口迁移中的推拉作用,它把家庭而不是个人看作追求收益最大化的主体。

3. 罗杰斯(A. Rogers):"生命周期迁移理论"

罗杰斯(1978)在生命周期理论的基础上,提出了人口迁移年龄—迁移率模型,该模型指出人口迁移随年龄变化有不同的迁移决策。经济收益最大化理论把迁移、融入看作迁移者的一种人力资本投资行为,迁移只有在投资成本与收益相抵后有净收益时才会做出。到了20世纪70年代,该模型进一步拓展,包括非经济动机,如宗教信仰、人际关系以及更高福利、更宜人的天气等。

4. 格兰诺维特(Granovetter):迁移网络理论

现行研究缺乏从迁移主体视角去考察新生代外来人口市民化选择行为,发掘影响迁移选择行为的动态因素,忽略了在社会利益多元化和分殊化的时代背景下,社会资本的介入与发展对新生代外来人口市民化选择的积极作用的研究。格兰诺维特指出,迁移网络在迁移的微观行为和宏观行为之间建立了一座"桥",国内也有学者分析了迁移网络在劳动力流迁决策中的作用,但囿于研究时间基点

---

① 孙战文、杨学成:《农民工家庭成员市民化的影响因素分析——基于山东省1 334个城乡户调查数据的 Logistic 分析》,载于《中国农村观察》2013年第1期。

的原因，对于解释现时新生代外来人口市民化选择问题尚不够充分。[①]

三、市民化的政治过程：发展政治学的理论视域、知识对话与经验命题

市民化的政治过程理论强调市民化中的理性国家和国家发展战略（现代化、城市化、城市圈/城市群战略、产业升级和梯度发展战略、新型城镇化战略、乡村振兴战略、城乡一体化战略、城乡融合战略等），强调制度支撑模式（户籍制度、社会保障与福利制度；公共服务均等化—教育/医疗卫生/就业制度等），强调市民化过程中的土地制度、财政制度、社会政策与福利制度等。

随着全球化发展中商品、资本和信息的国际流动，越来越多的学者将人口的跨境迁移与"全球化"运动相结合。沃勒斯坦（Wallerstein）、埃罗·理克特斯（Erol Ricketts）等学者提出的世界体系理论，新马克思主义的代表沃勒斯坦的"依附理论"及"历史结构论"，这些理论强调资本、技术、市场结构中的"核心—半边缘—边缘"的结构性依附关系、"周期性律动"、不平等的国际秩序与国际人口迁移等。

（一）社会冲突视角：歧视的制度经济学

城市迁移研究中的社会冲突视角体现为歧视的政治经济学。国际移民理论认为，由于迁入地与迁出地的文化差异，移民往往会出现一种"非整合"现象，移民在迁入后一般表现为马赛克般的群体分割、文化多元主义和远离主体社会三种生存状态。贝克尔（Becker）认为，歧视可用货币来衡量，并提出"歧视系数"的概念，为经济学对歧视的量化分析提供工具。他将市场歧视系数定义为劳动力市场上两群体间有歧视时的工资之比与两群体间没有歧视时工资之比的差额。经济学家皮奥里（Pioli）和林格（Ringer）对波士顿的低工资群体进行了研究，提出了双元结构劳动力市场模型。狄更斯（Dickens）和K·郎（K. Lang）认为，存在两个独立的劳动力市场，存在非经济壁垒阻碍劳动力从次要劳动力市场到主要劳动力市场的流动。索林格（Solinger）研究表明，城镇（特别是大城市）当地政府和居民常常将包括城镇失业在内的很多社会问题至少是部分问题归咎于不断增长的进城农村劳动力，特别是当城镇就业形势面临巨大压力时，当地政府更

[①] 徐济益、许诺：《迁移网络对新生代农民工市民化选择的驱动效应分析》，载于《经济体制改革》2015年第4期。

是采取措施对进城劳动力就业实施限制。①

(二) 经济行为背后的制度逻辑:发展型社会政策的理论视域

农业转移人口市民化过程。实现由农民到农业转移人口再到市民的转变,是通过农民作为"理性人"在市场机制和各种制度约束下进行"成本—收益"比较分析的基础上,做出最优选择的过程或作为一种结果。在这里,制度约束对"农民—农民工—市民"的决策极为关键,其中,农村退出环节(如农房、承包地、林地、集体资产权益等)、城市进入环节(如教育等公共服务、住房、就业等)、城乡衔接环节(如户籍、社会保障等)的利益分析是农民权衡的重点。②制度理论包括新制度主义理论、投资型国家、资产社会政策理论、发展型社会政策理论、社区政治理论等。

福利多元主义理论高度强调国家、社区、市场、家庭协同发挥作用。福利多元主义强调能促型国家(the enabling state)的理念,探讨了国家如何通过推动社区和非营利组织的能力建设,来实现发达国家福利国家的转型,从而一方面完善社会保护,另一方面可以推动社会经济的发展。基于能促型国家的福利多元主义重视家庭、社区和非营利组织的积极作用;重视国家的能促型作用;强调公共部门与民间的伙伴关系。

社会政策的理论视域有吉登斯(Giddens)"第三条道路"的社会政策实践,"第三条道路"提出一种能增强社会包容性,但又不限制个人对自己风险的负责,鼓励个人积极创造的积极性福利制度改革方向。强调由福利消费支出改为教育、培训、创造就业机会、鼓励风险投资、弹性的工作制度和鼓励和谐的家庭一样的工作关系等社会投资支出。主张用"福利社会"取代"福利国家",也就是福利不应仅仅由中央政府提供,应该发挥地方政府、社会第三部门、企业和个人等共同承担社会福利责任。③ 包括修复被破坏的社会团结,保留并重塑社会传统,强调个人以及社会对他人的责任感;提倡能动性政治(generative politics)和对话民主(dialogic democracies),提倡积极的社会福利政策,强调自我实现和责任,强调将市场、家庭、非政府组织(NGO)以及福利制度有机地结合起来,主张维护经济自由、平等和社会正义,倡导积极的福利,主张用"社会投资型国家"来

---

① 周小刚、陈东有、刘顺百:《农民市民化问题研究综述》,载于《经济纵横》2009年第9期。
② 黎晓杰、何靖波、唐雪漫:《农民工市民化动力分析及相关实践问题研究》,载于《经济问题探索》2013年第9期。
③ 安东尼·吉登斯著,郑戈译:《第三条道路:社会民主主义的复兴》,北京大学出版社2000年版。

取代"福利国家"。①

社会政策的新理论视域也包括尤尼斯·劳森（Younis Lawson）的第三条道路与社区政治，该理论强调建立合作包容型的新社会关系，在尊重个人价值的基础上，倡导建立共同体意识，协调资本与劳工的关系，提倡双方建立共担风险、共享利益的关系，协调居民和外来移民之间的关系，培养包容意识，反对排斥行动，塑造"一个国家"。米奇利（Mitchell）总结了三种促进社会发展的策略，即个体主义的社会发展策略、社区主义的社会发展策略和国家主义的社会发展策略，其提出的制度主义包括个体、社区和国家等多层面的、充分利用市场、计划和合作等多机制的社会发展策略。

（三）理性国家与政治过程：社会治理与善治理论

社会治理理论更多地强调发挥多主体的作用，鼓励参与者自主表达、协商对话，并达成共识，社会治理更多地体现了自下而上的运作模式、自下而上的民治、自下而上的政策倡导。

社会和治理理论提倡一种社会多元互动的治理结构，强调简政放权，使单一的权力格局转向政府、市场、社会三元权力格局，强调在基层社区中构造国家、市场与社会共同作用的现代治理格局，提倡一种新的政治发展观，强调多元权力和新的公民参与网络。

治理与善治理论认为，国家应该把原先由其独自承担的责任转移给包括政府、公共的和私人的机构等在内的公民社会来承担，并使各个参与者形成一个自主的网络，最大限度地协调公民之间以及公民与政府之间的各种利益冲突，以达到社会善治的公共管理目标。多源流理论，在金登看来，问题溪流、政策溪流、政治溪流三条溪流的汇合贯穿了整个政策过程。这三条溪流一般情况下彼此独立运作，并且不存在时间上的先后顺序，在某一关键的时间点上"耦合"（coupling），打开"政策之窗"（policy window），从而将公共问题推上政策议程。基于多源流理论模型分析我国农业转移人口市民化政策的转型过程及农业转移人口市民化政策转型的影响因素，将有助于分析农业转移人口市民化政策的变迁规律与运作机理，探讨我国农业转移人口市民化政策的改革重点与机制设计。②

---

① 安东尼·吉登斯著，郑戈译：《第三条道路：社会民主主义的复兴》，北京大学出版社2000年版，第107页。

② 范逢春、姜晓萍：《农业转移人口市民化政策转型的多源流分析：构成、耦合及建议》，载于《四川大学学报》2015年第5期。

（四）城市迁移研究中的"公民权理论"或"公民身份理论"

公民身份和公民权是当前发展政治学或政治哲学理论视域探讨的核心问题，公民身份的概念系统、理论内涵从历史和逻辑的角度阐释了公民与国家之间的互动关系，是当代全球社会中各国重大政策和制度设置的理论背景。

1. 公民共和主义理论和自由主义的公民身份理论两种理论传统

基于西方社会发展的集体主义与个体主义二元拒斥抑或对立的知识传统和方法论、认识论准则，西方公民身份理论的经典传统话语和知识谱系呈现出"公民共和主义"和"自由主义"的公民身份理论两种理论传统。① 两者都把国家、平等、权利、义务作为公民身份的核心内涵，公民身份在政治理论上统合了公民的身份地位、权利义务和政治参与行动，在政治实践中包含了公民的市民权利、政治权利和社会权利，在理念上体现了自由、民主和公平三者的矛盾与统一。② 后来的社群主义的集体主义社会思潮则强调公民身份的重心向"共同体价值"和"成员资格"转变。现代的"公民资格"理论试图对自由主义的个人主义和社群主义的集体主义之间的对立实现一种超越，它把自由主义对正义的要求和共同体成员资格的要求整合到一起，实现两种公民观的一种综合与超越。③

2. 基于社会运动和集体行为视角的行动主义公民与公民身份权利意识觉醒和发展

行动主义公民与公民身份权利意识觉醒和发展是基于社会运动和集体行为的新视角。20世纪40年代以后，西方的公民身份理论研究和经验研究进入一个新阶段，特别是在90年代以后出现了一个研究的高峰。④ "公民身份"成为分析社会运动和集体行为的新的解释视角。基于在社会运动和集体行动中的公民身份权利意识的觉醒和发展，产生了行动主义公民（activist citizen），众多的公民抗争行动还能借由逆向驯服能力促使政府尊重和保障居民的公民身份权利（citizenship rights）。此种解释深化了集体行为具有政治性的认识，展现出现代性语境下公民身份发展的特殊图景。⑤ 阿金·马博贡耶（Akin Mabogunje）、布雷恩·特纳（Bryan S. Turner）、苏黛瑞（Dorothy J. Solinger）提出的"公民权理论"认为，在不同政体的国家中，公民社会的地位各不相同，随着市场经济发展，新权威主

---

①② 李艳霞：《西方公民身份的历史演进与当代拓展》，载于《厦门大学学报》（哲学社会科学版）2006年第3期。

③ 唐玉：《论公民身份的分歧与整合》，载于《浙江学刊》2007年第6期。

④ 商红日：《公民概念与公民身份理论——兼及中国公民身份问题的思考》，载于《上海师范大学学报（哲学社会科学版）》2008年第6期。

⑤ 蒋红军：《为公民身份而斗争：被征地农民抗争的政治学解释——以四川G镇的抗争事件为例》，载于《浙江学刊》2013年第3期。

义政体下的公民社会发展,为了抑制传统的强大惯性,需要扩大基层组织自治空间,影响公共政策制定。①

3. 阶级关系、市场经济劳动关系中的不平等与现代社会契约关系的出现

在现代阶级社会,基于公民权利追求的平等公民身份,可以作为削弱完全不平等阶级体系的工具和武器。马歇尔(Marshall)基于对在市场经济劳动关系"资强劳弱"格局中遭遇社会不平等与贫困弱势的工人阶级的命运关怀而提出公民身份理论。马歇尔认为,公民身份本质在于现代社会中公民权利的平等,可以削弱原则上完全不平等的阶级体系不平等。民事权利冲破了计划性的传统等级制社会阶级体系,导向现代社会契约关系,保护个体免于有组织的暴力压制与侵害,且从某种程度上衍生出政治权利。政治权利是诸种权利的根基,是民事、社会权利的重要保障,通过民主的途径或方法调整民事权利、社会权利的内容。社会权利是公民权的最高表达形式,使得民事、政治权利具有实质意义,发挥着"去商品化"价值,能保证即使是最贫穷的社会成员(主要指工人阶级)也能融入并参与社会,提供了探索社会分化、社会排斥等动态机制的可能,以评估社会不平等的水平与原因。实现、体现和维护平等公民身份,在于国家权力、制度、法律、政策的有效配合。②

4. 走向社会政策工具的"后福利"时代的公民身份与公民权利

20世纪70年代以来,西方福利国家遇到了各个领域的巨大挑战,社会政策的改革与创新使福利国家进入了"后福利"的时代。在对福利国家的社会政策进行改革与反思过程中,"公民身份"(citizenship)进入了理论家和社会政策制定者的视野,并引起广泛关注。权利的危机与制度的困境暴露了近代以来自由主义思想的内在局限,事实上,公民身份的拓展与延伸在挑战传统自由主义理念的同时,将为福利国家的社会政策开辟出一条崭新的理论与实践路径。③ 现代社会保障制度的价值基础是公民权利的理念:社会保障制度所直接对应和满足的是公民的社会权利,但是它实际上支撑着包括法律权利、政治权利和社会权利在内的整个公民权利体系,反过来,基本的法律权利、政治权利既确保了公民享有社会保障具有"应享权利"意义上的正当性,也为公民主动争取更多的应享权利提供了手段意义上的可能性;包括享有社会保障在内的公民权利必须要由公民的义务来对应和平衡,但这主要是在整体意义上的对应和总体水平(而非个体水平)上的

---

① 杨宏:《基于社会资本论域的农民工市民化问题研究》,载于《求索》2010年第3期。
② 张金庆、冷向明:《现代公民身份与农民工有序市民化研究》,载于《复旦学报》2015年第6期。
③ 李艳霞:《后福利国家社会政策发展的理论路径与现实选择——基于"公民身份"的思考》,载于《文史哲》2007年第3期。

平衡。①

5. 经由积极公民权推进公民身份与身份认同结合

20 世纪 90 年代以后由公民身份研究与身份认同研究结合而被推动起来,公民身份认同主要关注个体或群体对政治共同体的成员地位(包括自我安全、归属、团结、包容或排斥)的心理认知和主观感受,在于提升政治共同体的成员的尊严和地位。公民身份认同研究从外部可以划分为宪政爱国主义、多元主义、激进民主主义这三种理论视角与政治主张,从内部可以划分为合法化构建的、拒斥性的、重新规划的公民身份认同三种类型。② 以积极公民权为核心的农业转移人口市民化,实现公民身份与身份认同的结合,需要通过强化社会自主、自治和自我行动能力,发挥政府和社会对于所有公民的保护和赋权、增能、促融功能,促成每个公民的独立自主自治,形成积极的公民权,通过"投资型国家""能促型行动""公民社会""能动社会"以及"福利社会"互动,促成和维护积极的公民权。③④

四、市民化的社会过程:理论发展、知识对话与现代性获得

(一)现代性过程:发展社会学的理论范式、问题意识和经验命题

西方社会学家从结构分化与对立转变的宏观角度展开分析,对发达国家的农民消亡过程的研究一直遵循着传统—现代的研究思维,通过探讨城市与乡村的对立状态来间接阐述农民实现市民化的必要性和市民化的具体内容。社会学领域关于农民市民化问题研究的理论具有代表性的有:涂尔干(Durkheim)有关机械团结与有机团结的研究、梅因(Main)关于"身份社会"与"契约社会"对立的研究、齐美尔(Zimmer)对都市市民心理的研究、藤尼斯(Tonnies)关于"礼俗社会"与"法理社会"关系的分析、韦伯(Weber)关于"前现代社会"与"现代社会"对立的阐述、帕森斯(Parsons)关于五种模式变量的分析、雷德菲尔德(Redfield)关于"俗民社会"与"都市社会"的分析等。还有一部分社会学家对农民市民化的背景与具体内容进行重新阐析。吉登斯(Giddens)曾对传

---

① 王小章:《公民权视野下的社会保障》,载于《浙江社会科学》2007 年第 3 期。
② 郭台辉:《公民身份认同:一个新研究领域的形成理路》,载于《社会》2013 年第 5 期。
③ 王小章:《论以积极公民权为核心的社会建设》,载于《浙江学刊》2013 年第 4 期。
④ 袁年兴:《公民美德、公民权与公共行政——论新公共服务的范式困境》,载于《浙江社会科学》2013 年第 5 期。

统的转变进行了详细论述,认为对所有从传统活动场合的控制中解放出来的群体而言,存在着多元的生活风格的选择。英克尔斯(Inkles)、沃尔冈夫(Wolfgang)等则对现代化进程中人的特性转变进行了具体论述。贝克(Beck)的风险社会理论等也都对农民的市民化转向的现代意义和风险形成、应对进行了论述。对他们来说,从前者到后者的发展是一种"结构的转型",相应地秉承前者各种社会特性的农民向市民的迈进,同时就是传统社会的各种社会特性向现代社会特性的转变。这一进路有助于我们从全球性与现代性的角度,对农民市民化的背景与具体内容进行重新阐析。①

美国社会学者索鲁金(Sorokin)和齐默尔曼(Zimmerman)还曾就"职业、环境、地域社会的大小、人口密度、人口的异质性、社会的分化和分层、流动性、互动的类型"八个方面来分析两种社会的差异。1929年,索鲁金和齐默尔曼(Zimmerman)在他们合著的《农村——城市社会学的原理》(*Principles of Rural-urban Sociology*)中提出了他们的城乡两分法的理论,他们以8个指标来比较、区分城市社会和农村社会。他们认为,农村与城市要分开研究,要在与城市相比较中描述乡村社会普遍而持久的特点和各种关系,包括农村社会各部门之间、农村社会与自然环境之间的关系;并解释农村与城市之间差别的原因或农村社会特殊现象的特点。农村向城市是渐次过渡的,农民向市民也是缓慢转化的。②

(二) 市民化的研究的空间转向:现代性的空间实践与空间生产

"空间理论"是在继承马克思主义空间理论基础上,以列斐伏尔(Lefebvre)、吉登斯(Giddens)等为代表的西方学者围绕"空间"而阐发形成的"社会空间"理论。该理论认为,城市空间生产不仅是"空间中的生产",更是"空间自身的生产",空间成为工具,不断生产或再生产出社会空间。"事实上,空间是一种严格意义上的产品:空间是可以复制的,是重复性活动的结果。因此,空间无疑是被生产的","空间从来就不是空洞的,它总蕴含着某种意义。"③ 城市空间体现了一种社会关系,揭示了当代城市中"空间"直接参与生产实践的事实,社会空间应该是"物质""精神""社会"空间三者的有机统一。这种"空间正义""空间公平"的追问深化了社会学对人类城市生存现状及命运的思考,增强了社会学理论对农业转移人口问题的洞察力、解释力和建构性,为探讨外来人口市民化提供了新的解释框架和语境。

---

① 郑杭生:《农民市民化:当代中国社会学的重要研究主题》,载于《甘肃社会科学》2005年第4期。
② 王慧博:《农民市民化的国际理论、经验借鉴及启示》,载于《河南社会科学》2015年第8期。
③ 亨利·列斐伏尔:《空间的生产》,刘怀玉等译,商务印书馆2021年版,第108页。

空间理论转向又体现为"脱嵌"和"嵌入"理论。"脱嵌"指的是个体从历史既定的身份、支持系统与社会义务中脱离。[①] 与传统农村社会的"脱嵌"是农业转移人口市民化的前提。由于地缘、血缘的关系，传统农业社会的关系网络具有很强的稳定性与排他性。外部因素对这个系统的影响有限，只有当国家在制度政策方面做出改变时，农村的社会关系才有可能松动，从而使"脱嵌"成为可能。城市"嵌入"标志着农业转移人口市民化过程的完成。"嵌入"包括国家政策与制度层面的接纳与农业转移人口主观层面的融入，[②] 农业转移人口在这个过程中完成新的"自我建构"并被重新整合。

新生代外来人口市民化进程伴随着空间理论的转向，其发展趋势必然是一个从"嵌入"到"契合"的过程。所谓"嵌入"，是指外来人口作为客体进入城市，与城市社会空间互为"他"者，双方均保留各自的清晰边界，城市社会空间未能充分开放，年轻农业转移人口虽然工作生活在城市，但身份"剥离"现象严重，与城市社会若即若离，生存和发展空间狭窄，在居住、物质、心理、文化、土地预期空间上均有体现。与此相应，"契合"是指外来人口的物质需求、人格心理、价值观、文化生活与城市的发展目标能够一致，且城市空间的再生产能够满足新生代农业转移人口生存发展所需，能够与城市融为一体，即真正实现市民化的状态。当前外来人口市民化"空间再生产"资源不足，不能满足新生代农业转移人口较强的需求，尚处于"嵌入"状态，与"空间公平""空间正义"相悖，制约了外来人口市民化的进程，亟须构建相应空间机制，使外来人口融入城市，最终达到"契合"的应然状态。[③]

"农民市民化"如同吉登斯（Giddens）在《现代性的后果》一书中所指的"脱域"现象，是"社会关系从彼此互动的地域性关联中，从通过对不确定的时间的无限穿越而被重构的社会关系中'脱离出来'。受现代交通和通信技术发展的影响，人们的社会交往和社会生活已经超越狭小地域限制，向更广阔的空间拓展，甚至可以在不在场的情况下，建构社会关系和开展社会生活"。农民由乡村转向城市，受社会经济的快速发展和城市化水平显著提高的影响，从原来的农村落后地区迅速脱离出来，转向空间地域更广阔的城市地区。吉登斯所述"在前现代社会，空间和地点总是一致的，因为对大多数人来说，在大多数情况下，社会生活的空间维度都是受'在场（present）'的支配，即地域性活动的支

---

① 乌尔里希·贝克著，何博闻译：《风险社会》，译林出版社2004年版，第18页。
② 张方旭、文军：《从"脱嵌"到"嵌入"：个体化视角下农业转移人口市民化的过程分析》，载于《人文杂志》2016年第7期。
③ 刘启营：《新生代农民工市民化：从嵌入到契合——基于空间理论的视角》，载于《理论月刊》2015年第11期。

配"。这个"在场"即城市社区,城市社区作为基础的社会单元,作为现代人栖息的场所,也作为农民市民化的重要过渡场域,帮助进城农民适应新的生活环境,重构新的社会关系,开展新的社会生活,完成脱域过程中农民在城里的再社会化。①

城市移民的现代性过程是一个不断走向个体化的过程。个体化过程是个体作为社会行动过程中的一个实体单位而彰显出其独立性与主体性的过程。贝克(Beck)从脱嵌(解放维度)、去传统化(去魅维度)、再入嵌(重新整合维度)三个方面对个体化进行了分析与解读。借鉴贝克(Beck)个体化的分析框架,本研究将以农村社会的个体化为切入点,将问题意识的展现集中体现在:农业转移人口与传统农村社会的"脱嵌"是如何发生的;"去传统化"过程中农业转移人口可能面临的风险有哪些;以及农业转移人口如何在新的城市环境中进行"嵌入"。本研究的分析逻辑是按照农业转移人口的个体化进程——"脱嵌""去传统化""再嵌入",来对农业转移人口的市民化过程进行分析,以期为该研究提供另一种视角。② 城市移民的现代性过程是与消费主义的兴起以及新兴媒介的大众化相关联的。消费主义的兴起以及新兴媒介的大众化是这个时代中国城市经济社会变迁的重要特征。通过这种外部赋能和自身增能,农业转移人口在打工生活的洗礼中以城市为坐标,逐步更新着自己的价值观念和行为规范,希望能够最终融入城市,分享现代文明成果。③

(三)迁移心理学与心理发展:发展心理学的理论发展、知识对话与经验命题

国外在研究心理因素对迁移的影响时,在理论上已形成较为系统的"迁移心理学"。意愿作为行为的预测变量,可从行为视角进行研究,从多维视角的人类行为理论来看,"迁移心理学"纳入的心理因素还不够完整。同时,实证研究结论因数据来源存在差异,故不能简单地将相关实证研究结果运用到国内。国内新生代农业转移人口市民化意愿影响因素分析侧重社会因素和经济因素,对心理因素的研究缺乏系统性,更多将心理因素作为因变量进行分析。因此,在分析心理因素对新生农业转移人口市民化意愿的影响中,应在具有一般意义的多维视角的人类行为理论和直接关联的迁移心理学指导下,纳入相对完整的心理因素,借助调查数据,系统分析的心理因素对我国新生代农业转移人口市民化意愿的影响,

---

① 夏梓怡:《自雇型农民工市民化的社区支持:鄂省个案》,载于《重庆社会科学》2015 年第 12 期。
② 张方旭、文军:《从"脱嵌"到"嵌入":个体化视角下农业转移人口市民化的过程分析》,载于《人文杂志》2016 年第 7 期。
③ 张骞:《新生代农民工市民化的内在冲突与逻辑转向》,载于《求实》2013 年第 4 期。

并据此提出有序推进该群体市民化对策的建议。①

1969年，美国心理学家克雷顿·奥尔德弗（Clayton Alderfer）在马斯洛（Maslow）研究的基础上，提出了人本主义需要理论（Existence, Relation, Grow, ERG）。他把人类的多种需求重新划分为：生存的需要、相互关系的需要和成长发展的需要。依据ERG需要理论，把新生代农业转移人口的需要分为生存需要、相互关系需要和发展的需要，新生代农业转移人口市民化是其发展需要的体现，是新生代农业转移人口迫切需要满足的需求。②

美国社会心理学家马斯洛提出的"基本需求层次理论"是行为科学的理论之一，该理论将需求分为五种，像阶梯一样从低到高，按层次逐级递升，分别为生理上的需求，安全上的需求、情感和归属的需求、尊重的需求和自我实现的需求。该理论有两个基本出发点：一是人人都有需要，某层次需要获得满足后，另一层次需要才出现；二是在多种需要未获满足前，首先满足迫切需要，且追求更高层次的需要就成为驱使行为的动力。农业转移人口的尊严需求——高层次的需要比低层次的需要具有更大的价值。且在当下，尊严的需求和权利保障的需求已经是一种必需，早已超出了满足温饱的阶段，这在新生代农业转移人口身上表现得最为明显。③雷德弗尔德（Redford）指出农民对土地怀有一种特别的情感并赋予土地特殊的价值，这种情感凝结了农民对土地的依恋和热爱，并深刻影响着农民的生活方式和价值观念。中国市场经济条件下，几亿农民离开土地从事各种非农劳动。离土创业带来的收入改善使农民对土地的传统信仰逐渐淡化。虽然土地已不是农民赖以谋生的唯一出路，但多数农民并不愿意脱离土地。以普波金（Popkin）为代表的"理性小农"观点认为，农民的行为逻辑是追求经济效益的最大化。以斯科特（Scott）为代表的"道义经济"理论认为农民的行为选择遵循"生存伦理"和"安全第一"的准则。大多研究者认为中国农民不肯放弃地权主要源自安全感的缺失。尽管市场经济条件下农民也会算计经济利益的得失，但这是建立在与安全需求相平衡的前提下，农民只有满足了安全需求，才会追求更大的经济收益，在经济收益不断提升的情况下，农民并不选择利益最大化的行动策略，而是追求更高水平的安全性。④

心理资本是超越人力资本和社会资本的一种核心心理要素。哥德史密斯

---

① 张笑秋：《心理因素对新生代农民工市民化意愿的影响——以湖南省为例》，载于《调研报告》2016年第4期。
② 王全美：《基于ERG需要理论的新生代农民工市民化路径分析》，载于《农村经济》2011年第10期。
③ 祝军：《从生存到尊严：农民工市民化的一个维度》，载于《江汉论坛》2013年第8期。
④ 于莉：《从土地依恋到户籍依恋——天津城郊农民生活安全脆弱性与市民化意愿代际分析》，载于《北京社会科学》2018年第6期。

（Goldsmith）认为心理资本包括一个人对于自身的认识、对于工作的态度、伦理取向以及对于生活的总体观点。路桑斯（Luthans）认为心理资本是个体积极的心理状态，这种积极的心理状态包含四个要素：一是效能感（efficacy），即有信心承担并付诸努力完成具有挑战性的任务；二是乐观（optimism），即对于现在和未来有积极的态度；三是希望（hope），即坚持向着目标前进，并且为了获得成功，在必要的时候更改完成目标的路径；四是坚韧（resilience），即当遇到困难或处于逆境时，能够忍受失败，放弃无法实现的目标。

心理资本对于新生代农业转移人口市民化意愿的影响表现为其对新生代农业转移人口的就业能力、面对逆境时的信心等方面的影响。如拥有较高自我效能感的新生代农业转移人口确信自己拥有良好的技能和能力，在未来的工作中能够工作得很好，并且有信心找到工作。这些信念转变为一种高水平的就业能力并成为个体寻找工作中的动力。对此，心理学家、管理学家有过很多的实证总结。哥德史密斯（Goldsmith）运用罗森伯格自尊量表（Rosenberg self-esteem）检验了认知能力对一个人实际工资的影响。发现心理资本对实际工资有显著的正向影响。在自尊上每提高10%，实际工资就提升13.3%。有高认知能力的人的工资显著高于对比组。陈一敏通过调查发现，新生代农业转移人口心理资本对其个体职业成长有正向影响，这种正向影响又通过提高个体社会资本得以实现。彭远春发现，农业转移人口的进城动机对其融入城市生活有显著影响。为补贴家用而外出打工的农业转移人口，有较低的城市融入度。而为学技术或开阔视野而外出务工的农业转移人口其城市融入程度较高；曾旭晖认为外来人口对城市的认同度越高，越倾向于留在城市生活。[①]

（四）社会融合与可持续发展：发展人类学的理论范式、议题构建和经验命题

西方学者将社会融合分为四类，即文化融合、交流融合、功能性融合和规范性融合。美国社会学家戈登（Gordon）提出衡量族群关系融合的七个维度：文化或行为融合、结构融合、身份融合、偏见消除和意识融合、公共事务融合。杨格—塔斯（Junger-Tas）等提出了移民的结构性融入、社会—文化性融入、合法性融入的三个维度；恩泽格尔（Entzinger）等提出移民的社会经济融入、政治融入、文化融入、身份认同融入四个维度。借鉴国内外已有研究成果，从农业转移人口市民化的整体性发展过程来说，农业转移人口社会融合应包括职业融合、政

[①] 陈延秋、金晓彤：《新生代农民工市民化意愿影响因素的实证研究——基于人力资本、社会资本和心理资本的考察》，载于《西北人口》2014年第4期。

治融合、民生融合、文化融合、关系融合和身份融合六个方面,"六个融合"体现了外来人口市民化的全部内容,并以此作为构建其社会融合的总体分析框架。①

社会融合中的角色转型与角色再造理论。"角色再造(role recreation)"是角色理论中的一个新概念,其与"角色转换(role transition)"的概念比较接近,角色转换是指不同类型角色之间的一种转换,目的是满足自身期待,实现社会价值。但与"角色转换"不同的是,"角色再造"的概念内涵更侧重于新角色的培育而不是新旧角色的转换过程。"角色再造"实际上就是重新赋予角色新的内涵,犹如新生命的诞生,角色再造就是一种新角色的诞生过程。当然,这两个概念之间具有高度的相关性。如果新旧角色转型不成功,就谈不上新角色的再造问题。角色再造本质上是角色变迁中一种新的角色扮演(role playing)过程,所不同的是,"角色扮演"一般暗含着当一个人具备了承担某种角色的条件时,才按照这一角色所要求的行为模式和规范去行动。

"角色扮演"更多的是体现角色实践者对角色承担的一种积极性和主动性。而"角色再造"则侧重于角色变迁中角色实践者对一种新角色的培育与再创造,其更多的是体现角色实践者对角色承担的一种创造性和客观性,可以说是角色实践者主观性与客观性、内在性与外在性、延续性与创造性的一种统一。而新市民群体的角色再造过程实际上就是这两方面的有机结合:既是宏观制度规范与微观角色行为的结合,也是一种主动角色再造与被动角色扮演的有机结合。当然,新市民群体的角色再造顺利与否,结果如何,在很大程度上还与其所承担的实际角色距离有关。如果农业转移人口自身的能力、素养和水平与其所要承担的新市民角色之间的差距较大,其角色再造无疑会面临很大的挑战和困难。一般而言,"角色再造"的过程会经过以下三个不同阶段:认知阶段、移情阶段、行为阶段。②

社会融合中的距离理论模型。西方学者把距离看成迁移流动的障碍,并且认为在两地间的迁移概率随距离的增加而减少,在离家近的地方比离家远的地方更容易发现就业的机会,即迁移和距离具有负相关关系(Ilanberg, Smith, 1999)。距离在迁移中意味着一种成本。远距离不但减少了有效信息的传播,而且亲友回乡探视的成本大,所以与朋友和亲属的联系机会也相应减少,而且距离越远意味着文化差异越大,心理成本越高。距离带来了迁移成本上升,自然减少了迁移的流量。尤其是对那些处于地方性就业市场的劳动者来说,要获得别处的就业机会

---

① 杨聪敏:《新生代农民工的"六个融合"与市民化发展》,载于《浙江社会科学》2014 年第 4 期。
② 文军、沈东:《认知、移情与行为:新市民群体角色再造的内在机理——基于大都市郊区农民市民化的调查分析》,载于《人文杂志》2015 年第 1 期。

的信息是十分困难的。[①]

　　塔尔德（Tard）最早提出社会距离的概念，用于表示阶级之间的差异程度，是一个客观的指标。齐美尔（Zimmer）赋予其主观色彩，把社会距离分为主观和客观两个维度。维拉德（Villard）在齐美尔的基础上又引入了个体解释，这样社会距离进一步细化成了四个维度。博格达斯（Bogdas）和李（Lee）等分别从大族群和小族群的角度设计了全面的量表对社会距离进行测量。帕克（Parker）把空间距离和社会距离相结合，用其测量群体内部和群体之间的亲密关系。国内学者通过对本地人和外地人感受到的社会距离进行测量，结果发现主观社会距离具有不对称性，对农业转移人口的研究也有着同样的结论，农业转移人口的距离感大于市民的距离感。但是农业转移人口子女和本地学生之间的社会距离却是对称的。从代际视角研究的学者发现，社会距离具有再生产性，新生代农业转移人口和市民之间的社会距离感大于上一代，身份认同、社会偏见是社会距离扩大的主要原因。关于社会距离产生的根源，社会理论家们的争论不断。韦伯（Weber）认为是社会地位，帕克认为是居住空间，贝农（Benon）认为是经济地位，埃尔德（Elder）认为年龄也会影响社会距离。国内的经验研究发现，居住空间分异、社会制度、文化差异、社会偏见、社会资本、同群效应等都是影响农业转移人口和市民之间社会距离的重要因素。但邻里关系并不会对社会距离产生影响。[②]

第二节　农业转移人口市民化：科学内涵、议题建构与中国经验

　　农业转移人口市民化是指农业转移人口进入城市从事非农产业后，在与城市环境要素发生相互作用的推动，在身份、地位、价值观念、行为和生活方式以及社会资本形态等方面，逐渐向城市市民转化的经济和社会过程。其中，农业转移人口的身份、地位、福利待遇、社会资本形态的变化是农业转移人口市民化外在的表现形式，农业转移人口群体的价值观念、思维方式、文化素质、行为习惯是中国农业转移人口市民化内在的思想内涵。市民化的真正落足点是"市民"，更多涉及的是经济、政治、社会、文化以及心理等跨学科层面，农业转移人口市民

[①] 马金龙、李录堂：《回族农民工迁移及市民化研究的理论探讨》，载于《西北人口》2011年第2期。
[②] 潘泽泉、邹大宽：《失地农民市民化过程中社会距离的影响机制研究——基于社会距离效应的分析》，载于《学习与实践》2017年第5期。

化既是一个过程,又是一种结果。

一、有序推进农业转移人口市民化:科学内涵、知识谱系和话语实践

有序推进农业转移人口市民化的科学内涵与议题建构包括有序推进农业转移人口市民化的科学内涵、市民化概念的重构、内在逻辑等,研究的重点在于"有序推进",包括有序推进的科学内涵和理论依据,在国家—市场—社会的框架中的有序和无序。有序是计划经济的思想,真正有序实现流入其实应该是市场化的结果,这样留下来的可能性才大。农业转移人口市民化的本质是农民成为与市民相近乃至同质的市场主体或市场经济条件下的生产要素,衍生出来的是农民在物质、精神层面达到或者接近市民的水平与标准。农民市民化包括空间摆布上的城市化格局的调整、从事职业的非农化,而且还包括一系列角色意识的树立、思想观念的更新、社会权利的履行、行为模式的革新和生产生活方式的转变,是多元化多层次的整体转型过程。

"农业转移人口"称谓的产生和使用,可以追溯到 2009 年 12 月召开的中央经济工作会议:在部署 2010 年经济工作的主要任务时,会议明确提出,"要把解决符合条件的农业转移人口逐步在城镇就业和落户作为推进城镇化的重要任务"。而后,"推进农业转移人口市民化"在中共中央和国务院有关文件以及国家部分领导讲话中多次出现,并已经成为我国"十二五"乃至更长一个时期积极稳妥推进城镇化的核心任务。农业转移人口的内涵比农民工更丰富,农民工这一称谓主要包含两个特质:一方面体现了特定时期中国大部分从农村流向城市的人口群体的身份及职业特征—工人;另一方面体现了主动流动的性质,农业转移人口主要是农村剩余劳动力群体,他们一般是主动选择从农村向城市流动的。但随着现代化及城镇化进程的加快,城乡流动人口在城市所从事的职业范围越来越广,流动性质及原因更加复杂,于是,"农业转移人口"的称谓应运而生。[①]

(一) 中国农业转移人口的群体特征与群体属性

"农业人口"即为我国户籍划分中的农业人口,"转移"体现了该群体所在地域(空间)的转换,即由农村转移到城镇,且既有就地转移,也有异地转移;而"转移人口"既包含想要从农村迁移至城镇就业居住的农业人口,也包含在农村和城镇之间来回流动的农业人口。"农业转移人口"较"农民工"更为含蓄和

---

① 张方旭、文军:《从"脱嵌"到"嵌入":个体化视角下农业转移人口市民化的过程分析》,载于《人文杂志》2016 年第 7 期。

中性，关注的重点在于农业人口从农村向城镇转移，进而逐步成为城镇居民的过程；"农民工"实际上是农业剩余劳动力，即在农村劳动力中剔除从事农业生产的必要劳动力的那部分农业人口；而在"农业转移人口"中，既有农业剩余劳动力，又包含农村非劳动适龄人口，其内涵要比"农民工"更加丰富。农业转移人口主要可分为两类：一类是户籍仍在农村，但已经从农村迁移到城镇工作生活或在农村与城镇之间流动的农业人口，另外一类则是户籍已在城镇，且已在城镇工作生活的一小部分城镇居民，包括城市安置民、城市拆迁户等群体。

（二）农业转移人口市民化：议题建构、话语实践与科学内涵

农业转移人口市民化是指农业转移人口进入城市从事非农产业后，与城市环境要素相互作用，在身份、地位、价值观念、行为和生活方式以及社会资本形态等方面，逐渐向城市市民转化的经济和社会过程。其中，身份、地位、福利待遇、社会资本形态的变化是农业转移人口市民化外在的表现形式，这一群体的价值观念、思维方式、文化素质、行为习惯转变是农业转移人口市民化内在的思想内涵。市民化的真正落足点是"市民"，涉及经济、政治、社会、文化以及心理等跨学科层面，农业转移人口市民化既是一个过程，又是一种结果。[①] 还有观点认为农业转移人口市民化是农业转移人口自身及其随迁家属获得与城镇户籍居民均等的社会权利与身份地位，均享城镇公共资源与社会福利，在城镇实现安居乐业，并在文化、经济、社会和心理方面完全融入城镇，成为真正市民的过程。所以说取得户籍，获得市民权利并不是市民化的最后一个阶段，只有心理和文化真正融入城镇之后才算得上真正实现了市民化。[②]

2012年12月党的第十八次代表大会报告明确提出了"农业转移人口市民化"的概念，报告指出农业转移人口指的是从农村转移到城镇的人口在经历了城乡迁移和职业转变的同时，取得与城镇户籍居民均等的社会身份和权力。

工业革命以来，学界对市民化的研究便绵绵不绝。德国社会学家滕尼斯（Tonnies）于1887年提出了"农民—市民渐次发展"理论模型，认为人类社会的发展过程就是农民向市民转化的过程，相较于农民，市民以契约关系和理性意志为基础构成一种社会联合。与滕尼斯的农村社区城市社会是更加有机统一整体的观点不同，法国社会学家涂尔干（Durkheim）认为城市社会是现代性的，是有机团结的社会，而农村社会是传统的机械团结。涂尔干指出，在城市的社会中个

[①] 潘泽泉：《多重逻辑视角下的农业转移人口市民化过程：问题视角与理论争辩焦点》，载于《社会科学》2016年第11期。

[②] 辛宝英：《农业转移人口市民化程度测评指标体系研究》，载于《经济体制比较》2016年第4期。

人的意识空间能够得到解放,个性得到发展,人们之间的联系能够得到加强,认为农民向市民的转化是一种社会的进步。与前两者不同,索鲁金(Saurugin)和齐默尔曼(Zimmerman)从"职业、环境、地域社会大小、人口密度、人口异质性、社会分层、流动性、互动类型"八个方面对农民和市民作了更为详细的区分,并指出农民向市民转化的过程是一种缓慢渐进的过程。聚焦市民化的概念,学界还有文化适应理论、身份建构理论等。

农业转移人口市民化指的是我国城市化进程中,借助于工业化的推动,让世世代代生活在农村的广大农民离开原有土地和农业生产活动,以非农业产业为主,其身份、地位、价值观以及工作方式和生活方式向城市市民转化的经济社会变迁的过程。市民化是农业转移人口向市民转化最终变成市民的过程。不同学者对市民化给出了不尽相同的阐释。黄金秋、贾俊民认为,市民性应包含"市民理性精神、市民职业性、市民生活方式、市民社会保障性、市民社会参与性及市民政治自治性"六个方面的内容。杨奎臣宣称,市民化重要的是要接纳现代城市文明,培养市民能力。文军认为,狭义的市民化是市民权利的获得过程。广义的市民化是指农民在身份、地位、价值观、社会权利以及生产生活方式等各方面全面向城市市民的转化,以实现城市文明的社会变迁过程[1]。显然,完整的市民化应该是广义的市民化。国内学者对市民化的界定不外乎四个方面:一是职业的转换;二是生活空间的转移;三是身份的改变;四是市民素质的习得。管明等指出在市民化的过程中,乡城迁移的农民必须完成职业转化、身份转变、思想转换和地域转移四个方面的转化[2]。

刘传江指出,市民化在广义上就是从农民转变成市民,并获取政治、经济、社会及文化等权力的过程[3]。"市民"和"农民"不再是地域上的区别,也不是职业上的区别。他们的区别更重要的在于:权利、待遇、生活方式、文明程度等。从这个层面上来理解,"市民"不光是指居住在城里的人,而是具有同等国民待遇、城乡共同体的正式成员。[4] 所谓市民化,是指"脱根"乡土,"扎根"城市从事非农业生产,并逐步农民身份向市民身份彻底转化的过程。[5] 郑杭生认为,农村转移人口的市民化是我国城镇化进程推进的核心动力,市民化就是农村转移人口如何转变为城镇居民的过程。市民化的理论意涵强调:一方面农民在实现身份与职业转变之前接受现代城市文明的各种因子;另一方面在实现转变之

---

[1] 文军:《农民市民化:从农民到市民的角色转型》,载于《华东师范大学学报》2004年第3期。
[2] 管明:《城迁移式农民市民化界定与实现路径探析》,载于《西北农林科技大学学报》2010年第5期。
[3] 刘传江、程建林:《第二代农民工市民化:现状分析与进程测度》,载于《人口研究》2008年第5期。
[4] 葛正鹏:《"市民"概念的重构与我国农民市民化道路研究》,载于《农业经济问题》2006年第9期。
[5] 张志胜:《脱根与涅槃——新生代女民工的市民化释读》,载于《中国青年研究》2007年第1期。

后，发展出相应的能力来利用自身的市民权利，完全融入城市，市民化是指作为一种职业的"农民"和作为一种社会身份的"农民"在向市民转变的进程中，发展出相应的能力，学习并获得市民的基本资格、适应城市并具备一个城市市民基本素质的过程。农民的市民"化"有两项基本的内容：第一，农民群体实现从农民角色向市民角色集的全面转型；第二，在实现角色转型的同时，通过外部"赋能"与自身增能，适应城市，成为合格的新市民。[①] 董海军等认为，市民化包括生产方式的非农化、生活空间城镇化以及心理、文化、行为方式等方面与城市居民接轨、融合[②]。

农业转移人口的市民化，狭义地说，是指农民与市民的平等权利，即农业转移人口在身份上获得与城市居民相同的合法政治身份（城市户口）与平等的社会权利（社会保障、社会福利、教育等权力）的过程，如户籍落实、居留权、选举权、受教育权、劳动与社会保障权、享有城市社会待遇和公共服务等。广义的市民化，是指在我国现代化建设过程中，借助于工业化和城市化的推动，使现有的传统农民在身份、地位、价值观、社会权利、居民素质以及生产生活方式等市民精神培养各方面全面向城市市民的转化，以实现城市文明的社会变迁过程。[③] 广义的市民化不仅包括合法政治身份与社会权利，也包括其价值观、身份认同、市民化意愿等主观因素及其向城市市民生产、生活方式的转化，即从具体的个人层面。本研究认为，对农业转移人口市民化的内涵应从三个方面展开，即有序推进农业转移人口市民化科学内涵表现为一个视角、三个发展过程，即现代性视角与政治过程、经济过程和社会过程。

现代性视角体现为中国农业转移人口市民化是一个从传统性走向现代性、从乡村走向城市、从封闭向开放性转变的过程，实现人的现代化获得的过程，通过现代化建设，借助于工业化和城市化推动，外部"赋能"和内部"增能"，从作为城市居民的合法身份、社会经济地位和社会权利的获得，如居留权、选举权、教育权、劳动与社会保障权等，从农业生产方式和职业身份转变、居住空间转移、社会关系重构到城市社会生活适应（再社会化），进而到价值观、生活方式、行为模式、社会心理状态、精神结构、思维观念、消费品位和文化素质等各方面全面向现代城市市民转化的过程，以实现城市权利主体获得、市民意识普及、城市性养成（城市生活方式的习得和内化）、现代性获得（现代生活理念与价值的建构）、理性精神孕育最终被构建的现代城市文明的社会变迁过程。

---

① 郑杭生：《农民市民化：当代中国社会学的重要研究主题》，载于《甘肃社会科学》2005 年第 4 期。
② 董海军、乔娜、李岩：《农民市民化——对旧问题的新探讨》，载于《西北人口》2009 年第 4 期。
③ 文军：《论农民市民化的动因及其支持系统——以上海市郊区为例》，载于《华东师范大学学报》2006 年第 4 期。

市民化过程不仅仅是职业谋生方式与身份的转变，包含一系列的结构性转换、过程性变迁和现代性认同的过程，不仅仅是居住、生活空间的城市化、户口身份的城市化，而是一个从小农文化意识、权力边缘化、被城市排斥的过程走向现代城市文明、各项权利得到满足、心理接纳与社会融入的过程，是一种融入式可持续发展的过程，体现了多重地理空间、权益保障和维护、身份与观念改变、生活与文化适应、身份认同、社会认同、主体性建构的一系列的流动和获得。

首先，农业转移人口市民化是一个政治过程，市民化应该是基于多元身份和公民权基础上的多重市民权利的制度保障和不同主体的权利实践的问题。多元身份包括户籍身份、社会保障身份、居住身份、职业身份、地域身份、财产身份等一系列身份，其权利包括经济发展权、政治权和社会保障权等。实现农业转移人口市民化是一个制度化的政治过程，是制度导入、制度执行、制度内化的过程。农业转移人口市民化是一个在政治身份上获得与城市居民相同的合法政治身份与平等的社会权利的政治适应过程，实现农业转移人口的政治市民化，即实现农村农民身份转向城市市民的政治身份转变，具有同等国民待遇，获得与城镇户籍居民均等一致的市民社会身份、市民社会地位、市民社会保障和权利、市民社会参与和市民政治自治，公平公正地享受城镇公共资源和社会福利，全面参与政治、经济、社会和文化生活，实现社会接纳的过程。

其次，农业转移人口市民化是一个经济过程。农业转移人口市民化是一个职业获得、职业身份转变、职业空间转移的经济适应过程，实现农业转移人口的经济市民化、市民职业性，即实现从农业转向非农业职业角色转变，最终实现经济融入，获得基本的物质生活资料，实现可持续生计，满足基本的城市居民的消费等问题。

最后，农业转移人口市民化是一个社会过程。农业转移人口市民化是一个城市适应、现代性发育和市民精神培养、走向现代文明的社会适应过程，实现农业转移人口的社会市民化，即实现从传统性转向现代性、从传统的农村农民角色群体向现代城市社会的市民角色群体转变，实现社会行为与文化心理转变，实现身份认同、角色适应，实现城市市民生活方式、思维方式、价值观念、生存方式和身份认同等方面向现代性转变，形成市民理性精神的过程，市民化是要接纳现代城市文明，培养市民能力。农民市民化就是农民转变为市民，不仅仅是户籍上的"农业户口"转变为"非农业户口"。从更深刻含义上说，农民市民化意味着让更多的人进入到更高水平、更具现代文明的生产方式、生活方式中来。农民市民化的真正目的是要提高农民的生活水平和社会福利水平。由此观之，农民市民化不是简单地使农民转变户籍。简单地转变户籍，有时候不仅不能提高农民的生活水平和社会地位，还可能激化社会矛盾。因为农村的利益格局与城镇完全不同。

农民在农村拥有土地、林地等承包权，拥有宅基地，享有集体经济的收益权、分配权。

总之，农业转移人口市民化不仅仅是一个过程，还是一种结果。农业转移人口市民化是一个过程，是一个农业转移人口实现职业转变、地域转移、角色身份转移的过程，实现从农业、农村和农民到非农业、城市和城市市民的过程，实现从农民到农业转移人口，再到城市市民的过程，实现从农村土地退出到城市进入，再到城市融入的过程，实现从职业角色转变（农业转向非农业——农民角色群体向市民角色群体转变）向政治身份转变（农村农民转向城市市民），再到社会行为与文化心理转变（传统性转向现代性）的过程。农业转移人口市民化是指作为一种职业和社会身份的"农民"在向市民转变的进程中发展出相应的能力、学习并获得市民的基本资格、适应城市并具备一个城市市民基本素质的过程。作为过程观的市民化，要求推进农业转移人口市民化要求实现几个转变：一是实现市民化模式从"生存—经济"叙事、"身份—政治"叙事向多元融合—发展叙事转变；二是实现市民化对象由单一、同质性群体向多元化、多层次、异质性群体转变；三是实现市民化过程由无序性、同质性和短期性向有序性、阶段性、渐进性、长期性和系统性转变；四是实现市民化内容由单一维度向多层次、动态性和整体性维度转变。农业转移人口市民化是一个结果，结果强调市民化的价值目标和社会效果，即实现身份、地位、权利等方面的政治市民化，也实现自身素质、价值观念、理性精神、现代性、思想观念与行为方式的社会文化心理的市民化，最终获得与城镇户籍居民均等一致的社会身份和权利，能公平公正地享受城镇公共资源和社会福利，全面参与政治、经济、社会和文化生活，实现经济立足、社会接纳、身份认同和文化交融。

二、有序推进农业转移人口市民化：基本特征与问题视域

在我国，有序推进农业转移人口市民化的基本特征体现为系统性、复杂性、层次性、阶段性、整体性等特点。

（一）有序推进农业转移人口市民化形式的复杂性和系统性

其一，有序推进农业转移人口市民化是一个空间转移、职业转变、身份角色转移的过程，体现了农业转移人口市民化的空间性、复杂性和系统性。即从亦工亦农到全职非农、从全职非农到身份市民化、从城乡流动到城市融合、从谋求生存到谋求发展的过程，体现了从农业（农村、农民身份）到职业非农化（农民身份），再到身份市民化（城市市民身份）过程；从农民到农业转移人口，再到

城市新市民的过程；从农村土地退出到城市进入，再到城市融入的过程；从职业转移到地域转移，再到身份角色转变的过程。中国农业转移人口市民化，其实质就是享受公共服务和福利待遇的市民化、生活质量的市民化、居住条件的市民化、政治参与和社会关系的市民化。农业转移人口市民化过程是实现居住和就业空间转移的过程。由从农村土地退出到城市进入，再到城市融入的过程，体现为居住或土地城镇化（市民化）。

其二，农业转移人口市民化过程是实现职业转移或转移就业的过程。由农业（农村、农民职业）到职业非农化（非农职业），由农民变成工人（农业转移人口）或其他非农就业人员，实现职业身份的转换，体现为职业城镇化（市民化）、就业岗位非农化（市民化）、技能与素质专业化。

其三，农业转移人口市民化过程也是取得户籍资格，获取完整的市民权利，实现社会身份的转换的过程，即由农民到农民工，再到城市市民的过程，体现为户籍城镇化（市民化）、身份与权利同等化。

其四，这个过程也是公共服务和社会权利均等化的过程，农业转移人口自身及其家庭逐步进入流入地城市或城镇公共服务体系，实现服务均享的过程，体现为公共服务城镇化（市民化）。其五，这个过程也是现代性适应和城市融入的过程。即实现政治、经济和社会文化心理的城市现代性适应，实现心理和文化完全融入城镇，成为真正的市民的过程，体现为人口城镇化（市民化）、生活与行为城市化。①

（二）有序推进农业转移人口市民化过程的阶段性和渐进性

有序推进农业转移人口市民化的时间性、非同步性、阶段性和渐进性。农业转移人口市民化是一个从生存—经济叙事（经济过程）到身份—政治叙事（政治过程），再到多元融合—发展叙事（社会过程）不断发展的过程，从"生存逻辑""权利逻辑"到"发展逻辑"转变的过程，从脱嵌（空间转换与解放）、去传统化（祛魅与世俗化）到再入嵌（融入与整合）过程，从赋权（权益保障）、增能（能力提升）到促融（融入式发展）过程，从再分配话语、社会融合话语到发展话语（人口质量、生活质量与社会质量）转变的过程，从农村土地退出、城市进入、城市融入，再到城市发展的过程，从城乡二元分割、城乡一体化发展到城乡融合发展的阶段性与渐进性过程。

农业转移人口市民化，是农业人口逐步离开农村和农业生产，实现在城镇定

---

① 潘泽泉：《多重逻辑下的农业转移人口市民化过程：问题视域与理论争辩焦点》，载于《社会科学》2016年第11期。

居、获得市民身份、与城镇居民享受同等政治权利和公共服务，并在生产生活观念行为等方面逐步融入城镇的过程，体现了市民化过程的时间性、非同步性、阶段性和渐进性的特点。

国内学者一般把中国农业转移人口市民化分为两个阶段，第一个阶段从农村转移出来，实现了空间转换，在城市中从事非农职业，由农民转变为农民工；第二个阶段是社会市民化阶段，即在价值观念、生活习惯、行为范式等方面向城市居民靠拢，获得城市公民身份，由农业转移人口转变为市民。① 也有把市民化分为农村退出、城市进入和城市融合三个阶段。② 也有学者提出职业市民化、社区市民化和身份市民化三个阶段。③ 也有基于价值观念层面由乡土性向现代性和城市性转变的维度将市民化分为"农民—农民工—新市民—市民"逐步转移理论等。

农业转移人口市民化是农业转移人口向市民转化的一个渐进发展过程，体现为渐进性特征，即市民化内容的渐进性。从农业转移人口需要实现从农村到城市的空间转换过程，实现从在农村生活到城镇生活的空间转移，从农业职业到非农职业的职业转换过程，并取得市民权利，习得市民素质，走向现代性。"农业转移人口市民化"的命题源于发展经济学的人口转移理论。发展经济学经典理论在关注发展中国家人口城乡转移时，提出了"农村人口城市化"和"农业剩余劳动力非农化"的概念。在西方国家，农村人口城市化和农业剩余劳动力非农化二者是同步进行的。但是，在中国由于特殊的二元经济社会制度，使城乡人口转移并非像西方国家那样经历了农民向市民的职业、地域和身份的同步彻底转移，而是经历了从农民到农民工，然后再由农民工到市民的"中国路径"。④ 首先，农业转移人口市民化体现为从农民到城市成为农业转移人口的过程，是实现农村人口向城市迁居、由分散趋向集中的空间转移过程（空间转移）；其次，农业转移人口在城市获得工作岗位、实现职业转变（经济过程—职业转移）；再次，获得与城镇户籍居民均等一致的社会身份和权利，能公平公正地享受城镇公共资源和社会福利（政治过程—政治身份转移）；最后，在城市全面参与政治、经济、社会和文化生活，实现经济整合、社会融入、行为适应、身份认同和文化接纳的过程，实现由农村居民向城市居民质变的过程（社会过程—传统性向现代性转移）。

有序推进农业转移人口市民化过程的阶段性和渐进性最终体现为综合素质提

---

① 钟水映、李魁：《农民工"半市民化"与"后市民化"衔接机制研究》，载于《中国农业大学社会科学学报》2007年第3期。
② 董延芳、刘传江：《农民工市民化中的被边缘化与自边缘化：以湖北省为例》，载于《武汉大学学报》（哲学社会科学版）2012年第1期。
③ 王兴周、张文宏：《城市性：农民工市民化的新方向》，载于《社会科学战线》2008年第12期。
④ 张铁军、唐利：《城市化进程中农民工市民化问题研究——以宁夏为例》，载于《西北人口》2009年第6期。

升,即受教育程度、道德修养、适应能力、社交能力等均得到较大的提高;文化价值观念转变,即逐渐形成市民的人生观、世界观、价值观等;研究者的共识是市民化过程中,农民将会经历文化震惊、文化涵化、文化重建、文化再适应直至文化创新的过程,最终才会成为真正意义上的城市新市民。就业状态趋于稳定,即非正规就业、临时性就业的人口比例大大减少,就业逐步正规化和固定化;生活方式和行为习惯转变,即逐渐形成现代市民的生活方式和行为习惯;社会地位不再边缘化,即逐步被城镇居民和城镇社会认同和接受。换句话说,农业转移人口市民化,就是指农村人口在经历生产生活地域空间的转移、户籍身份的转换、综合素质的提升、市民价值观念的形成、职业与就业状态的转变、生活方式与行为习惯的转型后,真正融入城市生活,被城市居民所接受的过程和结果。[1][2]

(三) 有序推进农业转移人口市民化内容的多元性和层次性

有序推进农业转移人口市民化的实践层次体现出多元性和多层次性特点,中国农业转移人口市民化包含发展/环境支持系统、行动/结构支持系统和制度/政策工具系统,包含职业转移、地域转移和身份角色转移,包含政治市民化(政治适应)、经济市民化(经济适应)和社会市民化(社会适应),包含身份政治(公民权政治)、生产政治、生活政治与发展政治等,包含生活政治、流动政治、移民政治与市民政治等,体现了有序推进农业转移人口市民化内容的多元性和层次性。

农业转移人口实现市民化体现为居住地点转变(空间转变)、职业转变、身份转变(政治身份转变)以及社会文化心理行为的现代性转变(在理性精神、世俗生活方式、行为方式、思维方式、价值观念以及思想意识方面融入城市社会,实现从传统性走向现代性等)几个方面,体现了多层次性和等级性。越往后面,市民化的程度越高,城市融入水平越高。具体来说,农业转移人口市民化的层次具体体现为:一是户籍所在地变动(空间性),环境转变,即由农村迁至城镇;二是职业发生转变,技能素质转变,收入来源转变,就业状态趋于稳定,即非正规就业、临时性就业的人口比例大大减少,就业逐步正规化和固定化;三是户籍身份市民化,法律身份和社会权利转变,公共服务均等化,社会地位不再边缘化,即逐步被城镇居民和城镇社会认同和接受;四是综合素质提升,价值观念转变,生活方式和行为习惯转变,即受教育程度、道德修养、适应能力、社交能

---

[1] 操世元:《城郊农民市民化过程中集体经济问题——以杭州 Y 村为例》,载于《浙江社会科学》2008 年第 2 期。

[2] 潘泽泉:《多重逻辑下的农业转移人口市民化过程:问题视域与理论争辩焦点》,载于《社会科学》2016 年第 11 期。

力等均得到较大的提高，逐渐形成现代市民的生活方式和行为习惯，形成市民的人生观、世界观、价值观等。换句话说，农业转移人口市民化，就是指农村人口在经历生产生活地域空间的转移、户籍身份的转换、综合素质的提升、市民价值观念的形成、职业与就业状态的转变、生活方式与行为习惯的转型后，真正融入城市生活，被城市居民所接受的过程和结果。

农业转移人口市民化不单单意味着将农业户口转变为非农业户口，同时还包含着在政治权利、劳动就业、社会保障、公共服务等各个方面享受和城镇居民平等的待遇，并且在生存职业、社会身份、自身素质以及意识行为等方面逐步融入城市。农业转移人口的市民化不仅是将农业户口转为城镇户口，而且还是农业转移人口在经历从农村迁往城市和进行职业转变的过程中，同时获得了在城镇永久居住的身份和权利、平等地享受和城镇居民同等的各项社会福利和政治权利，成为了真正的城镇居民，并完全融入城镇社会和生活的过程。农业转移人口实现市民化包括社会身份的转变、政治权利的平等、公共服务全覆盖、经济生活条件改善、综合文化素质提高、广泛的社会认同等。①

（四）有序推进农业转移人口市民化群体属性、群体的时间属性和空间属性

有序推进农业转移人口市民化对象的群体复杂性要求基于不同性别、民族、年龄、受教育程度、家庭、婚姻、职业和收入、流动经历、迁移模式，实施不同的户籍门槛和不同规模差别化落户政策。实现分级、分层、分批有序推进，分类引导。农业转移人口市民化对象的群体具有复杂性，农业转移人口市民化群体复杂性要求市民化对象的渐进性、复杂性和层次性，农业转移人口市民化群体空间性，市民化区域推进上的渐进性、复杂性和层次性。

（1）基于户籍的群体分类。一类是户籍仍然在农村，但已经从农村迁移到城镇工作生活或在农村与城镇之间流动的农业人口；另一类户籍已在城镇，且已在城镇工作生活的一小部分城镇居民。前者是因为农村与城镇发展不平衡，农村人口为寻求更好的生活条件和发展机会而积极主动到城镇谋取职业，把事业和生活安置在城镇而成为"城里人"。这类农业转移人口群体占据了较大比重，他们是我国市民化过程的主体，所遭遇到的制度困局也最大。还有一类是指由政府主动推进、通过"征地安置"实现农村土地的城镇化和农民身份的"农转非"，主要包括城镇化过程中的失地农民和大城市的城郊被征地农民两大类。

---

① 潘泽泉：《多重逻辑下的农业转移人口市民化过程：问题视域与理论争辩焦点》，载于《社会科学》2016年第11期。

(2) 基于人口结构的群体分类。这种分类包括性别、民族、年龄、受教育程度、家庭、婚姻、职业和收入、流动经历、迁移模式等。从年龄上来看,包括中国农业转移人口的第一代、第二代和第三代或者新生代群体;从职业、就业与劳动力市场分化的维度划分,有创业群体、企业员工、建筑工人等,有正式就业群体与非正式就业群体、国有企业与非国有企业、管理技术人员与非管理技术人员、职业稳定性与职业非稳定性群体等。另外还有不同群体划分的标准,如基于收入水平与收入分化的标准,有收入的阶层分化(社会地位与社会分层)、收入的稳定性等;基于家庭分化、家庭禀赋、家庭决策与家庭经济条件、家庭迁移意愿、家庭人口结构(子女的数量、子女教育、子女年龄、再生育意愿)的标准;有迁移模式与类型的标准,包括家庭迁移为主导的迁移模式(夫妻与小孩)、个人迁移为主导的迁移模式、临时性单身钟摆式迁移模式等。

农业转移人口的代际分化与市民化。大量的实证研究发现,中国农业转移人口市民化过程中,存在着明显代际分化,第二代、第三代转移人口教育水平明显高于第一代,劳动权益保护意识、对劳动的技能诉求都明显增强,他们没有在农村工作,尤其是没有务农的经历,他们不可能再回农村,他们可能成为在城市中"漂泊的一代",从心理上已经"离土又离乡"。以中国农业转移人口的第一代和新生代外来人口群体为例,两代农民工在转移目的、行为和城市融入上存在明显的差异,而这种差异可以从经济、社会和文化等方面进行解释。但已有研究并未提出农业转移人口在金融领域的市民化需求,且缺乏从代际传承角度整合经济、社会和文化因素的资本积累机制以考察这些解释性因素对后代转移人口金融市民化的影响,特别是三类资本的代际传承对金融市民化的长期影响。细分农业转移人口口径后,这一群体代际间存在更加紧密的金融市民化认知传承性,父代农业转移人口在经济、社会和文化资本积累上均不及城市人口,但自身较为强烈的转移意愿促使父代无论将子女随迁带入城市或将城市金融观念带回农村家庭都在较大程度上影响了子代对城市金融市场的认知,而父代积累的经济、社会和文化资本传承给子代并作为子代的有效资源将从根本上体现金融市民化的代际延续性和一致性,通过揭示代际传承的有效性能够将这种自然行为转变为融资能力的自主提升,从而加快推进农业转移人口金融市民化。[1][2]

(3) 农业转移人口市民化对象的群体具有空间性的特点。农业转移人口市民化对象的群体具有空间性的特点要求基于不同城市的综合承载能力、经济社会发展水平、产业结构布局、市民化收益和成本及基本公共服务供给水平,实施不同

---

[1] 程欣炜、林乐芬:《经济资本、社会资本和文化资本代际传承对农业转移人口金融市民化影响研究》,载于《农业经济问题》2017年第6期。
[2] 胡军辉:《相对剥夺感对农民工市民化意愿的影响》,载于《农业经济问题》2015年第11期。

规模城市的户籍门槛和不同规模城市差别化落户政策。实现市域、县域、省内、省际分级、分层、分批有序推进，分类引导，重点引导农业转移人口及其家庭向中小城市、小城镇落户定居。

空间性的特点体现为城镇化空间效应、流动空间效应，包括流动的空间属性（省际流动、省内流动、县域流动）住房的空间分化、迁入地和迁出地的空间效应、城镇化水平和城市规模等。住房空间分化表现为居住环境、住房类型（商品房、自租房、企业宿舍、工地等）、居住空间分异（社区、宿舍或飞地等)，表现为中国农业转移人口市民化过程中的迁出地—迁入地双重空间效应，包括城镇化水平、城市规模（大城市、中等城市、小城镇），区域经济发展水平、发展条件，空间类型（东部、中西部、南部和北部）。

有序推进农业转移人口市民化对象的群体复杂性和空间性要求重点加强农业转移人口本身的类别化和社会分层研究。一是农业转移人口；二是失地农民被动市民化；三是就地市民化。这种类型需要特别注意。农业转移人口内部本来就分化，农业转移人口概念更大，考虑到各类人口的差异。具体包括：一是进城务工农民的市民化，即农业转移人口的市民化；二是城镇化中的农民市民化，已经失去土地，离土不离乡，只是住进楼房没有耕地或者进入城镇从事非农产业的农民市民化问题；三是现代农民的市民化，即经受了市场浪潮冲击，生产剩余积极参与市场活动，以自主经营或出卖劳动换取工资收入的农民市民化；四是传统农民的市民化，也就是不离土不离乡、自给自足农民的市民化问题。四类农民分别处在四个不同层次，实现市民化的基础、难度和方式存在很大差异。[1][2]

三、有序推进农业转移人口市民化的基本内容

中国有序推进农业转移人口市民化体现为从土地城镇化、就业城镇化到人口城镇化过程，从城乡二元分割、城乡一体化发展到城乡融合发展过程，由"生产政治""公民权政治（身份政治）"到生活政治转变过程，从传统性向现代性转变过程。农业转移人口市民化体现市民化社会过程中的价值正当性、发展伦理、社会正义、包容性发展的社会质量逻辑与人际适应、城市适应、城市融入、理性精神、现代性消费观念、文化适应等人的现代性逻辑，体现为市民化政治过程中的理性秩序建构、身份政治获得、社会保障与权利平等、公共服务均等化等市民

---

[1] 胡军辉：《相对剥夺感对农民工市民化意愿的影响》，载于《农业经济问题》2015年第11期。
[2] 潘泽泉：《多重逻辑下的农业转移人口市民化过程：问题视域与理论争辩焦点》，载于《社会科学》2016年第11期。

化的制度逻辑,体现为市民化经济过程中的职业地位获得、职业身份转变、劳动力市场进入、市场融入的市场逻辑。推进农业转移人口市民化要求实现市民化模式从"生存—经济"叙事、"身份—政治"叙事向多元融合—发展叙事转变,实现市民化对象由单一、同质性群体向多元化、多层次、异质性群体转变;实现市民化过程由无序性、同质性和短期性向有序性、阶段性、渐进性、长期性和系统性转变;四是实现市民化内容由单一维度向多层次、动态性和整体性维度转变。

(一) 经济市民化:有序推进农业转移人口市民化的经济过程

有序推进农业转移人口市民化的经济过程体现为生存—经济、生存导向—经济政策工具叙事的逻辑,经济过程体现为经济转型中的劳动力结构变迁与人力资本收益、脆弱性风险(可持续生计风险、收入风险、资产风险、健康风险)、风险分配与生存保障、参与式发展中参与权力的不均衡配置等(见图 3-1)。基于市场转型的利益驱动和机会获得、市场经济的扩散效应与涓滴效应;劳动力市场的隔离、排斥性事实和边缘化过程;贫困、资本和劳动力市场中的不可抗因素(自然资本)、脆弱性(物质资本)以及无流动的金融资本积累带来的金融服务可及性低、缺乏对人力资本进行投入的能力;劳动力市场的分割和二元化趋势、利益群体分化的格局;收入增长难、经济上的不平等和家庭结构变迁。

理论视域及其议题建构	发展话语与问题视域
1. 劳动力市场:双重或三重劳动力市场理论、劳动力市场分割理论、劳动力市场需求理论、人口迁移法则、城乡劳动力边际生产率模型。 2. 经济机会与收益成本:比较经济利益差异理论、需求结构与消费结构改变模型、迁移预期收入理论、预期城乡收入差异理论、人力资本的投入—成本—收益理论、距离—迁移成本理论模型	1. 经济转型中的劳动力结构变迁,劳动力市场的分割、排斥与人力资本积累,就业与人力资本收益,利益群体分化,脆弱性经济风险与可持续生计获得等。 2. 基于市场转型的利益驱动和机会获得;劳动力市场的隔离、排斥性事实和边缘化过程。 3. 经济机会与收益成本比较差异、城乡劳动力边际生产率;需求结构与消费结构改变、迁移预期收入、预期城乡收入差异、人力资本的投资—成本—收益、距离—迁移成本等问题。 4. 经济发展、经济机会获得的时间—空间效应、时间空间成本、时间空间的比较利益差异等。 5. 移民网络的社会经济效应(新经济学视域),包括移民网络提供的非正式社会支持网络、求职行为的社会网络作用、网络的经济效应与资产效应等

图 3-1 市民化过程中的经济过程

有序推进农业转移人口市民化的经济机制体现为职业获得、实现收入保障与可持续生计，实现人力资本培育，实现劳动力市场融入，推进整合的劳动力市场，实现弱势群体平等的市场经济参与、利润获取与自由竞争，提供工作福利，提升人力资本、经济资本和增加就业机会等，注重个人经济支持、经济效率和可持续生计；注重可生产能力与生产资源开发；积极的劳动力市场政策和最低收入支持；注重抵御与消除生计风险，重构社会安全网；注重工作福利、家庭福利、融入劳动力市场与社会、权利与义务平衡。

（二）政治市民化：有序推进农业转移人口市民化的政治过程

市民化的政治性建构体现为理性国家、现代化发展战略、发展主义的意识形态连续谱；体现为在市民化行动中的国家自上而下的干预策略、国家动员式发展主义以及地方国家的政权形态与制度分配话语过程。具体包括国家角色、国家的梯度发展战略和反梯度发展战略；土地制度改革、财税和赋税制度框架与政府自上而下发展干预的实践逻辑；政治动员和行政干预的方式和手段；国家财政分配与财政改革的渐进性和有限性；基于现代化发展战略的支配性的利益分配过程和城乡发展的逻辑等（见图3-2）。

理论视域及其议题建构	发展话语与问题视域
1. 制度主义与新制度主义：新制度主义理论、歧视的制度经济学理论。 2. 社会政策与社会福利。积极社会福利理论、能动性政治、能促型政府与社会投资型国家理论、资产社会政策理论、福利国家与福利社会理论。 3. 社会治理与善治理论。 4. 基于自由主义的个人主义和社群主义的集体主义的公民权理论、公民身份理论	1. 农业转移人口市民化实践中的理性国家、现代化发展战略、国家的梯度发展战略和反梯度发展战略、发展主义的意识形态连续谱。 2. 土地制度改革、财税和赋税制度框架与政府自上而下发展干预的实践逻辑；政治动员和行政干预的方式和手段。 3. 社会政策与政策工具。 4. 基于公民权的身份地位、权利义务与政治参与、共同体与成员资格。 5. 基于公民权的市民权利、政治权利与社会权利。 6. 现代性语境下的公民权利意识的觉醒和发展；行动主义公民、政治认识、赋权和增能的政治过程

图3-2 市民化过程中的政治过程

有序推进农业转移人口市民化的经济过程体现为身份—政治、权利导向—制度工具叙事。政治性建构体现为农业转移人口市民化实践中的理性国家、现代化发展战略、国家的梯度发展战略和反梯度发展战略、发展主义的意识形态连续谱；体现为在市民化行动中的国家自上而下的干预策略、国家动员式发展主义以及地方国家的政权形态与制度分配话语过程；理性国家、发展伦理和社会公正问题；土地制度改革、财税与赋税制度框架与政府自上而下发展干预的实践逻辑；政治动员和行政干预的方式和手段；基于不同区域发展战略所带来的市民化差异性建构与不均衡性的发展过程；国家财政分配与财政改革的渐进性和有限性；基于现代化发展战略的支配性的利益分配过程和城乡发展的制度逻辑等。

有序推进农业转移人口市民化的行政机制体现为户籍制度改革、土地制度改革和财产制度改革，体现为公民权与公民身份获得，消除制度排斥与社会不平等的国家干预，基于国家推动的社会保障与家庭福利均等化实施，实现教育、医疗卫生、就业服务的共享，最低收入支持、社会救助和增进个人与家庭福利的制度实施，实现财政税收经济干预、社会成本分担、收入分配调节，实现国家推动的现代化、工业化、新型城镇化、产业优化等战略，实现社区发展与地方发展项目推动与扶贫资金和项目实施的国家行动。

（三）社会市民化：有序推进农业转移人口市民化的社会过程

有序推进农业转移人口市民化的经济过程体现为多元融合—发展、发展导向—社会政策工具叙事。社会过程体现为脆弱性风险背后的风险承担网络、社会资本的反贫困效应；社会分化、结构性冲突、弱势处境与社会的不平等效应；社会网络资本的社会变迁、非正式支持网络在反贫困实践中的实践逻辑；社会资本积累、社会资本的总体福利效应与社会资本的反贫困功能。市民化实践中的个人与家庭过程，包括人口学特征、个体生活轨迹、生活质量、情感过程、生活体验与生存策略；包括群体的性别构成、年龄结构、婚姻地位、生命周期和劳动力市场参与现状；也包括家庭结构、代际流动、社会分层和贫困的再生产；包括市民化群体的社会心理、情感状态、精神健康与情感性支持等；包括健康风险与劳动力生产（见图3-3）。家庭过程包括家庭的生命周期、家庭结构变迁、贫困的代际传递效应、农村贫困的家庭抗风险能力、家庭禀赋决策效应、家庭的社会质量效应和家庭资产积累效应。具体体现为：家庭生育状况、家庭人力资源投资与教育决策、家庭的收入与分散经营风险的能力、家庭的资产储蓄投资和积累策略、劳动力流动的家庭偏好与家庭理性决策。文化、社会心理过程体现为市民化过程中的文化表征和文化建构、文化的社会孤立与社会排斥过程；基于利己、家庭本位、排斥集体合作的"非道德性家庭主义"的价值伦理文化；人际互动的"同群文化效应"和"社会距离效应"、情境适应与文化实践过程等。具体的理论模型有文化的工具箱模型、文化的传染病模型、非道德性家庭主义以及文化心理结构说，体现为现代性、传统的变迁和农村社会文化转型,体现为文化效应、图式启动、情境适应与社会心理过程、"贫困亚文化"的形成等。有序推进农业转移人口市民化的社会机制体现为投资型国家、能动型社会、发展型社会政策、资产型社会政策;体现为社会质量保障,包括提供健康社会发展环境的需要:包容性发展、社会公平、发展正义、社会安全、社会信任、文化包容、社会平等、社会排斥与不平等消除、社会稳定与和谐发展;增强社会凝聚力、抗击社会排斥、抗逆力培养和优势视角。

理论视域及其议题建构	发展话语与问题视域
1. 现代性与社会空间:现代性的空间实践、空间生产与空间体验理论。 2. 现代性、全球化与个体化理论。 3. 社会融入、社会排斥与社会包容理论。 4. 社会心理与行为:迁移心理学理论、需求层次论、心理资本理论(效能感、乐观、希望与坚韧)、预期城乡收入差异、相对收入差距和相对剥夺感理论。 5. 文化表征、认同理论(身份认同、自我认同、社会认同)。 6. 生命周期迁移理论:家庭生命周期、个体生命历程与迁移决策理论。 7. 社会网络、社会支持与社会资本:迁移网络理论等	1. 脆弱性风险背后的风险承担网络、社会资本积累、社会资本的总体福利效应与社会资本的市民化效应。 2. 社会网络资本的社会变迁、非正式支持网络在市民化实践中的实践逻辑。 3. 市民化过程中的家庭过程,包括家庭的生命周期、家庭结构变迁、贫困的代际传递效应、农村贫困的家庭抗风险能力、家庭禀赋决策效应、家庭的社会质量效应和家庭资产积累效应。 4. 市民化个体、群体内与群际过程,群体与群际过程、社会心理,情感状态、精神健康与情感性支持等;包括健康风险与劳动力生产。 5. 市民化过程中的社区过程与组织化过程,社会组织与社会工作推进。 6. 市民化过程中的文化表征和文化建构;基于利己、家庭本位、排斥集体合作的"非道德性家庭主义"的价值伦理文化;人际互动的"同群文化效应"和"社会距离效应"、情境适应与文化实践过程等

图 3-3 市民化过程中的社会过程

总之,中国农业转移人口市民化意味着中国农业转移人口空间、身份与认同的流动与获得。首先,中国农业转移人口市民化体现了基于政治、经济和社会过程中的农业转移人口多重社会与生活空间的转换和流动,包括物理或地理空间的转移(农村和城市,大城市、小城市和中等城市,小城镇到城市,大城市到小城镇,西部、中部到东部、南部、西北部等)、经济生产空间的转移(农民、农业转移人口到产业工人的生产空间)、文化和生活空间的转移(传统性与现代性的空间转换)。其次,中国农业转移人口市民化体现了基于政治、经济和社会过程中的中国农业转移人口在身份上的转变、市民权利的获得与角色的转型与适应。职业身份的获得、市民权身份的获得体现了其身份的转换与社会权利的实现，体现了职业融入城市和身份融入城市的双重转变的过程，从农民走向农业转移人口再走向现代产业工人，通过市民权身份或户籍身份的转换获得城市范畴的社会权利，从农民角色、外来人口角色转变为市民角色的过程。最后，中国农业转移人口市民化体现了基于政治、经济和社会过程中的价值观念和自我认同、社会认同的转变，体现了城市性与现代性获得。农业转移人口进入城市是一个不断走出传统性，实现现代性增长的过程，包括价值观念、生活理念、思维方式、行为习惯的转变，实现与城市居民的现代性社会整合、文化融合与包容性发展，实现生活方式的城市性与现代性获得。

第三节　农业转移人口市民化：理论谱系、议题建构与中国经验命题

农业转移人口市民化研究既需要重新在整合性的理论框架中对农业转移人口市民化的相关理论的方法论基础、核心概念、理论命题、各种理论假设模型和理论分析框架做出梳理，并推动理论创新和理论发展，还需要结合中国本土的经验资料进行理论的本土化建构，为农业转移人口市民化的"中国道路"或"中国经验"提供新的理论框架。包括中国农业转移人口市民化的理论前沿和跨学科理依据，包括农业转移人口市民化的跨学科理论话语系统和农业转移人口市民化研究的跨学科理论进展。

一、农业转移人口市民化：理论视域、方法范式与本土知识建构

自20世纪末以来，"城市化"在中国获得了特殊的价值正当性，其背景之中，无疑有发展主义、城市主义这些意识形态的支持。而在社会功能层面，城市化除了可能驱动经济发展并改变社会形态、提供人们所向往的生活方式，它之所以能被置于价值高地，还因为它被预想为改变中国城乡间社会区隔、实现国民身份平等化的一个主要途径——区别于其他资本主义国家或后社会主义国家，中国在20世纪70年代末启动的社会转折过程中，保留了一整套社会主义实践过程中建立起来的身份体制，这套制度直接与国家再分配体系挂钩，且具有属地化的特

征。市民化与国家的现代化目标又是一种什么样的关系？从法律哲学或成文法来解释公民赋权问题，这应该是法学家的任务。在试图以经验研究来揭示实践逻辑的我等看来，国民身份地位的差异性和地方间的身份壁垒构成了今天人们"市民化"的社会动因。就功能而言，"市民化"有着作为公民赋权体制和社会流动渠道的多重属性。而在相关体制的运行中，系统所具有的不同功能的此消彼长，应该说是中央政府和地方/城市政府、市场，以及包括相关农民/市民在内的各种不同主体间互动的结果。[①]

（一）重建转型期农村转移人口市民化的各种理论模型、理论框架和方法论基础

在中国社会发展转型、结构调整、现代化发展战略与推进策略、全球化进程、新型城镇化、城乡一体化等宏大叙事的历史观下研究中国农业转移人口市民化的基础理论问题和理论创新问题，把中国农业转移人口市民化与中国社会发展战略转型看作一个整体来研究，建立一种整体论的认识方法，即整体分析方法。需要探究中国发展战略转变后的中国农业转移人口市民化的现状、变化趋势、对中国社会发展的影响和冲击；中国农业转移人口市民化问题对中国社会发展战略的未来转型和中国城乡社会发展的影响、冲击；中国农业转移人口市民化过程带来的发展伦理正义、生态文明、可持续生计、公共健康和农村稳定问题带来的社会风险等，重点关注农业转移人口市民化中的社会质量问题、健康可持续发展问题和自我发展能力问题，即农业转移人口市民化过程中的"融入式健康可持续发展""发展型社会政策"与以资产为本的社会福利政策。

同时，农业转移人口市民化理论和市民化政策研究不仅要关注农民"公民权"的合法性问题，关注农业转移人口"生存—经济"叙事模式与"身份—政治"叙事模式，关注农业转移人口在城市中社会发展质量、可持续生计、包容性发展等外生动力问题，也关注群体适应、市民认同、社会网络增长、社会资本能力提升、价值观念和行为习惯改变等内生动力问题。

（二）重新反思转型期中国农业转移人口市民化的科学内涵、知识谱系和话语实践

农业转移人口市民化是指农业转移人口在实现职业转变的基础上，获得与城镇户籍居民均等一致的社会身份和权利，能公平公正地享受城镇公共资源和社会

[①] 陈映芳：《"市民化"与"国民化"：审视中国城市化困局》，载于《文化纵横》2018年第2期。

福利，全面参与政治、经济、社会和文化生活，实现经济立足、社会接纳、身份认同和文化交融。农民市民化就是农民转变为市民，户籍上的"农业户口"转变为"非农业户口"。从更深刻含义上说，农民市民化意味着让更多的人进入更高水平、更具现代文明的生产方式、生活方式中。农民市民化的真正目的是要提高农民的生活水平和社会福利水平。由此观之，农民市民化不是简单地使农民转变户籍。简单地转变户籍，有时候不仅不能提高农民的生活水平和社会地位，还可能激化社会矛盾。农业转移人口市民化，就是指农村人口在经历生产生活地域空间的转移、户籍身份的转换、综合素质的提升、市民价值观念的形成、职业与就业状态的转变、生活方式与行为习惯的转型后，真正融入城市生活，实现经济立足、社会接纳、身份认同和文化交融，被城市居民所接受的过程和结果。

（三）构建"市民化连续统"的分析思路与分析路径

"市民化连续统"[1]的分析性概念的提出，就是基于中国农业转移人口市民化的经验现实中抽象出共同分析要素的概念，建立一般化的概念体系，基于范畴化的方法，基于中国农业转移人口的特点、历史阶段和中国社会转型的社会背景，从"农民—农民工—市民""农村土地退出—城市进入—城市融入""职业转移—地域转移—身份角色转移""土地城镇化—职业城镇化—人口城镇化""城乡二元分割—城乡一体化发展—城乡融合发展"这一整体的动态连续转变的过程中来系统考察中国农业转移人口市民化问题。"市民化连续统"可以从市民化的阶段性特征、转型动力、发生学过程、空间转换、思维方式和价值观念转变、现代性过程、个体的行动策略等维度来分析，也包括国家发展战略转型、中国社会转型、国家政策调整、城乡关系与城乡发展、产业结构调整、区域社会发展规划变迁、城镇化水平等多个层面，从整体上把握中国农业转移人口市民化的特点、阶段性特征、存在的问题和障碍、制约条件和实现路径。文军等社会学者认为，"市民化连续统"[2]的提出，有利于研究视角和分析方法的融合。农业转移人口市民化过程夹杂着国家与个体、制度与行动、城市与农民、市民与农民、宏观与微观等多重关系，提升农业转移人口从"农民"到"市民"连续转变过程的解释力。[3]

---

[1][2][3] 文军、沈东：《"市民化连续体"：农业转移人口类型比较研究》，载于《社会科学战线》2016年第10期。

二、推进中国农业转移人口市民化：构建国家战略体系与能力

源自对基于中国经验性事实和实践逻辑的农业转移人口市民化问题的理性反思与对社会变迁和社会整合问题的强烈关注。随着经济改革的深入和社会转型的加速，农业转移人口问题日益凸显出来，如何协调城市与乡村的关系，促进农业转移人口向城市市民的转化，实现社会整合，是一个亟待解决的跨学科问题，跨学科体现为中国农业转移人口市民化是一个涉及发展政治学、发展经济学、发展人口学、发展社会学、发展人类学、社会工程学、发展心理、文化人类学的范畴。

（一）经由发展战略构建市民化的国家战略体系与能力

实现中国农业转移人口市民化是 21 世纪中国最紧迫、最有价值的社会现代化战略工程，直接关系到 21 世纪中国能否实现社会现代化的重大战略任务，可以说，"农民非农化"与"农地非农化"是中国实现工业化升级、全面实现城市化与推进新型城镇化的必然趋势。工业化和城市化是中国进一步走向繁荣富强、稳定协调发展的必由之路，是发展经济学研究的重要问题。只有有效地解决好中国农业转移人口市民化问题，中国才能真正全面实现工业化和城市化。[①]

推进中国农业转移人口市民化是推进工业化、新型城镇化、全面实现现代化、实现农业现代化、解决农业转移人口问题、解决农村发展问题的根本途径。当前外来人口问题的持续存在已经成为经济社会发展的重要障碍，既不利于整个宏观经济的稳定，也不利于发展以适度规模经营为目标的现代农业。而从就业、劳动权益、居住、户籍等方面给予进城农民平等的权利和待遇，全面实现农业转移人口市民化，是解决农业转移人口问题的根本途径。影响外来人口市民化的主要因素有工业化、城市化、农业现代化、制度创新、城乡差距和工农差距等。改革开放以来，中国城市化发展迅速，取得了伟大的成就。但是在发展过程中，也出现了一些现实问题。重点追求经济指标，忽视了城市功能与环境的协调发展；大量农业转移人口进入城市，成为经济建设的主力，但由于制度因素，未能实现市民化，造成中国城市化率的虚高；把城市化与乡村振兴、农村的现代化建设对立起来，致使城乡之间的包容、互动共进的关系遭到破坏，未能在城乡一体化、城乡融合发展的战略中推进中国的工业化发展，这些问题严重影响了中国城市化

---

① 谭崇台：《中国工业化和城市化过程中的农民工问题研究》，载于《经济学动态》2009 年第 3 期。

的质量，阻碍城市化的可持续发展，必须引起我们的重视。①

（二）经由中国经济转型升级发展推进农业转移人口市民化

升级版的中国经济，市民化是增长的动力源泉。改革开放以前，经济增长的动力来自"工农产品剪刀差"，即农产品低于价值、工业制造业产品高于价值的不等价交换，靠农业补贴工业、农村补贴城市，推进工业化、城镇化。改革开放以后，快速工业化拉动城镇化，主要靠外需和投资推动经济增长。在中国经济已经整体进入工业化后期、部分地区步入后工业社会的今天，外需扩大的空间和投资扩张的空间已经十分有限，推进中国农业转移人口市民化将可能成为未来中国经济持续发展的新的增长点。农村人口市民化收益远大于成本，城中村大量人口的市民化，以及由市民化带动的城乡统筹需求，构成中国经济增长升级版巨大而持续的动力源泉。如果说过去30年经济增长和城镇化是工业化拉动的话，未来20年，则只能是市民化提升工业化推进城镇化。在中国经济转型升级过程中，新型城镇化和农民市民化是中国经济"稳增长"的深层制约因素。我国现行城市化模式制约经济增长，推动中国农业转移人口市民化通过缩小居民收入差距、提高城市规模和增加人力资本积累等渠道，推动我国经济在更高水平上实现均衡增长。中国农业转移人口市民化将促进居民消费和固定资产投资增长，降低经济增长对出口的依赖程度；中国农业转移人口市民化可以提高服务业比重，优化经济结构，加快外来人口市民化步伐，是促进我国发展方式转变的重要途径。② 经由新型城镇化和农民市民化实现中国经济稳定发展，要通过实现人口城镇化，建立人地挂钩、转移支付等政策工具将更多农民转变为市民，形成庞大的消费队伍，为中国经济稳定发展构筑红利源泉。③

农业转移人口市民化是中国经济转型升级的一项历史性的宏大社会工程。对于这一过程的决策，原则上与所有工程项目决策一样，必须核算其成本收益。在宏观经济层面，市民化的成本，都可以看作是投资。城市基础设施建设是投资，产生投资的乘数效应，扩大就业，增加收入；城市基本社会服务，包括教育、医疗、养老等，是成本，但更是就业机会，是生活品质。正确认识并核算农业转移人口市民化的成本收益，才有可能走向健康、品质、可持续的城镇化轨道，实现美丽中国梦。中国的城镇化进程，从改革开放初期不足18%的城镇化率，尽管

---

① 杨伟鲁：《中国城市化进程中必须重视的几个现实问题》，载于《经济纵横》2011年第4期。
② 刘世锦、陈昌盛、许召元、崔小勇：《农民工市民化对扩大内需和经济增长的影响》，载于《经济研究》2010年第6期。
③ 汤敏：《中国经济"稳增长"的深层制约因素及其破解策略》，载于《甘肃社会科学》2013年第5期。

受到城乡二元户籍制度的约束,一路持续、稳定、快速发展,提高到 2012 年的 52.6%,而且各种预测表明,这一进程还将继续,在 2030 年前后达到中等发达国家 70% 左右的水平。① 这一事实本身说明,这一进程是有收益的,而且在当前的经济社会转型之际,收益巨大而持续。

(三)经由农业转移人口市民化推进新型城镇化与提高城镇化质量和水平

党的十八大报告指出,要"加快改革户籍制度,有序推进农业转移人口市民化"。第一,推进农业转移人口市民化是推进城镇化的必然要求。第二,当前我国城镇化质量不高的主要问题是农业转移人口市民化滞后。第三,贯彻落实党的十八大精神,以有序推进农业转移人口市民化为重点,提高城镇化质量。有序推进农业转移人口市民化有利于促进城镇化健康发展,有利于创新社会管理(实现社会公平正义,促进社会和谐稳定),有利于促进农村经济社会发展(解决"三农"问题的关键就是要减少农村人口,有利于推动农村土地流转,促进农村土地规模化和集约化经营,实现农业及农村经济社会的可持续发展),有利于缩小城乡居民收入差距。②

提高城镇化质量是中国现在城镇化健康发展的关键,必须以质量为中心推进城镇化。中国城镇化质量方面存在的问题主要是人口城镇化滞后于人口非农化、土地城镇化、工业化和经济发展,农业现代化滞后于工业化和城镇化,城镇建设和管理滞后于人口城镇化,"半城镇化"现象突出,"两个非农化和城镇化"不协调,存在"被城镇化""大跃进"城镇化现象、"贵族化"倾向,城镇规模结构不合理,城镇化的地区差异较大,城镇建设滞后,城市生存条件不佳,环境质量不优。解决的主要途径是以外来人口市民化为重点:协调"两个非农化和城镇化";大力发展产业以支撑城镇化,实现"三化同步";加快中西部城镇化步伐,形成新的城市群"增长极";多渠道筹措城镇化资金;深化城乡二元制度改革以创新制度;转变城镇发展方式,严格控制城镇规划,加强城镇建设,提高城镇管理水平;城镇化与新农村建设协调并举。③

城镇化是当前我国经济社会发展的主旋律之一,但也面临着人口红利减弱、土地等要素资源制约等诸多挑战。因此,需要着力推进城镇化体制机制创新,积极培育中西部城市群,有效引导农村人口向这些地区转移,加快农业转移人口市

---

① 方烨:《农村人口市民化收益远大于成本》,载于《经济参考报》2013 年 9 月 27 日版。
② 辜胜阻、李华、易善策:《城镇化是扩大内需实现经济可持续发展的引擎》,载于《中国人口科学》2010 年第 3 期。
③ 简新华、罗钜钧、黄锟:《中国城镇化的质量问题和健康发展》,载于《当代财经》2013 年第 9 期。

民化步伐，促进农村人口平稳融入城市，进而促进城镇化健康发展。[①] 农业转移人口市民化是推进城镇化的必然要求和主要动力。农业转移人口市民化是推进城镇化的必然要求。所谓城镇化，也称城市化，是指农业人口持续向城镇转移，二、三产业不断向城镇集聚的过程。城镇化是衡量现代化过程的重要标志，是世界各国工业化进程中的必经阶段，是由农业人口占多数的传统农业社会向非农业人口占多数的现代文明社会转变的历史过程。城镇化的实质，就是通过改变农业人口的户籍和生存状态，把农村居民迁居到城镇工作和生活，使其逐步变为城镇居民，实现农业人口市民化，把农村转变为城镇。我国幅员辽阔，城乡发展极不平衡，在短时期内不可能把地处偏远、条件落后的农村转变为城镇。因此，通过农村人口转移到城镇，实现农业转移人口市民化，逐渐扩大城镇幅员范围，是推进我国城镇化发展的主要路径，也是推进城镇化发展的必然要求。

农业转移人口市民化是推动我国城镇化发展的主要动力。近几十年来，随着我国经济增长，城镇化发展迅猛。2002～2011 年，我国城镇化率以平均每年 1.35% 的速度发展，城镇人口平均每年增长 2 096 万人。[②] 大量农业转移人口为城镇化的发展作出了巨大贡献，成为推动我国城镇化发展的主要支撑力量。从我国目前城镇化增长过程来看，中国城镇化水平的提高主要依靠农业转移人口进城就业。但同时也应看到，我国城镇化发展的质量并不高，仍然存在着诸多亟待解决的问题，其中最为突出的是农业转移人口市民化程度严重滞后。

在我国城镇化发展过程中，大批农村劳动力异地转移到了城镇。在被统计为城镇人口的人群中，有 2 亿多农业转移人口。但这部分转移的农业人口在城市中并不享受完全的社会公共服务，他们的收入也比从事相同劳动的其他城市居民要少。由于这部分人不能真正转变为城镇居民，他们始终游离在城镇居民之外，势必在城镇化发展过程中出现贫富分化、社会治安混乱等现象。这将严重阻碍我国城镇化水平和质量的进一步提高。因此，推进城镇化发展，首先必须加快推进农业转移人口市民化过程。

三、推进中国农业转移人口市民化：新发展理念引领有序推进

有序推进中国农业转移人口的问题其实就是一个新时代人口发展的问题，这个问题涉及发展政治学、发展经济学、发展人口学、发展社会学、发展人类学、

---

① 王冬欣：《我国城镇化发展阶段性特征分析》，载于《宏观经济管理》2013 年第 10 期。
② 李继红、江文娟：《中国城镇化发展现状问题与对策》，载于《经济与社会发展研究》2013 年第 11 期。

社会工程学、发展心理、发展文化人类学的范畴。有序推进中国农业转移人口市民化是一个发展的问题，体现从生存—经济叙事、身份—政治叙事到多元融合—发展叙事的市民化过程，从脱嵌（空间转换与解放）、去传统化（祛魅与世俗化）到再入嵌（融入与整合）过程，从赋权（权益保障）、增能（能力提升）到促融（融入式发展）的过程，从再分配话语、社会融合话语到发展话语（可持续生计、包容性发展、社会人口质量、生活质量与社会质量）的过程。

（一）以新发展理念有序推进中国农业转移人口市民化工程

新发展理念关注市民化过程中的脆弱性风险与可持续生计、参与式决策，关注生命质量、生活质量与社会质量，关注协调发展、可持续发展、包容性发展与融入式发展，关注社会整合与反社会排斥。新发展理念关注发展中的道德和价值，包括人的自由发展、社会公平与发展伦理正义、共同体、公民责任与社群主义价值、多样性体验与文化的多样性价值、公民权利与国民身份获得、包容性发展与空间正义、创造性劳动的价值与差异性发展的价值等。新发展观关注发展中的风险话语与风险应对，包括结构性排斥与不平等再生产、阶层分化与地位获得失败、制度排斥与社会不平等、空间的正义性风险、发展伦理困境与道义经济、贫困、持续性生计的破坏与脆弱性风险、社会排斥、社会偏见与歧视、边缘化与污名化、文化冲突、代际隔阂与社会撕裂等问题。[1]

（二）中国农业转移人口市民化发展过程中的公民权政治与公民身份视域

有序推进农业转移人口市民化需要实现由"生产政治"向"公民权政治"转变。中国农业转移人口进城引发了深刻的身份危机，进而导致了其合法的自由权、劳动权、居住权、福利权和教育权等基本人权遭受损害。因此，以公民权理论为指引，把中国农业转移人口"产业工人化"过程纳入中国农业转移人口转型的研究，能够深化对中国农业转移人口转型问题的认识。在认识中国农业转移人口市民化的行动中，我们需要从发展政治学的范畴来认识这场新移民运动对中国社会变迁的深远意义，我们不但要从经济增长和社会稳定的角度来制定相应的中国农业转移人口市民化政策，而且要从维护公民基本权利和推动民主法治的角度

---

[1] 潘泽泉：《多重逻辑下的农业转移人口市民化过程：问题视域与理论争辩焦点》，载于《社会科学》2016 年第 11 期。

来制定相应的法规。①

实现由"生产政治"向"公民权政治"转变包括社会成员资格或身份的问题和资源的分配问题；公民权视角下的社会政策制定取向（价值的或利益的）、政策执行力、农业转移人口对政策的认知与认同程度、农业转移人口与市民间的摩擦与冲突；全球化背景下的农业转移人口的公民权利与保护性的社会政策、反社会排斥的社会政策、整合性的社会支持系统，确立农业转移人口"公民权"的实践途径；国家、市民社会、市民与农业转移人口对城市融入这一"公民权"的认知及行动选择与社会影响之间的关系。基于公民权视角下的中国农业转移人口市民化中的内部异质性、自我认同、相对地位、参照群体、社会排斥和社区形成、定居状态、适应路径、群体互动模式、聚居规模；内部社会控制机制和冲突解决机制的存在、内部团结和保护意识的存在；农业转移人口公民权的实现机制，包括公民权利与社会福利政策的制度化；农业转移人口社会资格的确立和身份合法性；社会公平原则下资源的分配与共享问题；以及中国户籍制度的改革和农业转移人口政治参与的实现；等等。

改革开放以来由计划经济向市场经济体制的转轨，从传统社会向公民社会的转型，必然促使公民意识的觉醒和公民权利的回归，对当代中国农业转移人口的研究经历了一个从生存论预设下的"生存—经济"叙事模式到公民权视野下的"身份—政治"叙事模式的转变，即由"生产政治"向"公民权政治"转变。从公民权视角提出中国农业转移人口市民化过程中权益保护的社会政策支持，有利于从根本上实现其城市融入，消除社会排斥。维护中国农业转移人口的公民权，就必须建立城乡统一的户籍管理制度、城乡平等的劳动就业政策、分类分层的劳动社会保障政策、中国农业转移人口子女教育政策和住房保障政策。公民权的关键议题包括基于社会成员资格、身份合法性与社会公平原则下资源的分配与共享问题；包括公民权视角下的社会政策制定取向（价值的或利益的）、政策执行、政策的认知与政策认同，如保护性的社会政策、反社会排斥的社会政策、公民权利与社会福利政策的制度化；包括国家、市民社会、市民与农业转移人口对城市融入这一"公民权"的认知，行动选择与社会影响之间的关系问题，以及中国户籍制度的改革和农业转移人口政治参与的实现等。

在有序推进农业转移人口市民化的过程中，不能仅仅着眼于生产关系、生产场所和劳动过程，必须超越"生产政治"的视野，进一步关注其身份政治与日常生活政治，更加注重私密空间与生活质量，注重其权利意识和公民人格。中国社

---

① 俞可平：《新移民运动、公民身份与制度变迁——对改革开放以来大规模农民工进城的一种政治学解释》，载于《经济社会体制比较》2010年第1期。

会政策改革的发展方向是否正变得更具包容性，并向基于公民权而不是单一基于户籍或工作地的新福利体系发展。在近几年的中国农业转移人口市民化的国家政策干预中，尽管中央的政策包含着发展社会公民权的意向，试图迈向一个更平等、更包容的福利体系，但仍然面临着重大基于公民权的经济条件限制、公共服务能力不足以及地方政府官员激励机制等制约条件。因此需要通过"公民社会""能动社会""投资型社会"以及"福利社会"的各自作用和彼此间的积极互动，强化社会的自主、自治和自我行动能力，充分发挥政府和社会对于所有公民的保护和赋权增能功能，促成每个公民的独立自主自治，来促成和维护积极的公民权[1]，有序推进农业转移人口市民化。[2]

（三）从"生存—经济"发展叙事、"身份—政治"发展叙事向融合—发展叙事转变

在中国农业转移人口研究中，有学者主张"把工人阶级带回分析中心"，应当以劳工理论重构中国农业转移人口问题，将中国农业转移人口研究纳入转型期工人阶级再形成框架，中国农业转移人口研究应该从"抽象工人"转换到"具体工人"、返回到"生产中心性"，立足于"工厂政体"[3]。从中国农业转移人口作为"阶级意识"的身份认同形成并展开抗争的过程出发，得出中国新的工人阶级意识正在以利益为基础，以阶级为导向的劳工运动中产生。有学者在研究中国新工人（农业转移人口）的维权行动中发现，中国工人阶级的维权行动体现了"地方分权的法律维权主义"特征，具有"以地方政府目标、蜂窝状行动、以法律为武器"三大特征，新工人的抗争政治是基于公民身份而非阶级身份并缺乏阶级意识的"分散化、原子化的行动主义以及守法主义"。[4] 这种抗争体现为道义经济学的抗争（工资、福利和就业保障）、维权抗争（合同、条件）和以利益为取向的抗争。[5]

因此，将公民身份理论引入中国农业转移人口的研究，体现了公民身份权利的多元划分，包括法律权利、公民权利、政治权利和社会权利等多元文化的公民身份。对当代中国农业转移人口市民化的研究需要经历一个从生存论预设下的

---

[1] 王小章:《论以积极公民权为核心的社会建设》，载于《浙江学刊》2013 年第 4 期。
[2] 潘泽泉:《多重逻辑下的农业转移人口市民化过程：问题视域与理论争辩焦点》，载于《社会科学》2016 年第 11 期。
[3] 沈原:《社会转型与工人阶级的再形成》，载于《社会学研究》2006 年第 2 期。
[4] Lee Ching Kwan. *Against the Law*：*Labour Protests in China*，*Rustbelt and Sunbelt* [M]. Berkeley CA：University of California Press，2007.
[5] 陈峰:《罢工潮与工人集体权利的建构》，载于《二十一世纪》（香港）总第 124 卷。

"生存—经济"叙事模式到公民权视野下的"身份—政治"叙事模式的转变；由于"身份—政治"叙事模式既包容了"生存—经济"叙事模式的关怀，又避免了生存论预设对于"市民化"本身的矮化和对于"市民化问题"的窄化倾向，故相对具有优越性。① 以往的研究，主要通过从"生存—经济"叙事模式向"身份—政治"叙事模式的转变来寻求促进外来人口市民化的干预路径，大多重视应用研究与可操作性，停留在经验和对策性的研究取向，且集中在生存经济和身份政治层面，在政策支持、可持续生计、群体适应、市民认同和社会质量等层面缺乏关注，理论提升有所欠缺，尤其是对新近流行的理论缺乏关注，如在农业转移人口市民化问题研究中，西方的最新理论研究成果，如公民权理论、脆弱性分析框架、包容性发展理论、反社会排斥与社会融合理论、可持续生计理论、社会质量理论等，值得关注，如何结合西方最新的理论成果，建立一个整合性的科学的中国农业转移人口市民化的框架，为中国农业转移人口市民化提供理论指导和科学决策，这是本课题试图解决的核心问题之一。②

（四）农业转移人口市民化发展中的生活质量、社会质量问题与可持续生计

中国农业转移人口市民化应重点关注农业转移人口市民化的社会质量问题和健康可持续发展，即"融入式可持续健康发展"与"发展型社会政策"问题。中国农业转移人口市民化既要重点强调经验或者数据层面的研究，但同时也注重理论层面的吸收、批判和理论创新。尤其是利用国外新近流行的理论，如脆弱性分析框架、可持续生计分析框架、包容性发展理论、参与式发展扶贫、优势视角理论、社会质量理论、社会公正理论等，这些新近流行的关于农业转移人口市民化的理论研究将为研究中国农业转移人口市民化问题提供新的洞见和知识品性，需要系统地结合现有的西方研究的成果，为农业转移人口市民化问题的科学研究提供新的理论支撑，摆脱纯经验和狭隘的对策性的研究取向，实现理论创新。③

（五）实现从传统性向现代性发展转变

现代化理论的分析范式通常把农民的城市融入理解为城市性体验、现代化过程中人的现代性培育与生成，表现为农业转移人口逐步放弃其原有的乡土性，进

---

① 王小章：《从"生存"到"承认"：公民权视野下的农民工问题》，载于《社会学研究》2009年第1期。

②③ 潘泽泉：《多重逻辑下的农业转移人口市民化过程：问题视域与理论争辩焦点》，载于《社会科学》2016年第11期。

而获得城市性与现代性的过程。在一种传统与现代的二分法下，现代化理论分析范式把农业转移人口的城市融入视为人的朝向现代化的发展过程，逐步适应城市社会各种生产方式、生活方式、文化规则、意义系统的发展过程，逐步从一个传统意义上的农民转向现代市民的发展过程。

中国农业转移人口市民化过程中的现代性实现与现代化或城市化密切相关。在宏观上，现代化指工业化或城市化；在微观上，现代化是指"个人改变传统的生活方式，进入一种复杂的、技术先进和不断变动的生活方式的过程"①，即由传统人转变为现代人的过程，城市在大小、人口密度和异质性方面的特征给予城市人生活以某些特性，城市在现代化过程中扮演这一个特殊角色。正如若顿·金斯堡（Ruton Ginsburg）所言，"所有现代化的定义，在某种程度上，不仅偏向变化，而且更重要的是偏向效能这个概念，即增加人类与空间的互动以及人类关系的极端复杂性。这些观念永远同城市联系在一起"，②可以说，"城市环境的最终产物，表现为它培养成的各种新型人格"，③有序推进农业转移人口的市民化，就是实现中国农业转移人口从传统性走向现代性，实现人的现代化。中国农业转移人口市民化体现了中国社会发展过程中理性秩序建构、城市中心主义的公共空间重建、发展主义意识形态的强势推进以及实践过程中的渐进式改革的新政治文化建构，体现了国家作为行动者的自上而下运动式治理、政治效用随机性的实践逻辑和现实关怀。④

（六）农业转移人口市民化发展的价值正当性、发展伦理与社会正义

国外学者就底层阶级及其基于发展正义和平等的公民福利权进行诠释，底层阶级不仅要通过那些失业者和依赖国家的人加以理解，也要通过他们在劳动力市场中的位置、获取就业机会的能力、享有社会福利的程度加以理解，公民身份既可以在国民内部制造平等，但对于外来移民来说，公民身份也是一种社会排斥、社会不平等和制造底层阶级的社会制度。⑤农业转移人口市民化价值的正当性诉求是基于原来的城乡二元结构中的"农民—市民"身份区分基础上的不平等性事实，以及这种不平等性事实在城市中延伸、结构性复制和再生产。基于发展正义

---

① 罗吉斯著，王晓毅、王地宁译：《乡村社会变迁》，浙江人民出版社 1988 年版，第 66 页。
② 英克尔斯等：《从传统人到现代人：6 个发展中国家中的个人变化》，顾昕译，中国人民大学出版社 1992 年版，第 414 页。
③ 帕克、伯吉斯、麦肯齐等：《城市社会学》，宋俊岭等译，华夏出版社 1987 年版，第 167 页。
④ 潘泽泉：《多重逻辑下的农业转移人口市民化过程：问题视域与理论争辩焦点》，载于《社会科学》2016 年第 11 期。
⑤ Lydia Morris. *Dangerous Classes：The Underclass and Social Citizenship* [M]. London：Routledge Publish Press，1994.

的公民身份的均等化需要建立在无差别的全民福利、居住自由、迁徙自由和选择职业自由以及享受平等公民权的基础上。新型城镇化的本质是有步骤分阶段地实现"中国农业转移人口市民化",有序推进农业转移人口市民化是城镇化过程中逐步实现公民身份平等化、社会福利均等化,是进一步落实社会公平,保障劳动权益,实现政治参与,实现所有人共享社会发展成果,这是中国新型城镇化的合法性、价值的正当性和发展正义的基础。

我们需要在价值的正当性、发展伦理与正义、包容性发展的框架内重新思考户籍制度和城乡二元体系、居住证制度、市民权和劳动保障、制度排斥等,如何在发展伦理与正义的基础上尊重中国农业转移人口的主体地位,满足其差异化的市民化需求,平等实现其市民权利的制度保障和制度实践。[1]

(七) 经由农业转移人口市民化中的现代文化人格的培育、滋养和发展

中国农业转移人口市民化过程中的文化碰撞与融合,成年人脱离自己的母体文化,离开熟悉的社会环境、文化氛围特别是人际关系网络,进入全新的异文化社会,面临一系列困惑、挑战、调整与适应,被称为文化震荡。农民在从自己熟悉的乡土文化到城市文化的转变中,必然经历文化震荡,应该设计怎样的制度安排让市民化的农民顺利度过文化震荡期?

中国农业转移人口市民化是一项复杂的社会系统工程,表现在不仅是失地农民社会身份和职业的一种转变,也不仅是失地农民居住空间的地域转移,更重要的是一系列角色意识、思想观念、行为模式和生产生活方式的变迁,是农民角色群体向市民角色群体的转型过程。应该重视实现主体权利性人格与社会责任性人格的统一。注重培养责任公民,合理继承传统文化中重集体价值、重责任义务的思想,培养造就符合时代要求、权利人格与责任人格相统一的新市民。应该重视契约人格与德性人格的统一。现代社会是契约社会、法治社会。法治意识、法治精神是新市民人格塑造的题中应有之义。契约人格追求的是公共理性,强调以契约、法规来规范人们之间的关系,注重法律面前人人平等。契约人格、公共理性植根于现代陌生人社会,体现了血缘关系和熟人关系社会解体后人们新的团体意识和合作形式。对于大量从农村进入城镇的居民而言,培养现代契约人格、法治精神。强调理性的契约人格,注重人格培养的德性内涵,可以避免现代社会对契约、规则的过分倚重,而忽视德性塑造,以致造成德性不彰、人情冷漠和生活世

---

[1] 潘泽泉:《多重逻辑下的农业转移人口市民化过程:问题视域与理论争辩焦点》,载于《社会科学》2016年第11期。

界被割裂的现象。应该重视自由人格与一元人格的统一。现代社会发展呈现利益多元、价值多元、生活方式多元的趋势，在客观上为人们追求自由提供了条件。自由精神是现代人格的基本内涵，实现人的自由全面发展也是人类社会发展的根本目标。但是，我们不能将自由理解成为所欲为的泛自由。自由也有其限制条件和实现范围，也有应遵循的基本原则。就我国而言，培养新市民的自由人格，要以坚持四项基本原则和社会主义核心价值观为基础，实现自由人格与一元人格（如对国家、社会主义制度的认同等）的统一。①

（八）由"赋权"的权益保障范式转向"增能""促融"的社会投资范式

中国农业转移人口成为市民化群体的主体，乡土性的终结、城市性的养成是自然演化的结果而非政策建构的结果，中国农业转移人口市民化由"赋权"为重点的权益保障范式转向以"增能""促融"为重点的社会投资范式。② 参与式发展以"增能""赋权""抗逆力"和个人效能感为核心，强调社会资本投资、投资于教育和培训。

在实现农业转移人口市民化行动中，社会投资范式强调国家、社区、市场、家庭协同发挥作用，强调能促型国家，鼓励个人积极创造的积极性福利制度改革方向，强调由福利消费支出改为教育、培训、创造就业机会、鼓励风险投资、弹性的工作制度和鼓励和谐的家庭，强调个人以及社会对他人的责任感，提倡能动性政治和对话民主，提倡积极的社会福利政策，倡导积极的福利，主张用"社会投资型国家"来取代"福利国家"，强调建立合作包容型的新社会关系，协调资本与劳工的关系，建立共担风险，培养包容意识，反对排斥行动，充分利用市场、计划和合作等多机制的社会发展策略。

四、农业转移人口市民化：作为一项多层次复杂的系统工程

中国农业转移人口市民化是一个复杂多层次的系统工程，具体包括系统层次（发展/环境支持系统—行动/结构支持系统—制度/政策工具系统）、阶段—发展

---

① 潘泽泉：《多重逻辑下的农业转移人口市民化过程：问题视域与理论争辩焦点》，载于《社会科学》2016 年第 11 期。
② 冷向明、赵德兴：《新生代农民工融入城镇：政策困境及其变革研究——基于公民身份的视角》，载于《社会主义研究》2013 年第 2 期。

模式（生存—经济叙事、身份—政治叙事到多元融合—发展叙事）、过程—发展模型（政治过程—经济过程—社会过程）、结构—发展效应（时间结构性效应—空间结构性效应—群体结构性效应）等几个方面。

（一）实现市民化主体由单一、同质性群体向多元化、多层次、异质性群体转变

实现中国农业转移人口市民化研究，原有研究对象主要集中在中国农业转移人口群体整体研究，并把农业转移人口视为高度同质性群体，忽视了农业转移人口的多元性、多层次性和内群体的异质性，也忽视了农业转移人口群体内部的代际分化和社会分化。

城市性与现代性的动力实际上源于吉登斯（Giddens）所言的"脱域"机制，即"社会关系从彼此互动的地域性关联中'脱离出来'"，是把社会关系从地方性的场景中"挖出来"，然后再使社会关系在无限的时空地带中进行"再联结"或"再重组"。[1] 在这一过程中，作为城市融入实践主体的中国农业转移人口及其随迁子女，是嵌入于城乡的社会结构、认知、文化和政治之中的，与初次流动年龄较大的中国农业转移人口及其随迁子女相比，年龄较小的中国农业转移人口随迁子女由于其对乡土社会的"嵌入"不太深，容易从"乡土社会"的地域性关联中"脱嵌"出来，并在城市这一现代性"场域"中"再联结"与"重新嵌入"。此外，从城市融入的主观体验来看，在现有的城乡分割语境下，中国农业转移人口随迁子女融入过程中都有可能遇到各种"社会隔离与排斥"机制及城市居民"污名化"等评价图式，初次流动年龄较大的中国农业转移人口随迁子女一般都会对这些消极信息较为敏感、从而阻碍其城市融入的步伐。而初次流动年龄较小的中国农业转移人口随迁子女由于"年龄小"而对城乡隔离的"社会屏蔽"机制以及城市居民"污名化"的"评价图式"等负面信息不太敏感，在一定程度上削弱了其城市融入的阻碍作用。[2]

因此，在研究中国农业转移人口市民化中，应重点关注中国农业转移人口市民化过程中的属性特征和群体性特征差异，把农业转移人口理解为一个异质性较强的群体，关注农业转移人口的多层次性、异质性和群体分化。事实上，可以把农民市民化界定和区分为四类主体以及相应的内容，即传统农民、现代农民、农业转移人口和城郊失地农民，将农业转移人口区分出第一代农业转移人口和新生

---

[1] 安东尼·吉登斯：《现代性的后果》，田禾译，译林出版社 2000 年版。
[2] 潘泽泉：《多重逻辑下的农业转移人口市民化过程：问题视域与理论争辩焦点》，载于《社会科学》2016 年第 11 期。

代农业转移人口,新生代流动人口后又将其分为第二代和非第二代农业转移人口。

(二) 实现市民化过程由无序性、同质性、短期性向有序性、阶段性、渐进性转变

以往更多的研究关注国家政策调整和农业转移人口市民化的片面无序性、同质性和短期性规划,忽视了农业转移人口市民化的阶段性、有序性、渐进性、整体性和系统性。提出农业转移人口市民化的渐进性和有序性,根据不同的农业转移人口的特征分阶段、分层次逐步市民化,农民市民化进程亟待在节奏与幅度上把握科学性与阶段性,把符合条件的农业人口逐步转变为城市居民。首先是失地农民市民化和进城农业转移人口市民化,尤其是失地农民中的青年劳动力和新生代农业转移人口,进而才是现代农民和传统农民的市民化;农民市民化整体上应该外延与内涵相结合,切入点是外延式市民化,目标瞄准内涵式市民化,方法是层次推进,关键是构建产业载体,构建产业载体的关键是农村相关产业的发展,尤其是加工制造业和服务业的发展。①

(三) 实现市民化内容由单一维度向多层次、动态性和整体性转变

已有研究存在研究重点泛化,解释模式单一,解释过程的制度偏好,农业转移人口市民化简单地等同于三个转化:户籍转变、地域转移、职业转换,且主要集中在强调制度层面,消除农业转移人口市民化的制度障碍,尤其是在户籍制度、就业制度、社会保障制度、城乡土地制度等二元制度方面的障碍上。原有研究大多只是停留在关注国家政策与农业转移人口的身份合法性问题、进入门槛的问题(即如何完全控制或限额控制的问题),或者从经济角度考虑引导农民进城、提高农业转移人口收入(这些政策对于农业转移人口来说是必要的,但对于农业转移人口市民化来说又是远远不够的),而缺乏较为系统的社会政策促进农业转移人口在城市就业、定居并最终融入城市生活成为真正意义上的市民。对农民市民化的评价衡量问题、对内涵式农民市民化、对农业转移人口在城市中的全面发展、生存空间、可持续生计等问题的研究都比较少。

超越以往单一的解释模式,建立一个多元化、多层次、整体性走向市民化整体转型过程的框架。超越以往对农业转移人口市民化的单一的制度性关注、忽视农业转移人口市民化过程中的物质的、精神和行动意愿维度的局限。对农民市民化的本质界定是农民成为与市民相近乃至同质的市场主体或市场经济条件下的生

---

① 潘泽泉:《多重逻辑下的农业转移人口市民化过程:问题视域与理论争辩焦点》,载于《社会科学》2016 年第 11 期。

产要素。衍生出来的是农民在物质、精神层面达到或者接近市民的水平与标准。农民市民化是一项复杂系统的工程,更是一个较为漫长的历史动态过程,不仅仅包括空间地域上的城市化格局的调整和转移、户籍身份的转变、从事职业的非农化,而且还包括一系列角色意识的树立、综合素质的提升、市民价值观念的形成、社会权利的履行、行为模式的革新和生产生活方式的转变,是多元化多层次的整体市民化的过程。①

(四) 市民化的制度创新、社会政策工具及其发展风险视域

以往的研究更多的是关注农业转移人口市民化的对策性研究和问题式诊断,国家在调整农业转移人口市民化政策层面也集中在控制型的社会政策关注,社会政策具有碎片化特征。

重点关注农业转移人口市民化政策的走向问题,关注市民化过程中的"发展型社会政策"、以资产为本的社会福利政策和"融入式可持续健康发展政策"。强调对农业转移人口进入后的整合政策、发展型社会政策和基于可持续生计的具有包容性的以资产为本的社会福利政策,思考如何实现他们与城市的社会整合,实现社会适应;如何帮助他们实现劳动市场介入、提升能力和提供收入支持;如何帮助他们获得更多的工作机会和获取更多的社会资源,即如何实现他们在城市中的社会整合和发展问题,实现他们在城市中的真正市民化问题。

在具体的社会政策设计层面,重点在于社会政策设计中的有序推进、分群分类、差别化落户政策的具体设计。在推动户籍制度改革过程中,重点关注农业转移人口市民化过程中的群体性特征差异,实行不同规模城市分群分类、差别化落户政策的具体设计和调研。把有能力、有意愿并长期在城镇务工经商的农业转移人口及其家属逐步转为城镇居民。对未落户的农业转移人口,建立居住证制度。使更多进城务工人员随迁子女纳入城镇教育、实现异地升学,实施外来人口职业技能提升计划。稳步推进城镇基本公共服务常住人口全覆盖,使农业转移人口和城镇居民共建共享城市现代文明。

关注农业转移人口市民化过程和社会政策的社会影响与发展风险问题。在已有的研究成果中,虽然国家对农业转移人口问题已经得到了一定程度上的学术关注,但是,已有的研究成果大多只是立足于国家政策本身的合理性研究层面,或立足于制度困境分析的"解决问题"层面,而忽视了国家调整农业转移人口政策的对农业转移人口市民化的社会影响和社会效果评估研究。本研究重新关注中国

---

① 潘泽泉:《多重逻辑下的农业转移人口市民化过程:问题视域与理论争辩焦点》,载于《社会科学》2016年第11期。

农业转移人口市民化问题的社会影响和社会后果。这些问题包括中国农村的社会稳定问题、结构性不平等问题、"群体性事件"和冲突、社会公正和道德正义、发展伦理和道德生态、社会排斥和社会风险、环境生态与文明、社会分化与社会分层、教育不平等、性别不平等等。在中国农业转移人口市民化问题的研究上,已有的研究成果原有的指标体系仅从居住条件、经济生活、社会关系、政治参与和心理认同5个维度衡量市民化水平,其指标评价的效度(内容效度与结构效度)和信度(检测市民化水平的内部一致性程度)较低,不能很好地真正体现市民化水平。本研究试图从社会质量效应、群体意愿和行为效应以及政策和福利效应测量其市民化水平,以提高市民化水平测量指标体系的内容效度、结构效度以及市民化水平的内部一致性程度。对于农业人口市民化过程、市民化实现程度缺乏关注,对市民化的动态性、系统性缺乏关注,是一种静态的、单一、质性的视角;在农业转移人口市民化程度的监测方法上,原有的测度方法在指标选择、权重赋予、问卷设计等方面仍存在很多不足。[①]

---

① 潘泽泉:《多重逻辑下的农业转移人口市民化过程:问题视域与理论争辩焦点》,载于《社会科学》2016年第11期。

第四章

农业转移人口市民化：国家行动、政治过程与制度转型

  中国农业转移人口市民化的政治过程是一个国家行动、市民化政治、政治动员、国家干预与制度创新过程，是一个国家自上而下干预、国家动员式发展以及地方国家的政权形态与制度分配话语过程，体现了理性国家、现代化发展战略、国家的梯度发展战略和反梯度发展战略、发展主义的意识形态连续谱，体现了现代化发展战略的支配性的利益分配过程、户籍制度改革、社会保障和社会政策工具推动、社会治理与创新以及城乡发展的国家战略等。

  市民化的政治过程是当代国际移民研究的关注焦点，主要涉及市民化过程中的国家行动、政治过程与制度转型效应等内容。早期的移民研究主要关注经济因素对移民的影响，新古典经济均衡理论、推—拉理论、新经济移民理论、劳动力市场分割理论、世界体系理论等理论解释模型都强调移民的经济过程及其效应。但随着移民问题的不断复杂化，特别是中国市民化现象进入国际移民研究视野，制度、政策、文化等非经济因素的影响日益得到发现和重视。政治和制度是当代国际移民研究的核心，这尤其表现在中国农业转移人口市民化的理论和话语实践中。

第一节　国家行动、政治过程与制度转型：理论解释及话语变迁

  "移民是政策的产物"，任何以经济为主要立论的移民理论，在充满政治考虑

和政府干预的移民面前,无不狼狈周章。① 近年来研究成果的一个鲜明特点,就是将农业转移人口流动置于市场化、城市化、现代化、工业化与全球化的大背景下,重在揭示其背后的宏观政治结构、制度逻辑、社会政策意涵及其内在的政治过程、政治矛盾冲突、政治利益博弈。

一、市民化的政治过程:发展主义、意识形态连续谱与理论范式建构

城市移民问题是现代民族国家现代性过程中的一个重要议题,是现代性的动力,也是反思现代性与流动现代性的时代兴趣和知识回应,现代民族国家的广泛崛起、蔓延与世界政治秩序的重新确立,使得人口流动壁垒、民族国家可持续发展与移民公民权问题日益突出。现代性的一个重要特征就是传统国家向现代国家转变,在现代性过程中,主权成为国家所关注的核心问题,传统国家的边疆也因此而转为边界——在不同主权国家的接壤处划分你我。边界确立之后,随之而来的就是一系列制度行动与政治过程,其意在维护主权,实为给不同国家之间的人口流动制造障碍。由此,制度或者政策变为影响移民及其迁移的核心要素,世界范围内对移民采取限制性政策的国家比例也越来越高。② 随着移民及其衍生问题的复杂化,塑造经济行为的制度、权力等因素开始日益受到研究者的重视。在一个全球化的世界里,这些国家正在通过制定一些措施限制外人的进入,这就好像在全球化的空间里建立一个"飞地"(enclave),使得国家犹如一个"门禁社会"(gated society),因此,公民权在这些国家里再度成为话题。③

市民化的相关理论,将市民化的政治过程诠释为发展需求、政治排斥、阶级抗争等多重因素在现代化转型过程中的冲突与再平衡。发展中国家的许多社会政策都具有城市偏向,无论是投资、税收或者外贸等经济政策还是公共服务、社会福利等社会政策,政府都通过剥夺农村地区而对城市地区施行优惠政策,造成城市和农村在生产力水平、消费能力、价值观念等方面的差距。④ 市民化过程中基于发展主义、意识形态连续谱的政治过程的理论范式表现为几个方面。

一是市民化理论分析中的制度主义范式。市民化过程是一个制度转型与现代

---

① 华金·阿朗戈:《移民研究的评析》,载于《国际社会科学杂志》(中文版)2001年第8期。
② Hugo G. Migration and the Family [J]. Occasional Paper Series for the International Year of the Family, 1994 (12).
③ Turner B. S. The enclave society: Towards a sociology of immobility [J]. European Journal of Social Theory, 2007 (2): 287-304.
④ Bates R. Markets and States in Tropical Africa: The Political Basis of Agricultural Policies [M]. Berkeley: University of California Press, 1981: 11-29.

性过程。西方学者亨廷顿（Huntington）在一项关于贫民区移民的研究中指出移民期望诉求的代际增长趋势，"父母满足于地理上的横向移动，孩子则要求在地位上垂直上升"。同时他也认为如果这一要求得不到满足，"贫民区内的激进主义就将显著地增加"。① 不断增长的期望诉求以及被激发的政治意识与滞后制度之间的无法平衡，使得向现代性努力的过程充满着动荡。如他所言，"现代性孕育着稳定，而现代化过程却滋生着动乱"。②

二是市民化理论分析中的社会排斥范式。市民化的国家过程是一个政治排斥的过程。"政治排斥"（political exclusion）这一概念是20世纪90年代西方学者在研究社会排斥（social exclusion）问题的过程中提出来的。英国学者简妮·珀西·史密斯（Janie Percy-Smith）在构建"社会排斥"分析框架的过程中，对"政治排斥"进行了系统的论述。她认为："社会排斥在政治方面的主要问题是个人参与影响与自身生活相关决策的能力。"③ 在她看来，在大多数西方民主国家，有相当比例的最为脆弱的群体（the most vulnerable groups）正在被有效的政治话语摒弃。同时，还有一些社会群体已经对政治过程失去兴趣。④ 政治排斥是指一定的社会成员或者社会群体在一定程度上被排斥在政治生活之外，不能公平获取政治资源、享受政治权利和履行政治义务的过程和状态。⑤ 政治排斥主要表现为受排斥者不能正常参与选举活动；很少参加政治性组织；无法获得正当的政治权利。

三是市民化分析的阶级分析范式。这一研究范式深受马克思主义社会理论的影响，关注市民化过程中阶级结构的变化、资产阶级的劳动管理体制和劳动力管理机制、工人阶级意识的形成以及抗争。形成了以"阶级""工厂政体"（factory regime）等为核心概念工具的理论解释模型⑥⑦⑧。

四是基于自由主义的个人主义和社群主义的集体主义的公民权理论、公民身

---

①② 亨廷顿：《变化社会中的政治秩序》，上海人民出版社2008年版，第12页。

③ Janie Percy Smith. Introduction: The contours of social exclusion [C]. In Janie Percy Smith (ed.), *Policy responses to social exclusion: Towards inclusion?* [A]//Buckingham; Philadelphia: Open University Press, 2000: 1-21.

④ Janie Percy Smith. Introduction: The contours of social exclusion [C]. In Janie Percy Smith (ed.), *Policy responses to social exclusion: Toward s inclusion?* [A]//Buckingham; Philadelphia: Open University Press, 2000: 148-163.

⑤ 董文柱：《中国的城市化：进展、问题与对策》，载于《学术探索》2005年第4期。

⑥ Burawoy, Michael. *The Politics of Production: Factory Regimes under Capitalism and Socialism* [M]. London: Verso, 1985.

⑦ Pun Ngai, Lu Huilin. Unfinished Proletarianization: Self, Anger, and Class Action among the Second Generation of Peasant-workers in Present-day China [J]. *Modern China*, 2010 (5): 493-519.

⑧ Chan, Chris King-Chi. Class or Citizenship? Debating Workplace Conflict in China [J]. *Journal of Contemporary Asia*, 2012 (2): 308-327.

份理论,包括基于公民权的身份地位、权利义务与政治参与、共同体与成员资格;基于公民权的市民权利、政治权利与社会权利的多元公民身份;现代性语境下的公民权利意识的觉醒和发展;行动主义公民、政治认识、赋权和增能的政治过程。

市民化过程体现了从"生产政治"范式、"身份政治"范式、"公民权政治"范式到"生活政治"范式的话语转型。随着对市民化及其衍生过程的了解,学者们的关注焦点发生了从"生产政治"到"生活政治"的转向,认为在"生产政治""身份政治""公民权政治"之外,还存在"生活政治"的空间,应该研究和关注农业转移人口的闲暇安排、人际互动以及社会关系网络的建构策略。[①] 在这样的理论关怀中,通过对农业转移人口日常生活的考察,通过对他们自我、时间和收入等支配策略的分析,可以更加深入地认识他们在市民化过程中的政治意识和主体性。

二、市民化的政治过程:来自国外的经验发现

随着20世纪下半叶世界体系的历史性变化,移民群体也呈现出被排斥、被边缘化等后殖民时代特征。殖民主义体系解体,民族国家成为世界体系的基本结构。随着经济全球化的发展和世界范围内贫富差距的拉大,移民趋势也发生了从中心—边缘方向到边缘—中心方向的转变。移民运动不再建立新的国家,只是在不同程度上改变了移入国的人口构成。这个时期的移民运动与以往移民运动的根本区别在于,本土居民与外来移民之间的角色、地位发生了互换。居于优越地位的当地社会高高在上,或以一种屈尊俯就的态度接受外来移民,视他们为一种必要的劳动力补充,而无意在政治上吸纳他们,使之成为当地社会的平等成员;或以一种狭隘的仇外心理对待他们,将他们看作就业市场的竞争者而加以排斥,特别是在经济危机时期,外来移民往往成为种族暴力袭击对象。无权无势、缺乏经济基础和政治权利的外来移民被贬抑到社会的底层,成为社会中的边缘群体。在几乎每一个西欧国家中,外来移民都从事着最苦、最累、最脏、最不受尊重、收入最低的工作。外来移民的边缘地位在任何发达国家中都是非常明显的。[②]

近年来,欧洲政治舞台上的变化充分说明,移民问题已经成为角逐政治权利的政党和个人野心家动员民众的一种政治资源。围绕移民问题产生的社会张力,即近年来在西欧社会中出现的对外来移民的拒绝与排斥,各国政府对移民采取的

---

① 熊易寒:《新生代农民工与公民权政治的兴起》,载于《开放时代》2012年第11期。
② 王建娥:《后殖民时代移民问题的本质与政治共同体的重建》,载于《世界民族》2004年第1期。

紧缩政策，以及以排斥外来移民为号召的右翼政治势力的泛起，这些都不是经济衰退时期在右翼势力鼓动下发生的孤立、偶然的事件，而是与民族国家和建立在民族国家基础上的政治上层建筑的内在排外性相联系的，是与建立在民族国家基础上的政治社会的包容程度相联系的。

三、市民化的政治过程：理论反思、经验对话与本土的知识回应

移民问题所暴露出来的众多社会矛盾和社会张力，一方面是民族国家内在的排斥逻辑所使然；另一方面则与"全球化"和"一体化"所带来的深刻社会变化，以及政府对多种社会矛盾和社会问题所采取的政策相联系。在排斥外来移民现象的背后所隐藏的内容，远比排斥外来移民本身要复杂得多。①

与国际移民研究相比，中国的理论建构和表达都更加强调和凸显政治或者制度的重要性，甚至认为制度及其变迁是中国市民化的重要基础和前提。② 制度既能够为农业转移人口市民化提供政策依据和合法性保障，也能够限制和阻碍市民化的有序推进和实现。由于国家对于经济发展存在极为深刻的介入，任何农业转移人口对于劳动过程、劳动控制的抗争都将指向政府并且需要动用政府的力量来应对。

国内学术界对以户籍制度为基础和核心内容的城乡分治制度体系展开了广泛的批判，认为存在市民化进程中的"制度阀"效应。这种观点认为，城乡分治的制度体系（一种二元制度）是基于国家集中控制的目的，在城乡之间人为设置的一种"控制阀"，以达到一切按照国家计划体制发展的需要去调节城乡之间人口与资源的流动的目的。市民化的"制度阀"效应主要体现为，制度是维护社会秩序的一种控制阀，是维护利益关系的调节器，是达到一定社会结果的选择机制。③ 在中国工业化起步阶段，国家通过人为地压低农产品价格并提升工业产品价格来为城市居民提供廉价的生产和生活资料，同时通过对城市居民提供各种社会福利和补贴来保障城市的工业循环。这种工农产品的"剪刀差"政策，使得农村大量的剩余价值被转移到城市。这一方面拉大了城乡差距，同时也造成农村的积贫积弱，据国家统计数据分析，从1952年开始实施严格的户籍制度，到1992年，中

---

① 王建娥：《后殖民时代移民问题的本质与政治共同体的重建》，载于《世界民族》2004年第1期。
② 文军：《从分治到融合：近50年来我国劳动力移民制度的演变及其影响》，载于《学术研究》2004年第7期。
③ 林聚任、马光川：《"城市新居民"市民化与"制度阀"效应——一个制度分析的视角》，载于《人文杂志》2015年第1期。

国农业部门由于受不平等社会政策的影响,净损失达到了9692亿元,年均236.4亿元,占到了国民收入中积累的17.7%。[1]

国家政策或者制度的推进动力主要来自国家的强制施行和制度的被动延续两个方面。制度具有一定的稳定性和惰性,一旦形成,就可能会产生依赖。用诺斯(North)的制度变迁理论来说,人们在进行制度选择时存在着"路径依赖","从过去衍生而来的制度和信念影响目前选择的路径。"[2] 系统探讨"制度阀"效应,深刻反思我国市民化进程中的制度障碍,探讨消除"制度阀"效应的新机制和制度创新是推进农业转移人口有序转移的有效路径。研究者批评城市政府对外来移民设置的各种准入障碍与歧视性政策,认为不利于实现劳动力自由流动与最优配置,阻碍了城市化进程。[3] 蔡昉将对农业转移人口的歧视政策归因于城市居民为维护既得利益,向本地政府施压的结果。[4] 在中国,城市偏向的社会政策表现为城乡分治的社会政策与户籍管理制度。大量的农村劳动力不得不被排斥在工业部门以外而长期滞留在农村。这种城乡分治的社会政策与户籍管理制度相配合构成了城乡二元的社会经济结构,通过严格限制人口的流动使得农村成为工业化进程中的牺牲者。[5]

第二节　国家行动、政治过程与制度转型：理论话语与中国实践

中国农业转移人口的市民化进程,随着政策制度与社会背景的变迁呈现出明显的阶段性特征,流动人口经历了由选择性准入阶段、歧视性控制阶段到当前的融合式发展阶段。在当代多元化和多元推动的制度背景中,农业转移人口的市民化获得了更多的制度保障,但其政治过程仍然受到城乡分割及地区分治管理体制的显著影响。

---

[1] 郭熙保:《农业发展论》,武汉大学出版社1995年版,第7页。
[2] 道格拉斯·诺斯著,钟正生等译:《理解经济变迁过程》,中国人民大学出版社2013年版,第148页。
[3] 宫希魁:《撵走农民工安置下岗工实属下策》,载于《改革与理论》1998年第5期;王西玉、崔传义、赵阳、马忠东:《中国二元结构下的农村劳动力流动及其政策选择》,载于《管理世界》2000年第5期。
[4] 蔡昉:《中国城市限制外地民工就业的政治经济学分析》,载于《中国人口科学》2000年第4期。
[5] 成德宁:《论城市偏向与农村贫困》,载于《武汉大学学报》(哲学社会科学版)2005年第2期。

一、中国农业转移人口市民化的政治过程：历史考察与发展过程

国内社会科学界对于市民化的研究从最初对农村剩余劳动力转移模式的讨论、对城乡隔离制度的批判发展到对农村劳动力流动背后的阶级与性别、乡村的商品化与社会化乃至发展主义的揭示，包括这种流动所塑造出的不平等与断裂的城乡关系等，论域不断扩张。[①] 农业转移人口市民化的政治过程一直是我国市民化研究的核心。改革开放以来，我国农业转移劳动力的流动经历了以下几个历史阶段。

（一）控制与闭锁阶段：空间社会隔离与无流动的封闭模式

20世纪50年代初至70年代末的控制和闭锁阶段。控制与闭锁阶段强调在刚性的城乡二元结构的政策框架中所实践的以户籍政策为核心的城市保护战略和以城市为中心的发展主义的逻辑，这种逻辑体现为社会政策调整必须服从城市发展的理性逻辑，服从于城市化过程中城市理性秩序的建构。这一阶段的政策是限制"盲流"的，国家形成了一系列以户籍政策为核心的保护城市的政策。在这一阶段，城乡隔绝的户籍制、城市的单位制、农村的公社制和市场的被取消与物资调配权的高度集中，构筑了中国"无流动"的封闭模式，即处于政府禁止劳动力自由流动的阶段。[②] 中国城乡二元户籍制度始于1950年，当时为了减少城市的人口压力和就业压力，国家开始控制农民盲目流入城市。具体的政策包括1950年8月公安部制订的《关于特种人口管理的暂行办法（草案）》，1951年7月公安部颁布实施的《城市户口管理暂行条例》，[③] 1955年6月国务院发布的《关于建立经常户口登记制度的指示》，1957年12月国务院通过的《关于各单位从农村招用临时工的暂行规定》，1957年12月中共中央、国务院发布的《关于制止农村人口盲目外流的指示》，1958年1月以主席令的形式颁布的《中华人民共和国户口登记条例》[④]，1958年的《户口登记条例》将中国公民划分为"农业户口"和"非农业户口"两大类，同时也建立了一整套与户籍制度相联系的劳动就业政策、

[①] 宁夏、叶敬忠：《改革开放以来的农民工流动——一个政治经济学的国内研究综述》，载于《政治经济学评论》2016年第1期。

[②] 潘泽泉：《国家调整农民工社会政策研究》，中国人民大学出版社2014年版，第112页。

[③] 公安部：《城市户口管理暂行条例》（1951年7月16日），该条例第一条规定：制定本条例的目的是"维护社会治安，保障人民安全及居住、迁徙自由"。

[④] 国务院：《中华人民共和国户口登记条例》，1958年1月9日。

社会保障政策和法律援助政策等，该条例标志着全国城乡二元户籍制度的正式形成。在这种情况下，政府实施彼此封闭的二元就业制度，即城镇中的"统包统配的低工资——高就业制度"和农村中无条件的"自然就业制度"。1958年1月9日全国人大常委会通过的《中华人民共和国户口登记条例》，在当时的积极作用是不言而喻的，但同时也形成了一堵无形的墙，使城乡之间公民的迁徙自由受到一定的限制。①

（二）就地转移与选择性准入阶段：松绑、市场缝隙与盲流模式

20世纪70年代初至80年代末的就地转移与选择性准入阶段。这一时期中国政府积极鼓励"离土不离乡"的农村剩余劳动力转移模式，中央与地方政府也出于增加就业与财政收入的目的大力扶持乡镇企业与小城镇建设。城市工业部门通过非正规雇佣方式（包工、临时工），向农业转移劳动力提供限定性的工作（体力繁重、环境恶劣、工作危险、地位卑下），将劳动力再生产过程排除在工业生产规划之外，为此后的国内劳动力市场分割、"半城市化"及农业转移人口的"半无产阶级化"埋下伏笔。②

就地转移与选择性准入阶段（松绑与盲流阶段）农民工的社会政策文本的调整是基于市场和经济发展的逻辑，也是服务于市场逻辑和经济发展目标的，是负责处理经济政策带来的社会问题的，并不被当作经济战略中的一个支撑条件，此时的社会政策的松动是服务于经济政策，社会政策的调整是为了解决在经济增长中的劳动力缺乏，这样就把社会政策当作手段，而放大了经济增长的目标。20世纪70年代中后期，我国在由计划体制向市场体制转型的过程中，原有的城乡隔离状态被打破，产生市场缝隙，农民工开始有机会离开农村，在城市中形成一个新兴的自发性群体。随着中国乡镇企业的异军突起，农村经济结构发生了重大改变，国家开始提倡农民"离土不离乡，进厂不进城"，并逐步放宽了对农民进城的限制。松绑阶段，坚持就地转移为主，就是考虑到大量农村剩余劳动力向城市流动可能产生的秩序代价。后来，政府开始允许农民自带口粮进城经商务工。事实上，对农民工就地转移、离土不离乡的政策，通过积极发展多种经营与乡镇企业来消化从农业生产率增长中产生的剩余劳动力。③ 1984年10月，国务院发布《国务院关于农民进入集镇落户问题的通知》，规定凡在集镇务工、经商、办服务业的农民和家属，在集镇有固定住所，有经营能力，或在乡镇企事业单位长

---

① 潘泽泉：《国家调整农民工社会政策研究》，中国人民大学出版社2014年版，第113页。
② 王春光：《农村流动人口的"半城市化"问题研究》，载于《社会学研究》2006年第5期。
③ 国务院：《关于做好劳动就业工作的通知》，1990年4月27日。转引自宋洪远等：《改革以来中国农业和农村经济政策的演变》，中国经济出版社2000年版，第367页。

期务工,准落常住户口,口粮自理,其标志是1985年中央一号文件和1987年的中国共产党政治局通过的《把农村改革引向深入》的决议(允许农村剩余劳动力向劳动力紧张地区流动)和公安部的一个《暂行规定》)①②③。

(三) 市民化的政治过程中的民工潮与歧视性控制阶段

20世纪80年代末至90年代末的民工潮与歧视性控制阶段。这一时期,在沿海地区与大城市日益增长的劳动力需求和内地农村的货币压力与就业压力共同作用下,大规模跨区域流动的"民工潮"取代"离土不离乡",成为农村劳动力转移的主要形式。这一时期各地政府部门对劳动力流动的主要政策可以归纳为输出地有组织、输入地有管理、流动中有控制,而劳动力流入地区以"暂住证"和"收容遣送制度"为代表的流动人口管理措施也得到空前强化。部门利益驱动的对流动人口的歧视性政策使原有的劳动力市场分割不断被强化。④

由于受"民工潮"的意外冲击与治理整顿的巨大压力,政府在中国农民工政策上来了一个急转弯:由允许扶持农民工进城务工,到严厉控制农民工进城就业。⑤ 农民从自由流动到被禁锢,国家形成了一系列以户籍政策为核心的保护城市的政策,这些政策犹如一道闸门,将农民强行封锁在农村,即"民工潮"爆发后是以直接控制农民工盲目流动为目标的。1985年以后,在农民的流动问题上,国家开始实行有条件控制,有条件控制阶段的基本政策有:一是设置流动门槛。对可以允许农民工跨地域流动就业的地区、行业与时间作出规定,禁止农民工在政策范围外盲目流动。⑥ 1985年7月,公安部颁布了《关于城镇暂住人口管理的暂行规定》,决定对流动人口实行有条件居留,开始实行"暂住证""寄住证"制度,只允许暂住人口在城镇居留。1985年,公安部颁发《关于城镇暂住人口的暂行规定》,规定"对暂住时间拟超过3个月的16周岁以上的人,须申领'暂住证',暂住人口需租赁房屋的,必须凭原单位或常住户口所在地乡镇人民政府的证明,由房主带领房客到当地公安派出所申报登记"⑦。到了20世纪末,城市地方政府在对待农民工的就业竞争时,再次出现对就业工种、专业、使用期限作了全方位和近乎苛刻的规定,从而使歧视系统化、彻底化、公开化和制度化。

---

① 中共中央文献研究室编:《十一届三中全会以来重要文献选读》,人民出版社1985年版,第352页。
② 国家工商行政管理总局个体经济司:《个体工产业政策法规汇编》,经济科学出版社1987版。
③ 潘泽泉:《国家调整农民工社会政策研究》,中国人民大学出版社2014年版。
④ 李怡乐:《关于中国劳动力市场分割的政治经济学解读》,载于《科学·经济·社会》2012年第2期。
⑤ 潘泽泉:《国家调整农民工社会政策研究》,中国人民大学出版社2014年版,第112页。
⑥ 劳动部:《关于颁布〈农村劳动力跨省流动就业管理暂行规定〉的通知》。
⑦ 公安部:《关于城镇暂住人口管理的暂行规定》,1985年7月13日。

1994年，劳动部颁布的《农村劳动力跨省流动就业管理暂行规定》第五条对用人单位跨省招用农村劳动力作了严格限制，只有经劳动就业服务机构核准，本地劳动力无法满足需求时，才可考虑。1995年12月，作为推行再就业工程的重要举措，上海市劳动局发布《上海市单位使用和聘用外地劳动力分类管理办法》，将行业工种分为三类：A类为可以使用外地劳动力的行业工种；B类为调剂使用外地劳动力的行业工种；C类为不准使用外地劳动力的工种。此后，青岛、武汉等许多大城市都推广实施了这一做法，都对进入本市的农民工在数量上和范围上制定了严格的规定。[1]

随着跨区域流动成为外来人口流动的主要形式，并形成相对固定的外来人口输出地与输入地划分，地方政府对于农业转移人口流动的态度也因为各自所在地区角色不同和相关利益不同而产生差异。对于流动人口输出地，由于农业收益微薄而工商业弱小，农民外出务工带来的收入无疑对促进本地经济发展和增加财政收入意义重大，当地政府因此更乐于积极推动本地劳动力外出。[2] 对于流动人口输入地，特别是一些自身就业压力巨大（下岗工人多）的大城市，当地政府更倾向于限制外来劳动力的进入；[3] 而对那些以劳动密集的外向型经济为主的地区（例如南方沿海地区），开放外来人口进入是一个明智的选择，歧视与隔离控制更多是为了维持外来劳动力的无权与弱势地位，满足资方对劳动力"廉价、听话"的要求。[4]

（四）市民化的政治过程中的多元化与融合式发展阶段

多元化与融合式发展阶段模型体现了几个转变：从亦工亦农到全职非农、从全职非农到身份市民化、从城乡流动到城市融合、从谋求生存到谋求发展的过程。体现了从农业（农村、农民身份）到职业非农化（农民身份），再到身份市民化（城市市民身份）的过程；从农民到农民工，再到城市新市民的过程；从农村土地退出到城市进入，再到城市融入的过程；从职业转移到地域转移，再到身份角色转变的过程；从"生存逻辑"到"货币逻辑"再到"发展逻辑"转型[5]，从"生存逻辑""权利逻辑"到"发展逻辑"转变，从赋权（权益保障）、增能（能力提升）到促融（融入式发展）转变，从脱嵌（空间转换与解放）、去传统

---

[1] 潘泽泉：《国家调整农民工社会政策研究》，中国人民大学出版社2014年版，第121页。
[2] 安徽省委政研室：《关于安徽省"民工潮"的调查与对策建议》，载于《中国农村经济》1994年第1期；许平：《从政府行为到市场行为——竹镇劳务输出个案研究》，引自李培林主编：《农民工：中国进城农民工的经济社会分析》，社会科学文献出版社2003年版。
[3] 蔡昉、都阳、王美艳：《城市排斥外来劳动力的政治经济学——北京案例》，引自张曙光：《中国制度变迁的案例研究（第四集）》，中国财政经济出版社2005年版。
[4] 周大鸣：《渴望生存：农民工流动的人类学考察》，中山大学出版社2005年版，第62页。
[5] 邓大才：《农民打工：动机与行为逻辑》，载于《社会科学战线》2008年第9期。

化（祛魅与世俗化）到再入嵌（融入与整合）转变；等等。

2000年至今的农民工流动的多元化与多元推动的制度变迁。自2000年始，国家关于农村劳动力的流动政策发生显著变化，这些变化有两个特点：一是突出强调城乡统筹就业；二是积极推进相关方面的配套改革，其目的就是为劳动力移民在就业、保障、户籍、教育、住房、卫生、小城镇建设等多个方面提供全方位的制度性保障。[1] 在这一时期，同农民工流动的多元化类似，影响流动的制度变迁在新世纪以来也呈现出推动力量多元化的特征，除了中央与地方政府以外，全球化与社会对制度变迁的影响日益显现。尽管国家从2000年起致力于构建一个打破城乡分割的统一的劳动力市场，改变过去的一些歧视性政策与控制措施，并且在2004年正式承认农民工是"产业工人（阶级）的一部分"，[2] 但是农民工真正的"无产阶级化"依然遥遥无期。[3] 事实上，政府部门对劳动力流动与农民工的态度转变与政策调整很大程度上是对中国经济日益卷入全球化并高度依赖世界市场现实的顺从，"民工荒"与"返乡潮"正因为影响到沿海外向型经济的劳动力需求与经济增长而成为需要解决的"问题"。[4]

从2000年开始，国家关于农村劳动力移民的就业政策发生了一些积极的变化。这些变化有两个主要特点：一是突出强调城乡统筹就业；二是积极推进相关方面的配套改革。其目的就是为劳动力移民在就业、保障、户籍、教育、住房、卫生、小城镇建设等多个方面提供制度性保障。2003年1月，国务院办公厅颁发了题为《国务院办公厅关于做好农民进城务工就业管理和服务工作的通知》的一号文件，从农业转移人口的进城限制、就业限制、拖欠工资、生产生活条件、培训、子女入学、管理与服务等方面作了比较详细的、积极的规定。2003年6月，国务院又颁布了新的《城市生活无着落的流浪乞讨人员救助管理办法》，对于流入城市生活又无着落的人员，从以前收容遣送改变为保护救助，客观上形成了有利于农业转移人口的保护政策。2004年1月，中央一号文件强调："进城就业的农民已成为我国产业工人的重要组成部分"，这说明我国政府承认了农民工的工人阶级属性和重要地位。[5] 2005年2月3日，在农民工社会政策的调整上，出现了两个重要的文件，即国务院办公厅的《国务院办公厅关于进一步做好改善农民进城就业环境工作的通知》和劳动保障部的《关于推进混合所有制企业和非公有制经济组织从业人员参加医疗保险的通知》。

---

[1] 潘泽泉：《国家调整农民工社会政策研究》，中国人民大学出版社2014年版，第122页。
[2] 马雪松：《从"盲流"到产业工人——农民工的三十年》，载于《企业经济》2008年第5期。
[3] 潘毅、任焰：《农民工的隐喻：无法完成的无产阶级化》，载于《中国左翼评论》2011年第4期。
[4] 潘泽泉：《国家调整农民工社会政策研究》，中国人民大学出版社2014年版，第123页。
[5] 《中共中央国务院关于促进农民增加收入若干政策的意见》（农民读本），人民出版社2004年版。

总的来看，从 1984 年国家放开农民进城的限制以来，虽然期间在政策上对农民进城的限制时紧时松，但总体趋势上还是一个由城乡分治到彼此间逐步放开、融合的过程。国家在制度上已经先后出台了许多针对农民工的保护与服务的政策规定，尽管这些政策由于城乡分割及地区分治的管理体制还没有根除很难发挥实际保障作用，但毕竟为农村劳动力移民提供了合法性的制度基础。

市民化的政治过程中的多元化与融合式发展阶段体现了新时代中国农业转移人口市民化进入科学规划阶段以有序推进中国农业转移人口市民化为特征，这一阶段体现了国家社会政策调整的科学性、长远性、系统性和战略性。基本特征表现为：政策调整趋势从控制策略到整合策略、国家与中国农业转移人口关系的升华、中国农业转移人口作为产业工人的主体、城乡一体化和城乡统筹、乡村振兴与城乡融合发展，国家制订的相关政策和措施，从战略发展高度赋予中国农业转移人口"产业工人""城市新市民"的地位。

二、中国农业转移人口市民化政治过程：中国经验与研究发现

在快速的制度转型过程中，中国农业转移人口在政治资本、社区参与、公共服务获得、政策诉求、社会保障与福利制度、劳动权益保障等方面呈现出新的趋势，其政治过程也面临着新的困境与挑战。

（一）市民化政治过程中的政治资本情况

如表 4-1 和表 4-2 所示，在"您在打工企业中参加了哪些组织？（多选题）"的问题中，有 30.8% 的人参加了工会，参加共青团、中共党组织和女职工委员会的依次为 12.2%、6.1% 和 2.1%。但是还有 56.6% 回答"都没有参加"。另外，在"您在务工所在地担任的职务？（多选题）"中，有 84.7% 的人没有担任任何职务，担任人大代表、政协委员等职的只有 2.6%，其他职位的为 12.7%。这些说明农业转移人口政治组织参与的程度比较低，政治参与的情况不是很乐观，政治资本缺乏。

表 4-1　　　　　关于政治组织参与情况的描述统计

题项	频数	响应百分比（%）	个案百分比（%）
打工企业参加组织——中共党组织	610	5.7	6.1
打工企业参加组织——工会	3 062	28.5	30.8

续表

题项	频数	响应百分比（%）	个案百分比（%）
打工企业参加组织——共青团	1 212	11.3	12.2
打工企业参加组织——女职工委员会	210	2.0	2.1
打工企业参加组织——都没有参加	5 640	52.5	56.6
总计	10 734	100.0	107.8

资料来源：课题组"城市流动人口（中国农业转移人口——农民工）三融入（融入企业、融入社区、融入学校）社会调查"数据。

表4-2　　　　　关于担任政治职务情况的统计描述

题项	频数	响应百分比（%）	个案百分比（%）
务工担任职务——政协委员	21	0.2	0.2
务工担任职务——党支部干部	67	0.7	0.7
务工担任职务——工会干部	135	1.3	1.4
务工担任职务——居委会干部	57	0.6	0.6
务工担任职务——协会理事	30	0.3	0.3
务工担任职务——其他	1 267	12.6	12.7
务工担任职务——没有	8 418	84.0	84.7
合计	10 018	100.0	100.8

资料来源：课题组"城市流动人口（中国农业转移人口——农民工）三融入（融入企业、融入社区、融入学校）社会调查"数据。

在"三融入"被调查的有效农业转移人口样本中，当被问及"是否知道单位有工会组织"时，66.9%的流动人口知道单位工会组织的存在；当被问及"所在工会是否能代表员工权益说话"时，45.7%的流动人口认为工会可以代表员工权益说话，当被问及"是否有通过工会组织来维护自己的权益"时，30.7%的流动人口认为有通过工会组织来维护自己的权益；在被问及"是否知道所在单位的工会主席"时，48.7%的流动人口知道自己所在单位的工会主席。在数据统计分析时，笔者将此4项进一步整合分析得出（详细数据见表4-3），农业转移人口对于工会的认知及了解程度依然有限，工会在农业转移人口身上发挥的作用依然有限。

表 4-3　关于农业转移人口对工会认知情况的统计描述

题项	频数	响应百分比（%）	个案百分比（%）
是否知道单位有工会组织	6 677	34.8	92.6
所在工会是否能代表员工权益说话	4 568	23.8	63.3
您是否有通过工会组织来维护自己的权益	3 062	16.0	42.5
您是否知道所在单位的工会主席	4 862	25.4	67.4
合计	19 169	100.0	265.8

资料来源：课题组"城市流动人口（中国农业转移人口——农民工）三融入（融入企业、融入社区、融入学校）社会调查"数据。

在"三融入"被调查的有效农业转移人口样本中，当被问及"是否了解职工代表大会制度"时，不足三成的流动人口（27.2%）了解职工代表大会制度；当被问及"是否了解集体合同"时，仅有 26.3% 的流动人口了解集体合同，当被问及"是否了解工资集体协商制度"时，超过两成（21.5%）的流动人口了解工资集体协商制度；在被问及"是否女职工专项集体合同"时，不足两成（14.4%）的流动人口了解女职工专项集体合同。在数据统计分析时，将此 4 项进一步整合分析得出（详细数据参见表 4-4 流动人口对集体维权的了解程度），流动人口对于集体维权的途径的认知及了解程度依然很低，尤其是对女职工专项集体合同的了解方面。详细数据见表 4-4。

表 4-4　关于外来流动人口对集体维权途径认识情况的统计描述

题项	频数	响应百分比（%）	个案百分比（%）
是否了解职工代表大会制度	2 717	30.4	27.2
是否了解集体合同签订	2 627	29.4	26.3
是否了解工资集体协商制度	2 143	24.0	21.5
是否了解女职工专项集体合同	1 442	16.1	14.4
合计	8 929	100.0	89.4

资料来源：课题组"城市流动人口（中国农业转移人口——农民工）三融入（融入企业、融入社区、融入学校）社会调查"数据。

从表 4-5~表 4-8 的统计结果可知，当前外来流动人口对于法律法规的了解程度依然很低，仅有 26.4% 的外来流动人口表示了解《中华人民共和国劳动法》（以下简称《劳动法》），25.8% 的外来流动人口表示了解《中华人民共和国劳动合同法》（以下简称《劳动合同法》），仅有 10.9% 的外来流动人口了解《中华人民共和国社会保险法》（以下简称《社会保险法》），13.9% 的外来流动人口了解《中华人民共和国工会法》（以下简称《工会法》）。以此可以看出，当前外来流动人口对于法律知识的欠缺，从而也折射出外来流动人口在当自己的合法权益受到侵害时只能做出"沉默式的抗辩"，而没有拿起法律的武器来维护自身的合法权益。

表 4-5　关于外来流动人口对《劳动法》的了解情况的统计描述

题项	频数	百分比（%）
了解	2 637	26.4
一般	4 958	49.6
不了解	2 377	23.8
合计	9 972	99.8

资料来源：课题组"城市流动人口（中国农业转移人口——农民工）三融入（融入企业、融入社区、融入学校）社会调查"数据。

表 4-6　关于外来流动人口对《劳动合同法》的了解情况的统计描述

题项	频数	百分比（%）
了解	2 575	25.8
一般	4 748	47.5
不了解	2 649	26.5
合计	9 972	99.8

资料来源：课题组"城市流动人口（中国农业转移人口——农民工）三融入（融入企业、融入社区、融入学校）社会调查"数据。

表 4-7　关于外来流动人口对《社会保险法》的了解情况的统计描述

题项	频数	百分比（%）
了解	1 084	10.9
一般	3 094	31.0
不了解	5 784	57.9
合计	9 962	99.7

资料来源：课题组"城市流动人口（中国农业转移人口——农民工）三融入（融入企业、融入社区、融入学校）社会调查"数据。

表4-8　关于外来流动人口对《工会法》的了解情况的统计描述

题项	频数	百分比（%）
了解	1 386	13.9
一般	3 674	36.8
不了解	4 893	49.0
合计	9 953	99.7

资料来源：课题组"城市流动人口（中国农业转移人口——农民工）三融入（融入企业、融入社区、融入学校）社会调查"数据。

（二）市民化政治过程中的社区参与情况

由相关调查的数据可知，没有参加任何社区活动的农业转移人口占比70.3%，说明农业转移人口参与社团相对匮乏，社会参与度低；在参加的社区活动中，参加社区组织的募捐活动的农业转移人口人数相对而言占比最多，为10.5%；其次是其他活动，为9.6%；参加社区居委会和各种娱乐活动的分别为8.3%和8.5%；参加社区工会的为3.8%；参加协会或理事会的最少，仅为0.6%。详细统计结果见表4-9。

表4-9　关于社区活动参与情况的描述统计

题项	频数	响应百分比（%）	个案百分比（%）
社区居委会	826	7.4	8.3
社区工会	381	3.4	3.8
协会或理事会	56	0.5	0.6
社区组织的募捐活动	1 039	9.4	10.5
社区各种娱乐活动	848	7.6	8.5
其他	958	8.6	9.6
都没有	6 981	63.0	70.3
总计	11 089	100.0	111.6

资料来源：课题组"城市流动人口（中国农业转移人口——农民工）三融入（融入企业、融入社区、融入学校）社会调查"数据。

由社区活动参与情况与被调查者年龄组的交叉统计结果可知，不同年龄阶段的农业转移人口参加的社区活动比例不同。参加社区居委会的农业转移人口中31~45岁群体占比例最高，参加社区工会的农业转移人口中31~45岁群体占比最高，参加协会或理事会的农业转移人口中18~30岁群体占比例最高，参加社区组织募捐活动的农业转移人口中 31～45 岁群体占比例最高,参加社区各种娱乐活动的农业转移人口中 18～30 岁群体占比例最高,未参加任何社区活动的农业转移人口中 18～30 岁群体占比最高。具体统计结果见表 4-10。

表 4-10　关于社区活动参与情况与年龄组的交叉统计

题项	18 岁以下	18～30 岁	31～45 岁	46～59 岁	60 岁及以上	总计
社区居委会	3	261	429	129	4	826
社区工会	3	155	185	37	1	381
协会或理事会	0	28	18	10	0	56
社区组织的募捐活动	5	418	491	124	1	1 039
社区各种娱乐活动	7	382	365	93	1	848
其他	15	491	329	120	3	958
都没有	46	3 383	2 769	743	39	6 980
总计	71	4 670	4 038	1 107	47	9 933

资料来源:课题组"城市流动人口(中国农业转移人口——农民工)三融入(融入企业、融入社区、融入学校)社会调查"数据。

由社区活动参与情况与被访者受教育程度的交叉统计结果可知,不同教育程度的农业转移人口参加的社区活动的比例也不一样。参加社区居委会、社区组织的募捐活动的比例最高的是初中文化程度的农业转移人口,参加社区工会的比例最高的是初中文化程度的农业转移人口,参加协会或理事会比例最高的是初中文化程度的农业转移人口,参加社区各种娱乐活动及其他活动比例最高的是初中文化程度的农业转移人口。具体数据见表 4-11。

表 4-11　关于社区活动参与情况与受教育程度的交叉统计

题项	文盲或识字很少	小学	初中	高中	中专或技校	大专	非全日制本科	总计
社区居委会	6	38	329	222	113	89	29	826
社区工会	6	39	126	90	48	55	17	381
协会或理事会	0	6	18	7	4	17	4	56
社区组织的募捐活动	7	46	383	265	159	143	36	1 039
社区各种娱乐活动	10	38	271	192	143	134	60	848

续表

题项	文盲或识字很少	小学	初中	高中	中专或技校	大专	非全日制本科	总计
其他	15	76	291	243	134	156	43	958
都没有	90	592	2 596	1 535	1 078	857	233	6 981
总计	123	779	3 602	2 271	1 529	1 279	351	9 934

资料来源：课题组"城市流动人口（中国农业转移人口——农民工）三融入（融入企业、融入社区、融入学校）社会调查"数据。

（三）市民化政治过程中的公共服务获得

由"三融入"调查数据可知，社区提供的公共服务项目中，没有享受到任何服务项目的农业转移人口占比67.9%，在享受到的公共服务项目中，享受到招工信息和就业服务的人数相对而言较多，社区占比10.2%，其次是享受到其他服务的占比10.1%，享受到职业技能培训的占8.7%，享受到社区免费医疗的仅占7.4%，享受到公租房、社区发放的救助款及农业转移人口子女服务分别占比3.6%、2%、3.4%。具体数据如表4-12所示。

表4-12　关于享受社区公共服务项目的描述统计

题项	频数	响应百分比（%）	个案百分比（%）
公租房	360	3.2	3.6
社区发放的救助款	202	1.8	2.0
农业转移人口子女服务	335	3.0	3.4
社区免费医疗服务	736	6.5	7.4
招工信息和就业服务	1 016	9.0	10.2
提供相应的职业技能培训	863	7.7	8.7
其他	1 001	8.9	10.1
没有	6 741	59.9	67.9
总计	11 254	100.0	113.3

资料来源：课题组"城市流动人口（中国农业转移人口——农民工）三融入（融入企业、融入社区、融入学校）社会调查"数据。

不同教育程度的农业转移人口在社区享受的公共服务项目不一样。享受到公租房、社区发放的救助款、农业转移人口子女服务比例最高的是文盲或识字很少的农业转移人口,享受到社区免费医疗服务的比例最高的是大专文化程度的农业转移人口,享受到招工信息和就业服务及其他服务比例最高的是非全日制本科的农业转移人口,没有享受到任何服务比例最高的是小学文化程度的农业转移人口。具体数据如表4-13所示。

表4-13　关于享受社区公共服务项目与受教育程度的交叉统计

题项	文盲或识字很少	小学	初中	高中	中专或技校	大专	非全日制本科	总计
公租房	6	27	145	69	55	43	15	360
社区发放的救助款	4	19	68	45	26	30	10	202
农业转移人口子女服务	7	36	146	64	28	46	8	335
社区免费医疗服务	11	40	269	167	101	117	31	736
招工信息和就业服务	12	55	320	225	154	189	61	1 016
提供相应的职业技能培训	5	57	278	203	145	150	25	863
其他	13	55	293	246	172	173	49	1 001
没有	85	561	2 506	1 529	1 045	792	223	6 741
总计	122	773	3 602	2 276	1 526	1 281	352	9 932

资料来源:课题组"城市流动人口(中国农业转移人口——农民工)三融入(融入企业、融入社区、融入学校)社会调查"数据。

在本项目的"三融入"调查中,9 987个有效调查对象中,约有40%共3 898人,有一个或一个以上的子女处于义务教育适龄范围之内。我们进一步调查发现,在这3 898人中有26.9%,即1 040人有两个或以上子女处于义务教育适龄范围内,参与该问题回答的3 898位农业转移人口有子女处于义务教育适龄阶段对应的有5 011个孩子。说明农业转移人口子女对于教育资源的需求较大。具体情况见表4-14。

表4-14　关于农业转移人口子女教育需求的统计描述

题项	频率	百分比(%)	有效百分比(%)	累积百分比(%)
有	3 898	39.0	39.0	39.0
没有	6 089	61.0	61.0	100.0
合计	9 987	100.0	100.0	

资料来源:课题组"城市流动人口(中国农业转移人口——农民工)三融入(融入企业、融入社区、融入学校)社会调查"数据。

进一步的调查显示，回答"正在务工地上学"与回答"有的在老家上学，有的在务工地上学"的农业转移人口家长分别为 46.3% 和 5.0%（见表 4-15）；跟随父母来务工地，在城市享受教育服务的农业转移人口子弟已经突破了 50%。

表 4-15　关于农业转移人口子女受教育情况的统计描述

题项	频率	百分比（%）	有效百分比（%）	累积百分比（%）
正在老家上学	1 660	42.6	42.6	42.6
正在务工地上学	1 805	46.3	46.3	88.9
有的在老家上学，有的在务工地上学	193	5.0	5.0	93.8
到了上学年龄，没有上学	30	0.8	0.8	94.6
读了小学和初中后，没再上学	54	1.4	1.4	96.0
小学和初中没读完，中途就不读了	32	0.8	0.8	96.8
其他	124	3.2	3.2	100.0
合计	3 898	100.0	100.0	

资料来源：课题组"城市流动人口（中国农业转移人口——农民工）三融入（融入企业、融入社区、融入学校）社会调查"数据。

通过进一步调查，我们注意到，城市就读民工子弟在公办学校就读率约为 74%（见表 4-16），另有约 20% 的就读于专门的务工子弟学校或民间办学的学校。民工子弟学校的教育质量还难以和普通公办学校一样得到保障，农业转移人口子女就学需求旺盛而涌现出办学质量良莠不齐的非法办学机构，私立学校入学要求高、程序复杂，一般农业转移人口子女很难进入。

表 4-16　关于农业转移人口子女在城市接受教育类型的统计描述

题项	频率	百分比（%）	有效百分比（%）	累积百分比（%）
普通公办学校	1 480	38.0	73.5	73.5
专门务工子弟公办学校	92	2.4	4.6	78.1
民办学校	335	8.6	16.6	94.7
其他学校	107	2.7	5.3	100.0
合计	2 014	51.7	100.0	

资料来源：课题组"城市流动人口（中国农业转移人口——农民工）三融入（融入企业、融入社区、融入学校）社会调查"数据。

本项目组关于"城市新市民（农业转移人口）城市融入问题研究"的调查结果表明，就地城镇化的农业转移人口也面临同样的问题。经由"是否赞同义务教育入学难"调查数据显示，在1 048个有效样本中，"非常赞同"的占7.2%，"赞同"的占52.2%，"不赞同"的占39.5%，"非常不赞同"的占1.1%（见表4-17）。

表4-17　关于安置民对子女义务教育获得评价的统计描述

题项	频数	百分比（%）	有效百分比（%）	累积百分比（%）
非常赞同	75	7.1	7.2	7.2
赞同	547	51.6	52.2	59.4
不赞同	414	39.1	39.5	98.9
非常不赞同	12	1.1	1.1	100.0
总计	1 048	98.9	100.0	

资料来源：课题组"城市化过程中城市新市民（中国农业转移人口——安置民）城市融入问题社会调查"数据。

数据分析结果表明，仍有超过一半的农业转移人口家庭面临子女义务教育入学难的困境。义务教育作为法律规定的每个公民的基本义务，也是每个公民的基本权利。在转移安置中，应当着力解决农业转移人口子女的入学问题，为其提供顺利接受义务教育的基本保障。

同时，经由"是否赞同中小学教育资源分配不均"调查数据显示，在1 052个有效样本中，选择"非常赞同"的占10.8%，"赞同"的占61.7%，"不赞同"的占27.0%，"非常不赞同"的占0.5%（见表4-18）。说明就地城镇化的农业转移人口中也存在严重的基础教育资源分布不均问题。

表4-18　关于安置民认为存在中小学教育资源分配不均情况的统计描述

题项	频数	百分比（%）	有效百分比（%）	累积百分比（%）
非常赞同	114	10.8	10.8	10.8
赞同	649	61.2	61.7	72.5
不赞同	284	26.8	27.0	99.5
非常不赞同	5	0.5	0.5	100.0
总计	1 052	99.2	100.0	

"三融入"的调查数据显示，农业转移人口了解小孩入学信息的首选方式是通过亲友介绍，约有40%；其次是通过实地去了解学校宣传栏上的入学指南，

约占 32%（见表 4-19），由此可见，农业转移人口对于子女就学资源信息的了解渠道十分狭窄，了解子女入学信息并不方便。而信息的不畅势必导致教育资源利用率低下。

表 4-19 关于农业转移人口子女教育信息获取方式的统计描述

题项	频率	百分比（%）	有效百分比（%）	累积百分比（%）
报纸电视等媒体	268	13.4	13.4	13.4
学校宣传栏	633	31.7	31.7	45.1
亲友介绍	787	39.4	39.4	84.5
其他	310	15.5	15.5	100.0
合计	1 998	100.0	100.0	

资料来源：课题组"城市流动人口（中国农业转移人口——农民工）三融入（融入企业、融入社区、融入学校）社会调查"数据。

对于农业转移人口子女入学途径的问题，通过调查我们发现，农业转移人口自己随意择校的方式是首要途径，抱着"能让自己的子女进学校，能塞进哪里就塞进哪里"的心态的家长不在少数。通过亲朋好友帮忙则成为第二种主要方式（见表 4-20），农业转移人口通过自己并不强健的人际关系为自己的后代寻求最好的教育资源，而社区、学校以及教育管理部门在这个问题上给农业转移人口提供的便利并没有起到主导作用。

表 4-20 关于农业转移人口子女入学方式的统计描述

题项	频率	百分比（%）	有效百分比（%）	累积百分比（%）
教育局安排	183	9.2	9.2	9.2
学校安排	306	15.3	15.3	24.5
社区或企业帮助	135	6.8	6.8	31.2
自己随意择校	781	39.1	39.1	70.3
亲戚朋友帮忙	508	25.4	25.4	95.7
其他	85	4.3	4.3	100.0
合计	1 998	100.0	100.0	

资料来源：课题组"城市流动人口（中国农业转移人口——农民工）三融入（融入企业、融入社区、融入学校）社会调查"数据。

通过我们的调查，农业转移人口子女入学需要的证件排在前三位的是户口簿、身份证、居住证（见表4-21）。子女入学需要而没有的证件排在前三位的依次是户口簿、居住证和社保证明（见表4-22）。显然，教育资源的分配依然存在一定的门槛。入学的户籍限制依然是农业转移人口子女就近入学的首要限制。

表4-21　关于农业转移人口子女入学所需证件的描述统计

题项	频数	响应百分比（%）	个案百分比（%）
居住证	667	16.9	33.6
劳动合同书	204	5.2	10.3
身份证	870	22.1	43.8
户口簿	1 648	41.9	82.9
租房合同	259	6.6	13.0
社会保险证明	132	3.4	6.6
其他	67	1.7	3.4
不需要	90	2.3	4.5
总计	3 937	100.0	198.0

资料来源：课题组"城市流动人口（中国农业转移人口——农民工）三融入（融入企业、融入社区、融入学校）社会调查"数据。

表4-22　关于农业转移人口子女入学所缺证件的描述统计

题项	频数	响应百分比（%）	个案百分比（%）
居住证	412	16.1	21.4
劳动合同书	209	8.2	10.8
身份证	223	8.7	11.6
户口簿	465	18.2	24.1
租房合同	194	7.6	10.1
社会保险证明	383	15.0	19.9
其他	667	26.1	34.6
总计	2 553	100.0	132.4

资料来源：课题组"城市流动人口（中国农业转移人口——农民工）三融入（融入企业、融入社区、融入学校）社会调查"数据。

进一步的研究发现，就读于公办学校的子女家长回答提供不了户口本的比例最低，就读于民办学校的孩子的家长在回答需要提供户口本却提供不了的比例最高（见表4-23、表4-24）。由此，我们可以得出结论，能否提供户口本对于孩子能否进入普通公办中学是有很大影响的，进入普通公办中学读书的孩子的家长能提供户口本的比例最高，而提供不了户口本的家长选择将子女送入民办学校的比例最高。制度性门槛是影响农业转移人口子女教育选择的关键因素。

表4-23　　需提供户口簿与子女就读学校类型的交叉统计

题项	普通公办学校	专门务工子弟公办学校	民办学校	其他学校	合计
否	231	20	61	30	342
是	1 241	69	269	69	1 648
总计	1 472	89	330	99	1 990

资料来源：课题组"城市流动人口（中国农业转移人口——农民工）三融入（融入企业、融入社区、融入学校）社会调查"数据。

表4-24　　缺户口簿与子女就读学校类型的交叉统计

题项	普通公办学校	专门务工子弟公办学校	民办学校	其他学校	合计
否	1 103	66	222	76	1 467
是	325	20	99	21	465
总计	1 428	86	321	97	1 932

资料来源：课题组"城市流动人口（中国农业转移人口——农民工）三融入（融入企业、融入社区、融入学校）社会调查"数据。

额外收费问题是外来务工人员在子女义务教育阶段非常关注的问题，入学额外收费问题背后的实质就是教育资源不足，学校通过设立收费门槛对不符合条件（主要是非本地户籍）的学生进行排斥并通过收费手段补贴其教育资源。调查中我们发现，就小孩入学是否需要交纳额外的费用这一问题，参与回答的1 998位受访者中有812人（即40.6%）表示需要额外交纳费用（见表4-25）。学校的性质与是否额外交纳费用之间有什么联系吗？通过绘制学校性质与是否需要额外交纳费用交叉控制表进行分析，可以得出结论。

表4-25　子女就读学校性质与缴纳额外费用的交叉统计

题项	不清楚	是	否	合计
普通公办学校	18	560	901	1 479
专门务工子弟公办学校	1	45	43	89
民办学校	3	155	173	331
其他学校	0	52	47	99
总计	22	812	1 164	1 998

资料来源：课题组"城市流动人口（中国农业转移人口——农民工）三融入（融入企业、融入社区、融入学校）社会调查"数据。

此次参与调查的1 474位子女就读于普通公办中学的农业转移人口家长当中有912人，占61.87%，回答没有额外收费。50.5%民工子弟学校学生父母回答没有额外收费，而民办学校这一数字则进一步下降到47.4%，这反映出政府对于普通公办教育领域的收费规范化的举措有一定成绩，也暴露出农业转移人口子弟专门学校以及民办学校的收费不规范以及背后的教育资源分配的不均现象。

除了存在一定准入性门槛，农业转移人口子女在城市就读还面临诸多困难，根据我们的调查统计得知，排在前四位的上学困难依次是：孩子无人接送照顾、学习费用太高、孩子学习压力大、学校距离远（见表4-26）。

表4-26　关于农业转移人口子女在城市上学所面临困难的描述统计

题项	频数	响应百分比（%）	个案百分比（%）
学校不好	173	5.0	8.7
学习费用太高	997	28.7	50.3
学校距离远	491	14.2	24.8
在学校受歧视	121	3.5	6.1
学习压力大	567	16.3	28.6
孩子无人接送照顾	951	27.4	48.0
其他	168	4.8	8.5
总计	3 468	100.0	174.9

资料来源：课题组"城市流动人口（中国农业转移人口——农民工）三融入（融入企业、融入社区、融入学校）社会调查"数据。

本课题组关于"城市新市民（农业转移人口）城市融入问题研究"的问卷调查也涉及了就地城镇化农业转移人口（安置民）的公共服务获得情况。经由"政府或社区是否提供相关服务"的调查数据显示，在提供的养老院或老年公寓、老年活动场所、医疗保健服务、心理健康服务、残疾人特殊照顾、儿童看护服务、文化教育服务、家政服务、信息中介服务九个方面的服务项目中，认为政府或社区提供了该服务项目的，在各自有效样本中各自占到55.80%、79.90%、67.80%、22.20%、32.30%、33.40%、50.80%、24.10%、28.50%，而在总的回答率上，各个服务项目分别占14.10%、20.20%、17.20%、5.60%、8.20%、8.50%、12.90%、6.10%、7.20%（见表4-27）。

表4-27　关于政府或社区公共服务提供的描述统计

题项	频数	响应百分比（%）	个案百分比（%）
政府或社区是否提供养老院或老年公寓	533	14.10	55.80
政府或社区是否提供老年活动场所	764	20.20	79.90
政府或社区是否提供医疗保健服务	648	17.20	67.80
政府或社区是否提供心理健康服务	212	5.60	22.20
政府或社区是否提供残疾人特殊照顾	309	8.20	32.30
政府或社区是否提供儿童看护服务	319	8.50	33.40
政府或社区是否提供文化教育服务	486	12.90	50.80
政府或社区是否提供家政服务	230	6.10	24.10
政府或社区是否提供信息中介服务	272	7.20	28.50
总计	3 773	100.00	394.70

资料来源：课题组"城市化过程中城市新市民（中国农业转移人口——安置民）城市融入问题社会调查"数据。

数据分析结果表明，有半数以上的农业转移人口认为政府或社区提供了养老院或老年公寓、老年活动场所、医疗保健服务、文化教育服务，这些服务主要是针对老年人健康与养老以及青少年文化教育，而对于心理健康服务、残疾人特殊照顾、儿童看护服务、家政服务与信息中介服务大致都只有两三成的农业转移人口认为政府或社区有提供。这说明了政府和社区的相关服务内容分布情况，在较少提供的服务内容方面，政府和社区可以借鉴并相应增大服务力度。随着人们生活水平的提高，人们的需求更加多元化。在人们有强烈需求服务项目时，有很多都没有提供。也就是说，在社会福利供给过程中，我们要逐渐将满足最低基本要求的目标向满足多元需求目标转变，同时要向高质量的服务迈进。

（四）市民化的政治过程中的政府与政策诉求

通过"您最希望政府和社会提供哪些帮助"的题项设置，可以了解农业转移人口的政府与政策诉求。"三融入"的数据表明,在政府和社会提供的帮助中,农业转移人口最希望得到的帮助是能够提高工资水平(71.6%),其次是享受同样的社会保险(50.8%),再次是提供廉租房(37%),提供职业技能培训(32%)、提供法律援助(26.4%)、子女能就近入学/入园(25.8%)、招工信息和就业服务(22%)、可以迁户口(17.8%)。不清楚自己最希望政府和社会提供哪些帮助的占比5.9%。具体数据统计结果见表4-28。

表4-28 关于农业转移人口政府与政策诉求的描述统计

题项	频数	响应百分比(%)	个案百分比(%)
可以迁户口	1 776	6.2	17.8
招工信息和就业服务	2 193	7.6	22.0
享受同样的社会保险	5 058	17.5	50.8
子女能就近入学/入园	2 574	8.9	25.8
提供职业技能培训	3 191	11.1	32.0
提高工资水平	7 132	24.7	71.6
提供廉租房	3 685	12.8	37.0
提供法律援助	2 632	9.1	26.4
不清楚	587	2.0	5.9
总计	28 828	100.0	289.4

资料来源:课题组"城市流动人口(中国农业转移人口——农民工)三融入(融入企业、融入社区、融入学校)社会调查"数据。

不同年龄阶段的农业转移人口最希望政府和社会提供的帮助是不一样的。其中,在所有的帮助中,选择可以迁户口、提供职业技能培训、提高工资水平、提供法律援助的比例相对较高的是18~30岁的农业转移人口,选择提供招工信息和就业服务、享受同样的社会保险的比例最高的是60岁及以上的农业转移人口,选择子女能就近入学/入园、提供廉租房比例最高的是31~45岁的农业转移人口,不清楚自己需要什么帮助的比例最高的是18~30岁的农民。具体统计数据见表4-29。

表4-29 关于政府与政策诉求与年龄组的交叉统计

题项	18岁以下	18~30岁	31~45岁	46~59岁	60岁及以上	总计
可以迁户口	4	881	686	198	7	1 776
招工信息和就业服务	11	1 186	807	177	12	2 193

续表

题项	18 岁以下	18~30 岁	31~45 岁	46~59 岁	60 岁及以上	总计
享受同样的社会保险	20	2 320	2 107	580	30	5 057
子女能就近入学/入园	3	1 142	1 263	163	2	2 573
提供职业技能培训	20	1 722	1 198	241	10	3 191
提高工资水平	42	3 539	2 794	726	30	7 131
提供廉租房	13	1 766	1 527	363	16	3 685
提供法律援助	11	1 337	1 030	242	12	2 632
不清楚	17	254	211	99	6	587
总计	69	4 680	4 053	1 112	47	9 961

资料来源：课题组"城市流动人口（中国农业转移人口——农民工）三融入（融入企业、融入社区、融入学校）社会调查"数据。

不同教育程度的农业转移人口最希望政府和社会提供的帮助是不一样的。其中，在所有的帮助中，选择可以迁户口、提供招工信息和就业服务、子女能就近入学/入园比例、提供廉租房最高、不清楚的是文盲或识字很少的农业转移人口，选择享受同样的社会保险、提高工资水平比例最高的是中专或技校的农业转移人口，选择提供职业技能培训、提供法律援助比例最高的是初中文化程度的农业转移人口。具体统计数据见表4-30。

表4-30　关于政府与政策诉求与受教育程度的交叉统计

题项	文盲或识字很少	小学	初中	高中	中专或技校	大专	非全日制本科	总计
可以迁户口	39	169	554	441	258	255	60	1 776
招工信息和就业服务	37	174	716	460	388	320	98	2 193
享受同样的社会保险	65	371	1 820	1 203	812	614	173	5 058
子女能就近入学/入园	39	214	856	626	394	335	110	2 574
提供职业技能培训	39	181	992	730	607	507	135	3 191
提高工资水平	80	519	2 521	1 631	1 175	951	255	7 132
提供廉租房	57	297	1 248	888	597	473	125	3 685
提供法律援助	34	184	846	591	477	390	110	2 632
不清楚	12	71	232	99	72	76	25	587
总计	123	777	3 615	2 278	1 535	1 282	352	9 962

资料来源：课题组"城市流动人口（中国农业转移人口——农民工）三融入（融入企业、融入社区、融入学校）社会调查"数据。

本课题组关于"城市新市民（农业转移人口）城市融入问题研究"的问卷调查也涉及了就地城镇化农业转移人口（安置民）的公共服务需求情况。经由"是否需要提供相关服务"的调查数据显示，在养老院或老年公寓、老年活动场所、医疗保健服务、心理健康服务、残疾人特殊照顾、儿童看护服务、文化教育服务、家政服务、信息中介服务九个方面的服务项目中，对各个服务内容的需求率分别达到了 89.10%、93.00%、96.60%、78.30%、86.60%、87.70%、90.20%、76.00%、80.60%，在总的回答率中，各项服务分别占总回答率的11.50%、12.00%、12.40%、10.10%、11.10%、11.30%、11.60%、9.80%、10.40%（见表4-31）。数据分析结果表明，农业转移人口对各项服务内容的需求量都比较大，并且对各项服务的需求程度的分布都比较均匀，这说明相较于现阶段政府或社区所提供的服务类型，农业转移人口对其他服务内容依旧有较高的需求，例如心理健康服务、残疾人特殊照顾、儿童看护服务、家政服务与信息中介服务，需要政府或社区加大其他服务内容的建设力度。

表4-31　　关于政府或社区公共服务提供的描述统计

题项	频数	响应百分比（%）	个案百分比（%）
是否需要该服务——养老院或老年公寓	935	11.50	89.10
是否需要该服务——老年活动场所	976	12.00	93.00
是否需要该服务——医疗保健服务	1 013	12.40	96.60
是否需要该服务——心理健康服务	821	10.10	78.30
是否需要该服务——残疾人特殊照顾	908	11.10	86.60
是否需要该服务——儿童看护服务	920	11.30	87.70
是否需要该服务——文化教育服务	946	11.60	90.20
是否需要该服务——家政服务	797	9.80	76.00
是否需要该服务——信息中介服务	846	10.40	80.60
总计	8 162	100.00	778.10

资料来源：课题组"城市化过程中城市新市民（中国农业转移人口——安置民）城市融入问题社会调查"数据。

经由"对目前这个安置社区的基础配套设施的满意程度"的调查数据显示，对各项基本配套设施的满意程度合计的个案百分比在非常满意、比较满意、一般、比较不满意和非常不满意上分别占 64.20%、387.40%、295.30%、127.40%、25.00%（见表4-32）。数据分析结果表明，大多数人对基础设施（水、电、天然气、电视网络、排水等）、社区内道路及照明系统、公共绿地、交通便捷度这几个项目还是相对满意的,比较满意程度以上的占比都超过50%。但是依然会有一些项目居民不太满意,比如安全保障系统和物业管理这两个项目,表示比较不满意和非常不满意的占26.4%、32.2%,居于不满意的榜首。这样的分析为安置社区的改进提供了方向,同时也为将来的安置社区建设提供了建议。

表4-32　关于安置民对社区基础配套设施满意度的描述统计　单位:%

题项	非常满意	比较满意	一般	比较不满意	非常不满意
基础设施(水、电、天然气、电视网络、排水等)	9.90	54.90	24.80	8.90	1.40
社区内道路及照明系统	9.30	53.10	27.70	8.20	1.60
公共绿地	7.00	47.70	32.10	11.10	2.00
医疗服务	5.20	39.00	37.30	16.40	2.10
生活服务	4.40	38.50	41.30	14.00	1.80
安全保障系统	4.70	35.60	33.20	22.50	3.90
物业管理	4.10	29.30	34.30	23.70	8.50
文化体育设施	5.10	35.20	41.50	15.90	2.20
交通便捷度	14.50	54.10	23.10	6.70	1.50
个案百分比合计	64.20	387.40	295.30	127.40	25.00

资料来源:课题组"城市化过程中城市新市民(中国农业转移人口——安置民)城市融入问题社会调查"数据。

经由"希望本社区提供服务"的调查数据显示,希望社区提供招工信息和就业服务、家政服务、幼儿教育、提供职业技能培训、养老服务、提供法律援助、卫生保健服务、残疾人帮扶服务和其他服务的个案百分比分别为35.60%、20.30%、35.30%、32.80%、65.00%、27.70%、53.50%、18.30%、2.20%,在总回答率中所占的百分比分别是12.20%、7.00%、12.10%、11.30%、22.40%、9.50%、18.40%、6.30%、0.80%(见表4-33)。数据分析结果表明,农业转移人口对社区提供的养老服务、卫生保健服务需求量最大,分别有65%和53.3%的农业转移人口对此有需求,其次就是招工信息和就业服务、幼儿教育和提供职业技能训练的服务。社区可根据该数据有针对性地增加农业转移人口所需要的服务内容。

表 4-33 关于安置民对社区公共服务需求的描述统计

公共服务	频数	响应百分比（%）	个案百分比（%）
招工信息和就业服务	367	12.20	35.60
家政服务	210	7.00	20.30
幼儿教育	364	12.10	35.30
提供职业技能培训	338	11.30	32.80
养老服务	671	22.40	65.00
提供法律援助	286	9.50	27.70
卫生保健服务	552	18.40	53.50
残疾人帮扶服务	189	6.30	18.30
其他	23	0.80	2.20
合计	3 000	100.00	290.70

资料来源：课题组"城市化过程中城市新市民（中国农业转移人口——安置民）城市融入问题社会调查"数据。

经由"现阶段的社会福利和公共服务是否存在城乡户籍的区别对待"的调查数据显示，在1053个有效样本中，有794人认为现阶段的社会福利和公共服务存在城乡户籍的区别对待，占75.4%，有258人认为现阶段的社会福利和公共服务不存在城乡户籍的区别对待，占24.5%（见表4-34）。

表 4-34 关于安置民对社会福利与公共服务城乡差别认知的描述统计

题项	频数	有效百分比（%）	累积百分比（%）
是	794	75.4	75.4
否	258	24.5	99.9
合计	1 053	100	

资料来源：课题组"城市化过程中城市新市民（中国农业转移人口——安置民）城市融入问题社会调查"数据。

数据分析结果表明，绝大部分的农业转移人口认为现阶段的社会福利和公共服务存在城乡户籍的区别对待，即他们认为城乡二元结构在社会福利与公共服务方面依旧十分明显，存在显著差距，这说明缩小城乡差距、改善农村的社会福利水平与公共服务质量是未竟的事业。

经由"目前户籍制度改革的推进满意度"的调查数据显示，在1 049个有效样本中，对目前户籍制度改革的推进满意度呈非常满意、比较满意、一般、比较不满意、非常不满意态度的分别占1.7%、27.9%、54.5%、14.3%、1.5%（见

表 4-35)。数据分析结果表明,对目前户籍制度改革的推进满意程度在一般满意以上的累积达到 84.2%,但呈一般满意态度的农业转移人口占到了一半以上,说明农业转移人口对目前户籍制度改革推进总体不褒不贬,改革有待进一步的推进。

表 4-35　关于安置民对户籍制度改革满意度的描述统计

题项	频数	有效百分比(%)	累积百分比(%)
非常满意	18	1.7	1.7
比较满意	293	27.9	29.6
一般	572	54.5	84.2
比较不满意	150	14.3	98.5
非常不满意	16	1.5	100
合计	1 049	100	

资料来源:课题组"城市化过程中城市新市民(中国农业转移人口——安置民)城市融入问题社会调查"数据。

(五) 市民化政治过程中的社会保障与福利制度

农业转移人口参加养老保险的情况是反映外来流动人员社会保障水平的一个重要指标。从表 4-35 以及表 4-36 中可以看出,在调查的样本中,有 39.8% 的农业转移人口享有企业职工养老保险,34.6% 的农业转移人口参加了农村社会养老保险,仅有 4.4% 的农业转移人口参加了商业养老保险,可以看出,还有 21.3% 的农业转移人口没有参加任何社会保险。当前,农业转移人口享有的社会保障水平总体有所提高,但是,在提高的同时可以看出,不同性别不同行业间的社会保障水平又存在重大差异;另外,很多农业转移人口都是享有单一的社会保障,社会保障水平还有待提高。

表 4-36　关于农业转移人口参加养老保险情况的描述统计

题项	频数	响应百分比(%)	个案百分比(%)
农村社会养老保险	3 846	34.6	38.8
商业养老保险	491	4.4	5.0
企业职工养老保险	4 422	39.8	44.6
都没有	2 365	21.3	23.8
总计	11 124	100.0	112.1

资料来源:课题组"城市流动人口(中国农业转移人口——农民工)三融入(融入企业、融入社区、融入学校)社会调查"数据。

从表 4-37 中可以看出，不同性别参加养老保险的水平基本没有显著差异，在参加农村社会养老保险方面，男性参与率为 40.5%，女性为 36.5%；在参加商业养老保险方面，男性参与率为 4.7%，而女性为 5.2%；在参加企业职工基本养老保险方面，男性为 45.1%，而女性为 44.0%，任何保险都没有参加的男性有 22.3%，而女性有 25.8%，稍高于男性。

表 4-37　　　　　　不同性别参加养老保险的交互分类

	项目	参加农村社会养老保险	参加商业养老保险	参加企业职工养老保险	都没有	总计
男性	人数	2 271	266	2 527	1 248	5 604
	占比（%）	40.5	4.7	45.1	22.3	
女性	人数	1 574	225	1 894	1 113	4 309
	占比（%）	36.5	5.2	44.0	25.8	
	总计	3 845	491	4 421	2 361	9 913

资料来源：课题组"城市流动人口（中国农业转移人口——农民工）三融入（融入企业、融入社区、融入学校）社会调查"数据。

从表 4-38 不同行业间参加养老保险的水平来看，各个行业间的差异性较大，农业转移人口的社会保障水平参差不齐。从行业差异来看，在做了加权处理后，建筑行业的农村社会养老保险参与率最高，达到 59.6%；其次是采矿业，达 49.0%，这说明参与农村社会养老保险多以第二产业中的建筑矿产类为主。在这两种行业中，外来流动人口多从事的是基本的建筑工和矿工等基础型工种，多以自己的劳力换取报酬。另一方面，这些行业缺乏稳定的生命保障，企业职工的福利较低，所以农业转移人口的社会养老保险参与率还是较高。而在企业职工基本养老保险参与方面，制造业和批发零售业的参与率较高，分别为 61.2% 和 53.1%，在制造业和批发零售业中，农业转移人口搬进厂里干活，企业职工的福利相对完善，生命安全也较建筑业和矿产行业安全，农业转移人口的企业职工养老保险参与率还是相对较高。从表 4-38 中可以看出，住宿餐饮业的社会养老保险参与率较低，在住宿餐饮业中，任何社会保险都没有参加的有 36.9%。表 4-38 反映出当前我国农业转移人口在不同行业间的社会养老保险参与结构不合理以及参与水平依然不高。

表 4-38　　　　　不同行业参加养老保险情况的交互分类

工作所属的行业		参加农村社会养老保险	参加商业养老保险	参加企业职工养老保险	都没有	总计
采矿业	人数	198	18	157	72	404
	占比（%）	49.0	4.5	38.9	17.8	
制造业	人数	1 159	149	2 086	571	3 406
	占比（%）	34.0	4.4	61.2	16.8	
建筑业	人数	901	66	237	404	1 513
	占比（%）	59.6	4.4	15.7	26.7	
住宿餐饮服务业	人数	670	90	536	660	1 791
	占比（%）	37.4	5.0	29.9	36.9	
批发零售业	人数	269	80	468	182	882
	占比（%）	30.5	9.1	53.1	20.6	
其他	人数	628	88	922	457	1 873
	占比（%）	33.5	4.7	49.2	24.4	
总计		3 825	491	4 406	2 346	9 869

资料来源：课题组"城市流动人口（中国农业转移人口——农民工）三融入（融入企业、融入社区、融入学校）社会调查"数据。

　　从表4-39中可以看出，农业转移人口未参加企业职工养老保险的原因是多种多样的，有客观的原因也有主观的原因。从样本调查以及样本统计来看，最主要的原因是单位没有给流动人口提供企业职工养老保险，占26.4%；其次是流动人口自身认为参保费用较高（22.8%），所以不愿意缴纳企业职工基本养老保险；同时还有22.0%的流动人口认为企业职工基本养老保险缴费年限太长，14.4%的流动人口怕届时不能兑现，另外还有21.7%的流动人口不愿意参保。从表4-39中可以看出，农业转移人口不参加企业职工基本养老保险的原因除了企业未提供外，更多还有自身原因，大多个体并未引起对养老保险的重视。从中国的传统价值理念和养老观念来看，农村养老基本还是依靠家庭，农民对政府和社会养老的认识还不够，致使在社会养老保险参与方面参保率不是特别高。

表 4-39　　　关于农业转移人口未参加企业职工基本
　　　　　　　　养老保险原因的描述统计

题项	频数	响应百分比（%）	个案百分比（%）
参保费用高	1 066	15.1	22.8
缴费年限长	1 029	14.5	22.0

续表

题项	频数	响应百分比（%）	个案百分比（%）
工作时间短	947	13.4	20.2
怕不兑现	672	9.5	14.4
不愿意	1 017	14.4	21.7
其他	476	6.7	10.2
总计	7 077	100.0	151.3

资料来源：课题组"城市流动人口（中国农业转移人口——农民工）三融入（融入企业、融入社区、融入学校）社会调查"数据。

农业转移人口参加医疗保险的情况是反映外来务工人员社会保障水平的另一个重要指标。从表4-40中可以看出，在调查的样本中，有35.0%的流动人口享有企业职工养老保险，有50.7%的流动人口参加了新型农村合作医疗保险，仅有4.1%的流动人口参加了商业医疗保险，还有10.2%的流动人口没有参加任何社会保险。当前，农业转移人口享有的社会医疗保障水平总体有所提高，尤其是在新型农村医疗合作方面，农业转移人口的参与率和参与积极性都较高。还有近一半的农业转移人口没有参与新型农村合作医疗，主要原因可能是：第一，农业转移人口外出务工，对于家乡的新农合政策不甚了解，所以没有缴纳新农合费用；第二，农业转移人口在务工的企业中享有了企业职工医疗保险，新型农村合作医疗（以下简称新农合）的参与率与参与积极性就降低了；第三，农业转移人口虽然还有农村户籍户口，但是生活在城市，医疗保障优越于农村，这也是致使农业转移人口新农合医疗保险参与率没有完全覆盖的一个重要原因。

表4-40　　关于农业转移人口参加医疗保险情况的描述性统计

题项	频数	响应百分比（%）	个案百分比（%）
新农合	5 829	50.7	58.6
商业医疗保险	475	4.1	4.8
企业职工医疗保险	4 016	35.0	40.4
都没有	1 170	10.2	11.8
总计	100.0	115.5	11 490.0

资料来源：课题组"城市流动人口（中国农业转移人口——农民工）三融入（融入企业、融入社区、融入学校）社会调查"数据。

从表 4-41 不同性别参加医疗保险的交互分类表来看，性别对于农业转移人口参加医疗保险没有显著差异，各项社会医疗保险的参与率都较同。在参加新农合方面，男性的参与率为 58.5%，女性为 58.6%；在参加商业医疗保险方面，男女农业转移人口的参与率都为 4.8%；而在参加企业职工医疗保险方面，男性的参与率稍高于女性，为 42.3%，女性的参与率为 37.8%。在调查统计中，笔者还发现，出现了这样一种现象，有的农业转移人口同时享有多种医疗保险（如：同时享有新型农村合作医疗保险和企业职工医疗保险），说明农业转移人口对于自身健康的一种重视程度，农业转移人口对于医疗保险的意识有重大的提高。但还应该看到还有一部分农业转移人口没有享有任何医疗保险，男性为 11.0%，女性为 12.7%。

表 4-41　　　　　　不同性别参加医疗保险的交互分类

性别		参加新农合	参加商业医疗保险	参加企业职工医疗保险	都没有	总计
男性	人数	3 297	268	2 384	621	5 632
	占比（%）	58.5	4.8	42.3	11.0	
女性	人数	2 526	207	1 631	549	4 313
	占比（%）	58.6	4.8	37.8	12.7	
总计		5 823	475	4 015	1 170	9 945

资料来源：课题组"城市流动人口（中国农业转移人口——农民工）三融入（融入企业、融入社区、融入学校）社会调查"数据。

从表 4-42 不同行业间参加医疗保险的交互分类来看，各个行业间的差异性较大，农业转移人口的社会医疗保障水平参差不齐。从行业差异来看，在做了加权处理后，建筑行业的新型农村合作医疗保险参与率最高，达到 76.2%，其次是采矿业达 67.1%，这说明参与农村社会医疗保险的多为第二产业中的建筑矿产类。这刚好与前面农业转移人口参加农村养老保险形成映衬。而在企业职工医疗保险参与方面，制造业和批发零售业的参与率较高，分别为 55.1% 和 49.4%，在制造业和批发零售业中，企业有着较为完善的福利措施制度，生命安全也较建筑业和矿产行业安全，农业转移人口的企业职工医疗保险参与率还是相对较高。从表 4-42 中可以看出，住宿餐饮业的社会医疗保险参与率较低，在住宿餐饮业中，任何社会医疗保险都没有参加的有 20.6%，反映出当前我国农业转移人口在不同行业间的社会医疗保险参与结构不合理以及参与水平依然不高。

表 4-42　　　　不同行业参加医疗保险情况的交互分类

工作所属的行业		参加新农合	参加商业医疗保险	参加企业职工医疗保险	都没有	总计
采矿业	人数	273	10	156	24	407
	占比（%）	67.1	2.5	38.3	5.9	
制造业	人数	1 844	145	1 878	263	3 411
	占比（%）	54.1	4.3	55.1	7.7	
建筑业	人数	1 165	57	250	172	1 528
	占比（%）	76.2	3.7	16.4	11.3	
住宿餐饮服务业	人数	1 047	99	430	369	1 790
	占比（%）	58.5	5.5	24.0	20.6	
批发零售业	人数	430	76	439	108	889
	占比（%）	48.4	8.5	49.4	12.1	
其他	人数	1 036	87	848	226	1 877
	占比（%）	55.2	4.6	45.2	12.0	

资料来源：课题组"城市流动人口（中国农业转移人口——农民工）三融入（融入企业、融入社区、融入学校）社会调查"数据。

从表 4-43 中可以看出农业转移人口未参加企业职工医疗保险的原因是多种多样的，有客观的原因也有主观的原因。从样本调查以及样本统计来看，最主要的原因是单位没有给农业转移人口提供企业职工医疗保险，占 37.4%；其次是农业转移人口自身认为报销手续繁杂（12.7%），所以不愿意缴纳企业职工医疗保险；同时还有部分农业转移人口认为企业职工医疗保险报销起点高（11.8%）、报销比例低（11.5%）、报销范围窄（10.2%）等。从以上统计结果可以看出，农业转移人口不参加企业职工基本养老保险的原因除了企业未提供外，更多还有自身原因，农业转移人口更多未能清楚地认识企业职工医疗保险的益处，也有可能农业转移人口自身认为自己的身体素质较好，所以没有必要缴纳医疗保险费用。

表 4-43　　关于农业转移人口未参加企业职工基本
医疗保险原因的描述统计

题项	频数	响应百分比（%）	个案百分比（%）
单位不给办	2 479	37.4	50.5
报销起点高	783	11.8	16.0

续表

题项	频数	响应百分比（%）	个案百分比（%）
报销比例低	766	11.5	15.6
报销范围窄	677	10.2	13.8
报销手续繁杂	842	12.7	17.2
不清楚	734	11.1	15.0
其他	352	5.3	7.2
总计	6 633	100.0	135.2

资料来源：课题组"城市流动人口（中国农业转移人口——农民工）三融入（融入企业、融入社区、融入学校）社会调查"数据。

农业转移人口在跨地市和换工作过程中中止缴纳社会保险是反映农业转移人口社会保障水平稳定性的一个重要指标。从样本统计来看，依然有19.8%的农业转移人口在跨地市换工作过程中出现了中止缴纳社会保险费用的情况，主要数据详见表4-44。

表4-44 关于农业转移人口中止缴纳社会保险情况的描述统计

题项	频数	百分比（%）	有效百分比（%）	累积百分比（%）
没有	8 014	80.2	80.2	80.2
有	1 973	19.8	19.8	100.0
总计	9 987	100.0	100.0	

资料来源：课题组"城市流动人口（中国农业转移人口——农民工）三融入（融入企业、融入社区、融入学校）社会调查"数据。

从农业转移人口中止缴纳社会保险费用的原因来看（见表4-45），有39.5%的流动人口认为办理手续难而中止继续缴纳社会保险费用，23.5%的流动人口主要是由于没有时间办理所以没有继续缴纳社会保险费用，还有11.5%的流动人口主要是由于当地政府不接受而导致没有继续再缴纳社会保险费用。从原因分析来看，农业转移人口中止缴纳社会保险费用的原因跟自己对社会保险的认识以及政府的办事有关，但更多的是来自自身对于社会保险的认识不够清晰，在跨地市换工作之后也就没有管社会保险方面的事情。另外可能有部分农业转移人口是由于从农村到城市务工之后，就中止缴纳了农村的养老保险或新型农村合作医疗保险等，而企业也未能给这批农业转移人口提供企业职工养老保险和企业职工医疗保险，以致农业转移人口中止了社会保险费用的缴纳。

表4-45　关于农业转移人口中止缴纳社会保险原因的描述统计

题项	频数	百分比（%）	有效百分比（%）	累积百分比（%）
当地政府不接收	228	2.3	11.5	11.5
办理手续难	780	7.8	39.5	51.0
没时间办理	465	4.7	23.5	74.6
其他	500	5.0	25.4	100.0
总计	1 975	19.8	100.0	

资料来源：课题组"城市流动人口（中国农业转移人口——农民工）三融入（融入企业、融入社区、融入学校）社会调查"数据。

从表4-46单位提供的社会保险及相关待遇来看，单位（企业）提供的保险主要有工伤保险、养老保险和医疗保险，分别为19.0%、16.6%和15.3%。而单位给农业转移人口提供的其他社会保险相关待遇较少，尤其是住房公积金，仅为6.2%，同时我们也应该看到，单位给女性农业转移人口提供的福利待遇还是较少的，水平还是较低的，在女职工卫生费方面仅有2.7%，而在妇科检查及两癌保险方面也只有3.3%，在产假的提供方面仅为6.3%，当然，这一数据与女性样本容量有很大关系，但是从总的保障水平来看，女性所享有的保险和单位所提供的相关待遇还是很低。

表4-46　关于单位提供福利待遇的描述性统计

题项	频数	响应百分比（%）	个案百分比（%）
企业职工基本养老保险	5 016	16.6	67.7
企业职工医疗保险	4 613	15.3	62.2
失业保险	3 885	12.9	52.4
工伤保险	5 733	19.0	77.4
生育保险	2 774	9.2	37.4
住房公积金	1 880	6.2	25.4
职业病检查	2 549	8.5	34.4
产假	1 886	6.3	25.4
妇科检查及两癌保险	1 004	3.3	13.5
女职工卫生费	801	2.7	10.8
总计	30 141	100.0	406.7

资料来源：课题组"城市流动人口（中国农业转移人口——农民工）三融入（融入企业、融入社区、融入学校）社会调查"数据。

在调查的农业转移人口样本中,当被问及"单位是否提供企业职工基本养老保险"时,只有一半的流动人口(50.2%)回答单位提供了养老保险,除去0.8%的流动人口没有回答之外,还有49.0%的流动人口回答单位并未提供养老保险。从此可以看出,单位给农业转移人口提供的企业职工基本养老保险水平还不是很高,近一半的农业转移人口并没有享受到企业所提供的福利待遇。详细数据见表4-47。

表4-47 关于单位是否提供企业职工基本养老保险的描述统计

题项	频数	百分比(%)	有效百分比(%)	累积百分比(%)
没有	5 016	50.2	50.6	50.6
有	4 893	49.0	49.4	100.0
总计	9 909	99.2	100.0	

资料来源:课题组"城市流动人口(中国农业转移人口——农民工)三融入(融入企业、融入社区、融入学校)社会调查"数据。

在调查的农业转移人口样本中,当被问及"单位是否提供企业职工医疗保险"时,不到一半(46.2%)回答单位并未提供企业职工医疗保险,除去0.8%没有回答之外,有超过一半(53.0%)回答单位提供了企业职工医疗保险。从此可以看出,单位给农业转移人口提供的企业职工医疗保险水平依然较低,超过一半的农业转移人口并没有享受到企业所提供的相关福利待遇。详细数据请见表4-48。

表4-48 关于单位是否提供企业职工医疗保险的描述统计

题项	频数	百分比(%)	有效百分比(%)	累积百分比(%)
没有	4 613	46.2	46.6	46.6
有	5 296	53.0	53.4	100.0
总计	9 909	99.2	100.0	

资料来源:课题组"城市流动人口(中国农业转移人口——农民工)三融入(融入企业、融入社区、融入学校)社会调查"数据。

在调查的有效问卷9 987个农业转移人口中,当被问及"最希望单位提供哪些保险或待遇"时,农业转移人口希望提供的保险或待遇多种多样,其对于住房公积金的提供呼声最高(25.8%)。进一步研究发现,许多农业转移人口在进城务工之后,为了给子女提供更好的教育环境,就打算继续留在城市,所以在被调查的农业转移人口中,有很多农业转移人口都有在城市购房的打算,但限于城市购房压力大的原因,所以农业转移人口最希望单位提供住房公积金以减轻购房压力;其次,流动人口进城以来慢慢适应了城市的生活方式,随着退耕还林和土地耕种的减少,部分个体也就没有了回农村的想法,从而也产生了购房的意愿;当然可能还有一个原因就是农业转移人口在享有基本的养老保险和社会保险之后,有着更高层次的需求。除此之外,农业转移人口还希望单位提供的保险或待遇有企业职工基本养老保险(19.2%)、企业职工医疗保险(17.8%)、失业保险(11.7%)等。详细数据请参见表4-49。

表4-49 关于农业转移人口最希望单位提供福利保障的描述性统计

题项	频数	百分比(%)	有效百分比(%)	累积百分比(%)
女职工卫生费	298	3.0	3.1	3.1
企业职工基本养老保险	1 913	19.2	19.8	22.9
企业职工医疗保险	1 778	17.8	18.4	41.3
失业保险	1 170	11.7	12.1	53.4
工伤保险	465	4.7	4.8	58.2
生育保险	228	2.3	2.4	60.5
住房公积金	2 575	25.8	26.6	87.2
职业病检查	763	7.6	7.9	95.1
产假	196	2.0	2.0	97.1
妇科检查及两癌保险	279	2.8	2.9	100.0
总计	9 665	96.8	100.0	

资料来源:课题组"城市流动人口(中国农业转移人口——农民工)三融入(融入企业、融入社区、融入学校)社会调查"数据。

在本项目组开展的"城市新市民(农业转移人口)市民化过程中的城市融入问题研究"的调查数据中,经由"享受最低生活保障金"的调查数据显示,在1 054个有效样本中,有96%的被调查者未享受最低生活保障金,为1 012人,仅有4%的被调查者享受了最低生活保障金,为42人(见表4-50)。

表4-50 关于安置民是否享受最低生活保障金的描述统计

题项	频数	有效百分比(%)	累积百分比(%)
是	42	4	4
否	1 012	96	100
合计	1 054	100	

资料来源:课题组"城市化过程中城市新市民(中国农业转移人口——安置民)城市融入问题社会调查"数据。

数据分析结果表明，农业转移人口中仅有极少的人拥有最低生活保障金，国家针对贫困人口的相应政策在农业转移人口中并未得到较好的落实，可能的原因在于农业转移人口并未了解到相应的政策安排等。

经由"目前的最低生活保障审核审批程序是否公开公平"的调查数据显示，在1 048个有效样本中，认为目前的最低生活保障审核审批程序并未公开公平的被调查者占到59%，为430人；认为目前的最低生活保障审核审批程序是公开公平的被调查者占到41%，为618人（见表4-51）。数据分析结果表明，有六成的被调查者认为最低生活保障审核审批过程并不是公开公平的，表明大部分农业转移人口对于政府相关制度安排的落实持有怀疑态度，政府应该更加重视提高自身公信力，扩大宣传力度，切实保证审核审批程序的公开公正，对行政过程中不公开公正的行为进行有效的督查监管。

表4-51　关于安置民对于目前的最低生活保障审核审批程序评价的描述统计

题项	频数	有效百分比（%）	累积百分比（%）
是	430	41	41
否	618	59	100
合计	1 048	100	

资料来源：课题组"城市化过程中城市新市民（中国农业转移人口——安置民）城市融入问题社会调查"数据。

经由"是否参加了该保险——医疗保险"的调查数据显示，在1 041个有效样本中，804名被调查者参加了医疗保险，占77.2%；237名被调查者未参加医疗保险，占22.8%（见表4-52）。数据分析结果表明，医疗保险在农业转移人口中的普及率总体上是比较高的，但仍有22.8%的未参加率，医疗保险作为"五险一金"中非常基础的一项，对降低与抵御健康风险有着重要的作用。

表4-52　关于安置民是否参加医疗保险的描述统计

题项	频数	有效百分比（%）	累积百分比（%）
是	804	77.2	77.2
否	237	22.8	100
合计	1 041	100	

资料来源：课题组"城市化过程中城市新市民（中国农业转移人口——安置民）城市融入问题社会调查"数据。

经由"参加医疗保险类型"的调查数据显示,在818个有效样本中,729名被调查者参加的是城乡居民医疗保险,占89.1%;89名被调查者参加的是职工基本医疗保险,占10.9%(见表4-53)。数据分析结果表明,大部分农业转移人口参加的是自行缴纳的城乡居民医疗保险,只有一成的被调查者参加了通过单位购买的职工医疗保险,表明大部分农业转移人口进城后获得的工作并不优质,仍旧需要自己为自己买保险。"城乡居民医疗保险"指一些地区率先将城镇居民医疗保险与新型农村合作医疗合并,推行统一的城乡居民医疗保险制度。"城镇职工医疗保险"指依法对城镇职工的基本医疗权利给予保障的社会医疗保险制度。

表4-53　关于安置民参加医疗保险类型的描述统计

题项	频数	有效百分比(%)	累积百分比(%)
城乡居民医疗保险	729	89.1	89.1
职工基本医疗保险	89	10.9	100
合计	818	100	

资料来源:课题组"城市化过程中城市新市民(中国农业转移人口——安置民)城市融入问题社会调查"数据。

经由"对医疗保险的满意程度"的调查数据显示,在821个有效样本中,非常满意、比较满意、一般满意、比较不满意、非常不满意的人群分别占7.3%、41.8%、35%、12.7%、3.3%(见表4-54)。数据分析结果表明,比较满意及以上的被调查者占到49.1%,一般满意及以上的被调查者占到84%,说明农业转移人口对医疗保险的满意程度总体来说是比较高的,但由于比较与非常不满意的人群依然存在,需要政府与有关部门进一步了解与改善。

表4-54　关于安置民对医疗保险满意度的描述统计

题项	频数	有效百分比(%)	累积百分比(%)
非常满意	60	7.3	7.3
比较满意	343	41.8	49.1
一般	287	35	84
比较不满意	104	12.7	96.7
非常不满意	27	3.3	100
合计	821	100	

资料来源:课题组"城市化过程中城市新市民(中国农业转移人口——安置民)城市融入问题社会调查"数据。

经由"参加医疗保险的个人缴费负担"的调查数据显示,在806个有效样本中,有227名被调查者认为医疗保险造成的个人缴费负担过重,占28.2%;有579名被调查者认为医疗保险并未造成个人缴费负担过重,占71.8%(见表4-55)。数据分析结果表明,有三成的农业转移人口认为医疗保险造成个人缴费负担过重,医疗保险作为基础福利部分,不应该造成个人缴费负担。

表4-55　关于安置民认为医疗保险个人缴费负担过重的描述统计

题项	频数	有效百分比(%)	累积百分比(%)
是	227	28.2	28.2
否	579	71.8	100
合计	806	100	

资料来源:课题组"城市化过程中城市新市民(中国农业转移人口——安置民)城市融入问题社会调查"数据。

经由"没有参加医疗保险的原因"的调查数据显示,在244个有效样本中,收入过低、报销额度小、单位不缴费、程序复杂、其他原因分别占43.9%、7.8%、7%、7.4%、34%(见表4-56)。数据分析结果表明,没有参加医疗保险的原因主要表现为经济方面原因,所以要提高农业转移人口的医疗保险参保率主要还是要改善其经济条件,或提高报销额度,增加单位福利。

表4-56　关于安置民没有参加医疗保险原因的描述统计

题项	频数	有效百分比(%)	累积百分比(%)
收入过低	107	43.9	43.9
报销额度小	19	7.8	51.6
单位不缴费	17	7	58.6
程序复杂	18	7.4	66
其他	83	34	100
合计	244	100	

资料来源:课题组"城市化过程中城市新市民(中国农业转移人口——安置民)城市融入问题社会调查"数据。

经由"是否参加了该保险——养老保险"的调查数据显示,在1 037个有效样本中,410名被调查者参加了医疗保险,占39.5%;627名被调查者未参加医疗保险,占60.5%(见表4-57)。数据分析结果表明,相比于医疗保险,参加了养老保险的农业转移人口比例大大降低了,只有将近四成的农业转移人口参加了养老保险。养老保险主要用于保障老年人的基本生活，如果有较多的农业转移人口没有参加养老保险，那其以后的养老负担就主要依靠子女与个人，增加了子女负担，加深了阶层固化。

表4-57　关于安置民是否参加医疗保险的描述统计

题项	频数	有效百分比（%）	累积百分比（%）
是	410	39.5	39.5
否	627	60.5	100
合计	1 037	100	

资料来源：课题组"城市化过程中城市新市民（中国农业转移人口——安置民）城市融入问题社会调查"数据。

经由"参加养老保险类型"的调查数据显示，在414个有效样本中，330名被调查者参加的是城乡居民基本养老保险，占79.1%；84名被调查者参加的是职工基本养老保险，占20.3%（见表4-58）。数据分析结果表明，绝大部分参保的农业转移人口参加的是城乡居民养老保险，只有两成的农业转移人口参加的是职工基本养老保险，这与农业转移人口所从事职业的单位类型有极大的关系。提供职工基本养老保险的单位往往福利待遇好，各方面资源比较丰富，农业转移人口往往接受过高质量教育，而对于大部分农业转移人口而言，他们从事的是城市中社会地位较低的职业，福利保障更加不完善。

表4-58　关于安置民参加养老保险类型的描述统计

题项	频数	有效百分比（%）	累积百分比（%）
城乡居民基本养老保险	330	79.7	79.7
职工基本养老保险	84	20.3	100
合计	414	100	

资料来源：课题组"城市化过程中城市新市民（中国农业转移人口——安置民）城市融入问题社会调查"数据。

经由"对养老保险满意程度"的调查数据显示，在427个有效样本中，对养老保险呈非常满意、比较满意、一般、比较不满意、非常不满意程度的分别占8%、43.3%、37%、10.5%、1.2%（见表4-59）。数据分析结果表明，比较满意及以上的被调查者占51.3%，一般满意及以上的被调查者占88.3%，说明农业转移人口对养老保险的满意程度总体来说是比较高的，但由于比较满意与非常不满意的人群依然存在，需要政府与有关部门进一步了解与改善。

表4-59　　关于安置民对养老保险满意度的描述统计

题项	频数	有效百分比（%）	累积百分比（%）
非常满意	34	8	8
比较满意	185	43.3	51.3
一般	158	37	88.3
比较不满意	45	10.5	98.8
非常不满意	5	1.2	100
合计	427	100	

资料来源：课题组"城市化过程中城市新市民（中国农业转移人口——安置民）城市融入问题社会调查"数据。

经由"参加养老保险的个人缴费负担是否过重"的调查数据显示，在423个有效样本中，认为参加养老保险的个人缴费负担过重的有128人，占30.3%；认为参加养老保险并没有造成个人缴费负担过重的有295人，占69.7%（见表4-60）。数据分析结果表明，有将近1/3的被调查者认为参加养老保险造成了个人缴费负担过重，说明要进一步普及养老保险的覆盖率，需要提高农业转移人口的经济实力，增加社会福利水平。

表4-60　　关于安置民认为养老保险个人缴费负担过重的描述统计

题项	频数	有效百分比（%）	累积百分比（%）
是	128	30.3	30.3
否	295	69.7	100
合计	423	100	

资料来源：课题组"城市化过程中城市新市民（中国农业转移人口——安置民）城市融入问题社会调查"数据。

经由"没有参加养老保险的原因"的调查数据显示，在607个有效样本中，由于收入过低、报销额度小、单位不缴费、程序复杂、其他原因没有参加的分别占30.3%、5.3%、7.4%、7.1%、49.9%（见表4-61）。数据分析结果表明，有将近1/3农业转移人口没有参加养老保险的原因在于自己的收入过低，无力负担养老保险费用，这说明虽然社会养老已成为养老的重要方式，但是对于农业转移人口而言，较低的收入水平使得大部分人依旧无法享受该项社会福利。

表4-61　关于安置民没有参加养老保险原因的描述统计

题项	频数	有效百分比（%）	累积百分比（%）
收入过低	61 184	30.3	30.3
报销额度小	32	5.3	35.6
单位不缴费	45	7.4	43
程序复杂	43	7.1	50.1
其他	303	49.9	100
合计	607	100	

资料来源：课题组"城市化过程中城市新市民（中国农业转移人口——安置民）城市融入问题社会调查"数据。

由于种种原因，导致安置民的养老保险参与率较低。但是，在目前中国老龄化的背景下，养老保险是老年人的基本保障之一，没有养老保险就意味着年老以后没有生活来源。这是亟待解决的问题。

（六）市民化政治过程中的劳动权益保障

在被调查的9 987个有效的农业转移人口样本中，当被问及"近一年来是否有过劳动权益受到侵害"的经历时，有16.1%的农业转移人口回答有过劳动权益受到侵害的经历，83.9%的农业转移人口回答近一年来没有过劳动权益受到侵害的经历。具体统计数据见表4-62。

表4-62　关于劳动权益受到侵害经历的描述统计

题项	频数	百分比（%）	有效百分比（%）	累积百分比（%）
没有	8 378	83.9	83.9	83.9
有	1 609	16.1	16.1	100.0
总计	9 987	100.0	100.0	

资料来源：课题组"城市流动人口（中国农业转移人口——农民工）三融入（融入企业、融入社区、融入学校）社会调查"数据。

对于近一年有过劳动权益受侵害经历的农业转移人口，我们的调查继续追问了这些农业转移人口在自身劳动权益受到侵害时所采取的方式与措施。研究发现，有27.6%的被调查者选择通过协商解决，有10.8%的被调查者选择了请劳动保障监察部门处理，9.2%的被调查者选择通过上访或集体停工来争取自己的正当劳动权益。但还有更多的被调查者（35.9%）在自己的劳动权益受到侵害之后选择了"自己忍了"这个选项。具体统计数据结果见表 4-63。

表 4-63　　关于农业转移人口维权方式的描述性统计

题项	频数	响应百分比（%）	个案百分比（%）
协商解决	622	27.6	38.4
工会裁决	167	7.4	10.3
请劳动保障监察部门处理	244	10.8	15.1
仲裁和上诉	56	2.5	3.5
上访或集体停工	206	9.2	12.7
向媒体反映	89	4.0	5.5
自己忍了	809	35.9	49.9
其他	58	2.6	3.6
总计	2 251	100.0	139.0

资料来源：课题组"城市流动人口（中国农业转移人口——农民工）三融入（融入企业、融入社区、融入学校）社会调查"数据。

关于农业转移人口的权益侵害内容，在调查统计的 9 987 个有效农业转移人口样本中，当被问及"哪项合法权益最容易受到侵害时"，30.4% 的被调查者认为工资收入最容易受到侵害，其次为休息休假（15.8%），再次为社会保险权利（11.4%），9.1% 的被调查者认为安全健康容易受到侵害，另外还有 19.2% 的被调查者认为没有哪项合法权益会受到侵害。详细数据见表 4-64。

表 4-64　　关于农业转移人口最容易受到侵害的
合法权益的描述性统计

题项	频数	百分比（%）	有效百分比（%）	累积百分比（%）
就业	597	6.0	6.0	6.0
社会保险	1 142	11.4	11.4	17.4
工资收入	3 037	30.4	30.4	47.8
休息休假	1 573	15.8	15.8	63.6
安全健康	910	9.1	9.1	72.7
女职工特殊权益	475	4.8	4.8	77.4
民主权利	332	3.3	3.3	80.8
没有	1 921	19.2	19.2	100.0
总计	9 987	100.0	100.0	

资料来源：课题组"城市流动人口（中国农业转移人口——农民工）三融入（融入企业、融入社区、融入学校）社会调查"数据。

本课题关于"城市新市民（农业转移人口）城市融入问题研究"的实证研究也涉及了就地城镇化农业转移人口（安置民）的权益保障问题。经由"易受到侵害的合法权益"的调查数据显示，认为受到侵害的被调查者占到66.8%，没有受到侵害的被调查者占到33.2%，就业、社会保险、工资收入、休息休假、安全健康、女职工特殊权益、民主权利、其他方面八个侵害类型及没有受到侵害的类型在各自有效样本中分别占15.30%、19.90%、17.40%、12.80%、20.00%、8.60%、8.50%、0.70%、51.30%，而各自在总回答率中所占的比重分别为9.90%、12.90%、11.30%、8.30%、12.90%、5.60%、5.50%、0.40%、33.20%（见表4-65）。

表4-65　关于安置民认为养老保险个人缴费负担过重的描述统计

题项	频数	响应百分比（%）	个案百分比（%）
您觉得下列哪些合法权益易受到侵害——就业	160	9.90	15.30
您觉得下列哪些合法权益易受到侵害——社会保险	208	12.90	19.90
您觉得下列哪些合法权益易受到侵害——工资收入	182	11.30	17.40
您觉得下列哪些合法权益易受到侵害——休息休假	134	8.30	12.80
您觉得下列哪些合法权益易受到侵害——安全健康	209	12.90	20.00
您觉得下列哪些合法权益易受到侵害——女职工特殊权益	90	5.60	8.60
您觉得下列哪些合法权益易受到侵害——民主权利	89	5.50	8.50
您觉得下列哪些合法权益易受到侵害——其他	7	0.40	0.70
您觉得下列哪些合法权益易受到侵害——没有	536	33.20	51.30
总计	1 615	100.00	154.50

资料来源：课题组"城市化过程中城市新市民（中国农业转移人口——安置民）城市融入问题社会调查"数据。

数据分析结果表明，就个案百分比而言，有一半的农业转移人口认为自己的合法权益并未受到侵害，说明有一半的被调查者认为自己不同类型的合法权益受到了侵害，根据响应百分比，可以看出社会保险、安全健康和工资收入这三方面合法权益受到的侵害是最为严重的，其次就是就业和休息休假。

从马斯洛（Maslow）需求层次理论角度看，农业转移人口认为自己受到侵害的部分主要是需求层次的较低层次，主要集中在生理健康与物质资源方面，而对于较高层次体现尊严与自我实现的女职工特殊权益、民主权利，农业转移人口认为受侵害的程度相对小，这与该人群所处的社会经济地位密切相关。

经由"是否有过某些权益受到侵害的经历"的调查数据显示，在 1 024 个有效样本中，有 905 名被调查者认为自己并没有受到过前文所述的权益侵害，占 88.4%；有 119 名被调查者认为自己受到了前文所述的有关权益的侵害，占 11.6%（见表 4-66）。数据分析结果表明，将近九成的农业转移人口认为自己的合法权益没有受到侵害，这说明农业转移人口的合法权益得到了较好的维护和保障。

表 4-66   关于安置民权益侵害经历的描述统计

题项	频数	有效百分比（%）	累积百分比（%）
有	119	11.6	11.6
没有	905	88.4	100
合计	1 024	100	

资料来源：课题组"城市化过程中城市新市民（中国农业转移人口——安置民）城市融入问题社会调查"数据。

经由"权益受到侵害时，是否进行过投诉"的调查数据显示，在 233 个有效样本中，有 169 名被调查者没有进行过投诉，占到 72.5%，有 64 名被调查者进行过投诉，占到 27.5%（见表 4-67）。数据分析结果表明，没有进行过投诉的人群占到了七成，而且相较于有过合法权益受侵害经历的人数 119 人，只有 64 人进行了投诉，只达到了一半，说明当权益受到侵害时，农业转移人口的维权意识并不足够强烈，需要进一步宣传农业转移人口的合法权益内容，提供维权渠道，唤醒维权意识，保护合法权益。

表 4-67   关于安置民制度化维权的描述统计

题项	频数	有效百分比（%）	累积百分比（%）
没有	169	72.5	72.5
有	64	27.5	100
合计	233	100	

资料来源：课题组"城市化过程中城市新市民（中国农业转移人口——安置民）城市融入问题社会调查"数据。

经由"权益受到侵害时，进行投诉的部门"的调查数据显示，向劳动局、工会、当地政府、卫生部门、公安司法机构、信访办、媒体、其他部门投诉的在个案中分别占 29.40%、11.80%、73.50%、1.50%、11.80%、39.70%、5.90%、

8.80%，而在总回答率中分别占 16.10%、6.50%、40.30%、0.80%、6.50%、21.80%、3.20%、4.80%（见表4-68）。数据分析结果表明，绝大多数农业转移人口是向当地政府进行投诉，被调查者中有高达73.5%的人有过向当地政府投诉的经历，其次是信访办和劳动局，分别达39.7%和29.4%，在总回答率中，这三个部门被投诉的比例也是前三项，说明政府、信访办和劳动局是处理农业转移人口权益侵害时的主要求助部门，并且农业转移人口向媒体投诉的比例较低，说明当前政府及各办事部门向农业转移人口提供了较为充分的投诉渠道。

表4-68　　　　　关于安置民维权渠道的描述统计

题项	频数	响应百分比（%）	个案百分比（%）
您进行投诉的部门是——劳动局	20	16.10	29.40
您进行投诉的部门是——工会	8	6.50	11.80
您进行投诉的部门是——当地政府	50	40.30	73.50
您进行投诉的部门是——卫生部门	1	0.80	1.50
您进行投诉的部门是——公安司法机构	8	6.50	11.80
您进行投诉的部门是——信访办	27	21.80	39.70
您进行投诉的部门是——媒体	4	3.20	5.90
您进行投诉的部门是——其他	6	4.80	8.80
合计	124	100.00	182.40

资料来源：课题组"城市化过程中城市新市民（中国农业转移人口——安置民）城市融入问题社会调查"数据。

经由"权益受到侵害时，选择的投诉方式"的调查数据显示，以求助社会媒体，信访，政府求助热线，通过书信、电子邮件向政府有关部门反映问题，提起诉讼、运用法律手段，居委会协商解决，暴力解决，不采取任何措施或其他的提起诉讼方式在个案中分别占 4.40%、35.30%、33.80%、32.40%、26.50%、35.30%、1.50%、2.90%、5.90%，在总的回答率中分别占 2.50%、19.80%、19.00%、18.20%、14.90%、19.80%、0.80%、1.70%、3.30%（见表4-69）。数据分析结果表明，农业转移人口的主要投诉方式以信访，居委会协商解决，政府求助热线，通过书信、电子邮件向政府有关部门反映问题和提起诉讼，运用法律手段五种方式解决，主要特点是通过政府及各部门提供的正规渠道表达自己的意愿，采取暴力解决的方式的人极少，而且极少有被调查者会不采取任何措施，说明该人群维权意识较强。

表4-69　　　　　关于安置民维权方式的描述统计

题项	频数	响应百分比（%）	个案百分比（%）
您选择的投诉方式——求助社会媒体	3	2.50	4.40
您选择的投诉方式——信访	24	19.80	35.30
您选择的投诉方式——政府求助热线	23	19.00	33.80
您选择的投诉方式——通过书信、电子邮件向政府有关部门反映问题	22	18.20	32.40
您选择的投诉方式——提起诉讼、运用法律手段	18	14.90	26.50
您选择的投诉方式——居委会协商解决	24	19.80	35.30
您选择的投诉方式——暴力解决	1	0.80	1.50
您选择的投诉方式——不采取任何措施	2	1.70	2.90
您选择的投诉方式——其他	4	3.30	5.90
合计	121	100.00	177.90

资料来源：课题组"城市化过程中城市新市民（中国农业转移人口——安置民）城市融入问题社会调查"数据。

经由"有关部门对投诉的受理情况"的调查数据显示，在68个有效样本中，"根本不受理""受理了，却没有了下文""受理了，并且有处理结果"三种情况分别占11.8%、36.8%和51.5%（见表4-70）。数据分析结果表明，政府及有关部门作为为人民服务各项事宜的机构，应该对受理的投诉认真对待，但根据调查数据有将近50%的投诉受理是根本不受理或者受理了，却没有了下文，这说明了政府及有关部门尽管提供了正规的投诉渠道，但是接收投诉的应对措施与态度需要大幅度改善，只有将受理的投诉切实落到实处，才能从真正意义上改善农业转移人口遇到的困境。

表4-70　　　　　关于安置民维权受理情况的描述统计

题项	频数	有效百分比（%）	累积百分比（%）
根本不受理	8	11.8	11.8
受理了，却没有了下文	25	36.8	48.5
受理了，并且有处理结果	35	51.5	100
合计	68	100	

资料来源：课题组"城市化过程中城市新市民（中国农业转移人口——安置民）城市融入问题社会调查"数据。

经由"对投诉的处理结果的满意度"的调查数据显示，在 68 个有效样本中，很满意、基本满意、一般、不满意、很不满意的被调查者分别占 1.5%、27.9%、22.1%、27.9%、20.6%（见表 4-71）。数据分析结果表明，对投诉处理结果满意度在一般满意以下的占到了 70.6%，说明大部分进行投诉的农业转移人口对投诉部门的处理结果并不满意，说明政府十分有必要提高在投诉受理方面的工作能力，否则，为农业转移人口提供的投诉渠道的效力会降低，失去政府及有关部门的公信力。

表 4-71　　关于安置民对维权结果满意度的描述统计

题项	频数	有效百分比（%）	累积百分比（%）
很满意	1	1.5	1.5
基本满意	19	27.9	29.4
一般	15	22.1	51.5
不满意	19	27.9	79.4
很不满意	14	20.6	100
合计	68	100	

资料来源：课题组"城市化过程中城市新市民（中国农业转移人口——安置民）城市融入问题社会调查"数据。

经由"受过权益侵害而没有投诉的原因"的调查数据显示，在 338 个有效样本中，不知道可以投诉、不知道去哪儿投诉、怕被报复、反正也没有用、问题不严重以及其他情况的个案百分比分别是 11.00%、28.90%、15.60%、48.60%、47.20%、3.70%，而在总回答率中以上六种原因分别占 7.10%、18.60%、10.10%、31.40%、30.50%、2.40%（见表 4-72）。数据分析结果表明，在被调查人群中，有 48.6% 的被调查者认为权益受到侵害去投诉是没有用的，而且有 15.60% 的被调查者怕被报复，这反映了农业转移人口对政府及有关部门的信任度较低；有 47.2% 的被调查者认为权益侵害的问题不严重而选择不投诉，反映了农业转移人口的维权意识不强；不知道可以投诉、不知道去哪儿投诉的人群分别占 11.00%、28.90%，反映了农业转移人口对相关的权益维护并不了解，需要加大宣传力度，进一步普及。

表 4-72　　关于安置民不维权原因的描述统计

题项	频数	响应百分比（%）	个案百分比（%）
不知道可以投诉	24	7.10	11.00
不知道去哪儿投诉	63	18.60	28.90

续表

题项	频数	响应百分比（%）	个案百分比（%）
怕被报复	34	10.10	15.60
反正也没有用	106	31.40	48.60
问题不严重	103	30.50	47.20
其他	8	2.40	3.70
合计	338	100.00	155.00

资料来源：课题组"城市化过程中城市新市民（中国农业转移人口——安置民）城市融入问题社会调查"数据。

第三节 市民化的政治实践：实践过程和反思性知识

中国农业转移人口市民化过程中的政治实践既包括政治实践的过程性知识和反思性实践，又包括政治实践过程、机制和动力以及制度转型话语。

一、中国农业转移人口市民化：基于政治过程的反思性实践

我国城镇化发展历程中对农业转移人口的身份界定（主要包括"流动人口""农民工""流动劳动力"等）具有政治上的工具意义。经由这种人为的话语建构，长期以来我国对于农业转移人口的理解都被限定在"流动"而非"移民"的实践框架内，具体政策与制度的出发点和落脚点放置于"外来"与"流动"上，治理模式也侧重于管控而非服务，深刻地体现为"流动的政治"。[1] 经由制度排斥的宏观强制作用，我国"半城市化"的社会结构不断固化并自我复制，[2] 同时存在农民工子女教育的阶层再生产倾向。[3]

转型期的中国公民权是以二元社会结构和户籍制度作为基础的，位于其上的

---

[1] 秦阿琳：《从"流动政治"到"移民政治"——农民工城市融入的代际变迁》，载于《中国青年研究》2013年第8期。

[2] 王春光：《农村流动人口的"半城市化"问题研究》，载于《社会学研究》2006年第5期。

[3] 熊易寒：《底层、学校与阶级再生产》，载于《开放时代》2010年第1期；周潇：《反学校文化与阶级再生产："小子"与"子弟"之比较》，载于《社会》2011年第5期。

公民权是一种"地方性的公民权"(local citizenship),[①] 其实质是,公民的权利是在地方层面而非国家层面得到配置和实现。研究者同时认为,户籍制度同劳动力控制机制的紧密结合形成一种权力形态,在深化对农民工的剥削(利用农村的自给自足经济压低劳动力再生产费用)的同时也在模糊农民工的身份认同。[②] 对影响劳动力流动的正式制度的研究,随着城乡行政壁垒逐渐瓦解,也从过去对产生负福利的隔离制度的批判,转向对完整公民权利的制度保障的关注,意在推进公共福利的均等化。

农业转移人口市民化研究的阶级分析视角反思占据中国转型社会研究主流的阶层分析视角,认为其否认资本主义生产关系中的"内在对立的结构性因素",主张"只有将处于失语、错位和扭曲的阶级话语拯救出来,才能够直面和回应产生利益对立、制造社会不公的结构性根源"。[③]

二、中国农业转移人口市民化:国家行动、制度推进与转型发展

在国家非均衡发展的战略背景下,政策与资本共同形塑着中国农业转移人口的生产体制与劳动过程,建构着市民化进程中的政治实践。虽然兼业化是中国农民维持生计的惯常策略,但是大规模农民工流动并非自发的过程。农村劳动力转移从"离土不离乡"变为"离土又离乡",是国家发展战略从本地工业化的均衡发展向沿海优先的非均衡发展转变的结果。而维持农民工的流动与半工半耕、"半城市化"的状态,也是国家和资本为保持劳动力集中、廉价且驯服的竞争优势的共同需求。因此,农民工流动受到国家各种政策、法规、管制的推动与引导,也被资本通过建构生产体制和控制劳动过程维持,很大程度上是制度、权力、生产关系塑造的结果。在发展主义和城市化的话语霸权下,新生代农民外出务工换取的收入不再是投入家乡的农村建设与农业生产,而是积攒起来作为逃离农村进入城市的资金储备。除了全球化因素,一些非政府因素也成为推动制度变迁的一个重要力量,其中有非政府组织(包括农民工自组织)、社会媒体、学者与公共舆论等。

当前的户籍改革进程仍然受到国家发展的逻辑支配,市民化的政治过程仍然面临政府行动逻辑与制度结构的阻碍。据农村政策问题研究专家温铁军透露,

---

① Xiong Yihan. Challenges of "Semi-Urbanization" to Village Democracy in China [J]. *Fudan Journal of the Humanities and Social Sciences*, 2012 (1): 29–50.
② 潘毅:《阶级的失语与发声——中国打工妹研究的一种理论视角》,载于《开放时代》2005年第2期。
③ 刘剑:《把阶级分析带回来——〈大工地:城市建筑工人的生存图景〉评述》,载于《开放时代》2011年第1期。

1993年时，公安部曾经起草过户籍制度改革的文件，准备按照职业和居住地来建立户籍管理制度，但 1994~1995 年，我国宏观经济环境发生变化，通货膨胀高涨，导致政府不得不在 1995~1997 年再次采用传统的手段进行宏观"治理整顿"。再加上在征求意见时，各部委和地方政府大都反对现在就实施户籍制度改革，使得本来已经起草好的户籍改革文件被搁置了。① 这反映出国家政策制定的权宜性，背后是国家发展的主导性逻辑。地方政府基于功利主义和地方保护主义的行动逻辑，导致选择性的农业转移人口吸纳政策，青睐高素质、技能型的流动人口，而排斥低技能、纯体力型的流动人口，经济效益成为地方政府制定市民化政策的主要依据和指针。农业转移人口的诉求推动，20 世纪占主导性地位的歧视性政策与制度设置，使老一代农民工围绕"流动权"进行了长期抗争，推动了城市管理体制和政策制度的松动和转型，新生代农民工对待歧视性和限制性的政策表现出更多的质疑和抗拒。②

经由国家行动和制度推进，国家户籍制度改革、大中小城市的发展战略和国家推进城镇化战略构成了有序推进农业转移人口市民化的战略背景和制度条件。具体表现在中国经济发展产业结构梯度转移和产业结构升级对农业人口市民化的影响；新型城镇化与农业转移人口市民化、城乡一体化与农业转移人口市民化、公民权与农业转移人口市民化；表现在社会转型、结构性调整与农业转移人口市民化等理论问题；新型城镇化与农业转移人口市民化的理论突破、城乡一体化与农业转移人口市民化城乡协同创新的理论支撑、社会转型语境中农业转移人口市民化的重新定位；现代化、新型城镇化行动中的市民化战略调整等。

党的十八大报告指出，要"加快改革户籍制度，有序推进农业转移人口市民化"。中国特色社会主义，是要消除身份歧视，而不是固化甚至强化。一个对社会有巨大贡献的社会存在的群体的基本利益，也是社会整体利益不可或缺的重要部分。身份歧视对没有市民身份的这一巨大的社会弱势群体造成的心理扭曲、生理伤害、生存压力和话语缺失，不可能使之成为社会正能量。从某种角度上讲，市民化的社会收益，甚至要高于经济收益。以二元户籍制度的突破为契机，形成良性的连锁变革机制和联动效应，以最终建立城乡居民平等的一元制度体系。以新型工业化为动力，以统筹兼顾为原则，推动城市现代化、城市集群化、城市生态化、农村城镇化，全面提升城镇化质量和水平，走科学发展、集约高效、功能完善、环境友好、社会和谐、个性鲜明、城乡一体、大中小城市和小城镇协调发展的城镇化建设之路。

---

① 温铁军：《我们是怎样失去迁徙自由的》，中国宏观经济信息网，2002 年 4 月 18 日。
② 张鸣鸣、赵丽梅：《新生代农民工价值取向：现实评价与政策导向——基于 2571 份问卷的实证研究》，载于《经济体制改革》2011 年第 2 期。

第五章

市民化的经济社会过程：社会质量、可持续生计与市场效应

农业转移人口市民化是指农业转移人口在实现职业转变的基础上，获得与城镇户籍居民均等一致的社会身份和权利，能公平公正地享受城镇公共资源和社会福利，全面参与政治、经济、社会和文化生活。如何有序推进农业转移人口市民化，推动户籍制度改革，实行不同规模城市差别化落户政策，把有能力、有意愿并长期在城镇务工经商的中国农业转移人口及其家属逐步转为城镇居民，对于全面推进新型城镇化和实现城乡一体化具有重要的理论价值和实践意义。事实上，国家全面、系统地改革现行的社会政策体系，不仅仅是考虑改革户籍制度甚至取消户籍制度本身，而是让农业转移人口获得足够的收入并拥有支付城市生活费用的能力，特别是组织能力和市场能力。[①]

经济过程的相关理论有双重或三重劳动力市场理论、劳动力市场分割理论、劳动力市场需求理论、人口迁移法则、农村劳动力边际生产率、比较经济利益差异理论、需求结构与消费结构改变模型、迁移预期收入理论、预期城乡收入差异理论、人力资本的投资—成本—收益理论、距离—迁移成本理论等，关注的核心议题包括劳动力结构变迁与人力资本收益、脆弱性风险、基于市场转型的利益驱动和经济机会获得、市场经济及其经济机会的空间、时间效应；劳动力市场的隔离、市场排斥性事实和经济边缘化、贫困、人力资本和劳动力市场中的不确定性方向、脆弱性、资产以及无流动的金融资本积累带来的金融服务的可及性即金融

[①] 刘爱玉：《城市化过程中的农民工市民化问题》，载于《中国行政管理》2012年第1期。

风险、人力资本积累及可行性能力等。本章试图结合社会质量（社会经济安全、社会整合、社会信任、社会团结和社会参与维度）和可持续生计理论（能力、资产和安全），就中国农业转移人口市民化的理论争辩焦点、新的问题意识和理论建构逻辑展开研究，并结合中国农业转移人口市民化实践世界的生存策略、地方实践、关键议题和实践悖论形态展开研究，并在此基础上，提出基于社会质量和可持续生计框架内的中国农业转移人口市民化的可能性的视域及其处方。

第一节 社会质量、可持续生计与市场过程：理论解释及话语变迁

社会质量理论是近年来在欧洲流行起来的一种新的社会理论，社会质量概念的提出，为欧洲社会发展新模式的可能内涵提供了一种新的愿景，并力图通过使社会政策和经济政策服从于社会质量这一目标，彻底改变社会政策和经济政策之间的不平等关系。社会质量理论的具体的问题意识表现为：脆弱性、风险承担网络与中国农业转移人口的市民化；可持续生计、社会发展质量与中国农业转移人口的市民化；包容性发展与中国农业转移人口的市民化等。社会转型和全球化语境中，从公共服务和社会权利均等化、全球化、社会安全、风险社会、脆弱性、可持续生计、包容性发展、社会整合与排斥、社会发展伦理与正义、实践理性、道德与生态文明的理论、公共健康出发对农业转移人口市民化进行重新界定与诠释。

本章重点围绕社会质量理论的理论框架、理论假设模型和新的问题意识，重点关注农业转移人口市民化中的社会质量问题，包括"生存—经济"叙事模式，也包括"身份—政治"叙事模式、融合发展叙事模式，研究中国农业转移人口市民化外动力机制与社会（环境）支持效应之间的关系，即中国农业转移人口市民化过程中的经济社会系统适应、经济社会系统环境支持和经济社会发展的外部条件提供环境支持的可能性，中国农业转移人口市民化过程中的经济社会环境与系统的支持效应、社会质量效应，体现为农业转移人口市民化进程中的生命质量、生活质量与社会发展质量及可持续生计。

中国农业转移人口向城市的涌入给城市社会经济与自身发展带来了机遇与挑战。在西方，进入学者视野的群体是移民，国外学者从市场结构、市场过程、移民动力、个体工资收入等不同角度切入进行了研究。随着中国的市场转型，学者聚焦农业转移人口群体市民化过程，其经济与市场融入是重要环节。

一、市民化过程中的社会质量与可持续生计：问题向度与议题建构

中国农业转移人口市民化过程中的社会质量与可持续生计关注以下几个方面：其在市民化过程中的发展网络规模和资本的构成、脆弱性、风险承担网络；市民化过程中的赋权、参与式发展；市民化过程中的反社会排斥、包容性发展、和谐劳动关系；市民化过程中的现代性水平、公共健康水平、人口可持续发展以及市民化过程中的现代性过程与动力研究。

（一）社会质量理论体系、理论分析模型、理论发展和新的问题意识

社会质量理论是近年来在欧洲流行起来的一种新的跨学科的社会理论，基于社会质量的具体研究议题包括社会经济保障水平、公共服务和社会权利均等化、社会包容性、社会整合和社会排斥、社会信任和社会团结、社会参与和社会赋权等，社会资本的议题有组织参与、人际信任等。农业转移人口市民化过程中的社会质量和社会资本重点关注环境生态、和谐社会建设、生态文明建设与农业转移人口市民化的重新定位；社会健康与可持续发展问题；全球化、社会安全、风险社会、脆弱性、可持续生计、包容性发展、社会整合与排斥、社会发展伦理与正义、实践理性、道德与生态文明、公共健康等问题。

（二）网络规模和资本构成、脆弱性、风险承担网络

脆弱性是一个广泛、跨学科的概念，它不仅仅包括收入脆弱性，还包括与健康、暴力、社会排斥相关的风险。脆弱性产生于不同群体对多种来源的冲击缺乏应对能力，这些冲击包括自然灾害以及环境因素、个人的健康与教育以及家庭因素、制度和政策等权益性因素、社会福利因素以及经济因素等。国外学术界已将脆弱性研究应用到灾害管理、生态学、土地利用、气候变化、公共健康、可持续性科学、经济学等不同研究领域。目前，随着脆弱性研究应用领域的拓展和相关学科的交融，脆弱性的内涵也在持续地丰富和发展，已经从日常生活中的一般含义逐渐演变成一个多要素、多维度、跨学科的学术概念体系。

重点研究内容和整合性的分析框架包括中国经济发展产业结构梯度转移和产业结构升级对农业人口转移市民化的影响；农业转移人口的脆弱性测量指标和脆弱性评估技术；脆弱性基础上的农业转移人口市民化的测量指标和评估技术。脆

弱性的分析框架包括基于脆弱性、经济增长和收入分配框架；基于脆弱性、人力资本和劳动力市场框架；脆弱性人群、家庭、社区和风险承担网络框架；社会—政治—生态系统的脆弱性与保障水平等。

风险承担网络和农业转移人口市民化研究包括正式的风险承担网络，如正规保险市场、国家信贷扶贫、中央财政扶贫资金的瞄准分析、政府开发式扶贫资金和投资、公共政策；也包括非正式的社会支持网络，如互惠性的社会支持网络、搀扶式的民间社会网络、非正式信贷或馈赠等形式的资源、社会资本等。

（三）市民化过程中的赋权、参与式发展与可持续生计

中国农业转移人口市民化过程中的参与式发展存在赋权问题、社会参与问题和主体性问题，而可持续框架的提出对这些问题整体性地、多维度地提供了解释策略。

参与式发展与农业转移人口的赋权、社会参与、主体性问题研究。研究的内容包括参与式方法、参与式评估（Participatory Rural Appraisal，PRA）和参与式贫穷评估（Participatory Poverty Assessment，PPA）；主体性的建构，即决策主体性、经营主体性、文化主体性的建构；社区性价值学习和分享；参与式赋权过程；自助与互助能力建设；增强社会资本过程；扶贫传递与社区自组织。

可持续生计框架的提出将改变政治学或者公共政策学对市民化问题的单一的解释策略，可持续生计的维度是多维、跨学科的，包括环境、经济、社会和制度的方方面面，可持续生计框架的方法强调以人为中心或综合性，为理解人们在一定的社会、制度、政治、经济和自然环境下如何行动提供了整合性、跨学科的视角，其目标在于推动一种跨学科的、整体的发展观，其中涉及收入、自然资源的管理、赋权、使用合适的工具、金融服务和善治等方面，涉及发展哲学、发展经济学、发展社会学、发展人口学等多学科的领域。

（四）市民化过程中的反社会排斥、包容性发展、和谐劳动关系

反社会排斥、整合与包容性发展同样是一组广泛、跨学科的概念，目标在于推动一种整体的发展观，其中涉及经济、政治、社会、文化等方面，也涉及发展哲学、发展经济学、发展社会学、文化人类学等多学科的领域。从跨学科的视角来看，社会排斥是一个多向面的动力过程，这个过程包含各种各样的排斥形式：参与决策和政治过程时的政治排斥、进入职业和物质资源时的经济排斥，以及整合成为共同文化时的文化排斥，还有基于交往和社会关系网络中的社会排斥。基于跨学科基础的社会排斥框架中的新的问题意识包括经济排斥、福利制度排斥、社会生活领域排斥、政治排斥以及文化排斥等内容；包括市场经济的排斥、计划

经济时期经济政策的排斥、劳动力市场的排斥、公共产品、服务投入排斥等；包括长期和重复失业的上升、技能缺乏、收入低下、住房困难、罪案高发的环境、不稳定社会关系的增长、丧失健康以及家庭破裂、社会疏离、阶级团结的削弱等交织在一起的综合性问题时所发生的市民化困境。

从跨学科的视角来看，包容性增长是一种整合型的发展理念，也是一种整合型发展方案，其核心内容是公平合理地分享经济增长成果，促进发展的协调与均衡。包容性增长同样包括经济、政治、文化、社会、生态等各个方面，增长应该是相互协调的。包容性增长强调从经济学上强调可持续、协调发展，政治上强调平等与权力的增长，包容性增长就是经济增长、人口发展和制度公平的有机协同。

基于包容性发展的新的问题意识包括：公共服务和社会权利均等化、机会平等的增长、如何通过经济增长创造发展机会、如何通过减少与消除机会不平等来促进社会公平；可持续和平等的增长、社会包容、赋权和安全；如何使低收入群体从经济增长中分享收益，让他们多受益，过上有尊严的生活；如何实现不同群体的充分就业，并使工资增长速度高于资本报酬增长速度，从而缩小贫富差距；如何实现不同区域之间互相关照，互惠互利，携手发展，让经济发展的成果惠及所有国家和地区，惠及所有人群，在可持续发展中实现经济社会协调发展。

（五）市民化过程中人的现代性水平、公共健康水平、人口可持续发展

对市民化过程中农业转移人口的现代性水平的关注包括公共健康水平与人口可持续发展、个人或家庭风险抵御机制、个人生命历程和家庭生命周期以及现代性过程与动力研究四个维度。

1. 市民化过程中的公共健康水平与人口可持续发展研究

公共健康关注的主题是跨学科的，如社会排斥与健康、文化适从力与健康、政治生活与健康、经济收入、消费与健康、医疗体制改革与健康、公共健康危机治理、公共健康干预中的效益—成本分析等。具体包括市民化困境、收入差距与中国流动人口的健康维护；健康风险、农业转移人口收入能力与农村可持续问题；人口生育、营养与生育健康；公共健康状况和卫生保健；健康分化与健康不平等；公共健康伦理、公共健康生态与健康正义；公共健康与行为管理，如个人健康行为、个人健康特征等；公共健康与生活质量，如精神健康（情感慰藉和精神支撑）、医疗健康、老年人赡养、人际关系与心理健康、家庭护理与临终关怀等；公共健康与社会质量，如人口老龄化、人际关系健康、毒品和艾滋病与健康、社区环境、公共健康与社会不平等等；公共健康的评估体系，如人口、公共健

康测量方法、测量的指标体系、公共健康风险评估；公共健康服务与公共健康政策；健康风险冲击下的农户收入能力与村级民主研究；大病冲击对收入的动态影响；在缺乏正式健康风险保障制度的中国农村中遭受冲击的农户所依赖的非正式的社会网络。

2. 市民化过程中的个人或家庭风险抵御机制

个人或家庭所处环境包括经济环境、社会环境和自然环境。这些微观或宏观的环境中始终存在各种风险。经济危机、社会安全感、健康打击、家庭结构变化、失业或自然灾害等风险因素对家庭或个人的直接影响使家庭或个人福利水平降低，市民化过程中非贫困人口陷入贫困，已经贫困的人口持续或永久贫困。关注家庭生活质量和家庭的风险抵御能力，包括家庭拥有的物质资本和劳动力资本、金融资本和社会资本。也包括家庭采取的事前和事后抵御风险的行动和行动能力。家庭采取行动来减少风险暴露，如积累资产、加入网络等。为了应对风险人们会采取一些事后经济行为来抵御风险，如减少食品数量和质量，延迟健康相关的支出，不让儿童上学或让儿童成为劳动力，临时打工，减少投资等。

3. 市民化过程中的个人生命历程和家庭生命周期研究

重点关注农业转移人口个人的生命历程、家庭生命周期与发展质量问题；教育投资和资本的代际传递；个体向其子辈传导相关资本的程度；子辈的脆弱程度，抵抗弱势处境或适应弱势处境的能力和程度；父辈对子辈的教育、健康投资；家庭和父母对孩子智力发展的影响，如认知能力的激发、抚养和培养的方式、自然环境、健康状况，以及孩子在出生和孩童时期的不健康；弱势带来的营养不良对孩子的身体、智力、精神以及社会发展的影响；可遗传和可传染的疾病和残疾在代际传导中发挥作用和产生影响；生存空间的性质和特点（就居住的拥挤状况以及卫生设施和条件而言）、获得营养食物的能力及成年人的受教育程度在代际传递中的影响。

（六）市民化过程中农业转移人口的现代性过程与动力研究

市民化过程就是由传统性走向现代性的过程。人的现代性表现为由传统人向现代人转变中人的现代性的增长，包括他们的城市意识、行动方式和生活方式；个体的主体性、个性、自由、自我意识、创造性、社会参与意识等现代性的文化特质的自觉生成。

二、社会质量与可持续生计：理论建构及知识回应

中国农业转移人口市民化过程中的社会质量理论研究已实现了社会发展研究

的范式转换，可持续生计成为社会质量理论分析中的一个重要理论视角，社会质量与可持续生计将引入市民化实践视域。

（一）市民化过程中的社会质量：对转型社会发展的知识反思与知识回应

1. 社会质量的理论范式与历史话语

社会质量（quality of society）概念的提出是源于对现代社会发展的关键议题（如脆弱性、包容性发展、风险、社会发展正义和伦理、社会整合、社会信任等）的知识反思与新的问题意识的回应。这一理论产生于1997年，并已成为国际社会政策领域研究社会发展的一个新的理论范式。社会质量的构成性要素有以下几个方面：（1）条件性因素：社会机体自身的维度，包括"社会—经济安全""社会凝聚""社会融入""赋权"四个构成要素；（2）建构性因素：人力资源维度，包括个人（人的）保障、社会认知和社会反应；（3）规范性因素：道德—意识形态维度，包括社会公正（平等）、社会团结、平等价值、人的尊严和人的能力。

中国学者提出"社会质量"这一概念并进行系统研究也是在20世纪90年代左右，国内的研究主题表现为：（1）非政治有序论。社会质量指的是社会非政治有序化程度，即在没有政治控制和协调下它们的自组织达到何种程度。[1]（2）社会有机运转论。社会质量是指社会机体在运转、发展过程中满足其自身特定的内在规定要求和需求的一切特性的总和。[2]（3）和谐社会建设论。以"社会性"为立论的逻辑起点，以社会整合（包括社会体系、社会利益、阶级阶层的"整合"）为原则，强调以大众参与的方式来增进社会整体的福利状况。基于这一价值基础，社会质量研究把社会团结、社会包容和社会赋权这些理念有机地联系起来，并为研究社会和谐问题奠定了社会哲学的基础。[3]

社会质量理论的提出，实现了对现代社会发展的关键议题的知识反思与新的问题意识的知识回应。如脆弱性、结构性平等问题、社会安全感、社会整合、社会信任、社会诚信、社会公正和道德正义、社会排斥和社会风险、环境生态与文明、包容性发展、社会发展正义和伦理、社会分化与社会分层、教育不平等、性别不平等、公共健康与健康分化等，这些新的问题意识为重新认识当代社会提供了新的理论视角和问题意识。因此，社会质量理论的提出实现了社会发展研究的范式转换，体现了社会质量研究将社会发展研究的重点从发展的道路模式引向具

---

[1] 王沪宁：《中国：社会质量与新政治秩序》，载于《社会科学》1989年第6期。
[2] 吴忠民：《论社会质量》，载于《社会学研究》1990年第4期。
[3] 林卡：《社会质量理论：研究和谐社会建设的新视角》，载于《中国人民大学学报》2010年第2期。

体的社会的质量的衡量和测度；更重要的是社会质量研究把握到了社会发展的目标和本质。

2. 脆弱性分析框架的应用与扩展

脆弱性是一个广泛、跨学科的概念，它不仅仅包括收入的脆弱性，还包括与健康、暴力、社会排斥相关的风险。脆弱性产生于不同群体对多种来源的冲击缺乏应对能力，这些冲击包括自然灾害以及环境因素、个人的健康与教育以及家庭因素、制度和政策等权益性因素、社会福利因素以及经济因素等。

脆弱性是谋生能力对环境变化的敏感性以及不能维持生计，生计能力取决于人的谋生技能、资产状况、生态风险和生态服务功能等多方面。① 脆弱性是指人们处于粮食不安全或营养不良的各种风险中，包括影响其应对能力的各种因素。个人、家庭或人群的脆弱程度取决于其遇到的风险因素及其应付或承受压力的能力。脆弱性是人们风险暴露程度和承受压力下的弹性函数，这种系统弹性取决于在维持人群达到最低福利标准或阻止情况恶化而导致陷入更深的不安全状况时，灾害风险管理策略的可能效果。② 罗伯特·钱伯斯（Robert Chambers）指出脆弱性包括外部因素和内部因素两个方面，外部因素是指一个人可能遇到的风险、冲击和压力等；内部因素是指没有防御能力，即缺乏应对外部因素带来损失的能力和机制，即脆弱性分析的内部—外部分析框架。③ 后来马丁·普劳斯（Martin Prowse）将脆弱性分析框架重新进行整合，形成了更加完善和具体的暴露、能力和后果三维框架。④ 在该框架中，对于暴露的分析更加细致和具体，主要包括风险或者外部冲击的规模、频率、周期、强度、预警、集体行动和不可预见性程度；在对脆弱主体的能力的分析中也将其分解成风险应对机制、资产、权利和能力四个要素；在暴露风险和应对能力的综合作用下，其产生的后果则包括生计策略改变和贫困加剧。海尼格（Henninger）提出脆弱性风险主要包括环境风险、市场风险、政治风险、社会风险和健康风险。⑤

国外学术界已将脆弱性研究应用到灾害管理、生态学、土地利用、气候变化、公共健康、可持续性科学、经济学等不同研究领域。目前，随着脆弱性研究应用领域的拓展和相关学科的交融，脆弱性的内涵也在持续地丰富和发展，已经从日常生活中的一般含义逐渐演变成一个多要素、多维度、跨学科的学术概念体系。

---

① Birkamannn J. eds. *Measuring Vulnerability to hazard of National origin Tokyo* [M]. UNU Press, 2006.

② FAO. *Rome Declaration on World Food Security and World Food Summit Plan of Action* [J]. Injury Prevention, 1996.

③④ Martin Prowse. *Towards a clearer understanding of vulnerability in relation to chronic poverty* [R]. CPRC Working, 2003.

⑤ Henninger N. *Mapping and geographic analysis of human welfare and poverty-review and assessment* [R]. World Resources Institute. Washington D. C., 1998.

3. 风险承担与民间社会的网络结构形态

风险承担网络在社会发展研究中引起关注。在近几年的社会发展问题研究中，学术界开始重点关注社会发展中的风险承担网络，尤其是非正式的风险分担网络研究。事实上，在正规保险市场尚不完善的发展中国家广袤的农村贫困地区，贫困人口抵御风险冲击在很大程度上只能依赖相互搀扶式的民间社会网络，它是抵御风险、减轻冲击伤害的最后屏障。非正式风险分担网络属于社会资本的范畴，对于物质资本和人力资本都相当匮乏的穷人来说，社会资本在生产和生活中起到了举足轻重的作用。通过与其他人建立风险分担关系，穷人可以获得非正式信贷、馈赠等形式的资源，并运用于生产或生活，从而带来各种收益以应对面临的贫困问题。非正式风险分担一般呈现出网络结构形态，非正式信贷、现金或礼物的馈赠通常在亲朋好友等"熟人社会"网络转移。事实上，农户倾向于与那些有共同生活经历，或曾经共同分担风险的农户分担风险，这意味着地理距离和社会距离较近的家庭之间更易形成风险分担网络，也意味着这种风险承担网络能随时有效应对面临的贫困问题。

(二) 市民化过程中的可持续生计：社会质量理论中的一个理论视角及其表达

"可持续生计"概念最早见于1991年世界环境和发展委员会的报告，1992年联合国环境和发展大会将此概念引入行动议程。学术界对"可持续生计"的理解建立在对"生计"理解的基础之上，其中斯库恩（Scoones）对"可持续生计"的定义较具代表性。在对"生计"内涵理解的基础上，发展出多种可持续生计（SL）分析框架，主要用于贫困领域的研究。近年来，国内学术界开始运用可持续生计研究失地农民问题，在失地农民可持续生计分析框架的研究中，学界倾向使用英国国际发展机构建立的框架（DFID 模型）。[1][2] 在学界提供的多种解决思路中，实现充分就业是目前学术界在解决失地农民可持续生计问题上的共识。[3][4][5]

可持续生计的内容是建立在跨学科视角下的一种整合性的方案，一种整体的

---

[1] 成得礼：《城乡结合部地区失地农民劳动供给的影响因素：成都与南宁的证据》，载于《改革》2008年第9期。

[2] 黄建伟：《失地农民的概念界定》，载于《经济研究参考》2009年第36期。

[3] 张时飞：《为城郊失地农民再造一个可持续生计——宁波市江东区的调查与思考》，载于《公共管理高层论坛》2006年第2期。

[4] 王文川、马红莉：《城市化进程中失地农民的可持续生计问题》，载于《理论界》2006年第9期。

[5] 孙绪民、周森林：《论我国失地农民的可持续生计》，载于《理论探讨》2007年第5期。

发展观,一个多种解决方案的集成分析框架,具体包括拥有的能力(如教育、技能、健康、生理条件等);有形的和无形的资产的可及性以及经济活动;发展干预在农业转移人口资产的基础上,对农业转移人口的生产、收入和消费等行动的影响;生计安全问题,即表现在粮食、营养、健康、饮水、住房、教育等基本需求的满足,也表现在社区参与的个体的安全上。

(三) 市民化实践:把社会质量与可持续生计引入视域

原有的中国农业转移人口市民化研究存在几个误区:一方面是市民化即户籍身份转变论。该观点强调中国农业转移人口市民化就是户籍身份的转变,即实现由农村户籍转变为城市户籍,由农民转变为城市市民。因此,国家的市民化政策的重点在于户籍制度改革。事实上,农民市民化的真正目的是提高农民的生活水平和社会福利水平,帮助其建立可持续生计框架,农民市民化意味着让更多的人进入更高水平、更具现代文明的生产方式、生活方式中,农民市民化不是简单地使农民转变户籍。简单地转变户籍,不仅不能提高农民的生活水平和社会地位,还可能激化社会矛盾,甚至会出现逆城市化现象,即出现抵制农村城市化的局面,农民不愿转为城市户口,随着城市化的郊区推进和农村土地的升值,农村户口成为具有极高经济价值的稀缺品,从而产生较高土地级差收益的农村,也伴随着土地使用权的长期化和固化,就会产生农民抵制转变为市民的逆城市化现象。另一方面是市民化就是人口迁移论。该观点认为中国农业转移人口市民化就是经由人口迁移,实现由中国农业转移人口从落后的农村迁移到城市,实现职业转变。农民市民化不一定非要通过人口迁移来实现。一些发展了现代产业环节的农村,不仅将工业引入农村,而且将农业生产也纳入现代产业体系,用生产合作社等形式将农业与现代产业接轨、与市场接轨,实现城乡一体化。在中国,农业转移人口市民化进程何以如此缓慢?归根到底,导致农业转移人口难以顺利实现市民化的最大阻碍在于农业转移人口的资本要素禀赋不足或称资本占有程度不高,即他们还不能依靠自己的力量充分获得能够促使自己完全融入城镇发展的物质、权利、人力和社会资本。

社会质量理论和可持续生计框架能够为我们展开中国社会问题的分析提供新的视野,实现中国社会发展的战略转型。这一理论要求我们在对社会发展目标的追求中,不仅要关注经济指标和人们的物质生活条件状况的改善,更要关注社会体系的运行状况,关注社会体系运行的和谐性、稳定性和发展的协调性。社会质量理论为我们提供了一个社会科学研究的新视角,使理论界重新检视人类社会发展的未来图景。对于中国正在进行的社会改革来说,社会质量理论及其倡导的社会发展模式提供了另一种价值,使我们可以高屋建瓴地思考中国社会体制改革与社会发展的目标走向。

社会质量和可持续生计范式的提出，同样为中国农业转移人口市民化提供了新的理论基础和科学框架。中国农业转移人口市民化研究的范式转换，体现了中国发展战略的调整和发展方式的转变，体现了中国农业转移人口市民化迈向健康与可持续发展的新阶段，它可以提醒人们在有序推进中国农业转移人口市民化的同时，既要注重发展，也要注意社会机体自身的完善，即注意社会质量问题，使社会机体达到一种最优化的状态，获得一种高效益、高度稳定性、高度协调性，防止发展偏颇，防止无端浪费，从而使社会不但是发达的，而且是健康的。社会质量的研究可以在一定程度上使人们追求高质量的社会，防止中国农业转移人口市民化进程走入偏颇，并为不断地推进中国农业转移人口市民化进程奠定一个比较好的基础。因此，研究中国农业转移人口市民化需要从全球化、社会安全、风险社会、脆弱性、可持续生计、包容性发展、社会整合与排斥、社会发展伦理与正义、社会信任、社会发展正义与伦理、公共健康出发对中国农业转移人口市民化进行重新界定。

三、市民化的市场过程：理论解释框架及其逻辑

农业转移人口的市民化市场过程，从宏观角度上看，是生产效率与资源配置的一环，从微观角度上看，是市场主体竞争，不断创造的过程。市民化的市场过程主要指劳动力市场、就业市场和人力资本市场等，市民化的市场过程就是劳动力市场融入、就业市场结构优化和人力资本市场不断提升的过程。劳动力市场有微观和宏观两个层面的含义。从宏观角度来说，劳动力市场是由各种各样的局部性或单一性劳动力市场所构成的一个总的劳动力市场体系。从微观的角度来看，劳动力市场是指特定的劳动力供求双方在通过自由谈判达成劳动力使用权转让（或租借）合约时所处的市场环境。构成劳动力市场的三个基本要素是劳动力的供给、需求和价格。

（一）市民化过程中市场过程的理论范式与解释模型

20世纪30年代至70年代早期，结构—行为—绩效（SCP）范式盛行，第二次世界大战后，SCP范式成了美国竞争与规制政策的主要理论依据，在实践中得到广泛的运用。该理论主张市场结构决定产业行为，产业行为决定以公平和效率来衡量的绩效，市场结构是竞争的主要决定因素，也就是说，竞争作为实现经济政策目标的手段，为保持有效竞争，必须运用竞争政策对市场结构和市场行为进行干预和调节。20世纪70年代初以来，芝加哥学派的产生使产业组织研究领域

发生了一场革命,认为市场结构是由产业行为和绩效决定的,而不是相反。①②该学派认为,长期而言,在无人为的市场进入限制的条件下,市场竞争过程是有效的,它在很大程度上带来能保证消费者福利最大化的生产效率和资源配置效率,因此,他们怀疑国家在竞争领域内干预政策的必要性。③ 此前的新古典经济学将市场理解为一种均衡的状态,其市场竞争观是静态理想结构的,自20世纪40年代以来,现代奥地利经济学承袭米塞斯(Mises)和哈耶克(Hayek)思想倾向于用市场过程理论解释市场经济现象,突破了现代经济学的静态均衡理论,强调市场是一个发现的动态过程,关注真实时间过程中的知识发现与利用,强调真实时间中的人类行动,以过程分析代替状态分析,将市场过程理解为不断学习、发现、创造、复杂、争胜、开放的动态过程。④

(二) 市民化过程中的市场过程:议题建构、问题聚焦与新的问题意识

市场过程是经济学领域研究热点,其相关研究大多集中于市场过程与产业组织、政府规制等的相互影响,同时,市场过程的市场主体分散行动、市场过程内生垄断、市场过程的负责性与演化适应特征国家与市场的角色问题及相互作用、激进转型与渐进转型所形成的社会分层秩序是否类似等也是学者们关注的议题。阿门·阿尔奇安(Alchian)认为,在市民化的市场过程中,市场过程主体通过适应性行为不断调整其行为,并在变化的环境中改善处境,一方面通过正规教育,另一方面可从经验中学习。模仿、试错的适应性行为使得学习过程中逐渐适应,出现适应性效率。⑤

市民化的市场过程关注的议题包括市场机会的获取、市场要素的培育、市场排斥、隔离和极化效应。体现为市民化的企业化进路与意识心态连续谱,其问题意识体现为:基于市场转型的利益驱动和机会获得、市场经济的扩散效应与滴涓效应;劳动力市场的隔离、排斥性事实和边缘化过程;市场转型中的精英再生产、精英循环和市场—政治共生过程。市场、资本和劳动力结构的框架体现为不可抗因素(自然资本)、脆弱性(物质资本)、无流动的金融资本积累带来的金融服务可及性低、缺乏对人力资本进行投入的能力;人力资本弱;包括劳动力市

---

① Bork R. *The Antitrust Paradox* [M]. New york:Basic Books, 1978.
② Brozen R. *Concentration, Mergers and Public Policy* [M]. New York:Macmillan, 1982.
③ 刘志铭:《市场过程、产业组织与政府规制:奥地利学派的视角》,载于《经济评论》2002年第3期。
④ 王廷惠:《市场过程理论的过程竞争:与新古典经济学完全竞争的对比》,载于《上海经济研究》2005年第1期。
⑤ Armen Albert Alchian. Uncertainty, Evolution and Economic Theory [J]. *Journal of Political Economy*, 1950.

场的分割和二元化趋势、利益群体分化的格局;收入增长、经济上的不平等和家庭结构变迁;教育不平等和人力资本差异。

(三) 市民化过程中的市场过程:来自国外的经验发现

20 世纪下半叶,随着国际移民的迅速扩大,移民研究在学术界日益成为不同学科理论争辩的焦点并形成多样性的解释传统,出现了多维的概念、模型与分析框架。

1. 市民化过程中的市场过程:社会变迁与社会转型历史语境中的西方社会

20 世纪 80 年代以来,西方各国劳动力市场发生了根本性变革,其总趋势是对自"二战"以来因实行凯恩斯主义充分就业政策和福利国家政策形成的刚性劳动力市场,进行新自由主义的灵活化改革。从欧美国家的改革举措上看,主要表现为新自由主义劳动就业微观供给管理政策的形成、降低政府和工会对劳动力市场的干预力度、改革社会福利制度、实行激活性劳动就业政策。[①] 在西方激进转型国家的转型初期,劳动力市场变迁导致社会经济急剧下滑,除捷克以外的所有市场转型国家均大幅度削减社会福利。[②] 撒列尼(Szelenyi)首先正面东欧的市场转型及其社会后果,提出市场转型概念,其理论核心问题是市场转型与社会不平等的关系,以及转型过程中的精英转换问题。[③] 而市场过程中的市民化主体研究,国外研究焦点在于跨国移民。从 19 世纪下半叶开始,国际移民浪潮不断涌动,著名经济学家亚当·斯密(Adam Smith)最早从经济学角度提出关于劳动力迁移的理论,而后,在拉文斯坦(Ravestein)研究的基础上,学者们提出了著名的"推—拉理论",着眼于研究移民动力机制,即迁出地的"推力"和迁入地的"拉力"对迁移者的影响。20 世纪 60~70 年代,以拉里·萨斯塔(Larry Sjaastad)为代表的新古典派把古典主义经济理论的供需表应用于迁移,认为从宏观上讲,全球劳动力供需分布不平衡引起了劳动力调整从而导致了国际人口迁移,从微观上讲,个人通过跨国迁移可实现利益最大化。[④] 在新古典主义经济理论基础上发展起来的新经济移民理论思路更为多元,并更为强调家庭在迁移过程中的主体地位。迈克尔·皮奥里(Michael Piore)从分析发达国家的市场结构出发于 1979 年提出劳动力市场分割理论(也称为"双重劳动力市场理论"),认为现代

[①] 孔德威、王伟:《西方国家劳动力市场的灵活化改革》,载于《河北大学学报》(哲学社会科学版)2005 年第 2 期。

[②] 沃恩,朱全红等译:《奥地利学派经济学在美国:一个传统的迁入》,浙江大学出版社 2008 年版,第 3 页。

[③] 孙立平:《实践社会学与市场转型过程分析》,载于《中国社会科学》2002 年第 5 期。

[④] Michael Todaro. Internal Migration in Developing Countries [R]. Geneva, International Labor Office, 1976.

发达国家已形成了双重劳动力需求市场,即具有高收益、高保障、高福利、工作环境舒适的高级劳动力市场和低收益、不稳定、缺乏发展空间、工作环境恶劣的低级劳动力市场,后者对外国移民产生了需求。① 亚历杭德罗·波特斯(Alejandro Portes)和罗伯特·巴赫(Robert Bach),他们通过研究美国的墨西哥移民和古巴移民,进一步发展了双重劳动力市场理论,提出了"三重市场需求理论",即除了低级劳动力市场和高级劳动力市场,还有一个"族群聚集区"。②

2. 市民化过程中的市场过程:来自西方的经验发现

基于跨国移民数据的早期研究,总体上说,外国移民只降低了迁入国低技能工人工资水平,但对迁入国劳动力就业率不存在明显影响。③ 近期研究也证实,当国外移民与本国劳动力是替代关系时,国外移民的进入将不利于本国劳动力就业率和工资水平;当两者间是互补关系时,国外移民的进入对本国劳动力就业率和工资收入的影响就非常有限。佩里(Peri)和施帕贝尔(Sparber)使用美国各州 1906~2010 年人口普查资料,研究发现交流能力较低的国外移民能促进本国低技能劳动力专门化从事收入水平更高的交流密集型工作。④ 西欧国家也得到了相似的结论。⑤ 德国在"二战"后出现了两次归国移民潮,两次移民潮都对本国劳动力就业率产生了显著不利影响,但对本国劳动力工资水平均未有显著影响,⑥而且,研究发现大多数流动人口的人力资本和技能水平是远低于本地劳动力的。⑦早期学者博尔哈斯(Borjas)的研究发现,自雇移民比受雇移民获得了相对更高的年收入,且这种收入优势相比于美国本土自雇者依旧显著存在。⑧ 洛夫斯特罗姆(Lofstrom)基于美国人口普查数据实证检验发现,不论技能水平如何,自我雇佣的确能带来较高收益,即使与美国本土劳动者相比,具有较高技能的自雇移民也能获得更高的市场回报。⑨

---

① M. Piore. Birds of Passage: Migrant Labor in Industrial Societies [M]. Cambridge: Cambridge University Press, 1979.
② 赵敏:《国际人口迁移理论评述》,载于《上海社会科学院学术季刊》1997 年第 4 期。
③ Okkerse L. How to measure labor market effects of immigration: A review [J]. Journal of Economic Survey, 2008.
④ Peri G., C. Sparber. Task specialization, immigration, and wages [J]. American Economic Journal: Applied Economic, 2009.
⑤ D. Amuri F., G. Peri. Immigration, jobs and employment protection: Evidence from Europe before and during the Great Recession [J]. Journal of the European Economic Association, 2014.
⑥ Glitz A. The labor market impact of immigration: Aquasi-experiment exploiting immigrant location rules in Germany [J]. Journal of Labor Economic, 2012.
⑦ Meng X. Labor market outcomes and reforms in China [J]. Journal of Economic Perspective, 2012.
⑧ Borjas G. J. The self-employment experience of immigrants [J]. Journal of Human Resources, 1986.
⑨ Lofstrom M. Does self-employment increase the economic well-being of low-skilled workers? [J]. Small Business Economics, 2013.

（四）市民化过程中的市场过程：理论反思、经验对话与本土的知识回应

中国农业转移人口在独特的市场转型背景下涌入城市给市民化市场过程的理论构建带来了实践性反思。

1. 市民化过程中的市场过程：理论反思与批判

哈耶克（Hayek）等学者认为，市场过程是指个体间达成交易时，为减少"无知"和"不确定"的负面效应，人类社会创造出制度性的解决办法。沿袭哈耶克（Hayek）等学者观点的奥地利学派夸大了个人知识在社会决策中的地位，忽视了个人行为的非理性，从而无法发现自发市场中的内卷困境。[①] 新迁移经济学派只关注移民输出国，而劳动力市场分割理论只关注移民的接受国，单纯从需求方看所有跨国移民，一味强调市场需求，忽视了许多其他重要原因。[②] 以上西方有关市民化市场过程的相关理论是基于西方资本主义社会现状与数据的理论成果，对于中国的普适性应呈怀疑态度。例如，布达佩斯学派（Budapest school）（以撒列尼为首）所研究的市场转型国家，主要是以匈牙利为首的东欧，其市场转型过程伴随着政体的断裂，但中国进行的是政治背景连续性下的渐进性改革和主导性意识形态连续性下的"非正式运作"。[③] 这对中国本土市民化市场过程提出了新的要求。

2. 市民化过程中的市场过程：问题聚焦和反思性实践

20世纪80年代，中国的市民化市场过程伴随着经济体制改革，城乡交流的体制壁垒被打破而呈现出来，大批的农业转移人口从农村流向城市，成为市民化研究领域的主体对象。在市场过程中，政治体制的延续使得国家与市场两方的角色与相互定位问题，市场内生性问题，市场改革带来的权力转换的延迟效应以及对机会结构的影响成为研究热点。与苏联、东欧的转型方式相比，中国在政治连续性背景下通过非正式的"变通"手段实现渐进式改革，[④] 这种方式是独特的，以往相关理论在中国社会的实践应用有待进一步发展扩充。

3. 市民化过程中的市场过程：本土的知识回应与中国社会

王廷惠运用奥地利学派（Austrian school）市场过程理论结合中国实际情况，

[①] 刘小年：《家庭半移民、代际市民化与政策创新——基于城市社区农民落户家庭的调查》，载于《农村经济》2014年第7期。

[②] 傅义强：《当代西方国际移民理论述略》，载于《世界民族》2007年第3期。

[③④] 余运江、高向东：《集聚经济下流动人口工资差异——来自中国微观调查数据的证据》，载于《财经科学》2017年第2期。

发现过程竞争存在争胜竞争动态性和竞争形式多样性，提出动态竞争市场过程的内生垄断，表现为市场权势竞争性和暂时性与自然垄断的暂时性和效率特征。[①②] 王军业从奥地利经济学派视角出发，指出制度变迁是经济主体以变革的形式不断地寻找非均衡制度状态下的获利机会的开放过程。[③] 同时，倪志伟扩展了撒列尼（Szelenyi）的再分配经济的概念和基本假设，形成了市场过渡理论，他认为，社会主义国家社会从再分配经济体制向市场经济体制的过渡，会导致政治权力向经济利益的转移，即从再分配阶级手中转移到直接生产者手中，这引起了广泛的讨论。[④] 苏昕将市民化过程分四个阶段：异地城市就业、共享当地城市的公共资源和服务、户籍制度取得、自身及家庭完全融入城市（包括心理和文化的融入），并将城市新移民市民化特点概括为三点：就业带动式、候鸟迁徙式、渐进推进式。[⑤]

第二节 经济过程、可持续生计与市场结构：理论话语与中国实践

与西方相比，我国农业转移人口体现了中国本土情境性、经验性差异及其推理实践，这要求我们聚焦中国现实问题，重写中国农业转移人口市民化的问题向度、概念化书写和方法意识。

一、农业转移人口市民化过程中的市场过程：历史考察与中国经验事实

中国农业转移人口市民化过程中的市场过程有西方相关理论可以参照解释，但中国市场的独特性又对中国市场发展本土化解释模型提出了要求，通过课题调研，我们获得了一系列市民化中市场过程的调研数据。

---

① 王廷惠：《市场过程理论的过程竞争：与新古典经济学完全竞争的对比》，载于《上海经济研究》2005年第1期。
② 王廷惠：《市场过程内生的垄断：市场权势和自然垄断》，载于《财经研究》2007年第1期。
③ 王军、戴群中、仲崇介：《市场过程与制度变迁：现代奥地利经济学派的视角》，载于《当代经济研究》2004年第3期。
④ 孙立平：《实践社会学与市场转型过程分析》，载于《中国社会科学》2002年第5期。
⑤ 苏昕：《城市新移民市民化的制度藩篱分析——兼谈马格利特的〈正派社会〉伦理》，载于《马克思主义与现实》2014年第3期。

(一) 农业转移人口市民化过程中的市场过程：历史考察与问题聚焦

农业转移人口市民化过程中的市场过程，在早期体现了基于户籍制度基础上的城乡二元分割的劳动力市场和就业资格，体现了城乡劳动力市场的分割、排斥和二元化趋势，劳动力市场和就业市场结构早期同样体现了控制与闭锁特征，政府实施城乡空间封闭的二元劳动力市场结构和二元就业制度，即城镇中的"统包统配的低工资—高就业制度"和农村中无条件的"自然就业制度"，20世纪70年代初至80年代末，开始出现市场松绑、市场缝隙与劳动力盲流阶段，城市工业部门通过非正规雇佣方式（包工、临时工），向农业转移劳动力提供限定性的工作（体力繁重、环境恶劣、工作危险、地位卑下），将劳动力再生产过程排除在工业生产规划之外，体现了国内劳动力市场分割、"半城市化"及农业转移人口的"半无产阶级化"特征。20世纪80年代末至90年代末的民工潮与歧视性控制阶段。这一时期，在沿海地区与大城市日益增长的劳动力需求和内地农村的货币压力与就业压力共同作用下，大规模跨区域流动的"民工潮"取代"离土不离乡"，成为农村劳动力转移的主要形式。由于受"民工潮"的意外冲击与城市问题（城市公共资源紧张、就业市场受到冲击以及城市安全问题等）的巨大压力，政府在中国农业转移人口政策上来了一个急转弯：由允许扶持农民工进城务工，到严厉控制农民工进城就业。国家从2000年起致力于构建一个打破城乡分割的统一的劳动力市场，改变过去的一些歧视性政策与控制措施，并且在2004年正式承认农民工是"产业工人（阶级）的一部分"。

可以说，中国的市场转型是国家推动下的政治经济过程，其主要目标是运用市场经济模式改造原有经济增长结构和经济发展模式。[1] 中国社会的二元经济转换的发展过程同步于农业转移人口市民化的社会变迁进程。王绍光将中国市场转型分为三阶段：市场的出现、市场制度的出现以及市场社会的出现。[2] 改革开放初期，虽然政府力量逐渐从生产活动的直接管理部门中淡出，个体经济、私营经济和三资企业正催生着新兴的劳动力市场，但行政限制依旧存在于城镇劳动用工。[3] 直至1992年，城市劳动力管理体制改革进一步深化，基本解除对个人工作变动的限制，原有国有部门垄断城镇劳动力资源的格局被打破，农村剩余劳动力

---

[1] 刘精明：《市场化与国家规制——转型期城镇劳动力市场中的收入分配》，载于《中国社会科学》2006年第5期。
[2] 王绍光：《大转型：1980年代以来中国的双向运动》，载于《中国社会科学》2008年第1期。
[3] Gold, Thomas B. *Urban Private Business and Social Change. In Chinese Society on the Eve of Tiananmen: The Impact of Reform* [R]. Cambridge: Harvard University Asia Center, 1990.

开始成规模向城市转移，基本劳动力市场雏形已形成，[①] 此后，我国流动人口规模呈迅速扩张的趋势，劳动力市场进入全面发展阶段。据 2012 年国家统计局公布的数据结果显示：农业转移人口的职业分布状况为 35.7% 的人从事制造业、18.4% 的人从事建筑业、12.2% 从事服务业，其次是批发零售业、交通运输仓储和邮政业。[②] 陆学艺研究发现农业转移人口与城镇本地职工相比，处于"三同三不同"的地位，即"同工不同酬""同工不同时""同工不同权"。[③] 张永丽就农业转移人口内部群体的二次分化进行了讨论。[④]

（二）市民化过程中的市场过程：中国经验与研究发现

为了进一步了解中国农业转移人口市民化经济社会过程的基本情况，我们通过较大规模的社会调研和田野研究，获得了有关农业转移人口市民化过程中的就业相关调研数据。

1. 市民化过程中的求职情况与求职途径

经由"职业"调查数据显示，在调查的 1051 个有效样本中，"待业"占 47.6%，"务农"占 8.0%，"个体工商户及私营"占 15.0%，"企事业单位"占 9.2%，"零工、散工"占 13.0%，"自由职业者"占 2.3%，"其他"占 4.9%。具体数据如表 5-1 所示。

表 5-1　　　　　市民化过程中职业类型的描述统计

题项	频数	有效百分比（%）	累积百分比（%）
待业	500	47.6	47.6
务农	84	8.0	55.6
个体工商户及私营	158	15.0	70.6
企事业单位	97	9.2	79.8
零工、散工	137	13.0	92.9
自由职业者	24	2.3	95.1
其他	51	4.9	100.0
总计	1 051	100.0	

资料来源：课题组"城市化过程中城市新市民（中国农业转移人口——安置民）城市融入问题社会调查"数据。

[①] 边燕杰、张展新：《市场化与收入分配——对 1988 年和 1995 年城市住户收入调查的分析》，载于《中国社会科学》2002 年第 5 期。
[②] 成华威、刘金星：《经济发展与农村流动人口的城市融合》，载于《河南社会科学》2015 年第 25 期。
[③] 陆学艺：《当代中国社会流动》，社会科学文献出版社 2004 年版。
[④] 张永丽、王博：《农民工内部分化及其市民化研究》，载于《经济体制改革》2016 年第 4 期。

数据分析结果表明，农业转移人口中"待业"状态占47.6%，接近一半，这对于提高其家庭收入、改善生活非常不利。

在问及"您外出务工期间共换过几次单位"的问题时，回答没换过的人占总数的30.8%，换了1~3次的最多，占48.9%，换了4次以上的总共是20.3%（见表5-2），这说明其工作稳定性比较低，具有流动性高的特点。

表5-2　　　市民化过程中务工期间更换单位次数的描述统计

题项	频数	有效百分比（%）	累积百分比（%）
没换过	3 062	30.8	30.8
1~3次	4 866	48.9	79.7
4~5次	1 086	10.9	90.6
5次以上	939	9.4	100.0
合计	9 953	100.0	

资料来源：课题组"城市流动人口（中国农业转移人口——农民工）三融入（融入企业、融入社区、融入学校）社会调查"数据。

工作的不稳定直接影响到新生代农业转移人口自身职业能力的持续提升，"过于频繁地跳槽，使得他们对每个行业、岗位只能作蜻蜓点水式的了解，每一项职业技能也只能停留在'学徒期'的水平"。而缺乏较强的职业能力又使得很多新生代农业转移人口对自己未来的职业前途缺少信心。大多数新生代对自己未来的职业规划较为茫然。同时，很多新生代农业转移人口渴望留在城市生活，然而城市较高的生活成本、二元户籍制度等因素却又往往使他们对城市生活望而却步。这也使其缺乏进行长远的职业规划的动力。

经由"待业原因"调查数据显示，在调查的515个有效样本中，"因身体原因无法工作"占22.9%，"丧失劳动能力"占24.1%，"毕业后未去工作"占1.9%，"因单位原因失去原工作"占0.6%，"工作收入低"占2.3%，"自己没有什么技术"占5.0%，"合适的工作难找"占17.1%，"工作太辛苦"占0.8%，"其他"占25.2%。具体数据如表5-3所示。

表5-3　　　市民化过程中待业原因的描述统计

题项	频数	有效百分比（%）	累积百分比（%）
因身体原因无法工作	118	22.9	22.9
丧失劳动能力	124	24.1	47.0
毕业后未去工作	10	1.9	48.9

续表

题项	频数	有效百分比（%）	累积百分比（%）
因单位原因失去原工作	3	0.6	49.5
工作收入低	12	2.3	51.8
自己没有什么技术	26	5.0	56.9
合适的工作难找	88	17.1	74.0
工作太辛苦	4	0.8	74.8
其他（请注明）	130	25.2	100.0
总计	515	100.0	

资料来源：课题组"城市化过程中城市新市民（中国农业转移人口——安置民）城市融入问题社会调查"数据。

数据分析结果表明，待业的农业转移人口中主要为客观原因导致，"因身体原因"和"丧失劳动能力"共占47.0%。其中因"合适的工作难找"而待业的也占到17.1%，这表明政府需要在农业转移人口就业方面给予一定的引导支持，建立人才市场对接机制。

经由"是否愿意出去工作"调查数据显示，在调查的506个有效样本中，"非常愿意"占13.4%，"比较愿意"占22.5%，"一般"占15.6%，"比较不愿意"占31.2%，"非常不愿意"占17.2%。具体数据如表5-4所示。

表5-4　　市民化过程中工作意愿的描述统计

题项	频数	有效百分比（%）	累积百分比（%）
非常愿意	68	13.4	13.4
比较愿意	114	22.5	36.0
一般	79	15.6	51.6
比较不愿意	158	31.2	82.8
非常不愿意	87	17.2	100.0
总计	506	100.0	

资料来源：课题组"城市化过程中城市新市民（中国农业转移人口——安置民）城市融入问题社会调查"数据。

数据分析结果表明，在待业人群中，就业意愿较低，"一般"及以下占比74.0%。这一方面与其自身就业能力素质有关，另一方面也是由于缺乏就业信息与指导。政府应当在通过提供相应的就业技能培训的基础上，给予就业指导宣传，提高农业转移人口的就业率，从而提升其生活水平。

在问到目前工作所在的行业时，如表5-5所示，有34.4%的人处于制造业，

18.2%的人处于住宿餐饮服务业，建筑采矿等行业共占47.4%，而其他行业只占了18.9%，这说明这些农业转移人口所从事的工作大都集中在第二、第三产业，职业声望比较低，劳动强度大，技术水平要求低，从职业分层的角度来说应该是处于比较低层的。

表5-5　市民化过程中就业行业分布情况的描述统计

题项	频数	有效百分比（%）	累积百分比（%）
采矿业	408	4.1	4.1
制造业	3 425	34.4	38.5
建筑业	1 533	15.4	53.9
住宿餐饮服务业	1 806	18.2	72.1
批发零售业	891	9.0	81.1
其他	1 884	18.9	100.0
合计	9 947	100.0	100.0

资料来源：课题组"城市流动人口（中国农业转移人口——农民工）三融入（融入企业、融入社区、融入学校）社会调查"数据。

农业转移人口找工作最主要的途径是通过同乡、亲属或朋友的介绍，共占51.0%，然后是用人单位的直接招聘和自我推荐，依次占28.0%、11.0%，而通过报纸等新闻媒体或是职业介绍机构等途径的比例很少，这就说明农业转移人口寻找工作的途径是比较单一的，就业途径往往通过非正式渠道，合法性不强，就业维权难，就业风险较大。具体数据如表5-6所示。

表5-6　市民化过程中求职途径的描述统计

题项	频数	有效百分比（%）	累积百分比（%）
同乡、亲属或朋友	5 088	51.0	51.0
报纸、电视等广告媒体	328	3.3	54.3
政府部门组织	97	1.0	55.3
用人单位直接招聘	2 800	28.1	83.3
职业介绍机构	296	3.0	86.3
自我推荐	1 103	11.1	97.3
其他	266	2.7	100.0
合计	9 978	100.0	

资料来源：课题组"城市流动人口（中国农业转移人口——农民工）三融入（融入企业、融入社区、融入学校）社会调查"数据。

2. 市民化过程中的职业目标定位

经由"工作的安全性"调查数据显示，在调查的985个有效样本中，"非常重要"占53.2%，"比较重要"占35.9%，"一般"占9.0%，"比较不重要"占1.7%，"非常不重要"占0.1%。具体数据如表5-7所示。

表5-7　市民化过程中工作安全重要性认知的描述统计

题项	频数	有效百分比（%）	累积百分比（%）
非常重要	524	53.2	53.2
比较重要	354	35.9	89.1
一般	89	9.0	98.2
比较不重要	17	1.7	99.9
非常不重要	1	0.1	100.0
总计	985	100.0	

资料来源：课题组"城市化过程中城市新市民（中国农业转移人口——安置民）城市融入问题社会调查"数据。

数据分析结果表明，农业转移人口在就业中的安全意识总体较高，"一般"及以上占比98.2%。但光有安全意识还不足以有效保障自身安全，社区仍有必要加强对居民的安全知识和技能的培训与提升，避免、减少在就业过程中的安全事故。

经由"工作条件的舒适性"调查数据显示，在调查的985个有效样本中，认为"非常重要"占16.8%，"比较重要"占45.0%，"一般"占32.2%，"比较不重要"占5.7%，"非常不重要"占0.4%。具体数据如表5-8所示。

表5-8　市民化过程中工作条件舒适度重要性认知的描述统计

题项	频数	有效百分比（%）	累积百分比（%）
非常重要	165	16.8	16.8
比较重要	443	45.0	61.7
一般	317	32.2	93.9
比较不重要	56	5.7	99.6
非常不重要	4	0.4	100.0
总计	985	100.0	

资料来源：课题组"城市化过程中城市新市民（中国农业转移人口——安置民）城市融入问题社会调查"数据。

数据分析结果表明,农业转移人口在就业中对于工作条件的舒适性要求较高,"一般"及以上共占比93.9%。

经由"工作时间有规律"调查数据显示,在调查的984个有效样本中,认为"非常重要"占20.9%,"比较重要"占43.4%,"一般"占29.6%,"比较不重要"占5.7%,"非常不重要"占0.4%。具体数据如表5-9所示。

表5-9 市民化过程中工作时间规律重要性认知的描述统计

题项	频数	有效百分比(%)	累积百分比(%)
非常重要	206	20.9	20.9
比较重要	427	43.4	64.3
一般	291	29.6	93.9
比较不重要	56	5.7	99.6
非常不重要	4	0.4	100.0
总计	984	100.0	

资料来源:课题组"城市化过程中城市新市民(中国农业转移人口——安置民)城市融入问题社会调查"数据。

数据分析结果表明,农业转移人口对工作的实践规律性期望较高,"一般"及以上占93.9%。

经由"管理有章可循,规章制度清晰"调查数据显示,在调查中的984个有效样本中,认为"非常重要"占19.9%,"比较重要"占39.7%,"一般"占32.0%,"比较不重要"占8.2%,"非常不重要"占0.1%。具体数据如表5-10所示。

表5-10 市民化过程中工作管理制度规范重要性认知的描述统计

题项	频数	有效百分比(%)	累积百分比(%)
非常重要	196	19.9	19.9
比较重要	391	39.7	59.7
一般	315	32.0	91.7
比较不重要	81	8.2	99.9
非常不重要	1	0.1	100.0
总计	984	100.0	

资料来源:课题组"城市化过程中城市新市民(中国农业转移人口——安置民)城市融入问题社会调查"数据。

数据分析结果表明，农业转移人口在就业中对管理制度的正规性期望也较高，"一般"及以上占91.7%。

经由"公平竞争、机会平等"调查数据显示，在调查中的985个有效样本中，认为"非常重要"占24.0%，"比较重要"占38.9%，"一般"占30.2%，"比较不重要"占6.6%，"非常不重要"占0.4%。具体数据如表5-11所示。

表5-11　市民化过程中工作机会与竞争公平重要性认知的描述统计

题项	频数	有效百分比（%）	累积百分比（%）
非常重要	236	24.0	24.0
比较重要	383	38.9	62.8
一般	297	30.2	93.0
比较不重要	65	6.6	99.6
非常不重要	4	0.4	100.0
总计	985	100.0	

资料来源：课题组"城市化过程中城市新市民（中国农业转移人口——安置民）城市融入问题社会调查"数据。

数据分析结果表明，农业转移人口对于工作中机会平等性、竞争公平性期望较高，"一般"及以上占93.0%。

经由"工作不劳累（劳动强度大小）"调查数据显示，在调查中的984个有效样本中，认为"非常重要"占14.5%，"比较重要"占30.1%，"一般"占40.9%，"比较不重要"占14.3%，"非常不重要"占0.2%。具体数据如表5-12所示。

表5-12　市民化过程中工作强度重要性认知的描述统计

题项	频数	有效百分比（%）	累积百分比（%）
非常重要	143	14.5	14.5
比较重要	296	30.1	44.6
一般	402	40.9	85.5
比较不重要	141	14.3	99.8
非常不重要	2	0.2	100.0
总计	984	100.0	

资料来源：课题组"城市化过程中城市新市民（中国农业转移人口——安置民）城市融入问题社会调查"数据。

数据分析结果表明，相较于工作中的其他因素，农业转移人口对于工作劳动强度可接受的程度较高。

经由"下班后能有较多的闲暇时间"调查数据显示，在调查中的 985 个有效样本中，认为"非常重要"占 15.9%，"比较重要"占 33.3%，"一般"占 40.3%，"比较不重要"占 10.2%，"非常不重要"占 0.3%。具体数据如表 5-13 所示。

表 5-13　市民化过程中工作闲暇时间重要性认知的描述统计

题项	频数	有效百分比（%）	累积百分比（%）
非常重要	157	15.9	15.9
比较重要	328	33.3	49.2
一般	397	40.3	89.5
比较不重要	100	10.2	99.7
非常不重要	3	0.3	100.0
总计	985	100.0	

资料来源：课题组"城市化过程中城市新市民（中国农业转移人口——安置民）城市融入问题社会调查"数据。

数据分析结果表明，农业转移人口在就业方面对于下班后的闲暇时间期望较高，"一般"及以上占比 89.5%。

经由"能够增加知识积累或提高技能"调查数据显示，在调查中的 984 个有效样本中，认为"非常重要"占 17.4%，"比较重要"占 36.7%，"一般"占 33.8%，"比较不重要"占 11.5%，"非常不重要"占 0.6%。具体数据如表 5-14 所示。

表 5-14　市民化过程中工作技能提升重要性认知的描述统计

题项	频数	有效百分比（%）	累积百分比（%）
非常重要	171	17.4	17.4
比较重要	361	36.7	54.1
一般	333	33.8	87.9
比较不重要	113	11.5	99.4
非常不重要	6	0.6	100.0
总计	984	100.0	

资料来源：课题组"城市化过程中城市新市民（中国农业转移人口——安置民）城市融入问题社会调查"数据。

数据分析结果表明，农业转移人口对于工作能够提供的知识和技能期望较高，这表明社区很有必要提供相应的知识和技能培训。

经由"有更大的发展空间"调查数据显示，在调查中的 985 个有效样本中，认为"非常重要"占 21.6%，"比较重要"占 35.2%，"一般"占 31.1%，"比较不重要"占 11.6%，"非常不重要"占 0.5%。具体数据如表 5-15 所示。

表 5-15　市民化过程中工作发展空间重要性认知的描述统计

题项	频数	有效百分比（%）	累积百分比（%）
非常重要	213	21.6	21.6
比较重要	347	35.2	56.9
一般	306	31.1	87.9
比较不重要	114	11.6	99.5
非常不重要	5	0.5	100.0
总计	985	100.0	

资料来源：课题组"城市化过程中城市新市民（中国农业转移人口——安置民）城市融入问题社会调查"数据。

数据分析结果表明，农业转移人口在就业方面对于有更大的发展空间期望较高，"一般"及以上占比 87.9%。

经由"能够使自己获得成就感"调查数据显示，在调查中的 985 个有效样本中，认为"非常重要"占 20.4%，"比较重要"占 30.7%，"一般"占 35.7%，"比较不重要"占 12.4%，"非常不重要"占 0.8%。具体数据如表 5-16 所示。

表 5-16　市民化过程中工作成就感重要性认知的描述统计

题项	频数	有效百分比（%）	累积百分比（%）
非常重要	201	20.4	20.4
比较重要	302	30.7	51.1
一般	352	35.7	86.8
比较不重要	122	12.4	99.2
非常不重要	8	0.8	100.0
总计	985	100.0	

资料来源：课题组"城市化过程中城市新市民（中国农业转移人口——安置民）城市融入问题社会调查"数据。

数据分析结果表明，农业转移人口在就业方面成就动机较强，"一般"及以上占比 86.8%。

经由"易于建立新的人际关系"调查数据显示,在调查中的 986 个有效样本中,认为"非常重要"占 20.8%,"比较重要"占 34.6%,"一般"占 35.0%,"比较不重要"占 8.8%,"非常不重要"占 0.8%。具体数据如表 5-17 所示。

表 5-17　市民化过程中工作人际关系重要性认知的描述统计

题项	频数	有效百分比(%)	累积百分比(%)
非常重要	205	20.8	20.8
比较重要	341	34.6	55.4
一般	345	35.0	90.4
比较不重要	87	8.8	99.2
非常不重要	8	0.8	100.0
总计	986	100.0	

资料来源:课题组"城市化过程中城市新市民(中国农业转移人口——安置民)城市融入问题社会调查"数据。

数据分析结果表明,农业转移人口在扩大社交方面期望较强,"一般"及以上占比 90.4%。社区应当多举办集体活动,促使农业转移人口在原有社交关系网络基础上拓展人际关系。

经由"能赚更多的钱"调查数据显示,在调查中的 986 个有效样本中,认为"非常重要"占 52.7%,"比较重要"占 32.8%,"一般"占 11.2%,"比较不重要"占 3.2%,"非常不重要"占 0.1%。具体数据如表 5-18 所示。

表 5-18　市民化过程中工资高低重要性认知的描述统计

题项	频数	有效百分比(%)	累积百分比(%)
非常重要	520	52.7	52.7
比较重要	323	32.8	85.5
一般	110	11.2	96.7
比较不重要	32	3.2	99.9
非常不重要	1	0.1	100.0
总计	986	100.0	

资料来源:课题组"城市化过程中城市新市民(中国农业转移人口——安置民)城市融入问题社会调查"数据。

数据分析结果表明,农业转移人口在提高经济收入方面期望最为强烈,认为

"非常重要"占52.7%,"一般"及以上共占96.7%。

经由"能提供较好的社会福利"调查数据显示,在调查中的985个有效样本中,认为"非常重要"占39.9%,"比较重要"占41.0%,"一般"占15.2%,"比较不重要"占3.6%,"非常不重要"占0.3%。具体数据如表5-19所示。

表5-19　　市民化过程中工作福利重要性认知的描述统计

题项	频数	有效百分比(%)	累积百分比(%)
非常重要	393	39.9	39.9
比较重要	404	41.0	80.9
一般	150	15.2	96.1
比较不重要	35	3.6	99.7
非常不重要	3	0.3	100.0
总计	985	100.0	

资料来源:课题组"城市化过程中城市新市民(中国农业转移人口——安置民)城市融入问题社会调查"数据。

数据分析结果表明,农业转移人口在就业中对提高福利方面期望较为强烈,"一般"及以上占比96.1%。

对"您找工作最看重企业的?"这一问题的回答中,主要有三个是农业转移人口比较看重的,工资待遇、个人发展机会和工作的稳定性,它们所占的比例依次为47.4%、14.9%、13.8%,我们可以看出工资待遇是其找工作考虑的一个重要因素,具体数据如表5-20所示。

表5-20　　　　市民化过程中求职取向的描述统计

题项	频数	有效百分比(%)	累积百分比(%)
企业效益	1 136	11.4	11.4
工资待遇	4 726	47.4	58.7
社会保险	502	5.0	63.8
工作环境	413	4.1	67.9
培训机会	140	1.4	69.3
个人发展机会	1 482	14.9	84.2
工作稳定	1 377	13.8	98.0
其他	203	2.0	100.0
总计	9 979	100.0	

资料来源:课题组"城市流动人口(中国农业转移人口——农民工)三融入(融入企业、融入社区、融入学校)社会调查"数据。

3. 市民化过程中的职业强度

在劳动时间的问题上，每个月上 24～28 天班的人所占比例最高，为 63.8%；20～24 天的为 19.0%；28～30 天的为 13.8%；20 天以下的仅占 3.4%。另外，农业转移人口在对平均每个工作日的工作时间进行回答时，有 89.6% 的人工作 8～10 小时，10 小时以上的占 5.5%，8 小时以下的为 4.9%。这说明他们的劳动时间是比较长的，劳动强度也是比较大的。具体数据如表 5-21～表 5-22 所示。

表 5-21　　　　市民化过程中每月上班天数的描述统计

题项	频数	有效百分比（%）	累积百分比（%）
20 天以下	338	3.4	3.4
20～24 天	1 896	19.0	22.4
24～28 天	6 348	63.8	86.2
28～30 天	1 375	13.8	100.0
合计	9 957	100.0	

资料来源：课题组"城市流动人口（中国农业转移人口——农民工）三融入（融入企业、融入社区、融入学校）社会调查"数据。

表 5-22　　　　市民化过程中每日工作时间的描述统计

题项	频数	有效百分比（%）	累积百分比（%）
8 小时以下	484	4.9	4.9
8～10 小时	8 927	89.6	94.6
10～12 小时	95	1.0	95.5
12 小时以上	447	4.5	100.0
合计	9 953	100.0	

资料来源：课题组"城市流动人口（中国农业转移人口——农民工）三融入（融入企业、融入社区、融入学校）社会调查"数据。

对"您每天是否需要完成一定的劳动定额？"的问题，有 55.9% 的受访者回答"不需要"，44.1% 回答"需要"。而完成劳动定额的时间主要集中在 8～10 小时，占 78.8%，10 小时以上的为 5.5%，总的来说，劳动强度还是不算很大的。具体数据如表 5-23 和表 5-24 所示。

表 5-23　市民化过程中每天是否需要完成一定的劳动定额情况的描述统计

题项	频数	有效百分比（%）	累积百分比（%）
不需要	5 570	55.9	55.9
需要	4 395	44.1	100.0
合计	9 965	100.0	

资料来源：课题组"城市流动人口（中国农业转移人口——农民工）三融入（融入企业、融入社区、融入学校）社会调查"数据。

表 5-24　市民化过程中完成每天劳动定额所需时间情况的描述统计

题项	频数	有效百分比（%）	累积百分比（%）
8 小时以下	647	15.6	15.6
8～10 小时	3 261	78.8	94.5
10～12 小时	37	0.9	95.4
12 小时以上	191	4.6	100.0
总计	4 136	100.0	

资料来源：课题组"城市流动人口（中国农业转移人口——农民工）三融入（融入企业、融入社区、融入学校）社会调查"数据。

在被访的农业转移人口中，有75.2%的有加过班，但是从表5-25数据可以看到，只有57.3%的有支付加班工资，22.1%的没有得到过加班工资，6.8%不清楚，这说明有些企业没有按相关法律法规要求支付其加班工资，也间接地说明了一部分农业转移人口缺乏相关方面的知识。具体数据如表5-25和表5-26所示。

表 5-25　市民化过程中加班情况的描述统计

题项	频数	有效百分比（%）	累积百分比（%）
没有	2 465	24.8	24.8
有	7 479	75.2	100.0
合计	9 944	100.0	

资料来源：课题组"城市流动人口（中国农业转移人口——农民工）三融入（融入企业、融入社区、融入学校）社会调查"数据。

表 5-26　市民化过程中按规定支付加班工资情况的描述统计

题项	频数	有效百分比（%）	累积百分比（%）
有	4 250	57.3	57.3
没有	1 637	22.1	79.4
没有，但有补休	1 026	13.8	93.2
不清楚	502	6.8	100.0
总计	7 415	100.0	

资料来源：课题组"城市流动人口（中国农业转移人口——农民工）三融入（融入企业、融入社区、融入学校）社会调查"数据。

4. 市民化过程中的职业服务获得

　　就业服务方面，在"您在就业服务机构中得到过哪些就业服务（可多选）"的回答中，有35.2%的人没有得到过服务，只有30.6%得到过相关的职业培训（见表5-27），而得到过就业咨询和就业信息服务的仅占了很小的一部分，这就说明农业转移人口群体在就业时获取的信息和得到的服务类型严重不足，而且服务形式单一，质量不高。

表 5-27　市民化过程中就业服务获得情况的描述统计

题项	频数	响应百分比（%）	个案百分比（%）
就业服务——职业培训	3 833	30.6	38.5
就业服务——工作介绍	1 756	14.0	17.6
就业服务——就业咨询	1 029	8.2	10.3
就业服务——就业信息	1 258	10.0	12.6
就业服务——没有	4 406	35.2	44.3
就业服务——其他	241	1.9	2.4
总计	12 523	100.0	125.8

资料来源：课题组"城市流动人口（中国农业转移人口——农民工）三融入（融入企业、融入社区、融入学校）社会调查"数据。

　　在问及"是否接受过技能培训"时，42.4%的人回答"有"，57.6%的人回答"没有"，具体数据如表5-28所示。

表5-28　　　　市民化过程中是否接受培训情况的描述统计

题项	频数	有效百分比（%）	累积百分比（%）
有	4 213	42.4	42.4
没有	5 728	57.6	100.0
合计	9 941	100.0	

资料来源：课题组"城市流动人口（中国农业转移人口——农民工）三融入（融入企业、融入社区、融入学校）社会调查"数据。

参加培训的原因选择对个人发展有帮助的比例为55.2%，有利于找工作的和因为培训免费或费用低的分别为21.9%、17.5%，其他的为5.3%（见表5-29）。这说明大部分农业转移人口已具备提高个人劳动素质的意识。

表5-29　　　　市民化过程中参与培训原因的描述统计

题项	频数	有效百分比（%）	累积百分比（%）
免费或费用低	978	17.5	17.5
有利于找工作	1 220	21.9	39.4
对个人发展有帮助	3 078	55.2	94.7
其他	298	5.3	100.0
合计	5 574	100.0	

资料来源：课题组"城市流动人口（中国农业转移人口——农民工）三融入（融入企业、融入社区、融入学校）社会调查"数据。

在这些接受过培训的农业转移人口中，有37.7%的人接受了安全常识的培训，有34.4%的人接受了专业技能培训，而像法律知识之类的培训所占比例比较少，这说明农业转移人口的劳动素质可能得到了一定提高，但是培训的内容还是比较单一的。具体数据如表5-30所示。

表5-30　　　　市民化过程中培训内容的描述统计

题项	频数	响应百分比（%）	个案百分比（%）
培训内容——安全常识	4 159	37.7	73.5
培训内容——专业技能	3 801	34.4	67.2
培训内容——法律知识	627	5.7	11.1
培训内容——职业道德规范	2 307	20.9	40.8

续表

题项	频数	响应百分比（%）	个案百分比（%）
培训内容——其他	152	1.4	2.7
总计	11 046	100.0	195.2

资料来源：课题组"城市流动人口（中国农业转移人口——农民工）三融入（融入企业、融入社区、融入学校）社会调查"数据。

农业转移人口接受培训的地方主要是在所在的企业，这说明农业转移人口接受的培训更多为在职培训，而就业前的培训就相对较少了。具体数据如表5-31所示。

表5-31　　市民化过程中接受培训地点的描述统计

题项	频数	有效百分比（%）	累积百分比（%）
家乡	365	6.5	6.5
所在企业	4 158	74.0	80.5
务工地所在城市	923	16.4	97.0
其他	170	3.0	100.0
合计	5 616	100.0	

资料来源：课题组"城市流动人口（中国农业转移人口——农民工）三融入（融入企业、融入社区、融入学校）社会调查"数据。

经由"社区是否帮助"调查数据显示，选择"是"的占比8.0%，选择"否"的占比92.0%。具体数据如表5-32所示。

表5-32　　市民化过程中社区帮助行为的描述统计

题项	频数	有效百分比（%）	累积百分比（%）
是	30	8.0	8.0
否	344	92.0	100.0
总计	374	100.0	

资料来源：课题组"城市化过程中城市新市民（中国农业转移人口——安置民）城市融入问题社会调查"数据。

数据分析结果表明，农业转移人口在就业过程中得到的社区帮助非常有限，这一方面是由于农业转移人口在就业过程中过于依赖已有亲友关系，另一方面也表明社区建设滞后，无法在农业转移人口就业方面有效发挥作用。

5. 市民化过程中的职业保障

在"最近一年内,您的工资有没有被拖欠过"的问题中,有10.8%的农业转移人口回答说有(见表5-33),虽然这个比例不是特别大,但是还是可以看出,为了维护其合法权益,拖欠农业转移人口工资的问题是一个亟待解决的问题。

表5-33　市民化过程中工资拖欠情况的描述统计

题项	频数	有效百分比(%)	累积百分比(%)
没有拖欠	8 860	89.2	89.2
有拖欠	1 077	10.8	100.0
合计	9 937	100.0	

资料来源:课题组"城市流动人口(中国农业转移人口——农民工)三融入(融入企业、融入社区、融入学校)社会调查"数据。

在工资的确定上,只有34.7%和5.6%的农业转移人口分别是通过"劳动合同协定"和由"工会与企业协商决定"的方式,而"完全由企业决定"的占40.4%(见表5-34),这可能和其对相关法律的了解程度以及维权意识相对比较薄弱有关系。

表5-34　市民化过程中工资标准确定方式的描述统计

题项	频数	有效百分比(%)	累积百分比(%)
完全由企业决定	4 022	40.4	40.4
工会与企业协商决定	557	5.6	46.0
口头约定	1 033	10.4	56.4
劳动合同协定	3 452	34.7	91.1
其他	298	3.0	94.1
不清楚	591	5.9	100.0
合计	9 953	100.0	

资料来源:课题组"城市流动人口(中国农业转移人口——农民工)三融入(融入企业、融入社区、融入学校)社会调查"数据。

在问及"是否属于劳务派遣用工"时,78.4%的人回答"不是",有21.6%的人回答"是",而在问及"劳务派遣用工与正式职工有什么不同"时,认为"福利待遇"不同的比例最高,占28.5%;其次是"工资水平";选择"社会保险"和"发展机会"的也占了相当大的比例。这说明农业转移人口在就业的过程中会受到一定程度的就业歧视,存在就业发展机会不均等的情况。具体数据如表5-35和表5-36所示。

表5-35　市民化过程中是否属于劳务派遣用工的描述统计

题项	频数	有效百分比(%)	累积百分比(%)
否	7 795	78.4	78.4
是	2 146	21.6	100.0
合计	9 941	100.0	

资料来源:课题组"城市流动人口(中国农业转移人口——农民工)三融入(融入企业、融入社区、融入学校)社会调查"数据。

表5-36　市民化过程中劳务派遣用工与正式职工差异情况的描述统计

题项	频数	响应百分比(%)	个案百分比(%)
与正式职工不同——工资水平	1 219	24.9	58.0
与正式职工不同——福利待遇	1 397	28.5	66.5
与正式职工不同——民主权利	401	8.2	19.1
与正式职工不同——社会保险	967	19.7	46.0
与正式职工不同——发展机会	771	15.7	36.7
与正式职工不同——其他	148	3.0	7.0
合计	4 903	100.0	233.3

资料来源:课题组"城市流动人口(中国农业转移人口——农民工)三融入(融入企业、融入社区、融入学校)社会调查"数据。

根据农业转移人口对"您在本企业有没有签订过劳动合同"的回答,74.5%回答"有",25.5%回答"没有",从这可以看出,劳动合同的签约率不是很高。另外在签订过合同的人中,84.3%是在3年以下的,其中1年以下的占了24.6%,这些表明劳资关系中存在着不公平,劳动关系的稳定性不强。具体数据详见表5-37和表5-38所示。

表5-37　市民化过程中劳动合同签订情况的描述统计

题项	频数	有效百分比(%)	累积百分比(%)
没有	2 539	25.5	25.5
有	7 414	74.5	100.0
合计	9 953	100.0	

资料来源:课题组"城市流动人口(中国农业转移人口——农民工)三融入(融入企业、融入社区、融入学校)社会调查"数据。

表 5-38   市民化过程中劳动合同期限的描述统计

题项	频数	有效百分比（%）	累积百分比（%）
6 个月以下	279	3.8	3.8
6 个月以上 1 年以下	1 530	20.8	24.6
1~3 年	4 398	59.7	84.3
3~10 年	390	5.3	89.6
10 年以上	94	1.3	90.9
无固定期限	672	9.1	100.0
合计	7 363	100.0	

资料来源：课题组"城市流动人口（中国农业转移人口——农民工）三融入（融入企业、融入社区、融入学校）社会调查"数据。

在对"您觉得签订劳动合同的重要性"的问题进行回答时，有 74.4% 的农业转移人口认为签订合同很重要，只有 3.4% 认为不重要，这说明农业转移人口逐渐树立了维护自己权益的意识。具体数据如表 5-39 所示。

表 5-39   市民化过程中签订劳动合同重要性认知的描述统计

题项	频数	有效百分比（%）	累积百分比（%）
重要	7 400	74.4	74.4
一般	2 209	22.2	96.6
不重要	334	3.4	100.0
合计	9 943	100.0	

资料来源：课题组"城市流动人口（中国农业转移人口——农民工）三融入（融入企业、融入社区、融入学校）社会调查"数据。

6. 市民化过程中的职业满意度

在对工资水平的满意度上，20.5% 的被访者表示满意，61.4% 表示满意度一般，18.2% 表示不满意，具体数据如表 5-40 所示。

表 5-40   市民化过程中企业工资水平满意度的描述统计

题项	频数	有效百分比（%）	累积百分比（%）
满意	2 035	20.5	20.5
一般	6 093	61.4	81.8

续表

题项	频数	有效百分比（%）	累积百分比（%）
不满意	1 803	18.2	100.0
合计	9 931	100.0	

资料来源：课题组"城市流动人口（中国农业转移人口——农民工）三融入（融入企业、融入社区、融入学校）社会调查"数据。

在对福利待遇的满意度上，21.7%的被访者表示满意，57.1%表示满意度一般，21.2%表示不满意，具体数据如表5-41所示。

表5-41　市民化过程中企业福利待遇满意度的描述统计

题项	频数	有效百分比（%）	累积百分比（%）
满意	2 157	21.7	21.7
一般	5 666	57.1	78.8
不满意	2 107	21.2	100.0
合计	9 930	100.0	

资料来源：课题组"城市流动人口（中国农业转移人口——农民工）三融入（融入企业、融入社区、融入学校）社会调查"数据。

在对企业管理方式的满意度上，26.1%的被访者表示满意，61.1%表示满意度一般，12.8%表示不满意，具体数据如表5-42所示。

表5-42　市民化过程中企业管理方式满意度的描述统计

题项	频数	有效百分比（%）	累积百分比（%）
满意	2 585	26.1	26.1
一般	6 060	61.1	87.2
不满意	1 273	12.8	100.0
合计	9 918	100.0	

资料来源：课题组"城市流动人口（中国农业转移人口——农民工）三融入（融入企业、融入社区、融入学校）社会调查"数据。

在对工作环境的满意度上，30.0%的被访者表示满意，56.5%表示满意度一般，13.5%表示不满意，具体数据如表5-43所示。

表 5-43　市民化过程中企业工作环境满意度的描述统计

题项	频数	有效百分比（%）	累积百分比（%）
满意	2 979	30.0	30.0
一般	5 609	56.5	86.5
不满意	1 340	13.5	100.0
合计	9 928	100.0	

资料来源：课题组"城市流动人口（中国农业转移人口——农民工）三融入（融入企业、融入社区、融入学校）社会调查"数据。

在对企业劳动关系的满意度上，25.1%的被访者表示满意，62.8%表示满意度一般，12.1%表示不满意，具体数据如表 5-44 所示。

表 5-44　市民化过程中企业劳动关系满意度的描述统计

题项	频数	有效百分比（%）	累积百分比（%）
满意	2 487	25.1	25.1
一般	6 221	62.8	87.9
不满意	1 194	12.1	100.0
合计	9 902	100.0	

资料来源：课题组"城市流动人口（中国农业转移人口——农民工）三融入（融入企业、融入社区、融入学校）社会调查"数据。

在对升迁机会的满意度上，15.8%的被访者表示满意，61.4%表示满意度一般，22.7%表示不满意，具体数据如表 5-45 所示。

表 5-45　市民化过程中企业升迁机会满意度的描述统计

题项	频数	有效百分比（%）	累积百分比（%）
满意	1 565	15.8	15.8
一般	6 066	61.4	77.3
不满意	2 244	22.7	100.0
合计	9 875	100.0	

资料来源：课题组"城市流动人口（中国农业转移人口——农民工）三融入（融入企业、融入社区、融入学校）社会调查"数据。

综上所述，农业转移人口对企业和职业的满意度处于一般的水平，有相当一部分人对企业所提供的工资待遇等是不满意的。

（三）中国农业转移人口市民化过程中经验研究发现及其结论

根据以上课题组数据分析，将从中国农业转移人口市民化过程中就业现状、求职方面、就业意向与维权方面进行探讨。

在就业现状方面，根据数据可知，处于"待业"状态的农业转移人口接近一半，这意味着有很大一部分的农业转移人口处于失业的边缘，其一方面是因病所致，另一方面是由于市场竞争环境下，农业转移人口缺乏竞争优势，难以找到合适工作，再加上就业信息与指导的缺乏，这进一步使得待业农业转移人口的就业意愿较低。政府应当在提供相应的就业技能培训的基础上，给予就业指导宣传，提高农业转移人口的就业率，从而提升其生活水平。有过职业转换的农业转移人口的最初职业与现在的职业之间存在显著的差异。

在求职方面，中国农业转移人口找工作渠道相对单一，往往通过非正式渠道，合法性低，维权难，其权利往往难以得到保障，其自身的受教育程度直接影响工作岗位的获得。农业转移人口不仅在就业过程中遇到歧视和发展机会不均等的情况，而且存在经济、生活、工作等各方面的不平等待遇。同时，在就业过程中，社区的帮助非常有限，这一方面与农业转移人口在就业过程中过于依赖亲友关系相关，另一方面也表明需要加强社区建设，将农业转移人口融入社区作为重要社会建设内容。

在就业意向与维权方面，农业转移人口极少签有固定期限的劳动合同，大多是临时散工，其权利意识淡薄，法律知识不足，导致其很难有效维护自身正当权益，但现阶段农业转移人口的维权意识正在逐渐树立。农业转移人口对工作安全性、工作舒适度、工作时间规律性、管理制度正规性、机会与竞争公平性、工作之余有闲暇时间、知识和技能获得、发展空间、工作成就感、工作人际关系、工作福利、相应正规培训这类工作条件都有较高的期望值，但对较高的工作强度包容度较高。现阶段农业转移人口对企业和职业的满意度处于一般的水平，有相当一部分人对企业所提供的工资待遇等是不满意的。

二、农业转移人口市民化的市场过程：实现条件、动力机制及其制约因素

（一）中国农业转移人口市民化的市场实践的实现条件

20世纪80年代，在工业化与城市化的相互驱动下，中国农业转移人口进入城市。首先，尽管原有制度壁垒逐渐松散，但农业转移人口在城市劳动力市场中

依旧是弱势群体，加快户籍制度改革，健全就业市场制度势在必行，同时，需要提供机会均等、要素自由流动的制度动力才能有序推进市民化。① 其次，农业转移人口进入城市后，由于自身技能不足，往往以建筑业、服务业等行业的非正规就业形式就业，因此，需要进一步完善其职业技能培训制度，优化农业转移人口自身资本禀赋，增强市场竞争力。最后，深化农地改革制度，加快"三权分置"改革，使农业转移人口的农村土地得到有效利用，提高收入。②

（二）中国农业转移人口市民化的市场实践的动力机制

从宏观上看，工业化是农村剩余劳动力向城市转移的驱动力；从微观上看，收入与就业机会的差异是吸引农业转移人口的直接经济动因。③但随着社会经济发展与社会变迁，最初的农户家庭资源禀赋和农业转移人口进城动因发生了变化，如今，新生代农业转移人口的流动目的不仅是提高收入，更是为了职业技能获得和寻求优质发展机会，他们已成为我国产业工人主体，对城市社会融入和城市社会身份认同提出了更高的要求。④

（三）中国农业转移人口市民化的市场实践的制约因素

罗元青指出农业转移人口市民化目前面临着结构困境、素质困境和社会困境。⑤徐锡广认为农业转移人口市民化处于"半城镇化"状态的成因在于制度障碍、政策执行机制局限、个人资本禀赋差异。⑥陈刚指出当前农业在转移人口市民化过程中存在歧视性就业政策和落户门槛。⑦曾迪洋认为当前中国粗放型城镇化模式中，体制优势仍是获利关键，流动人口与本地居民之间的差距本质上应归咎于国家的体制保护。⑧梁玉成表示中国社会存在体制上的劳动力商品化福利政策的二元分割现象，就业时存在以户口为由、征收就业费用为主的政策性就业歧视。⑨综上可知，中国农业转移人口市民化市场实践中面临的是政策体制排斥忽视、市场竞争力弱、社会资源匮乏、社会歧视与偏见的困境。

---

①⑤ 罗元青、刘珺、胡民：《基于二元经济转换的整体视角探寻农业转移人口市民化动力》，载于《农村经济》2019年第8期。

②③⑥ 徐锡广、申鹏：《经济新常态下农民工"半城镇化"困境及其应对》，载于《贵州社会科学》2017年第4期。

④ 张永丽、王博：《农民工内部分化及其市民化研究》，载于《经济体制改革》2016年第4期。

⑦ 陈刚：《流动人口进入对本地劳动力市场的影响》，载于《经济学动态》2016年第12期。

⑧ 曾迪洋：《国家还是市场：城镇化进程中流动人口的市场转型偏好》，载于《社会》2016年第36期。

⑨ 梁玉成：《市场转型过程中的国家与市场——一项基于劳动力退休年龄的考察》，载于《中国社会科学》2007年第5期。

三、社会质量、可持续生计与市民化：中国市民化实践过程与市民化困境

加快农业转移人口市民化，是推进以人为核心的新型城镇化的首要任务，是破解城乡二元结构的根本途径，是扩内需、调结构的重要抓手。[1] 近年来我国政府不断放松对人口流动的限制，大量农村劳动力流入城镇，城镇化进程不断加快，劳动力市场异质性不断提高，不同社会群体之间的收入分配格局有了新变化。为了避免农村移民在生活上与当地居民隔离、在经济上成为"城市贫民"[2]，如何促进农业转移人口就业并积极融入城市生活就成为一个重要的课题。

（一）市民化过程，是处于脆弱性风险之中，还是建构了可持续生计框架

中国农业转移人口市民化过程中，是享受了社会经济安全与社会经济保障？中国农业转移人口是具有很好的职业稳定性，且从事的是正规工作，还是从事非正式就业，处于各种脆弱性风险之中？

中国农村土地改革带来的农村劳动力人口的大量过剩，工业化发展带来的非农就业机会大量增加以及经由廉价的劳动力降低工业化成本的经济动因，带来了农村劳动力"离土又离乡"的大规模跨区域流动就业，出现了农村劳动力"候鸟"型转移模式，在较长时期内保证了城市工业化发展中的低价劳动力的有效供给。可持续生计的基础是就业问题，没有稳定的就业和体面的工作，没有提升就业能力，获得稳定的资产以及安全的生活环境，实现中国农业转移人口市民化的方案都将无效。

1. 市民化过程中劳动力市场歧视、待遇差异与收入不平等

在中国农业人口市民化过程中，劳动力市场结构中存在身份的歧视性标签，导致待遇差异和收入不平等。一是社会保障和工作机会的缺失。李培林、李炜等学者认为，理论上的户口农转非对农业转移人口是开放的，但实际上获得城镇户口的人非常具有选择性，数量也很少。农业转移人口没有当地（非农）户口，就无法获得当地政府的津贴、福利以及较好的工作机会。二是收入差距与报酬不平等。在实地调查中发现，在农业转移人口与本地城镇工人间存在的各种差别待遇

---

[1] 《国务院关于实施支持农业转移人口市民化若干财政政策的通知》，中国网，2017 年 8 月 23 日。
[2] Cerrutti Marcela, Rodolfo Bertoncello. *Urbanization and Internal Migration Patterns in Latin America*［R］. Conference on African Migration on Comparative Perspectives, 2003（6）.

中，最明显的是收入差距，其每周比城镇当地工人平均多工作 8 个小时，收入却只有当地居民的 68%。[①] 三是劳动力市场中的污名化标签与身份歧视。有学者通过对农业转移人口的社会调查（实证研究）发现，农业转移人口在城镇劳动力市场中，很容易被贴上歧视性标签，直接导致了报酬上的不平等。孟昕和张俊森等学者依据职业分析收入不平等的来源，发现农业转移人口和城镇工人间大部分收入差距是由相同职业内不同的工资待遇造成的，而且这种职业内收入差异无法被可观测到的个体特征差异所解释，他们由此断定对农业转移人口存在着身份歧视[②]。

2. 基于户籍身份的城市劳动力市场制度设置、职业地位获得与融入困境

也有学者认为户籍制度直接带来的"农业转移人口身份"本身不会带来农业转移人口与城镇职工的收入差距，而是会通过基于户籍制度的城市劳动力市场制度设置扩大其收入差距，如城镇劳动力市场的结构性分割阻止其进入待遇较好的部门和职业。[③] 农业转移人口在城市工作，但大部分从事的是那些城镇当地工人不愿从事的低技术含量、甚至具潜在危险性的体力工作，户籍制度将其束缚在"脏、累、险"的岗位上[④]，严重影响了他们的职业获得和地位晋升。此外，有些地方政府还会制定规则保护本地居民就业，如规定企业必须遵守"城市工人优先于农村工人"和"本地工人优先于外来工人"的雇佣原则[⑤]，此举无疑大幅度提高了流转农民在劳动力市场中的准入门槛。因此我们可以说，拥有城镇户口的劳动者在从事职业和工作单位上都具有明显优势，不仅几乎垄断了主要劳动力市场上的就业，而且在次要劳动力市场中也处于有利地位[⑥]。在谢桂华看来，城市中农业转移人口和城市工人的劳动力市场在趋于融合，而城市劳动力政策只是在劳动准入方面限制了其进入，并未影响到企业内部农业转移人口的工资分配机制，农业转移人口和城市工人之间的收入差异主要来源于社会保障，福利在城乡收入差异中起到了决定性作用，即影响在职农业转移人口在经济地位上融入城市

---

① 李培林、李炜：《农民工在中国转型中的经济地位和社会态度》，载于《社会学研究》2007 年第 3 期。

② Xin Meng, Junsen Zhan. The Two-Tier Labor Market in Urban China: Occupational Segregation and Wage Differentials between Urban Residents and Rural Migrants in Shanghai [J]. *Journal of Comparative Economics*, 2001 (29): 485-504.

③ C. Cindy Fan. The Elite, the Natives, and the Outsiders: Migration and Labor Market Segmentation in Urban China [J]. *Annals of the Association of American Geographers*, 2002: 103-124.

④ 蔡昉、都阳、王美艳：《户籍制度与劳动力市场保护》，载于《经济研究》2001 年第 12 期。

⑤ 谢桂华：《农民工与城市劳动力市场》，载于《社会学研究》2007 年第 5 期。

⑥ 乔明睿、钱雪亚、姚先国：《劳动力市场分割、户口与城乡就业差异》，载于《中国人口科学》2009 年第 1 期。

生活的主要因素是基于其户籍身份的城市社会保障制度。①

3. 市民化过程中"身份型"分割的劳动力市场扭曲与收入不平等

冯涛和罗小伟从"身份型"分割视角研究劳动力市场扭曲对收入差距的影响作用，并首次提出了我国劳动力市场存在着"非农"与"农"、"垄断"与"非垄断"、"国有"与"非国有"、"本地"与"外地"四类"身份"分割。且因为农村地区市场化程度低，劳动要素选择机会少，"身份"型分割扭曲明显，少部分群体利用"身份"特权攫取资源收入的情况更容易发生，导致了收入分配不均的状况更加明显。②

4. 市民化过程中劳动力市场融入与职业地位获得的影响因素

中国农业转移人口在市民化的市场过程中处于城乡二元差异下机会结构不平衡、社会网络单一、资源分配不公的弱势地位，其市场融入过程依靠的是市场排斥下的弱劳动力联系，排斥性壁垒使得农业转移人口只能从事边缘性就业，在这样的孤岛经济效应下将导致进一步的贫困化加剧、社会分割与社会空间排斥。

（1）城乡二元差异下的机会结构、社会网络与资源分配。

有学者把农业转移人口收入低的原因归结于其个人人力资本特征，例如教育水平、劳动技能、工作经验等。吴晓刚、张卓妮认为教育是最重要的影响因素，农业转移人口普遍在农村接受教育③，且近80%的人教育程度在初中及以下，城乡地区间不平衡的机会结构，尤其是教育机会的巨大不平等，是导致农业转移人口被隔离在低端职业从而影响其收入的重要原因。④ 辜胜阻认为农业转移人口自发性大，分散性高，组织化程度低，他们的社会网络大多是依靠地缘、亲缘关系建立起来的，而现代社会的社会网络更多地建立在业缘、学缘的基础之上，使人们的社会关系更多地交织、重叠，从而延伸的范围更加广阔。个体分散经营的农业生产使其社会网络过于单一，进入城市后与城镇居民复杂的社会网络资源相碰撞，调查表明：近90%的农业转移人口是通过亲友介绍或帮带等自发方式进行的。虽然一些城市中通过地缘、亲缘关系成立的诸如"老乡会"等组织在农业转移人口生活中发挥着相当的作用，但由于法律制度的不完善和缺少正式的组织依托，农业转移人口自身很难形成相对稳定和广阔的社会网络，组织化程度低。缺少组织协调的农业转移人口在关系到自己权益的谈判、交涉中往往处于不利地位，面对着多种资源的错位和供给的不足，农业转移人口在生活困难时往往只能

---

① 谢桂华：《农民工与城市劳动力市场》，载于《社会学研究》2007年第5期。
② 冯涛、罗小伟：《劳动力市场扭曲与收入差距研究——基于"身份"型社会视角》，载于《经济管理》2015年第4期。
③ 田明：《农业转移人口空间流动与城市融入》，载于《人口研究》2013年第4期。
④ 吴晓刚、张卓妮：《户口、职业隔离与中国城镇的收入不平等》，载于《中国社会科学》2014年第6期。

利用自己有限的能力进行救济。他们既不能参与城市的资源分配，也不能有效地维护与保障自己应有的社会权益，处于城市生活中的弱势地位。①②

除了关注户籍制度及城乡二元差异，也有一些学者探讨了相关的一些问题。田明把农业转移人口和企业放置在整个经济环境、社会环境中，分析认为企业制度用工非正规、农业转移人口与当地社会的隔离造成了政府监管缺位、社会监督失灵，农业转移人口正当权益得不到保障③；张卓妮、吴晓刚利用大样本、高质量的全国性数据，从地区差异宏观角度研究中国的不平等状况，检验了县区内收入不平等的决定模式，特别关注了农村劳动力流动和收入不平等程度之间的关系，以及这种关系在市辖区、县级市和县之间的差别，指出研究中国农业人口流动与不平等地区差异的关系，应该从迁入、迁出两个角度分析农业人口流动过程，并将城乡二元劳动力市场分割考虑进来④。吴翠萍等认为非农再就业中的女性多处于"五低"的状态，即技术含量低、工资待遇低、职业地位低、就业自主性低、工作稳定性低。她们的低就业质量、隐性失业或无业，相比以往会造成更大家庭压力和社会压力。⑤⑥

（2）市场排斥下的弱劳动力联系、排斥性壁垒与边缘性就业。

我们需要进一步关注中国农业转移人口是否能在城市中享有稳定的工作和体面的经济收入，是否遭受了基于劳动力市场的社会排斥。市场排斥大都体现为以经济排斥为主，市场排斥主要体现为劳动力市场排斥（是否能进入劳动力市场、兴办企业），表现为被排斥出劳动力市场，从事没有指望的长期失业、临时的或不安全的就业；也表现为劳动力市场内部的排斥，即从事的不是"好"工作，而是"差"工作，⑦是缺少职业培训和保护的边缘性工作，从事非正式甚至非法、不稳定、高风险、低收入的工作，从事累、苦、脏的工作。⑧也体现为处于一种弱劳动力联系，不能有效获取市场信息，在就业市场中，由于缺少进入正规部门的门槛和资格条件，只能进入非正规部门，从事非正规就业，从而被排斥在正规的劳动力市场之外，加剧了劳动力市场的社会排斥。体制外劳动力市场运作的逻

---

① 辜胜阻、郑凌云、易善策：《新时期城镇化进程中的农民工问题与对策》，载于《中国人口·资源与环境》2007年第17卷第1期。
②⑥ 潘泽泉：《国家调整农民工社会政策研究》，中国人民大学出版社2014年版。
③ 田明：《进城农民工的高流动性及其解释》，载于《清华大学学报》（哲学社会科学版）2013年第5期。
④ 张卓妮、吴晓刚：《农村劳动力迁移与中国工资收入不平等的地区差异：来自2005年全国人口抽样调查的证据》，载于《人口与发展》2010年第1期。
⑤ 吴翠萍：《失地农民中的女性再就业研究——一个城郊村落的个案呈现》，载于《人口与发展》2013年第5期。
⑦ 陈树强：《社会排斥：对社会弱势群体的重新概念化》，2005年6月，http://www.sociology.cass.cn。
⑧ 潘泽泉：《农民工融入城市的困境：市场排斥与边缘化研究》，载于《天府新论》2008年第4期。

辑之一体现在:"市场通常对所有来者都开放,但那些不具有成员资格的人在市场中是最脆弱和不受保护的……他们往往容易被排除在共同体的安全和福利供应之外……他们在集体中总是没有保障的位置,总是处于被驱逐,处于一种无穷无尽的危险状态。"①②

劳动力市场的排斥性壁垒就不可能被消除,户籍制度限定了农业转移人口大多只能从事"次级劳动力市场"③。"劳动力市场灵活性政策就是创造那些报酬或保障均较低的工作,新创造的工作被看作'边缘的'而不是'正规的'就业,后者有持续就业的预期,有进行培训和获得内部晋升的机会,而且受到就业保护。但是'边缘'就业或多或少缺乏这些特性,他们可能报酬很低。在这方面,社会排斥是一个相对性的概念,如果就业扩张是以扩大收入水平最低的人与有平均收入水平的人之间的差距为代价,那么,社会排斥就不会结束。"④ 正是这种边缘的就业,正是缺少进入正规部门的门槛和资格条件,也正是流动人口在城市中不具合法的就业、定居身份,流动人口的就业就只能集中在"非正规部门",从事"非正规就业"。⑤

(3) 孤岛经济效应下的贫困化加剧、社会分割与社会空间排斥。

非正规部门与非正式工作往往容易带来贫困和孤岛经济效应,意味着缺乏发展的机会、信息贫乏、信息的贫乏和分化、与主流社会脱节,被技术和信息社会抛弃,处于一种贫困化不断加剧的境况中,导致弱信息、弱发展机会、弱资源的再生产性。威尔森在其贫穷集中理论中指出,由于有工作的中产阶层的迁出,使得集中在旧城区的大量失业者和穷人缺少与就业者的联系。这样,失业者的社会网络结构呈现单一化的趋势,与主流社会交流和联系的机会减少,尤其是缺乏就业的信息和机会,导致弱劳动力联系,进一步恶化了失业者再就业的可能性。莫瑞斯和加利称这种现象为社会分割或社会网络分割,威尔森称之为社会孤立。由于失业者和穷人集中,且与主流社会脱离,使得整个地方社区也逐步衰败,形成社会空间排斥,而这种空间排斥反过来又影响个人层面上的社会排斥。比如,居住于被排斥社区中的个人,无论他们的个人特征如何,都会遭受"地方歧视"。斯尼兹和罗森伯格对美国布鲁克林的红地角街区的研究发现,由于歧视以及缺乏联系,即便是当地的私人企业主也不会雇用这个街区的居民。⑥⑦

---

① 迈克尔·沃尔泽著,诸松燕译:《正义诸领域:为多元主义和平等一辩》,译林出版社2002年版,第32页。
②⑤⑦ 潘泽泉:《国家调整农民工社会政策研究》,中国人民大学出版社2014年版,第294页。
③ 李培林:《农民工:中国进城农民工的经济社会分析》,社会科学文献出版社2003年版,第78页。
④ 托尼·阿特金森著,丁开杰编译:《社会排斥、贫困和失业》,载于《经济社会体制比较》2005年第3期。
⑥ 曾群:《失业与社会排斥》,载于《社会学研究》2004年第3期。

中国城市流动人口由于中国长期以来的户籍政策以及城乡二元分割政策长期被城市所区隔和另类标签。以户口制度为基础形成的城乡二元社会结构使城市劳动力市场被人为地分割为正式市场和非正式市场，高度区隔的劳动力市场导致了严重的就业限制，绝大多数流动城市流动人口只能在非正式市场寻找就业机会，从事的是城市人不愿干的"脏、累、粗"工作。同时这种高度区隔的劳动力市场大量存在用人单位侵害城市流动人口取得合理劳动报酬的权利。流动人口同样也是处于这种困境，由于流动人口在城市边缘区、老城区的集中，且与城市主流社会脱离，使得自己的生活半径局限在自己的、具有同质性的空间中，形成空间排斥。而这种空间排斥反过来又影响了个人层面上的社会排斥，而且，由于社会分割或社会孤立的原因，流动人口无法融入城市主流社会，获得的有效社会支持不多，可以创造例外的社会流动的机会比较少，所获得的信息也就只是局限在寄寓在同一个空间的老乡圈子里，具有信息的同质性，且信息质量不高，只能获得过剩的工作信息和市场，不利于职业的流动，而且在地位获得中，难以联结不同的等级地位层次，很难获得一种地位资源的累积，更不用说实现一种地位的向上流动。[①]

（二）市民化过程，是走向社会排斥，还是实现了社会整合

中国农业转移人口在市民化过程中，面对的是一个包容性的社会？或者是一个社会整合和社会凝聚度高的社会？还是一个处于社会隔离、社会孤立、社会网络的排斥性与污名化的社会？

1. 社会排斥的理论范式与历史话语

社会排斥概念源于René Lenoir，其对象（受排斥者）包括"精神和身体残疾者、自杀者、老年患者、受虐儿童、药物滥用者、越轨者、单亲父母、多问题家庭、边缘人、反社会的人和社会不适应者"[②]，这些人"不仅生活拮据，而且受到社会排斥，他们因没钱参加经济、社会、政治和文化领域的日常生活而被社会排除在外"。社会排斥成为描述和分析在个人和群体及更大的社会间建立团结上所存在的障碍与困难的一个新方法，包括重复失业的上升、不稳定社会关系的增长、不稳定的家庭破碎、社会疏离、阶级团结的削弱等。

社会排斥（social exclusion）后来经由欧盟委员会纳入社会政策框架并被联合国国际劳工局采用，是应对人们享有基本的生活水准，参与社交与分享工作机

[①] 潘泽泉：《国家调整农民工社会政策研究》，中国人民大学出版社2014年版，第400页。
[②] Silver H. Reconceptualizing social disadvantage: Three paradigms of social exclusion [J]. Social Exclusion: Rhetoric, Reality and Responses. 1995: 56–79.

会的权利而产生的，社会排斥和边缘化带来的偏见和歧视是建立在一个社会有意达成的制度或政策基础上的①。"主导群体已经握有社会权力，不愿意别人分享之"②。譬如他们担心移民具有潜在的破坏性，因而感到有必要从制度层面对这些人加以社会排斥。克莱尔指出："他们往往由于民族、等级地位、地理位置、性别以及无能力等原因而遭到排斥。特别严重的是在影响到他们命运的决策之处，根本听不到他们的声音。""各种社会排斥过程无不导致社会环境动荡，终而至于危及全体社会成员的福利。"③ "社会排斥是由社会制度和价值架构的社会标准中，某些个人及团体被有系统地排除于能使他们自主的地位之外。"④ "社会排斥……是一个动态过程……某些劣势导致某些排斥，这些排斥又导致更多的劣势和更大的社会排斥，并最终形成持久的多重（剥夺）劣势。个人、家庭和空间单位可能从对资源的享有权如就业、医疗、教育、社会或政治生活中被排斥。"⑤拜恩（Byrne）和马达尼普尔（Madanipour）把社会排斥定义为"一个多向面的动力过程，这个过程包含各种各样的排斥形式：参与决策和政治过程时的排斥、进入职业和物质资源时的排斥，以及整合成为共同文化时的排斥。曼纽尔·卡斯特把社会排斥定义为："社会排斥是由社会制度和价值架构的社会标准中，某些个人及团体被有系统地排除于能使他们自主的地位之外"，"社会排斥是一个过程而非一种状态"，"其中包括有缺乏技能而无法找到工作者、疾病袭击而未受保健给付的社会成员、吸毒酗酒使个性丧失者、监狱文化使人无法重获自由者以及精神创伤者"。⑥⑦

美国社会学家帕金斯从社会分层的角度提出了排斥的运作逻辑，他认为任何社会都会建立一套程序或规范体系，将获得某种资源或机会的可能性限定具备某种资格的小群体内部，使得资源或机会为社会上某些人享有而排斥其他人，在社会分层方面，有两种排斥他人的方式，一种是集体排他方式，例如以种族、民族、家族区分标准，而将某些社会群体整体排斥在资源的享有以外，另一种是个体排他方式，例如通过考试来选取人才，被选取者和被淘汰者以个体形式出现，并没有一个身份群体被整体排斥。⑧⑨

事实上，"各种社会排斥过程无不导致社会环境动荡，终而至于危及全体社

---

① 曼纽尔·卡斯特著，夏铸九等译：《认同的力量》，社会科学文献出版社2003年版，第317页。
② 戴维著，李强等译：《社会学》（第十版中译本），中国人民大学出版社1999年版。
③ 克莱尔：《消除贫困与社会整合：英国的立场》，载于《国际社会科学杂志》（中文版）2000年第4期。
④⑥ 曼纽尔·卡斯特著，夏铸九等译：《千年终结》，社会科学文献出版社2003年版，第318页。
⑤ 李秉勤，John G. Pinel：《能力、贫困、社会排斥及福利》，中国社会学网。
⑦⑨ 潘泽泉：《国家调整农民工社会政策研究》，中国人民大学出版社2014年版，第401页。
⑧ 福兰克·帕金：《马克思主义与阶级理论》，哥伦比亚大学出版社1979年版，第11~13页。

会成员的福利","假如越来越多的人被排除在能够创造财富的、有报酬的就业机会之外,那么社会将会分崩离析,而我们从进步中获得的成果将付诸东流。"[1] 欧洲国家制定了一些反社会排斥的政策和方案,包括劳动力市场介入、提升能力、收入支持和地域取向等,1995 年在哥本哈根世界峰会上提出"哥本哈根峰会推进社会整合的承诺","要求反对社会排斥,致力于清除种种障碍以获致'稳定、安全而公正的社会'"。[2]

2. 市民化过程中的制度性排斥与社会区隔

在中国农业转移人口市民化过程中,早期最大的障碍在于制度性的障碍,体现为制度性排斥。制度排斥重点表现在城乡二元户籍分割制度,是通过城乡二元户籍分割制度进行运作的。"从本质上看,户籍制度是一种社会屏障(social closure)制度,即它将社会上一部分人屏蔽在分享社会资源之外……一些社会集团总是会通过一些程序,将获得某种资源和机会的可能性限定在具备某种资格的小群体内部。"[3] 中国户籍制度虽然经历了这样或那样的改革,但只是局限于某些户口登记、迁移和管理的技术加以改造。中国传统的二元户籍制度不但加深了农业转移人口与城市居民在经济、政治、文化、心理方面的社会区隔,也使其失去了在城市中就业的机会和享受正当社会保障的权利,使之成为城镇劳动制度与社会保障体系所排斥的"局外人"或"编外群体"。"当社会保障收入仅仅成为某些工人群体的特权时,政府本身就可能引发社会排斥。"[4] 制度排斥的运作逻辑体现在农业转移人口被排斥出政治决策过程,"这些个人和团体缺乏政治表达的权力","没有代表他们利益的声音"。[5]

对中国农业转移人口的歧视性制度安排减缓了中国农业转移人口市民化进程。由于中国在工业化、城镇化进程中无力或不愿支付中国农业转移人口市民化成本,而人为地维护并强化了城乡二元制度,农民和市民在居住、就业和公共服务等方面享受不同待遇。改革开放以来农村劳动力流动虽然改变了城乡人口分布,但不平等的二元制度安排并未发生根本改变。就业制度方面,城乡劳动力"同工不同酬"问题依旧突出。住房制度方面,农业转移人口依然游离在城镇住房保障体系之外,不能享受与城市居民同等的保障权利。社会排斥加大了农业转移人口市民化的难度。农业转移人口进入城镇后在很多方面会与城市原住居民产

---

[1] 伊莎贝拉:《人人有工作:社会发展峰会之后我们学会了什么?》,载于《国际社会科学杂志》(中文版)2000 年第 4 期。

[2] 艾泽:《减少贫困的政治》,载于《国际社会科学杂志》(中文版)2000 年第 4 期。

[3] 李强:《当代我国城市化和流动人口的几个理论问题》,社会科学文献出版社 2003 年版,第 51 页。

[4] 托尼·阿特金森著,丁开杰编译:《社会排斥、贫困和失业》,载于《经济社会体制比较》2005 年第 3 期。

[5] 潘泽泉:《国家调整农民工社会政策研究》,中国人民大学出版社 2014 年版,第 372 页。

生竞争关系，城镇既得利益集团可能通过各种形式施加压力，反对给予其与城镇居民同等的待遇，农业转移人口很容易被边缘化。此外，由于生活习惯、文化差异、利益冲突等方面的原因，城市原住居民还对其存在多方面排斥，导致他们难以真正融入城市。政治排斥方面，农业转移人口不能与城市居民享有同等的公民权利，经常被排斥在政治参与活动之外，处于政治体制的边缘，利益诉求渠道不通畅。居住模式方面，农业转移人口主要居住在用人单位提供的宿舍或工棚、城乡接合部的乡村和在乡村的自建聚居区，与城市原住居民之间存在很大差距，导致老市民与农业转移人口之间的隔离。社会支持方面，农业转移人口的社交网络仍然没有突破以血缘、地缘为纽带的传统网络边界，社会支持网络缺乏，推动其与城市原住居民之间的社会融合难度很大。①

3. 市民化过程中的污名化与边界徘徊

对中国农业转移人口的社会排斥与社会隔离体现了对农业转移人口的"污名化"过程。流动农业转移人口增加了城市的负担，恶化了城市的环境，毁掉了城市的发展，这种空间是一种"污名化"的社会空间。事实上，这个空间不仅是人们跨区域流动、经营而导致的，更重要的是面对现有有关体制而形成的，这个空间并没有整合到一个庞大的社会里，相反，还不断地被这个社会隔离、孤立，直接与国家、城市管理者发生摩擦，不被城市规划所认同，而且这个空间相对封闭，与外界尚未形成良性的、制度化的联系。②"现代社会并没有将人们作为完整的人整合到它的各个功能系统中而是基于一个这样的事实：个人并没有被整合到社会中，他们只是徘徊于不同的功能边界之同时，部分地暂时地介入社会。"③而在我国体现在僵硬的城乡二元分割的社会结构、城乡二元户籍政策，这种结构又与社会资源的分配、个人身份的确定联系在一起，这就要求在社会体系方面创造出能将所有人结合进整个社会的机制，而现在看来，这似乎是不可能的，其逻辑必然是牺牲一部分人的发展机会，把一部分人排斥在共享社会发展成果之外。

（三）市民化过程是主动实现城市社会的融入，还是形成自愿性隔离的空间

中国农业转移人口市民化过程中，是逐步实现社会融入，实现社会适应，还是处于空间隔离和社会孤立处境？中国农业转移人口的社会融入至少包含四个维度：经济整合、文化接纳、行为适应，身份认同。经济整合、文化接纳、行为适

---

① 潘泽泉：《国家调整农民工社会政策研究》，中国人民大学出版社 2014 年版，第 372 页。
② 项飚：《传统与新社会空间的生成》，载于《战略与管理》1996 年第 6 期。
③ 威尔·赫顿、安东尼·吉登斯编：《在边缘——全球资本主义生活》，三联书店 2003 年版，第 225 页。

应和身份认同之间存在一定的递进关系：流动者在流入地的社会融入始于经济整合，经过文化接纳、行为适应，最后达到身份认同境界。流动人口从城市空间中自愿隔离开，集中到城市边缘区、被遗弃的老城区，自觉不自觉地回避与城里人交往，囿于习惯性的同乡交往而拒绝突破这一交往圈，从而形成自我隔离状况，①这是一个能找到一个社交世界、能扮演角色、找到适应和安全感、完成自我保护的空间。"将自己的各种性事、本能表现和欲望置于私隐的、避开'外界'眼目的秘密飞地里，或者暗藏在个人心灵居所的地窖里，暗藏在那个半意识或无意识之中。"②

社会融入也表现在社会网络的开放性，体现为一种人际关系取向。利特尔伍德（Littlewood）和赫尔科默（Herkommer）用"由疏离造成的排斥"来表述社会排斥的关系面向，认为这个面向包括人们由于受到社会接触、社会关系和群体身份的限定和限制而成为边缘性的和被打上耻辱烙印。森（Sen）则进一步指出，排斥出社会关系亦会导致其他剥夺，由此会进一步限制人们的生活机会，被排斥在社会网络和文化团体之外的人将在社会、心理、政治甚至经济上处于不利地位，这将使人变得贫穷或长期不能摆脱贫穷。③

农业转移人口正是通过寄寓在这种很狭小的城市生活空间或缝隙中，以围绕自己的身体来建构以"自我"为中心的世界观④，或以"自我"为中心，以来自传统乡村的"关系"向外不断复制和扩大建立一种新的社会关系网络，从而形成一个与城市主流社会断裂的、以利益和情感为基础的、具有自我延存性的"隔离空间"，通过空间的"自愿性隔离"策略，构成了农业转移人口的一种主要的对抗"策略"⑤，即拒绝融入城市现代化阵营的一种本能或防御性的对抗或抗拒，这种抗拒根源于一种被排斥在城市中的合法地位和价值之外，而又丧失了原有社会地位的感觉。金耀基认为，农业转移人口并未完成社会心理的现代转型，因此坚持乡土心理认同，进而依赖传统的社会资源网络，⑥陆绯云则将这种依赖归因于传统关系网络提供人际信任或者提升安全感的社会功能。⑦

由于中国长期的城乡二元社会结构和城乡二元户籍政策，城市和农村、工人

---

① 潘泽泉：《现代化与发展主义语境中的中国农民工发展》，载于《广西民族大学学报》2007年第5期。
② 诺贝特·埃利亚斯著，翟三江、陆兴华译：《个体的社会》，译林出版社2003年版，第32页。
③ Percy-Smith J. *The contours of social exclusion* [J]. *Policy responses to social exclusion*, 2000: 1-21.
④ W. I. 托马斯、F. 兹纳涅茨基著，张友云译：《身处欧美的波兰农民》，译林出版社2000年版，第11页。
⑤ 詹姆斯·C. 科特著，程立显、刘建等译：《农民的道义经济学——东南亚的反叛与生存》，译林出版社2001年版，第50页。
⑥ 金耀基：《关系和网络的建构一个社会学的诠释》，载于《中国社会与文化》1992年版。
⑦ 陆绯云：《关系网络与中国大陆的"民工潮"》，城市大学公共及社会行政学系，2000年。

和农民有着严格分离和不可逾越的界线,这种制度安排的惯性使改变了生活场所和职业的农业转移人口游离于城市体制之外。他们虽然进入了城市,加入产业工人队伍之中,但身份制度的限定、经济地位、文化素质、思维方式的差异,使他们的生活地缘边界、工作职业边界与社会网络边界背离,处于非城非乡、进退失据"双重边缘人"状态。他们在城市只能以亲缘关系与地缘关系为纽带,社会交往圈子局限于农业转移人口群体之内,与城市人之间存在严重的沟通障碍,难以进行全面的社会互动。

(四) 市民化过程是土地城镇化,还是人的城镇化

中国农业转移人口市民化过程中,是经由社会参与和社会赋权实现参与式发展,还是经由政府全面介入走向干预式发展?中国农业转移人口市民化过程是内在于中国城镇化运动中的,也是内在于中国现代化运动中的。"发展从根本上说是重新安排空间,因而所有的发展都可能引发迁移。对人口迁移的定义可能引起很多争论,它可能意味着强制、漠视,或'推拉'因素,等等。"[①]"现代化与发展都是空间和文化活动,需要不断征服土地和人民,让他们按照理性的、逻各斯中心的秩序改变自己的生态和文化。"[②]"现代化需要社会所有主要领域产生持续变迁这一事实,意味着他必然因接踵而至的社会问题、各种群体之间的分裂和冲突,以及抗拒和抵制变迁的运动,而包含诸种解体和脱节的过程。"[③]

当前的中国城镇化路径越来越呈现出一种全能主义式自上而下的"国家干预"的逻辑,而不是一种自下而上的"参与式发展"的逻辑,尤其是将城镇化这一综合性、系统性的社会变革简化为"基于城市本身的城市化""土地的城镇化",则是实现国家治理"清晰化"与"简单化"的重要权力技术。我国的城镇化过程不仅仅是一个"集聚与扩散""侵入与接替"的自然生成过程,更多地表现为政府有计划的政策推动过程。因而,超常规发展与急功近利也就尤为明显[④]。在城市空间的生产和重构过程中,政府和资本占据主导,在"增长"的促动和掩护下,过分追逐空间经济效益[⑤],而"作为一个整体,社会从属于国家权力的政

[①] 彼得·范德吉斯特:《耕者有其田:老挝的发展及其引发的迁移》,载于《国际社会科学杂志》2004 年第 1 期。

[②] 阿图罗·埃斯科巴:《迁移、发展与哥伦比亚太平洋沿海地区的现代化》,载于《国际社会科学杂志》2004 年第 1 期。

[③] S. N. 艾森斯塔德:《现代化:抗拒和变迁》,中国人民大学出版社 1988 年版,第 23 页。

[④] 李意:《边缘治理:城市化进程中的城郊村社区治理——以浙江省 T 村社区为个案》,载于《社会科学》2011 年第 8 期。

[⑤] 曹现强、张福磊:《空间正义:形成,内涵及意义》,载于《城市发展研究》2011 年第 4 期。

治实践"①。基于"技术—现代化"的发展主义逻辑下②高成本城镇化抑制了农民向城镇迁移的空间。地方政府将"城镇化"中的土地等问题视作显性的政绩指标③,在政绩驱动的政府主导型城镇化语境下,城市被"仅仅当成一种场所、抽象的空间,割裂了城市空间与社会的关系",演变为"土地的城镇化""空间的城镇化",产生了"空间权利分配不正义,空间资源配置不均衡,城市发展成果难以共享,城市群体分化加速"等一系列问题。④ 城镇化的梯度化发展战略和高成本城镇化是指中国在过去率先发展大城市和特大城市,且它们主要集中在东部发达地区,目前这类城市化的成本越来越高,当地政府为吸纳外来人口需要在城市基础设施、公共服务、社会保障等方面投入巨资。2000~2009年,城市建成区面积增长了69.8%,城市建设用地面积增加了75.1%,但城镇常住人口仅增加了28.7%,人口的城镇化远远滞后于土地城镇化。⑤

当前,我国正处于城镇化快速发展时期,中国农业转移人口数量不断增加,中国农业转移人口问题已成为中国最重大的社会问题之一。中国农业转移人口市民化,是一个系统工程,包括初期的住房补偿与安置、土地利益补偿,中期的就业促进与就业实现,后期的城市融入。补偿、保障和就业是解决失地农民生存和发展的三个重要方面。补偿、保障是基础,就业是关键。新型城镇化发展战略强调"人"的城镇化,要求政府在解决中国农业转移人口问题时,既要考虑失地农民短期生存质量,也要考虑其长期可持续发展的能力,解决中国农业转移人口可持续生计问题上的共识。从社会质量与可持续生计系统来看,中国农业转移人口就业状况既受失地农民自身拥有的人力资本、社会资本、金融资本等因素的影响,也受到就业相关制度因素的影响。

(五) 中国农业转移人口市民化的市场风险:问题意识、政治回应与反思性实践

中国农业转移人口市民化过程由于行业分布、就业途径与内部分化等问题而存在市场风险,该市场风险的产生给当地经济带来的既是机遇,也是挑战。

1. 中国农业转移人口市民化的市场风险与问题意识

据大数据统计,农业转移人口在城市的就业集中在建筑业、餐饮业、服装制

---

① Lefebvre H. *The production of space* [M]. Oxford: Wiley - Blackwell, 1991.
② 方劲:《当代国外发展研究主要学术争论解析与研究展望》,载于《外国经济与管理》2013年第6期。
③ 哈贝马斯著,曹卫东译:《现代性的哲学话语》,译林出版社2004年版,第59页。
④ 任政:《城市正义:当代城市治理的理论逻辑》,载于《中国社会科学报》2013年8月23日。
⑤ 潘泽泉:《国家调整农民工社会政策研究》,中国人民大学出版社2014年版,第451页。

造业等非正规就业部门。这些行业的工作往往工资水平不高，工作技能含量低，工作环境差，工作福利无保障，其极低的抗风险能力使农业转移人口处在城市生活的边缘，无法融入城市。① 徐锡广认为农业转移人口在城市的就业几乎是强关系型社会资本介绍，其就业渠道狭窄，就业边际收益低，经济收入与城镇其他职员相比相去甚远，进一步导致生活方式与城市隔离。② 陆学艺认为，与城镇本地职工相比，农业转移人口处于"同工不同酬""同工不同时""同工不同权"的"三同三不同"的地位。③ 张永丽认为农业转移人口在城市出现内部分化。④ 樊佩佩指出大型城市的就业机会、收入水平以及公共资源吸引着农业转移人口，但这些因素与房价成正比，因而通过购房这样的主要市场化途径落户，对大部分农业转移人口而言难以实现，市民化的高成本与农业转移人口有限的经济能力构成市场性排斥，形成了农业转移人口的落户意愿与自我市民化能力不对称的困境。⑤

2. 中国农业转移人口市民化的产生风险与市场回应

农业转移人口的涌入给城市经济带来问题的同时，也带来了机遇。马晓薇论证了城市流动人口对城市经济增长的推动作用，人口的流入支援了城市建设，拓宽了城市的就业途径和就业范围，大量的劳动力弥补了岗位空缺，服务并支持城市第三产业的发展，创造了社会效益和经济效益。⑥ 陈刚使用 CHIP 数据发现，流动人口与当地劳动力呈现出的互补关系使得流动人口的进入对当地的劳动力市场的就业概率和工资水平都能带来可观的显著变化。⑦ 姚枝仲、周素芳认为人口迁移有助于改变各地区需求结构，缩小地区间的要素禀赋差异，促进地区间居民收入的均等化。⑧ 都阳人口迁移能使人口分布更为集中，进而产生规模经济的收益，提高了城市的全要素生产率。⑨

---

① 梁玉成：《市场转型过程中的国家与市场——一项基于劳动力退休年龄的考察》，载于《中国社会科学》2007 年第 5 期。
② 徐锡广、申鹏：《经济新常态下农民工"半城镇化"困境及其应对》，载于《贵州社会科学》2017 年第 4 期。
③ 陆学艺：《当代中国社会流动》，社会科学文献出版社 2004 年版。
④ 张永丽、王博：《农民工内部分化及其市民化研究》，载于《经济体制改革》2016 年第 4 期。
⑤ 樊佩佩：《从群体性制度排斥到个体性市场排斥：农业转移人口城市定居意愿的影响因素研究》，载于《山东社会科学》2016 年第 4 期。
⑥ 马晓薇、张岩：《城市流动人口的经济贡献量化初探》，载于《人口研究》2004 年第 4 期。
⑦ 陈刚：《流动人口进入对本地劳动力市场的影响》，载于《经济学动态》2016 年第 12 期。
⑧ 姚枝仲、周素芳：《劳动力流动与地区差距》，载于《世界经济》2003 年第 4 期。
⑨ 都阳等：《延续中国奇迹：从户籍制度改革中收获红利》，载于《经济研究》2014 年第 8 期。

第三节 经济过程、可持续生计与市场结构：中国经验与行动路径

社会质量与可持续生计为研究中国农业转移人口市民化提供了一个新的知识框架，其理论视角与叙述框架为重新认识和思考中国农业转移人口提供了新的问题向度和方法意识，也为解决中国农业转移人口市民化提供了行动纲要。

一、中国农业转移人口市民化的市场过程：理论建构与中国经验发现

最早提出农业转移人口"半城镇化"问题的学者是王春光，他认为农村流动人口仅在经济层面被城市接纳是不够的，在社会文化层面和心理层面有待进一步城镇化。[1] 王桂新认为农业转移人口应实现从"形式城镇化"到"实质城镇化"的转变。[2] 王海娟认为"半城镇化"阶段的农业转移人口家庭通过代际分工形成"农村支持城市"机制，农村社会系统能为农业转移人口城市化提供资源和社会保障。[3] 刘小年认为现阶段许多农业转移人口呈现出家庭半移民状态，该半城镇化形式引申出代际市民化现象。[4] 程欣炜则从代际传承角度整合资本积累机制考察了金融市民化的代际传承有效性、延续性与一致性。[5]

余运江和高向东从空间选择和区域差异角度出发，发现了集聚经济中专业化与多样化对流动人口工资的显著影响。[6] 郭菲比较了城—城与乡—城流动人口以及本地居民三者在城市劳动力市场中的相对地位，发现户籍身份已不再影响三者的工资水平，但三者的社会保障程度有显著区别。[7] 赵海霞研究发现城市经济发

---

[1] 王春光：《农村流动人口的"半城市化"问题研究》，载于《社会学研究》2006 年第 5 期。
[2] 杨永华：《民工荒、半城市化模式和城市化模式》，载于《经济学家》2010 年第 9 期。
[3] 王海娟：《农民工"半城市化"问题再探讨》，载于《现代经济探讨》2016 年第 5 期。
[4] 刘小年：《家庭半移民、代际市民化与政策创新——基于城市社区农民落户家庭的调查》，载于《农村经济》2014 年第 7 期。
[5] 程欣炜、林乐芬：《经济资本、社会资本和文化资本代际传承对农业转移人口金融市民化影响研究》，载于《农业经济问题》2017 年第 38 期。
[6] 余运江、高向东：《集聚经济下流动人口工资差异——来自中国微观调查数据的证据》，载于《财经科学》2017 年第 2 期。
[7] 郭菲、张展新：《流动人口在城市劳动力市场中的地位：三群体研究》，载于《人口研究》2012 年第 36 期。

展水平对新生代流动人口收入和教育回报的效应显著为正,且新生代流动人口的性别收入差异随经济发展水平的提高呈微小的增大趋势。① 柳建平、金晓彤等研究了新生代农业转移人口的择业观念和就业状况,发现较之老一代农业转移人口新一代农业转移人口已有了较大差异,且所处行业、雇佣方式都对其收入水平有显著影响。②③ 曾迪洋研究发现,与本地居民相比,流动人口表现出更强烈的市场转型偏好,且具有"世代效应","城城"流动人口比城乡流动人口更支持市场转型,构成该差异的原因在于结构性因素和认知性因素。④ 梁玉成从国家与市场的劳动力商品化功能视角出发,发现市场对所有劳动力有普遍性的劳动力寿命延长效应,对低人力资本劳动力有补偿性延长效应,对高人力资本劳动力有激励性延长效应。⑤

二、市民化的经济社会过程及其处方:中国经验及其行动纲要

丘海雄认为地方政府在农业转移人口市民化过程中扮演积极的角色以弥补体制的缺陷。⑥ 罗元青指出,为实现农业转移人口市民化的市场过程,首先要发挥市场与政府的协同作用,构建市民化的制度前提。⑦ 余运江分析得出西部地区的专业化集聚经济具有很强的正向外部性效应,西部地区应充分发挥地区比较优势,促进西部劳动生产率和工资的提升,吸引流动人口回流。⑧ 刘小年指出应加强对农业转移人口的职业培训,全面覆盖其城市公共服务,同时适当处理其农村的住房、土地等,完善农地流转与宅基地权益保护,保障农业转移人口权利不因

---

① 赵海霞、石洪波:《个体特征、经济发展与新生代流动人口收入差异——基于2015年全国流动人口动态监测调查数据》,载于《调研世界》2018年第6期。

② 柳建平、孙艳飞:《新生代农民工就业行为、收入水平及其变动趋势》,载于《农村经济》2014年第8期。

③ 金晓彤、杨潇:《差异化就业的新生代农民工收入影响因素分析——基于全国31省(市)4 268个样本的实证研究》,载于《青年研究》2015年第3期。

④ 曾迪洋:《国家还是市场:城镇化进程中流动人口的市场转型偏好》,载于《社会》2016年第36期。

⑤ 梁玉成:《市场转型过程中的国家与市场——一项基于劳动力退休年龄的考察》,载于《中国社会科学》2007年第5期。

⑥ 徐锡广、申鹏:《经济新常态下农民工"半城镇化"困境及其应对》,载于《贵州社会科学》2017年第4期。

⑦ 罗元青、刘珺、胡民:《基于二元经济转换的整体视角探寻农业转移人口市民化动力》,载于《农村经济》2019年第8期。

⑧ 余运江、高向东:《集聚经济下流动人口工资差异——来自中国微观调查数据的证据》,载于《财经科学》2017年第2期。

市民化而受损，并促其逐步退出农村。① 成华威提出应建立平等的就业制度和就业政策，具体体现为就业机会、就业服务、就业待遇、就业保障制度四个方面，同时强调了社区在农业转移人口市民化过程中的积极作用，将后者纳入社区服务与管理范围，促进农业转移人口与当地居民的交往互动。② 程欣炜认为应建立全国联网的农业转移人口信息查询系统，保障全国范围内的农村综合产权、不动产、社保缴费均有记录可追溯，并可作为农业转移人口家庭金融交易行为的有效依据，推广基于异地联网、全国结算的跨区域基本公共服务体系。③

（一）实现社会经济安全、经济社会整合与社会经济保障

社会—经济安全涉及保障公民基本生存安全（收入、社会保护和健康）、日常生活的基本安全（食品安全、环境问题、工作安全）以及涉及国内的自由、安全和正义领域的所有福利供应，其中心焦点是处理人们的社会危机。社会—经济安全涉及人们赖以生存的基本社会—经济安全条件及其相关制度，包括收入保障、工作机会、居住条件和住房以及教育、卫生、社会网络、可支配时间等。社会经济保障维度包括收入、脆弱性、教育、公共健康、社会服务、环境生态、公共卫生、个人和社会安全、社会公正和道德正义。

实现中国农业转移人口市民化，要求建立基于脆弱性风险（环境风险、市场风险、政治风险、社会风险和健康风险）应对的机制和模式，维持人群达到最低福利标准，阻止情况恶化而导致陷入更深的不安全状况，保证灾害风险管理策略的可能效果，强化应对外部因素带来损失的能力和机制。

1. 经济安全、经济社会整合和收入分配保障

实现劳动力市场和经济整合，即技能素质转变和收入来源构成变化、职业和就业状态趋于稳定，减少非正规就业，就业逐步正规化和固定化。具体包括职业的稳定性、职业水平和职业能力提升，平等的就业机会保障和减少非正式就业；粮食、营养、健康、饮水、住房、教育等基本生计安全需求的满足；获得稳定的资产以及安全的生活环境等。住房问题已经成为农业转移人口融入城市的最大障碍，能否买得起房子，取决于农业转移人口的收入，是高昂的房价而不是户籍制度阻碍了绝大多数农业转移人口定居城市。也就是说，放开户口，并不能解决其住房问题，也不能解决收入问题，是市场性经济因素而非制度因素阻碍了农业转

---

① 刘小年：《家庭半移民、代际市民化与政策创新——基于城市社区农民落户家庭的调查》，载于《农村经济》2014 年第 7 期。
② 成华威、刘金星：《经济发展与农村流动人口的城市融合》，载于《河南社会科学》2015 年 23 期。
③ 程欣炜、林乐芬：《经济资本、社会资本和文化资本代际传承对农业转移人口金融市民化影响研究》，载于《农业经济问题》2017 年第 38 期。

移人口落户城市。

经济整合是指流动人口在流入地经济结构方面面临的挑战及在劳动就业、职业声望、经济收入、社会福利、教育培训、居住环境（它们构成流动者经济整合的指标体系）等方面以目的地人群为参照对象的融入情况。包括可持续生计、抗脆弱性风险的能力、社会整合、社会网络与社会资本培育。

经济社会整合是个体经济地位的综合反映，获得相对公平的就业机会、职业成就、收入水平、社会保障、住房条件、教育机会，表明他们经济上成功地整合到了主流社会；如果他们仅在某些方面获得了与当地居民类似的待遇，则表明其经济整合并不完全；若他们在大部分的指标上都与当地人存在较大差距，则表明他们基本没有融入到流入地的主流社会中。就业机会决定了流动人口是否享受近似公平的就业渠道、拥有类似的就业水平及就业保障。职业隔离、较低或最低的就业层次、职业稳定性的缺乏、升迁机会的不公、公共福利待遇的缺失等都是经济整合不足的具体表现。教育、培训及工作经历是流动人口人力资本积累的重要方式，对其在城市长期生存、生活和发展具有显著影响：为其在劳动力市场的稳定提升创造条件，并为其不断融入城市社会创造可能性。居住环境既是经济整合的主要指标，也反映出流动人口的文化接纳、行为适应和身份认同程度。如果流动人口对流入地的文化有较强的接纳感，他们就会尽可能搬离老乡聚集地，突破"居住隔离"，争取融入主流文化中。

2. 国家或地方政府的风险抵御机制

当遭受各种脆弱性风险时，地方政府不断强化国家作为正式的风险承担网络的主体和功能，包括正规保险市场、国家信贷扶贫、中央财政扶贫资金的瞄准分析、政府开发式扶贫资金和投资、社会保障。个人或家庭所处环境包括经济环境、社会环境和自然环境。这些微观或宏观的环境中始终存在各种风险。经济危机、社会安全感、健康打击、家庭结构变化、失业或自然灾害等风险因素对家庭或个人的直接影响使家庭或个人福利水平降低，市民化过程中非贫困人口陷入贫困，已经贫困的人口持续或永久贫困。关注家庭生活质量和家庭的风险抵御能力，包括家庭拥有的物质资本和劳动力资本、金融资本和社会资本。也包括家庭采取的事前和事后抵御风险的行动和行动能力。家庭采取行动来减少风险暴露，如积累资产、加入网络等。为了应对风险人们会采取一些事后经济行为来抵御风险，如减少食品数量和质量，延迟健康相关的支出，不让儿童上学或让儿童成为劳动力，临时打工，减少投资等。

3. 个人或家庭风险抵御机制

强化非正式的社会支持网络和抗风险能力，重建脆弱性人群、家庭、社区和风险承担网络，包括互惠性的社会支持网络、搀扶式的民间社会网络、非正式信贷或馈赠等形式的资源、社会资本等。

(二) 实现社会包容性发展、强化社会整合和促进社会凝聚力

包容性发展关注的议题有社会信任、社会整合度与社会凝聚力等。就制度因素来说，社会质量研究关注如何增进社会体系的整合性和包容性，研究社会排斥、社会分化与社会分层、社会平等、社会结构和社会阶层等问题，并从社会体系的层面来反映各个社会的社会质量状况。"社会凝聚"，如融入、排斥、整和、瓦解和社会解组等。朋友、家庭、邻居和当地社区是社会关系最重要的表现形式，体现在地方自治和微观的水平上。社会凝聚程度反映了一个社会的规范基础。由此，在这一构成要素中，社会信任就成为考察的核心问题。这也促使人们在社会质量的国别研究中去考察各社会中人们所具有的社会信任类型、程度以及人际信任与制度性信任之间的联系。

一是反社会排斥，促进社会公正、社会团结、平等价值和人的尊严。反社会排斥体现在消除参与决策和政治过程时的政治排斥和福利制度排斥，消除进入职业和物质资源时的经济排斥和劳动力市场排斥，整合成为共同文化时的文化排斥，还有基于交往和社会关系网络中的社会排斥；户籍所在地变动、法律身份转变和居住空间的合法性维护，即由农村迁至城镇，获得城镇永久居住身份，平等公平地享受城镇居民各项公共服务和社会福利。

二是实现文化接纳和适应，强化社会整合，促进社会凝聚力，促进思想和价值观念转变、现代性培育和市民价值观的形成，即逐渐形成市民的人生观、世界观、价值观等。消除长期和重复失业的上升、技能缺乏、收入低下、住房困难、罪案高发的环境、不稳定社会关系的增长、丧失健康以及家庭破裂、社会疏离、阶级团结的削弱等交织在一起的综合性问题时所发生的市民化困境。

三是实现包容性增长。包括公平合理地分享经济增长成果，促进发展的协调与均衡；包括经济、政治、文化、社会、生态等各个方面，增长应该是相互协调；实现经济学的可持续、协调发展，政治上平等与权力增长，实现经济增长、人口发展和制度公平的有机协同。包括实现公共服务和社会权利均等化和机会平等的增长，经由经济增长创造发展机会，经由减少与消除机会不平等来促进社会公平，实现可持续和平等的增长，实现社会包容、赋权和安全；实现不同群体的充分就业，并使工资增长速度高于资本报酬增长速度，从而缩小贫富差距；实现不同群体的互相关照，互惠互利，携手发展，让经济发展的成果惠及所有人群，在可持续发展中实现经济社会协调发展。

（三）中国农业转移人口市民化中的社会融入、行为适应和人际交往维度

在社会质量中，融入的主题事件是公民身份。公民身份是指公民在经济、政治、社会和文化系统及制度中参与的可能性。参与公共事务有三个维度：第一，连接和保卫确定利益的可能性（物质方面）；第二，保证公民的私人自治和公共自治能够得到保障（程序方面）；第三，自愿参加（个人方面），包括在人际关系、社区和邻里关系，以及社会组织和国家等层面。提高社会融入程度能够强化已有的社会结构，促进个体的社会化进程并促进社会赋权。就规范基础而言，社会质量理论以"社会团结"作为其核心价值，并把这一价值标准作为衡量社会质量状况的一个基本原则。人们应能够生活在以社会整合为特征的社区和社会中。社会质量理论将"社会团结"作为中心议题，并在社会价值层面上展开对于社会质量的研究。由此，有关人际信任和机构间的信任的调查就成为我们分析社会质量的核心问题。

中国农业人口市民化要求全面实现社会融入，即农业转移人口融入企业、子女融入学校和家庭融入社区。实现其在城市中的行为适应，即生活方式转变、完成角色的示范效应、角色认知与角色行为改变，受教育程度、道德修养、适应能力、社交能力等均得到较大的提高。实现社会认同和自我认同，即社会地位不再边缘化，即逐步被城镇居民和城镇社会认同和接受；实现对自我身份的确认、角色认知改变和自我认同。

（四）中国农业转移人口市民化中的社会参与和社会赋权维度

人们必须在一定程度上自主并被赋予一定的权能，以便在社会经济的急剧变迁面前有能力全面参与。增能意味着使公民能够控制自己的生活，能够利用机会。它意味着增加人的选择空间。因此，它超越了政治参与，而聚焦于个体的潜能（知识、技能、经验等），聚焦于这些潜能可以实现的程度。社会赋权则指通过社会关系的增进来提高人们社会行动能力的提高。为此，社会质量指标体系包含了考察民众获得政治资讯的容易程度、对于信息准入性以及他们所具有的参政议政的权利等方面的指标，同时也通过考察人们参与社会事务的能力、意愿和积极性，来反映该社会的社会质量高低。另外，由于社会参与能够提升人们的社会权利和认知权利，社会质量理论也强调建设公民社会的重要性和发展非政府组织的必要性，并把它看作社会赋权的基本途径。

中国农业转移人口市民化中要求经由赋权与参与式发展，全面实现社会参

与，参与政治、经济、社会和文化生活，保障人们享有基本的生活水准，参与社交与分享工作机会的权利。包括主体性的建构，即决策主体性、经营主体性、文化主体性的建构；社区性价值学习和分享；参与式赋权过程；自助与互助能力建设；增强社会资本过程；社区自组织过程等。

第六章

农业转移人口市民化：地位获得、社会流动与社会分层效应

关注中国农业转移人口市民化过程中的社会地位获得效应、社会分层与社会流动效应具有重要的理论价值和现实意义。党的十八大报告明确提出，要"加快改革户籍制度，有序推进农业转移人口市民化，让广大农民平等参与现代化进程、共同分享现代化成果"。党的十九大报告再次指出要"以城市群为主体构建大中小城市和小城镇协调发展的城镇格局，加快农业转移人口市民化"。可见，农业转移人口市民化是我国社会转型以及新型城镇化背景下的重要议题，政治学、经济学、社会学、政策学、城市地理学等多学科都对这一问题进行了多层次多维度的探讨，随着农业转移人口研究的拓展和深化，把目光聚焦到"农业转移人口市民化"这一议题，意味着新型城镇化由"土地城镇化"向"人的城镇化"的转向。能不能实现人的城镇化，真正由"流动人口""外来移民"转变成"市民"，关键就在于能否突破城市的社会地位结构壁垒，通过提高人力资本，转化或重构社会资本，建立社会网络，顺利实现阶层流动，获得正规的职业地位和市民地位。从地位获得、社会分层与社会流动角度不仅可以体现社会阶层的分化、社会结构的变迁，还能观察社会阶层深层结构的内在运行逻辑，职业地位获得作为认识中国社会转型与变迁的新视角，可以在我国市场转型期对现有阶层的获得及流通渠道有更加深入的认识。

由于在社会变迁过程中，社会各部分的变迁速度是不同的，中国社会发展不均衡，这种不均衡尤其体现在城乡社会地位分化之中。与平常谈论的城市社会阶层结构不同，乡村阶层结构是被排除在外的，城乡分化如同两条相互独立与封闭

的并行轨道①,是新时代中国城镇化进程中不可忽视的一个问题。城市中职业分化具有多样性,乡村中的职业种类则更为单一。相较于近似"底层"的普通农民,农业转移人口已成为农民群体中的"精英"。随着进城务工人员的增多,整个社会对他们的职业状况关注度愈发增长,即使劳动转移人口在城市工作和生活,户籍与经济的双重否定依旧将他们排挤于现有城市结构之外。通过城乡双轨分层视角分析城乡居民的职业地位获得,有利于掌握目前社会阶层结构状况,有益于促进社会公正和谐发展,为中国社会分层的未来趋势提供一些新的思考。

第一节 地位获得、社会流动与社会分层: 理论解释及其话语变迁

社会分层和社会流动是分别从结构视角和变迁视角对农业转移人口身份地位的考察。农业转移人口作为从农村到城市谋取职业和生计的群体,他们既经历了地理空间的横向流动,又经历了社会阶层的纵向流动,流动是一种过程,分层是一种结果。

一、农业转移人口市民化过程中的社会地位获得:理论解释及其过程

在中国农业转移人口市民化过程中的社会地位获得效应、社会分层与社会流动效应中,农业转移人口是否能够平等地获得社会经济地位,实现社会流动,是衡量其市民化水平的重要标准,而职业地位获得又是其社会经济地位获得的前提条件,也是评价其社会经济地位获得的核心变量。

(一)农业转移人口市民化过程:社会经济地位获得的复杂性理论解释模型

农业转移人口市民化的理论解释及其制约因素具有复杂性与整体性特征。社会经济地位的研究一直受到社会学、经济学的学者们关注,在社会经济地位获得

---

① 魏程琳:《双轨分层与中国的弹性社会结构》,载于《南京农业大学学报》(社会科学版)2018年第5期。

的理论解释模型中,既有侧重于经济地位本身的研究,也有把社会经济地位作为自变量研究其对其他因变量的影响[1]。对于社会经济地位的测量,布劳和邓肯从教育和收入两个维度测量不同职业类别的社会经济地位(SEI)[2],中国学者李春玲根据中国实际加入了部门性质、单位等变量对其进行了修订[3]。经验研究发现,社会经济地位具有代际传递性[4],而不合理的制度安排是导致这种代际传递性的重要原因[5]。从社会资本角度研究的学者发现,社会经济地位越高相应的社会资本也就越高,融入城市的可能性越大[6]。关于社会经济地位和社会距离的关系,西方理论家普遍认为社会经济地位影响社会距离[7]。国内的研究同样证明,社会经济地位和制度排斥影响社会距离感[8]。社会经济地位越高公平感越强,社会距离感越小[9]。考虑到代际之间的差异,研究者发现社会经济地位对社会距离的影响正在逐渐减弱,取而代之的是心理体验[10]。从主观角度研究的学者提出,对社会冲突产生重要影响的不是客观经济地位而是主观的阶层认同[11]。国内学者对农业转移人口的研究发现,社会经济地位的差异正在逐步拉大农业转移人口与市民之间的社会距离[12],制度因素[13]特别是户籍制度限制了失地农民在劳动力市场中地位的提升[14],城镇户口的获得对其社会地位提升具有重要意义[15],并且35岁以

---

[1] 陈旭峰:《社会经济地位对农民文化参与的影响研究——"上楼农民"与"居村农民"的比较》,载于《浙江社会科学》2012年第11期。

[2] O. D. Duncan. *A Socioeconomic Index for All Occupations* [M]. New York: Free Press, 1961: 66–69.

[3] 李春玲:《当代中国社会的声望分层——职业声望与社会经济地位指数测量》,载于《社会学研究》2005年第2期。

[4] 王甫勤、时怡雯:《家庭背景、教育期望与大学教育获得:基于上海市调查数据的实证分析》,载于《社会》2014年第1期。

[5] 潘泽泉、韩彦超:《社会经济地位的代际传递效应与不平等再生产——基于CGSS2011的数据分析》,载于《中南大学学报》(社会科学版)2015年第3期。

[6] T. Mouw. Social capital and finding a job: Do contacts matter? [J]. *American Sociological Review*, 2003, 68 (6).

[7] E. D. Beynon. Social mobility and social distance among hungarian immigrants in detroit [J]. *American Journal of Sociology*, 1936, 41 (4).

[8] 李强:《农民工与中国社会分层》,社会科学文献出版社2012年版,第274页。

[9] N. Emler J. Dickinson. Children's representation of economic inequalities: The effects of social class [J]. *British Journal of Developmental Psychology*, 1985, 3 (2).

[10] 郭星华、储卉娟:《从乡村到都市:融入与隔离——关于民工与城市居民社会距离的实证研究》,载于《江海学刊》2004年第3期。

[11] 李培林、张翼、赵延东、梁栋:《社会冲突与阶层意识》,社会科学文献出版社2005年版。

[12] 卢国显:《差异性态度与交往期望:农民工与市民社会距离的变化趋势——以北京市为例》,载于《浙江学刊》2007年第6期。

[13] 李培林、田丰:《中国劳动力市场人力资本对社会经济地位的影响》,载于《社会》2010年第1期。

[14] 章元、王昊:《城市劳动力市场上的户籍歧视与地域歧视:基于人口普查数据的研究》,载于《管理世界》2011年第7期。

[15] 吴晓刚:《中国的户籍制度与代际职业流动》,载于《社会学研究》2007年第6期。

前获得城市户口其社会地位提升要明显优于35岁以后获得的人群①。研究发现,农业转移人口的地位主要由教育和技能决定,但社会地位比较低的农业转移人口反而有着积极的社会态度②。

(二) 经济过程、市场排挤与职业地位获得

在对于中国农业转移人口市民化研究中,社会经济地位获得是实现在城市发展的重要前提条件,社会经济地位获得机制中,就业与劳动力市场融入是影响最大的,职业地位获得的市场机制主要体现在劳动力市场分割与排斥两方面,劳动力市场的分割又体现为制度性障碍与市场的偏好,转型期劳动力市场结构性变革是影响职业获得的一个重要因素,区分于户籍制度之下的与中国国家的制度和社会政策排斥、社会地位获得的"双轨"分层使得城市户籍与农村户籍所遭受的市场歧视相差较大,工业化推进、产生大量职位空缺的同时,城市劳动力因农村劳动力的转入而走向更高的职业层级。

1. 市民化过程的职业地位获得:劳动力市场的分割、制度性障碍与市场偏好效应

在中国社会,农业转移人口市民化过程中的职业地位获得存在着劳动力市场的分割效应与市场的逆向选择效应。当代中国面临着市场转型过程中市场发展、劳动力市场需求与市场扩张受限的矛盾问题③。一方面,农村居民向外流动,农民工群体激增,但不同于城市劳动力的是,农村劳动力进入城市时遭受了巨大的制度性障碍,他们所能获得的职位是非常有限的,农村劳动力在社会流动过程中仍处于非常弱势的地位。农业户籍人口在城市劳动力市场上并没有获得平等的就业资格。由于二元劳动力市场的存在,各地均以行政法规或公共政策的形式,对外来务工人员的从业范围做出规定,允许的工种只有200余种,只允许从事二级劳动力市场的工作,不准他们进入一级劳动力市场④。另一方面,由于市场具有一定选择性偏好,农业转移人口仍然是社会排斥的对象,他们不仅被劳动力市场内部排斥,还在不断被排除出劳动力市场,如果没有政府相关部门的介入及政策导向,弱势群体依靠自身力量促进职业发展的进程将相当缓慢⑤。由此可见,即

---

① 谢桂华:《"农转非"之后的社会经济地位获得研究》,载于《社会学研究》2014年第1期。
② 李培林、李炜:《农民工在中国转型中的经济地位和社会态度》,载于《社会学研究》2007年第3期。
③ 李黎明、李卫东:《阶层背景对本科毕业生职业地位获得的影响:市场转型与分割的阶层再生产》,载于《社会》2009年第5期。
④ 周林刚:《论社会排斥》,载于《社会》2004年第3期。
⑤ 李飞、钟涨宝:《人力资本、社会资本与失地农民的职业获得——基于江苏省扬州市两个失地农民社区的调查》,载于《中国农村观察》2010年第6期。

使农业转移人口拥有一定的职业技能达到一级劳动力市场的要求,也由于制度性障碍与市场偏好问题依旧难以进入市场。虽然近年来国家开始对农业转移人口外出务工的权益表示重视,但长期以来形成的观念和习惯是很难改变的,其职业地位获得过程仍是高度不平等的,这使得户籍制度分化下的农村户籍人口在职业获得方面受到了巨大的制度限制。

2. 市民化过程的职业地位获得:劳动力市场的排斥性、封闭性和断裂性

劳动力市场封闭具有排斥性、封闭性与断裂性,为了保证利益集团内部参与者对某些物资的垄断优势从而实现内部利益最大化,成员自发地将资源共享限制在集团内部。

首先,排斥性体现在处于既得利益方的优势阶层把象征地位身份的优势职业控制于集团内部,这种理论导致不同阶层的行为与关系被过度简化,之后产生的社会排斥理论则更加全面地对其进行修改和补充。我国社会排斥的主要工具有教育证书、专业资格、财产制度以及社会关系[1]。

其次,封闭性体现在社会关系是一个连续统,可以由开放到封闭相互转变,开放的社会关系指系统不拒绝任何想要参与并有能力参与该系统的人,封闭的社会关系指按照系统的规则与约束,对想要进入系统的人进行排斥。经济关系上的封闭体现在特权集团对外的排斥,由于某些因素使得具有共同品质及素养的人形成了垄断集团,对想要进入的人采取严格的见习筛选机制,与其说是对其专业水平的筛选,不如说是对其经济条件的筛选[2]。

最后,断裂性体现在城乡二元分化的背景下,社会结构呈现一种断裂型,社会中部分群体被"甩出"原有社会结构之外[3],如今断裂型社会排斥仍旧存在,具体表现为获取资源机会的不平等[4]。农村中的农民获取职业有限,为自身发展需要进入城市的农民又因为制度排斥往往难以获得较好的职业地位。不仅录用单位对其产生排斥,连被排斥方自身也会默认一些不平等的歧视性规章制度[5]。这使得职业地位获得的过程中的断裂型不平等开始生成。

3. 市民化过程的职业地位获得:群际分化与资本的代际传递效应

资本以多种形态客观存在,并且可以在特殊条件下实现不同形式间的转化[6],

---

[1] 董良:《从韦伯到帕金——社会封闭理论的发展和思考》,载于《学术论坛》2015 年第 3 期。
[2] 马克斯·韦伯著,阎克文译:《经济与社会》(第一卷),上海世纪出版集团 2010 年版。
[3] 孙立平:《我们在开始面对一个断裂的社会?》,载于《战略与管理》2002 年第 2 期。
[4] 刘娜:《断裂型社会排斥:农民工社会福祉融入的制度、区域与阶层困境》,载于《山东社会科学》2019 年第 4 期。
[5] 王慧博:《失地农民社会排斥机制研究》,载于《南京社会科学》2008 年第 3 期。
[6] 布尔迪厄·皮埃尔著,包亚明译:《布尔迪厄访谈录:文化资本与社会炼金术》,上海人民出版社 1997 年版。

布迪厄（Pierre Bourdieu）把资本划分为经济资本、社会资本以及文化资本几种。首先，经济资本的传递是最直接有效的，父辈通过财产继承把经济资本向后传递，保证后代基础经济水平。其次，社会资本的传递体现在父辈所能拥有的社会资源的传递，职业分层是阶层分化的基础，现有职业层次所拥有的资源在后代职业获得上能够提供有力帮助。最后，家庭资本可以通过文化这种再生产机制对子代地位获得间接造成影响[①]，在地位获得的过程中，父辈会采取当前社会制度所能接纳的行动试图维持子辈的阶层地位，家庭资本通过文化与政治这两种机制进行传递[②]。

新中国成立初期，物质资本的传递被禁止、私有财产被剥夺，从而文化资本的代际传递显得更为重要。精英家庭出身的孩子即使受限于当时政策体制无法继承上层地位，也依旧可以获得继承父辈文化资产，并在政治体制放宽、桎梏被打破时迅速把握改革所产生的机会成为新的精英阶层，从而达到"精英文化的代际传承"[③]。文化资本是隐蔽的、间接的，不能直接传递，需要利用教育（学校教育和家庭教育）作为载体，将阶层内化于子代社会生活中，形成一种惯习。资本的传递既包含物质财产资本的继承，也包含惯习的继承，当物质资本继承出现困难之时，文化资本的代际传承就变得尤为重要。

二、农业转移人口市民化过程中的分层与流动：理论解释框架及其逻辑

社会分层作为社会结构中的主要现象，是社会学研究的重要领域之一，经典时期的社会学家就社会分层进行了最早的探讨，此后关于社会分层的研究不断发展，形成了新马克思主义、新结构主义、网络结构观、市场转型理论、历史因素分析等多种理论视角。[④] 我国社会分层研究在20世纪90年代后兴起，出于"弱势群体"关照，关于农业转移人口分层与流动的研究备受关注。

（一）批判主义、建构主义和结构功能主义：西方经典社会分层理论的解释

社会分层和社会流动作为整体把握社会结构和社会变迁的一种理论视角，成

[①②] 仇立平、肖日葵：《文化资本与社会地位获得——基于上海市的实证研究》，载于《中国社会科学》2011年第6期。

[③] 吴愈晓：《家庭背景、体制转型与中国农村精英的代际传承（1979~1996）》，载于《社会学研究》2010年第2期。

[④] 李路路：《论社会分层研究》，载于《社会学研究》1999年第1期。

为社会现象和社会问题的重要分析工具,对于解释和分析我国农业转移人口地位获得和阶层处境具有重要意义。社会分层是一种普遍存在的"社会事实"还是一种主观建构的存在,是一种正常的社会现象还是一种生成性的社会不平等,具有整合社会的功能还是会引起冲突,破坏社会秩序,这是社会分层理论要回答的问题。经典社会理论的三大流派均对社会分层理论进行了阐述。首先,社会批判范式的解释。马克思(Marx)作为社会批判范式的代表,为了对资本主义本质进行揭露和批判,采用了阶级分析的方法,基于此对"社会分工""生产资料占有"以及"阶级间的矛盾、斗争和阶级内部的自我意识"几个维度论述了社会分层,成为重要的社会分层理论家。① 其次,建构主义范式的解释。韦伯(Weber)是理解社会学的先驱,他在社会行动的认识论和因果多元分析的方法论基础上研究,因此他的社会分层理论和标准是多向度的,一方面是"阶级、等级与政党",另一方面是"权力、声望、财富"。② 最后是结构功能范式的解释。涂尔干(Durkheim)更关注的是在社会不断分化的背景下社会整合和社会秩序何以可能,因此他认为社会分化后各个领域犹如生物有机体一样各司其职,共同维护社会秩序,在涂尔干眼中社会分层不存在高低之分,只是一种功能分化,他主要是采取的"职业分析法"③。此后西方社会分层研究者辈出,他们既延续了结构功能主义、批判主义和建构主义的理论范式,又在此基础上对马克思和韦伯的观点进行批判、修正、争论和整合提出了很多新的理论观点。包括郭德索泊(Gold Thorpe)和怀特(Whyte)对社会阶层的微观分析、拉西(Lacy)和尤里(Yuri)对阶级形成的历史性描述、布迪厄(Bourdieu)对阶级的阶级文化建构和再生等。④

(二) 多元分层标准和多重流动解释:当代西方社会分层理论的发展

虽说三大经典社会学理论都对社会分层做出了阐述,但是马克思的"一元阶级分层论"和韦伯(Max Weber)的"多元社会分层论"影响更为广泛,后来的学者对社会分层的研究基本是在这两种理论传统之下的深化、拓展和修正。⑤ 新的分层理论模糊了阶级观念、社会分层的标准化更多元、职业分层受到重视、社会流动得到了多重解释,呈现出从冲突到综合的趋势。⑥ 社会分层产生的原因、过程和结果,社会流动的可能性和机制是社会分层和社会流动研究共同关注的议题。索罗金(Pitirim A. Sorokin)在1727年发表的《社会流动》(Social Mobility)被认为开

---

①③ 张玉琳:《经典社会分层理论的哲学解读及时代价值》,载于《科学经济社会》2013年第4期。
②⑤ 虞满华、卜晓勇:《马克思与韦伯:两种社会分层理论的比较》,载于《贵州社会科学》2017年第4期。
④⑥ 黄颂:《当代西方社会分层理论的基本特征述评》,载于《教学与研究》2002年第8期。

创了社会流动的先河。① 社会流动是指一个人在社会中的地位和等级的变化，现代来说主要体现在职业的变化中。最初关于社会流动主要是宏观的社会流动率来分析社会的开放程度。之后地位变化和获得的影响因素成为研究者普遍关心的问题。布劳—邓肯（Blau Duncan）的地位获得模型用先赋因素和自致因素来研究地位获得的模型颇为经典，成为社会流动的基本模型。② 此后，学者们对布劳—邓肯（Blau Duncan）模型的改造，丰富了社会流动和地位获得模型的层次和视角。③

三、中国农业转移人口市民化过程中分层与流动：理论议题与经验比较

农业转移人口在流动中形塑和改变了我国社会结构的形态，经济体制的改革加速了社会流动，社会分层机制和标准也发生了变化，结合西方国家对移民的考察，可以发现当前对流动人口或者说我国农业转移人口不再停留在关注其本身的状况之上，而是开始探究农业转移人口与不同阶层之间的相互关系。

（一）结构分化到结构定型：我国社会结构状况的总体描述

我国关于社会分层和社会流动的研究主要是借用西方的一些分层理论描述中国社会结构状况，分层标准及阶层形成机制。李春玲对于当代中国社会声望分层进行了比较全面的考察，认为教育、收入、权力、就业单位性质、是否从事受歧视行业是影响人们声望地位（社会地位）的重要因素。④ 李路路指出社会结构变化实质就是阶层分化的过程，考察了中国改革开放四十年随着现代化进程和社会转型发生的阶层分化和社会流动情况。⑤ 李强把生产资料资源、财产或收入资源、市场资源、职业或就业资源、政治权力资源、文化资源、社会关系资源、主观声望资源、公民权利资源以及人力资源作为区分社会差异的标准进行了社会分层描述，此后他还建构了社会分层结构的四个世界。⑥ 孙立平用"从结构分化到结构定型，从阶层模式到阶级模式，从实体本身到相互关系"解释了中国社会结构变

---

① Erikson, Robert, John H. Goldthorpe. Are American Rates of Social Mobility Exceptionally High? New Evidence on an Old Issue [J]. *European Sociological Review*, 1985.
② 王甫勤：《西方社会流动研究综述》，载于《兰州学刊》2008 年第 8 期。
③ 周怡：《布劳—邓肯模型之后：改造抑或挑战》，载于《社会学研究》2009 年第 6 期。
④ 李春玲：《当代中国社会的声望分层——职业声望与社会经济地位指数测量》，载于《社会学研究》2005 年第 2 期。
⑤ 李路路：《改革开放 40 年中国社会阶层结构的变迁》，载于《武汉大学学报》（哲学社会科学版）2019 年第 1 期。
⑥ 李强：《试析社会分层的十种标准》，载于《学海》2006 年第 4 期。

迁及分析模式的转变。① 还有的学者则就不同群体的流动和变迁进行了研究,如王甫勤对上海居民的社会分层与流动研究。② 其中关于农民工或农业转移人口的流动和分层研究数量最多。

(二) 阶级视角到阶层视角:分层机制与社会流动的变化

张文宏研究了改革开放四十年来我国社会结构和分层机制的变化,指出随着市场化改革,社会分层已不再以单一的政治身份为标准,而是以经济收入为核心,附加文化程度、职业、文化资本等多元标准。社会流动率提高,社会结构更加包容和开放。③ 李路路等以代际之间的阶层流动分析我国改革开放以来的社会分层结构变化,认为代际总体流动率上升,相对流动率呈"N"型,直至近几年社会开放率有所下降。跨国比较而言,中国的代际流动率比其他转型国家和发达国家更高。他的研究还发现社会流动对社会态度有影响,向上流动可以提升人们的幸福感,也就是说公平开放的社会将带来更积极的社会态度。④

(三) 主体性过程到空间性:西方经验及我国趋势

西方主要集中研究"移民"问题,西方移民问题与我国的农业转移人口问题有一些差别。西方的移民现象是指个人或群体持续进行的跨越地域界线的运动,也就是通常所说的人口的地域流动。包括寄寓空间性的跨外部移民,即越国界的移民和内部移民,在某一国家范围内不同地区之间的移民。我国学者重点关注的城乡人口流动现象,属于内部移民运动,但由于户口制度和城乡二元结构的作用,又使它具有某些国际移民运动的特征。

第二节 地位获得、社会流动与社会分层:
理论话语与中国经验

从历史的角度看,我国农业转移人口市民化经验是在实践过程中逐步形成的,对农业转移人口的话语也经历了流民、移民到市民的变迁。本章通过实证调

---

① 孙立平:《中国社会结构的变迁及其分析模式的转换》,载于《南京社会科学》2009 年第 5 期。
② 王甫勤:《上海城市居民的社会分层与流动研究》,载于《中国人口科学》2012 年第 5 期。
③ 张文宏:《改革开放四十年中国社会分层机制的变迁》,载于《浙江学刊》2018 年第 6 期。
④ 李路路、石磊、朱斌:《固化还是流动?——当代中国阶层结构变迁四十年》,载于《社会学研究》2018 年第 6 期。

研探究了农业转移人口对社会分层的标准、分层归因、社会分层合理性评价、自我社会地位的主观判断、社会分层的未来想象，人力资本与社会资本对农业转移人口职业流动的效应以及农业转移人口市民化意愿。

一、农业转移人口地位获得的历史考察与经验事实

农业转移人口在向城市化流动的过程中经历了从流民到移民再到市民的发展阶段。这既是一种地理空间的流动同时也是社会流动。城乡和阶层双重差距是农业转移人口流动的动力来源，社会资本和人力资本是影响农业转移人口地位获得的双重因素，双重结构是导致社会结构固化的结构性因素。

（一）从流民、移民到市民：农业转移人口的历史流变

农业转移人口的出现是工业化、现代化和城市化的产物，农业转移人口的概念话语也随着政治、经济、社会环境呈现出不一样的特征，因此有不同的名称。从历史考察的角度看可以分为三个阶段。第一阶段是"流民"阶段，在传统和封闭的社会，社会结构是固化的，但也存在少量的人口流动，有两类流动人口，一种是"离村"人口，离村的原因有参军、求学、出嫁、做官；[1] 另一种是"流民"，如逃难的难民和集中离村寻求生计的流动人口。有学者把古代流民产生的动因归纳为"生产萎缩型人口流动""生产过剩（或生产饱和）型人口流动""灾变型人口流动"和"结构变迁型人口流动"四种类型。[2] 这种流动被看作影响社会稳定的"破坏"因素，因此"流民"也被看作非法的、需要予以管制的群体。改革开放以后的第一代农民工的特征类似流民，他们是城市的流动人口，有着"钟摆式"的生存状态。第二阶段是移民阶段，移民分为外部移民和内部移民，外部移民指的是跨国移民，国外学术界比较关注的一般是这类移民，跨国移民由于种族、民族、语言和文化的巨大差异，存在社会融入的问题。内部移民是国家内部跨地域或者跨城乡的移民，由于我国城乡二元分化的社会背景，我国学者更关注的是跨城乡移民，其中最受关注的是"农民工"群体，如果说第一代农民工属于流动人口，那么第二代农民工的状态更像"移民"，城市成为他们的常住地，他们也渴望定居城市，成为"城里人"，但是受制度壁垒、劳动力市场排斥、社会隔离等因素的影响，他们并没有真正融入城市。[3] 第三阶段是市民阶段，

---

[1] 池子华、王晚英：《20世纪中国农村人口流动研究概述》，载于《中国农史》2005年第3期。
[2] 王家范：《中国古代的流民问题》，载于《探索与争鸣》1994年第5期。
[3] 李春玲：《城乡移民与社会流动》，载于《江苏社会科学》2007年第2期。

随着社会转型和城镇化的深化，城镇化质量越来越受关注，[①] 城镇化路径由土地城镇化转向人的城镇化，有学者提出"人的城镇化是新型城镇化的本质"的观点[②]。如何让"城市移民"与城市居民融合，真正实现农业转移人口市民化变得尤为重要。

（二）农业转移人口社会流动的经验事实和影响因素

首先，"双重差距"是农业转移人口流动的"动力来源"。张力和孙鹏把城乡差距和社会分层作为理解农业转移人口流动的关键变量，基于"双重差距"构建了农业转移人口社会流动模型并得出结论，在城镇化过程中要进行"双重治理"，防止缩小一种差距的情况下加大另一种差距，真正提高农业转移人口的地位。[③] 其次，"双重资本"是影响农业转移人口地位获得的重要因素。赵延东和王奋宇在研究中指出，人力资本，尤其是正规教育与培训对流动人口地位获得有着重要影响因素。然而与人力资本相比，社会资本对经济地位获得影响更大。方长春也把资本理论作为社会分层和地位获得的机制，把作为区分地位差异的稀缺资源或资本的利用、转换和代际传递如何形塑了社会分层。[④] 最后，"双重分化"是导致分层固化的结构因素。户籍制度导致的城乡之间阶层分化，农村人口大多数处于社会中下层，农业转移人口流入城市后内部再次分层，分化出现后由于社会经济变革，社会流动减缓，分层形态逐渐固化。

（三）农业转移人口的社会流动与社会分层现状

农业转移人口在整体社会结构所处的位置，他们对自己所处的阶层认知或者说想象与"客观分层"是否一致，农业转移人口内部是否存在结构分化，如果存在内部的社会结构样态如何，农业转移人口能否实现向上流动，阻碍他们流动的因素有哪些。这些问题也有不少学者进行了探讨。朱力认为农业转移人口已然成为一个特殊的阶层，并且具有"阶层流动性强、职业低质性、社会网络复制性、生活方式疏离化"的特点。[⑤] 顾东东等通过调查研究发现，农业转移人口已经分化，有"阶层固化""结构化与再生产"的趋势，阶层结构是"金字塔"型，多

---

① 何平、倪苹：《中国城镇化质量研究》，载于《统计研究》2013年第6期。
② 任远：《人的城镇化：新型城镇化的本质研究》，载于《复旦学报》（社会科学版）2014年第4期。
③ 张力、孙鹏：《城乡差距、社会分层与农民工流动问题》，载于《财贸研究》2013年第6期。
④ 方长春：《地位获得的资本理论：转型社会分层过程的一个研究视角》，载于《贵州社会科学》2009年第10期。
⑤ 朱力：《农民工阶层的特征与社会地位》，载于《南京大学学报》（哲学·人文科学·社会科学版）2003年第6期。

为蓝领、雇员；多数农业转移人口通过进城务工实现向上流动，但与城镇居民还存在一定差距。[①] 韩克庆在对深圳、苏州、北京、成都四个城市的农业转移人口进行访谈发现，他们的社会地位活动受到了诸如身份认同、地域排斥等制度性障碍，在城市生活过程中，教育和技能是实现向上流动的主要手段，但也有不得已的逆向流动存在。[②]

1. 阶层事实和二次分化：农业转移人口的客观社会分层

农业转移人口从其社会属性看已经成为一个阶层，其社会地位总体上处于城市社会的底层，是城市社会中的"佣人"阶层、"沉默"阶层、"无根"阶层和"边缘"阶层。[③] 农业转移人口作为一个阶层，是一个流动性强的过渡性阶层，正是在流动中产生了与农民阶层的区别。但他们与城市居民相比，在整体上人力资本较弱，学历低，技能差，不太适应现代工业社会的工作，在劳动力竞争中处于劣势。由于外在资本的不足，他们只能选择内部团结，依靠丰富的再生性的社会资本来弥补弱小的人力资本，因此其内部的互动的密度、强度远远高于它与城市社会中其他阶层的互动，社会网络的密度远比城市社会中其他的阶层要强大。

早年研究认为，农业转移人口虽然工作和生活在城市中，但在当前城市社会排斥力量依然存在的情况下，无法融入城市的主流社会、主流文化和主流生活中去，反而具有疏离主流社会的趋势，不否认除了群体内部，他们和普通市民之间也有交往，但这种属于业缘关系，是生活表面的，没有深度的，在本质上并没有融入城市社会生活中去，与市民达到人格平等的、朋友式的情感交流的程度，总体上农业转移人口的社会网络与市民的社会网络是相互不交织的网络，农业转移人口与城市居民是两个不平等的群体、不平等的交往系统。

周运清和刘莫鲜在对都市农民的二次分化和社会分层研究中指出，随着农村劳动力向城市，特别是大城市的流速和流量的高速增长，城市中流动农民不仅规模越来越大，而且在城市产业分工体系的影响下已经出现了具有层级意义的二次分化。依据流动农民个体所拥有的社会资源及其所从事的职业状况，学者认为该群体已基本上分化为四大职业层：业主层、个体劳动者层、雇工层和不正当职业者层。[④] 李永芳认为二元化结构导致了农业转移人口与城市居民的社会地位有着明显的不同，他们常常遭受着各种形式的歧视，是一个既缺乏保护又缺乏约束的弱势群体。[⑤]

---

① 顾东东、杜海峰、刘茜、李姚军：《新型城镇化背景下农民工社会分层与流动现状》，载于《西北农林科技大学学报》（社会科学版）2016年第4期。
② 韩克庆：《农民工社会流动研究：以个案访谈为例》，载于《中国人民大学学报》2006年第6期。
③④ 朱力：《农民工阶层的特征与社会地位》，载于《南京大学学报》2003年第6期。
⑤ 李永芳：《试论转型时期城市"农民工"阶层的社会地位》，载于《社会主义研究》2004年第1期。

2. 阶层认同和主观分层想象

方长春从地位获得的资本理论视角分析，人们对社会地位的维续或者对更高层次社会地位的追求，实际上就表现为各种资源的获得与累积，也就是说，资源的获得与累积过程中，涉及的是诸种资本的"投入"，而资本经过投入得到增值。[①] 受到内部的牵制和外部的限制的农业转移人口，在社会地位上很难有进一步的上升，城市生活需要更多的资本，而他们在农村累积的从前的资本无法为他们提供更好的服务，以致感受不到作为普通市民的平等。王翔君表示，来到城市生活的农民本质上和务农人员区别不大，他们阶层分化不够明显，一部分人仍然没有真正脱离农村。其次，农民的阶层分化界限不够明确，社会流动性很大，他们对于自己暂时所处的阶层没有太多的认同感，阶层意识也比较淡漠，这削弱了各阶层的凝聚力和社会团结。[②]

可以说，农业转移人口来到城市生活，却仍旧被困在自己的小圈子里。工作后的收入差距让他们对彼此之间的阶层认同更加模棱两可，而他们又没有建立一个正常的社交圈，缺乏社会资本，现实的困境和内心的纠结让他们不愿放开农村和城市任何一边的门把手，在道路中间徘徊，找不到出口，经济收入上和社会保障上的不平等更加重了这种焦虑，这也是市民化的影响因素之一。

二、地位获得、社会流动与社会分层：中国经验发现

农业转移人口对社会分层的归因具有二重性，认为富人因为先赋性因素越来越富，穷人因为后致性因素越来越穷。在他们心中文化、权力和收入是判定社会分层最主要的标准，认为权力和城乡二元分割导致的社会分层是不合理的。大多数农业转移人口认为自己属于社会的中层和中下层，并存在未来阶层固化的合理想象。

（一）农业转移人口对社会分层的归因

课题组通过对农业转移人口市民化过程中的社会调查发现，调查对象认为有权力优势以及家境出身好，是成就富人的最主要的两个原因，分别占的比例为57.5%和57.1%；其次是个人有能力、有技术和文化水平高，占总体的43.9%和39.9%。而在导致贫穷的原因选择中，缺乏能力、技术以及文化水平低成为罪

[①] 方长春：《地位获得的资本理论：转型社会分层过程的一个研究视角》，载于《贵州社会科学》2009年第10期。

[②] 王翔君：《当前中国农村社会分层研究综述》，载于《经济研究导刊》2015第5期。

魁祸首,选择比重分别为61.9%、55.3%,认为是由于社会机会不平等、权力等社会资源缺乏和家境出身不好的比例也比较高,分别为42.4%和38.1%;而对于个人因素的归因,即自己努力不够的比例为35.8%(见表6-1)。从上述分析,不难发现,在农业转移人口意识中,先赋性因素是使人富裕的最主要原因,而穷人之所以会成为穷人,则更多地被归因为后天获致性因素的缺失。

表6-1 农业转移人口对贫富分化的归因

贫富分化的归因		频数	百分比(%)	应答百分比(%)
穷人之所以穷的原因	文化水平低	668	19.8	55.3
	缺乏能力、技术	748	22.2	61.9
	家境出身不好	460	13.7	38.1
	运气不好、没有机遇	200	5.9	16.6
	个人努力不够	432	12.8	35.8
	社会机会不平等、权力等社会资源缺乏	512	15.2	42.4
	社会政策不公平	176	5.2	14.6
	社会对农村人口有偏见和歧视	120	3.6	9.9
	其他	52	1.5	4.3
	总计	3 368	100.0	278.8
富人之所以富的原因	文化水平高	480	14.1	39.9
	有能力、技术	528	15.5	43.9
	家境出身好	688	20.2	57.1
	运气好、抓住了机遇	380	11.2	31.6
	个人努力	440	12.9	36.5
	有权力优势、社会资源丰富	692	20.3	57.5
	社会政策倾向于他们	184	5.4	15.3
	其他	16	0.5	1.3
	总计	3 408	100.0	283.1

资料来源:课题组"城市流动人口(中国农业转移人口——农民工)三融入(融入企业、融入社区、融入学校)社会调查"数据。

(二)教育水平、权力、收入与社会分层

与此同时,我们在问卷中列举出经济收入、职业技能、权力、财产、文化水

平、社会声望、家庭背景等分类标准，要求调查对象进行多项选择，选出他们认为影响社会成员社会地位的最重要的因素，即探讨该群体使用何种标准对社会成员进行层次的区分。

通过对农业转移人口市民化过程中的社会调查发现，教育水平、权力与收入为社会分层最显著的三个判断标准，所有调查对象中，50.5%的调查对象表示会选择教育水平为标准进行分层，44.8%的调查对象选择权力作为分层标准，40.1%的调查对象选择收入作为分层标准（见表6-2）。文化、权力、收入构成了农业转移人口判定社会分层的主要标准。

表6-2　　农业转移人口社会分层标准的主观选择频率分析

分层标准	频数	百分比（%）	应答百分比（%）
收入	480	15.0	40.1
职业、技术	400	12.5	33.4
权力	536	16.8	44.8
财产	456	14.3	38.1
教育水平	604	18.9	50.5
社会声望	308	9.6	25.8
家庭背景	348	10.9	29.1
其他	60	1.9	5.0
总计	3 192	100.0	266.9

资料来源：课题组"城市流动人口（中国农业转移人口——农民工）三融入（融入企业、融入社区、融入学校）社会调查"数据。

（三）阶层分化的合理性判断

课题组就受教育程度、技术能力、权力等社会关系及户籍制度等导致收入分化的原因是否具有合理性进行调查。结果显示，调查对象对由文化水平、技术能力等因素导致的收入差距表示认同，65.5%的人表示由于受教育程度导致的收入差异是合理的（包括非常合理与比较合理的判断），74.4%的调查对象认为由技术、能力带来的高收入也是合理或比较合理的；对于权力社会关系所导致的贫富分化，受访者的态度分化比较明显，持比较合理和非常合理态度的人分别占总数的35.7%和12.9%，持不太合理和很不合理态度的人占总数的37.6%和13.9%。在对于制度造成的城乡资源分配差异上，38.0%和26.7%的人持不太合理和很不合理的态度（见表6-3）。农业转移人口对不同分层标准的合理性判断存在较为明显的差异。

表6-3　　　农业转移人口对阶层分化的合理性的判断　　　单位:%

合理性	受教育程度	能力、技术	权力、社会关系	制度
非常合理	9.9	16.5	12.9	6.9
比较合理	55.6	57.9	35.7	28.4
不太合理	30.6	22.0	37.6	38.0
很不合理	3.9	3.6	13.9	26.7
总计	100.0	100.0	100.0	100.0

资料来源：课题组"城市流动人口（中国农业转移人口——农民工）三融入（融入企业、融入社区、融入学校）社会调查"数据。

从人们对社会分层机制的不同价值判断可见，大多数受访者并不是对社会上存在的收入差距不满，而是对导致这种差距的某些不合理的机制表现不满。他们认为，依靠知识、技术、个人努力获得高收入是合理的、应该的，但由于权力关系及城乡二元结构导致的贫富分化是不合理的，这对于处在城乡夹缝中徘徊在农村与城市的进城务工人员来说感受更为深切。

（四）农业转移人口自我社会定位的主观判断

通过对农业转移人口市民化过程中的社会调查发现，农业转移人口对自己所处的社会地位的主观总体判断为中等，并在不同群体中有所偏差。在整体社会中以中等、中下等居多，在进城务工人员群体中，以中等最为突出，并伴随着中上等、中下等定位；在农村社会中，以中等为主，并伴随着中上等定位。农业转移人口在这三个层次上的社会定位呈现出较为明显的差异。首先，在整个社会中的定位，认为自己处于中等或中下等的人分别占总人数的39.4%和36.9%，有13.0%的人认为自己处于社会下等，9.3%的人认为自己处于社会中上等，1.4%的人认为自己处于社会上等（见表6-4）。其次，在进城务工人员群体中，超过一半人认为自己处于群体中等地位，占总体的56.8%，认为自己处于群体的中下等占总数的20.9%，认为自己处于群体的中上等占总体的14.7%，5.6%的人认为自己处于群体的下等，2.1%的人认为自己处于群体的上等。最后，在农村社会中，超过一半的人认为自己处于农村社会的中等，比例为52.9%；认为自己处于社会的中上等，占总体的29.6%，认为自己处于农村社会的中下等占总数的8.3%，认为自己处于社会的上等占总数的7.2%，认为自己处于社会下等占总数的2.0%。

表 6-4　　　　农业转移人口自我定位的主观判断

题项	在下列三个群体中对自己所处位置的判断					总计
	上等	中上等	中等	中下等	下等	
整个社会中	17 （1.4%）	116 （9.3%）	490 （39.4%）	459 （36.9%）	162 （13.0%）	1 244
进城务工人中	26 （2.1%）	183 （14.7%）	704 （56.8%）	260 （20.9%）	71 （5.6%）	1 244
农村社会中	90 （7.2%）	368 （29.6%）	658 （52.9%）	103 （8.3%）	25 （2.0%）	1 244
秩统计量：整个社会中＝2.44，农村进城务工人员中＝2.03，农村社会中＝1.53							
弗里德曼检验结果：X^2 = 778.947，df = 2，p = 0.000						

资料来源：课题组"城市流动人口（中国农业转移人口——农民工）三融入（融入企业、融入社区、融入学校）社会调查"数据。

（五）阶层固化是农业转移人口对未来社会结构变迁的想象

课题组通过对农业转移人口市民化过程中的社会调查发现，关于未来社会结构的变迁，46.2%的调查对象认为富人会越来越富裕，而穷人会越来越穷；25.7%的人认为穷人也会逐渐富裕，社会将最终实现共同富裕；19.9%的调查对象认为富人可能变穷，穷人也可能变富，社会成员会一直处于流动之中；4.7%的人认为社会分层将维持现状，不会发生大的变化；另有3.5%的调查对象无法想象出社会分层发展会有何种趋势（见表6-5）。由此可见，近一半的农业转移人口认为我国的贫富分化将越来越严重，社会结构僵化封闭；45.6%的调查对象认为社会成员会持续流动并改变社会结构，其中仅25.7%的调查对象对社会结构持乐观看法。

表 6-5　　　农业转移人口对贫富分化变化趋势的想象

题项	频数	频率（%）	累计频率（%）
穷越穷，富越富	79	46.2	46.2
穷变富，共同富裕	44	25.7	71.9
富变穷，穷变富，都可能	34	19.9	91.8
不会有变化	8	4.7	96.5
缺省	6	3.5	100.0
总计	171	100.0	100.0

资料来源：课题组"城市流动人口（中国农业转移人口——农民工）三融入（融入企业、融入社区、融入学校）社会调查"数据。

三、地位获得：职业流动中人力资本和社会资本

课题组成员[①]对中国农业转移人口市民化过程中的职业地位获得进行经验研究，研究发现，人力资本和社会资本都对职业地位存在着正向影响，同时人力资本和社会资本的作用存在着相互削弱的现象。人力资本低的时候社会资本的作用效应更有效，社会资本低的时候人力资本的作用效应更有效。从模型4（见表6-6）可以看出人力资本的回归系数是2.04，显著性水平低于0.001，社会资本的回归系数是1.33，显著性水平低于0.001，说明人力资本和社会资本对职业地位的作用都有效。同时，人力资本和社会资本的交互项回归系数为-0.26，显著性水平低于0.01，说明它们之间的作用相互削弱。1个单位人力资本回报率在较高的社会资本情况下低于较低的社会资本情况下的回报率，1个单位的社会资本回报率在较高的人力资本情况下低于较低的人力资本下的回报率。

表6-6 　　　　农村劳动力职业地位的稳健回归结果

变量	模型1 系数	模型1 标准误	模型2 系数	模型2 标准误	模型3 系数	模型3 标准误	模型4 系数	模型4 标准误
年龄	-0.10***	0.00	-0.09***	0.00	-0.08***	0.00	-0.08***	0.00
父亲教育程度	0.25***	0.06	0.29***	0.05	0.17**	0.06	0.17**	0.06
党员	-0.13	0.25	-0.02	0.22	-0.26	0.23	-0.29	0.23
是否参军	0.39	0.35	0.86**	0.31	0.63*	0.32	0.62	0.32
性别	0.99***	0.10	1.10***	0.09	0.82***	0.09	0.80***	0.09
外语程度	1.23***	0.12						
资格证书	1.29***	0.13						
教育程度	0.57***	0.06						
网络规模			2.01***	0.08				
网络资源			0.12**	0.04				
人力资本					2.00***	0.11	2.04***	0.11
社会资本					1.39***	0.05	1.33***	0.06
人力资本×社会资本							-0.26**	0.09
截距	52.65***	0.27	51.79***	0.24	53.39***	0.24	53.40	0.24

---

① 课题组成员邹大宽完成部分数据分析、文献资料整理和部分文字撰写。

续表

变量	模型 1		模型 2		模型 3		模型 4	
	系数	标准误	系数	标准误	系数	标准误	系数	标准误
F	286.24		408.58		443.60		381.74	
Prob > F	0.0000		0.0000		0.0000		0.0000	
N	5 686		5 695		5 695		5 695	

注：* 表示 p < 0.05，** 表示 p < 0.01，*** 表示 p < 0.001。

资料来源：课题组"城市流动人口（中国农业转移人口——农民工）三融入（融入企业、融入社区、融入学校）社会调查"数据。

模型 5 中微观层次的方差是 27.88（见表 6-7），而宏观层次的方差是 5.70，我们计算得到组内相关系数：ρ = 5.70/(5.70 + 27.88) = 0.1697。也就是说个体层次的地位差异大约有 16.97% 是由社区之间的差异造成的。而且，基于个体层次和社区层次进行分析的零模型相对于简单性线性模型的似然比检验也极为统计学显著（Prob > = chibar2 = 0.0000）。所以我们在讨论农村劳动力职业流动的问题时不得不考虑纳入宏观层次的变量，也就是说个体层次的数据和社区层次的数据存在着嵌套关系。从模型 5 到模型 8，模型的最大似然值 [ll (model)] 从 -17 728.74 到 -15 787.56 不断增大，AIC 从 35 463.49 到 31 607.11 不断增大，并且每个模型相对于简单线性模型的似然比检验都是统计性显著的，说明了模型设计的合理性。

表 6-7　人力资本、社会资本与职业地位的多层次模型

系数	模型 5		模型 6		模型 7		模型 8	
	系数	标准误	系数	标准误	系数	标准误	系数	标准误
微观层面系数								
截距项	51.44 ***	0.19	55.25 ***	0.37	54.99 ***	0.37	55.00 ***	0.37
年龄			-0.09 ***	0.01	-0.09 ***	0.01	-0.09 ***	0.01
父亲教育			0.17 *	0.08	0.16	0.08	0.16	0.08
党员			2.18 ***	0.32	2.42 ***	0.33	2.44 ***	0.33
参军			3.37 ***	0.45	3.07 ***	0.46	3.04 ***	0.46
性别			1.00 ***	0.13	0.99 ***	0.13	0.99 ***	0.13
人力资本			2.97 ***	0.20	2.96 ***	0.20	3.36 ***	0.25
社会资本			0.89 ***	0.10	0.95 ***	0.10	0.95 ***	0.10

续表

系数	模型 5		模型 6		模型 7		模型 8	
	系数	标准误	系数	标准误	系数	标准误	系数	标准误
宏观层面系数								
现代性					1.25***	0.22	1.28***	0.22
宏微观交互作用的系数								
人力资本×现代性					0.55*	0.26	0.83**	0.28
人力资本×现代性平方							−0.83*	0.34
社会资本×现代性					−0.31*	0.15	−0.33*	0.15
宏观层面方差	估计值	标准误	估计值	标准误	估计值	标准误	估计值	标准误
截距项	5.70	0.76	3.38	0.49	2.51	0.40	2.44	0.39
人力资本			1.40	0.52	1.21	0.52	0.98	0.49
社会资本			0.33	0.16	0.33	0.16	0.33	0.16
微观层面方差	估计值	标准误	估计值	标准误	估计值	标准误	估计值	标准误
var（ε）	27.88	0.53	20.74	0.41	20.25	0.41	20.27	0.41
样本量	5 695		5 695		5 344		5 344	
ll（model）	−17 728.74		−16 920.56***		−15 790.38***		−15 787.56***	
AIC	35 463.49		33 865.11		31 610.75		31 607.11	
df	3		12		15		16	
Wald chi2			1 303.80		1 327.27		1 379.86	

注：* 表示 $p<0.05$，** 表示 $p<0.01$，*** 表示 $p<0.001$。

资料来源：课题组"城市流动人口（中国农业转移人口——农民工）三融入（融入企业、融入社区、融入学校）社会调查"数据。课题组成员邹大宽完成部分数据分析、文献资料整理和部分文字撰写。

人力资本和社会资本的作用效应依然显著，和稳健回归的模型相比人力资本的回归系数增大，社会资本的回归系数减小。模型 6 是随机系数模型，相对于模型 5 似然比检验显著，说明模型 6 显著优于模型 5。[①] 模型 6 中人力资本的回归系数是 2.97，显著性水平低于 0.001，说明人力资本的作用有效，并且回归系数大于模型 4 中的 2.04。模型 6 中社会资本的回归系数是 0.89，显著性水平低于 0.001，说明社会资本作用显著，并且回归系数小于模型 4 中的 1.33。现代性水

---

① 劳伦·汉密尔顿著，郭志刚等译：《应用 Stata 做统计分析》，重庆大学出版社 2015 年版，第 67 页。

平对职业地位有着显著提升作用,现代性越强的地区农村劳动力的整体职业地位相对较高。模型7相对于模型6增加了现代性这一宏观层次变量,并且考虑到了宏观现代性与微观人力资本和社会资本的交互项对职业流动的影响。模型7中关于现代性的回归系数是1.25,显著性水平低于0.001,说明地区现代性水平每提升一个单位,本地的农村劳动力平均职业地位提升1.25个单位。现代性进程中人力资本的作用效应不断增强,并且这种效应的增强是随着现代性的提高而逐渐减弱的。模型8与模型7相比,加入了现代性平方的变量,在于验证现代性对人力资本作用效应的改变是否会随着现代性的增强而改变。模型8与模型7相比似然比检验显著,说明模型8显著优于模型7。人力资本的回归系数为3.36,显著性水平低于0.001,说明人力资本会提升职业地位。人力资本和现代性交互项系数为0.83,显著性水平低于0.01;人力资本和现代性平方的交互项为-0.83,显著性水平低于0.05。人力资本和现代性一次项的交互项系数显著为正,说明随着现代性的增强,人力资本的作用空间增强,人力资本和现代性二次项交互系数为负,说明人力资本作用空间的增强随着现代性的增强不断减弱。[①]

现代性对社会资本存在着削弱作用,随着现代性的增强社会资本的作用空间逐渐减弱。模型8社会资本的回归系数为0.95,显著性水平低于0.001,说明社会资本会提升职业地位。社会资本和现代性的交互项回归系数为-0.33,显著性水平低于0.05,说明现代性会减弱社会资本的作用空间。现代性进程中,市场的力量逐渐增强,规则透明,更加依赖于市场规则,而不是社会资本。农村劳动力更加倾向于选择私营、民营企业以及个体工商会作为其就业单位,而非体制内单位,这些单位相对而言社会资本的作用更有效。现代性会压缩社会资本的作用空间,减弱社会资本的力量。农村劳动力由于其人力资本较弱,会更加倾向于选择社会资本,这是农村劳动力的理性选择,但现代性的进程又会限制社会资本的使用,体现了现代性选择的失败。

四、住房获得、职业地位与市民化意愿的复杂性假设

课题组通过对农业转移人口市民化过程中的实证研究发现,住房获得和职业地位会影响农业转移人口市民化意愿。本研究[②]的因变量是二分变量,采用二元Logistic回归来分析住房获得和职业地位对农业转移人口市民化意愿的影响,在

---

① 资料来源于课题组"城市流动人口(中国农业转移人口——农民工)三融入(融入企业、融入社区、融入学校)社会调查"数据。课题组成员邹大宽完成部分数据分析、文献资料整理和部分文字撰写。

② 潘泽泉、邹大宽:《居住空间分异、职业地位获得与农民工市民化意愿》,载于《湖南师范大学社会科学学报》2016年第6期。

分析方法上使用最大似然法（Maximum Likelihood，ML）建立模型。本研究将性别、年龄、年龄的平方、受教育年限、婚姻状况作为控制变量。统计结果主要包括系数、标准误、显著性水平、-2对数似然值、伪回归系数等。统计结果见表6-8。

表6-8　　市民化意愿的二元Logistic回归分析结果

变量	模型1 系数	模型1 标准误	模型2 系数	模型2 标准误	模型3 系数	模型3 标准误	模型4 系数	模型4 标准误
性别	-0.545***	0.044	-0.533***	0.048	-0.512***	0.049	-0.533***	0.050
年龄	0.055***	0.017	0.059***	0.018	0.052**	0.018	0.054**	0.019
年龄的平方	-0.001*	0.000	-0.001**	0.000	-0.001*	0.000	-0.001*	0.000
教育年限	0.059***	0.008	0.057***	0.008	0.051***	0.008	0.043***	0.008
婚姻状况	0.095	0.063	0.099	0.064	0.105	0.065	0.046	0.067
收入的对数			-0.009	0.056	-0.048	0.058	-0.048	0.059
经济地位（下等）								
中等			0.255***	0.050	0.210***	0.052	0.219***	0.053
上等			-0.288	0.200	-0.370+	0.204	-0.384+	0.209
不清楚			0.132*	0.062	0.115*	0.063	0.114+	0.065
合同期限					0.005***	0.001	0.004**	0.001
职业认同					-0.017*	0.008	-0.018*	0.008
职业培训					0.092*	0.046	0.083+	0.047
劳动权益是否受侵					-0.151*	0.060	-0.165**	0.062
劳动时间					0.002	0.003	0.002	0.003
是否拥有住房							0.135*	0.061
面积的对数							0.069*	0.031
居住人数							-0.024**	0.008
换住所次数							0.018	0.021
截距	-0.983		-1.110		-0.552		-0.641	
卡方值	247.051		281.478		316.572		344.803	
Sig	0.000		0.000		0.000		0.000	
Df	5		9		14		18	

续表

变量	模型1 系数	模型1 标准误	模型2 系数	模型2 标准误	模型3 系数	模型3 标准误	模型4 系数	模型4 标准误
−2对数似然值	12 773.846		12 414.534		11 996.750		11 541.642	
Cox & Snell R^2	0.025		0.029		0.033		0.037	
Nagelkerke R^2	0.034		0.039		0.045		0.051	
N	9 100							

注：+、*、**、*** 分别表示 $p<0.10$、$p<0.05$、$p<0.01$、$p<0.001$。

资料来源：课题组"城市流动人口（中国农业转移人口——农民工）三融入（融入企业、融入社区、融入学校）社会调查"数据。

模型统计检验显示，所有4个模型的显著性水平均为0.000，表明4个模型的显著性水平较高，并且随着新变量的加入模型的显著性水平逐步提高。

基准回归模型1中−2对数似然值为12 773.846；模型2中−2对数似然值为12 414.534，在加入了表示经济因素的变量之后，似然卡方值减少了359.312，模型的解释力提高，模型3的−2对数似然值为11 996.750，相对于模型2，模型3的对数似然值减少了417.784，解释力显著提高，模型4的−2对数似然值为11 541.642，相对于模型3，似然卡方值减少了455.108，解释力进一步提高。观察4个模型的 Cox & Snell R^2 和 Nagelkerke R^2，我们可以得知，在连续引入新变量之后，模型的 Cox & Snell R^2 和 Nagelkerke R^2 逐步提高。说明新变量的加入提高了模型的解释力。①

从模型1的统计结果来看：(1) 市民化意愿存在着明显的性别差异。性别的回归系数为−0.545，显著性水平低于0.001，在控制其他变量的情况下，男性的市民化意愿仅为女性的58.0%（$e^{-0.545}=0.580$）。(2) 中年农业转移人口的市民化意愿最强。如果单从年龄的回归系数来看，会发现年龄每增加一岁，市民化意愿增加5.7%（$e^{0.055}-1=0.057$），但是我们同时发现年龄的平方也是显著的，并且回归系数是负的，说明年龄与市民化意愿并不是线性关系，而是倒"U"型关系，随着年龄的增加市民化意愿逐渐增强，但增长的速度在不断减小，最终会出现下降的趋势。(3) 教育年限越长，市民化的意愿越强。教育年限的回归系数为0.059，显著性水平低于0.001，表明在控制其他变量的情况下，教育年限每增加一年，农业转移人口的市民化意愿增加6.1%（$e^{0.059}-1=0.061$）。(4) 市

---

① 潘泽泉、邹大宽：《居住空间分异、职业地位获得与农民工市民化意愿》，载于《湖南师范大学社会科学学报》2016年第6期。

民化意愿不存在婚姻差异。从统计结果来看，婚姻状况的回归系数并不显著。[①]

模型 2 在模型 1 的基础上加入了表示经济因素的两个变量之后，-2 对数似然值减少了 359.312，模型解释力显著提高，显著性水平小于 0.001，适配度很好。在控制其他变量的情况下，收入的统计结果并不显著，表明收入对农业转移人口的市民化意愿没有影响。这与陈前虎、杨萍萍等人的研究结果一致。经济地位对农业转移人口的市民化意愿有显著的影响。在控制其他变量的情况下，中等经济地位的农业转移人口市民化意愿是下等农业转移人口市民化意愿的 1.291（$e^{0.255}=1.291$）倍，显著性水平小于 0.001；回答经济地位不清楚的农业转移人口市民化意愿是下等农业转移人口市民化意愿的 1.141（$e^{0.132}=1.141$）倍，显著性水平小于 0.05；但是上等经济地位的农业转移人口市民化意愿并不显著。[②]

模型 3 在模型 2 的基础上加入了表示职业地位获得的变量。统计结果显示，职业认同的回归系数为 -0.017，并且回归系数在 0.05 的水平上显著，表示职业认同度每下降 1 分，农业转移人口市民化意愿降为原来的 98.3%（$e^{-0.017}=0.983$）。从职业培训的情况来看，参加职业培训的农业转移人口相对于没有参加职业培训的来说市民化的意愿更强。职业培训的回归系数是 0.092，并且在 0.05 的水平上显著，说明参加职业培训的农业转移人口市民化意愿是没有参加职业培训的市民化意愿的 1.096 倍（$e^{0.092}=1.096$）。劳动过程中劳动权益受到过侵害的农业转移人口市民化意愿更弱。从统计结果来看，劳动权益的回归系数为 -0.151，并且在 0.05 的水平上显著，说明劳动权益受到过侵害的农业转移人口市民化意愿只有没有受到过侵害的农业转移人口市民化意愿的 86.0%（$e^{-0.151}=0.860$）左右。签订劳动合同的期限越长，农业转移人口的市民化意愿越强。根据统计结果来看，合同期限的回归系数是 0.004，并且在 0.001 的水平上显著，说明在控制其他变量的情况下，劳动合同的期限每增加 1 年，农业转移人口的市民化意愿变为原来的 1.005（$e^{0.002}=1.005$）倍。从统计结果来看，劳动时间对市民化意愿的影响并不显著，回归系数大于 0.05。[③]

模型 4 在模型 3 的基础上加入了表示住房获得的变量，模型的 -2 对数似然值显著下降，模型拟合度提高。从统计结果来看，拥有住房明显提升农业转移人口的市民化意愿。统计显示，住房的回归系数为 0.135，并且在 0.05 的水平上显著，说明在控制其他变量的情况下，拥有住房的农业转移人口市民化意愿是不拥有住房的农业转移人口市民化意愿的 1.145（$e^{0.135}=1.145$）倍。金萍等认为拥有合适的住房保障有利于增强农业转移人口融入城市的预期和信心，这一统计结

[①][②][③] 潘泽泉、邹大宽：《居住空间分异、职业地位获得与农民工市民化意愿》，载于《湖南师范大学社会科学学报》2016 年第 6 期。

果正好佐证了这一观点。在控制其他变量的情况下，住房面积对农业转移人口的市民化意愿有着显著的影响，住房面积越大农业转移人口的市民化意愿越强。具体来说，住房面积每增加1%市民化意愿增加7.2%（$e^{0.069} - 1 = 0.072$），并且这一统计结果在0.05的水平上显著。从统计结果来看，房屋居住人数越多农业转移人口的市民化意愿越弱。居住人数的回归系数是-0.024，并且在0.01的水平上显著，说明在控制其他变量的情况下，居住人数每增加一人，农业转移人口的市民化意愿下降2.4%（$1 - e^{-0.024} = 0.024$）。换住所次数对农业转移人口的市民化意愿没有影响，因为从统计结果来看，二者不存在相关关系。[①]

第三节 地位获得、流动过程与社会分层：中国经验与行动路径

社会学家认为经济地位不平等主要是因为劳动者在劳动力市场中所处的结构位置不同，而不是个体差异。[②] 布劳（Blau）和邓肯（Duncan）从地位结构观的角度提出了地位获得模型，认为个人的经济地位差异根基在于职业结构、先赋性因素和自致性因素共同决定了职业地位，[③] 自致因素是影响现职获得的主要因素[④]。

一、理论对话与经验比较

农业转移人口在城市中，群体本身也发生了很多变化，内部分化已经十分明显，由于身份的不确定性，他们对自己的地位认知和阶层判断受到了多方面的影响，既觉得跟农村的务农人员不是一个水平，又觉得无法和市民们相提并论。

[①] 潘泽泉、邹大宽：《居住空间分异、职业地位获得与农民工市民化意愿》，载于《湖南师范大学社会科学学报》2016年第6期。

[②] Aage B. Sorensen and Arne L. Kalleberg. An Outline of a Theory of the Matching of Persons to jobs, in David B. Grusky, ed., Social Stratification: Class, Race, and Gender in Sociological Perspective [M]. Colorado: Westview Press, 2001.

[③] Blau Peter M. and Otis Dudley Duncan. The American Occupational Structure [M]. New York: Wiley, 1967.

[④] 张文宏、刘琳：《职业流动的性别差异研究中社会网络的分析视角》，载于《社会学研究》2013年第5期。

（一）人力资本、地位获得与社会分层

人力资本理论从个体主义视角出发[1]，关注教育、培训和劳动经验等微观因素对劳动力的影响[2]，认为收入不平等主要源于个人人力资本的差异，[3] 强调人力资本收益与市场竞争程度之间的关系，[4] 在完善的市场机制下人力资本对经济地位的获得具有决定性的作用[5]。人力资本的积累是工资增长的主要途径。[6] 工作经验，尤其是特定职业的工作经验与工资成正比。[7] 人力资本理论将人力资本分为一般人力资本和企业特殊人力资本，一般人力资本随着劳动力转移，特殊人力资本具有稳定性。[8] 研究者提出了内生增长理论以解释教育人力资本的作用机理[9]，建立了技能偏向型的一般均衡模型解释教育对中国农村劳动力收入的影响[10]。有研究者提出了健康人力资本，认为健康人力资本可以避免农民陷入"贫困陷阱"[11]。国内经验研究证明，在中国劳动力市场转型过程中人力资本的作用逐渐增强[12]，人力资本在数量、结构以及类型上和产业结构的匹配程度是造成社会经济地位差异的重要原因[13]。代际分析发现，教育人力资本累积具有代际传递效应，有利于代际职业向上流动[14]。

---

[1] 程诚、边艳杰：《社会资本与不平等的再生产以农民工和城市职工的收入差距为例》，载于《社会》2014年第4期。

[2] 刘士杰：《人力资本、职业搜寻渠道、职业流动对农民工工资的影响——基于分位数回归和OLS回归的实证分析》，载于《人口学刊》2011年第5期。

[3] 吴愈晓：《劳动力市场分割、职业流动与城市劳动者经济地位获得的二元路径模式》，载于《中国社会科学》2011年第1期。

[4] 刘精明：《劳动力市场结构变迁与人力资本收益》，载于《社会学研究》2006年第6期。

[5] Becker Gary S. Investment in Human Capital: A Theoretical Analysis [J]. *Journal of Political Economy*, 1962, 70 (5).

[6] Gary S. Becker. *Human Capital: A Theoretical and Empirical Analysis, with Special Reference to Education*, Chicago [M]. IL: University of Chicago Press, 1993.

[7] Donald O. Parsons. Specific Human Capital: An Application to Quit Rates and Lay off Rates [J]. *Journal of Political Economy*, 1972, 80 (6): 1120 – 1143.

[8] 蔡禾、张东：《中国城镇劳动力市场中的职业流动及收益——基于CLDS2012年和CLDS2014年数据的实证研究》，载于《江海学刊》2016年第3期。

[9] Romer P. M. Increasing Returns and Long-run Growth [J]. *Journal of Political Economy*, 1986, 94 (5): 1002 – 1037.

[10] 徐舒：《技术进步、教育收益与收入不平等》，载于《经济研究》2010年第9期。

[11] David N., Well. Accounting for The Effect of Health on Economic Growth [J]. *Quarterly Journal of Economics*, 2007, 122 (3): 1265 – 1306.

[12] 王毅杰、童星：《流动农民职业获得途径及其影响因素》，载于《江苏社会科学》2003年第4期。

[13] 靳卫东：《人力资本与产业结构转化的动态匹配效应：就业、增长和收入分配问题的评述》，载于《经济评论》2010年第6期。

[14] 卢盛峰、陈思霞、张东杰：《教育机会、人力资本积累与代际职业流动——基于岳父母/女婿配对数据的实证分析》，载于《经济学动态》2015年第2期。

（二）劳动力市场结构、社会关系网络与职业地位获得

农业转移人口市民化过程中劳动力市场结构以及社会关系网络都影响着职业地位获得。

1. 市民化过程中的劳动力市场结构与职业地位获得

劳动力市场结构差异是职业流动和地位获得的重要影响因素。转型期中国劳动力市场的特殊性，研究者发现中国的劳动力市场分割已经从体制分割转变为体制分割和市场分割并存的结构。[1] 劳动力市场分割理论否定市场的同质性，认为存在着首要劳动力市场和次要劳动力市场，首要劳动力市场规则规范工作稳定，次要劳动力市场工作环境差、工资低。[2] 在首要劳动力市场中存在着内部劳动力市场，[3] 内部劳动力市场中劳动者的价格是由内部组织决定的，不受外部劳动力市场的影响。[4] 劳动力市场分割理论关注人力资本在不同劳动部门及不同劳动力市场力中回报率的差异。[5]

课题组的研究发现[6]，实现市民化的最重要前提是在城市中有稳定的经济收入，稳定的经济收入在于职业水平的高低，可以说，职业地位获得是研究农业转移人口市民化意愿和实现市民化的重要前提条件。劳动力市场分割理论强调制度、社会因素以及劳动者的人口学特征对职业地位获得的影响[7]。有学者以制度作为解释变量研究劳动力的职业分割和职业地位获得，实证研究发现，户籍制度成为农业转移人口职业地位获得的制度性门槛[8]，农业转移人口收入低于城镇当地工人事实上归因于基于户籍制度为基础的职业隔离[9]，户籍制度阻碍了农业转移人口进入稳定性较强、工资水平较高的国有部门，大部分农业转移人口只能在工

---

[1] 李路路、朱斌、王煜：《市场转型、劳动力市场分割与工作组织流动》，载于《中国社会科学》2016年第9期。

[2] M. J. Piore. The Dual Labor Market: Theory and Implications [A]// David B. Grusky, ed. *Social Stratification: Class, Race, and Gender in Sociological Perspective* [C]. Boulder, CO: Westview Press, 2014.

[3][4] P. B. Doeringer and M. Piore. *Internal Labor Market and Man power Analysis*. Lexington, Massachusetts: Health, 1971.

[5] 吴愈晓：《劳动力市场分割、职业流动与城市劳动者经济地位获得的二元路径模式》，载于《中国社会科学》2011年第1期。

[6] 潘泽泉、邹大宽：《居住空间分异、职业地位获得与农民工市民化意愿》，载于《湖南师范大学社会科学学报》2016年第6期。

[7] Paul Taubman, Michael L. Wachter. Segmented Labor Markets, in A shenfelter and R. Layard [A]// *Handbook of Labor Economics*, Volume Ⅱ [C]. North-Holland: Elsevier Science Publisher, 1986.

[8] 吴晓刚：《中国的户籍制度与代际职业流动》，载于《社会学研究》2007年第6期。

[9] 吴晓刚、张卓妮：《户口、职业隔离与中国城镇的收入不平等》，载于《中国社会科学》2014年第6期。

资水平较低、稳定性较差的私营部门工作①。有学者经由农业转移人口的职业分割和向上流动的实证研究发现，社会资本、政治资本和人力资本在农业转移人口的职业地位获得中的作用程度不一致②。以农业转移人口的人力资本积累作为解释变量对职业流动和职业地位获得进行研究发现农业转移人口的职业流动频率呈现倒"U"型，人力资本积累程度越高，农业转移人口的就业稳定性越高、职业流动性越弱③。作为衡量人力资本大小的教育可以作为解释劳动力市场分割的重要变量，高学历者与低学历者处于两个分割的劳动力市场之中④，中学教育分流对阶层地位的再生产效应作用显著，接受重点学校教育的人能够显著地获得较高的教育水平，并最终获得较高的职业地位⑤。有学者研究了社会网络对职业流动和职业地位获得的影响，发现社会关系或者社会资本有助于劳动者的社会经济地位获得并影响职业流动⑥，在中国转型期，强关系起着人情交换的作用，有利于劳动者获得更好的工作岗位⑦。但西方学者却认为求职过程中弱关系有利于帮助求职者获得更高地位的职业⑧。研究者们也关注到了就业过程中的性别隔离现象⑨，发现职业的性别隔离是当前中国城镇职工性别收入差异的主要决定因素，国有部门中绝大部分性别的负面效应归因于职业的性别隔离。也有学者基于市场转型理论就精英阶层再生产与阶层固化程度对职业地位获得的影响展开研究，研究发现精英阶层的再生产规模和阶层固化程度对职业地位获得会产生一定影响⑩⑪。

2. 市民化过程中的社会关系网络与职业地位获得

社会网络理论认为关系的强弱会对职业地位的提升产生完全不同的影响，社

---

① Xin Meng, Junsen Zhang. *The Two-Tier Labor Market in Urban China: Occupational Segregation and Wage Differentials between Urban Residents and Rural Migrants in Shanghai* [J]. *Journal of Comparative Economics*, 2001, 29.

② 符平、唐有财、江立华：《农民工的职业分割与向上流动》，载于《中国人口科学》2012年第6期。

③ 王超恩、符平：《农民工的职业流动及其影响因素——基于职业分层与代际差异视角的考察》，载于《人口与经济》2013年第5期。

④⑥ 吴愈晓：《劳动力市场分割、职业流动与城市劳动者经济地位获得的二元路径模式》，载于《中国社会科学》2011年第1期。

⑤ 王威海、顾源：《中国城乡居民的中学教育分流与职业地位获得》，载于《社会学研究》2012年第4期。

⑦ 边燕杰、张文宏：《经济体制、社会网络与职业流动》，载于《中国社会科学》2001年第2期。

⑧ Nan Lin, Walter M. Ensel, John C. Vaughn. *Social Resources and Strength of Ties: Structural Factors in Occupational Status Attainment* [J]. *American Sociological Review*, 1981, 46 (4).

⑨ 吴愈晓、吴晓刚：《城镇的职业性别隔离与收入分层》，载于《社会学研究》2009年第4期。

⑩ 张乐、张翼：《精英阶层再生产与阶层固化程度——以青年的职业地位获得为例》，载于《青年研究》2012年第1期。

⑪ 潘泽泉、邹大宽：《居住空间分异、职业地位获得与农民工市民化意愿》，载于《湖南师范大学社会科学学报》2016年第6期。

会体制背景和劳动力市场结构是决定强弱社会关系起作用的环境背景。弱关系假设认为在较完善的劳动力市场,弱关系可以为职业流动者提供非重叠信息[1],进而提升职业地位。社会资源理论扩展了弱关系假设,在社会分层中相同的社会阶层往往拥有相似的资源,不同社会阶层资源相似度低,弱关系为阶层地位低的人链接社会高阶层人提供了通道。[2] 强关系假设认为,市场化程度更高的制度背景下,弱关系对提升职业地位更有利,但是在市场化程度低的制度背景下,强关系更能提升职业地位。[3] 但结构洞假设并不认为关系的强弱和社会资本有必然联系,个人和组织对结构洞的占有才是获得信息优势的关键。[4] 嵌入性的概念强调个人行动是嵌入在社会结构之中的[5],将人看作是嵌入于具体的、持续运转的关系结构之中的行动者[6]。

职业流动过程中的不平等往往会导致阶层固化,加剧社会不平等,随着我国市场转型不平等问题越来越严重。[7] 虽然市场在职业配置方面的作用越来越明显,但是制度排斥和结构制约依然存在。[8] 社会网络、户籍制度、所有制形式、行业部门、家庭背景等都是导致职业地位不平等的重要原因。

(三) 基于经济地位获得的市民化意愿

经济收入对于农业转移人口的市民化意愿并没有影响,但是经济地位却影响着农业转移人口的市民化意愿。研究数据发现,中等地位的农业转移人口相对于下层农业转移人口来说市民化意愿更强,可以推论,农业转移人口在城市中已经由简单的生存—经济叙事走向经济—地位、身份—政治叙事的转变,从追求最低层次的经济需求满足过渡到经济地位等更高层次的需求,从"经济生存"到"地位承认"的转变,这符合学者原有的研究发现。但研究的数据发现又进一步发展和丰富了原有的研究发现,根据马斯洛的需求层次论,不同的人具有不同层

---

[1] Granovetter M. *Getting a Job*:*A Study of Contacts and Careers* [M]. Cambridge MA:Harvard University Press, 1974.

[2] Lin Nan. Social Resources and Instrumental Action [A]//*Peter Marsden and Nan Lin. Social Structure and Network Analysis* [C]. Beverly Hills, CA, Sage Publications Inc, 1982:131-147.

[3] 边燕杰:《社会网络与求职过程》,载于《国外社会科学》1999 年第 1 期。

[4] Burt Ronald S. *Structural Holes*:*The Social Structure of Competition. Cambridge* [M]. MA:Harvard University Press, 1992.

[5] Granovetter M. Economic Action and Social Structure:The Problem of Embeddedness [J]. *American Journal of Sociology*, 1985 (91).

[6] 符平:《嵌入性:两种取向及其分歧》,载于《社会学研究》2009 年第 5 期。

[7] 李仲达、王美今:《职业获得的不平等研究——基于社会网络与户籍制度的"双重门槛"效应》,载于《中山大学学报》(社会科学版) 2014 年第 4 期。

[8] 王春光:《中国职业流动中的社会不平等问题研究》,载于《中国社会科学》2003 年第 2 期。

次的需求，调查数据结果发现，上等地位的农业转移人口市民化意愿并不强，体现了该群体从经济地位承认需求的满足到自我价值追求和自我实现的转变，体现了需求层次的多样性和层次性。随着我国市场化水平的提高，农业转移人口的收入水平也不断提高，一定程度上农业转移人口的收入并不比城市普通市民低，所以经济水平已经不是影响农业转移人口市民化的因素，农业转移人口的市民化意愿更多的是受制度因素的限制。经济地位其实标志着农业转移人口内部的社会分层，中层地位的农业转移人口社会地位相对较高，具有相对的优越感，城市的基础设施、社会保障更加健全，生活舒适，自然更加愿意居住在城市。而上层地位的农业转移人口由于自身条件优越，自我选择的可能性更大，也有更多的资本打破结构性的障碍，乡村的自然环境相比城市更好，生活在乡村反而舒适。①

（四）职业地位获得与农业转移人口的市民化意愿

实证研究发现，职业地位影响农业转移人口的市民化意愿。职业认同度越高农业转移人口的市民化意愿越强，参加职业培训的农业转移人口市民化意愿强于没参加培训的农业转移人口，劳动权益没有受到侵害的农业转移人口市民化意愿更强，签订劳动合同的时间越长农业转移人口的市民化意愿越强。职业在一定程度上反映了农业转移人口稳定的劳动报酬，有了稳定的收入生活才有保障，职业认同度越高则反映了农业转移人口的职业地位相对较高，劳动报酬相对稳定。同时，较高的职业地位说明农业转移人口在工作中受到尊重，有一种身份的优越感，实现了一种身份的转变。职业培训、劳动权益、劳动合同都反映了农业转移人口的职业保障状况，职业保障状况更好说明农业转移人口在城市中的生活更加有保障，而返回农村这些保障将不会存在，所以农业转移人口更加愿意在城市中生活。②

（五）居住分异与农业转移人口的市民化意愿

数据分析发现，居住分异影响农业转移人口的市民化意愿。拥有住房的农业转移人口市民化意愿更强，住房越舒适农业转移人口的市民化意愿越强。具体而言，随着住房面积的增加农业转移人口的市民化意愿逐渐增强，一起居住人数相对较少，农业转移人口的市民化意愿较强。在城市中拥有住房说明生活更加稳定，避免了流动，享受到了相应的社会保障，从而更容易实现市民化。同时，住房作为一种私人生活场所，拥有了住房说明自己拥有了生活空间，而且受传统的

---

①② 潘泽泉、邹大宽：《居住空间分异、职业地位获得与农民工市民化意愿》，载于《湖南师范大学社会科学学报》2016年第6期。

价值观念的影响，中国人普遍认为只有拥有了自己的房子才算有了家。住房作为一种社会分层的指标，是否拥有住房、住房面积更大和居住人数相对较少就表示社会地位更高，相对优越感强，所以更愿意接受市民这一身份。①

二、反思性行动：实践困境、行动纲要与实现路径

（一）内部分化与外部阻力：尴尬的阶层地位

一方面，农业转移人口在城市中，群体本身也发生了很多变化，内部分化已经十分明显。另一方面，由于身份的不确定性，他们对自己的地位认知和阶层判断受到了多方面的影响，既觉得跟农村的务农人员不是一个水平，又觉得无法和市民们相提并论。

在研究农民工的特征与社会地位时，朱力就认为农民工从其社会属性看已经成为一个阶层，具有阶层流动性强、职业低质性、社会网络复制性、生活方式疏隔化等阶层特性，其社会地位总体上处于城市社会的底层，是城市社会中的"佣人"阶层、"沉默"阶层、"无根"阶层和"边缘"阶层。② 农业转移人口作为一个阶层，就是一个流动性强的过渡性阶层，正是在流动中产生了与农民阶层的区别。但他们与城市居民相比，在整体上人力资本较弱，学历低，技能差，不太适应现代工业社会的工作，在劳动力竞争中处于劣势。由于外在资本的不足，他们只能选择内部团结，依靠丰富的再生性的社会资本来弥补弱小的人力资本，因此其内部的互动的密度、强度远远高于其与城市社会中其他阶层的互动，社会网络的密度远比城市社会中其他阶层要强大。

有的研究认为，农业转移人口虽然工作与生活在城市中，但在当前城市社会排斥力量依然存在的情况下，无法融入城市的主流社会、主流文化和主流生活中去，反而具有疏离主流社会的趋势，不否认除了群体内部，他们和普通市民之间也有交往，但这是一种业缘关系，是生活表面的，没有深度的，在本质上并没有融入城市社会生活中去，与市民达到人格平等的、朋友式的情感交流的程度，总体上农业转移人口的社会网络与市民的社会网络是相互不交织的网络，农业转移人口与城市居民是两个不平等的群体、不平等的交往系统。周运清和刘莫鲜在对都市农民的二次分化和社会分层研究中指出，随着农村劳动力向城市，特别是大

---

① 潘泽泉、邹大宽：《居住空间分异、职业地位获得与农民工市民化意愿》，载于《湖南师范大学社会科学学报》2016年第6期。

② 朱力：《农民工阶层的特征与社会地位》，载于《南京大学学报》2003年第6期。

城市的流速和流量的高速增长，城市中流动农民不仅规模越来越大，而且在城市产业分工体系的影响下已经出现了具有层级意义的二次分化。依据流动农民个体所拥有的社会资源及其所从事的职业状况，作者认为该群体已基本上分化为四大职业层：业主层、个体劳动者层、雇工层和不正当职业者层。① 李永芳认为二元化结构导致农民工与城市居民的社会地位有着明显的不同，他们遭受着各种形式的歧视，是一个既缺乏保护又缺乏约束的弱势群体。②

（二）社会资本转换受阻和社会网络团结弱化：受限的流动空间

方长春从地位获得的资本理论视角分析，人们对社会地位的维续或者对更高层次社会地位的追求，实际上就表现为各种资源的获得与累积，也就是说，资源的获得与累积过程中，涉及的是诸种资本的"投入"，而资本经过投入得到增值。③ 受到内部的牵制和外部的限制的农业转移人口，在社会地位上很难有进一步的上升，城市生活需要更多的资本，而他们在农村累积的从前的资本无法为他们提供更好的服务，以致感受不到作为普通市民的平等。王翔君表示，来到城市生活的农民本质上和务农人员区别不大，他们阶层分化不够明显，一部分人仍然没有真正脱离农村。研究发现，农民的阶层分化界限不够明确，社会流动性很大，他们对于自己暂时所处的阶层没有太多的认同感，阶层意识也比较淡漠，这削弱了各阶层的凝聚力和社会团结。④

可以说，农业转移人口来到城市生活，却仍旧被困在自己的小圈子里。工作后的收入差距让他们对彼此之间的阶层认同更加模棱两可，而他们又没有建立一个正常的社交圈，缺乏社会资本，现实的困境和内心的纠结让他们不愿放开农村和城市任何一边的门把手，在道路中间徘徊，找不到出口。经济收入上和社会保障上的不平等更加重了这种焦虑，这也是市民化的影响因素之一。

三、中国农业转移人口市民化的特殊性、理论含义及政策建议

中国农业人口市民化有其自身特殊的制度背景和现实情境，农业转移人口的

---

① 周运清、刘莫鲜：《都市农民的二次分化与社会分层研究》，载于《中南民族大学学报》（人文社会科学版）2003 年第 1 期。
② 李永芳：《试论转型时期城市"农民工"阶层的社会地位》，载于《社会主义研究》2004 第 1 期。
③ 方长春：《地位获得的资本理论：转型社会分层过程的一个研究视角》，载于《贵州社会科学》2009 年第 10 期。
④ 翔君：《当前中国农村社会分层研究综述》，载于《经济研究导刊》2015 第 5 期。

市民化路径选择也应该遵从理论逻辑和实践逻辑。

（一）完善职业就业保障，健全法律体系

完善职业就业保障和强化对劳动力市场中的弱势群体保护，消除基于劳动力市场分割所带来的职业分割、职业隔离和职业排斥现象，使农业转移人口享受到和稳定的就业者同等的保障体系。良好的就业保障体系能够提高农业转移人口的职业认同，同时也为农业转移人口在城市中的生活提供了良好的保障，对农业转移人口的流动也有很大的抑制作用，从而很大程度上起到提升农业转移人口市民化意愿的目的。职业经历是农业转移人口在城市生活中重要的生活体验，良好的生活体验，能够大幅度地提升农业转移人口的生活幸福感，农民更愿意留在城市之中。健全相关的法律体系，为农业转移人口提供良好畅通的维权渠道。根据我们的研究发现，农业转移人口的权益受到侵害将会大幅度降低农业转移人口的市民化意愿，所以农业转移人口市民化意愿的提升必须要切实维护好农业转移人口的劳动权益。①

（二）消除居住空间分异，促进居住融合

经由住房制度改革和完善住房获得机制，尤其是完善城市准入机制和调整保障性住房政策，适当发挥政府在住房方面的调节力度，改变以前以市场为主导的模式，改变保障性住房政策中农业转移人口作为权利主体的被排斥现象，消除居住空间分异、住房排斥和居住空间社会隔离，消除住房贫富分化机制和住房贫困发生机制，实现居住空间融合。作为政府可以加快将农业转移人口纳入廉租房和经济适用房适用范围，通过社区支持计划、混合居住计划，经由混合居住，减少农业转移人口过度居住状况，促进居住融合，缓解社会矛盾。或者经由"选择性邻里"计划提出混合收入住房、居民的健康、安全和教育的社区照顾以及可持续发展社区推动。或者给农业转移人口在城市购房提供补贴，解决农业转移人口子女的上学问题，这将大大提升农业转移人口的市民化意愿。对于在城市中租房的农业转移人口也要采取一定的措施，包括让他们感受到被市民所接纳，避免歧视和隔离。作为雇用农业转移人口的企业或者单位也可以给农业转移人口的租房或者购房提供一定的优惠，采取多元的途径提升农业转移人口的市民化意愿。②

---

①② 潘泽泉、邹大宽：《居住空间分异、职业地位获得与农民工市民化意愿》，载于《湖南师范大学社会科学学报》2016年第6期。

(三) 消解城乡户籍隔离，实现身份平等

打破城乡二元制度隔离所带来的新的社会排斥和不平等事实，消除以户口为基础的新的职业排斥、居住空间分异和不平等事实，完善农业转移人口的社会保障体系，为农业转移人口的住房获得和职业地位的提升提供新的制度保障。长期以来户籍制度作为一项制度因素一直阻碍着农民向市民的转变，如今，城乡二元的户籍制度逐步被打破，但城市利用既有的二元户籍制、单位身份制等，逐步建立起一套新的区别化社会保障体系。同时城市在维持既有的行政体制的同时，结合新的劳动力市场、房产市场等的运行，较为有效地以新的、更细致化的制度系统来实施原本由二元户籍制担当的社会吸纳和社会排斥，包括旧城改造、清除违章建筑等城市开发运动中的带来的对农业转移人口的社会排斥，新的住房入户标准、市民待遇体系建构、住房货币化和住房公积金制度所带来的农业转移人口的弱势处境等。因此，基于城乡二元的户籍制度隔离仍然存在，必须改变城乡二元户籍制度改革后带来的新的社会排斥，实现农民与市民之间身份的平等。农业转移人口由于其流动性很难成为新的社会保障体系的受益者，提升农业转移人口市民化意愿必须完善这一流动群体的社会保障，尽量使其享受到和工作地相一致的社会保障。[①]

(四) 新的市民化路径：分类分层市民化、回流式市民化

中国农业转移人口市民化的实现路径包括：（1）分类分层市民化。社会分层既是分析社会宏观结构的理论，同时对于研究一个特定群体，分层意识更具有方法论上的意义。黄江泉认为农民工群体内部已经出现层次分化，包括智能型农民工、技术型农民工、体力型农民工，他们在职业和收入差异的拉力以及政府、企业、中间组织的政策推力中向市民化转型，应该让他们分层分类逐步融入大中小型的城市实现市民化。[②] 齐红倩根据农业转移人口的经济和社会特征，把农业转移人口分为四类，分别是以提高收入、生存质量和个人发展而进城务工的中青年劳动力、失地农民、随迁老人、出生在城市的新生代农民工四类，除了随迁老人，其他三类都有较强的市民化意愿。他还指出仅仅从形式上开放户籍政策并不

[①] 潘泽泉、邹大宽：《居住空间分异、职业地位获得与农民工市民化意愿》，载于《湖南师范大学社会科学学报》2016 年第 6 期。

[②] 黄江泉：《农民工分层：市民化实现的必然选择及其机理浅析》，载于《农业经济问题》2011 年第 11 期。

能从根本上解决问题,必须分类实现"经济市民化"才能最终实现"人的市民化"。[1] (2)"回流式"市民化。农业转移人口市民化必须获得正式的身份、地位,并且能够融入城市,因此在众多研究农业转移人口市民化的策略中,潘华提出了"回流式"市民化的策略。也就是在大城市积累了工作经验、职业技能等人力资本的农业转移人口,通过返回户籍地中小城市自主创业或者正规就业,实现城市化和市民化。[2] 戚迪明等运用辽宁省回流农民工数据进行实证研究,发现90.98%的回流农民工成为回流县镇的永久迁移者,回流农民工市民化程度为78.72%。并提出回流式市民化是农民工实现城市化的重要途径,应该在发展县域经济、推进县镇基础设施建设、改善县镇居住条件及扶持回流农民工创业等方面进行政策支持。[3]

---

[1] 齐红倩、席旭文:《分类市民化:破解农业转移人口市民化困境的关键》,载于《经济学家》2016年第6期。

[2] 潘华:《"回流式"市民化:新生代农民工市民化的新趋势——结构化理论视角》,载于《理论月刊》2013年第3期。

[3] 戚迪明、张广胜、杨肖丽、江金启:《农民工"回流式"市民化:现实考量与政策选择》,载于《农村经济》2014年第10期。

第七章

农业转移人口市民化：人际互动、社会网络与社会资本效应

　　关注中国农业转移人口市民化过程中的人际互动、社会网络、社会支持与社会资本效应正在成为学术界研究市民化问题的焦点问题，尤其是移民网络、移民网络的经济效应、移民网络的社会文化效应、移民网络的时间与空间效应和市民化的社会资本（关系型社会资本、制度型社会资本、组织型社会资本生产）效应、社会网络和社会资本的社会支持效应（政治支持、经济支持、情感支持等）研究，尤其是社会网络与社会资本的风险规避和应对功能。自20世纪90年代以来，社会网络与社会资本业已成为社会学、经济学、政治学等众多学科的热点研究领域。社会网络和社会资本的研究起源于国外，后经国内学者引入中国社会的研究，其理论内涵与适用范畴也得到了深化与拓展。改革开放以来，中国经济社会结构发生了巨大的转型与变革，农业转移人口正是在这一背景下进入公众视野，其中最为核心的议题便是农业转移人口如何有序实现市民化。从社会网络与社会资本视角看，农业转移人口市民化过程，不仅意味着农业转移人口从农民转向市民的户籍迁移与身份转变，同时也意味着其人际互动方式的转变、社会网络的迁移、社会关系的重建与社会资本的重构。

第一节 人际互动、社会网络与社会资本：
理论解释及其话语变迁

人际互动、社会网络与社会资本是中国农业转移人口市民化进程中的几个重要维度，与之相关的知识脉络、理论解释与问题向度构成了中国农业转移人口研究的基础框架：一是市民化过程中人际互动、居住空间与社会距离的理论解释；二是市民化过程中农业转移人口社会网络、社会资本的理论解释框架；三是中国农业转移人口市民化的关于社会网络与社会资本的议题建构与多学科问题向度，如移民网络的经济效应、移民网络的社会文化效应、移民网络的时间—空间效应和市民化的社会资本（关系型社会资本、制度型社会资本、组织型社会资本生产）效应。

一、市民化过程中农业转移人口的人际互动、社会距离的理论解释

中国农业转移人口市民化体现出居住的空间—时间效应，也体现为社会交往中的社会距离效应。人际互动表现为社会交往过程中的社会距离，社会距离是测量人际互动最有效的衡量指标。社会距离是一种社会关系和其他社会关系所产生的情景[1]，反映了社会中人与人之间的亲密程度，同时也反映了社会关系网络中的相似度[2]。失地农民的社会距离感体现了其市民化程度[3]，所以研究失地农民和市民之间的社会距离对于农业转移人口的社会融入和市民化有着重要的理论意义和现实意义。[4]

塔尔德（Tard）最早提出社会距离的概念，用于表示阶级之间的差异程度，是一个客观的指标[5]。齐美尔（Simmel）赋予其主观色彩，把社会距离分为主观

---

[1] OB Durojaye R. Anifowose. *Understanding Conflict and War* [M]. California：Sage Publications，1975.
[2] Marshall G. *A Dictionary of Sociology（2nd Edition）*[M]. New York：Oxford University Press，1998.
[3] 王桂新、沈建法、刘建波：《中国城市农业转移人口市民化研究——以上海为例》，载于《人口与发展》2008年第1期。
[4] 潘泽泉、邹大宽：《失地农民市民化过程中社会距离的影响机制研究——基于社会距离效应的分析》，载于《学习与实践》2017年第5期。
[5] G. D. Tarde，J. P. Antoine. *Les lois de l'imitation* [M]. Paris：Librairie Felix Alcan，1921.

和客观两个维度[1]。维拉德（Villard）在齐美尔（Simmel）的基础上又引入了个体解释，这样社会距离进一步细化成了四个维度[2]。博格达斯（Bogdas）和李（Lee）等分别从大族群和小族群的角度设计了全面的量表对社会距离进行测量[3][4]。帕克把空间距离和社会距离相结合，用其测量群体内部和群体之间的亲密关系[5]。国内学者结合博格达斯和李的量表，分别对本地人和外地人感受到的社会距离进行测量，结果发现主观社会距离具有不对称性[6]，对农业转移人口的研究也有着同样的结论[7]，农业转移人口的距离感大于市民的距离感[8]。但是其子女和本地学生之间的社会距离却是对称的[9]。从代际视角研究的学者发现，社会距离具有再生产性[10]，新生代农业转移人口和市民之间的社会距离感大于上一代[11]，身份认同、社会偏见是社会距离扩大的主要原因[12]。关于社会距离产生的根源，社会理论家们的争论不断。韦伯认为是社会地位[13]，帕克认为是居住空间[14]，贝农认为是经济地位[15]，埃尔德认为年龄也会影响社会距离[16]。国内的经验

---

[1] Simmel G. *The Metropolis and Mental Life* [C]. K. H. Wolf (ed., trans.), *The Sociology of Georg Simmel* [A]. New York: Free Press, 1964.

[2] W. C. Poole. Distance in Sociology [J]. *American Journal of Sociology*, 1927, 33 (1).

[3] E. S. Bogardus. Measuring Social Distance [J]. *Journal of Applied Sociology*, 1925, 9.

[4] M. Y. Lee, S. G. Sapp, M. C. Ray. The Reverse Social Distance Scale [J]. *Journal of Social Psychology*, 1996, 136 (1).

[5] R. E. Park. Race and culture [J]. *American Sociology Review*, 1950, 15 (3).

[6] 郑也夫、沈原、潘绥铭：《北大清华人大社会学硕士论文选编》，山东人民出版社2004年版。

[7] 王毅杰、茆农非：《社会经济地位、群际接触与社会距离——市民与农业转移人口群际关系研究》，载于《南京农业大学学报》（社会科学版）2016年第4期。

[8] 闫伯汉：《制度排斥、社会距离与农业转移人口社会融入——基于广东省东莞市的分析》，载于《北京社会科学》2015年第5期。

[9] 钟涨宝、陶琴：《外来务工人员子女和本地学生的社会距离研究——基于双向度社会距离测量》，载于《南京社会科学》2010年第8期。

[10] 王毅杰、王开庆、韩允：《市民对流动儿童的社会距离研究》，载于《深圳大学学报》（人文社会科学版）2009年第6期。

[11] 史斌：《新生代农业转移人口与城市居民的社会距离分析》，载于《南方人口》2010年第1期。

[12] 郭星华、储卉娟：《从乡村到都市：融入与隔离——关于民工与城市居民社会距离的实证研究》，载于《江海学刊》2004年第3期。

[13] 王桂新、武俊奎：《城市农业转移人口与本地居民社会距离影响因素分析——以上海为例》，载于《社会学研究》2011年第2期。

[14] Flanagan G. William. *Urban Sociology: Images and Structure* [M]. Boston: Allyn and Bacon, 2002.

[15] E. D. Beynon. Social Mobility and Social Distance Among Hungarian Immigrants in Detroit [J]. *American Journal of Sociology*, 1936, 41 (4).

[16] G. H. Elder, M. J. Shanahan. The Life Course and Human Development [A]//R. M. Lerner (ed.). *Handbook of Child Psychology* (Vol. 1) [C]. New York: Wiley, 1998.

研究发现，居住空间分异[①]、社会制度[②]、文化差异[③]、社会偏见[④]、社会资本[⑤]、同群效应等都是影响农业转移人口和市民之间社会距离的重要因素。但邻里关系并不会对社会距离产生影响[⑥]。本研究试图从社会交往的角度探讨社会距离，特别关注在社会交往网络中交往对象的平均经济地位和相对经济地位。试图打破社会交往研究中纵向和横向主体和客体的二元对立，用综合的视角研究社会交往和社会距离的关系。[⑦]

社会交往、人际互动、居住空间和社会距离等对农业转移人口的市民化具有重要意义，加强与城市居民之间的社会交往可以增加社会信任[⑧][⑨]，改善精神健康状况[⑩]，提高生活质量[⑪]，促使其逐渐适应城市的文化生活，缩小与市民之间的社会距离[⑫]。

对农业转移人口经验研究发现，他们的社会交往意愿不强[⑬]，交往具有内倾性[⑭]、内卷化[⑮]、边缘化的特点。对于造成上述交往特点的原因学者们的观点各不相同，有学者认为是分类观念[⑯]，有学者认为是过长的劳动时间[⑰]，也有学者

---

① 李强、李洋：《居住分异与社会距离》，载于《北京社会科学》2010 年第 1 期。
② 任远、邬民乐：《城市流动人口的社会融合：文献述评》，载于《人口研究》2006 年第 5 期。
③ 李强：《关于城市农业转移人口的情绪倾向及社会冲突问题》，载于《社会学研究》1995 年第 4 期。
④ 杜鹏、李一男、王澎湖、林伟：《城市"外来蓝领"的就业与社会融合》，载于《人口学刊》2008 年第 1 期。
⑤ 刘传江、周玲：《社会资本与农业转移人口的城市融合》，载于《人口研究》2009 年第 9 期。
⑥ 王桂新、武俊奎：《城市农业转移人口与本地居民社会距离影响因素分析——以上海为例》，载于《社会学研究》2011 年第 2 期。
⑦ 潘泽泉、邹大宽：《失地农民市民化过程中社会距离的影响机制研究——基于社会距离效应的分析》，载于《学习与实践》2017 年第 5 期。
⑧ J. D. Lewis, A. J. Weigert. Trust as Social Reality [J]. Social Forces, 1985, 63 (4).
⑨ 唐有财、符平：《转型期社会信任的影响机制——市场化、个人资本与社会交往因素探讨》，载于《浙江社会科学》2008 年第 11 期。
⑩ Sherraden M., Judith Martin. Social Work with Immigrants: International Issues in Service Delivery [J]. International Social Work, 1994, 37 (4).
⑪ Ward C. Acculturation in D. Landis and R. S. Bhagat (eds). Handbook of Intercultural Training [M]. London: Sage, 1996: 124 – 147.
⑫ 刘林平：《交往与态度：城市居民眼中的农业转移人口——对广州市民的问卷调查》，载于《中山大学学报》（社会科学版）2008 年第 2 期。
⑬ 崔波、李开宇等：《城乡结合部失地农民身份认同：社会空间视角》，载于《经济经纬》2010 年第 6 期。
⑭ 张海波、童星：《我国城市化进程中失地农民的社会适应》，载于《社会科学研究》2006 年第 1 期。
⑮ 叶鹏飞：《探索农业转移人口社会融合之路——基于社会交往内卷化的分析》，载于《城市发展研究》2012 年第 1 期。
⑯ 李倩、李小云：《"分类"观念下的内倾性社会交往：失地农民市民化的困境》，载于《思想战线》2012 年第 5 期。
⑰ 潘泽泉、林婷婷：《劳动时间、社会交往与农业转移人口的社会融入研究》，载于《中国人口科学》2015 年第 3 期。

认为是居住空间差异[①]。关于社会交往与社会融入的经验研究发现，社会交往和群际互动对社会融合具有重要意义[②]，但以血缘、地缘为基础的初级社会交往关系会阻碍社会融入，只有发展与当地居民"本地化"的社会交往关系才能促进城市融入，缩小社会距离。交往性质而不是交往的频率对社会距离产生影响[③]。交往过程中关系强度的不同对社会的整合作用不同[④][⑤]。网络规模对社会距离的影响不是线性关系而是倒"U"型关系[⑥]。在对社会交往和社会距离的进一步探讨中，学者们发现社会评价[⑦]、社会偏见[⑧]具有中介作用，个人主观态度[⑨]、人际信任[⑩]具有调节作用。[⑪]

以往对社会交往与社会距离的研究大多从社会结构的角度，忽略了社会交往过程中的主体选择性，集中在横向交往，实际上社会交往可以分为横向交往和纵向交往两种，交往对象的选择对社会距离有着重要意义。本研究并不想探讨社会交往是如何对社会距离起作用的，而是试图找回社会交往的主体性，结合横向和纵向两个维度从交往对象的选择入手考察社会交往对社会距离的影响。

二、市民化过程中农业转移人口的社会网络、社会资本及其理论解释框架

关于社会网络与社会资本的理论纷繁复杂、众说纷纭，虽然有着共同关注的理论议题，但在其核心概念与理论取向方面仍然存在诸多分歧，难以达成共识。社会网络能提供社会支持、人际交往、情感需要和人力资本获得的功能，社会网

---

① 谭日辉：《社会空间特性对社会交往的影响——以长沙市为例》，载于《城市问题》2012年第2期。
② 巫锡炜、颜洛阳：《接触拉近距离？——居民对外来人口社会距离探究》，载于《中国社会学学术年会论文集》2015年版。
③ 任远、陶力：《本地化的社会资本与促进流动人口的社会融合》，载于《人口研究》2012年第5期。
④ 荀天来、左停：《从熟人社会到弱熟人社会来自皖西山区村落人际交往关系的社会网络分析》，载于《社会》2009年第1期。
⑤ M. Granovetter. The Strength of weak ties: a network theory revisited [J]. *Sociological Theory*, 1983, 6 (1).
⑥ Keller-Cohen D., Fiori K., Toler A., Bybee D. Social relations, language and cognition in the "oldest old" [J]. *Ageing & Society*, 2006, 26 (4): 585–605.
⑦ 邢朝国、陆亮：《交往的力量——北京市民与新生代农业转移人口的主观社会距离》，载于《人口与经济》2015年第4期。
⑧ 王桂新、武俊奎：《城市农业转移人口与本地居民社会距离影响因素分析——以上海为例》，载于《社会学研究》2011年第2期。
⑨ Henri. *Social Identity and Intergroup Relations* [M]. Cambridge: Cambridge University Press, 1982.
⑩ 王开庆、刘林平：《群际交往、人际信任与社会距离——城市居民与农业转移人口的群际关系研究》，载于《云南大学学报》(社会科学版) 2015年第4期。
⑪ 潘泽泉、邹大宽：《失地农民市民化过程中社会距离的影响机制研究——基于社会距离效应的分析》，载于《学习与实践》2017年第5期。

络包括正式的社会支持网络与非正式的社会支持网络。正式的社会支持网络包括国家、地方政府与社区支持、社会保障与福利支持、婚姻、生育和人口政策支持、医疗、健康政策、扶贫政策、环境生态治理政策、金融扶持和扶贫项目支持等。非正式的社会支持网络体现为社会资本的程度、规模和效应、互惠性的社会支持网络、搀扶式的民间社会网络、非正式的民间信贷和馈赠形式、亲属关系和邻里互助网络等。社会网络也可以分为工具性支持和情感性支持社会网络，经由社会网络可以实现社会资本的累计和培育（社会组织参与、社会团结与整合、社会信任等）。社会网络是社会个体成员之间因互动而形成的相对稳定的关系体系[①]，关注的是成员之间的互动和联系，它构成了人与人连接的基本形式，同时也是社会保障体系之外的社会援助体系，借助于社会网络，个体可获得情感支持、工具性支持和社会交往支持，获取有关工作信息，对个体的观念和行为产生影响。[②]

法国社会学家皮埃尔布迪厄（Bourdieu Pierre）最早对社会资本概念进行了系统阐述。布迪厄认为社会网络是通过行动者的有意建构而生成的群体关系，这种群体有着清晰的身份边界，具有封闭性；社会资本则是蕴含在社会网络之中可为行动者提供收益的资源与机会[③]。科尔曼（Coleman）从功能角度出发，将社会资本界定为"个人拥有的社会结构资源"，"它并不是一个简单的实体，而是由具有两种特征的多种不同实体构成的：它们全部由社会结构的某个方面组成，它们促进了处在该结构内的个体的某些行动"[④]。亚历詹德罗·波茨（Portes Alejandro）对社会资本提出了精致和全面的表述，在他看来，社会资本是"个人通过他们的成员身份在网络中或者在更宽泛的社会结构中获取稀缺资源的能力。获取能力不是个人固有的，而是个人与他人关系中包含着的一种资产。社会资本是嵌入的结果"[⑤]。

政治社会学家罗伯特·D. 普特南（Putnam Robert D.）指出："与物质资本和人力资本相比，社会资本指的是社会组织的特征，例如信任、规范和网络，它们能够通过推动协调和行动来提高社会效率。社会资本提高了投资于物质资本和人力资本的收益。[⑥]"罗纳德·博特（Burt）把社会资本定义为网络结构给网络中的行动者提供信息和资源控制的程度，他称之为"朋友、同事以及更一般的熟

---

① Mitchell J. C. The Concept and Use of Social Networks [J]. *Social Networks in Urban Situations*, 1969 (1): 1-50.

② Poel, Mart G. M., Van Der. Delineating personal support networks [J]. *Social Networks*, 1993 (1).

③ Bourdieu, Pierre. The Forms of Social Capital. in *Handbook of Theory and Research for the Sociology of Education* [M]. CT: Greenwood Press, 1986.

④ Coleman, James S. Social Capital in the Creation of Human Capital [J]. *American Journal of Sociology*, 1988.

⑤ Portes, Alejandro, Julia Sensenbrenner. Embeddedness and Immigration: Notes on the Social Determinants of Economic Action. in *The New Institutionalism in Sociology* [M]. New York: Russell Sage Foundation, 1998.

⑥ Putnam, Robert D. The Prosperous Community: Social Capital and Public Life [J]. *American Prospect*, 1993.

人，通过它们获得使用金融和人力资本的机会"，亦即"结构洞的社会资本"。如果说科尔曼、布迪厄和普特南等强调紧密联系的网络是社会资本出现的条件，那么博特（Burt）强调的是相反的情况。在他看来，正是联系的相对缺乏（他称为"结构洞"）推动了个人的流动、信息的获得和资源的涉取[①]。社会资源理论的首倡者林南（Lin Nan）认为，社会资本是从嵌入社会网络的资源中获得的。社会资本植根于社会网络和社会关系中，因此，"社会资本可被定义为嵌入于一种社会结构中的可以在有目的的行动中涉取或动员的资源。按照这一定义，社会资本的概念包括三种成分：嵌入于一种社会结构中的资源；个人涉取这些社会资源的能力；通过有目的行动中的个人运用或动员这些社会资源"[②]。总而言之，社会资本概念的复杂性在于它既包含了宏观层面的社会结构问题，同时也指涉着深处社会网络之中的微观行动。

国内学者遵循西方学者开辟的解释路径，主要从微观与宏观、个体与集体视角来定义社会资本。边燕杰从个体视角研究社会资本，他指出"社会资本的存在形式是社会行动者之间的关系网络，本质是这种关系网络所蕴含的、在社会行动者之间可转移的资源。任何社会行动者都不能单方面拥有这种资源，必须通过关系网络发展、积累和运用这种资源。"[③] 罗家德、赵延东则将社会资本分为"个体社会资本"与"集体社会资本"，前者主要是指微观个人关系和所处的社会网络位置所蕴含的资源，后者则指群体结构中所蕴含的社会网络资源[④]。也有学者将社会资本分为关系型社会资本、制度型社会资本、组织型社会资本生产。刘林平则主张区分社会网络资源与社会资本，社会网络或社会资源是潜在的社会资本，社会资本是动用的、用来投资的社会网络，社会网络是社会资源，但是不一定就是直接的社会资本[⑤]。

三、中国农业转移人口市民化的议题建构及其多学科问题向度

从学科来看，人际互动、社会网络与社会资本引发了社会学、政治学、经济

[①] Burt, Ronald S. *Structural Holes: The Social Structure of Competition*, Cambridge [M]. MA: Harvard University Press, 1992.

[②] Lin Nan. Building a Network Theory of Social Capital [J]. *Connections*, 1999, 22: 28 – 51.

[③] 边燕杰：《城市居民社会资本的来源及作用：网络观点与调查发现》，载于《中国社会科学》2004年第3期。

[④] 罗家德、赵延东：《社会资本的层次及其测量方法》，引自李培林、覃方明主编：《社会学：理论与经验》，社会科学文献出版社2005年版。

[⑤] 刘林平：《企业的社会资本：概念反思和测量途径——兼评边燕杰、丘海雄的企业的社会资本及其功效》，载于《社会学研究》2006年第2期。

学、管理学、人口学和法学等多种学科的广泛关注。人际互动、社会网络与社会资本议题关注的是市民化过程中农业转移人口人际互动方式转变、社会关系网络迁移与社会资本重构。社会网络和社会资本议题是农业转移人口市民化过程的核心议题,因为市民化进程中的每个环节都受到社会网络和社会资本的影响[①]。

人际互动、社会网络与社会资本效应主要指市民化过程中的社会资本、社会网络研究。包括移民网络理论（migration network theory）,也称移民网络社会资本理论；Castel 提出的社会孤立（social disaffiliation）假设、Wilson 的贫穷集中或社会孤立理论、Morris 和 Gallie 的社会分割（social segregation）或社会网络分割（segregation of network）理论。基于中国农业转移人口市民化过程中的人际互动、社会网络与社会资本效应是研究市民化的重要议题,体现了多学科的问题向度,包括移民网络的社会经济效应、移民网络的社会文化效应,移民网络的社会心理与认同建构效应,体现了居住隔离与住房空间分化效应（居住环境、住房类型—商品房、自租房、企业宿舍、工地等、居住空间分异—社区、宿舍或"飞地"效应等）、群际空间交往、迁入地和迁出空间效应,也体现为时间效应,从传统社会的熟人社会和血缘地缘关系网络过渡到陌生人社会。也体现了社会网络的社会支持效应与社会资本效应,包括社会政策与制度性支持网络、社会保障与福利支持网络、社会救助与非正式社会支持网络、风险承担网络、社会信任与社会整合、社会团结与社会融合、人际关系与社会交往、工具性和情感性社会支持、社会关系网络与邻里关系、公共安全与社会服务。

农业转移人口政策研究关注的是社会市民化过程中农业转移人口是否建立了自己的生活世界,是否重构了与现代性一致的社会关系网络,是否实现了社会资本积累,是否实现了市民化身份认同、自我认同、群体认同与社会认同。李培林指出农业转移人口在从农村到城市的流动过程中,主要依赖了其传统的亲缘和地缘的社会网络,并没有从根本上改变他们以血缘地缘关系为纽带的社会网络的边界。李汉林等通过对农业转移人口关系网的调查分析,提出了"虚拟社区"的概念,提出它是在一个城市内,农业转移人口按照差序格局和工具理性构造出来的社会关系网络,相互之间的非制度化信任是构造这种虚拟社区的基础。渠敬东通过新经济社会学所提出的网络分析范式,从关系强度的角度来考察农村外来人口生活世界的建构过程、他们的行为方式、意义脉络和价值取向,结果发现,农村外来人口的社会网络仍然是围绕着血缘、地缘和业缘等同质关系构成的,其中,信任是这一网络的基础和枢纽,而且关系强度取决于非制度化信任。

---

① 任远、邬民乐：《城市流动人口的社会融合：文献述评》,载于《人口研究》2006 年第 3 期。

第二节 人际互动、社会网络与社会资本：理论话语与经验发现

农业转移人口市民化进程中的人际互动、社会资本、社会网络研究是研究市民化的重要内容和知识前提，尤其是在当前正式制度支持缺位或不足的语境中，人际关系网络是流动农业转移人口获取资源和社会支持的重要渠道，也是农业转移人口融入城市的主要依赖资本和路径。"农业转移人口进城的同时也是一个不断地重新构建新的社会联系和社会关系网的过程"[1]，跨地域、职业和阶层的流动极大拓展了农业转移人口的社会经济活动范围，业缘、友缘、趣缘等连接纽带被纳入生活实践，"农业转移人口在城市所建立的这种新的社会联系愈多，他们整合于和融入他们所在的那个城市社会的程度似乎就愈高。"[2] 从这个意义上讲，社会网络的重构是农业转移人口市民化的重要意涵，融入城市社会关系网络是农业转移人口实现市民化的重要标志。[3]

一、市民化中的人际互动、社会网络与社会资本及其理论话语

农业转移人口市民化进程中的人际互动、社会资本、社会网络研究涉及的议题有农业转移人口持续向非农业和城镇转移的空间网络、社会资本、社会支持网络、风险承担网络等。按照网络动态演化的思路，从属性数据和关系数据相结合的研究视角出发，关注网络动态过程的特点，分析网络中的小团体结构特征和团体的互惠性支持网络的静态结构和动态结构，研究其阶段友谊关系、反思性过程和行动的意外后果，研究动态网络中群体的演化特征和结构化过程。揭示农业转移人口市民化过程中友谊关系社会网络的演化规律及其受关键因素的影响。将对社会空间中友谊网络的动态演化过程、社会空间中多种社会属性和社会网络特性之间的关系进行深入研究，寻找影响农业转移人口在城市中的友谊关系网络形态和演化的因素，以此为基础可以发展出友谊网络引导和控制的方法，使其向有利

---

[1][2] 李汉林：《关系强度与虚拟社区——农业转移人口研究的一种视角》，引自《农业转移人口：中国进城农业转移人口的经济社会分析》，社会科学文献出版社2003年版。

[3] 潘泽泉、杨金月：《社会网络的构成性差异与"弱关系力量"的不平衡性效应分析》，载于《中南大学社会学科学学报》2017年第6期。

于农业转移人口向市民化的方向演化,促进各农业转移人口在城市中的友谊发展和心理融合。

农业转移人口市民化程度与复杂网络生长模型的研究。研究视角具体包括:(1)社会网络属性数据的研究视角。即群体的趋同性因素,表现为民族、性别、地域等多个社会维度上的相似性、社会网络的结构。农业转移人口都来自农村,以前从事的职业都是农业,存在着趋同性因素。趋同性(即人总是倾向于结交与自己相似的朋友)是友谊网络形成的关键因素。(2)关系属性数据的研究视角。从群体动力学角度研究代表社会实体间联系的关系数据,体现了友谊网络演化中的网络动力学作用和平衡机制。关系数据视角可以研究复杂网络中互惠性机制的存在性和测量问题。(3)复杂网络生长模型的研究视角。提出一种复杂网络生长模型,揭示熟人网络中的小世界和无标度特性,通过从两个最近邻节点很有可能互连提出友谊网络的最近邻模型。具体的研究内容包括:(1)中国农村转移人口关系网络属性数据集的相关数据的持续跟踪记录及其演化过程的完整图像;建立农村转移人口的标准数据记录,并将之转换为适合研究的属性数据集。(2)农业转移人口的友谊网络的各种重要拓扑特征演化规律。设计能够批量化测量友谊网络相关拓扑特征(网络直径、聚集系数、度分布、密度、连通性、社区结构以及中心势指数等)的测量程序。(3)社会空间中各种属性对友谊网络结构和演化的影响研究。抽取拥有相同社会属性的群体构成友谊网络子图,研究其重要拓扑特征随着时间演化的规律,不同群体之间的关系及其演变规律;影响友谊网络结构和演化的关键性因素。

走出农村、脱离乡土生活场域的流动农民的社会关系网络具有传统与现代、乡土与城市的双重特征,一方面,"强关系"存在于农业转移人口流动、生活和交往的整个过程,他们的信息来源、找工作的方式、行为方式和交往方式都更多地依赖以亲缘、地缘为纽带的社会关系网络,①"差序格局"高度概括了传统社会的人际关系和社会结构特征,深刻表达了农业转移人口社会网络"规模小、紧密度高、趋同性强、异质性低、网络资源含量较低"②的特点;另一方面,随着市场经济体制在城乡的确立,理性原则渗透到社会生活的各个领域,人们的社会关系网络和互动方式也迈入了全面"理性化"的进程。③④

---

① 李培林:《流动民工的社会网络和社会地位》,载于《社会学研究》1996年第4期。
② 王毅杰、童星:《流动农民社会支持网探析》,载于《社会学研究》2004年第2期。
③ 赵泉民、井世洁:《"后乡土"时代人际关系理性化与农民合作的困境与出路》,载于《江西社会科学》2013年第8期。
④ 潘泽泉、杨金月:《社会网络的构成性差异与"弱关系力量"的不平衡性效应分析》,载于《中南大学社会学科学学报》2017年第6期。

二、市民化中农业转移人口的人际互动、社会网络及其中国经验发现

中国农业转移人口市民化过程中的社会交往与人际互动体现了群体认知和行为模式分化的聚集效应,居住空间隔离、角色示范效应与社会交往内卷化。认同自己为城市人,失地农民就会更愿意与城市人发生交往,社会网络更具有开放性,交往频率增加且接触体验也会变好;不认同自己的城市人身份,就更可能对城市居民采取敌视态度,社会网络封闭,交往少且接触体验也会变差。[①] 社会交往对于农业转移人口的重要性不仅体现在日常生活中他们与什么人接触,更关系到他们可以从由此形成的社会网络中得到什么。只与同质性的亲戚朋友、老乡交往可能会让他们陷入发展的"孤岛"地带[②]。"熟人"与"信任"之间体现了一种隐喻转换关系,不同的群体可以通过某些象征符号与其对立的符号的差别来进行社会区分。人是使用象征符号的动物,他(她)往往需要归属于某个群体,也需要与别人交往,以便证实自我的社会认同。[③]

为了进一步了解社会交往在农业转移人口市民化的效应,我们就社会交往或人际互动与"现代性"特征对于心理适应或城市的心理融入的中介效应量比较[④](见表7-1)。从前文的研究中我们已经验证了所有的假设,社会交往因素以及"现代性"特征确然在农业转移人口的身份认同与心理适应之间发挥着中介变量作用。但这两个中介变量之间又有着怎样的关系,它们的中介效应量大小又有着怎样的特征,我们将作进一步研究。

表 7-1　　市民化过程中社会交往中心理适应分析[⑤]

控制变量	因变量:心理适应		
	模型 A2	模型 A3	模型 A4
性别	-0.043 (0.054)	-0.024 (0.053)	-0.026 (0.052)

---

① 柴民权、管健:《新生代农业转移人口积极群际接触的有效性:基于群体身份与认同视角》,载于《心理科学》2015 年第 5 期。
② 王春光:《农村流动人口的"半城市化"问题研究》,载于《社会学研究》2006 年第 5 期。
③ 王铭铭:《非我与我:王铭铭学术自选集》,福建教育出版社 2000 年版。
④ 资料来源:2016 年城市新市民(农业转移人口)市民化过程中的城市融入调研数据,课题组成员何倩参与了数据统计和分析。
⑤ 潘泽泉、杨金月:《社会网络的构成性差异与"弱关系力量"的不平衡性效应分析》,载于《中南大学社会学科学学报》2017 年第 6 期。

续表

控制变量	因变量：心理适应		
	模型 A2	模型 A3	模型 A4
年龄	-0.009 (0.002)	0.082 (0.002)*	0.078 (0.002)+
婚姻状况	0.020 (0.097)	0.038 (0.096)	0.046 (0.095)
教育程度	0.091 (0.049)*	0.043 (0.049)	0.033 (0.049)
就业状态	-0.028 (0.057)	-0.022 (0.056)	-0.023 (0.056)
安置类型	0.037 (0.077)	0.017 (0.076)	0.016 (0.075)
住房类型	0.077 (0.021)*	0.090 (0.021)**	0.091 (0.021)**
预测变量			
身份认同	0.185 (0.033)***	0.165 (0.013)***	0.157 (0.032)***
社会交往	0.164 (0.032)***		0.147 (0.032)***
"城市性"		0.284 (0.032)***	0.271 (0.012)***
常数项	2.757 (0.230)***	2.129 (0.250)***	1.776 (0.257)***
调整后 R^2	0.080	0.109	0.130
F 值	10.996***	15.136***	16.453***
样本量	N = 1 036		

注：括号内为标准误，括号外为标准化系数，+、*、**、*** 分别表示 $p<0.10$、$p<0.05$、$p<0.01$、$p<0.001$。

从模型 A2 与模型 A3 中可以看到，分别加入社会交往与"现代性"特征这两个因素，身份认同对于心理适应的影响力都发生了下降。但是社会交往因素的中介效应量仅为 0.01，"现代性"的中介效应量为 0.03。可见，具有城市性身份认同的失地农民通过直接学习"现代性"的城市行为而增强的心理适应程度要比通过社会交往增加得多。①

从模型 A4 中可以看到，同时加入社会交往和"现代性"特征两个因素时，模型的拟合优度进一步优化，身份认同的影响力也进一步减小。"现代性"特征对失地农民心理适应的影响力效果最大，其次是身份认同，再次才是社会交往。与此同时，社会交往与"现代性"特征对于心理适应的影响力也同时降低，可见它们之间也存在着相互影响的关系。②

经由"社会网络同质性"调查数据显示，通过工作认识的朋友占 20.8%，是关系最多的一个类型；生活中结识的朋友占 17.6%；同级别的同事、同乡各占 20.2%、18.1%；同学关系占 11.3%；上司、下属关系分别占 6.0% 和 3.9%（见表 7-2）。

表 7-2　　市民化过程中农业转移人口的社会网络同质性

与城里熟人的关系是	频数	百分比（%）	应答百分比（%）
同级别的同事	536	20.2	43.6
老板（上司）	160	6.0	13.0
下属	104	3.9	8.5
同乡	480	18.1	39.1
同学	300	11.3	24.4
工作中认识的朋友	552	20.8	45.0
生活中结识的朋友	468	17.6	38.1
其他	52	2.0	4.2
总计	2 652	100.0	216.0

资料来源：课题组"城市流动人口（中国农业转移人口——农业转移人口）三融入（融入企业、融入社区、融入学校）社会调查"数据。

数据分析结果表明，目前农业转移人口的社会网络依然具有较高的同质性。从其职业所在的工作环境和交往范围可以看出他们所认识的人的学历和职业。首先来看农业转移人口与城里熟人的一般关系，这些关系主要被分为八个方面，其中区分工作中和生活中结识的朋友主要是考虑其可能起到的作用不同，而上司、同级别的同事、下属、同乡、同学则是基本的构成。进入城市后农业转移人口的社会网络出现了城市的特征，通过工作认识的朋友、同事成为其熟人的主要部分；同时又可以反映这个群体在城市的关系还是比较单一的，如与其是上司关系

---

①② 潘泽泉、杨金月：《社会网络的构成性差异与"弱关系力量"的不平衡性效应分析》，载于《中南大学社会学科学学报》2017 年第 6 期。

的人占较小比例；此外，通过同乡关系也还是占有一定比例的。这样的关系构成近似于一种具有一定工具理性的新"差序格局"①。

经由"市民化过程中农业转移人口社会网络学历状况"调查数据显示，从农业转移人口的熟人的整体学历看，把学历情况分为最多、第二多、第三多。依表7-3，最多学历是初中占38.9%，最多是小学和高中，各占15.6%、18.3%；第二多的学历中，初中占21.7%，高中占26.7%；第三多的学历中，初中占15.4%，高中占18.3%。可见，农业转移人口在城里认识的人主要学历是初中和高中，这与农业转移人口群体的学历构成较为接近。②

表7-3　　市民化过程中农业转移人口社会网络学历状况

熟人学历状况	最多 频率（%）	第二多 频率（%）	第三多 频率（%）
缺省	0.6	6.1	8.9
文盲或识字很少	5.6	9.5	8.1
小学	15.6	8.9	10.2
初中	38.9	21.7	15.4
高中	18.3	26.7	18.3
中专	7.8	11.7	15.0
大专及以上	13.3	15.6	23.4
总计	100	100	100

资料来源：课题组"城市流动人口（中国农业转移人口——农业转移人口）三融入（融入企业、融入社区、融入学校）社会调查"数据。

经由"市民化过程中农业转移人口社会网络职业状况"调查数据显示，从职业看，依表7-4，最多职业是普通工厂工人占43.9%之多，排第一，其次是专业技术人员和无编制临时工。第二多职业占最多的依旧是普通工厂工人，占17.0%，专业技术人员、办公办事人员、个体户等各占一定比例。第三多的职业中私企老板占14.4%，专业技术人员、办公办事人员、个体户等各占一定比例。结合农业转移人口在城里职业对比可以看出，两者也较为接近。

---

① 李培林：《流动农业转移人口的社会网络和社会地位》，载于《社会学研究》1996年第4期。
② 潘泽泉、杨金月：《社会网络的构成性差异与"弱关系力量"的不平衡性效应分析》，载于《中南大学社会学科学学报》2017年第6期。

表7-4　市民化过程中农业转移人口社会网络职业状况

熟人职业状况	最多 频率（%）	第二多 频率（%）	第三多 频率（%）
缺省	1.7	12.2	11.1
无编制临时工	10.6	7.8	1.7
普通工厂工人	43.9	17	11.6
待业/失业/半失业者	2.2	6.1	5.6
专业技术人员	18.9	14.4	13.8
办公办事人员	5.6	10.8	13.3
商业、服务业劳动者	5.6	10.6	5.6
个体户	7.2	10.6	12.2
经理、副经理等管理人员	2.8	4.4	7.8
私企老板	1.7	3.9	14.4
政府领导干部	0	0	0.6
其他	0	2.2	2.2
总计	100	100	100

资料来源：课题组"城市流动人口（中国农业转移人口——农业转移人口）三融入（融入企业、融入社区、融入学校）社会调查"数据。

数据分析结果表明，农业转移人口在城里熟人的学历和职业的分布，与农业转移人口自身的学历和职业构成有着较高的同质性。正如前文对于农业转移人口流动特点的描述，其在城里的社会关系网络也呈现同样的特征，在进城时和进城后的一段时间内，农业转移人口的关系网络是一个逐渐扩张的过程，而这往往又以一定的基础，以自我利益为中心，以血缘关系、亲缘关系、地缘关系为基础，所谓新的"差序格局"，也即是"三缘关系网络"在进入城市后因为职业、学历而达成的扩充。但是，在达到一定的程度后，因为农业转移人口的某种保守性和社交的局限，其关系网络维持在一定的规模。这构成了农业转移人口城市社会关系网络的特点："三缘关系网络"为主，业缘关系占较小的一部分。

为了进一步了解农业转移人口的社会网络关系类型及其影响，包括社会网络的多样性和复杂性、个体从社会网络获取的支持分为情感支持、实际支持和社会交往支持情况，特别是考察农业转移人口市民化过程中受教育水平以及其他可能存在影响的社会经济变量，对其社会关系（"情感性网络""工具性网络"及"交往性网络"）理性化的作用，我们建立一系列二元Logistic回归模型（见表7-5），探讨其社会经济特征对其在城市社会关系理性化的影响。[1]

---

[1] 潘泽泉、杨金月：《社会网络的构成性差异与"弱关系力量"的不平衡性效应分析》，载于《中南大学社会学科学学报》2017年第6期。

表 7-5　农业转移人口城市社会网络的构成性差异与弱关系效应的二元 logistic 回归模型[1]

变量	情感性网络是弱关系 模型 A1	模型 A2	模型 A3	工具性网络是弱关系 模型 B1	模型 B2	模型 B3	交往性网络是弱关系 模型 C1	模型 C2	模型 C3
性别（女性）	-0.319****	-0.305****	-0.308****	0.275****	0.180****	0.181****	-0.191****	-0.101	-0.102*
户籍（本地市）									
省内其他地市	-0.392****	-0.314***	-0.312****	-0.090*	-0.079	-0.080	-0.306****	-0.196***	-0.193***
其他省	-0.763****	-0.711****	-0.690****	-0.223***	-0.224***	-0.230***	-0.573****	-0.479****	-0.460****
年龄	-0.091****	-0.114****	-0.107****	-0.082****	-0.093****	-0.091****	-0.095****	-0.119****	-0.113****
年龄平方	0.001**	0.001***	0.001***	0.001****	0.001****	0.001****	0.001**	0.001***	0.001***
婚姻状况（其他）	-0.118	-0.62**	-0.125	-0.514****	-0.517****	-0.487****	-0.070	-0.109	-0.077
外出务工时间		0.021**	0.022		-0.008	-0.007		0.053****	0.054****
工作岗位		-0.210****	-0.164****		-0.134***	-0.102***		-0.196****	-0.154****
月收入对数		0.128*	0.108		0.241****	0.222****		-0.085	-0.106
居住类型（其他）									
棚户区		-0.205*	-0.189		-0.267***	-0.254		-0.184*	-0.170
单位宿舍		0.061	0.052		0.026	0.019		0.273***	0.266***
商品房小区		0.312***	0.270***		0.008	-0.024		0.318****	0.279****
郊区		0.079	0.077		-0.097	-0.099		0.192**	0.191**

[1] 潘泽泉、杨金月：《社会网络的构成性差异与"弱关系力量"的不平衡性效应分析》，载《中南大学社会科学学报》2017 年第 6 期。

续表

变量	情感性网络强弱关系			工具性网络强弱关系			交往性网络强弱关系		
	模型 A1	模型 A2	模型 A3	模型 B1	模型 B2	模型 B3	模型 C1	模型 C2	模型 C3
行业（其他）									
采矿业		0.053	0.084		0.347***	-0.373***		0.042	0.072
制造业		0.025	0.036		0.194***	0.204***		0.052	-0.042
建筑业		-0.445****	-0.405****		-0.039	-0.007***		-0.532****	-0.496****
住宿餐饮服务业		-0.142	-0.112		-0.066	-0.040		-0.021	0.006
批发零售业		0.330***	0.318***		0.125	-0.120		0.235**	0.224*
受教育水平			0.104****			0.075****			0.094****
截距	3.729	3.481	1.136	1.830	0.551	0.175	3.834	4.915	4.376
卡方值	451.029	592.769	611.450	465.065	551.247	565.269	392.133	574.478	589.425
Sig.					0.000				
-2 对数似然值	9 198.991	9 057.251	9 038.571	11 551.920	11 465.738	11 451.716	9 107.603	8 925.258	8 910.311
Cox & Snell R^2	0.051	0.066	0.068	0.052	0.061	0.063	0.044	0.064	0.066
Nagelkerke R^2	0.075	0.098	0.101	0.070	0.082	0.084	0.066	0.096	-0.099
N					8 699				

注：* 表示 $p<0.10$，** 表示 $p<0.05$，*** 表示 $p<0.01$，**** 表示 $p<0.001$。

资料来源：课题组"城市流动人口（中国农业转移人口——农业转移人口）三融入（融入企业、融入社区、融入学校）社会调查"数据。

研究结果显示：(1) 两性比较而言，女性农业转移人口更容易从"弱关系"获得情感性支持和交往性支持，而男性更容易从"弱关系"获取工具性支持；(2) 户籍仍是农业转移人口城市生活的制度性障碍，跨省流动农业转移人口从"弱关系"获得社会支持的难度更大；(3) 年龄越小、进入城市生活场域的时间越长、以工作岗位为基础的社会地位越高，农业转移人口的社会关系理性化程度越高；(4) 客观经济收入越多，其从属的"情感性网络"和"工具性网络"是"弱关系"的可能性越大；(5) 居住在商品房小区的农业转移人口比居住在棚户区的农业转移人口更能从"弱关系"摄取社会支持；(6) 所调查的行业类型中，建筑业农业转移人口的社会关系理性化程度最低，批发零售业农业转移人口的社会关系理性化程度最高；(7) 农业转移人口的受教育水平越高，在城市的社会关系理性化程度越高。①

三、市民化过程中社会资本与市民化行为的中国经验发现

农业转移人口市民化过程中的社会资本效应成为学者们研究中的主要议题，杜鹏等从制度、文化、语言方面存在的差异分析，认为其造成农业转移人口与城市居民交流较少，进而在农业转移人口的交往网络中缺乏城市居民，导致可支配的社会资本较低，这进而又加大了农业转移人口与城市居民在心理上的距离。②胡荣通过对八个城市调查数据的分析，也证明了可以通过增强城市居民的素质来增强其对于外来流动人口的信任，进而扩大社交网络，增强农业转移人口的社会资本，达到缩小他们与农业转移人口之间社会距离的目的。③

(一) 市民化过程中农业转移人口的社会资本及其日常生活策略

经由"市民化过程中农业转移人口的社会支持"调查数据显示，在生活中遇到如生病或需借钱等问题，农业转移人口求助的对象中，同乡是最多的，占21.8%；其次是同级别的同事，占19.8%；而工作中认识的朋友、生活中认识的朋友以及同学则比例相当，分别占11.3%、13.3%和13.3%（见表7-6）。在工作中遇到的问题如换工作、晋升等问题，求助最多的是老板或上司，占24.0%；

---

① 潘泽泉、杨金月：《社会网络的构成性差异与"弱关系力量"的不平衡性效应分析》，载于《中南大学社会学科学学报》2017 年第 6 期。
② 杜鹏、李一男、王澎湖、林伟：《城市"外来蓝领"的就业与社会融合》，载于《人口学刊》2008 年第 1 期。
③ 胡荣、王晓：《社会资本与城市居民对外来农业转移人口的社会距离》，载于《社会科学研究》2012 年第 3 期。

其次是通过工作认识的朋友，占 17.7%；生活中的朋友和同乡也起到相应的作用，占 12.2% 和 11.5%。在情感方面，当心情不好需要倾诉时，选择最多的是生活中结识的朋友，占调查总数的 22.9%；其次是同学和配偶，占 20.8% 和 18.1%，同乡也占 15.3% 的比例。

表 7-6　　　　　市民化过程中农业转移人口的社会支持

找谁帮忙/倾诉	生活中的问题 频数	生活中的问题 百分比（%）	工作中的问题 频数	工作中的问题 百分比（%）	情感上的问题 频数	情感上的问题 百分比（%）
同级别的同事	232	19.8	120	10.4	76	6.6
老板或上司	60	5.1	276	24.0	24	2.1
下属			16	1.4	8	0.7
同乡	256	21.8	132	11.5	176	15.3
同学	156	13.3	112	9.7	240	20.8
工作中认识的朋友	132	11.3	204	17.7	80	6.9
生活中认识的朋友	156	13.3	140	12.2	264	22.9
配偶	96	8.2	24	2.1	208	18.1
其他	84	7.2	128	11.1	76	6.6
总计	1 172	100.0	1 152	100.0	1 152	100.0

资料来源："社会资本与农业转移人口城市生活的重建——广东调研"。

数据分析结果表明，这种对不同问题采取不同的求助方式也是农业转移人口进城后生活中逐渐出现的细微变化，不同的关系发挥着不同的作用，社会资本的这一利用策略在一定程度上使农业转移人口能更好地适应城市生活，实现重建。

（二）市民化过程中农业转移人口的社会资本及其求职策略

目前，中国由于职业介绍机制还很不完善，正规的职业介绍机构还很缺乏，人才市场极不规范，而且信息渠道之后，工作人员的素质更是亟待提高。在这种情况下，能否就业最有力的决定因素并不是农业转移人口个体本身，而是个体意外的关系背景，即其社会网络。因此社会资本就有可能成为农业转移人口获得职业的一种不可或缺的条件。社会资本对就业的作用主要体现在对就业信息的获取、就业机会的获得、解决就业所需的资金投入等问题[①]。

已有的研究认为，社会资本理论对于以关系取向、伦理本位为特点的中国社

---

① 徐莉：《社会资本——就业及职业阶梯上流动的"有力工具"》，载于《汉江论坛》2003 年第 4 期。

会有很强的适用性，也有重要的理论和实践价值。[①] 就农业转移人口而言，关系的作用首先在于能够在城市里找到一份较满意的工作，不管是在进城的第一份工作上还是之后的更换工作，我们都可以看到社会资本都在不同程度上发挥着作用。

经由"市民化过程中农业转移人口的初职获得"调查数据显示，39.4%的流动人口的第一份工作是自己找的，在所有的求职方式中占第一位。其次分别是家里和农村亲戚介绍、同乡介绍以及城里的亲戚介绍，分别占总数的21.7%、17.8%和8.9%（见表7-7），即通过熟人介绍的超过总数的48.4%。

表7-7　　市民化过程中农业转移人口的初职获得

题项	频数	频率（%）	累积频率（%）
自己找的	71	39.4	11.1
家人、农村亲戚帮忙	39	21.7	1.7
城里的亲戚介绍	16	8.9	11.6
同乡介绍	32	17.8	5.6
同学介绍	2	1.1	13.8
其他	20	11.1	13.3
总计	180	100	5.6

资料来源：课题组"城市流动人口（中国农业转移人口——农业转移人口）三融入（融入企业、融入社区、融入学校）社会调查"数据。

数据分析结果表明，可以说明大多数人在进入城市的初期通过社会资本的作用确定自己的第一份工作。通过的社会资本主要有体现出强关系的特征，如家人、农村和城里的亲戚、同乡，这些关系属于以亲缘、地缘和血缘这种"三缘关系网络"为纽带的社会关系。可以说，由于对家庭和血缘的强调，农业转移人口在进城前社会资本的最大核心是家庭，其大部分的社会关系都是血缘关系的延伸和拓展，家庭和家乡所体现的血缘和地缘关系是农业转移人口进城前拥有的最主要的社会资本形式。因而其在进城的第一次求职中首先采取的策略就是向亲戚、同乡寻求帮助。农业转移人口对这样一种社会资本的依赖，还可以降低交易费用，节约成本，相对于他们可以利用的社会资源来说，是一种非常理性的选择。此外，相对于20世纪90年代农业转移人口进城时对社会资本较大的依赖而言，这里出现了某种程度的下降，这是伴随着城乡流动的日益频繁以及农业转移人口流动信息的传递、农业转移人口学历等的提高而出现的情况。

[①] 刘敏、奂平清：《论社会资本理论研究的拓展和问题》，载于《甘肃社会科学》2003年第5期。

(三) 市民化过程中农业转移人口的社会资本维持策略

经由"农业转移人口的社会资本维持"调查数据显示,在进城之后,农业转移人口普遍与曾经帮助过自己的家里的朋友、亲戚保持着联系,从表7-8可以看出。有事才联系和一个月至少联系一次的都占47.2%,极少人是不联系的,只占4.4%,说明农业转移人口较珍视与在农村的朋友、亲戚的关系。反观在城里换过工作之后,不联系以前的同事、老板、朋友的占15.2%,与前者相比有较大提升。有事才联系的占64.4%,这与前者相比也是上升的,下降的数据是一个月至少联系一次的情况,占20.5%。

表7-8 农业转移人口的社会资本维持

题项	缺省	不联系	有事才联系	一个月至少联系一次
在城里工作后,您与以前(家里)的朋友、亲戚是否经常联系	1	8	85	85
	0.60%	4.40%	47.20%	47.20%
换工作之后,您和以前的同事、老板、朋友是否还有联系	0	20	85	27
	0%	15.2%	64.4%	20.5%

资料来源:课题组"城市流动人口(中国农业转移人口——农业转移人口)三融入(融入企业、融入社区、融入学校)社会调查"数据。

数据分析结果表明,从原因对比看,进城后与家里的亲戚朋友保持联系的最主要原因是相互间有友好的(亲情)感情,占62.8%。因为生活、工作的问题需要帮忙而保持联系的较少,这可以体现农业转移人口与亲友的传统上的感情的牢固,以及在城里之后基本独立,能够解决自身在城市遇到的问题,向家里寻求帮助的现象较少。而在城里换工作之后与同事、老板和朋友保持联系的原因也发生较大变化,因为友好情感而保持联系的比例下降到45.5%,同时需要以前的同事、老板或朋友提供生活、工作上的帮忙的情况也有所下降,认为没有联系的必要以及没碰面就生疏了的占34.1%,有较大上升。这可以反映农业转移人口与城里结识的朋友关系不如在家里的朋友关系,而且抱有的期望和态度也有较大区别。

课题组为了进一步验证社会资本效应[①],在分析中,我们以农业转移人口对于自己身份的主观认同为因变量,以同群社会资本、同群效应为自变量,同时将性别、年龄、婚姻状况、教育年限、政治地位、收入状况引入作为控制变量,并

---

① 潘泽泉、李挺:《农业转移人口身份认同的影响机制研究:基于社会资本、同群效应与社会距离关系的实证研究》,载于《中州学刊》2017年第3期。

将社会距离作为中介变量（见表7-9）。

表7-9　　多变量路径分析之结果——标准化的回归系数[1]

自变量	对社会距离的直接影响 BE	P值	对自我认同的直接影响 标准化回归系数	P值
性别	-0.059	0.000	0.061	0.097
年龄	0.033	0.014	0.013	0.348
婚姻状况	0.015	0.255	-0.079	0.000
教育年限	-0.094	0.000	0.089	0.101
政治地位	-0.051	0.000	0.019	0.054
收入状况	0.011	0.281	0.044	0.000
社会资本	-0.163	0.000	-0.004	0.701
同群效应	0.098	0.000	-0.155	0.000
社会距离	—	—	-0.108	0.000
R^2	0.38		0.51	

从关于模型拟合度的检验来看，模型卡方值为527.427，自由度为18，P值<0.001并具有显著意义，这显示出模型适配度并不可靠。但是由于卡方值的大小特别容易受到样本大小的影响，因而用其作为模型拟合程度的单一判断因素并不是十分可靠的，[2] 更多的研究者使用拟合优度指数（GFI、AGFI），增值适配度指数（NFI）以及平均概似平方误根系数（RMSEA）。其中RMSEA值小于0.05，GFI、AGFI、NFI值大于0.95表示模型总体上具有较高的拟合程度，在本模型中RMSEA值大于0.05，但0.003的差额也是可以接受的。因而可以判断本模型通过了拟合程度的检验。

首先，在表7-10中各变量对社会距离的直接影响中，我们可以看出婚姻状况对于社会距离的直接影响不显著，收入状况对于社会距离也没有显著的直接影响。其他变量，包括性别、年龄、教育年限、政治地位、社会资本、同群效应都对社会距离有着显著的直接影响。具体说来，这就表示在控制其他变量的情况下，女性、年龄较小、教育年限越高、政治地位越高、社会资本越高、居住越集中，则具有较低的社会距离。

---

[1] 潘泽泉、李挺：《农业转移人口身份认同的影响机制研究：基于社会资本、同群效应与社会距离关系的实证研究》，载于《中州学刊》2017年第3期。

[2] 邱皓政、林碧芳：《结构方程模型的原理与应用》，中国轻工业出版社2008年版。

表 7-10　各变量对社会认同的直接影响、间接影响和总影响[①]

自变量	对自我认同的影响		
	直接影响	间接影响	总影响
性别	0.061	0.007*	0.068*
年龄	0.013	-0.004*	0.009*
婚姻状况	-0.079*	-0.002	-0.080*
教育年限	0.089	0.010*	0.099*
政治地位	0.019	0.005*	0.024*
收入状况	0.044*	-0.001	0.043*
社会资本	-0.004	0.018*	0.014*
同群效应	-0.155*	-0.011*	-0.165*
社会距离	-0.108*	—	-0.108*

注：*表示 P 值 <0.05。

其次，我们继续分析表 7-10 中各变量对社会认同的直接影响。在表 7-10 中，我们可以发现，在引入社会距离作为中介变量之后，同群效应对于自我认同的显著性没有发生变化。而在引入社会距离作为中介变量后性别、年龄、政治地位、社会资本对于自我认同没有显著的直接影响，这表明年龄、教育年限、政治地位、社会资本对于自我认同的影响不是独立的。在引入社会距离中介变量之后，对自我认同具有显著影响的变量为婚姻状况、收入状况、同群效应与社会距离。这表示在控制其他变量的情况下，未婚、收入越高、居住越分散、社会距离越小，越倾向于认同自己为城里人。

最后，我们再来看各自变量与社会距离、自我认同之间的关系。由于社会距离对于自我认同有着显著的影响，所以我们可以认为：只要一个变量对社会距离这一变量有显著的影响，它对自我认同就有显著的间接影响。在此意义上，性别、年龄、教育年限、政治地位、社会资本、同群效应，实际上都对自我认同有着显著的间接影响，也可以说它们对自我认同的影响是通过社会距离这一中介变量发生的。其中性别、教育年限、同群效应对自我认同的直接影响也是显著的。婚姻状况、收入状况则对自我认同有着对立的直接影响。进而我们可以得出各自变量对于自我认同的直接影响、间接影响和总影响情况。其中任何一个自变量，只要其对自我认同的直接影响与间接影响中有一种影响是显著的，那么该自变量对自我认同的总影响就是显著的。

[①] 潘泽泉、李挺：《农业转移人口身份认同的影响机制研究：基于社会资本、同群效应与社会距离关系的实证研究》，载于《中州学刊》2017 年第 3 期。

通过数据分析发现，各变量均对社会认同存在影响关系。从总影响大小来看同群效应。社会距离对自我认同的影响最大，其次为教育年限，其他变量对自我认同的影响程度则相对较小。

重要的是，通过对数据的分析，性别、年龄、教育年限、政治地位、社会资本这些变量都是通过对社会距离这一中介变量对自我认同起到显著影响的。如前分析，在控制了社会距离这一中介变量后只有婚姻状况、收入状况、同群效应依然对自我认同有显著性的影响。而其他变量则没有了显著性影响，其中社会资本这一变量的影响方向还被彻底地扭转了，这显示出了社会距离这一中介变量的重要作用。这为我们继续深入理解变量与自我认同之间的关系提供了新的启发。

通过以上分析发现，社会资本与社会距离存在显著相关关系，并且在控制了社会距离这一变量后，与农业转移人口的自我认同没有直接相关关系，也就是说通过社会距离这一中介变量，才使得社会资本与农业转移人口的社会认同存在显著性的间接相关。社会资本与社会距离之间存在负相关关系，即社会资本水平越高，农业转移人口所感受到的社会距离水平越低。在社会距离这一中介变量的影响之下，使得其对农业转移人口的自我认同存在显著的正向间接相关关系，即社会资本越高，农业转移人口感受到的社会距离水平越低，同时使得农业转移人口更倾向于认同自己是城市人。这样在前文提到的第一个假设就得到了充分的证明。[1]

（四）市民化过程中农业转移人口社会参与的社会资本效应

关于社会资本对于社区居民参与社区治理的行动效能和作用机制的研究，对于理解社区居民实现社区参与，有大量的理论成果和经验说明。社会资本用来指个人拥有的现实和潜在的资源。后来的学者从社会资本与其他形式的资本的区别以及社会资本的嵌入方式性对社会资本的概念与应用范围进行了拓展和界定，提出行动中的信任、权力、财富和声望等社会资源是嵌入社会网络之中的，个人可以通过直接或间接的关系获得，其中权力、财富与声望的大小与个人的社会网络的广度以及异质性有关[2]。有学者对于社会资本作用的研究，依据其层次的不同分为个体性社会资本和集体性社会资本，在个体社会资本方面，有学者分析了个

---

[1] 潘泽泉、李挺：《农业转移人口身份认同的影响机制研究：基于社会资本、同群效应与社会距离关系的实证研究》，载于《中州学刊》2017年第3期。

[2] 黎熙元、童晓频：《中国城市社区建设的可持续性与社会资本的重构——以广州市逢源街安老服务为例》，载于《中山大学学报》（社会科学版）2005年第3期。

体社会资本对于个体收入[①][②]、个体行为的影响作用,有学者从性别、个人生命历程的影响探讨社会资本的作用[③],有学者分析了社会资本对于不同群体的工资水平、政府信任以及政治参与的影响作用;在集体社会资本方面,有学者研究了集体社会资本对于社区参与的影响[④]、社会资本与社区发育[⑤]、社会资本的建构策略与社区社会资本的生成[⑥]。事实上,拥有较高的社会资本意味着个体可以通过社会网络获得更多的社会资源,帮助个体更好地完成期望行为,获得较高的社会地位[⑦]。个体拥有的社会资本越丰富也往往意味着其具有较高的社会地位,更容易获得交往人员的认同,因而也就更容易参与到公共事务中并对公共事务产生影响。作为社会缩影的社区自然也会体现出社会资本的影响,拥有较高的社会资本的成员较之于社会资本水平较低的成员会更倾向于参与社区活动。

在对数据的分析中,我们以居民的社区参与度为因变量,以居民个体的社会资本情况以及是否为行政性组织成员为自变量,同时将年龄、性别、教育程度、经济收入、婚姻状况列为控制变量,建立相关方程模型(见表7-11)。

表7-11 社区活动程度参与的多元线性回归模型及结果(一)[⑧]

类别	变量	模型1		模型2	
		系数	标准误	系数	标准误
控制变量	年龄	-0.0046	0.0004	-0.0041	0.0004
	性别	0.0623**	0.0888	0.0659**	0.0889
	教育程度	0.0390	0.0352	0.0443	0.0353
	经济收入	-0.0593**	0.0510	-0.0652**	0.0512
	婚姻状况	0.04894	0.1474	0.0356	0.1490
自变量	社区认同度			0.1073***	0.0135
	社会网得分				
	社会网网顶				

---

① 边燕杰、王文彬等:《跨体制社会资本及其收入回报》,载于《中国社会科学》2012年第2期。
② 梁玉成:《社会资本和社会网无用么?》,载于《社会学研究》2010年第5期。
③ Toby L. Parcel and Elizabeth G. Menaghan. Early Parental Work, Family Social Capital, and Early Childhood Outcomes [J]. *American Journal of Sociology*, 1994, 99 (4): 972-1009.
④ 黄荣贵、桂勇:《集体性社会资本对社区参与的影响——基于多层次数据的分析》,载于《社会》2011年第6期。
⑤ 孙立平:《社区、社会资本与社区发育》,载于《学海》2001年第4期。
⑥ 刘春荣:《国家介入与邻里社会资本的生成》,载于《社会学研究》2007年第2期。
⑦ 张文宏:《社会资本:理论争辩与经验研究》,载于《社会学研究》2003年第4期。
⑧ 课题组成员李挺完成部分数据分析、文献资料整理和部分文字撰写。

续表

类别	变量	模型 1		模型 2	
		系数	标准误	系数	标准误
自变量	社会网平均值				
	是否行政性组织成员				
	交往中是否存在行政性组织人员				
截距（非标准情况）		0.3875	0.3554	1.0534	0.4011
Sig.		0.0000		0.0000	
频数 N		1 051		1 043	
R^2		0.0095		0.0206	
调整后 R^2		0.0048		0.0149	

注：① *** 表示 $p<0.01$，** 表示 $p<0.05$，* 表示 $p<0.1$。②各变量（除截距外）回归系数为标准化回归系数（β值）。

通过观察表 7 - 11 与表 7 - 12 的相关内容，在模型整体建构的检验方面，各个模型均通过了显著性检验（Sig. $=0.000<0.05$），这说明模型是具有解释力的。通过观察，各个模型的控制变量在显著性上的表现基本一致，在所控制的年龄、性别、教育程度、经济收入、婚姻状况 5 组变量中，性别和经济收入在各个模型中基本都通过了显著性检验，只有在以社会资本因素为自变量的模型中，性别因素影响在 90% 的置信度上显著，这说明在社会资本相同的情况下，男女之间在参与度上的差别没有在其他情况下明显。其中性别变量在各个模型中系数均为正数，这表明相对于女性而言，男性都具有较高的社区参与度。与性别的系数相反，经济收入这一控制变量在各个模型中的系数均为负数并且均在 95% 的置信水平上显著，这表示社区居民的经济收入程度和社区参与程度是呈反向关系的，造成这一现象的主要原因在于具有较高收入的人平时可能更多时间用于工作，没有太多的空闲时间参与到社区活动中。而其他控制变量如年龄、受教育程度、婚姻状况则没有对居民的社区参与程度产生显著的影响。

表 7-12　社区活动程度参与的多元线性回归模型及结果（二）①

类别	变量	模型 3 系数	模型 3 标准误	模型 4 系数	模型 4 标准误	模型 5 系数	模型 5 标准误
控制变量	年龄	-0.0032	0.0004	0.0020	0.0004	0.0005	0.0004
	性别	0.0538*	0.0879	0.0601**	0.0808	0.0577**	0.0809
	教育程度	0.0084	0.0352	-0.0284	0.0324	-0.0365	0.0327
	经济收入	-0.0825***	0.0510	-0.0843***	0.0466	-0.0973***	0.0471
	婚姻状况	0.0522	0.1498	0.0411	0.1342	0.0303	0.1394
自变量	社区认同度					0.1167***	0.0123
	社会网得分	0.1965***	0.0002				
	社会网网顶	0.2232***	0.0069				
	社会网平均值	0.2972***	0.0084			0.0884***	0.0035
	是否为行政性组织成员			0.3901***	0.1298	0.3955***	0.1339
	交往对象中是否存在行政性组织人员			0.1191***	0.1151	0.0869*	0.1219
截距（非标准情况）		-0.4474	0.4211	0.5122	0.3233	0.7515	0.4251
频数 N		1 036		1 051		1 028	
R^2		0.0611		0.1828		0.2174	
调整后 R^2		0.0538		0.1773		0.2089	

注：① *** 表示 $p<0.01$，** 表示 $p<0.05$，* 表示 $p<0.1$。②各变量（除截距外）回归系数为标准化回归系数（β 值）。

其次，通过观察表中的模型 2、模型 3 与模型 4，我们可以发现居民的社区认同度对其社区参与度影响的标准化回归系数为 0.1073，并且通过了显著性检验，这说明居民的社区认同度与其社区参与度之间成正相关关系，居民的社区认同度越高也就倾向于拥有更高的社区参与度；居民的社区认同度较低则会有较低的社区参与度。在模型 2 中，我们控制了其他变量并检验居民的社会资本因素对于其社区参与度的影响。在模型中居民所拥有的社会网的总得分、网顶、与社会网的平均值的标准化回归系数均为正，并且在 99% 的显著性水平上通过了检验，这意味着居民个体的社会网得分总分越高，其社区参与程度也就越高；社区居民个体的网顶值越高，其社区参与程度也就越高；社区居民个体的社会网络平均值

---

① 课题组成员李挺完成部分数据分析、文献资料整理和部分文字撰写。

越高，其社区参与程度也越高。同样在模型 4 中，在控制其他变量影响的同时引入行政性组织因素变量，我们可以看到是否具有行政性组织身份、交往对象中是否存在行政性组织成员都对居民的社区参与度产生了正向作用的影响，并且通过了显著性检验。

最后，在模型 5 中我们同时引入了在前面三个模型中分别检验的社区认同度、居民的社会资本水平以及行政性组织因素这三个自变量。为了避免方程中有相关关系自变量产生的共线性影响，我们选取最能代表社会资本水平的社会网得分平均值（模型 3 中社会网平均值的标准化回归系数最大）作为社会资本这一自变量的代表。这样就保证了各个自变量的 VIF 值均在 3 以下（远低于 10 的标准限值），进而避免了多重共线性对方程产生的干扰。通过观察模型 5 的结果，我们可以看到模型中各个自变量结果均通过了显著性检验，也即说明居民的社区认同度、社会资本以及行政性组织身份等因素确实对其社区参与程度有着显著的影响。

数据分析发现，居民的社区认同程度越高，其表现出的社区参与程度也就越高；相反当居民的社区认同度较低时，其社区参与程度也就越低。基于人际关系的同质性交往、基于交往与互动建立的"社区关系"和社区情感、基于地方性知识的地方实践、基于群际比较和邻里互动产生的群体情感和群体效能，都会影响社区居民的社区参与。居民个体的社会资本对于其社区参与程度同样存在正向性的促进作用。即个体社会资本网总分、个体的社会网网顶值、个体的社会网平均得分越高，社区居民的社区参与程度也就越高，嵌入社区网络中的社会资本会影响行动的效果，基于地方性社会网络中归属感和凝聚力、互惠关系和信任水平、规范和信用、情感、忠诚和合法性认同，构成了社区社会资本影响社区参与重要维度。[①]

第三节 人际互动、社会网络与社会资本：
经验命题与行动纲要

中国农业转移人口在市民化过程中的人际互动、社会网络与社会资本已经得到充分的经验研究与实证考察，其问题视域主要集中在：一是市民化过程中的人际互动与空间逻辑：理论视域、实践过程与经验方向；二是农业转移人口的人际

---

① 课题组成员李挺完成部分数据分析、文献资料整理和部分文字撰写。

互动、社会网络与社会资本的理论对话与经验比较;三是市民化过程中农业转移人口的社会资本的转型与重构。

一、市民化过程中的人际互动与空间逻辑:问题视域与经验发现

农业转移人口在市民化过程中面临的主要困境有:一是农业转移人口在空间上面临着居住隔离与社会排斥;二是农业转移人口面临着人口居住隔离和分异;三是农业转移人口在嵌入/脱嵌与"重新嵌入"城市空间中遭受着来自城乡屏蔽机制的隔离与排斥。

(一) 农业转移人口的居住隔离和社会排斥:社会排斥的空间逻辑

我国住房遵循商品化及国家化两条逻辑。住房在更为普遍的意义上是一种市场消费品,因此居住隔离是一种经济排斥,可进一步导致关系排斥。而廉租房及经济适用房的国家化逻辑使得居住本身就呈现出一种地理上嵌入式隔离。本研究力图通过居住隔离去验证不同排斥维度之间存在一种亲和关系,进一步丰富社会排斥理论;同时,在我国居住越来越成为决定个人生活重要的资源,居住条件、地点日益成为个人经济实力及身份地位的象征。那么居住隔离的存在是否会进一步呈现出中国的社会分层结构,居住是否会成为影响社会分层结构的重要因素,这也是在对现阶段中国社会分层理论拓展的尝试。

(二) 市民化过程中农业转移人口居住隔离和居住分异

在当代社会科学领域,对城市的社会问题日益关注,关心"社会空间正义与空间秩序"被誉为城市科学研究的"道德进步"[1]。从根本上说,城市社会空间结构是由城市社会分化所形成的,这种分化是在工业化、现代化和城市化的背景下产生的,包括人们的社会地位、经济收入、生活方式、消费类型以及居住条件等方面的分化,其在城市地域空间上最直接的体现是居住区的地域分异。[2]

在西方发达国家,郊区化、全球城市和社会空间极化、居住空间分异、防卫社区、下层阶级聚居等社会空间演变和分异趋势等一系列的演进所带来的社会空

---

[1] Smith D. Moral Progress in Human Geography: Transcending in the Place of Good For tune [J]. Progress in Human Geography, 2000 (1).

[2] 艾大力、王力:《我国城市社会空间结构特征及演变趋势》,载于《人文地理》2001 年第 2 期。

间不平等使得城市中的社会公正问题成为关注的焦点。[1] 居住分异（residential differentiation）是指具有特定特征和文化的人群在城市中居住在一起从而形成特色邻里的倾向[2]。农业转移人口随迁子女大都居住于"城中村"社区的"客观事实"既是城乡隔离的二元社会体制的"社会屏蔽"机制的结果，同时也是农业转移人口随迁子女"社会性防御（social defense）"策略的结果。刘易斯（Lewis）指出："棚户区的孩子，到6～7岁时，通常已经吸收贫困亚文化的基本态度和价值观念。因此，他们在心理上不准备接受那些可能改变他们生活的种种变迁的条件或改善的机会。"[3] 班费尔德（Banfield）也用"非道德性家庭主义"来解释"穷人基本不能依靠自己的力量去利用机会摆脱贫困之命运，因为他们早已内化了那些与大社会格格不入的一整套价值观念"[4]。而城市融入需要具有自觉的主体性和自我意识的个体的生成，需要一种以平等的交互主体性为基础的理性的公共活动空间，来表达主体性的内涵和价值需求，或者抵御公共权力的自律化所造成的体系对生活世界的殖民化。[5]

与国外研究相比，我国对于流动人口居住隔离的研究稍显欠缺。但20世纪90年代末期以来，流动人口规模不断扩大。特别是2005年日益突出的流动人口"常住化"趋势日渐明显。学界对于该问题的关注日益增加。目前，国内的相关研究分为两类：一类是以人口社会学为主的关于社会群体的隔离研究；另一类是城市社会学的居住分异研究。在社会群体的隔离研究中，农业转移人口与城市居民称为两大主要异质性群体，两者的社会隔离值得重视。两者之间存在的社会隔离在社会经济地位等因素的作用下，使得他们之间的社会距离不断增大，这些使得他们处于不同的地理社区，缺乏有效沟通，进而导致"精神隔离"。

（三）市民化过程中的脱域、联结与嵌入：空间中的社会隔离和排斥

城市性与现代性的动力实际上源于吉登斯（Giddens）所言的"脱域"机制，即"社会关系从彼此互动的地域性关联中'脱离出来'"，是把社会关系从地方性的场景中"挖出来"，然后再使社会关系在无限的时空地带中进行"再联结"或"再重组"。[6] 在这一过程中，作为城市融入实践主体的农业转移人口随迁子

---

[1] Zhou Y. and Ma L. J. C. Economic Restructuring and Suburbanization in China [J]. *Urban Geography*, 2000, 21 (3): 205-236.

[2] Immons J. W. Changing Residence in The City: A Review of Intraurban Mobility [J]. *Geographical Review*, 1968, 58 (4): 622.

[3] Lewis O. The Culture of Poverty [J]. *Scientific American*, 1966 (4).

[4] Banfield E. C. *The Moral Basis of a Backward Society* [M]. New York: The Free Press, 1958.

[5] 衣俊卿：《现代性的维度及其当代命运》，载于《中国社会科学》2004年第4期。

[6] 安东尼·吉登斯：《现代性的后果》，译林出版社2000年版。

女，是嵌入于城乡的社会结构、认知、文化和政治之中的，与初次流动年龄较大的农业转移人口随迁子女相比，年龄较小的农业转移人口随迁子女由于其对乡土社会的"嵌入"不太深，容易从"乡土社会"的地域性关联中"脱嵌"出来，并在城市这一现代性"场域"中"再联结"与"重新嵌入"。此外，从城市融入的主观体验来看，在现有的城乡分割语境下，农业转移人口随迁子女融入过程中都有可能遇到各种"社会隔离与排斥"机制及城市居民"污名化"等评价图式，初次流动年龄较大的农业转移人口随迁子女一般都会对这些消极信息较为敏感，从而阻碍其城市融入的步伐。而初次流动年龄较小的农业转移人口随迁子女由于"年龄小"而对城乡隔离的"社会屏蔽"机制以及城市居民"污名化"的"评价图式"等负面信息不太敏感，在一定程度上削弱了其城市融入的阻碍作用。

二、市民化中的人际互动、社会网络与社会资本：理论对话与经验比较

在市民化过程中，农业转移人口的社会网络的结构特征与变迁脉络体现了从"先赋"到"自致"转变。随着城镇化进程的不断推进，农业转移人口的规模也不断增大，按照国家统计局发布的数据，截至2018年，中国农业转移人口总量已达到2.88亿人，其中到乡外就业的外出农业转移人口1.72亿人，在外出农业转移人口中，进城农业转移人口1.35亿人。虽然进城务工的农业转移人口逐年增加，但与之相应的制度环境支持仍然处于缺位状态，作为非正式的社会支持来源，社会网络对于农业转移人口的社会融入有着十分重要的作用。

起初国内学者对农业转移人口社会网络的研究主要集中于其社会支持网络，有学者指出作为社会弱势群体的农业转移人口，其社会支持以血缘、地缘等初级关系网络为主要来源[1]，同时农业转移人口的社会支持网络具有差异性[2]、嵌入性[3]。社会支持网络不仅是农业转移人口进入城市的主要依托，同时也对其社会融入程度有着深远的影响[4]。随着研究的深入，学者们对农业转移人口社会支持

---

[1] 李良进、风笑天：《试论城市农业转移人口的社会支持系统》，载于《岭南学刊》2003年第1期。
[2] 李树茁、任义科、费尔德曼、杨绪松：《中国农业转移人口的整体社会网络特征分析》，载于《中国人口科学》2006年第3期。
[3] 张春泥、刘林平：《网络的差异性和求职效果——农业转移人口利用关系求职的效果研究》，载于《社会学研究》2008年第4期。
[4] 李树茁、任义科、靳小怡、费尔德曼：《中国农业转移人口的社会融合及其影响因素研究——基于社会支持网络的分析》，载于《人口与经济》2008年第2期。

的网络结构也进行了探讨分析，发现子群凝聚、同乡聚集[1]是农业转移人口社会网络的普遍现象，并且这种广泛分布的子群结构对于农业转移人口城市融入有着正向作用[2]。也有学者认为，过于依赖原有的乡土网络不利于农业转移人口更好地形成城市认同，从而不利于城市融入[3]，而通过扩大交往，增强社会网络的异质性，可以削弱排斥感[4]。农业转移人口的社会网络是按照差序格局和工具理性的逻辑建构的，其基础是非正式的熟人关系，这是一种客观存在的社会结构，在流动过程中经历着不断的重构[5]，农业转移人口的社会网络具有天然性、同质性和乡土性的特点[6]。农业转移人口在进城务工、融入城市的过程中社会网络虽然也在发生变化，但本质上其社会网络仍然以血缘、地缘为核心[7]，乡土社会网络虽然给农业转移人口带来了找工作、融入新环境的便利与帮助，但要想在新环境下更好地生存和生活，就必须谋求建立新的社会关系网络[8]。

总体而言，农业转移人口的社会网络经历了从"先赋"到"自致"的变化。"先赋"性的社会网络，即原生社会网络，是指农业转移人口基于亲缘、地缘等初级社会关系的亲属、朋友网络。"自致"性的社会网络，即再生社会网络，是指农业转移人口在迁入地建构起来的次级社会关系网络。从"先赋"到"自致"，既体现了农业转移人口社会网络结构从"强关系"到"弱关系"的转变，也体现了中国社会网络结构从"熟人社会"到"陌生人社会"的变迁[9]。

三、市民化过程中农业转移人口的社会资本的转型与重构

最早将社会资本视角引入移民研究的学者是美国社会学家波茨（Potts），他指出移民可以通过社会资本提高资源获取的能力。倪志伟和桑德斯（Sanders

---

[1] 张春泥、谢宇：《同乡的力量：同乡聚集对农业转移人口工资收入的影响》，载于《社会》2013年第1期。
[2] 任义科、杜海峰、喻晓、李树茁、费尔德曼：《中国农业转移人口社会网络的凝聚子群结构分析》，载于《社会》2008年第5期。
[3] 蔡禾、曹志刚：《农业转移人口的城市认同及其影响因素——来自珠三角的实证分析》，载于《中山大学学报》（社会科学版）2009年第1期。
[4] 陈黎：《外来工社会排斥感探析——基于社会网络的视角》，载于《社会》2010年第4期。
[5] 李汉林：《关系强度与虚拟社区——农业转移人口研究的一种视角》，引自李培林主编：《农业转移人口：中国进城农业转移人口的经济社会分析》，社会科学文献出版社2003年版。
[6] 司睿：《农业转移人口流动的社会关系网络研究》，载于《社科纵横》2005年第5期。
[7] 李培林：《流动民工的社会网络和社会地位》，载于《社会学研究》1996年第4期。
[8] 曹子玮：《农业转移人口的再建构社会网与网内资源流向》，载于《社会学研究》2003年第3期。
[9] 悦中山、李树茁等：《从"先赋"到"后致"：农业转移人口的社会网络与社会融合》，载于《社会》2011年第31卷。

通过对美国移民家庭的研究，发现社会资本有利于帮助他们获取"自雇"地位[①]；麦西（Massey）等讨论了墨西哥移民迁移美国过程中社会资本发挥的作用[②]；有学者通过对纽约唐人街早期移民的研究发现，相对丰富的社会资本促进了新移民与当地主流社会的融合[③]；还有学者对中哈移民进行了考察，指出移民进入接受国最初大多缺乏进入主流社会的渠道，作为补充资源的社会关系资本能够促进或者加快移民在"异国"的适应进程[④]。与国际移民相似，社会资本对国内流动人口的迁移和发展的影响也非常明显，尤其是以社会关系网络为基础的社会资本[⑤]。

如前所述，农业转移人口在移民前的社会资本主要以"先赋"社会资本为主，即基于初级关系网络的初级社会资本，这种社会资本是农业转移人口与生俱来的、先赋的[⑥]。有学者指出，初级社会资本的作用具有两面性，一方面，它可以帮助农业转移人口在早期进入城市时获得更多的便利和帮助，尤其是在职业搜寻方面可以提供较为真实的就业信息[⑦]；另一方面，当农业转移人口在城市务工时间延长，过于依赖初级社会资本反而不利于他们融入新的社会环境[⑧]，这主要是由于初级社会资本会通过强化农业转移人口生存的亚环境，从而阻碍其对城市的认同和归属[⑨]。因此，为了进一步实现与本地城市的融合，农业转移人口必须突破在"乡土社会"中形成的"原始社会资本"的束缚，建立新型的社会资本[⑩]。

关于农业转移人口如何立足迁入地，有效建立新型的社会资本，有学者提出要重视社会机制的作用，通过增强农业转移人口对迁入地社会事务的公共参与、培育农业转移人口和迁入地居民之间的信任和包容以及促进农业转移人口与迁入地居民的社会交往来帮助农业转移人口建立本地化的社会资本[⑪]。

---

① Nee Victor, Jimy M. Sanders. Immigrant Self – Employment：The Family as Social Capital and the Value of Human Capital [J]. *American Sociological Review*, 1996, 61：231 – 249.
② Massey D. S. , J. Arango, G. Hugo, A. Kouaouci, Apellegrino, and J. E. Taylor. *Worlds in Motion*：*Understanding International Migration at the End of the Millennium* [M]. Oxford：Clarendon Press, 1998.
③ 周敏、林闽钢：《族裔资本与美国华人移民社区的转型》，载于《社会学研究》2004 年第 3 期。
④ 赵定东、许洪波：《关系的魅力与移民的社会适应：中哈移民的一个考察》，载于《市场与人口分析》2004 年第 4 期。
⑤⑪ 任远、陶力：《本地化的社会资本与促进流动人口的社会融合》，载于《人口研究》2012 年第 5 期。
⑥ 白小瑜：《新生代农业转移人口的社会资本》，载于《湖北民族学院学报》（哲学社会科学版）2006 年第 1 期。
⑦ 张智勇：《社会资本与农业转移人口职业搜寻》，载于《财经科学》2005 年第 1 期。
⑧ 牛喜霞：《社会资本在农业转移人口流动中的负面作用探析》，载于《求实》2007 年第 8 期。
⑨ 范丽郡：《社会支持和打工妹的城市融合》，载于《安徽广播电视大学学报》2005 年第 4 期。
⑩ 赵延东、王奋宇：《城乡流动人口的经济地位获得及决定因素》，载于《中国人口科学》2002 年第 4 期。

第八章

农业转移人口市民化：文化适应、认同建构与心理资本效应

在市民化研究的议题中，中国农业转移人口市民化过程中的文化适应、认同建构（自我认同、身份认同与社会认同）、心理资本效应同样成为学术界研究市民化问题的焦点问题，尤其是市民化过程中的文化资本、现代性与自我认同、心理资本的研究，市民化过程也是一个文化市民化、心理市民化的过程。市民化的过程是一个实现从身份认同、自我认同到社会认同的过程，从文化接纳、文化适应到文化融入的过程，并最终实现从身份转变、身份认同再到身份融入的过程。文化作为社会、群体、家庭抑或个人的情感、态度和价值观念，也作为一个群体共有的"文化语库"和文化资源，具有内隐性和外显性特征，通过社会化过程内化于人们内心，形成了一种共同的"认知—文化"框架、共享性知识和"近经验结构"。这种群体所共享的文化表征决定了群体成员在思想行为方面都涉及和映射着文化特征和相同性情倾向系统。因此，研究中国农业转移人口所表征的文化观念，为理解和诠释市民化问题提供了一种新的方法论基础和理论范式。

在城市文化传承问题上，应该确立一个基本的立场，即城市不是文化传承的敌对力量，而是芒福德（Mumford）所说的"文化的容器"，应将之视为一种积极力量。在此，"人的活动"因素至关重要，但是我们对对象性的文化形态和机构性的城市规划的关注遮蔽了对作为城市文化主体的市民因素重要性的认识。[①]农业转移人口市民化的文化适应、认同建构与心理资本效应体现了市民化过程中

---

① 曾军：《市民化进程与城市文化传承》，载于《学术界》2007年第4期。

的身份认同与归属感、社会距离、社会公平感与心理和谐、生活满意度与主观幸福感、自我价值感、效能感、心理融入等内容,在实证研究的基础上,探讨流动人口心理融入的标准,概括流动人口在身份认同与归属感、社会距离、社会公平感与心理和谐、生活满意度与幸福感、自我价值感等方面的特点,从心理教育、成人教育和社会学的角度综合探讨提升流动人口心理融入水平、实现有序推进农业转移人口市民化的策略。

第一节 文化适应、认同建构与社会心理:理论解释及其话语变迁

农业转移人口的社会心理问题是市民化问题的重要组成部分,因为城市化的最终目标不仅要实现人的转移,更要促使人的提升和造就人的幸福,即实现"人的城市化"。人的城市化,强调的是农民从生活方式、行为习惯、态度、价值等一系列由"乡"到"城"的转变。因而农业转移人口的市民化不仅包括居住空间的转移、职业身份的改变,更重要的是社会关系的重构、城市社会生活的适应和转变农民社会文化属性与角色内涵。[1]

一、市民化的心理认同过程:理论解释框架及其逻辑

市民化的心理认同过程,即实现从身份认同、自我认同到社会认同的认同建构过程,关注的是城市化过程中人的心理与文化现代性的过程,因而市民化的心理认同包括两个方面:城市的文化适应与认同建构。

(一) 市民化过程中的文化适应:实现从文化接纳、文化适应到文化融入过程

市民化过程中的文化适应是一个从文化接纳、文化适应到文化融入过程,是一个文化不断创造性转化的过程,市民化过程中的文化市民化体现了"文化的工具箱模型"和"文化的传染病模型"的作用机制和解释效度。"文化的工具箱模型"强调文化作为一种共享性知识结构、文化禀性个性倾向系统,具有一种"近

---

[1] 江波:《"以人为核心"的城镇化:内涵、价值与路径》,载于《苏州大学学报》(哲学社会科学版)2017年第3期。

经验结构",即人所获得的隐藏在其行为背后一般不为其所意识或觉察的但支配其行为的经验或观念,表现为一种文化启动的激活原则与文化框架的转换,表现为文化在行动中(culture in action)或行动中的文化。① 每个个体作为能动行动者,在其生命历程中所习得的"文化语库(cultural repertoire)"或文化资源——文化规范、价值、理论观念本质上是文化意义和文化资源,只是其行动中的"工具箱"(the tool-kit)(工具箱模型)。其结果是不存在凝固的文化实体,而文化之于社会行为,也没有简单的因果决定论。"文化的传染病模型"意指文化濡化或文化化过程(enculturation),类似于文化"病毒"的传染。即使同样置身于同一文化共同体中,文化表征(cultural representations)在每个个体身上的分布也是不一样的。② 且文化之于社会行为的意义,则服从基于文化启动(cultural priming)的知识激活原则和文化框架转换(the switch of cultural frameworks),而这些文化知识属于特定领域(domain-specific),中国农业转移人口的市民化过程是一个从传统型走向现代性的过程,这个过程包括现代性培育和城市性生成、现代人格塑造、思维方式和价值观念的现代性。

中国农业转移人口市民化过程中,文化心理层面的适应是在生活适应基础上形成的一种心理上的自在状态,体现了工具箱模型与传染病模型的理论解释效度。文化适应是指"个体从一种文化转移到另一种与其当初生活的文化不同的异质文化中后,个体基于对两种文化的认知和感情依附而做出的一种有意识、有倾向的行为选择和行为调整。"③ "当社会个体或群体背景发生变化时,他们在原有文化背景中形成的心理状态就变成为一种心理背景,而在新环境中出现的心理反应首先落在这个心理背景上。这时候,如果新环境中的心理反应同心理背景协调,就是这个社会个体或群体对新文化背景的适应。否则,心理活动不协调,就无法适应新的环境。"④ 社会始终是一种建构性文化因素,而各种文化形成过程一旦出现并达到了"自在"的存在状态,它们也同样成为发挥社会化作用的因素。⑤⑥ 曼海姆(Mannheim)的论述阐释了文化与社会的相互生成关系和互构型的功能意义,从中也提示了文化社会学的新视域所在。对于城市身份的认同,只是城市适应的一部分,甚至在有些学者看来,适应城市只需要在心理和行为上习惯城市的工作、行为、生活方式,并接受城市的价值观念,却并不需要完全等同

---

① ② 方文:《转型心理学——以群体资格为中心》,载于《中国社会科学》2008年第4期。
③ 王亚鹏、李慧:《少数民族的文化适应及其研究》,载于《集美大学学报》2004年第1期。
④ 李培林:《流动民工的社会网络和社会地位》,载于《社会学研究》1996年第4期。
⑤ 曼海姆著,刘继同、左芙蓉译:《文化社会学论要》,中国城市出版社,2002年版。
⑥ 袁阳:《文化社会学的新视域意义——曼海姆文化社会学理论的启示》,载于《西南民族大学学报》(人文社会科学版)2011年第7期。

于"城里人"。① 对于进城农民而言,融入城市不仅仅是意味着在地域上、群体归属上的转移和工作性质、身份的变换,同时也意味着文化存在方式的改变。因为城市不仅是相较于农村的一种空间上的存在,同时也是一个文化意义上的积聚体,代表着一种有别于农村乡土文化的文化存在方式。② 生活于其中的市民也不仅仅是一种有别于农民的身份称谓,更有着不同于农民的生活方式、思维观念和行为方式。因而,城市和农村、市民和农民根本上代表着两种不同的文化模式,对于进城农民而言,融入城市也是一种文化意义上的"移民";"农业转移人口进城不仅仅是农村人口在空间上移居城市,也是现代化意义上的'文化移民',更是指个人从农村人向城市人的转变过程,它涉及农民的生活方式、价值观念和社会心理等方面的转变过程。"③ 进城农民进入了一种新的文化模式之中,这种新的文化模式与农民旧有的文化模式之间的巨大差异性,使得进城农民不可避免地面临着两种文化模式之间的文化冲突问题。

(二)市民化过程中的认同建构:实现从自我认同、身份认同到社会认同过程

自我认同体现为城市移民基于空间转换、身份改变、职业转换后对自我的重新确认和定位,身份认同的概念被理解为个体对所属群体身份的认可。身份认同概念的研究跨越了哲学、社会学和心理学等多个学科领域。身份认同从始至终都涉及对自我的确认,所以它的渊源包含于认同概念的同时,也建构在自我概念的发展基础之上。基于社会学的研究视域,身份这一概念是社会学研究中的一个重要概念,它与类别、角色等概念相互联系,揭示了生活在社会中的个体与社会的关系,是从微观到宏观的延展。身份认同研究就是有关身份的其中一个主要理论研究。另一个概念"认同"起源于西方个人主体意识的崛起。在西方思想史上,对主体性的认识经历了实体主体性—认识主体性—生命主体性这三个阶段的发展过程。到了近代,"人是万物的尺度"则逐渐成为共识。"认同"最初是一个哲学范畴,用来表示"变化中的同态或差别中的同一问题,如同一律",社会学理论将其引入后则更强调认同的社会制约性。

1. 市民化过程:从自我认同、自我概念的发展到身份认同

身份认同概念早期研究以哲学范式为主,围绕主体性将其分为三种研究模式:一是以主体为中心的启蒙身份认同;二是以社会为中心的社会身份认同;三

---

① 符平:《青年农民工的城市适应:实践社会学研究的发现》,载于《社会》2006年第2期。
② 焦连志:《论农民城市化进程中的文化适应》,载于《长白学刊》2009年第4期。
③ 朱力:《论农民工阶层的城市适应》,载于《江海学刊》2002年第5期。

是后现代去中心化身份认同。身份认同从始至终都涉及对自我的确认，所以它的渊源包含于认同概念的同时，也建构在自我概念的发展基础之上。20世纪60年代，各类争权运动在欧洲国家接连爆发，学者们开始意识到身份认同的概念在文化群体中的特殊意义，到了这一步，身份认同的概念开始被理解为个体对所属群体身份的认可，由此，研究者在社会学、心理学层面对身份认同问题进行了更深入的思考。

身份认同理论诞生于20世纪60年代末，是美国学者斯崔克基于威廉·詹姆斯（William James）的自我理论、埃里克森（Eriksson）有关自我认同的理论研究、米德（Mead）的符号交互作用理论研究而创立的。之后，皮特·伯格（Pete Berg）在意义概念化的基础上提出了测量身份认同的自我意义的方法，进一步具化后总结出了认同控制理论。身份认同理论认为，人们在与他人不断的交往中获得身份或角色并形成自我观念，而在特定的情境中，个体会根据其被安排的特定角色来规范自身言行。社会结构复杂，个体在这样的社会中会因扮演不同的角色而形成多重身份，身份的内在意义就在于扮演一定社会角色基础上形成的内在身份标准。身份认同理论的突出特点就是对社会结构与个体之间关系的强调，以及身份所具有的稳定性和延续性。

身份认同是指流动者与本地人及老家人之间的心理距离、归属感及对自己是谁、从何处来、将去往何处的思考及认知，是社会融入的重要指标。身份认同是人们对于"我是谁""我们是谁"等自身同一性的意识或反思性理解[1]，是根据个体自我与社会之间的交互关系来解释他们的社会行为，是一种社会学取向的概念；而社会认同则是一种集体观念，是对群际差异性的界定与感知。社会认同的研究源头是泰佛尔（Tajfel）就知觉的社会因素、种族主义的认知和社会信念、刻板印象、偏见与歧视等方面所做的研究[2]，后由特纳（Turner）发展出"自我分类理论"[3]，即同一类别群体内成员拥有共同的信仰、价值观，采取相同的行动取向[4]，与外群体之间有明显的区隔，强调的是群体给人们带来的情感和价值意义[5]，并致力于解释普遍的没有利益冲突语境中的群际冲突[6]，为一种社会心理学取向概念。

身份认同是一个求同存异的过程，包括个人认同和社会认同，这两者共同构

---

[1] 吉登斯著，赵旭东、方文译：《现代性与自我认同》，生活·读书·新知三联书店1998年版。
[2] 周晓虹：《认同理论：社会学与心理学的分析路径》，载于《社会科学》2008年第4期。
[3] 约翰·特纳著，方文译：《自我归类论》，中国人民大学出版社2011年版。
[4] 张文宏、雷开春：《城市新移民社会认同的结构模型》，载于《社会学研究》2009年第4期。
[5] 徐科朋、周爱保等：《社会身份重要性和社会认同对群体参照效应的影响》，载于《心理科学》2014年第6期。
[6] 方文：《叠合认同："多元一体"的生命逻辑》，载于《社会学研究》2008年第6期。

成个体身份认同的一体两面。其中,个人认同是自我关于自身属性的认同,是个人在社会化过程中,将自己与周围环境之间建立起心理关系的过程,是将"自我"与许多"异己"区别开,试图寻求和回答的是"我是谁"这一问题。而社会认同则是自我的社会性维度,即是对所归属的社会群体的认同,是用来定义个体对自己所属某特定社会群体成员的身份。也就是说,身份认同是作为一个特定群体中的一员的自我概念,是个体把自己归属到某一群体中去,其关心的核心问题是"我(们)是谁"和"谁和我一样"的问题。个人认同与社会认同,就是人们一方面为了区分"我"与"我们"来获得独特性的需要,另一方面在对"我们"与"他们"的区分中达到满足身份归属的心理需要,是在互动中不断建构的。[1] 社会学家 R. 简金斯(Richard Jenkins)指出,认同概念的现代功能包含人际关系中的两个基本因素:基于人们同一性的关系和基于差异性的关系[2]。维克斯(Weeks J.)认为,认同即你和一些人有何共同之处,以及你和他者有何区别之处。从本质上来讲,认同给人一种存在感,它涉及个体的社会关系,包含你和他者的复杂牵连[3]。詹金(Jenkin R.)认为,认同的过程就是追求与他人相似或者与他人相区别的过程[4]。

曼纽尔·卡斯特(Manuel Castells)认为,认同是人们获得其生活意义和经验的来源,它是个人对自我身份、地位、利益和归属的一致性体验[5]。泰弗尔(Tajfel)将社会认同定义为,个体认识到自己所在群体的成员所具备的资格,以及这种资格在价值上和情感上的重要性[6]。多克(Deaux k)认为,身份认同是一个人对自己归属哪个群体的认知,这是自我概念中极其重要的一个方面[7]。王春光认为,社会认同包括对自我特性的一致性认可、对周围社会的信任和归属、对有关权威和权力的遵从等。[8] 韩丹将拆迁安置房社区失地农民的身份认同定义为:拆迁安置房社区失地农民与城乡居民交往互动中,基于原有的城乡及城乡居民差异的社会记忆而产生的对自身身份的认知、自己感情归属或依附、未来行动归属的主观性态度。身份认同强调的是个人首先通过范畴化将自己归属到一个特定的群体中,在群体成员身份的基础上所形成的一种认同。这种身份认同虽然也可以

---

① 林晓兰:《新生代农民工的身份认同——一个社会学的分析框架》,载于《学术论坛》2016 年第 11 期。

② 周明宝:《城市滞留型青年农民工的文化适应与身份认同》,载于《社会学》2004 年第 5 期。

③ Weeks J. *The value of difference in identity*: Community, culture, difference [M]. London: Lawrence Ishart Press, 1998.

④ Jenkins R. *Social identity* [M]. London: Routledge Press, 1996.

⑤ 曼纽尔·卡斯特:《认同的力量》,社会科学文献出版社 2003 年版。

⑥ Tajfel H., Turner J. The social identity theory of intergroup behavior [A]//In S. Worchel, W. Austin. *Psychology of intergroup relations* [C]. Chicago: Nelson – Hall, 1986.

⑦ Deaux K. Reconstructing social identity [J]. *Personality and Social Psychology Bulletin*, 1993, 19: 4 – 12.

⑧ 王春光:《新生代农村流动人口的社会认同与城乡融合的关系》,载于《社会学研究》2001 年第 3 期。

由支配的制度产生,但是更多的是设计了自我建构和个别化的过程。① 张淑华等从心理学角度把身份认同定义为个体对自我身份的确认和对所归属群体的认知以及所伴随的情感体验和对行为模式进行整合的心理经历,它回答了两个问题:我是谁,我归属于哪个阶层。同时也表征了身份认同结构的三个方面:认知、相伴随的情感和相应的行为表现。② 身份认同被视为个人对外在环境和自身状况的综合反应,它是在社会分类基础上通过主体性建构的结果,即在社会分类或话语框架中完成自我主体身份建构,实现自我的身份认同。在此过程中,要回答"我是谁"的问题,或者说要解决"我从哪里来,我要到哪里去""我曾经是谁,我现在不是谁"等问题。换句话说,"这是我能够在其中采取一种立场的视界"③。由农民到市民的转变意味着对自我的重新界定,即对于"我是谁"这个重要问题的重新回答。④

自我认同是指"现代人在现代社会中塑造成的,以人的自我为轴心展开和运转的,对自我身份的确认,它围绕着各种差异轴(性别、年龄、阶级、种族、国家、地域和身份)展开,其中每一种差异轴都有一种力量的向度,人们通过彼此之间力量差异而获得自我的社会差异,从而对自我身份进行确认。"⑤ 自我认同概念强调的是在人类总体生存状态中构成的整体的人的自我身份感。其本质是个人在处理与社会的关系过程中通过对于某一群体的价值认同而形成"自我"与他人及社会的和谐关系,从而满足精神归属的需要,进而确认自我、发展自我。

爱德华·萨义德(Edward Said)说:"每一种文化的发展与维护都需要一种与其相异质并且与其相竞争的另一个自我的存在。自我身份的建构……牵涉到与自己相反的'他者'身份的建构,而且总是牵涉到对与'我们'不同特质的不断阐释和再阐释。每一个时代和社会都重新创造自己的'他者'。因此,自我身份或'他者'身份决非静止的东西……"⑥ "认同事实上是一个现代性现象","现代性生活的社会力量往往是一种导致不稳定力量和从根本上进行摧毁的力量,它摧毁了人们从以前生活中获得的一种意义感"⑦。吉登斯(Giddens)在阐述"自我认同"时,从现代性及其影响入手,将个体置于断裂性、动态性、风险性、

---

① 韩丹:《失地农民身份认同研究——以南京市A区村改居社区为例》,载于《福建论坛·人文社会科学版》2012年第8期。
② 张淑华、李海莹、刘芳:《身份认同研究综述》,载于《心理研究》2012年第5期。
③ 查尔斯·泰勒著,韩震译:《自我的根源:现代认同的形成》,译林出版社2001年版,第183页。
④ 张海波、童星:《被动城市化群体城市适应性与现代性获得中的自我认同——基于南京市561位失地农民的实证研究》,载于《社会学研究》2006年第2期。
⑤ 王成兵:《当代认同危机的人学解读》,中国社会科学出版社2004年版,第19页。
⑥ 爱德华·萨义德:《东方学·后记》,生活·读书·新知三联书店2000年版,第9页。
⑦ Joseph E. Davis. *Identity and Social Change* [M]. New Jersey: Transactions Publishers, 2000.

连续性和关系性的现代情景之中，关注更多的是自我（或个体）在"现代性"中的危机与挑战和"自我认同"的新特征。吉登斯（Giddens）提出"自我认同是个体依据个人的经历所反思性地理解到的自我"，"是作为个体动作系统的连续性的结果，是在个体的反思活动中必须被惯例性地创造和维系的某种东西"[①]。

2. 市民化过程：从身份认同到社会认同

社会认同理论起源于 20 世纪 70 年代，泰弗尔（Tajfel）在围绕个体与群体的关系展开了群体行为的研究，并依据社会知觉方式和对种族主义、偏见和歧视的社会认知而提出了这一理论。社会认同理论认为，社会身份的认同是社会融合的关键部分，只有研究人们是怎样构建自己和他人的身份，才能全面理解社会行为，所以要实现社会融合，自然需要重视个体的主动性和积极性。人们会自觉地对社会群体进行分类并评价，群体中的个体则在此基础上，根据这些评价来确定自己的身份，社会群体就被划分成了内群体和外群体。个体的言行会不由自主趋向于内群体成员，并逐渐划分自己与外群体之间的界限，这种社会群体身份的区分虽然可以帮助内群体成员获得高自尊，但同时也会造成偏见、敌意和冲突。强调个体的能动性和社会情境的要求以及个体与情境之间交互作用的结果，是社会认同理论的一大特点。

社会认同也表现为一种社区认同。社区认同作为社区成员的一种主观情感反应，体现的是社区内成员在共同生活的场域内，通过生活上的相互交往、互帮互助以及情感上的相互沟通，进而形成的信任感与归属感。个体通过心理上的分类，把周围群体分为内群体和外群体，并将自己归于其中某一类，并内化该群体的价值观念，接受其行为规范[②]。作为对自身反思性理解的认同理论观照于某一事物与其他事物之间的区别，根据认同取向与层次的不同则又可以进一步地区分为"自我认同"与"社会认同"[③]。自我身份认同可以视为一种框架和视界，视为一种动态的建构过程，即对于自己特性或自我概念的生成方式、自我意识的心理过程或心理机制、社会分类或分类知识的建构过程，这一过程如何被吸收，内化为主体身份[④]。社会认同倾向于群际比较或群际知觉之上的社会分类、社会比较、积极区分与范畴化，进而形成"我们"这一概念。

作为社会微缩形态的社区，社区认同是建立在社区场域中的自我认同和社会认同的实践形态和可能性路径。基于居住地域上的接近性这一先赋性因素，社区

---

① 安东尼·吉登斯：《现代性与自我认同》，生活·读书·新知三联书店 1998 年版，第 35 页。
② 埃里希·佛洛姆著，孙恺祥译：《健全的社会》，贵州人民出版社 1994 年版。
③ 周晓虹：《认同理论——社会学与心理学的分析路径》，载于《社会科学》2008 年第 4 期。
④ 潘泽泉：《自我认同与底层社会建构：迈向经验解释的中国农民工》，载于《社会科学》2010 年第 5 期。

成员会形成一种天然的认同感，进而形成"内群体偏向"与"外群体歧视"[1]，并经由互动进一步建构"社区关系"，增强或削弱对于同一居住空间整体认同程度，进一步影响社区行动。相关的经验研究发现，个体的社会认同对行为的选择上有明显影响，有学者指出，行为与认同是一种互相建构的关系，在共享认同指导下的行为同样也会进一步增强群体成员的社会认同[2]。认同是其行为的一个必要前提条件，即有着较高认同的群体在行为的选择上更倾向于体现群体价值观、维护群体信念准则的行为。作为社会有机组成部分的社区，同样也是一个缩小型的社会，在其成员拥有更高程度的社区认同的时候自然也会倾向于关注社区事务、参与社区的日常管理与建设活动。可以说，社区认同是区别社区的重要符号，对社区居民而言，社区认同是实现社区参与的重要条件。

（三）市民化过程中的心理资本：自我效能感、精神健康与积极心理状态

心理资本是个体继人力资本和社会资本之外的第三大资本。卢塞恩斯等曾提出，心理资本是一个人"对于基于努力和坚持不懈取得成功的环境和概率的积极评估"。[3] 这种积极评估会促进个体从事更有动力的工作。与社会资本和人力资本不同，心理资本关注的是"你是谁"，更重要的是"你想成为谁"。积极的心理状态表现为以下几个方面：自我效能感（self-efficacy）、乐观（optimism）、充满希望（hope）以及坚韧不拔（resilience）。自我效能感主要是指成功完成一项任务或实现目标的信心。对农业转移人口来说，自我效能感主要表现为他们确信自己拥有良好的技能和能力，在工作中能够做得很好，有信心找到工作。这些信念会转变为高水平的就业能力，并成为个体寻找工作的动力[4]。乐观是指人们内心倾向于正面的事情，从而将负面的事情归因于外界的、暂时的和特殊情况的因素。[5] 希望是个体的观察能力，这种观察能力能够使其发觉实现目标的路径，并激励自己通过力量思考使用这些路径[6]。坚韧不拔是指从逆境、冲突、失败事件

---

[1] Meissner C., Brigham J. thirty years of investigating the own-race bias in memory for face: a meta-analytic review [J]. *psychology public policy and law*, 2000, 7 (1): 3.

[2] 黄晓星：《社区运动的"社区性"——对现行社区运动理论的回应与补充》，载于《社会学研究》2011年第1期。

[3] Luthans F., Avolio B. J., Avey J. B., Norman S. M. Positive psychological capital: measurement and relationship with performance and satisfaction [J]. *Personnel Psychology*, 2007.

[4][5] Chen D. J. Q., Lim V. K. G. Strength in adversity: the influence of psychological capital on job search [J]. *Journal of Organizational Behavior*, 2012, 33 (6): 811–839.

[6] Snyder C. R., Shane J. Lopez. *Handbook of Positive Psychology* [M]. Oxford: Oxford University Press, 2011.

中恢复的能力①。

很多经济学者认为，一个人的人力资本是个体劳动生产率的最基本要素。然而，一个人工作的效率和质量同时也依赖于他们的心理资本。帕特森（Patterson）等提出，那些拥有高水平心理资本的员工自信能够成功地完成任务，因而会更积极地去工作。拥有更高积极心理资本的人对未来的结果会有更为积极的期盼，更相信自己应对各种挑战的能力。这些积极的心理状态激励个体在工作中尽最大努力，这反过来又提高了他们的工作满意度。此外，休斯（Hughes）等也发现，心理资本高的个体拥有更多的权利意识，这会降低他们的流动意愿。可见，心理资本是个体在社会生活中生存的基本要素之一。

对农业转移人口来说，为了发展出对城市社会和农村社会的认同，他们需要面对主流群体的压迫和剥夺权利的情况。这使得自我控制成为农业转移人口认同形成的重要方面。农业转移人口具有权利和控制受损的感觉，这是他们重要的情感来源。②研究也证实，自我身份认同、对城市的态度、感知的社会态度等心理感知因素都是影响社会融入的重要方面③。其中，自卑、焦虑、抑郁、偏执等心理问题，严重阻碍着农业转移人口的城市融入过程④。而积极的心理资本可以增强农业转移人口城市融入过程中的自信，通过自我激励战胜挫折，乐观面对身份歧视，相信通过自身的努力能够真正融入城市⑤。

二、认同建构、城市文化适应与城市融入效应：理论视域与议题建构

认同建构与城市文化适应围绕着群体行动理论的理论框架、理论假设模型和新的问题意识，重点关注农业转移人口市民化中的群体行动与意愿效应，体现为市民化过程中的内在动力机制、群体行动与意愿支持系统。认同建构包括身份认同、制度认同、社区认同、乡土认同，关注群体认同在群体内部协调整合中的作用，特别是对集体行动的影响，强调：群体认同在自我类化和群际比较中的作

---

① Luthans F., Avolio B. J., Avey J. B., Norman S. M. Positive psychological capital: measurement and relationship with performance and satisfaction [J]. *Personnel Psychology*, 2007, 60 (3): 541－572.

② 陈延秋、金晓彤：《心理资本对新生代农民工社会融入的影响——基于社会距离的中介作用》，载于《青年研究》2016 年第 1 期。

③ 任远、乔楠：《城市流动人口社会融合的过程、测量及影响因素》，载于《人口研究》2010 年第 2 期。

④ 廖全明：《发展困惑、文化认同与心理重构——论新生代农民工的城市融入问题》，载于《重庆大学学报（社会科学版）》2014 年第 1 期。

⑤ 张洪霞：《新生代农民工社会融合的内生机制创新研究——人力资本、社会资本、心理资本的协同作用》，载于《农业现代化研究》2013 年第 4 期。

用，特别是对刻板印象和偏见的影响；文化认同对农业转移人口群体适应性的影响，特别是移民面对新的文化社会压力和标准，会怎样面对新环境中的主流价值观、风俗习惯，如何行动；认同的自我确证内部化过程，特别是对身份和角色的认同如何影响个体对社会规范和期待的内化、对自我的控制，以及其对社会认同的影响等。认同建构与城市文化适应在群体理论、群际理论的基础上，重点研究农业转移人口市民化的群体动力机制与群体行动效应之间的关系，包括市民化过程中的群体、群际理论、复杂环境下的不确定性决策和群体决策系统，重点探讨作为行动主体的农业转移人口，他们基于自身所处的家庭结构和婚姻安排（计划），在经历不同城市流动，经受不同职业发展条件和工作场域，选择不同消费生活方式后，如何建构自己的社会认同，保持怎样的市民化意愿，采取哪些市民化行动。

（一）市民化过程中的群体/群际行为理论：理论发展和新的问题意识

体现为农业转移人口市民化的群际过程、群体效应，包括农业转移人口的群体或群际行为特征、群体思维和群体决策、群体行为反应与心理反应特征、社会认知结构、群体情感状态、群体行为倾向性；包括市民化过程中的群体适应方式和行为选择，如被动接受其处境、个人攻击行为与暴力、集体抗拒、自我隔离、自愿同化等。

群际过程强调族群认同在自我类化和群际比较中的作用，特别是对刻板印象和偏见的影响，包括歧视和弱势群体偏见问题的研究。由泰弗尔（Tajfel）等在20世纪70年代提出的社会认同理论，以当时欧洲的社会动荡为背景，先后在欧洲、加拿大、澳大利亚、美国得到充分重视和大量研究，逐步发展成为解释群内与群际关系最重要的社会心理学理论之一，其中一个重要的应用领域就是集群行为，特别是对群际冲突的研究。社会认同不仅具有产生群体偏见、内群偏好的消极功能，也有积极的功能，新近的研究也都证明当个体强烈地认同他们的群体时，会产生内群体偏好和外群体偏见，甚至参加集体行为。从 W. L. 托马斯（W. L. Thomas）和 F. 兹纳涅茨基（F. Znanetsky）对在欧美的波兰农民研究开始，西方开启了移民的社会认同问题的经验研究，并主要关注移民文化性身份的转换引发的适应问题。社会认同理论的多向度发展则离不开族群研究及身份角色研究的贡献。

农业转移人口市民化过程中的精英话语、社会认同、社会表征系统与自我归类主要研究市民化过程中影响市民化意愿、市民化动机、选择市民化行动的群体规模效应。基于群际比较的社会认同过程。从宏观结构和制度安排视角展开社会认同问题分析，强调农业转移人口是城市社会结构中的最底层。"优势权力的社会安排""二元制度的惯性""社会排斥"等结构性因素制约着农业转移人口的社会认同，城乡二元结构从根本上导致了新生代农业转移人口的身份认同危机，以至于他们认同自己这个特殊的社会群体，不认同城市社区和农村社区，出现认同"内卷化"问题。

（二）市民化过程中的精英话语、认同建构、社会表征系统与自我归类

农业转移人口市民化过程中的精英话语、社会认同、社会表征系统与自我归类主要研究市民化过程中影响市民化意愿、市民化动机、选择市民化行动的群体规模效应。

农业转移人口市民化的个体过程强调个体的社会认知过程，包括社会知觉、社会印象与社会判断，体现为分类、社会范畴化、社会比较、自我归类、社会归因、自我范畴化、身份认同的自我建构过程，注重认同的自我确证内部化过程，特别是对身份和角色的认同如何影响个体对社会规范和期待的内化、对自我的控制，以及其对社会认同的影响。

基于个体过程的中国农业转移人口市民化实践中的认同建构逻辑。农业转移人口对社会身份认同更多来源于自我认同，他们通过农村乡土记忆、务农经历及城市打工体验来判定"自身是谁"，并在此基础上形成身份认同、职业认同等各类型认同。由于他们的认同是在社会网络中建构的，他们已有的农村社会关系和进城新建的社会关系在很大程度上影响了他们的认同。对新生代农业转移人口而言，他们对户籍身份的认可在减弱，对农村已逐渐失去了认同，对城市又缺乏归属感，在身份认同上出现了模糊化倾向，已形成了不可回避的社会认同问题。

农业转移人口的社会认同包括身份认同、制度认同、社区认同、乡土认同，通过实证研究发现，农村流动人口的社会认同趋向的不明确和不稳定，这会进一步催化和强化农村流动人口的"流动性"，他们将很有可能演变为游民。社会认同建构关注群体认同在群体内部协调整合中的作用，特别是对集体行动的影响；强调群体认同在自我类化和群际比较中的作用，特别是对刻板印象和偏见的影响；文化认同对农业转移人口群体适应性的影响，特别是移民面对新的文化社会压力和标准，会怎样面对新环境中的主流价值观、风俗习惯，如何行动；关注认同的自我确证内部化过程，特别是对身份和角色的认同如何影响个体对社会规范和期待的内化，对自我的控制，以及其对社会认同的影响等。农业转移人口市民化与社会表征包括群体所共享的价值、观念及实践系统；身份污名产生机制与社会表征建构；身份污名的社会表征显现与心理机制的形成和强化；社会表征的运

作逻辑，如先在的思维框架、意向的信念基础、解释或辩护模型、行动的共识图景、共享判断与推理的形式、修辞与逻辑途径成为寻找证据的有效手段等；集体过滤中的框架与脚本问题、集体记忆、集体结构化与客体化过程。

（三）认同建构及其结构要素对于农村转移人口市民化的作用机制与影响因素

本部分为农业转移人口市民化过程中身份认同的作用过程研究。社会认同的发生和发展过程，从动态的角度深入分析群体、群际互动、社会认同和市民化过程三者相互作用的互构动态关系及其发展趋势。此外，由于农村转移人口市民化过程中的参与者的身份角色地位呈现模糊化状态，这给传统群体社会认同的研究产生了冲击。

认同建构及其结构要素对于农村转移人口市民化的影响因素拟从内群、外群、个体、网络因素四个方面分析其具体相关因子与社会认同的相关性，以期找到能有效预测社会认同的关键因素。从影响社会认同的各个结构要素——内群、外群、网络、个体四种范式出发，分析社会认同的作用机制模型和社会认同的整合研究。基于对社会认同的作用过程、影响因素与作用机制的分析，拟从符号认同机制、文化区域机制、划分归类机制等方面来整合农村转移人口市民化过程中的社会认同分析。

（四）认同的建构、内在动力机制与市民化意愿和行为选择

本部分的研究内容为主观的社会整合机制及其市民化行为和意愿。包括群体认同在群体内部协调整合、群体适应性中的作用，特别是对市民化集体行动的影响；群体认同在自我类化和群际比较中的作用，特别是对刻板印象和偏见的影响；文化认同对群体适应性的影响，特别是移民面对新的文化社会压力和标准，会怎样应对新环境中的主流价值观、风俗习惯，如何行动；注重市民化认同的自我确证内部化过程，特别是对身份和角色的认同如何影响个体对社会规范和期待的内化、对自我的控制，以及其对社会认同的影响；关注农业转移人口作为主体的主观的社会整合机制的重要性。彰显群体认同作为个体或群体与社会结构之间的互动作用机制，即一种主观的社会整合机制的重要性。社会认同关注群体认同在群体内部协调整合中的作用，特别是对农业转移人口市民化集体行动和意愿的影响。

重点关注社会认同的内在结构，特别是职业认同、阶层认同、社区认同和群体认同、文化认同之间的相互关系和作用机制，以及各类认同的一致性和差异性问题；解析各类认同在提升社会认同积极向度上的贡献水平。

三、认同建构、城市文化适应与城市融入效应：问题向度与实践困境

20世纪90年代中期开始，移民的社会融入与身份认同逐渐引起学者的关注，成为一个常规话题。农业转移人口的城市融入与身份认同问题的研究也是国内学者比较关注的议题。目前学界对农业转移人口的心理研究聚焦于农业转移人口心理认同的现状、影响因素、对策建议等方面，探讨其市民化的心理认同过程。陈映芳从"市民权"概念入手，探讨乡城迁移人员成为"非市民"的制度背景和身份建构机制。她认为，对既有户籍制度的政府需要是户籍制度及农业转移人口制度长期被维持的基本背景。而目前中央政府的放责放权与地方政府的自利自保倾向并不利于"农业转移人口权益问题"的真正解决。与此同时，作为中国社会中的第三种身份，"农业转移人口"的被建构和被广泛认同，既构成了现有"农业转移人口"制度的合法性基础，也影响了乡城迁移者的权利意识和利益表达行动。[1]

随着我国的流动人口规模激增，农村转移人口经历了生活环境的急剧变化，由传统的乡土社会直接进入了现代的城市社会，在这个过程中乡—城流动人口需要对其身份重新进行界定。[2] 但是城乡社会空间和群体记忆的互动使乡—城流动人口对自己身份的认知和评价呈现出模糊性、不确定性和内心自我矛盾性。[3] 同时由于城乡二元户籍制度的存在，乡—城流动人口被打上了"弱势群体"的标签并且生活在城市的边缘区域，随着时间的推移这些流动人口逐步成为真正的城市边缘人口，面对着国家权力强加给他们的身份，乡—城流动人口只能选择接受，进而造成了流动人口身份认同的困境。朱力将农业转移人口区分为"明确定位为农民的回乡型""模糊定位的徘徊型"以及"定位为市民的滞留型"三种类型。[4]

首先，农业转移人口面临身份认同的失调与城市适应的冲突。大多数研究认为农业转移人口在心理归属、身份认同上出现一种结构性的张力，即找不到自己该归属城市还是乡村，以及选择与谁同群。身份认同与社区归属失调，其根源在于农业转移人口生活在一个被城市体验与乡土记忆剥离的多重价值中，个体身份

---

[1] 陈映芳：《"农民工"：制度安排与身份认同》，载于《社会学研究》2005年。
[2] 刘传江：《中国农民工市民化研究》，载于《理论月刊》2006年第10期。
[3] 王春光：《新生代农村流动人口的社会认同与城乡融合》，载于《社会学研究》2001年第3期。
[4] 朱力：《准市民的身份定位》，载于《南京大学学报》2000年第6期。

与社会生活共同体相互"脱嵌"。[1] 一方面，农业转移人口将重构自己"社会底层""边缘人""农村人"等身份，在短期内仍然要面对"农业转移人口"的现实身份，承认自己处在制度安排和社会政策的底层；[2] 另一方面，大部分农业转移人口有主动建构其城市身份的意识，并已在行动上和心理上作出了一定的调适与转变。[3] 可见，自我认同与社会认同的张力，导致新生代农业转移人口的身份纠结和身份迷失。

其次，关于农业转移人口心理认同的影响因素分析。第一，从宏观结构和制度安排视角展开农业转移人口心理认同问题分析，强调农业转移人口是城市社会结构中的最底层，[4] "优势权力的社会安排"[5] "二元制度的惯性效应及其差异"，即"二元制度的惯性"改变了职业和生活场所的新生代农业转移人口游离于城市体制之外，使他们处于一种"双重边缘人"的状态，导致他们的身份认同混乱，[6] "社会排斥"等结构性因素也制约着农业转移人口的社会认同和社会融入，城乡二元结构从根本上导致了新生代农业转移人口的身份认同危机，以至于他们认同于自己这个特殊的社会群体，不认同城市社区和农村社区，出现认同"内卷化"问题。[7] 第二，从时空角度探讨农业转移人口转型适应与身份认同危机问题。身份认同是社会记忆、社会时空相互作用的产物。曼纽尔·卡斯特（Manuel Castells，2003）认为，认同的建构要关涉历史、地理、生物、生产与再生产制度、集体记忆与个人幻想、权力机器与宗教启示等多个方面[8]。失地农民进城之前所处的城乡二元环境使得农民特有的生活方式和生命体验已在事实上积淀于失地农民的思想观念及其行为中，成为他们的一种社会记忆[9]。而失地过程中体验到的各种相对剥夺和不适应都可能导致积淀于失地农民身上的社会记忆被激活和提取，进而影响其当下的心理和行为。[10] 对传统角色难以割舍与对市民角色规范认识不清是农民角色

---

[1] 林晓兰：《新生代农民工的身份认同——一个社会学的分析框架》，载于《学术论坛》2016年第11期。
[2] 唐斌：《"双重边缘人"：城市农民工自我认同的形成及社会影响》，载于《中南民族大学学报》（人文社会科学版）2002年第1期。
[3] 赵晔琴：《农民工：日常生活中的身份建构与空间型构》，载于《社会》2007年第6期。
[4] 李强：《农民工与中国社会分层》，中国社会科学文献出版社2012年版。
[5] 孟红莉：《对农民工群体社会认同的探讨》，载于《石河子大学学报》（哲学社会科学版）2005年第3期。
[6] 魏晨：《新生代农民工的身份认同问题研究——以徐州地区为例》，载于《经济与社会发展》2006年第12期。
[7] 潘泽泉、林婷婷：《劳动时间、社会交往与社会融入研究》，载于《中国人口科学》2015年第3期。
[8] 曼纽尔·卡斯特：《认同的力量》，社会科学文献出版社2003年版。
[9] 孟祥斐、华学成：《被动城市化群体的转型适应与社会认同——基于江苏淮安市失地农民的实证研究》，载于《学海》2008年第2期。
[10] 姚俊：《失地农民市民身份认同障碍解析——基于长三角相关调查数据的分析》，载于《城市问题》2011年第8期。

转换的内在障碍，对城市社会缺乏认同感和归属感是阻碍农民角色转换的重要心理因素。① 同时，自然空间的变迁也会影响社会空间和文化空间的生成，农业转移人口由农村到城市，这使其不得不面对物理生存空间、社会交往空间和经济生产空间的变化，由此带来身份认同的模糊性、矛盾性和焦虑性。② 第三，从社会网络探讨农业转移人口文化适应与身份认同的影响。已提出的基本观点是，移民的社会资本分为进城前的原始社会资本和进城后的新型社会资本，新型社会资本对移民社会地位的提高及其城市融入有更加积极的影响。③ 考虑到失地农民与流动农民在城市化过程中空间转换的相似性，失地农民对原有社会网络的依赖程度越低，越倾向于认同市民身份。④ 第四，从农业转移人口的行为和心理上寻找原因：李向军提出"乡土关系"的终结和被动城市化过程中的社会剥夺是失地农民身份认同危机产生的根本原因⑤，杜洪梅发现农民与市民在角色属性上的差异是农民角色难以转换的客观因素，对传统角色难以割舍与对市民角色规范认识不清是农民角色转换的内在障碍，对城市社会缺乏认同感和归属感是阻碍农民角色转换的重要心理因素⑥。

第二节 文化适应、认同建构与社会心理：
理论话语与中国经验

农业转移人口市民化过程是一个由宏观层面到微观层面的层级关系连续统，并且相对于宏观层面的问题来说，微观层面的问题更为重要。这是因为，微观层面的问题不仅是对宏观层面问题的直接反映，而且也从最根本上体现着宏观问题解决的成效，是最终衡量失地农民市民化转型过程是否成功的关键性指标。

一、农业转移人口市民化的社会心理：市民化意愿及其经验发现

在调查的 1 060 个有效样本中，非常不愿意占 4.4%，不愿意占 28.2%，愿

---

① ⑥ 杜洪梅：《城郊失地农民的社会角色转换》，载于《社会科学》2006 年第 9 期。
② 崔波、李开宇、高万辉：《城乡结合部失地农民身份认同：社会空间视角》，载于《经济经纬》2010 年第 6 期。
③ 许传新：《新生代农民工的身份认同及影响因素分析》，载于《学术探索》2007 年第 3 期。
④ 姚俊：《失地农民市民身份认同障碍解析——基于长三角相关调查数据的分析》，载于《城市问题》2011 年第 8 期。
⑤ 李向军：《论失地农民的身份认同危机》，载于《西北农林科技大学学报》（社会科学版）2007 年第 3 期。

意占63.2%，非常愿意占4.2%（见表8-1）。数据分析结果表明，大多数人愿意进行"村改居"，即愿意将农业户口改为居民户口，但仍有累计32.6%的人不愿意进行"村改居"。城乡二元分割的户籍制度一直以来都是社会关注的焦点，它往往带来资源、信息、资金等方面的不平等分配，在农业转移人口的城市化进程中，生活方式、收入水平、社交网络、政策扶持等都会影响农业转移人口的"村改居"意愿。对于不愿意进行"村改居"的人群，政府应该确定其原因，满足他们的需求。

表8-1 农业转移人口市民化意愿

市民化意愿	频数	百分比（%）	有效百分比（%）	累计百分比（%）
非常不愿意	47	4.4	4.4	4.4
不愿意	299	28.2	28.2	32.6
愿意	670	63.2	63.2	95.8
非常愿意	44	4.2	4.2	100.0
总计	1 060	100	100	—

资料来源：课题组"城市化过程中城市新市民（中国农业转移人口——安置民）城市融入问题社会调查"数据。

为了进一步研究中国农业转移人口市民化过程中市民化意愿的影响因素，本研究对调查农业转移人口的数据做了 Logistic 回归分析。

本研究[①]基于调查数据，采用二元 Logistic 回归来分析住房获得和职业地位对农业转移人口市民化意愿的影响，在分析方法上使用最大似然法（Maximum Likelihood，ML）建立模型。本研究将性别、年龄、年龄的平方、受教育年限、婚姻状况作为控制变量。统计结果主要包括系数、标准误、显著性水平、-2对数似然值、伪回归系数等。统计结果见表8-2。

表8-2 市民化意愿的二元 Logistic 回归分析结果[②]

变量	模型1 系数	模型1 标准误	模型2 系数	模型2 标准误	模型3 系数	模型3 标准误	模型4 系数	模型4 标准误
性别	-0.545***	0.044	-0.533***	0.048	-0.512***	0.049	-0.533***	0.050
年龄	0.055***	0.017	0.059***	0.018	0.052**	0.018	0.054**	0.019
年龄的平方	-0.001*	0.000	-0.001**	0.000	-0.001**	0.000	-0.001**	0.000

[①②] 潘泽泉、邹大宽：《居住空间分异、职业地位获得与农民工市民化意愿》，载于《湖南师范大学社会科学学报》2016年第6期。

续表

变量	模型1 系数	模型1 标准误	模型2 系数	模型2 标准误	模型3 系数	模型3 标准误	模型4 系数	模型4 标准误
教育年限	0.059***	0.008	0.057***	0.008	0.051***	0.008	0.043***	0.008
婚姻状况	0.095	0.063	0.099	0.064	0.105	0.065	0.046	0.067
收入的对数			-0.009	0.056	-0.048	0.058	-0.048	0.059
经济地位（下等）								
中等			0.255***	0.050	0.210***	0.052	0.219***	0.053
上等			-0.288	0.200	-0.370+	0.204	-0.384+	0.209
不清楚			0.132*	0.062	0.115+	0.063	0.114+	0.065
合同期限					0.005***	0.001	0.004**	0.001
职业认同					-0.017*	0.008	-0.018*	0.008
职业培训					0.092*	0.046	0.083*	0.047
劳动权益是否受侵					-0.151*	0.060	-0.165**	0.062
劳动时间					0.002	0.003	0.002	0.003
是否拥有住房							0.135*	0.061
面积的对数							0.069*	0.031
居住人数							-0.024**	0.008
换住所次数							0.018	0.021
截距	-0.983		-1.110		-0.552		-0.641	
卡方值	247.051		281.478		316.572		344.803	
Sig	0.000		0.000		0.000		0.000	
Df	5		9		14		18	
-2对数似然值	12 773.846		12 414.534		11 996.750		11 541.642	
Cox & Snell R^2	0.025		0.029		0.033		0.037	
Nagelkerke R^2	0.034		0.039		0.045		0.051	
N	9 100							

注：+、*、**、***分别表示 $p<0.10$、$p<0.05$、$p<0.01$、$p<0.001$。

资料来源：课题组"城市化过程中城市新市民（中国农业转移人口—安置民）城市融入问题社会调查"数据。

模型统计检验显示，所有4个模型的显著性水平均为0，表明4个模型的显著性水平较高，并且随着新变量的加入模型的显著性水平逐步提高。

基准回归模型1中-2对数似然值为12 773.846；模型2中-2对数似然值为

12 414.534，在加入了表示经济因素的变量之后，对数似然值减少了 359.312，模型的解释力提高；模型 3 的 -2 对数似然值为 11 996.750，相对于模型 2，模型 3 的对数似然值减少了 417.784，解释力显著提高；模型 4 的 -2 对数似然值为 11 541.642，相对于模型 3，对数似然值减少了 455.108，解释力进一步提高。观察 4 个模型的 Cox & Snell R^2 和 Nagelkerke R^2，我们可以得知，在连续引入新变量之后，模型的 Cox & Snell R^2 和 Nagelkerke R^2 逐步提高。说明新变量的加入，提高了模型的解释力。[①]

从基准模型 1 的统计结果来看：(1) 市民化意愿存在着明显的性别差异。性别的回归系数为 -0.545，显著性水低于 0.001，在控制其他变量的情况下，男性的市民化意愿仅为女性的 58.0% ($e^{-0.545}=0.580$)。(2) 中年农业转移人口的市民化意愿最强。如果单从年龄的回归系数来看，会发现年龄每增加一岁，市民化意愿增加 5.7% ($e^{0.055}-1=0.057$)，但是我们同时发现年龄的平方也是显著的，并且回归系数是负的，说明年龄与市民化意愿并不是线性关系，而是倒 "U" 型关系，随着年龄的增加市民化意愿逐渐增强，但增长的速度在不断减小，最终会出现下降的趋势。(3) 教育年限越长，市民化的意愿越强。教育年限的回归系数为 0.059，显著性水平低于 0.001，表明在控制其他变量的情况下，教育年限每增加一年，农业转移人口的市民化意愿增加 6.1% ($e^{0.059}-1=0.061$)。(4) 市民化意愿不存在婚姻差异。从统计结果来看，婚姻状况的回归系数并不显著。[②]

模型 2 在模型 1 的基础上加入了表示经济因素的两个变量之后，-2 对数似然值减少了 359.312，模型解释力显著提高，显著性水平小于 0.001，适配度很好。在控制其他变量的情况下，收入的统计结果并不显著，表明收入对农业转移人口的市民化意愿没有影响。这与陈前虎、杨萍萍 (2012) 等的研究结果一致。经济地位对农业转移人口的市民化意愿有显著的影响。在控制其他变量的情况下，中等经济地位的农业转移人口市民化意愿是下等经济地位的农业转移人口市民化意愿的 1.291 ($e^{0.255}=1.291$) 倍，显著性水平小于 0.001；回答经济地位不清楚的农业转移人口市民化意愿是下等经济地位的农业转移人口市民化意愿的 1.141 ($e^{0.132}=1.141$) 倍，显著性水平小于 0.05；但是上等经济地位的农业转移人口市民化意愿并不显著。[③]

模型 3 在模型 2 的基础上加入了表示职业地位的变量。统计结果显示，职业认同的回归系数为 -0.017，并且回归系数在 0.05 的水平上显著。表示，职业认同度每下降 1 分，农业转移人口市民化意愿降为原来的 98.3% ($e^{-0.017}=0.983$)。从职

[①②③] 潘泽泉、邹大宽：《居住空间分异、职业地位获得与农民工市民化意愿》，载于《湖南师范大学社会科学学报》2016 年第 6 期。

业培训的情况来看,参加职业培训的农业转移人口相对于没有参加职业培训的农民来说市民化的意愿更强。职业培训的回归系数是 0.092,并且在 0.05 的水平上显著,说明参加职业培训的农业转移人口市民化意愿是没有参加职业培训农业转移人口市民化意愿的 1.096 倍($e^{0.092}=1.096$)。劳动过程中劳动权益受到过侵害的农业转移人口市民化意愿更弱。从统计结果来看,劳动权益的回归系数为 -0.151,并且在 0.05 的水平上显著,说明劳动权益受到过侵害的农业转移人口市民化意愿只有没有受到过侵害的农业转移人口市民化意愿的 86.0%($e^{-0.151}=0.860$)左右。签订劳动合同的期限越长,农业转移人口的市民化意愿越强。根据统计结果来看,合同期限的回归系数是 0.005,并且在 0.001 的水平上显著,说明在控制其他变量的情况下,劳动合同的期限每增加 1 年,农业转移人口的市民化意愿变为原来的 1.005($e^{0.002}=1.005$)倍。从统计结果来看,劳动时间对市民化意愿的影响并不显著,回归系数大于 0.05。①

模型 4 在模型 3 的基础上加入了表示住房获得的变量,模型的 -2 对数似然值显著下降,模型拟合度提高。从统计结果来看,拥有住房明显提升农业转移人口的市民化意愿。统计显示,住房的回归系数为 0.135,并且在 0.05 的水平上显著,说明在控制其他变量的情况下,拥有住房的农业转移人口市民化意愿是不拥有住房的农业转移人口市民化意愿的 1.145($e^{0.135}=1.145$)倍。金萍(2012)等认为拥有合适的住房保障有利于增强农业转移人口融入城市的预期和信心,这一统计结果正好佐证了这一观点。在控制其他变量的情况下,住房面积对农业转移人口的市民化意愿有着显著的影响,住房面积越大农业转移人口的市民化意愿越强。具体来说,住房面积每增加百分之一市民化意愿增加 7.2%($e^{0.069}-1=0.072$),并且这一统计结果在 0.05 的水平上显著。从统计结果来看,房屋居住人数越多农业转移人口的市民化意愿越弱。居住人数的回归系数是 -0.024,并且在 0.01 的水平上显著,说明在控制其他变量的情况下,居住人数每增加一人,农业转移人口的市民化意愿下降 2.4%($1-e^{-0.024}=0.024$)。换住所次数对农业转移人口的市民化意愿没有影响,因为从统计结果来看,二者不存在相关关系。②

二、农业转移人口市民化的社会心理:身份认同及其经验发现

有学者认为,城中人自我认同的危机来自两方面的原因,其中一个原因是认

---

①② 潘泽泉、邹大宽:《居住空间分异、职业地位获得与农民工市民化意愿》,载于《湖南师范大学社会科学学报》2016 年第 6 期。

同欲望与内心自由的内在矛盾。① 农业转移人口生活在城市，能够感受到城中人的认同危机；同时他们又有着自身的特殊性，所以身份更为复杂。周明宝在研究城市滞留型青年农业转移人口时提到，农业转移人口阶层除制度性身份的三种身份为：基于交往视角的社会性身份、"他者话语"所定义的身份、自我感知性身份。② 张大伟发现入城青年农业转移人口在城市融入的过程中，在角色转换与身份转型上出现了错位分离，这导致了他们在新的城市场域空间与身份认同（尤其是自我心理认同）空间上产生了非重合性。正是这种非重合性阻碍了他们全面融入城市的现实可能。另一个典型研究是彭远春根据对武汉市杨园社区餐饮服务员的调查分析，讨论农业转移人口的身份认同。结合对武汉市杨园社区餐饮业农业转移人口的 566 份调查问卷分析，从农业转移人口主体角度探讨他们对农民这一强制性身份的认同程度及其影响因素。研究发现，较大比例的农业转移人口对农民身份呈模糊认同的状态。③

李海莹对新生代农业转移人口的身份认同现状做了分析，新生代农业转移人口对制度身份认同感较低，但是对身份分类存在矛盾。新生代农业转移人口对于制度规定的身份的认同程度远低于一代农业转移人口。他们中大部分人并不认可户籍规定的农民身份，而更倾向于按照职业和生活的领域来认定自己的身份。新生代农业转移人口缺乏社会认同，在与市民的交往中，经常交往且关系融洽的仅占很小的比例，他们中的大部分人很少参加社区活动。新生代农业转移人口虽然在城市工作和生活，但是在某些城市居民眼中仍然是"农村人"，他们仍然不能与市民平等，他们之间存在着社会距离。此外，他们的目前身份和未来身份归属不明确且存在矛盾。当前大部分新生代农民中超过一半的人对自我身份认同模糊。当面对依旧在乡下生活的同龄人，新生代农业转移人口更能够认定自己是"城里人"，但是在面对城市居民时，他们这种身份认同急剧下降。大多数新生代农业转移人口对未来没有明确的身份定位，一方面他们希望彻底摆脱农民身份，但另一方面却无法真正融入社会。④

新技术也对农业转移人口的身份认同产生了不小影响。郑松泰关注了"信息主导"背景下农业转移人口的生存状态和身份认同，他以"信息主导"为研究视角，探讨新一代农业转移人口在全球信息化的背景下，身份构建与身份认同经历的变革过程，讨论了信息及通信技术如何作为农业转移人口研究的另一个切入

---

① 朱力：《准市民的身份定位》，载于《南京大学学报》2000 年第 6 期。
② 周明宝：《城市滞留型青年农民工的文化适应与身份认同》，载于《社会》2004 年。
③ 彭远春：《论农民工身份认同及其影响因素——对武汉市杨园社区餐饮服务员的调查分析》，载于《人口研究》2007 年第 3 期。
④ 刘芳、李海莹：《新生代农民工身份认同研究现状综述》，载于《社会科学学科研究》2011 年第 9 期。

点,从日常生活的角度展现新一代农业转移人口在面对"流动"和"通信"之间的必然性时所面对的疲惫、彷徨和被动处境,最后探讨了新一代农业转移人口的生存状态如何对工人身份的认同构成压力。① 研究发现,年青一代农业转移人口因为接受过基本教育,内心认同并且向往现代新文化,这跟传统的农业转移人口研究结果是不太一样的。年轻农业转移人口在城市和农村之间徘徊,尴尬的身份让他们成为城乡壁垒之间的"双重边缘人"。信息时代让他们能够以第三方的角度审视农业转移人口身份的负面印象,包括电视、网络等公共言论集中的平台,这个过程给其身份认同危机增加了新的不确定性。

李荣彬和张丽艳把目光从农业转移人口转移到流动人口上,他们调查了我国 106 个城市的数据,采用探索性因子分析法和多元回归分析法对我国流动人口身份认同的现状和影响因素进行分析。研究结果表明:有超过一半的流动人口实现了身份认同,但他们在认同愿望和内心认同上却表现出较大的差异性,其中内心认同要明显低于认同愿望。这说明流动人口的身份认同在现实中不是同质的和单一维度的,而是复杂的。李荣彬和张丽艳把影响流动人口身份认同的因素分为四个大方面:制度支持、个体特征、社会资本和城市体验,这四个维度对流动人口身份认同起着独特的、不可替代的作用。② 张莹和陈志光则单独对北京市流动人口身份认同做了研究,基于不同代际、户籍及地区的比较,研究发现流动人口对流入地都有强烈的融入意愿,尽管意愿与结果之间存在明显的背离;北京市流动人口的认同意愿显著超过其他地区流动人口,说明流动人口对北京怀有更高的期待;北京市年长流动人口比青年流动人口有着更强的认同意愿,且乡—城流动人口的认同意愿超过城—城流动人口。③

定量研究的深入使得流动人口身份认同研究也有新的进展,侯亚杰和姚红以 2012 年流动人口动态监测数据为基础,利用潜类别分析(LCA)的方法探索了流动人口身份认同模式,同时还探究了不同身份认同模式之间的人口学差异。研究发现:流动人口的身份认同模式可以划分为拒绝型、一致型和矛盾型三种类型。城—城流动人口与乡—城流动人口之间在身份认同模式上不存在明显差异;一部分流动人口对自己的身份认同存在着一种矛盾心理;新生代流动人口,特别是新生代乡—城流动人口对于自身的市民身份是排斥的。④ 乍一看,不同的研究

---

① 郑松泰:《"信息主导"背景下农民工的生存状态和身份认同》,载于《社会学研究》2010 年第 2 期。
② 李荣彬、张丽艳:《流动人口身份认同的现状及影响因素研究——基于我国 106 个城市的调查数据》,载于《人口与经济》2012 年第 4 期。
③ 杨菊华、张莹、陈志光:《北京市流动人口身份认同研究——基于不同代际、户籍及地区的比较》,载于《人口与经济》2013 年第 3 期。
④ 侯亚杰、姚红:《流动人口身份认同的模式与差异——基于潜类别分析的方法》,载于《人口研究》2016 年第 3 期。

项目的结果似乎有出入，但其中有很多大城市特殊性的原因。

农业转移人口虽然生活在城市，但对自身的认同和定位却十分模糊，他们一方面觉得跟"真正的城里人"有本质区别，一方面又渴望融入。他们内心矛盾，对现在的生活和未来的发展都是怀疑的，不确定性使得他们的心理无法达到平衡，也拖延了其市民化的进程。

只有当流动人口对流入地有很强的认同感和归属感时，当他们认为自己是当地人时，他们才真正融入流入地的主流社会。因此，身份认同是社会融入的最高境界，它与其他层面的社会融入相互作用。但是，其他维度的融入不一定导致身份认同；即便流入者在其他层面（如经济、行为）有了较高程度的融入，他们可能始终保持一种旅居者的心态，把自己当作异乡人。事实上，虽然许多流动人口在流入地生活、工作了很长时间，其活动已成为流入地经济发展不可或缺的一部分，但他们可能依旧具有较强的"打工心态""过客心态"，将流入地社会当作是"他们的"，而不是"我们的"，认为自己的"根"在家乡。这种心态使大多数流动人口将自己的未来定位在农村，认为自己只是暂时寄居于流入地而已，对流入地社会没有归属感和"主人翁"意识，始终保持一种"陌生人"的感觉。

李荣彬和张丽艳把影响流动人口身份认同的因素分为四个大方面：制度支持、个体特征、社会资本和城市体验，这四个维度对流动人口身份认同起着独特的、不可替代的作用。① 崔岩对流动人口的研究结论也相对一致，他在论文中表示外来人口对个体社会身份的选择受到多重因素的影响，其中既有制度和政策层面的因素，也有个体特征性因素。数据表明，除了年龄、文化水平、在本地居住时间等因素，户籍制度、社会排斥和社会差异，以及社区融合等因素会直接影响到外来人口的自我认同。② 彭远春的研究对象比较局限，在控制其他变量后，入城前居留意愿、大众传媒接触程度、在城从事职业数、月收入满意度、家庭支持外出务工程度、务农时间6个变量最终影响着农业转移人口身份认同。

袁婧在对城镇化进程中失地农民身份认同的研究中认为，身份认同偏差的表现产生的原因大概有三个：一是失去土地生存成本增加导致安全感下降；二是征收补偿机制不成熟引发心理失衡；三是与原住市民的隔阂导致失地农民身份认同困难。③ 李梦迪和田飞基于农业转移人口与城镇职工的阶层认同差异，借助多元回归模型对农业转移人口阶层认同的影响因素进行分析，分析结果表明：自身的教育程度、务工地区、月工资收入、基本医疗保障状况、社会群体冲突感以及对

---

① 李荣彬、张丽艳：《流动人口身份认同的现状及影响因素研究——基于我国106个城市的调查数据人口与经济》，载于《人口与经济》2012年第4期。
② 崔岩：《流动人口心理层面的社会融入和身份认同问题研究》，载于《社会学研究》2012年第5期。
③ 袁婧：《城镇化进程中失地农民身份认同探讨》，载于《和谐社会建设》2016年第24期。

未来三年生活的预期对农业转移人口的阶层认同有显著的影响。要进一步提升农业转移人口对自身阶层地位的评价，就必须在注意在提高农业转移人口自身教育程度与工资收入、扩大社会保障体系覆盖范围的同时，降低其社会冲突感并提升其生活预期。①

通过对"农业转移人口城市身份自我认同情况"的调查数据显示，在调查的 1 019 个有效样本中，完全不符合占 23.6%，比较不符合占 50.9%，一般占 19.2%，比较符合占 1.5%，十分符合占 0.9%（见表 8-3）。

表 8-3　　　　　　　　农业转移人口身份认同

题项	频数	百分比（%）	有效百分比（%）	累计百分比（%）
完全不符合	250	23.6	24.5	24.5
比较不符合	540	50.9	53	77.5
一般	203	19.2	19.9	97.4
比较符合	16	1.5	1.6	99.0
十分符合	10	0.9	1	100.0
总计	1 019	96.1	100	—

资料来源：课题组"城市化过程中城市新市民（中国农业转移人口——安置民）城市融入问题社会调查"数据。

数据分析结果表明，大多数农业转移人口城市身份自我认同度低。仅有 1.5% 的人认为自己比较符合，0.9% 的人认为自己十分符合。这说明农业转移人口在市民化过程中心理适应问题较大，没有完成市民身份认同。

通过对"城市市民身份会使社会地位提升"的调查数据显示，在调查的 1 048 个有效样本中，完全不符合占比 8.4%，比较不符合占比 32.3%，一般占比 30.8%，比较符合占 26%，十分符合占 1.3%（见表 8-4）。

表 8-4　　　　　　关于城市市民身份与社会地位的认知

题项	频数	百分比（%）	有效百分比（%）	累计百分比（%）
完全不符合	89	8.4	8.5	8.5
比较不符合	342	32.3	32.6	41.1

---

① 李梦迪、田飞：《农民工的阶层认同及其影响因素——基于 2006CGSS 的实证分析》，载于《内蒙古农业大学学报》（社会科学版）2012 年第 4 期。

续表

题项	频数	百分比（%）	有效百分比（%）	累计百分比（%）
一般	327	30.8	31.2	72.3
比较符合	276	26	26.3	98.7
十分符合	14	1.3	1.3	100.0
总计	1 048	98.9	100	—

资料来源：课题组"城市化过程中城市新市民（中国农业转移人口——安置民）城市融入问题社会调查"数据。

数据分析结果表明，大多数农业转移人口认为城市市民身份不会使社会地位提升，仅有26.3%的人认为城市市民身份会使社会地位有所提升。这说明农业转移人口心中认为社会地位的提升与是否拥有市民身份没有关系。

经由"城市市民身份会使生活质量改善"的调查数据显示，在调查的1 047个有效样本中，完全不符合的占7.9%，比较不符合的占23%，一般的占31.6%，比较符合的占33.7%，十分符合的占2.5%（见表8-5）。

表8-5　关于城市市民身份与生活质量的认知的描述统计

题项	频数	百分比（%）	有效百分比（%）	累计百分比（%）
完全不符合	84	7.9	8	8
比较不符合	244	23	23.3	31.3
一般	335	31.6	32	63.3
比较符合	357	33.7	34.1	97.4
十分符合	27	2.5	2.6	100.0
总计	1 047	98.8	100	—

资料来源：课题组"城市化过程中城市新市民（中国农业转移人口——安置民）城市融入问题社会调查"数据。

数据分析结果表明，绝大多数农业转移人口对城市市民身份会改善生活质量呈认同态度，但也有累积百分比占31.3%的人认为城市市民身份不会改善生活质量。基于此，如何转变这一部分人群对城市市民身份的消极印象是提高城市化率的关键。

经由"农业转移人口对未来市民生活的信心程度"的调查数据显示，在调查的1 047个有效样本中，完全不符合的占5.1%，比较不符合的占17.4%，一般占41.2%，比较符合的占30.3%，十分符合的占4.8%（见表8-6）。

表8-6 关于农业转移人口对未来市民生活信心的描述统计

题项	频数	百分比（%）	有效百分比（%）	累计百分比（%）
完全不符合	54	5.1	5.2	5.2
比较不符合	184	17.4	17.6	22.7
一般	437	41.2	41.7	64.5
比较符合	321	30.3	30.7	95.1
十分符合	51	4.8	4.9	100.0
总计	1 047	98.8	100	—

资料来源：课题组"城市化过程中城市新市民（中国农业转移人口——安置民）城市融入问题社会调查"数据。

数据分析结果表明，在该题项中，绝大多数人选择了一般，也就是模棱两可的态度；其次是比较符合，占30.3%。可见，基数较大的调研个体对于未来生活存在迷惘的心态，既持有乐观态度也持有悲观的态度，政府需要促进这部分人群的心态向积极方向演化，并且也不能忽视对未来生活没有信心的人群，对待这部分人群，则需要帮助其树立良好健康的心态，面对未来的市民生活。

经由"农业转移人口对市民身份的自主选择倾向"的调查数据显示，在调查的1 046个有效样本中，完全不符合的占9.3%，比较不符合的占25.9%，一般占32.2%，比较符合占26.6%，十分符合占4.6%（见表8-7）。

表8-7 农业转移人口对市民身份的自主选择倾向

题项	频数	百分比（%）	有效百分比（%）	累计百分比（%）
完全不符合	99	9.3	9.5	9.5
比较不符合	275	25.9	26.3	35.8
一般	341	32.2	32.6	68.4
比较符合	282	26.6	27	95.3
十分符合	49	4.6	4.7	100.0
总计	1 046	98.7	100	—

资料来源：课题组"城市化过程中城市新市民（中国农业转移人口——安置民）城市融入问题社会调查"数据。

数据分析结果表明，对该题的回答呈正态分布，符合与不符合的人数分布较为均衡，累积占比35.8%的农业转移人口表示不会选择市民身份，更倾向于原有的农业身份；累积占比32.6的农业转移人口倾向于选择市民身份；另有32.2%的农业转移人口持中立态度。对于持中立态度和负向态度的人群，政府和社会需要作出共同的努力，提高其对市民身份的认同度。

为进一步研究中国农业转移人口身份认同的影响因素①，通过回归分析去分析影响其身份认同的变量及其作用机制。我们将控制变量、农业转移人口居住空间、社会交往情况以及他们的主观地位认同逐步地纳入模型当中，建立了一组嵌套的二元 logistics 回归模型，模型运算结果见表 8-8。从模型的统计结果可以看到，5 个模型的系数综合检验卡方检验结果都具有显著性，-2 对数似然值不断减小，且 Nagelkerke R^2 数值随着变量的增加而增加，说明新变量的引入对于因变量的变化情况的解释力增加，模型效果良好。

表 8-8　农业转移人口城市身份认同的二元 logistics 回归模型②

变量	模型 1	模型 2	模型 3	模型 4	模型 5
性别	-0.317***	-0.263***	-0.23***	-0.213***	-0.192***
年龄	0.089***	0.079**	0.072**	0.076**	0.077**
年龄平方	-0.001**	-0.001**	-0.001**	-0.001**	-0.001**
受教育程度	0.293***	0.251***	0.248***	0.241***	0.236***
婚姻状况	-0.309***	-0.342***	-0.313***	-0.308**	-0.300***
工作类型（管理人员）	***	**	**	**	**
技术工人	-0.388***	-0.308**	-0.317**	-0.308**	-0.285**
普通员工	-0.336***	-0.265**	-0.253**	-0.232**	-0.194*
其他	-0.135	-0.060	-0.105	-0.095	-0.112
户口是否在本地市	0.230***	0.283***	0.239***	0.205**	0.208**
居住地类型（棚户区）		***	***	***	***
集体宿舍		-0.045	-0.034	-0.069	-0.138
商品房小区		0.666***	0.633***	0.586***	0.528***
郊区/小集镇		-0.280*	-0.314**	-0.351**	-0.372***
其他		-0.154	-0.175	-0.199	-0.227
社会交往			0.539***	0.401***	0.358***
居民是否愿意与你交往				-0.301***	-0.268***
社会地位主观认同					0.619***
常数项	-3.796***	-3.600***	-3.929***	-4.596***	-5.614***

①② 潘泽泉、何倩：《居住空间、社会交往和主观地位认知：农民工身份认同研究》，载于《湖南社会科学》2017 年第 1 期。

续表

变量	模型1	模型2	模型3	模型4	模型5
Nagelkerke R^2	0.062	0.090	0.095	0.100	0.115
LR Chi2	378.042***	550.674***	563.134***	593.906***	677.918***

注：+、*、**、*** 分别表示 $p<0.10$、$p<0.05$、$p<0.01$、$p<0.001$。

资料来源：课题组"城市化过程中城市新市民（中国农业转移人口——安置民）城市融入问题社会调查"数据。

从模型 1 的结果可以看出，性别、年龄、受教育程度、婚姻状况、工作类型、户口状况都对农业转移人口的身份认同有显著影响。(1) 性别对于农业转移人口的身份认同具有影响。性别对于农业转移人口是否认同自己为城市人存在一种负向的相关关系，这体现为若控制其他变量，农业转移人口性别为男性时认同自己是城市人的发生比是不认同自己是城市人的发生比的 0.729 倍（$\beta=-0.317$，$p<0.001$），即男性农业转移人口认同自己为城市人的可能性要低于女性农业转移人口。(2) 年龄对于农业转移人口的城市身份认同呈现为一个倒"U"型的曲线影响。在控制其他变量的情况下，年龄增加一岁，农业转移人口认同自己为城市人的可能性增加 0.093 倍（$\beta=0.089$，$p<0.001$），但与此同时我们看到，引入年龄平方这一变量，它的回归系数 $\beta=-0.001$，也在 0.05 水平上显著，这就说明年龄较小的和年龄较大的农业转移人口群体，较之中年的农业转移人口群体，认同自己为城市人的比例都更低。(3) 受教育程度对于农业转移人口的城市身份认同具有正向效应。如果控制了其他变量，教育程度每增加一个等级，农业转移人口认同自己为城市人的发生比就增加 0.341 倍（$\beta=0.293$，$p<0.01$），教育程度越高就越可能认同自己为城市人。(4) 婚姻状况对于农业转移人口身份认同有影响。在控制了其他变量时，已婚的农业转移人口认同自己是城市人的可能性是未婚农业转移人口的 0.734 倍（$\beta=-0.309$，$p<0.001$），也就是说，未婚的农业转移人口更有可能认可自己城市人的身份。(5) 工作类型对于农业转移人口的身份认同也有影响，工作类型对于农业转移人口也在 0.05 的水平上显著。(6) 农业转移人口拥有本地市户口，更可能实现城市身份认同。在控制了其他变量的情况下，拥有本地市户口的农业转移人口认同自己为城市人的比例增加 25.9%（$\beta=0.230$，$p<0.001$），由此看出我国的户籍管理使得农业转移人口从心中产生了一种归属地的情怀，若是在自己所属的区域内，则农业转移人口想要扎根此处的城市成为城里人的可能性也增大。[1]

---

[1] 潘泽泉、何倩：《居住空间、社会交往和主观地位认知：农民工身份认同研究》，载于《湖南社会科学》2017 年第 1 期。

从模型 2 可以看出，农业转移人口的居住空间，即居住地类型，与他们对于自我的身份认同存在显著性的相关关系。其中以居住在商品房小区以及郊区或集镇的影响力最大，农业转移人口居住在自有商品房中认同自己为城市人的可能性比不认同自己为城市人可能性增加 94.5%（β = 0.666，p < 0.001）；相反，若农业转移人口居住在郊区或者小集镇，则他们认同自己为城市人的发生比会比不认同自己为城市人的发生比减少 24.4%（β = −0.280，p < 0.05）。虽然其他几类居住类型对于农业转移人口的城市身份认同的影响并不显著，但居住空间这一变量在总体上呈现出显著的影响，p 值小于 0.001。[①]

从模型 3 中可以看出，农业转移人口是否与当地居民交往对他们的身份认同有显著性影响。在控制其他变量的情况下，在日常生活中与当地居民交往的农业转移人口认同自己为城市人的发生比要比不与当地居民交往的发生比高 0.715 倍（β = 0.539，p < 0.001），换句话说，在日常生活中与当地居民交往的农业转移人口更有可能认同自己为城市人。而将"您认为当地人是否愿意与您交往"引入模型，得出了模型 4 的结果。农业转移人口对当地人是否愿意与他们交往的感知也会影响其身份认同。在控制了其他变量的情况下，若农业转移人口认为当地人不愿意与他们交往，则他们认同自己为城市人的可能性会减少 26%（β = −0.301，p < 0.001）。[②]

从模型 5 可以看出，农业转移人口对于自身地位的主观认同对于农业转移人口是否认同自己是城市人具有正向的影响。在控制了其他变量的情况下，农业转移人口对于自身地位的主观认同每提高一个等级，他们认可自己为城市人的可能性就增加 85.8%（β = 0.619，p < 0.001）。也就是说，社会地位自我评估越高的农业转移人口，他们认同自己城市人身份的可能性就会越高。为了进一步说明中国农业转移人口市民化过程中身份认同的影响因素和作用机制，我们通过对安置民的数据进行分析后，也得出了同样的结论。

因为年龄、教育程度、婚姻状况等大多数基本变量已被纳入自变量"时空性""人能动性"和"生活时间性"三个概念范畴，所以模型 A 仅考虑了性别和家庭人均月收入等合理因素变量对失地农民身份认同的影响（见表 8 − 9）。从统计结果上看，家庭人均月收入对失地农民身份认同情况的影响较为显著，标准化系数达到了 −0.156，即在相同情况下，家庭人均月收入每提高 2 000 元左右，失地农民认为自己是农村人的认同情况降低 15.6%，且置信区间在 99.9% 的水平上显著，通过了显著性检验。可见家庭收入水平是影响失地农民身份认同情况的

[①②] 潘泽泉、何倩：《居住空间、社会交往和主观地位认知：农民工身份认同研究》，载于《湖南社会科学》2017 年第 1 期。

重要因素之一。这也与前人的研究结果一致。

表 8-9　　　失地农民身份认同影响因素多元回归模型①

变量		模型 A		模型 B		VIF
		标准系数	标准误	标准系数	标准误	
控制变量	性别（男 = 1）	-0.003	0.954	0.070	0.378	1.021
	家庭人均月收入	-0.156***	0.000	-0.123	0.010**	1.164
自变量	时空性			-0.120	0.003**	1.122
	个人能动性			-0.134	0.001***	1.025
	社会时间性			0.056	0.044*	1.039
模型 F 值		13.972		8.584		
标准估计误差		0.828		0.811		
模型 P 值		0.000		0.000		
调整 R 方		0.046		0.108		

注：*、**、*** 分别表示 $p<0.05$、$p<0.01$、$p<0.001$。

资料来源：课题组"城市化过程中城市新市民（中国农业转移人口——安置民）城市融入问题社会调查"数据。

模型 B 在模型 A 的基础上加入了生命历程相关变量，由统计结果可知，因子分析得出的三个变量（时空性、个人能动性与社会时间性）均与失地农民的身份认同情况产生了显著性影响，其中个人能动性的影响最为显著，其检验 P 值小于 0.001，说明其在 99.9% 的置信区间上显著，其标准化系数 -0.134 表示，失地农民的个人能动性每提升一个层次，其市民化认同的概率将提升 13.4%，由此可见，失地农民的个人能动性越强，其市民身份认同程度越高。影响失地农民身份认同因素的第二显著的变量为时空性，其统计结果在 99% 的置信度上显著（P<0.01），其标准化系数为 -0.120，说明失地农民所处的时空变化（即从农民时空向市民时空的转变）对其身份认同②影响程度小于个人主观能动性（-0.134），但差距不大，标准化系数为负值同时说明失地农民的乡土记忆越深，越不认同其市民身份。最后，社会时间性同样对失地农民的市民化认同情况产生显著性影响，其置信区间在 95% 左右（P<0.05），说明未参加医疗保险和养老保险的失地农民更认同自己的农民身份，且标准化系数是 0.056，说明参与社会保障的被访问者较未参与者的市民身份认同程度高 5.6%。因此一定的社会性时间（在此处即政策上的帮

①② 潘泽泉、何倩：《居住空间、社会交往和主观地位认知：农民工身份认同研究》，载于《湖南社会科学》2017 年第 1 期。

助),对于失地农民的身份认同具有积极作用。

三、市民化的社会心理过程:心理适应与心理资本的经验发现

中国农业转移人口大都"被迫"生活在城市人的社会空间中,必须接受城市的生活方式以及文化价值观念,实现从身到心、从经济到文化的全面适应。从文献综述中可以看到,"现代性"的缺乏、社会交往网络的封闭、社会资本的匮乏、与城市居民的冲突、来自城市居民的歧视与排斥、自我的心理隔离等都可能会造成失地农民难以适应城市。池子华等(2008)通过对外来民工进行深度访谈,探讨他们融入城市文化的心理状况,认为苏州市劳动密集型企业民工有一定程度的心理融入,但是融入的范围狭小,层次较浅,且融入具有多面性。谢有长(2009)对广西南宁市农业转移人口的城市归属感、现代价值观念等心理层面进行考察认为,农业转移人口对融入城市社会有着很高的主动性,但未能完全在城市中寻找到归属感,无法归属到乡村与城市的任何地方,在心灵上是"漂泊的一代"。

(一)农业转移人口自感差距

经由"农业转移人口自感差距"的调查数据显示,在调查的 2 127 个有效样本中,没有差距的占 14.9%,经济收入差距占 29.3%,文化教育差距占 14.2%,住房差距占 8%,就业差距占 7.7%,消费差距占 14.7%,社会地位差距占 10%,其他占 1.2% (见表 8-10)。

表 8-10 农业转移人口自感差距

题项	响应 频数	响应 百分比 (%)	个案百分比 (%)
没有差距	317	14.90	30.50
经济收入差距	623	29.30	60.00
文化教育差距	302	14.20	29.10
住房差距	171	8.00	16.50
就业差距	163	7.70	15.70
消费差距	313	14.70	30.10
社会地位差距	212	10.00	20.40

续表

题项	响应 频数	响应 百分比（%）	个案百分比（%）
其他	26	1.20	2.50
总计	2 127	100.00	204.70

资料来源：课题组"城市化过程中城市新市民（中国农业转移人口——安置民）城市融入问题社会调查"数据。

数据分析结果表明，近30%的农业转移人口认为自己与城里人相比存在经济收入方面的差距；其次是文化教育、消费水平方面的差距；最后是社会地位差距、住房差距和就业差距。另外也有14%的人群表示没有差距。在农业转移人口市民化的过程中，由于之前一直存在的二元分割制度，城乡居民间存在资源匹配的不平等，农业转移人口在劳动力市场由于其自身技术的相对匮乏也不占据上风，基于此，政府应该予以重视，从政策层面提高新市民的竞争力，提高其经济水平，并保证其与其他城市居民享有同等的教育文化资源。

（二）农业转移人口对城市市民的认知

经由"市民应该具备的素质"的调查数据显示，在调查的2 336个有效样本中，较高的文化水平占31%，较高的工作能力占24.7%，较全面的就业能力占17.6%，较强的生活适应能力占23.4%，其他占3.4%（见表8-11）。

表8-11　　　　　农业转移人口对城市市民的认知

题项	响应 频数	响应 百分比（%）	个案百分比（%）
较高的文化水平	723	31.00	69.50
较高的工作能力	577	24.70	55.50
较全面的就业能力	411	17.60	39.50
较强的生活适应能力	546	23.40	52.50
其他	79	3.40	7.60
总计	2 336	100.00	224.60

资料来源：课题组"城市化过程中城市新市民（中国农业转移人口——安置民）城市融入问题社会调查"数据。

数据分析结果表明，农业转移人口认为新市民应具备的素质从高到低依次是文化水平、工作能力、生活适应能力和就业能力。因此，第三方应该从这些方面着手提升农业转移人口的各项能力,帮助其更好地融入城市生活。

(三) 农业转移人口市民化中的心理资本与精神健康

经由"农业转移人口是否觉得没有安全感"的调查数据显示,在调查的 1 054 个有效样本中,十分不符合占 16.1%,比较不符合占 46.2%,一般占 22.2%,比较符合占 13.8%,十分符合占 1.1%(见表 8-12)。

表 8-12　　　　　　农业转移人口的安全感知

题项	频数	百分比(%)	有效百分比(%)	累计百分比(%)
十分不符合	171	16.1	16.2	16.2
比较不符合	490	46.2	46.5	62.7
一般	235	22.2	22.3	85.0
比较符合	146	13.8	13.9	98.9
十分符合	12	1.1	1.1	100.0
总计	1 054	99.4	100	—

资料来源:课题组"城市化过程中城市新市民(中国农业转移人口——安置民)城市融入问题社会调查"数据。

数据分析结果表明,绝大多数农业转移人口的安全感较强,说明内心对新环境的认同度较高,但也有累积占比 14.9% 的人群觉得没有安全感,对于这部分人群,需要安抚其情绪,加强社区安保管理,从内外部着手培养其安全感。

经由"生活压力程度"的调查数据显示,在调查的 1 054 个有效样本中,十分不符合占 10.2%,比较不符合占 27.9%,一般占 25.4%,比较符合占 31.7%,十分符合占 4.2%(见表 8-13)。

表 8-13　　　　　　农业转移人口的压力感知

题项	频数	百分比(%)	有效百分比(%)	累计百分比(%)
十分不符合	108	10.2	10.2	10.2
比较不符合	296	27.9	28.1	38.3
一般	269	25.4	25.5	63.9
比较符合	336	31.7	31.9	95.7
十分符合	45	4.2	4.3	100.0
总计	1 054	99.4	100	—

资料来源:课题组"城市化过程中城市新市民(中国农业转移人口——安置民)城市融入问题社会调查"数据。

数据分析结果表明,在生活压力方面,新市民的态度呈两极化,累计38.3%的农业转移人口表示不符合,认为生活压力不大。也有25.4%的人群表示一般,即压力在可承受范围内,累计36.2%的人表示生活压力较大。对此,一方面需要社会予以关怀、社区予以疏解,另一方面也需要新市民自身调整心态,合理解压。

经由"工作上受挫"的调查数据显示,在调查的978个有效样本中,十分不符合占16.8%,比较不符合占34.7%,一般占29%,比较符合占10.7%,十分符合占1.1%（见表8-14）。

表8-14　　　　　　　　农业转移人口的挫折感知

题项	频数	百分比（%）	有效百分比（%）	累计百分比（%）
十分不符合	178	16.8	18.2	18.2
比较不符合	368	34.7	37.6	55.8
一般	307	29	31.4	87.2
比较符合	113	10.7	11.6	98.8
十分符合	12	1.1	1.2	100.0
总计	978	92.3	100	—

资料来源：课题组"城市化过程中城市新市民（中国农业转移人口——安置民）城市融入问题社会调查"数据。

数据分析结果表明,在工作受挫感层面,绝大多数农业转移人口表示不符合,即很少或几乎没有在工作上受挫,这说明其工作方面的压力较少,能够完成目前的工作,但也有累计12.8%的人觉得在工作上受挫,这需要第三方予以调解。

经由"觉得心情不愉快和情绪低落"的调查数据显示,在调查的1 053个有效样本中,十分不符合占11.3%,比较不符合占37.8%,一般占32%,比较符合占17.2%,十分符合占1%（见表8-15）。

表8-15　　　　　　　　农业转移人口的情绪感知

题项	频数	百分比（%）	有效百分比（%）	累计百分比（%）
十分不符合	120	11.3	11.4	11.4
比较不符合	401	37.8	38.1	49.5
一般	339	32	32.2	81.7
比较符合	182	17.2	17.3	99.0

续表

题项	频数	百分比（%）	有效百分比（%）	累计百分比（%）
十分符合	11	1	1	100.0
总计	1 053	99.3	100	—

资料来源：课题组"城市化过程中城市新市民（中国农业转移人口——安置民）城市融入问题社会调查"数据。

数据分析结果表明，绝大多数农业转移人口不觉得心情不愉快或情绪低落，总体心态比较好。也有32%的人群表示一般，即有时候会觉得心情低落，属于正常范围。对于累计18.2%的人群表示觉得心情不愉快和情绪低落，则需要注重心理引导，避免产生心理疾病。

经由"觉得自己被歧视"的调查数据显示，在调查的1 053个有效样本中，十分不符合占31.7%，比较不符合占43.7%，一般占17.5%，比较符合占5.8%，十分符合占0.7%（见表8-16）。

表8-16　　　　　　　　农业转移人口的歧视感知

题项	频数	百分比（%）	有效百分比（%）	累计百分比（%）
十分不符合	336	31.7	31.9	31.9
比较不符合	463	43.7	44	75.9
一般	186	17.5	17.7	93.5
比较符合	61	5.8	5.8	99.3
十分符合	7	0.7	0.7	100.0
总计	1 053	99.3	100	—

资料来源：课题组"城市化过程中城市新市民（中国农业转移人口——安置民）城市融入问题社会调查"数据。

数据分析结果表明，绝大多数农业转移人口没有感觉被歧视，但也有小部分人群表示有过被歧视的感觉。这说明整体环境良好，原有城市居民对新市民包容度高，但仍要注意小部分人群的融入问题，消弭歧视。

经由"觉得心里孤独"的调查数据显示，在调查的1 053个有效样本中，十分不符合占26.8%，比较不符合占45.2%，一般占17.9%，比较符合占8.6%，十分符合占0.8%（见表8-17）。

表 8-17　　　　　　　　农业转移人口的孤独感知

题项	频数	百分比（%）	有效百分比（%）	累计百分比（%）
十分不符合	284	26.8	27	27
比较不符合	479	45.2	45.5	72.5
一般	190	17.9	18	90.5
比较符合	91	8.6	8.6	99.1
十分符合	9	0.8	0.9	100.0
总计	1 053	99.3	100	—

资料来源：课题组"城市化过程中城市新市民（中国农业转移人口——安置民）城市融入问题社会调查"数据。

数据分析结果表明，绝大多数农业转移人口不觉得心里孤独，说明这部分人群较好地融入了城市生活，建立了良好的身份认同。但也有小部分人群觉得心里孤独，对于这部分人群，需要多方努力，促进其在心理上融入周边环境，建立社交网络，减少孤独感。

经由"觉得内心烦躁焦虑"的调查数据显示，在调查的 1 054 个有效样本中，十分不符合占 16.8%，比较不符合占 40%，一般占 28.9%，比较符合占 13%，十分符合占 0.8%（见表 8-18）。

表 8-18　　　　　　　　农业转移人口的焦虑感知

题项	频数	百分比（%）	有效百分比（%）	累计百分比（%）
十分不符合	178	16.8	16.9	16.9
比较不符合	424	40	40.2	57.1
一般	306	28.9	29	86.1
比较符合	138	13	13.1	99.2
十分符合	8	0.8	0.8	100.0
总计	1 054	99.4	100	—

资料来源：课题组"城市化过程中城市新市民（中国农业转移人口——安置民）城市融入问题社会调查"数据。

数据分析结果表明，40% 的农业转移人口表示比较不符合此项，即不怎么觉得内心烦躁焦虑。28.9% 的农业转移人口觉得一般，对于这部分人群要进行及时的疏导，以免情绪恶化。另有累计 13.9% 的人群表示符合，对于这部分人群，要引用专业人才予以帮扶，以免产生心理疾病。

经由"是否能够享受日常生活"的调查数据显示，在调查的 1 054 个有效样本中，十分不符合占 3%，比较不符合占 8.9%，一般占 33.8%，比较符合占 47.4%，十分符合占 6.4%（见表 8-19）。

表 8-19 农业转移人口的休闲感知

题项	频数	百分比（%）	有效百分比（%）	累计百分比（%）
十分不符合	32	3	3	3.0
比较不符合	94	8.9	8.9	12.0
一般	358	33.8	34	45.9
比较符合	502	47.4	47.6	93.5
十分符合	68	6.4	6.5	100.0
总计	1 054	99.4	100	—

资料来源：课题组"城市化过程中城市新市民（中国农业转移人口——安置民）城市融入问题社会调查"数据。

数据分析结果表明，累积占比 12% 的人群不能充分享受日常生活，说明其精神生活相对匮乏，需要第三方介入，也需要社区多组织集体活动，丰富新市民的业余生活，注意精神健康。

经由"是否能够面对问题"的调查数据显示，在调查的 1 053 个有效样本中，十分不符合占 2.8%，比较不符合占 6.2%，一般占 29.3%，比较符合占 52.3%，十分符合占 8.7%（见表 8-20）。

表 8-20 农业转移人口的坚强感知

题项	频数	百分比（%）	有效百分比（%）	累计百分比（%）
十分不符合	30	2.8	2.8	2.8
比较不符合	66	6.2	6.3	9.1
一般	311	29.3	29.5	38.7
比较符合	554	52.3	52.6	91.3
十分符合	92	8.7	8.7	100.0
总计	1 053	99.3	100	—

资料来源：课题组"城市化过程中城市新市民（中国农业转移人口——安置民）城市融入问题社会调查"数据。

数据分析结果表明，大多数农业转移人口能够自己面对问题具有一定自主解决问题的能力。但也有小部分人群不能面对问题，较为脆弱，需要社会工作人士的介入，提高他们的受挫能力，培养坚毅的人格。

经由"农业转移人口对自己失去信心"的调查数据显示,在调查的1 054个有效样本中,十分不符合占34.5%,比较不符合占45.3%,一般占14.4%,比较符合占4.3%,十分符合占0.8%(见表8-21)。

表8-21　　　　　　　　农业转移人口的信心感知

题项	频数	百分比(%)	有效百分比(%)	累计百分比(%)
十分不符合	366	34.5	34.7	34.7
比较不符合	480	45.3	45.5	80.3
一般	153	14.4	14.5	94.8
比较符合	46	4.3	4.4	99.1
十分符合	9	0.8	0.9	100.0
总计	1 054	99.4	100	—

资料来源:课题组"城市化过程中城市新市民(中国农业转移人口——安置民)城市融入问题社会调查"数据。

数据分析结果表明,累积百分比80.3%的农业转移人口没有对自己失去信心,说明农业转移人口群体整体信心是正向偏上的。但仍有14.4%的人群选择了一般,0.8%的人群选择十分符合,即对自己失去信心,对于这一部分对自我信心度低的人群需要外界予以关爱,帮助他们树立信心。

经由"农业转移人口自评价值"的调查数据显示,在调查的1 053个有效样本中,十分不符合占44.3%,比较不符合占41%,一般占10.9%,比较符合占2.4%,十分符合占0.7%(见表8-22)。

表8-22　　　　　　　　农业转移人口的自我价值感知

题项	频数	百分比(%)	有效百分比(%)	累计百分比(%)
十分不符合	470	44.3	44.6	44.6
比较不符合	435	41	41.3	85.9
一般	116	10.9	11	97.0
比较符合	25	2.4	2.4	99.3
十分符合	7	0.7	0.7	100.0
总计	1 053	99.3	100	—

资料来源:课题组"城市化过程中城市新市民(中国农业转移人口——安置民)城市融入问题社会调查"数据。

数据分析结果表明，绝大多数农业转移人口认为自己并非没有价值。说明整体新市民的自我认同度较高。但也有小部分群体认为自己是没有价值的人，对于这部分自我认同度低的群体，政府和社会需要予以关注，予以重视，帮助其建立信心，找准定位，实现人生价值。

通过对以上变量做进一步分析，通过因子分析检验得出的 KMO 系数为 0.809，且 Bartlett 检验的 p 值通过了显著性检验。由此可以看出，本研究量表采用因子分析的效果较好，且这 6 个变量之间有着很强的相关性（见表 8-23）。

表 8-23　　　　　　　　　　回归分析统计

控制变量	因变量：心理健康	
	模型 B1.1	模型 B1.2
性别	-0.017（0.062）	-0.016（0.062）
年龄	-0.065（0.003）	-0.065（0.003）
婚姻状况	-0.032（0.114）	-0.039（0.113）
受教育程度	-0.217（0.0057）***	-0.207（0.0057）***
预测变量		
社会交往		-0.110（0.038）***
常数项	0.928（0.213）***	1.289（0.235）***
调整后 R2	0.031	0.042
F 值	9.199***	9.988***
样本量	N = 1036	

注：括号内为标准误，括号外为标准化系数，+、*、**、*** 分别表示 $p < 0.10$、$p < 0.05$、$p < 0.01$、$p < 0.001$。

资料来源：课题组"城市化过程中城市新市民（中国农业转移人口——安置民）城市融入问题社会调查"数据。

通过研究发现，年龄对中国农业转移人口的心理健康的影响较为显著，是影响农业转移人口的重要因素之一，受教育程度对农业转移人口的心理健康的影响也较为显著，性别和婚姻状况与农业转移人口的心理健康状况呈负相关。进一步研究发现，农业转移人口的社会交往对其心理健康的影响比较显著。农业转移人口在市民化的过程中，其拥有的社会网络对其心理健康起着比较大的影响，有更多的弱关系网络，更倾向于强关系社交。可见个人的关系网络规模对其心理健康起着很积极的作用，关系网络规模越大，心理健康状况越好。因此，农业转移人口在市民化过程中扩大交往范围，与更多的人保持交流与互动，是提高心理健康水平的有效途径之一。

课题组[①]为了进一步研究农业转移人口市民化过程中的精神健康,通过多变量对精神健康的影响进行分析。在此分析过程中,首先检验各变量与精神健康的直接关系,研究既有解释框架是否同样适用于"农转非"社区居民的精神健康解释模型。其相关检验结果如表8-24所示。

表8-24　　　　　各变量对精神健康的直接影响

变量		模型 A 系数	模型 A 标准误	模型 A_1 系数	模型 A_1 标准误	模型 A_2 系数	模型 A_2 标准误	模型 A_3 系数	模型 A_3 标准误
控制变量	性别	-0.17	0.377	0.12	0.391	0.48	0.460	0.008	0.373
	年龄	-0.32	0.015	-0.04	0.016	-0.04	0.019	-0.03	0.015
	婚姻状况	-0.23	0.654	-0.09	0.688	-0.88	0.868	-0.46	0.652
	教育年限	-0.22***	0.056	-0.21***	0.058	-0.16*	0.069	-0.21***	0.056
	人均收入	-0.99***	0.218	-0.97***	0.226	-0.98**	0.285	-0.96***	0.215
自变量	网络规模			-0.013	0.70				
	网络异质性			-0.014	0.18				
	管理活动					-1.68	0.682		
	建设活动					-3.06***	0.764		
	文娱活动					-2.28***	0.571		
	社区归属感							-0.203***	0.051
截距		28.889	1.226	29.321	1.296	31.736	1.638	31.632	1.369
Sig		0.000		0.000		0.000		0.000	
d.f.		5		7		8		6	
调整后 R^2		0.039		0.039		0.098		0.071	

注:*、**、*** 分别表示 $p<0.05$、$p<0.01$、$p<0.0001$。
资料来源:课题组"城市化过程中城市新市民(中国农业转移人口——安置民)城市融入问题社会调查"数据。课题组成员李挺完成了该部分的部分数据统计和数据分析,并完成了部分文字的写作。

其中,模型 A 为基准模型,其显著性水平接近 0.000,表明模型整体通过显著性检验,对精神健康状况的解释力为 3.9%。此基准模型衡量了人口学变量对居民精神健康的影响,从检验结果上看教育年限以及人均收入对精神健康状况的影响作用通过了显著性检验,这表明随着教育年限的增加以及居民人均收入水平

[①] 资料来源:课题组"城市化过程中城市新市民(中国农业转移人口——安置民)城市融入问题社会调查"数据。

的提升，其精神健康状态也在发生着明显的改善，这也与之前有关精神健康得分的描述相一致。而性别与婚姻状况两者对居民精神健康的影响作用没有通过显著性检验，现实其与精神健康状况并不存在明显的影响。

模型 A_1 是在基准模型的基础之上加入了社会支持网络的相关变量，其模型显著性水平同样接近 0.000，显示模型通过显著性检验，其对精神健康状况的解释力为 3.9%。此模型主要衡量了社会支持网络对于"农转非"社区居民精神健康的影响作用，结果显示社会网络规模、社会网络的异质性均能在一定程度上改善居民的精神健康状况，但两者均未通过显著性检验。①

模型 A_2 是在基准模型的基础之上加入了社区参与的相关变量，其模型整体显著性水平接近 0.000，通过了显著性检验，调整后的 R^2 为 0.098，相比之前的模型有了明显提升，显示社区参与诸内容对于居民的精神健康具有较好的解释能力。同时建设活动以及娱乐活动均通过了显著性检验，表明社区参与变量与精神健康变量之间存在显著性关系，这种关系在控制了人口学变量之后依旧存在，而且建设活动的参与对居民精神健康状况的改善有着最明显的作用，而管理活动对居民精神健康状况的改善效果最弱，这可能是因为管理活动需要消耗参与者更多的时间与精力，影响了其精神健康状态的改善。②

模型 A_3 是在基准模型的基础之上加入了社区归属感的相关变量，其模型整体显著性水平同样接近 0.000，模型整体通过了显著性检验，具有解释效力，模型调整后的 R^2 为 0.071，弱于社区活动参与诸变量的作用，但优于居民社会支持网络变量。同样的社区归属感对于居民精神健康变量的作用在 0.0001 的水平上通过了显著性检验，表明社区归属感与居民精神健康之间存在显著关系，其对于居民精神健康状态的改善同样具有积极且有效的作用。

从表 8-25 可以看出，除性别、婚姻状况以及网络异质性与精神健康不存在相关性以外，其他各变量均与精神健康相关。从总影响大小来看，教育年限、社区参与中的文娱活动、建设活动、社区归属对精神健康的影响最大，其次是人均收入、管理活动、年龄、网络规模影响程度则较小。

表 8-25　　　　　　　多变量对精神健康的影响

自变量	对精神健康的直接影响		
	直接影响	间接影响	总影响
性别	0.067	0.005	0.072
年龄	-0.192	-0.060***	-0.252***

---

①② 课题组成员李挺完成了该部分的部分数据统计和数据分析，并完成了部分文字的写作。

续表

自变量	对精神健康的直接影响		
	直接影响	间接影响	总影响
婚姻状况	-0.024	-0.002	-0.026
教育年限	-0.507***	-0.036***	-0.543***
人均收入	-0.385***	-0.007***	-0.392***
网络规模	0.009	-0.058**	-0.049*
网络异质性	-0.123	0.004	-0.119
管理活动	-0.312	-0.012**	-0.324**
建设活动	-0.408***	-0.024***	-0.432***
文娱活动	-0.429***	-0.019***	-0.448***
社区归属	-0.408***	—	-0.408***

注：*、**、***分别表示 $p<0.05$、$p<0.01$、$p<0.0001$。

资料来源：课题组"城市化过程中城市新市民（中国农业转移人口——安置民）城市融入问题社会调查"数据。课题组成员李挺完成了该部分的部分数据统计和数据分析，并完成了部分文字的写作。

进一步的分析发现年龄、网络规模以及管理活动这三个变量都是通过社区认同这一中介变量对精神健康起到显著作用的。如前所述，在控制了社区归属这一变量之后，只有教育年限、人均收入、建设活动及文娱活动依然对精神健康起作用。其他变量则没有显著性影响，同时值得注意的是网络规模这一变量的影响方向被彻底地扭转了，年龄的影响作用也被明显放大。这显示了社区归属这一中介变量的重要作用。

（四）农业转移人口市民化过程中的社会心理适应

经由"安置后社会公平程度"的调查数据显示，在调查的 1 052 个有效样本中，完全不同意的占 8.5%，比较不同意的占 34%，无所谓占 24.8%，比较同意占 30.8%，完全同意占 1.2%（见表 8-26）。

表 8-26　　　　农业转移人口的社会公平度感知

题项	频数	百分比（%）	有效百分比（%）	累计百分比（%）
完全不同意	90	8.5	8.6	8.6
比较不同意	360	34	34.2	42.8
无所谓	263	24.8	25	67.8

续表

题项	频数	百分比（%）	有效百分比（%）	累计百分比（%）
比较同意	326	30.8	31	98.8
完全同意	13	1.2	1.2	100.0
总计	1 052	99.2	100	—

资料来源：课题组"城市化过程中城市新市民（中国农业转移人口——安置民）城市融入问题社会调查"数据。

数据分析结果表明，大多数农业转移人口不同意安置后社会更加公平，还有部分人群持中立态度，仅有1.2%的人认为社会公平度提高。这需要多方努力，提高农业转移人口对社会公平的认同，从而促进其身份认同，更好地接受城市生活。

经由"安置后社区凝聚力"的调查数据显示，在调查的1 053个有效样本中，完全不同意的占6.2%，比较不同意的占30.9%，无所谓的占30%，比较同意的占30.8%，完全同意的占1.4%（见表8-27）。

表8-27　　　　　　　农业转移人口的社区凝聚力感知

题项	频数	百分比（%）	有效百分比（%）	累计百分比（%）
完全不同意	66	6.2	6.3	6.3
比较不同意	328	30.9	31.1	37.4
无所谓	318	30	30.2	67.6
比较同意	326	30.8	31	98.6
完全同意	15	1.4	1.4	100.0
总计	1 053	99.3	100	—

资料来源：课题组"城市化过程中城市新市民（中国农业转移人口——安置民）城市融入问题社会调查"数据。

数据分析结果表明，对安置后社区凝聚力的感受，样本的回答呈现出两极分化的态势。对于不同意社区凝聚力增强了的人群，需要询问其原因，积极改善，增强社区凝聚力，从而帮助农业转移人口更好地融入城市生活。

经由"安置后社区居民信任度"的调查数据显示，在调查的1 053个有效样本中，完全不同意的占5.9%，比较不同意的占32%，无所谓的占30.8%，比较同意的占28.9%，完全同意的占1.8%（见表8-28）。

表8-28　　　　农业转移人口的社区信任度感知

题项	频数	百分比（%）	有效百分比（%）	累计百分比（%）
完全不同意	63	5.9	6	6
比较不同意	339	32	32.2	38.2
无所谓	326	30.8	31	69.1
比较同意	306	28.9	29.1	98.2
完全同意	19	1.8	1.8	100.0
总计	1 053	99.3	100	—

资料来源：课题组"城市化过程中城市新市民（中国农业转移人口——安置民）城市融入问题社会调查"数据。

数据分析结果表明，绝大多数农业转移人口对于安置后的社区居民间信任持无所谓和积极态度，但也有小部分人群认为安置后的社区居民关系更加不信任，这需要社区组织和社会工作人员的介入，打造良好的社区居民关系。

经由"安置后社会福利是否提高"的调查数据显示，在调查的1 053个有效样本中，完全不同意的占5.3%，比较不同意的占21.3%，无所谓的占24.7%，比较同意的占43.1%，完全同意的占4.9%（见表8-29）。

表8-29　　　　农业转移人口的社会福利感知

题项	频数	百分比（%）	有效百分比（%）	累计百分比（%）
完全不同意	56	5.3	5.3	5.3
比较不同意	226	21.3	21.5	26.8
无所谓	262	24.7	24.9	51.7
比较同意	457	43.1	43.4	95.1
完全同意	52	4.9	4.9	100.0
总计	1 053	99.3	100	—

资料来源：课题组"城市化过程中城市新市民（中国农业转移人口——安置民）城市融入问题社会调查"数据。

数据分析结果表明，比较同意社会福利更好了的农业转移人口占大多数，说明安置后的社会福利政策得到了大多数农业转移人口的认可，但也有累积26.9%的农业转移人口不同意安置后的社会福利更好了，需要政府进一步解决这部分人群的切实需求。

经由"安置后社会地位是否提高"的调查数据显示，在调查的1 052个有效样本中，完全不同意的占6.7%，比较不同意的占29%，无所谓的占36.7%，比较同意的占 23.8%，完全同意的占 3.1%（见表 8-30）。

表 8-30　　　　　　农业转移人口的社会地位感知

题项	频数	百分比（%）	有效百分比（%）	累计百分比（%）
完全不同意	71	6.7	6.7	6.7
比较不同意	307	29	29.2	35.9
无所谓	389	36.7	37	72.9
比较同意	252	23.8	24	96.9
完全同意	33	3.1	3.1	100.0
总计	1 052	99.2	100	—

资料来源：课题组"城市化过程中城市新市民（中国农业转移人口——安置民）城市融入问题社会调查"数据。

数据分析结果表明，对于安置后的社会地位是否提高，回答呈现出正态分布，同意和不同意的各占一半，这可能与居民的适应状态有关。对于那些不同意社会地位有所提高的农业转移人口，应该予以调解，落实安置政策。

经由"对于未来的生活预期"的调查数据显示，在调查 1 050 个有效样本中，很有信心并有明确打算的占 23.2%；未来还不确定，但能积极面对的占 48.6%；没有打算，将就着过的占 26.2%；未来没有希望的占 1%（见表 8-31）。

表 8-31　　　　　　农业转移人口的未来生活预期

题项	频数	百分比（%）	有效百分比（%）	累计百分比（%）
很有信心，有明确打算	246	23.2	23.4	23.4
未来还不确定，但能积极面对	515	48.6	49	72.5
没有打算，将就着过	278	26.2	26.5	99.0
未来没有希望	11	1	1	100.0
总计	1 050	99.1	100	—

资料来源：课题组"城市化过程中城市新市民（中国农业转移人口——安置民）城市融入问题社会调查"数据。

数据分析结果表明，在面对未来生活时，很有信心并目标明确的新市民仅占 23.2%，属于适应力较强、执行能力强的一群人；对未来感到迷惘但有积极心态的占 48.6%，对于这部分正面心态的人，需要帮助他们做好生涯规划，明确方向。而对于一部分人觉得未来没有希望、缺乏打算、将就着过的人，则需要第三方机构提供的心理帮助，帮助其树立良好的心态，做好明确的生涯规划，促进其更好地融入城市生活，拥抱未来生活。

为了进一步研究影响中国农业转移人口市民化过程中的社会心理适应的影响因素，我们采用 SPSS 软件对心理适应建立多元回归模型，以课题组基于失地农民的城市融入的调查数据为资料来源，以失地农民为样本对象。回归分析结果见表 8-32。

表 8-32　　　　　　　　心理适应多元回归分析

控制变量	因变量：心理适应	
	模型（1）	模型（2）
性别	-0.043（0.056）	-0.042（0.054）
年龄	-0.017（0.002）	-0.009（0.002）
婚姻状况	0.002（0.100）	0.010（0.098）
教育程度	0.131（0.050）**	0.106（0.050）**
就业状态	-0.039（0.059）	-0.027（0.058）
安置类型	0.030（0.079）	0.039（0.078）
住房类型	0.063（0.022）*	0.075（0.022）*
预测变量		
身份认同		0.195（0.033）***
常数项	3.596（0.212）***	3.208（0.217）***
调整后 R^2	0.018	0.054
F 值	3.755***	8.414***
样本量	N = 1036	

注：括号内为标准误，括号外为标准化系数，+、*、**、*** 分别表示 $p < 0.10$、$p < 0.05$、$p < 0.01$、$p < 0.001$。

资料来源：课题组"城市化过程中城市新市民（中国农业转移人口——安置民）城市融入问题社会调查"数据。课题组成员何倩完成了该部分的部分数据统计和数据分析，并完成了部分文字的写作。

首先纳入控制变量，从模型可以看到性别、年龄、婚姻状况对于失地农民的心理适应并无显著性的影响。教育程度对心理适应有显著的正向影响，其标准化系数 β 为 0.131，Sig 值小于 0.01，教育程度越高，从心理层面实现城市适应的可能性就越大。此外，对失地农民心理适应显著性影响的还有住房类型，越是居住在他们自主选择或拥有房屋所有权或离城市居民近的住房中，就越可能实现心理适应，从模型（1）中可以看到，其标准化系数为 0.063，Sig 值小于 0.05，教育程度对失地农民心理适应的影响较住房类型要更大,可见个人"先赋性"资本对心理适应的影响要大于环境的影响。①

第三节 农业转移人口市民化的心理过程:问题意识与反思性实践

当前农民市民化意愿较高,数据分析结果表明,大多数人愿意选择进行"村改居",即愿意将农业户口改为居民户口。城乡二元分割的户籍制度一直以来都是社会关注的焦点,它往往带来资源、信息、资金等方面的不平等分配,在农业转移人口的城市化进程中,生活方式、收入水平、社交网络、政策扶持等都会影响农业转移人口的村改居意愿。对于不愿意进行村改居的人群,政府应该查清原因,满足他们的需求。由分析结果我们可以看到,农业转移人口的居住空间、社会交往情况、主观地位认同都与他们的城市身份认同、文化适应和心理资本具有相关关系,即对他们心理层面的城市融入具有影响。

一、市民化中的文化适应:问题意识和经验事实

文化适应变现为价值观念、理性精神、现代性、思想观念与行为方式的社会文化心理的市民化,市民化过程中,农业转移人口将会经历文化震惊、文化涵化、文化重建、文化再适应直至文化创新的过程,最终才会成为真正意义上的城市新市民。文化、社会心理过程同样体现为市民化过程中的文化表征和文化建构、文化的社会孤立与社会排斥过程;基于利己、家庭本位、排斥集体合作的"非道德性家庭主义"的价值伦理文化;人际互动的"同群文化效应"、情境适应与文化实践过程等。具体的理论模型有文化的工具箱模型、文化的传染病模型、非道德性家庭主义以及文化心理结构说,体现为现代性、传统的变迁和农村社会文化转型,体现为文化效应、图式启动、情境适应与社会心理过程,"贫困亚文化"的形成等。最终获得与城镇户籍居民均等一致的社会身份和权利,能公平公正地享受城镇公共资源和社会福利,全面参与政治、经济、社会和文化生活,实现经济立足、社会接纳、身份认同和文化交融。

在城市的文化适应方面,农业转移人口自感与城市市民之间在经济收入、文

---

① 课题组成员何倩完成了该部分的部分数据统计和数据分析,并完成了部分文字的写作。

化教育、住房、就业、消费、社会地位等方面存在差距。缩小农业转移人口与城市市民之间的社会距离有助于推动新市民的城市融入。在农业转移人口市民化的过程中,由于之前一直存在的二元分割制度,城乡居民间存在资源匹配的不平等,农业转移人口在劳动力市场由于其自身技术的相对匮乏也不占据上风,基于此,政府应该予以重视,从政策层面提高新市民的竞争力,提高其经济水平,并保证其与其他城市居民享有同等的教育文化资源。

二、市民化中的认同建构:问题建构、经验发现与反思性过程

当前农业转移人口身份认同仍处于模糊地带,城市融入处于一种"半融入"的状态。尽管在空间、职业、身份上由农民转为市民,但由于对城市市民生活经验的缺乏,导致其对城市市民的认知还较为缺乏,对未来市民的生活缺乏信心。农业转移人口的居住地类型、居住空间模式和居住空间的阶层化特征对农业转移人口的身份认同产生影响,即农业转移人口与城市居民居住的空间距离越近,倾向于认同自己的城市人身份,也就更可能从心理上更容易融入城市。农业转移人口的社会交往阶层化、社会歧视水平、社会交往意愿和"内卷化"对农业转移人口的身份认同产生影响,即与城市居民有社会交往的农业转移人口,或者没有经历社会歧视的农业转移人口倾向于认同自己的城市人身份,进而从心理上更容易融入城市。[1] 从身份认同的本质上看,农业转移人口的身份认同不仅是外在因素的作用过程,更重要的内在的心理变化过程。身份是客观的,认同是主观的,因而身份认同是客观影响与主观建构共同作用的结果。即使农业转移人口客观身份上从农业人口转为城市居民,但也会因为认同滞后产生割裂,造成"身份认同危机"。

(一)市民化过程中的模糊化与错位性认同:渴望与隔阂交织

随着我国的流动人口规模激增,农业转移人口经历了生活环境的急剧变化,由传统的乡土社会直接进入了现代的城市社会,在这个过程中乡—城流动人口需要对其身份重新进行界定[2]。但是城乡社会空间和群体记忆的互动使乡—城流动人口对自己身份的认知和评价呈现出模糊性、不确定性和内心自我矛盾性[3]。同

---

[1] 潘泽泉、何倩:《居住空间、社会交往和主观地位认知:农民工身份认同研究》,载于《湖南社会科学》2017 年第 1 期。
[2] 刘传江:《中国农民工市民化研究》,载于《理论月刊》2006 年第 10 期。
[3] 王春光:《新生代农村流动人口的社会认同与城乡融合》,载于《社会学研究》2001 年第 3 期。

时由于城乡二元户籍制度的存在，乡—城流动人口被打上了"弱势群体"的标签并且生活在城市的边缘区域，随着时间的推移这些流动人口逐步成为真正的城市边缘人口，面对着国家权力强加给他们的身份，乡—城流动人口只能选择接受，进而造成了流动人口身份认同的困境。朱力将农业转移人口区分为"明确定位为农民的回乡型""模糊定位的徘徊型"以及"定位为市民的滞留型"三种类型[①]。

流动人口自我认同的主体性建构[②]之路重点体现在"传统性"和"现代性"语境中实现一种身份的建构和自我言说，即表现为一种"边际人"或"历时态边际人"，涉及了自我建构及个别化的过程。在吉登斯认为的全球化的"现代性"情景中，世界既整齐划一，又创造了各种分殊与裂变；既充满不确定性，又提供了多样化选择；以个人主义为中心的生活背景使人们似乎能"随心所欲"，却也容易感到"无所适从"；日常实践既给人"信任感"，又时时刻刻充斥着"风险性"；[③]激发了创新与希望，也输入了绝望，强加了苦难。在这样的情境下，人们容易陷入迷茫与彷徨、焦虑与浮躁，也会因此形成认同困境。自我认同的主体性建构[④]之路重点体现在一种身份的建构和自我言说，涉及了自我建构及个别化的过程，即认同"是行动者意义的来源，是由行动者经由个别化的过程而建构的"[⑤]，包括跨越时间和空间并自我维系的原初认同，也包括跨越传统文化特质建构意义的过程。身份应该被理解为一种由环境所激发的认识和认识所促动而表达在一定环境中的互动过程，是"一种在我们对世界的主体性的经验与这种微妙的主体性由已构成的文化历史设定之间相互作用的理解方式。"[⑥] "身份"更多是考察那些在明显不同的"文化历史设定"的裂缝之间漂移运动的"主体"——移民、亚文化成员、边缘群体——所必然面临的生活重建经验。农业转移人口生活在城市，能够感受到城中人的认同危机；同时他们又有着自身的特殊性，所以身份更为复杂。周明宝在研究城市滞留型青年农业转移人口时就提到，农业转移人口阶层除制度性身份的三种身份：基于交往视角的社会性身份、"他者话语"所定义的身份、自我感知性身份[⑦]。张大伟发现入城青年农业转移人口在城市融入的过程中，在角色转换与身份转型上出现了错位分离，这导致了他们在新的城市场域空间与身份认同空间上产生了非重合性。正是这种非重合性，阻碍了他们全面融入城市的现实可能。刘芳和李海莹对新生代农业转移人口的身份

---

① 朱力：《准市民的身份定位》，载于《南京大学学报》2000年第6期。
②④ 曼纽尔·卡斯特著，夏铸九、王志弘等译：《网络社会的崛起》，社会科学文献出版社2003年版。
③ 吉登斯著，赵旭东、方文译：《现代性与自我认同》，生活·读书·新知三联书店1998年版。
⑤ 曼纽尔·卡斯特著，夏铸九等译：《认同的力量》，社会科学文献出版社2003年版。
⑥ Paul gilroy. *Diaspora and the Detours of Identity*, inldentity and Difference [M]. Ed. Kathryn Woodward, Sage Publications and Open University, 1997.
⑦ 周明宝：《城市滞留型青年农民工的文化适应与身份认同》，载于《社会》2004年第5期。

认同现状做了分析，新生代农业转移人口对制度身份认同感较低，但是对身份分类存在矛盾。新生代农业转移人口对于制度规定的身份的认同程度远低于一代农业转移人口。他们中大部分人并不认可户籍规定的农民身份，而更倾向于按照职业和生活的领域来认定自己的身份。大多数新生代农业转移人口对未来没有明确的身份定位，一方面他们希望彻底摆脱农民身份，但另一方面却无法真正融入社会。①

（二）市民化过程中的矛盾性与防御性认同：一种空间逻辑的存在

市民化过程中的自我认同之路体现了一种空间逻辑的存在，即通过空间的营造来实现一种防御性认同。艾里克森（Erikson E）把认同概念引入心理发展过程，开始关注自我的同一性问题，近来出现了认同的叙事转向，把认同看成是在叙事形式上正在进行的建构的过程，在叙事这个概念下个人认同和集体认同是不可分离的，认同是我们所处的位置，它是一项事业和实践，而不是道具。② 外在于人的变动的市场现实、新的生存方式、异质性的生存体验空间会打破固定的自我认识，打破人们基于传统地域的认同感、家园感和归属感。流动人口在城市中所感受到的市场和经济的变化无常与冷漠冲突、传统的理想的家园与劳作的现实之间的冲突、生存空间与合法性身份的社会对抗，倾向于利用自己对已知事物的认同来对抗未知的、难以控制的风险，这是一种基于保护自我的一种"防御性认同"，或者说是一种"拒斥性的认同"③（resistance idengtity），即"由那些在支配的逻辑下被贬抑或污名化的位置/处境的行动者所产生的。他们建立抵抗的战壕，并以不同或相反于既有社会体制的原则为基础而生存"④。这种认同表现为流动人口通过空间的营造，从根本上打破了中心—边缘的话语支配权，其力量在于对这种支配权的破坏和挣脱，主观建构一种虚拟的、不受中心边缘限制的地域，使得他们不再被边缘化所带来的失落感和焦虑所困扰，或使得他们可以将这种焦虑转化为一种积极的力量。

侯亚杰和姚红以 2012 年流动人口动态监测数据为基础，利用潜类别分析（LCA）的方法探索了流动人口身份认同模式，同时还探究了不同身份认同模式之间的人口学差异。研究发现：流动人口的身份认同模式可以划分为拒绝型、一致型和矛盾型三种类型。城—城流动人口与乡—城流动人口之间在身份认同模式上不存在明显差异；一部分流动人口对自己的身份认同存在着一种矛盾心理；新

---

① 刘芳、李海莹：《新生代农民工身份认同研究现状综述》，载于《社会科学学科研究》2011 年第 9 期。
② Erikson E. *Identity and the Life Cycle* [M]. New York：Norton，1959.
③④ 曼纽·卡斯特著，夏铸久、黄丽玲等译：《认同的力量》，社会科学文献出版社 2001 年版。

生代流动人口，特别是新生代乡—城流动人口对于自身的市民身份是排斥的。[①]

（三）市民化过程中的"内卷化"与"流民化"社会认同

对建立在传统乡村血缘、地缘关系基础上的自我认同[②]进一步在城市中扩大和复制，这些群体成立了自己的新的地缘性空间，并且以此形成了各自的身份认同，进城时获取职业时建立的一种老乡之间的互惠关系和一种空间上的集中，强化了其内部的凝聚力，加上在城市中所遭受的社会歧视和不公平对待、源于城乡二元结构上的文化壁垒和结构性的弱势，促成了这样一种寄寓在城市空间中的新的"认同关系"，这种认同关系已经远不是传统意义上的那种基于血缘、地缘上的身份认同关系，王春光的研究发现，与第一代流动人口相比，新生代流动人口对原来农村社会的"乡土认同"在减弱，加之在城市社会遇到的制度性社会排斥，新生代流动人口的社会认同会趋向"内卷化"的建构，从而形成"流民化"的社会认同。[③]

（四）市民化过程中的弱者或边缘化认同：弱者的主体性建构

市民化过程中的自我认同之路体现了一种弱者或在边缘建立的认同，即一种弱者的主体性建构。认同不仅意味着对自己形象地位的某一固定的认识，而是包括对生活叙事，是对闯入自我感的他人生活的一种认可，[④] 城市作为一种不同于乡村的表征现代生活的一种文化意象，为农业转移人口提供了羡慕、希望、冲动的对象，提供了他们生活格调层面的可供复制、仿效的母本，但同时它又是一种具有压制功能的意象。农业转移人口的生活目标的设定以及在城市中的生活、原则、生活方式、价值观念，基本上是以农村、农民为参照的。[⑤]

"弱的认同意味着恪守某一自我形象，缺乏随环境变化而修正生活故事的能

---

① 侯亚杰、姚红：《流动人口身份认同的模式与差异——基于潜类别分析的方法》，载于《人口研究》2016年第3期。

② 在这里必须说明的是，流动人口并没有建立一种理论框架中的认同实体，只是存在一种新的认同正在被建构的事实，这种建构不是靠回到传统，而是靠着运用传统的材料在一个陌生的空间中形成的一个暂时的、可以寄寓的临时性的空间存在，在这个空间里，血缘或地缘关系的诉求，只是流动人口在不能融入城市时的一种追求意义与认可的根本架构和基本来源，作为获得意义与认同的基础，以与其他群体区分。

③ 王春光：《新生代农村流动人口的社会认同与城乡融合的关系》，载于《社会学研究》2001年第3期。

④ 理查德·森尼特：《街头与办公室：认同的两种来源》，引自威尔·赫顿、安东尼·吉登斯编：《在边缘——全球资本主义生活》，生活·读书·新知三联书店2003年版。

⑤ 陈映芳：《移民上海——52人的口述实录》，上海学林出版社2003年版。

力"①,正如霍布斯鲍姆(Hobbes Baum)所言,定位自身所处的群体其实也是定位这个群体的过去②,我们所记住的更多不是我们作为个人所经历的,而实际上是关于社会预先假定我们在群体和共同体中的应该具有的处事能力的记忆,这就是"社会自传学的记忆",体现了市民化过程中的制度安排和身份认同的困惑。③"认同可以由支配的制度产生,但是只有在行动者将之内化,且将他们的意义环绕着这内化过程建构时,它才会成为认同"④。农业转移人口作为一个特殊的身份类别,是社会制度安排和城市公共政策决策的结果,体现在城乡二元结构在中国社会中的根深蒂固,凭借城乡二元分割的户籍制度、城市管理系统、劳动部门、社会保障、公共教育系统将农业转移人口排除在"城市市民"之外,制度规定农业转移人口为"非城市市民"使得农业转移人口作为一个特殊的社会类别被有意或无意地社会建构,这种社会建构的结果是,成为农业转移人口在城市中难以实现个人身份认同的根本原因,无法获得一种"合法性的认同"(legitimizing idengtity)⑤。

学者们开始普遍提到"沉默的群体"这一概念,调查发现,尽管农业转移人口已经是城市居住者,但无论对外还是对内,其内心深处仍然不把自己算在普通市民行列中,对没有得到应得的权利,他们不会气恼也不会争取,这种行为和认知就来自他们对自己"不是城里人"的身份认知。"因为我是谁,所以我行动",这是身份认同的政治学。由于身份认同上的缺失,在城市中,农业转移人口对自己的权利倾向于不认同,从而构成了现有制度的合法性基础,另一方面也成为制度维持的重要机制。

三、市民化过程中的心理体验与情感焦虑

市民化过程中的心理体验与情感焦虑表现为认知紧张、情感压力和"身份焦虑"。在心理资本方面,农业转移人口心理状态相对较为稳定,生活压力感、挫折感、歧视感、孤独感与焦虑感普遍较小,大多数农业转移人口对新环境的安全感知较强,能独立处理并解决所遇到的问题,对自身价值的认同度较高。但部分农业转移人口精神生活相对匮乏,不能充分地享受日常生活,需要第三方介入,也需要社区多组织集体活动,丰富新市民的业余生活,关注精神健康。心理资本既直接影响农业转移人口的城市融入,也通过影响其人力资本与社会资本,进而

---

① 理查德·森尼特:《街头与办公室:认同的两种来源》,威尔·赫顿、安东尼·吉登斯编:《在边缘——全球资本主义生活》,生活·读书·新知三联书店 2003 年版。
② Hobsbawm E. J. The social function of the past: Some questions [J]. *Past & Present*, 1972, 55 (1): 3–17.
③④⑤ 曼纽尔·卡斯特著,夏铸九等译:《认同的力量》,社会科学文献出版社 2003 年版。

间接影响他们的城市融入。因为当农业转移人口拥有良好的心理状态的时候，会使其在与其他人交往的时候得到对方的认可，这种认可会增加其自信，从而可促使其结识更多的人，在这一过程中，其自身所拥有的社会网络也会逐渐增加，进而便于其获得求职机会。① 这说明农业转移人口良好的心理状态能够影响到他所拥有的社会资本的增减。因此，农业转移人口的心理资本的改善有利于其社会资本与自身发展，进而有利于其城市融入。

（一）市民化过程中农业转移人口多重心理体验与认同分裂

农业转移人口在城市中寄寓的社会空间或接触的文化完全失去了乡村本应有的内涵和作用，不能再成为他们精神的"家园"，而是造成了他们日常生活中实质上的文化空缺，使其成为无家可归的"文化漂泊者"。在乡村，人之生存和发展必须在与邻居或家庭的和谐相处中获得意义和价值，但由于上述紧张、疏离和脱节的存在，导致了"意义的丧失""视界的模糊""对无意义的恐惧的困境"，② 反映到个人身上，就形成了各种心理障碍和心理疾病，造成理想与现实的严重冲突、内在精神生活与外在环境生活的脱节以及人的身份的多重性与整体性要求的分歧，产生困惑、迷惘、沮丧、孤独、空虚、无助等心理体验。

农业转移人口建立了自己的空间，但个人还是分裂了，个人的被分裂和认同的丧失带来的是个体的痛苦，"对这种痛苦的感受将愈来愈强烈，因为一方面贫穷、不安全感和被社会排斥的社会现实使两种世界的沟通愈加困难"，"另一方面因文化的分裂将波及所有那些既不能与成功的世界又不能和传统的世界同一化的人"，③ 这种认同上的分裂，对农业转移人口来说，并不是一种因特殊情况而产生的病症，而是一种普遍现象，体现在身份的紧张、焦虑或敌对形式，也体现为把这种困惑反馈到参与者的理解和自我意识之中，产生的一种认知紧张（cognitive strain）和情感压力。④

（二）市民化过程中农业转移人口自我感的丧失与焦虑危机

"身份焦虑"就是指身份的不确定性，即人和其生活的世界联系的被意识到的障碍和有关生活意义解释的困难与危机，以及随之产生的观念、行为和心理的

---

① 陈一敏：《新生代农民工心理资本的影响因素》，载于《城市问题》2013 年第 2 期。
② 查尔斯·泰勒：《自我的根源：现代认同的形成》，译林出版社 2001 年版。
③ 阿兰·图海纳著，狄玉明、李平沤译：《我们能否共同生存》，商务印书馆 2003 年版。
④ G. H. 埃尔德著，田禾、马春华译：《大萧条的孩子们》，译林出版社 2002 年版。

冲突体验,"在异质文化激烈冲突的时代,往往易产生认同危机"。"随着自我感的丧失,与人俱来的是我们丧失了用来彼此交流深邃的个人意见的语言。"他们的个人语言"就像风从干草中吹过,就像老鼠,在我们干燥的地窖中,踏过剥离碎片的声音"①。语言问题在日常生活中遭受冷遇,主流社会的看法进一步强化其建立独立认同的选择,包括文化的壁垒、结构性的弱势地位、他者的错识,"这是一种认同危机的处境,一种严重的无方向感的形式。"②

心理健康存在着群体差异。以农业转移人口为例,在农业转移人口的精神健康状况上,大部分研究均认可农业转移人口的健康状况堪忧。蒋善等认为在性别上男女差异不大,婚姻状况影响农业转移人口的精神健康,而收入并没有显著影响③,而黄乾认为男性比女性健康,教育和社会资本均影响农业转移人口的健康,其中社会资本对于农业转移人口心理健康尤其重要④,廖传景认为女性的恐怖心理显著高于男性,男性的偏执心理显著高于女性⑤,郭星华、才凤伟认为在抑郁程度上,服务业高于制造业,未婚人士高于已婚人士,男性高于女性,认为影响农业转移人口精神健康的因素是社会交往中的群体性交往,根除"流动的劳动力体制"是解决的关键,注重解决体制问题,鼓励农业转移人口加强社会交往。⑥而何雪松的研究则认为已婚男性更易精神不佳,认为移民压力、社会支持、迁移意义通过不同方式和路径对农业转移人口精神健康有影响,认为精神健康与社会因素相关,是个人与社会互动的结果,故而要加强对这个群体的精神健康服务,促进社会政策保障,建构社会支持体系⑦。

聂伟、风笑天用客观指标考察农业转移人口精神状况,研究发现农业转移人口精神现状欠佳,男性的精神健康状况优于女性,婚姻对精神健康状况影响明显,而年龄也对精神健康有影响,年龄越大的农业转移人口,精神健康水平较差,同时发现"流动的劳动体制"致使农业转移人口难以全面融入城市,深入影响农业转移人口的精神健康,经济融入维度的劳动力市场融入、劳动权益保护融入、住房融入对农业转移人口的精神健康产生重要的影响,而社会融入对农业转移人口的精神健康具有调节作用,全面推动农业转移人口的市民化,促进农业转

---

① 罗洛·梅:《人寻找自己》,贵州人民出版社1991年版。
② 查尔斯·泰勒:《自我的根源:现代认同的形成》,译林出版社2001年版。
③ 蒋善、张璐、王卫红:《重庆市农民工心理健康状况调查》,载于《心理科学》2007年第1期。
④ 黄乾:《教育与社会资本对城市农民工健康的影响研究》,载于《人口与经济》2010年第2期。
⑤ 廖传景:《青年农民工心理健康及其社会性影响与保护因素》,载于《中国青年研究》2010年第1期。
⑥ 郭星华、才凤伟:《新生代农民工的社会交往与精神健康——基于北京和珠三角地区调查数据的实证分析》,载于《甘肃社会科学》2012年第4期。
⑦ 何雪松、黄富强、曾守锤:《城乡迁移与精神健康:基于上海的实证研究》,载于《社会学研究》2010年第1期。

移人口的城市融入,是改善农业转移人口精神健康状况的关键因素。[①] 梁宏认为和老一代农业转移人口相比,新生代农业转移人口的精神健康状况比较差[②],而冯菲菲、史春林则认为新生代农业转移人口拥有不同于老一代的特质,语调中更肯定新生代农业转移人口。[③] 刘玉兰分析珠三角的数据,发现迁移感受和工厂体制均对农业转移人口精神健康有影响,但社会支持却并没有很明显的作用,认为这与"流动的劳动力体制"相关。[④] 郑广怀以社会学为基,构建起理解员工精神健康的框架,把影响员工的精神健康因素分为四种,即微观体制、微观劳动权益、宏观体制及宏观劳动权益,研究发现目前我国员工劳动权益普遍被侵犯,而工厂体制独特催生了员工精神健康问题,流动的劳动力体制则造成了归属感的缺失,工会的存在却并没有起到本来该有的作用,反而限制了农业转移人口改善精神环境,究其原因,则是基于劳动力的不确定性的消极的自我保护机制作用的结果。生理上的健康与精神健康密不可分。[⑤] 苑会娜从人力资源角度出发,认为健康与收入之间形成了循环机制,而健康也与教育、家庭相关,与流动性关系不大,更多与生活环境、心理健康相关。[⑥] 陆文聪、李元龙从环境公平出发,其中提出了与苑会娜的健康、收入循环机制相似的概念,认为农业转移人口的健康与社会经济地位、人体易感性、环境污染暴露和相关干预措施均有关联,并提出政府要建立起利于促进环境公平的机制,改善工作环境。[⑦] 曹成刚从心理学角度出发,认为农业转移人口自卑、排斥、压抑是精神健康问题的体现,易形成逆反和越轨,出现被剥夺心理甚至自杀行为,城乡二元制度在其中作用明显,故而要处理好制度的问题,并建立起心理干预机制;刘衔华、罗军等从心理学角度看农业转移人口精神健康,认为在岗农业转移人口的主观幸福感和心理健康是正相关关系,而外向不稳定型、外向稳定型的幸福感更高。[⑧]

---

① 聂伟、风笑天:《农民工的城市融入与精神健康——基于珠三角外来农民工的实证调查》,载于《南京农业大学学报》(社会科学版) 2013 年第 5 期。
② 梁宏:《代际差异视角下的农民工精神健康状况》,载于《人口研究》2014 年第 4 期。
③ 冯菲菲、史春林:《新生代农民工的精神特质》,载于《理论探讨》2012 年第 6 期。
④ 刘玉兰:《新生代农民工精神健康状况及影响因素研究》,载于《人口与经济》2011 年第 5 期。
⑤ 郑广怀:《迈向对员工精神健康的社会学理解》,载于《社会学研究》2010 年第 6 期。
⑥ 苑会娜:《进城农民工的健康与收入——来自北京市农民工调查的证据》,载于《管理世界》2009 年第 5 期。
⑦ 陆文聪、李元龙:《农民工健康权益问题的理论分析:基于环境公平的视角》,载于《中国人口科学》2009 年第 3 期。
⑧ 曹成刚:《新生代农民工心理服务体系建设探析》,载于《中州学刊》2013 年第 9 期。

四、农业转移人口市民化社会心理适应的特殊性、理论含义及对策建议

中国农业转移人口市民化过程就是实现从文化接纳、文化身份建构、心理融入到文化适应,最后到文化融入的过程,从身份转变、身份认同再到身份融入的过程等。心理融入是城市流动人口的内核融入,是融入水平的最终体现。帕克(Parker)认为,城市环境的最终产物,表现为它培养成的各种新型人格。因此,城市流动人口的心理融入具体表现为:具有较高的城市认同感,不断缩小与城市居民之间的社会心理距离,感受社会公平和心理和谐,享受幸福而有尊严的城市生活,拥有比较强烈的自我价值感。

(一) 市民化过程中农业转移人口的文化接纳与文化适应

文化接纳即流动者对流入地的语言、文化、风土人情、社会理念的了解和认可程度。它包含文化了解、语言能力、语言实践、各种价值观念(如:婚姻观念、生育观念、教育理念、健康理念)等多个指标。对乡—城流动者而言,他们在流出前就已经完成了社会化过程;形成了看待社会人生、为人处世的基本理念,且该理念可能已经根深蒂固;难以很快调适。进入目的地以后,他们面临一个艰难的再社会化(即文化适应)过程;接纳和认可流入地的文化需要经历一段较长的时间。文化接纳存在年龄的差异性,流入者的年龄越大,文化适应过程所需的时间越长。

农村人口迁流到城市后,通过教育接受新的文化和生活方式的涵化途径,完成现代化转变,而且城市化后的家庭结构发生变迁和家庭教育对儿童的社会化和提供良好成长环境具有不可替代作用。西方学者研究结果显示,城市化后传统家庭向核心家庭结构变迁,而且核心家庭比传统家庭更有利于儿童教育和成长;城市化导致更多离异的家庭,不利于儿童将来更高学历的教育发展,而且单亲家庭还损伤儿童的学习能力。为了进一步提升农业转移人口在城市的社会融入,实现农业转移人口市民化,政府和城市管理应从制度层面促进城市流动人口融入城市的主流社会,反对一切形式的歧视,特别是基于身份的歧视,以及大力开展促进社会公民平等和机会均等的行动。[①]

(二) 市民化过程中农业转移人口的社区认同与归属感

研究发现,居民社区认同度与居民社区参与程度存在正向相关关系。居民的

---

① 潘泽泉、何倩:《居住空间、社会交往和主观地位认知:农民工身份认同研究》,载于《湖南社会科学》2017年第1期。

社区认同度作为一种心理倾向和心理机制，对其行为选择方面存在明显的影响作用。数据分析发现，居民的社区认同程度越高，其表现出的社区参与程度也就越高；相反，当居民的社区认同度较低时，其社区参与程度也就越低。基于人际关系的同质性交往、基于交往与互动建立的"社区关系"和社区情感、基于地方性知识的地方实践、基于群际比较和邻里互动产生的群体情感和群体效能，都会影响社区居民的社区参与。

在文化建设中增进社区认同，提高社区归属感。表现为依恋、归属和喜爱的社区认同，以共同的文化为内在核心，以动态发展为外在表现。共同的社区认同在居民的互动中形成，通过持续不断地互动得以保持和深化，形成与整个社会文化相似，但又各具特色的区域文化。这样的文化氛围一旦形成，其具有的持久性、特殊性等特征就会成为该社区居民最独特也是最深刻的标识，并对其产生持续的影响，形成社区依恋。不过在当前的社区建设中，共同文化的培育明显落后于物质设施的建设。针对这样的现实情况，作为社区建设主导者的政府应及时调整工作重心，将共同文化的培育机制建设摆在更加突出的位置。主要包括：培育社区组织资源，通过社区组织号召具有共同爱好的居民，通过社区组织将原子化的个体连接起来；构建社区公共议题，通过公共议题使居民关心自己的居住环境，形成居住区的主人翁意识；繁荣社区文化生活，针对目前社区文化生活缺乏、自我培育速度缓慢的现实，相关部门和组织可以采取有针对性的输送服务，将适合社区且被居民所喜爱的文娱内容输送到社区，培育居民的共同爱好，使居民关注社区，将参与社区建设内化为自己的行为选择。

完善参与机制，简化参与方式，提高社区居民参与治理的意愿与能力。促使居民参与社区治理，形成居民、政府、组织等多主体共治的和谐局面是当前社区建设的主要目标。其中，居民社区参与度是完善社区治理的重点也是工作推进的难点。尽管居民自治一直是政府努力的方向，但从当前的调研情况来看，其社区参与程度并不是特别理想。造成这一现象的原因是多方面的，但居民参与机制的不完善以及参与方式的繁杂是阻碍大多数居民参与管理的主要原因。这就需要相关的主管部门改变传统的政府主导、政府推进的工作方式，切实将管理权力和工作执行交还给社区居民；而在宏观层面通过制度的制定来引导居民的参与机制的完善，简化参与方式，为居民以自我管理、自我服务、自我教育与自我监督为核心的社区参与创造便利条件。

首先，经由住房社会政策和社区支持性服务避免农业转移人口的居住空间分化、隔离和边缘化所带来的阶层化问题，避免公共住房建设带来的贫困的集中、身份认同"内卷化"。在城市社区建造外来人口"家园"，提倡混合居住，将公共住房区改造为混合收入的社区，减少公共住房中低收入群体过度集聚的现状，促进居住融合，缓解社会矛盾，通过社区整合和"选择性邻里"的社会空间居住模式实现农业转移人口在城市中的社会融合。实现农业转移人口的社会融合或空间共存，必须重视农业转移人口的社会认同的建构，包括身份认同和文化认同，这样才能真正实现农业转移人口在城市的社会融合，有序推进农业转移人口市民化。

其次，第一，帮助农业转移人口建立和完善社会支持系统，避免人际交往"内卷化"，提高其人际交往水平和人际适应能力，消除农业转移人口在城市中被歧视的根源，传授应对歧视压力的技巧，为农业转移人口的身心健康发展创造良好的人际环境，进一步实现农业转移人口在城市中的市民化身份认同，变革以户籍制度为核心的二元制度，取消户籍制度背后所承载的各项权利和福利，使户籍制度只作为居住在此地的一个证明，尽量缩小城乡二元间的差异，减少制度性转变带来的相对剥夺感[①]，使农业转移人口享有和当地市民同等的政治参与权和表达权，增强流动人口对城市的归附感和依赖感，以强化其对城市的身份认同。第二，要坚持以公共服务均等化为核心，建立城乡一体化的就业制度，使农业转移人口能够有一个稳定的工作，并能够和当地市民享有同等的社会保险和福利待遇。第三，通过社区组织介入，以专业化策略改善社区流动人口服务，发展具有针对性和实用性的社区项目[②]，以促进流动人口与当地人的交流和理解，增强流动人口正面的城市体验，从而使他们在生活方式、文化心理、价值观念和行为习惯等方面实现身份的转化，完成市民化的转变。

最后，消除农业转移人口主观地位认知阶层化过程中的社会区分、污名化和歧视知觉，避免农业转移人口的主观地位认同带来的内群体地位认同的阶层化和群体地位感的降低对其城市融入和市民化产生影响，基于主观结构性地位的歧视知觉提高了个体的内群体认同感，但内群体认同的提高强化了对外群体的敌视态度，增强了该群体作为弱势群体的弱势地位认知和相对剥夺感，导致更多的受歧视体验，降低个体的心理健康水平。农业转移人口自己也应该转变观念，调整心态，维持对生活的信心，培养自己的市场意识和风险意识并积极转变自满自足的小农思想观念为成功融入市民角色做准备。还要通过不断学习在提升综合素质的基础上提高自我认同感，只有通过不断学习提高自身综合素养才能满足新环境对个体提出的新要求，为角色的转换做好准备。

[①] 姚俊：《失地农民市民身份认同障碍解析——基于长三角相关调查数据的分析》，载于《城市问题》2011年第8期。

[②] 刘建娥：《乡-城移民（农民工）社会融入的实证研究——基于五大城市的调查》，载于《人口研究》2010年第7期。

第九章

农业转移人口市民化：行为适应、现代性培育与城市融入

在市民化研究的议题中，中国农业转移人口市民化过程中的行为适应、现代性建构、社会融入效应同样成为学术界研究市民化问题的焦点问题。行为适应、现代性培育与城市融入强调价值观、生活方式、行为模式、社会心理状态、精神结构、思维观念、消费品位和文化素质从传统性向现代性转变，实现城市生活方式的习得和内化（城市性养成），实现现代生活理念与价值的建构（现代性获得），实现从乡土性到城市性再到现代性的转变，实现角色转变、角色适应与角色再造等。

现代化、工业化、全球化以及城市化浪潮下涌现的移民现象早已作为一个特殊议题而进入了西方学界，中国学界对外来人口城市融入问题的关注则大致始于20世纪90年代末到21世纪初这段时间[①]，对农村向城市转移人口的称谓也经历了从农民工到农业转移人口的行为适应、现代性话语变迁。由于中国社会转型背景与制度的特殊性、农业转移人口构成的价值多样性、农业转移人口市民化及城市融入问题的复杂性，推进农业转移人口市民化进程得到了广泛且连续的关注。大量学者从不同学科、不同视角对中国农业转移人口的行为适应、现代性建构、社会融入进行了研究探索，并与中国社会转型及城乡融合发展相互影响，形成了不同研究范式下的话语体系与分析路径，成为当代中国社会的重要研究议题。

---

① 李强、李凌：《农民工的现代性与城市适应——文化适应的视角》，载于《南开学报》（哲学社会科学版）2014年第3期。

第一节　现代性、城市融入与市民化：理论解释及其话语变迁

农业转移人口市民化过程中的现代性与城市融入是一个多视角、跨学科的研究问题，学者们关注不同的议题并对其进行了大量的理论探索和经验研究，形成了多元解释框架，体现在对市民化过程中现代性的二分法模型，体现在市民化过程中形成的城市融入的同化或融合模式、"并存"或"区隔"融合论模式、嵌入模式、依附或联结模式、多元文化论、边缘化或断裂模式。

一、市民化中的现代性与城市融入：理解解释框架及其逻辑

现代性过程与城市融入都体现出其内涵丰富以及多维度的特征。现代性存在着组织与制度、文化和观念两层区分。城市融入研究内涵丰富、概念模糊，对其维度的划分则存在三分法、四分法、五分法等多层次划分方法。

（一）市民化过程中的现代性理论解释模型

现代性培育强调价值观、生活方式、行为模式、社会心理状态、精神结构、思维观念、消费品位和文化素质从传统性向现代性转变，强调城市生活方式的习得和内化（城市性养成），现代生活理念与价值的建构（现代性获得），现代性从组织与制度角度看，可是一种组织模式和社会运行机理[1]；从文化和观念来看，可是一种具有所有现代特征的精神状态和心境[2]，其内涵丰富、外延广泛。国内学者对现代性的认识依旧沿用这样的二分法。郑永兰等从主体性与自我意识等"精神性"维度及理性化、科层化、民主化等"制度性"维度出发，将现代化视为包含主体性崛起与制度化容纳的社会整体文明化。[3] 农业转移人口作为一种现代性的演进符号，其现代性的生成与增长，是其向城市流动、获得城市体验、接触现代文明的必然结果。城市与乡村的对立在滕尼斯（Tonnies）"社会"与"社

---

[1] 衣俊卿：《现代性的维度及其当代命运》，载于《中国社会科学》2004 年第 4 期。
[2] 阿列克斯·英克尔斯、戴维·史密斯：《从传统人到现代人——6 个发展中国家中的个人变化》，顾昕译，中国人民大学出版社 1992 年版，第 415 页。
[3] 郑永兰：《行进中的现代性：新生代农民工的"身份政治"》，载于《学海》2014 年第 4 期。

区"、雷德菲尔德（Redfield）的"市民社会"与"乡民社会"、费孝通的"法理社会"与"礼俗社会"中得以体现，而正是城市其本身的独特性，对农业转移人口的现代性生成产生了重要影响。周晓虹认为在城市中工作和生活的人需要有适应城市中的科层组织、社会位置和制度规范等设置的能力，因此进入城市并获得城市体验是农业转移人口接触这些设置并尝试接纳这些要求努力顺应现代性生活的最直接的途径。[1]

（二）市民化过程中的城市融入理论解释模型

流动人口由乡村进入城市，意味着进入一个新的迥异于传统乡土社会的新的空间形态，即由"传统社区"进入"城市社区"，也意味着其生存空间的自我拓展，以何种方式进入空间，是否被进入的空间所接纳，一种道德空间的构型是否可以被隐含在与之对比鲜明的另一种道德空间的构型里，或同化、融合，或并存，或嵌入，或边缘化，始终存在一种空间的秩序和运作逻辑，这也是城市现代化过程中面对大量移民和流动人口所必须解决的问题。在移民融入问题上所持的理论视角颇多，诸如"盎格鲁遵从论""大熔炉论""融合论""多元文化论""文化生成论""区域融合论"等。在众多流派中，"融合论""多元文化论""区隔融合论"影响较大，它们均用来理解和解释移民在西方社会的经济成就、行为适应、文化融合、身份认同的过程和结果。在社会学理论中，下面几种模式具有代表性[2]：

1. 同化或融合模式[3]：人口迁移模式

融合论作为社会科学领域的一个理论范式，最早可追溯到20世纪初美国芝加哥大学的社会学派。该学派将融合定义为"个体或群体互相渗透、相互融合的过程；在这个过程中，通过共享历史和经验，相互获得对方的记忆、情感、态度，最终整合于一个共同的文化生活之中"。他们将融合过程和内容系统地区分为四种主要的互动：经济竞争、政治冲突、社会调节（accommodation）、文化融合。

然而，自20世纪60年代以来，在欧美关于新移民及其在流入地土生土长的后代的研究中，融合理论遭到抨击，美国作为文化"大熔炉"的理念也受到挑战。批评者认为，融合理论不分种族、民族差异和移民的社会经济背景，一概假定，随着在流入地居住时间的延长、语言的适应、经济的整合、文化的认同，移

---

[1] 周晓虹：《流动与城市体验对中国农民现代性的影响——北京"浙江村"与温州一个农村社区的考察》，载于《社会学研究》1998年第5期。
[2] 潘泽泉：《农民工融入城市的困境：共有的空间何以可能》，载于《中州学刊》2008年第3期。
[3] 潘泽泉：《社会、主体性与秩序：农民工研究的空间转向》，社会科学文献出版社2007年版。

民终将融入美国主流社会,但事实却并非完全如此。而且,融合并非少数族裔从进入流入地开始就不可避免地向流入地中等资产阶级看齐的一个线性轨迹,而是自己的传统逐渐弱化的过程;此过程是长期的、累积的、世代的,既包括个体自觉的行为,也包括自发的日常生活中的决定;融合过程是不同层面多个因素共同作用的产物。

芝加哥学派强调"城市社区"与"传统社区"的差别,沃斯(Wirth)提出"城市性"(urbanism)的概念,帕克(Park)提出的"社会同化"[①]理论,帕克的继承人瑞得菲尔斯(Redfield)提出乡土—城市的连续体(folk-urban continuum),这一取向被称为沃斯—瑞得菲尔斯(Wirth-Redfield)模式,该模式认为,从农村到城市的迁移被视为一个原有人际关系解组、移民不断个人化、而最后失去原有的文化特征和社会关系的过程。以绍维(Sauvy)和普瑞斯(Price)为代表所提出的"同化假设"认为,在流动人口的迁移中,随着时间的推移,来自传统文化的人必将"与过去决裂",失去"特殊群体感",会被统一融于现代文化。[②]

农业转移人口在城市的空间书写并没有带来建立在血缘、地缘关系基础上的传统社会关系网络的破坏,而是仍然依托着传统的血缘、亲缘或地缘关系所构成的社会网络及乡村的礼俗原则和行为规范,来展开其经济生活和城市生活,他们凭借的只是"他人"在城市流动中的经验,寄寓的也只是一个被城市边缘化和隔离的空间,并没有成为城市的一部分,同化和融合模式不适合于解释中国农业转移人口。农业转移人口也不能接受主流社会中的主流文化所赋予他们的身份,即不认同他们的城市居民的身份,但是这种选择的后果可能是这个人不被多数主流文化的成员认同;这种选择同样可能在心理上给个人造成负担,因为这要求个人成为一个"不同的"自我;同样在农村,在主流文化之外的家人、朋友可能也不会接受这样一个接受了主流文化的人。

2. "并存"或"区隔"融合论模式[③]:城中村、城市和农村

"并存"或"区隔"融合论模式体现了传统社会与现代因素共存的可能,是一种"无现代化的迁移",没有解答"并存"的内在机理有哪些,而是强调一种道德空间的构型被隐含在与之对比鲜明的另一种道德空间的构型里,两种空间处

---

① 该理论认为:移民一般要经历定居、适应和同化三个阶段,在刚进入迁入地时,由于大多不懂或不能熟悉掌握当地语言,缺乏进入主流社会的渠道,因此,只能先在边缘地区立足,以廉价出卖劳动力为生。在这个过程中,越来越多的移民接受主流社会的文化,认同主流族群,进而被主流社会完全同化。参见李明欢:《20世纪西方国际移民理论》,载于《厦门大学学报》(哲学社会科学报)2000年第4期。

② 项飚:《跨越边界的社区:北京"浙江村"的生活史》,生活·读书·新知三联书店2000年版,第8页。

③ 潘泽泉:《社会、主体性与秩序:农民工研究的空间转向》,社会科学文献出版社2007年版,第428页。

于并存的模式,各自有着自己运作的逻辑和存在方式。农业转移人口在城市中的现代性书写,更多地有着并存模式的特征,但在中国,农业转移人口的体制外生存或者社会空间的不断隔离和排斥,使得他们同样难以实现这种"并存"模式。这种可能的选择是适应由现实的状况所决定的社会分类的身份,对农业转移人口来说,就是接受与城市主流文化相反的农民身份。每种身份都有其理想的行为模式,对反面身份而言,这些模式和主流社会的主流文化是完全相反的。对个人来说,这种反面身份可能较为容易适应,但同时这种身份对个体地位是不利的。

区隔融合理论是对传统融合理论的补充和发展,用来解释早期融合理论所无法解释的现象。该理论考虑到不同少数族裔在流入地所处社会经济背景的差异。它认为,移民的人文资本(比如教育、技能、文化)及他们在流入地最早遭遇的对待与融合模式之间存在互动。流入地公共政策和社会成员表现出来的敌意、漠不关心或诚心接纳对融合的过程及结果产生至关重要的作用。

区隔融合理论认为,传统的线性融合理论不再适合揭示当代移民的融合趋势和路径。相反,当代移民群体中和群体间将会产生不同的融合结果,主要表现为三种不同的模式:其一,融合于主流社会。某些移民群体拥有较高的人力资本,受到当地文化的青睐,故而可能较快地融合到主流社会经济和文化中,并可为子女提供更好的教育机会,加速子女的社会融合过程。其二,融合于城市贫困文化。一些群体拥有的资源较少,难以找到稳定的工作、获得像样的收入,难以为子女提供更好的教育机会;因而,子女向主流社会的流动也受到限制。相反,第二代移民或许被暴露于城市少年文化环境及市内质量低劣的学校,从而失去学习的乐趣和追求向上社会流动的动力。其三,选择性融合。一些农业转移人口会有意识地选择对子女进行更好的教育,但限制子女对城市青少年社会文化的认同,鼓励他们坚守传统文化观念与价值。①

3. 嵌入模式、依附或联结模式②:城镇化、就地城镇化

嵌入模式、依附或联结模式即现代化模式(中心与边缘格局),提出了流出地和流入地统一起来考察的框架。人口流动将"现代"的社会形态扩散到"落后"地区,体现在中心地带对边缘地区传统经济结构和组织的破坏,导致边缘地带在意识形态上对核心地区的依赖,丧失把握发展机会的意识和能力,移民又为中心提供了廉价的劳动力,降低了劳动力的价格。代表人物有弗兰克(Frank)、卡斯特尔(Castle)等。③ 这种模式所论证的是一种边缘和中心,或城市和农村

---

①② 潘泽泉:《社会、主体性与秩序:农民工研究的空间转向》,社会科学文献出版社 2007 年版,第 429 页。

③ 项飙:《跨越边界的社区:北京"浙江村"的生活史》,生活・读书・新知三联书店 2000 年版,第 13 页。

的类型。

嵌入模式强调移民经济能以"非现代"的手段在现代经济中存活,在于其经济能更好地扎根于一定的网络中,即过去的经济行为嵌入到别的社会关系中。流动人口在一个封闭的聚居区,依赖空间内部的独特的社会结构,从而有丰富的社会资源,依靠这种社会关系来展开自己在城市中的经济行为。①

4. 多元文化论:文化的包容性与民族文化的多样性②

与认为移民终将放弃自己的传统文化以适应主流社会的融合论不同,多元文化论用来形容多民族、多文化、多语言的社会。该理论源于20世纪40~50年代的美国,并逐渐在美国、加拿大、澳大利亚等以英语移民及其后裔构成主体民族的国家广泛传播。这些国家为实现种族纯洁、保持文化同质的理想,一方面长期实施同化政策,否定和排斥民族文化多样性;另一方面,它们推行限制性移民政策,严格限制有色人种移民的进入。第二次世界大战后,出于国际压力和自身发展的需要,他们开始接纳大量欧洲的难民和移民以及其他族裔人口,使其人口的民族结构日益多样化。英语民族在人口中的比重下降,民族文化多样性空前发展,为多元文化主义的产生奠定了基础。

多元文化论最初是一种政治主张,是为了对抗长期以来占据统治地位的、以欧裔白人为中心的、具有明显种族歧视的同化论。当其应用到国际移民领域,多元文化论强调,当移入地文化具有更大的包容性时,新移民会倾向于维持原有的文化价值,同时他们也会在新的定居地重新塑造其身份认同、价值观念,从而有助于形成多元化的社会和经济秩序。

多元文化论强调移民经济能以"非现代"的手段在现代经济中存活,在于其经济能更好地扎根于一定的网络中,即过去的经济行为嵌入别的社会关系中。流动人口在一个封闭的聚居区,依赖空间内部的独特的社会结构,从而有丰富的社会资源,依靠这种社会关系来展开自己在城市中的经济行为。③

5. 边缘化或断裂模式:传统与现代的"夹缝者"④

"边缘化"(marginality)一词最先是由美国社会学家帕克(Park)于19世纪20年代提出来的,他认为,由于通婚或者移民,那些处于两种文化边缘上的人经常感受到一种心理上的失落感;他们在种族或者文化团体中的成员的关系模糊不清,因为他们既不能被这个种族或文化团体所接受,也得不到另一个种族或文化团体的欢迎。后来,边缘化理论用来泛指在一个国家内由社会和经济上的移动

---

①③ 项飚:《跨越边界的社区:北京"浙江村"的生活史》,生活·读书·新知三联书店2000年版,第13页。

②④ 潘泽泉:《社会、主体性与秩序:农民工研究的空间转向》,社会科学文献出版社2007年版,第431页。

导致的经济上和文化上的冲突。

在拉美学者对边缘化理论的研究中,具有代表性的是受到现代化理论影响的"二元派",其代表人物是智利的拉丁美洲经济社会发展中心的学者,"二元派"以现代化为基础,把边缘化看作一种多方位的现象,认为边缘化是指出现在向现代化过渡的进程中,而这种过渡是不同步或不平衡的,因为社会中存在着传统和现代两种价值观、信念、行为、体制和社会范畴,这种不同步或不平衡意味着在向现代化过渡的进程中,有些人、团体或队伍落伍了,或难以参与这一进程,同时也不能在这一进程中获益,因此只能处于边缘地位。他们之所以处于边缘地位或甚至被排斥在社会等级之外,是因为他们在政治、经济和文化上都不能被结合进社会或阶级体系中。他们既不属于已将其排挤出去的农村,也不属于未能吸纳他们的城市,他们被遗忘在现代化进程的边缘之上。[1]

断裂模式也是社会融合的一种经验判断。"断裂社会"是孙立平在进行的一个研究项目"20世纪90年代以来中国社会结构演变的新趋势"的核心概念。"断裂社会"的第一层含义表现在社会等级与分层结构上,一部分人被甩到社会结构之外,而且在不同的阶层和群体之间缺乏有效的整合机制,在现实的意义上,首先是指明显的两极分化,"断裂"的含义即由于严重两极分化,人们几乎生活在两个完全不同的社会之中,而且这两个社会在很大程度上互相封闭,犹如一场马拉松一样,每跑一段,都会有人掉队,即被甩到社会结构之外。被甩出去的人甚至已经不再是社会结构中的底层,而处在社会结构之外。"断裂社会"的第二层含义表现在地区之间,断裂社会表现为城乡之间的断裂。城乡之间的断裂既有社会结构的含义(因为农村居民和城市居民是两个不同的社会阶层),也有区域之间的含义。在改革前,中国社会中形成了一种城乡分割的二元结构。当时的二元结构主要由一系列制度安排造成。以户籍制度为核心,当时的制度安排将城乡人口和城乡的经济与社会生活,人为地分割为两个互相隔离的部分,形成人为的制度壁垒。城乡之间人口不能自由流动,两部分居民有两种不同的经济和社会待遇,农村的资源大量被抽取到城市,以支撑城市中工业化过程。这种二元结构可以称之为"行政主导型的二元结构"。"断裂社会"的第三个含义是社会的断裂会表现在文化以及社会生活的许多层面。断裂社会的实质是几个时代的成分并存,互相之间缺乏有机联系。很明显,孙立平的断裂概念也体现为一种空间模式。[2]

中国的农业转移人口在城市的现代化逻辑中,进入空间的模式,并不是上面几种理想类型的一种,而是几种模式的并存,这源于农业转移人口的特殊身份和

---

[1] 江时学:《边缘化理论述评》,载于《国外社会科学》1992年第9期。
[2] 孙立平:《转型与断裂——改革以来中国社会结构的变迁》,清华大学出版社2004年版,第97页。

中国城市发展的特殊逻辑，表现为中国城市的现代化叙事和发展主义意识形态本身对农业转移人口的抗拒；表现为一种自愿性隔离和空间书写过程中的农业转移人口自身对城市现代化的抗拒。

（三）市民化过程中现代性与社会融入的理论发展

20世纪90年代以来，在经济全球化的大背景下，人口流动都是最受关注的问题之一，导致很多社会问题的不断出现，因此，社会融入受到社会学家、心理学家、教育学家和政策制定者的广泛关注。

社会融入是一个多维度的概念。有学者认为社会融入指的是社会群体力量的凝聚力，包括社会心理（或情感）融入和结构（或行为）融入，而其核心成分就是心理融入（Scott，2004；Moen，1989）。学者们一直对人口流动社会心理融入客观指标进行关注，如某种正向社会关系是否发生、发生的数量和强度等，也包括一些社会活动的参与（Alwin，1985）。心理融入的度量参数包括个体微观层次参数和整体宏观层次参数。安德鲁·米切尔（Andrew Mitchell）和理查德·施林顿（Richard Shillington）的研究则认为，社会融合是一个综合而有挑战性的概念，它不只是具有一个维度或意义。社会融合至少包括以下五个关键的维度或者基点：强化认同感（valued recognition）、人类发展（human development）、卷入（involvement）和参与（engagement）、拉近距离（proximity）以及物质福利（material welbeing）。[1]

针对社会排斥现象，1995年联合国哥本哈根社会发展首脑会议把社会融合（social inclusion）作为社会发展的三大领域之一，要求各国采取行动，推动社会融合。会议指出，"社会融合的目的是创造'一个人人共享的社会'，在这样的社会里，每个人都有权利与责任，每个人都可以发挥积极作用。这种包容的社会必须建立在以下基础上：尊重所有的人权和基本自由、文化与宗教差异、弱势及处境不利群体的社会正义和特殊需要、民主参与和法制""使社区组织更大程度地参与制定和执行当地项目，尤其是在教育、保健、资源管理和社会保护方面""确保有一个法律框架和一个支持型结构，以鼓励成立社区组织和个人自愿结社，并鼓励作出建设性贡献""鼓励所有的社会成员行使权力、履行职责、充分参与社会，并认识到靠政府不能满足社会的全部需要"。[2]

总的来说，国外当前社会融入理论建构还缺乏一贯性，但有两点值得一提：

---

[1] 丁元竹：《中国社会保护网的再造》，天津人民出版社2001年版；潘泽泉：《社会、主体性与秩序：农民工研究的空间转向》，社会科学文献出版社2007年版。

[2] 丁元竹：《中国社会保护网的再造》，天津人民出版社2001年版，第176页。

一是社会融入研究中一直存在着同化论（assimilation）和多元论（pluralism）两种相互对立的理论；二是将社会网络分析方法纳入社会融入研究成为新的理论趋向，社会结构（网络）对于个体的行为和态度具有重要影响。农业转移人口的社会融入是一个动态的调整过程，不仅要关注最终状况还要关注过程本身，融入是从最终状况来判断农业转移人口与当地社会的关系。事实上，农业转移人口要实现在城市中的融入，一般要经历进入、适应和完全同化几个阶段。[1]

二、市民化中的现代性与城市融入：议题建构与多学科问题向度

对农业转移人口市民化过程中现代性与城市融入的研究，社会学、人口学、经济学等不同学科都存在自己的问题意识，在研究过程中，学者们将实现聚焦于现代性过程与城市融入的内涵、身份合理与正义秩序的追寻、移民缘起与融入现状及融入困厄和路径研究、移民安置和适应模式及其比较研究等议题之上；重视对农业转移人口主体行动效应与市民化意愿及行为间的调适功能的研究；除此之外，还进行了大量市民化过程中农业转移人口的城市融入问题的研究。

（一）市民化过程中现代性与城市融入的议题建构与问题聚焦

在现代性过程与城市融入的视域中，学者们将视线聚焦于如下议题：

一是现代性过程与城市融入的内涵及话语争论。移民的融入内涵在西方学界有着两种争论，其一是同化论将移民融入视为移民和土著居民之间的社会关系和他们的文化互动，土著代表核心，移民则是边缘，同化是价值观念和规范从核心向外扩散的结果。同化论的观点反映了将社会作为一种共识结构的社会观。而另一种视角则是文化多元论，持这种观念的学者认为移民可以保留自己的文化且这种与当地居民的差异并不会造成偏见和歧视。中国学者在西方学者理论和经验研究的基础上对农业转移人口市民化及城市融入进行了探讨，国内学者对社会融入的内涵有着比较一致的认同，更多的争论则是集中在融入的维度以及几个维度的融入是否具有先后顺序。

二是现代性过程中身份权利与正义秩序的追寻。学者们极力追寻一种对移民身份合理性及多元社会秩序正义的公共证明，有学者提出将公民资格论作为其证明基础[2]，认为它提供了合法化的身份，强调权利与义务的统一而试图消除对社

---

[1] 潘泽泉：《农民工融入城市的困境：共有的空间何以可能》，载于《中州学刊》2008年第3期。
[2] 宋建丽：《公共理性的公民资格与多元社会的正义秩序》，载于《华中科技大学学报》（社会科学版）2007年第4期。

会秩序的威胁。还有学者将社会质量理论引入市民化与城市融入的讨论之中,社会质量的四个条件因素(社会经济保障、社会凝聚、社会包容、社会赋权)强调人的尊严和公民权的获得①,是移民身份合法性获得的证明基础。

三是移民缘起、融入现状、融入困厄及路径探索。这一议题的学者对移民进行历史性考察,探究其行为的源起,比如二元劳动力市场理论将移民与现代工业经济的结构要求联系起来②,认为国际移民源于现代工业社会的内在劳动力需求③;劳动力供求的地理差异理论认为移民迁移是由国家间工资率的差异引起的,这最初被用来解释经济发展过程中的劳动力迁移④;个体选择的微观经济模型⑤将个体视为理性行动者,认为个体的移民行动是其成本效益计算后的结果,个体期望能从移民中获得回报。学者们建立融入指标并对移民进入新地区或新国家的融入现状进行测量;并在此基础上探索移民融入新社会的困厄,试图寻找其解决路径。

四是移民安置和适应模式及其比较研究。这一议题下的研究往往将注意力集中到移民后的安置情况与适应模式,这样的安置与适应模式又往往联系着国家政策的制定,因此比较国家间政策的异同以及寻求他国经验则是这类研究学者所热衷的研究议题。

(二) 现代性过程与城市融入的多学科问题向度

包括经济学、社会学、人口学、管理学、政治学等学科对现代性过程与城市融入存在自有的问题意识。比如经济学关注市场结构中的劳动力供求关系、农业转移人口市民化的市场逻辑、空间的正义性风险、发展伦理困境与道义经济等;社会学与人口学关注社会公平、社会秩序、社会分层等问题;政治学关注市民化与城市融入过程中的政策制定、城乡二元分割制度、政策排斥等问题;社会学关注社会排斥、社会偏见与歧视、边缘化与污名化、排斥性认同、防御性认同与身份歧视性标签、居住空间分异、空间隔离与社会距离。农业转移人口市民化与城市融入是一个复杂的社会现象,社会、经济、个人等因素在这一现象中相互交织,单一的学科视角也无法对其进行全面与深入的研究,这使得对市民化的现代

---

① 张海东、石海波、毕婧千:《社会质量研究及其新进展》,载于《社会学研究》2012 年第 3 期。

② Massey D. S., Arango J., et al. Theories of international migration: a review and appraisal [J]. *Population & Development Review*, 1993 (19): 431–466.

③ Daniel R. F. Birds of passage: migrant labor and industrial societies [J]. *Journal of Economic Issues*, 1979 (3): 50–85.

④ Harris J. R., Todaro M. P., *migration*, unemployment and development: a dynamic two-sector analysis [J]. *American Economic Review*, 1970, 60 (1), 126–142.

⑤ Maruszko T. L. Illegal migration and US immigration reform: a conceptual framework [J]. *Population and Development Review*, 1987 (3): 101–114.

性过程与城市融入的研究呈现出多学科、多视角的特性。

(三) 主体行动效应与市民化意愿及行为间的桥梁地位和调适功能

首先,分析社会认同的内在动力机制与主体行动效应之间的关系。重点探讨作为行动主体的新生代农业转移人口基于自身所处的家庭结构和婚姻安排(计划),在经历不同城市流动、经受不同职业发展条件和工作场域、选择不同消费生活方式后,如何建构自己的社会认同;以及他们持有怎样的市民化意愿,采取哪些市民化行动。

其次,关注农业人口市民化认同的内在动力机制与政策福利效应之间的关系。重点探讨新生代农业转移人口在面对城镇区域提供的不同程度的子女教育、失业、职业培训、医疗卫生、养老等公共服务(或政策性福利待遇)时,他们的市民化认同会产生怎样变化;市民化的意愿和行为选择是否相应出现变化。

最后,关注社会认同的内在动力机制与社会支持效应之间的关系。重点研究面对社区或公益组织提供的不同程度的帮助和支持,新生代农业转移人口接纳和参与的状况,以及他们如何建构自己的社会认同,如何看待市民化行动,有着怎样的市民化意愿。

(四) 市民化过程中农业转移人口的城市融入问题研究

对市民化过程中农业转移人口的城市融入问题的研究主要集中在探讨农业转移人口城市融入的维度,市民化进程中农业转移人口城市融入现状、困境及其影响因素,城市融入过程中农业转移人口权利保障及其实现机制,市民化进程中农业转移人口城市融入的实现机制,农业转移人口城市融入测量维度和测量指标体系构建这几个方面。

1. 市民化过程中农业转移人口城市融入的维度

农业转移人口在流入地的融入过程是复杂的、非线性的、多维度的、互动的和动态的。融入是多维度的,包括经济整合、文化接纳、行为适应和身份认同。这些维度存在一定的先后递进关系,但更是一种相互依存、互为因果的关系。根据农业转移人口在不同维度的融入状况,可进一步区分为隔离型、多元型、融入型、选择型、融合型等类型。当然,农业转移人口个体外出流动与迁移往往是个体与家庭共同决策的结果,即农业转移人口融入可在个体、群体、整体三个层面展开,首先,个体进入城市需要依托相应职业活动获取一定的经济收入以维系自身生存与发展的需要;其次,农业转移人口文化接纳、行为适应及身份认同往往与其生活的社区联系在一起,通过与社区居民以及管理者的互动逐渐塑造、调适与明晰;最后,浓郁的家庭观念以及向上流动的期望使得农业转移人口较为关注子代的教育与成长，留守儿童与流动儿童的教育构成农业转移人口城市融入的一个重要面向。农业转移人口城市融入是一个多层次、多维度、复杂的互动过程与持续状态，具体包括农业转移人口个体融入企业、子女融入学校、家庭融入社区三个方面。

2. 市民化进程中农业转移人口城市融入现状、困境及其影响因素研究

学者们综合交叉学科的相关知识，运用定性定量研究方法，基于对农业转移人口城市融入模式的理论分析，深入研究农业转移人口在各个层次的融入现状，并重点关注农业转移人口"三融入"（融入社区、融入企业、融入学校）现状。在此基础上，分析农业转移人口城市融入过程中出现的"社会排斥""边缘化""亚社会或亚文化"等融入问题和现实困境，并探索社会政策、经济发展、社会参与、社会网络、社会认同和社会归属六个方面对农业转移人口城市融入的影响机理。

3. 城市融入过程中农业转移人口权利保障和实现机制研究

农业转移人口城市融入过程中的权利保障和实现机制的研究首先是通过实证调查和理论分析，结合社会学和法学相关知识，明确融入过程中农业转移人口的特殊利益需求，分析比较各种权利的内涵、外延及其内在关联，建立农业转移人口城市融入过程中权利的定义和整体体系结构。其次，在此基础上结合农业转移人口城市融入过程中出现的问题研究，分析农业转移人口无法切实保障其权利的原因和影响因素。最后，从立法、执法和司法三个层面综合探索农业转移人口城市融入过程中权利保障和实现机制。

4. 市民化进程中农业转移人口城市融入实现机制研究

在融汇上述研究的基础上，结合交叉学科的相关知识，从政策制定和引导、社会管理、文化建设、社会保障和福利制度完善、权利保障、经济发展、社区服务体系构建、农业转移人口下一代利益保护等方面分别探索农业转移人口城市融入的实现机制，并深入分析实现过程中各方主体（政府、企业、社区、城市居民、学校、农业转移人口）的角色和作用。

5. 农业转移人口城市融入测量维度和测量指标体系构建研究

学者们在相关的经验研究基础上，结合国内外城市融入相关理论，采用问卷调查和扎根理论等方法，分析农业转移人口城市融入的测量维度，并构建相应的测量指标体系。主要是从经济、社会和文化或心理三个层面对城市融入进行测量，明确各个层面城市融入的测量内容和相应测量指标体系，并探索各个层面城市融入的内在联系，构建城市融入的整体测量框架。有学者将农业转移人口融入企业操作化为劳动就业、职业环境与心理、企业劳资关系、企业劳动保障、企业劳动维权5个二级指标，就业资格、劳动力市场准入、就业环境等23个三级指标；农业转移人口子女融入学校则操作化为子女教育权利、子女教育状况、子女

在校表现、子女在校评价 4 个二级指标，受教育权利、适龄流动儿童入学情况、子女在校学业成绩、学校认同程度等 17 个三级指标；农业转移人口家庭融入社区则包括居住权利、定居意愿、居住环境、社区支持与服务、社区参与和精神文化生活 5 个二级指标，居住资格和权利、迁移意愿、居住选择、社区支持、社区参与等 26 个三级指标。由此，农业转移人口城市融入指标体系由 14 个二级指标、66 个三级指标构成。

三、现代性过程与城市融入：西方社会的历史变迁与研究发展

西方国家移民潮的出现与资产阶级革命、工业革命和两次世界大战相联系。在过去的几十年中，传统的移民接收国（如加拿大、美国）中移民队伍不断壮大，其移民输出地已经从欧洲这个主要来源地转向亚洲、非洲和拉丁美洲。工业革命及第二次世界大战后，西欧所有国家吸引了大量的海外工人，此时这些海外劳工主要来自南欧。而到了 20 世纪 60 年代，西欧的移民则大部分来自亚洲、非洲和拉丁美洲的一些发展中国家。到了 80 年代，连南欧都开始接收大量来自发展中国家的劳工移民[1]。最初的国际移民多为体力劳动移民，随后才延伸至专业移民、企业家和难民[2]。而对移民问题的经验研究与理论研究也正是随着西方社会历史变迁与发展而进行与发展的。

第二节 市民化的现代性过程与城市融入：理论话语与中国经验

国内对流动人口社会融入问题的理论研究寥寥无几，尚处于起步阶段。较具代表性的是，中国人民大学社会与人口学院杨菊华教授在梳理国内外文献的基础上，结合流动人口实际，构筑了中国乡—城流动人口在流入地社会融入的理论模式。[3]

---

[1] Massey D. S., Arango J., et al. Theories of international migration: A Review and Appraisal [J]. Population & Development Review, 1993 (19): 431-466.

[2] Portes A., Rumbaut R. G. Theoretical overview: theories of international migration and immigrant adaptation [J]. Social Science Electronic Publishing, 2016.

[3] 杨菊华：《从隔离、选择融入到融合：流动人口社会融入问题的理论思考》，载于《人口研究》2009 年第 1 期。

她认为社会融入至少包含四个维度：经济整合、文化接纳、行为适应、身份认同。

一、中国农业转移人口市民化的历史考察与经验事实

中国农业转移人口市民化研究经历了"流动人口""农民工""农业转移人口"的话语变迁；研究主要聚焦在农业转移人口市民化现代性过程与城市融入的内涵与指标体系的建立、基于不同特点的农业转移人口的区分及其融入程度的探讨、基于制度功能的社会制度及政策排斥的批判性反思、基于主体功能的农业转移人口现代性获得及其困境的研究这几个议题；对农业转移人口市民化过程中城市融入研究则将其区分为经济适应、文化融入、结构性融入及身份认同四个维度。

（一）市民化的现代性过程与城市融入：历史考察、话语变迁与问题聚焦

中国学界对移民问题的研究则常以"流动人口""农民工""农业转移人口"等话语方式展开。中国农业转移人口市民化的现代性过程与城市融入这一现象与中国社会现代化建设的历史背景息息相关。首先是中国由传统社会向现代社会转变，打破了以往农耕以及大锅饭的集体主义传统，单位制壁垒也逐渐瓦解，可实现农村剩余劳动力的流动；其次是从农业社会向工业社会的转变，农业现代化、机械化使得农村生产效率提高，产生了剩余劳动力。而城市化建设需要大量劳动力从事基础建设工作，在这样推一拉的动力之下，出现了农村剩余劳动力向城市转移的浪潮。从传统走向现代，从"乡土性"转向"现代性"，在这一过程中，中国农业转移人口市民化的现代性过程与城市融入的研究主要聚焦于以下几点问题：

一是基于发展主义历史叙事中的现代性过程与城市融入的内涵与指标体系的建立。这一议题将中国农业转移人口的现代化、城市化过程与社会转型联系起来，认为其现代化是一个从传统向现代、从乡土向城市、从封闭向开放转变以及由此获得现代化特征的过程。农业转移人口的城市融入内涵则涉及如何适应城市的生活方式、生活习俗、价值观念等方面[①]，即农业转移人口城市融入具有多维度、多层次的特性，不同学者对其有着不同见解，总的来说，包含经济融入、身份认同、文化适应、心理融入等多个指标体系。

二是基于不同特点的农业转移人口的区分及其融入程度的探讨。依托农业转移人口城市融入的多阶段论以及职业身份的代际传承，中国农业转移人口存在着

[①] 杨菊华：《从隔离、选择融入到融合：流动人口社会融入问题的理论思考》，载于《人口研究》2009 年第 1 期

是否拥有户籍身份以及初代与新生代农业转移人口的类型区分；中国农业转移人口的市民化及城市融入程度则存在"进入者"与"定居者"①、"不融入"与"半融入"② 等区分。结合目前中国农业转移人口市民化及城市融入现状，学者们普遍认为其融入程度偏低③、层次偏浅④，其融入过程困难重重⑤。

三是基于制度功能的社会制度及政策排斥的批判性反思。以城市发展为中心的战略政策体现着国家发展主义的理性秩序，作为其直接结果的城乡二元分割导致农业转移人口身份合法性障碍具有"双重性"，表面上是地方政府在功利主义标准下户籍纳入的筛选策略阻碍着低技能农业转移人口的城市户籍获得，更深层次则暗含着加固流动壁垒、把守公共资源的社会分层意味。因此有学者指出中国的城乡流动人口并非"移民运动"，只是劳动力从农村流向城市⑥。杨菊华将城乡差别视作内外之别，认为农业流动人口的社会保障处于双重弱势。⑦

四是基于主体功能的农业转移人口现代性获得及其困境的研究。中国现代化所展现的实践路径体现出社会主义道路指引下的独特性，包含"个体的自主性与自我意识""理性化和契约化的公共文化精神"等维度⑧，农业转移人口的现代性则是其所具有的适应现代化过程并与传统性相对应的一种特质⑨。农业转移人口从传统乡土社会流动到现代化的城市，在城市融入的过程中逐渐脱离传统的认知与行为方式，而逐渐接受并再生产现代性的观念与生存方式。与此同时，农业转移人口这种"自下而上"的现代性生成却面临着重重困境⑩，呈现出现代性"渗入"与"缺失"并存⑪、传统性"断裂"与现代性"碎片化"⑫ 的局面。如何克服这些困境，增进农业转移人口现代性的主体生成以融入现代化的城市社会，成为众多学者所关心的议题。

---

①④ 秦阿琳：《从"流动政治"到"移民政治"——农民工城市融入的代际变迁》，载于《中国青年研究》2013 年第 8 期。

② 李强：《中国城市化进程中的"半融入"与"不融入"》，载于《河北学刊》2011 年第 5 期。

③ 张文宏、雷开春：《城市新移民社会融合的结构、现状与影响因素分析》，载于《社会学研究》2008 年第 5 期。

⑤ 王春光：《新生代农民工城市融入进程及问题的社会学分析》，载于《青年探索》2010 年第 3 期。

⑥ 李春玲：《城乡移民与社会流动》，载于《江苏社会科学》2007 年第 2 期。

⑦ 杨菊华：《城乡差分与内外之别：流动人口社会保障研究》，载于《人口研究》2011 年第 5 期。

⑧ 衣俊卿：《现代性的维度及其当代命运》，载于《中国社会科学》2004 年第 4 期。

⑨ 周晓虹：《流动与城市体验对中国农民现代性的影响——北京"浙江村"与温州一个农村社区的考察》，载于《社会学研究》1998 年第 5 期。

⑩ 潘泽泉：《被压抑的现代性：农民工融入城市的困境》，载于《广西民族大学学报》（哲学社会科学版）2011 年第 1 期。

⑪ 贾楠、郭强：《新生代农民工群体特征分析——现代性的渗入与缺失》，载于《河南大学学报》（社会科学版）2011 年第 1 期。

⑫ 张红霞、江立华：《转型期新生代农民工传统性断裂与现代性重塑》，载于《中国青年社会科学》2015 年第 4 期。

（二）市民化的现代性过程与城市融入的中国经验

对农业转移人口市民化过程中城市融入的经验研究主要是从经济适应、文化融入、结构性融入及身份认同四个维度开展。

1. 农业转移人口的经济适应：经济收入、劳动就业与住房

通过对农业转移人口城市融入过程中经济收入、劳动就业和住房情况的调查，得出如下结果：经由"家庭人均月收入"调查数据显示，在调查的1 053个有效样本中，"1 000元及以下"占19.4%，"1 001~3 000元"占51.9%，"3 001~5 000元"占21.7%，"5 001~7 000元"占3.9%，"7 000元以上"占3.1%（见表9-1）。

表9-1　　　　　　农业转移人口家庭人均月收入

人均月收入	频数	百分比（%）	有效百分比（%）	累积百分比（%）
1 000元及以下	204	19.2	19.4	19.4
1 001~3 000元	546	51.5	51.9	71.2
3 001~5 000元	229	21.6	21.7	93.0
5 001~7 000元	41	3.9	3.9	96.9
7 000元以上	33	3.1	3.1	100.0
总计	1 053	99.3	100.0	—

资料来源：课题组"城市化过程中城市新市民（中国农业转移人口——安置民）城市融入问题社会调查"数据。

数据分析结果表明，农业转移人口收入普遍较低，月收入大多集中在3 000元以下，这与其受教育水平总体较低、劳动技能较少以及就业机会较少有关。

经由"职业"调查数据显示，在调查的1 051个有效样本中，"待业"占47.6%，"务农"占8.0%，"个体工商户及私营"占15.0%，"企事业单位"占9.2%，"零工、散工"占13.0%，"自由职业者"占2.3%，"其他"占4.9%（见表9-2）。

表9-2　　　　　　农业转移人口的职业分布

职业	频数	百分比（%）	有效百分比（%）	累积百分比（%）
待业	500	47.2	47.6	47.6
务农	84	7.9	8.0	55.6

续表

职业	频数	百分比（%）	有效百分比（%）	累积百分比（%）
个体工商户及私营	158	14.9	15.0	70.6
企事业单位	97	9.2	9.2	79.8
零工、散工	137	12.9	13.0	92.9
自由职业者	24	2.3	2.3	95.1
其他	51	4.8	4.9	100.0
总计	1 051	99.2	100.0	—

资料来源：课题组"城市化过程中城市新市民（中国农业转移人口——安置民）城市融入问题社会调查"数据。

数据分析结果表明，农业转移人口中"待业"状态占47.6%，接近一半，这对于提高其家庭收入、改善生活非常不利。

经由"工作途径"调查数据显示，在调查的345个有效样本中，"在职业介绍机构登记求职"占6.1%，"委托亲友找工作"占36.5%，"利用网络及其他媒体求职"占7.0%，"参加招聘会或者自己直接上门咨询"占30.4，"其他"占20.0%（见表9-3）。

表9-3　　　　　　　农业转移人口职业获取途径

职业获取途径	频数	百分比（%）	有效百分比（%）	累积百分比（%）
在职业介绍机构登记求职	21	2.0	6.1	6.1
委托亲友找工作	126	11.9	36.5	42.6
利用网络及其他媒体求职	24	2.3	7.0	49.6
参加招聘会或者自己直接上门咨询	105	9.9	30.4	80.0
其他（请注明）	69	6.5	20.0	100.0
总计	345	32.5	100.0	—

资料来源：课题组"城市化过程中城市新市民（中国农业转移人口——安置民）城市融入问题社会调查"数据。

数据分析结果表明，农业转移人口在找工作时主要选择依托亲友，占比36.5%，也有相当一部分通过"参加招聘会或者自己直接上门咨询"找工作。相比之下，"利用网络及其他媒体求职"的比例很小。

经由"住房类型"调查数据显示，在调查的1 056个有效样本中，"安置房"

占 70.3%，"租住私人家的房子"占 3.4%，"免费集体宿舍（活动板房）"占 0.4%，"租住单位房"占 0.5%，"自己购买的商品房"占 5.3%，"自己搭建"占 19.9%，"其他"占 0.3%（见表 9-4）。

表 9-4　　　　　　　　农业转移人口住房类型

住房类型	频数	百分比（%）	有效百分比（%）	累积百分比（%）
安置房	742	70.0	70.3	70.3
租住私人家的房子	36	3.4	3.4	73.7
免费集体宿舍（活动板房）	4	0.4	0.4	74.1
租住单位房	5	0.5	0.5	74.5
自己购买的商品房	56	5.3	5.3	79.8
自己搭建	210	19.8	19.9	99.7
其他	3	0.3	0.3	100.0
总计	1 056	99.6	100.0	—

资料来源：课题组"城市化过程中城市新市民（中国农业转移人口——安置民）城市融入问题社会调查"数据。

数据分析结果表明，农业转移人口住房主要以安置房为主，占 70.3%，表明在转移安置中住房保障充分。另外也有 19.9%的人口住在自建房，对于自建房，应当对其进行有效的安全评估，确保住房安全。

2. 农业转移人口的文化融入：文化适应、习俗与环境

通过对农业转移人口城市融入过程文化、习俗与环境融入的调查，得出如下结果：

经由"对现在清明节集体祭祀活动、春节社区放鞭炮、对传统节日的重视度、对传统节日的迷信成分、积极参与新式节日（圣诞节/情人节）活动"的调查数据的整理，形成以下关于人们不断接受新兴文化，淡化传统习俗的现象描述表（见表 9-5），完全不符合、比较不符合、一般符合、比较符合与非常符合的人群的个案百分比分别为 56.70%、144.10%、117.90%、139.70%、41.50%，在总回答率中所占的百分比分别为 11.30%、28.80%、23.60%、27.90%、8.30%。

表9-5　农业转移人口淡化传统习俗、接受新兴文化的情况

题项	响应 N	百分比（%）	个案百分比（%）
完全不符合	598	11.3	56.7
比较不符合	1 519	28.8	144.1
一般	1 243	23.6	117.9
比较符合	1 472	27.9	139.7
非常符合	437	8.3	41.5
总计	5 269	100.0	499.9

资料来源：课题组"城市化过程中城市新市民（中国农业转移人口——安置民）城市融入问题社会调查"数据。

数据分析结果表明，认为传统习俗与文化在日常生活中逐渐淡化的观点比较符合及非常符合的农业转移人口占36.2%，一般符合及以上的农业转移人口占59.8%，说明在传统节日、社区活动等方面，传统习俗和文化越来越不受重视，而受西方外来文化影响，一些新兴的节日融入我们的文化之中，特别是在城市中，现阶段主要呈现出传统文化与外来文化交融的局面。

经由对"在选择居住的地理位置和家中物件的摆放时根据风水和卦象，家中还摆放着门神、灶君、祖宗牌位等，已经习惯和接受了西式快餐和饮料，从前在农村的嫁娶风俗还保留至今，彩礼和嫁妆的内容与传统已有不同，现在身边的婚丧嫁娶风俗和安置前比更加简化，婚丧嫁娶的筹备与举办更多地依靠商业组织的有偿服务而非亲友的无偿帮助、相关酒宴地点更多地选在酒店饭馆而非自家搭棚"的调查数据的整理，形成以下关于该群体的饮食与居住风俗不断融入新文化，传统风俗不断淡化的现象的描述性表（见表9-6），其中认为现在的饮食和居住风俗情况更倾向于现代化的有3 435人，占总回答的49%，认为现在的饮食和居住风俗情况依旧呈现出传统性的有3 577人，占总回答的51%。

表9-6　农业转移人口饮食与风俗倾向于现代化的情况

题项	响应 N	百分比（%）	个案百分比（%）
是	3 435	49.0	326.5
否	3 577	51.0	340.0
总计	7 012	100.0	666.5

资料来源：课题组"城市化过程中城市新市民（中国农业转移人口——安置民）城市融入问题社会调查"数据。

数据分析结果表明,现阶段被调查人群的饮食和居住风俗情况呈现出现代性与传统性交融的局面,在现代性以及西方文化不断渗入的同时,传统性依旧占据一席之地,传统性与现代性特征的强烈程度各占一半,不相上下。农业转移人口在城市融入的过程中,受城市新潮文化的影响,现代性特征会日趋明显,农业转移人口对饮食与居住风俗的现代性认知是其融入城市生活,接受城市文化的一种体现。

经由对农业转移人口对"随地吐痰、乱扔废弃物行为,损坏公共设施行为,侵占居住楼道公共部分行为,乱设摊棚、建违章建筑行为,购物不排队行为,在公共场所喧哗行为,不遵守交通规则行为,家庭暴力行为,卖淫嫖娼、赌博、吸毒行为,在社区放养家禽、种菜行为"的容忍程度的调查,反映农业转移人口的文明程度,表9-7对此进行了描述性分析,其中,表示完全不能容忍各类不文明行为的回答率有4 941个,占总回答率的46.7%,比较不能容忍的回答率有4 183个,占总回答率的39.5%,无所谓的回答率有1 142个,占总回答率的10.8%,比较容忍的回答率有285个,占总回答率的2.7%,完全容忍的回答率有29个,仅占总回答率的0.3%。

表9-7　　　　农业转移人口对不文明社会行为的容忍程度

题项	响应 N	百分比（%）	个案百分比（%）
完全不能容忍	4 941	46.7	467.0
比较不能容忍	4 183	39.5	395.4
无所谓	1 142	10.8	107.9
比较容忍	285	2.7	26.9
完全容忍	29	0.3	2.7
总计	10 580	100.0	1 000.0

资料来源:课题组"城市化过程中城市新市民（中国农业转移人口——安置民）城市融入问题社会调查"数据。

数据分析结果表明,有86.2%的农业转移人口认为对各类不文明行为比较不能容忍或完全不能容忍,这表明农业转移人口的文明程度有了较大的提升,这可能是农业转移人口融入城市的结果,使得农业转移人口逐渐具有了城市居民应有的市民素质。

经由"是否使用'优步''滴滴打车'等网约车服务"的调查数据显示,在

1 052 个有效样本中，有 349 名被调查者使用了"优步""滴滴打车"等网约车服务，占总被调查者的 33.2%；有 518 名被调查者没有使用"优步""滴滴打车"等网约车服务，占总被调查者的 49.2%；另外还有 16.8% 的被调查者持不知道的态度（见表 9-8）。

表 9-8　　　　　　　　农业转移人口网约车使用情况

题项	频数	有效百分比（%）	累积百分比（%）
是	349	33.5	33.5
否	518	49.7	83.2
不知道	175	16.8	100.0
合计	1 042	100	—

资料来源：课题组"城市化过程中城市新市民（中国农业转移人口——安置民）城市融入问题社会调查"数据。

数据分析结果表明，有 33.5% 的农业转移人口曾使用过网约车服务，有 66.5% 的农业转移人口未使用过网约车服务或是根本不知道。网约车服务是城市新引入的交通服务，对网约车服务的使用是融入城市、跟上城市生活节奏的重要反映，该数据显示有 33.5% 的农业转移人口能较快地吸收运用城市新元素，是农业转移人群中融入城市能力较强的一批人，而剩下的 66.5% 中，16.8% 不知道网约车服务的农业转移人口则是融入城市能力较低，困难较大的一群人。

3. 农业转移人口的结构性融入：人际交往、社会支持与社会适应

通过对农业转移人口城市融入中人际交往、社会支持与社会参与的调查，得到如下结果：

经由"现在交往对象的主要人群"的调查数据显示，在调查的 2 684 个有效样本中，亲戚、老乡、同事、朋友、城市当地居民、其他分别占 28.7%、13.5%、11.0%、28.7%、16.8% 和 1.3%（见表 9-9）。

表 9-9　　　　　　　现阶段农业转移人口交往人群分布

交往人群	响应 频数	响应 百分比（%）	个案百分比（%）
亲戚	770	28.7	73.5
老乡	361	13.5	34.5
同事	296	11.0	28.3
朋友	770	28.7	73.5

续表

交往人群	响应 频数	响应 百分比（%）	个案百分比（%）
城市当地居民	451	16.8	43.1
其他	36	1.3	3.4
总计	2 684	100.0	256.4

资料来源：课题组"城市化过程中城市新市民（中国农业转移人口——安置民）城市融入问题社会调查"数据。

数据分析结果表明，农业转移人口的主要交往人群是亲戚与朋友，其次是城市当地居民与老乡，同事所占比重较低，这表明农业转移人口的交往人群主要还是之前的亲戚与朋友，与城市当地居民的社交网络还需要进一步建立，从而促进农业转移人口更好地融入城市生活中。

经由"交往对象从事的职业"的调查数据显示，在调查的6 116个有效样本中，工人占10.0%，厨师、炊事员占7.4%，饭店餐馆服务员占6.7%，家庭保姆、计时工占3.9%，营销人员占4.9%，大学教师占2.6%，中小学教师占5.9%，医生占4.2%，护士占4.0%，科学研究人员占1.8%，法律工作人员占2.5%，经济业务人员占2.5%，工程技术人员占3.4%，行政办事人员占4.3%，企事业单位中层人员占2.8%，党政机关负责人占2.5%，农民占12.9%，无业人员占9.8%，军人占4.7%，其他占0.7%（见表9-10）。

表9-10　现阶段农业转移人口交往人群的职业分布

交往人群	响应 频数	响应 百分比（%）	个案百分比（%）
工人	611	10.0	59.8
厨师、炊事员	452	7.4	44.3
饭店餐馆服务员	408	6.7	40.0
家庭保姆、计时工	239	3.9	23.4
营销人员	300	4.9	29.4
大学教师	156	2.6	15.3
中小学教师	358	5.9	35.1
医生	257	4.2	25.2
护士	244	4.0	23.9
科学研究人员	112	1.8	11.0

续表

交往人群	响应		个案百分比（%）
	频数	百分比（%）	
法律工作人员	152	2.5	14.9
经济业务人员	152	2.5	14.9
工程技术人员	210	3.4	20.6
行政办事人员	266	4.3	26.1
企事业单位中层人员	174	2.8	17.0
党政机关负责人	152	2.5	14.9
企事业单位负责人	157	2.6	15.4
农民	788	12.9	77.2
无业人员	600	9.8	58.8
军人	285	4.7	27.9
其他	43	0.7	4.2
总计	6 116	100.0	599.0

资料来源：课题组"城市化过程中城市新市民（中国农业转移人口——安置民）城市融入问题社会调查"数据。

数据分析结果表明，农业转移人口的交往人群的主要职业是农民、工人、无业人员，其次是厨师、炊事员、饭店餐馆服务员和中小学教师，党政机关负责人、企事业单位中层人员、企事业单位负责人和科学研究人员、法律工作人员、经济业务人员占比较低，这说明城市新市民的交往人群的职业层次较低，主要为体力劳动者，而对于职业地位较高的人群，城市新市民难以结交。

经由"城市新市民和周围居民交往频率"的调查数据显示，在调查的1 060个有效样本中，经常来往占18.9%，交往比较多占29.7%，交往一般占33.9%，交往比较少占16.1%，从来不交往占1.4%（见表9-11）。

表9-11　现阶段农业转移人口与周围居民的交往频率

交往频率	频数	百分比（%）	有效百分比（%）	累计百分比（%）
经常来往	200	18.9	18.9	18.9
交往比较多	315	29.7	29.7	48.6
交往一般	359	33.9	33.9	82.5

续表

交往频率	频数	百分比（%）	有效百分比（%）	累计百分比（%）
交往比较少	171	16.1	16.1	98.6
从不来往	15	1.4	1.4	100.0
总计	1 060	100	100	—

资料来源：课题组"城市化过程中城市新市民（中国农业转移人口——安置民）城市融入问题社会调查"数据。

数据分析结果表明，农业转移人口与周边居民的交往频率较高，但也要注意小部分人群与周围居民交往比较少或者从不来往。如何扩大城市新市民的社交范围与社交深度是一个亟待解决的问题。

经由"遇到困难时，提供信息的帮助"的调查数据显示，在调查的1 977个有效样本中，家人占25.1%，亲戚占23.5%，同学占12.2%，老乡占7.40%，工友占3%，主管占1.2%，企业负责人占1.3%，一般朋友占7.7%，政府人员占1.8%，企业家占1.1%，其他占2.1%（见表9-12）。

表9-12 对农业转移人口提供信息帮助的人群分布

提供信息帮助的人群	响应 频数	响应 百分比（%）	个案百分比（%）
家人	496	25.1	50.7
亲戚	464	23.5	47.4
同学	241	12.2	24.6
老乡	147	7.4	15.0
工友	59	3.0	6.0
主管	24	1.2	2.5
企业负责人	25	1.3	2.6
一般朋友	153	7.7	15.6
政府人员	35	1.8	3.6
企业家	22	1.1	2.2
其他	41	2.1	4.2
都没有	270	13.7	27.6
总计	1 977	100.0	202.1

资料来源：课题组"城市化过程中城市新市民（中国农业转移人口——安置民）城市融入问题社会调查"数据。

数据分析结果表明，在提供信息帮助上，家人、亲戚、同学等初级群体发挥了主要作用，其次是老乡、一般朋友，政府人员和企业家、主管等人群提供的信息帮助少。这与农业转移人口的主要交往人群和交往频率有密切关系。

经由"提供食宿帮助"的调查数据显示，在调查的 1 843 个有效样本中，家人占 43.5%，亲戚占 31.6%，同学占 9.1%，老乡占 3.8%。工友占 1.2%，主管占 0.5%，企业负责人占 0.9%，一般朋友占 2.7%，政府人员占 0.6%。企业家占 0.4%，其他占 0.9%，都没有占 4.9%（见表 9-13）。

表 9-13　　　　对农业转移人口提供食宿帮助的人群分布

提供食宿帮助的人群	响应 频数	百分比（%）	个案百分比（%）
家人	801	43.5	79.0
亲戚	583	31.6	57.5
同学	167	9.1	16.5
老乡	70	3.8	6.9
工友	22	1.2	2.2
主管	9	0.5	0.9
企业负责人	17	0.9	1.7
一般朋友	50	2.7	4.9
政府人员	11	0.6	1.1
企业家	7	0.4	0.7
其他	16	0.9	1.6
都没有	90	4.9	8.9
总计	1 843	100.0	181.8

资料来源：课题组"城市化过程中城市新市民（中国农业转移人口——安置民）城市融入问题社会调查"数据。

数据分析结果表明，在提供食宿帮助上，家人和亲戚占比最大，其次是同学，再次是老乡和一般朋友，主管、企业负责人和政府人员几乎没有提供此类帮助。

经由"在提供子女入学帮助"的调查数据显示，在调查的 1 542 个有效样本中，家人占 36.9%，亲戚占 24%，同学占 9.2%，老乡占 2.8%，工友占 0.8%，主管占 1.1%，企业负责人占 0.60%，一般朋友占 4.3%，政府人员占 1.6%，企业家占 0.5%，其他占 1.8%，都没有占 16.5%（见表 9-14）。

表9-14　对农业转移人口提供子女入学帮助的人群分布

提供子女入学帮助的人群	响应 频数	响应 百分比（%）	个案百分比（%）
家人	569	36.9	58.2
亲戚	370	24.0	37.9
同学	142	9.2	14.5
老乡	43	2.8	4.4
工友	13	0.8	1.3
主管	17	1.1	1.7
企业负责人	9	0.6	0.9
一般朋友	67	4.3	6.9
政府人员	24	1.6	2.5
企业家	7	0.5	0.7
其他	27	1.8	2.8
都没有	254	16.5	26.0
总计	1 542	100.0	157.8

资料来源：课题组"城市化过程中城市新市民（中国农业转移人口——安置民）城市融入问题社会调查"数据。

数据分析结果表明，在提供子女入学帮助上，家人和亲戚占比较大，其次是同学和一般朋友，而政府人员和企业负责人、企业家、工友占比较低。

经由"生病时照顾"的调查数据显示，在调查的1 616个有效样本中，家人占57.2%，亲戚占26.4%，同学占5.5%，老乡占3.3%。工友占1.1%，主管占0.3%，企业负责人占0.7%，一般朋友占1.7%，政府人员占0.4%，企业家占0.4%，其他占0.6%，都没有占2.4%（见表9-15）。

表9-15　农业人口生病时提供照顾帮助的人群分布

提供帮助的人群	响应 频数	响应 百分比（%）	个案百分比（%）
家人	924	57.2	90.3
亲戚	427	26.4	41.7
同学	89	5.5	8.7
老乡	53	3.3	5.2

续表

提供帮助的人群	响应 频数	百分比（%）	个案百分比（%）
工友	18	1.1	1.8
主管	5	0.3	0.5
企业负责人	11	0.7	1.1
一般朋友	27	1.7	2.6
政府人员	7	0.4	0.7
企业家	7	0.4	0.7
其他	9	0.6	0.9
都没有	39	2.4	3.8
总计	1 616	100.0	158.0

资料来源：课题组"城市化过程中城市新市民（中国农业转移人口——安置民）城市融入问题社会调查"数据。

数据分析结果表明，在生病时照顾受访农业转移人口的帮助方面，家人占比最大，其次是亲戚，其余人群占比均较低。

经由"提供借钱帮助"的调查数据显示，在调查的1 741个有效样本中，家人占36.8%，亲戚占33.6%，同学占9%，老乡占4.9%，工友占1.1%，主管占0.7%，企业负责人占0.6%，一般朋友占3.7%，政府人员占0.3%，企业家占0.8%，其他占1.1%，都没有占7.2%（见表9－16）。

表9－16　　　　对农业人口提供借钱帮助的人群分布

提供借钱帮助的人群	响应 频数	百分比（%）	个案百分比（%）
家人	641	36.8	64.7
亲戚	585	33.6	59.1
同学	156	9.0	15.8
老乡	86	4.9	8.7
工友	20	1.1	2.0
主管	13	0.7	1.3
企业负责人	11	0.6	1.1
一般朋友	65	3.7	6.6
政府人员	5	0.3	0.5

续表

提供借钱帮助的人群	响应 频数	响应 百分比（%）	个案百分比（%）
企业家	14	0.8	1.4
其他	20	1.1	2.0
都没有	125	7.2	12.6
总计	1 741	100.0	175.9

资料来源：课题组"城市化过程中城市新市民（中国农业转移人口——安置民）城市融入问题社会调查"数据。

数据分析结果表明，在借钱帮助上，家人和亲戚占比最大，其次是同学和老乡、一般朋友，工友、主管、企业负责人和政府人员、企业家占比最低。

经由"情感安慰"的调查数据显示，在调查的1 645个有效样本中，家人占52.2%，亲戚占26.4%，同学占9%，老乡占2.7%，工友占1%，主管占0.3%，企业负责人占0.4%，一般朋友占2.8%，政府人员占0.4%，企业家占0.4%，其他占1.1%，都没有占3.3%（见表9-17）。

表9-17　　对农业转移人口提供情感安慰的人群分布

提供情感安慰的人群	响应 频数	响应 百分比（%）	个案百分比（%）
家人	859	52.2	85.1
亲戚	435	26.4	43.1
同学	148	9.0	14.7
老乡	44	2.7	4.4
工友	17	1.0	1.7
主管	5	0.3	0.5
企业负责人	6	0.4	0.6
一般朋友	46	2.8	4.6
政府人员	6	0.4	0.6
企业家	7	0.4	0.7
其他	18	1.1	1.8
都没有	54	3.3	5.4
总计	1 645	100.0	163.0

资料来源：课题组"城市化过程中城市新市民（中国农业转移人口——安置民）城市融入问题社会调查"数据。

数据分析结果表明,在提供情感安慰的帮助上,家人占比最大,为52.2%,其次是亲戚,主要以血缘关系为主,同学也提供了一定的情感安慰,主管、企业负责人、政府人员、企业家的占比较低。

经由"重大问题一起讨论"的调查数据显示,在调查的1 530个有效样本中,家人占58.4%,亲戚占24.5%,同学占5.9%,老乡占2.4%,工友占0.8%,主管占0.5%,企业负责人占0.7%,一般朋友占2%,政府人员占0.5%,企业家占0.5%,其他占0.8%,都没有占3.1%(见表9-18)。

表9-18　农业转移人口遇到重大问题一起讨论的人群分布

遇到重大问题一起讨论的人群	响应 频数	响应 百分比（%）	个案百分比（%）
家人	894	58.4	89.3
亲戚	375	24.5	37.5
同学	90	5.9	9.0
老乡	37	2.4	3.7
工友	12	0.8	1.2
主管	7	0.5	0.7
企业负责人	10	0.7	1.0
一般朋友	30	2.0	3.0
政府人员	8	0.5	0.8
企业家	7	0.5	0.7
其他	12	0.8	1.2
都没有	48	3.1	4.8
总计	1 530	100.0	152.8

资料来源：课题组"城市化过程中城市新市民（中国农业转移人口——安置民）城市融入问题社会调查"数据。

数据分析结果表明,在重大问题一起讨论方面,家人占比最大,其次是亲戚,同学和老乡占比较低,工友、主管、企业负责人、政府人员和企业家占比最低。

经由"和别人发生纠纷时帮忙处理"的调查数据显示,在调查的1 797个有效样本中,家人占42.8%,亲戚占25.9%,同学占8.6%,老乡占4.7%,工友占1.7%,主管占0.4%,企业负责人占0.4%,一般朋友占4.5%,政府人员占1.8%,企业家占0.3%,其他占0.9%,都没有占7.8%(见表9-19)。

表9-19　农业人口与他人发生纠纷时帮忙处理的人群分布

与他人纠纷时帮忙处理的人群	响应 频数	响应 百分比（%）	个案百分比（%）
家人	770	42.8	75.8
亲戚	466	25.9	45.9
同学	154	8.6	15.2
老乡	85	4.7	8.4
工友	30	1.7	3.0
主管	7	0.4	0.7
企业负责人	8	0.4	0.8
一般朋友	81	4.5	8.0
政府人员	32	1.8	3.1
企业家	6	0.3	0.6
其他	17	0.9	1.7
都没有	141	7.8	13.9
总计	1 797	100.0	176.9

资料来源：课题组"城市化过程中城市新市民（中国农业转移人口——安置民）城市融入问题社会调查"数据。

数据分析结果表明，在发生纠纷时的帮忙处理方面，家人占比最大，占42.8%，其次是亲戚，同学、老乡、一般朋友也提供了相应的帮助，而主管、企业负责人、企业家等次级群体提供的帮扶较少。

经由"城市新市民休闲时间主要做的事情"的调查数据显示，在调查的2 847个有效样本中，看电视占26.8%，上网占13.3%，串门聊天占13.5%，逛街、看电影占5.4%，娱乐打牌、喝茶等占14%，家务劳动带孩子等占11.6%，社交和应酬占5%，读书看报占3.9%，跳广场舞或参与社区活动占4.4%，其他占2.1%（见表9-20）。

表9-20　农业转移人口的娱乐方式

娱乐方式	响应 频数	响应 百分比（%）	个案百分比（%）
看电视	764	26.8	72.8
上网	379	13.3	36.1
串门聊天	385	13.5	36.7

续表

娱乐方式	响应 频数	响应 百分比（%）	个案百分比（%）
逛街、看电影	153	5.4	14.6
娱乐打牌、喝茶等	400	14.0	38.1
家务劳动带孩子等	330	11.6	31.5
社交和应酬	141	5.0	13.4
读书看报	110	3.9	10.5
跳广场舞或参与社区活动	126	4.4	12.0
其他	59	2.1	5.6
总计	2 847	100.0	271.4

资料来源：课题组"城市化过程中城市新市民（中国农业转移人口——安置民）城市融入问题社会调查"数据。

数据分析结果表明，农业转移人口主要的娱乐方式是看电视、上网、串门聊天和打牌、带孩子，而读书看报、逛街看电影和社交、跳广场舞等比重较低。这说明农业转移人口在社交应酬、参与社区活动这一方面的自主意愿较低，倾向于看电视、上网等以自己家庭为主的娱乐方式。因此，鼓励农业转移人口主动走出家门进行社交、参与社区活动则是一项值得思考的事情。

经由"社区活动参与频率"的调查数据显示，在调查的1 060个有效样本中，总是、经常、一般、偶尔、从不分别占比2.5%、9.9%、19.2%、23.3%、45.1%（见表9-21）。

表9-21　　　　　农业人口社区活动的参与频率

参与频率	频数	百分比（%）	有效百分比（%）	累计百分比（%）
总是	26	2.5	2.5	2.5
经常	105	9.9	9.9	12.4
一般	204	19.2	19.2	31.6
偶尔	247	23.3	23.3	54.9
从不	478	45.1	45.1	100.0
总计	1 060	100	100	—

资料来源：课题组"城市化过程中城市新市民（中国农业转移人口——安置民）城市融入问题社会调查"数据。

数据分析结果表明，45.1%的人群从不参与社区活动，经常、总是参与社区活动的人累计占比12.4%，这说明农业转移人口与社区联系较少，社区组织应该积极开展居民感兴趣的活动，调动居民参与活动的热情和自主性，从而帮助农业转移人口更好地融入城市生活，建立更为广阔、良好的社交网络。

4. 市民化的现代性过程中农业转移人口的身份认同

通过对农业转移人口城市融入过程中身份认同的调查，得到如下结果：

经由"农业转移人口城市身份自我认同情况"的调查数据显示，在调查的1 019个有效样本中，完全不符合占23.6%，比较不符合占50.9%，一般占19.2%，比较符合占1.5%，十分符合占0.9%（见表9-22）。

表9-22　　　　　　　　农业转移人口的身份认同

题项	频数	百分比（%）	有效百分比（%）	累计百分比（%）
完全不符合	250	23.6	24.5	24.5
比较不符合	540	50.9	53	77.5
一般	203	19.2	19.9	97.4
比较符合	16	1.5	1.6	99.0
十分符合	10	0.9	1	100.0
总计	1 019	96.1	100	—

资料来源：课题组"城市化过程中城市新市民（中国农业转移人口——安置民）城市融入问题社会调查"数据。

数据分析结果表明，绝大多数农业转移人口自我认同低，不认为自己已经是城里人。仅有1.5%的人认为自己比较符合，0.9%的人认为自己十分符合。这说明农业转移人口在市民化过程中，心理适应问题较大，没有完成市民身份认同。

二、市民化过程中的行为适应、现代性过程与城市融入的困境

中国农业转移人口市民化过程中的城市融入未能完成，依旧处于"半融入"的状态。农业转移人口的现代性特征有利于其心理适应的实现，但目前中国农业转移人口的现代性过程存在着诸多困境，现代性同样为农业转移人口带来了迷惑与问题。

（一）市民化过程中农业转移人口的城市融入现状

总的来说，目前中国农业转移人口依旧处于"半融入"的状态，要完成城市

融入过程、培育农业转移人口的现代性依旧还有很远的距离。具体表现在以下几个方面：

第一，经济的"半融入"状态。农业转移人口由于教育水平低、劳动技能缺乏以及缺少就业机会等原因，目前的经济收入普遍较低；与此同时，由于职业获取途径单一、不熟悉现代化求职技术等原因，农业转移人口的待业现象严重。

第二，文化的"半融入"状态。在现阶段的转型社会中，城市依旧是一个传统文化与外来文化相交融的空间，居住并生活于其中的农业转移人口的文化传统与习俗观念相应地存在现代性与传统性交融的特点。农业人口的文明程度上升，逐渐显现出了市民素质，但对于大部分农业转移人口而言，他们对现代性的文化和技术依旧接触不多也不熟悉，还未能跟上城市的现代生活节奏。

第三，结构的半融入状态。农业转移人口目前的人际交往呈现出"内卷化"的特点，他们的主要交往人群是家人、亲戚与朋友，其社交的自主意愿较低，与社区联系也较少。这样的交往喜好并不利于农业转移人口社会网络和社会资本的构建，农业转移人口社会网络中的大部分成员依旧是城市社会中下层劳动者，但显然，这样的同质性交往关系对农业转移人口市民化及城市融入的影响远远不及市民非亲属关系。

第四，身份认同的半融入状态。目前农业转移人口的身份认同低，对自我的市民身份没有正确积极的认识，对城市的归属感与认同感不高，是影响农业转移人口市民化和城市融入的阻碍因素。

（二）市民化过程中现代性的经验发现与实践困境

农业转移人口市民化过程中的现代性特征紧密影响着其心理适应，而随着城市身份认同的增加，农业转移人口现代性随之增加，从而加深了其心理适应程度。但中国的农业转移人口市民化过程中并未完全获得不同于传统的价值观念、心理状态和行为模式，而是存在着重重困境，农业转移人口的现代性反而为其带来了困惑与焦虑。

1. 市民化过程中的现代性培育及其经验发现

课题组为了研究中国农业转移人口市民化的现代性适应的影响因素，就城市融入问题的数据进行分析。

从模型我们可以看到，模型的调整后 R^2 值为 0.305（见表 9-23），可消减误差达到 30.5%，F 检验值为 57.888，概率小于 0.001，可见模型的拟合优度非常好。身份认同对于"现代性"特征具有显著的正向影响。标准化系数为 0.105，Sig 值小于 0.001，数据结果说明，若认同自己为城市人，失地农民就越可能会去进行"现代性"实践，获得"现代性"特征。我们还发现性别、年龄、婚姻状况、教育程度、安置类型、住房类型都对他们是否能习得"现代性"特征具有显著性影响。从数据显示结果可以看到，女性更可能学习城市行为，获得"现代性"特征，说明女性较之男性更愿意接受城市新事物，从更为传统的农村社会进入现代化的城市社会，女性相对男性而言也更渴望新变化，希望通过自身的城市实践去改造自己，获得新的身份以及新的社会地位。年龄因素对于"现代性"特征具有显著的负向影响，且影响力在诸多因素中是最大的。可见年纪越小，越可能会去学习城市人的生活方式，获得"现代性"，这一点可以见之于新生代农业转移人口的城市实践，他们会更希望适应城市、融入城市，成年后，年纪轻学习能力强，拼搏进取的精神也更强，年龄的增长会导致学习能力的下降，也会导致守旧观念的加深，因此越年轻越可能具有"现代性"。未婚的失地农民较之已婚的失地农民会更多地具有"现代性"的特征，他们没有结婚也就没有羁绊与牵挂，更可能有拼搏进取的精神，就会更愿意做出尝试，接受新兴文化。受教育程度越高的人，越可能获得更多的"现代性"特征，他们的学习能力和学习意愿会更强。此外安置类型、住房类型对于他们的"现代性"特征具有正向显著关系，即与城市居民距离越近，有越多群际接触机会，他们就会更多地学习城市人的行为与生活方式，获得"现代性"特征。①

表9–23　　　失地农民的"现代性"特征的回归分析

控制变量	因变量："现代性"	
	模型 B2.1	模型 B2.2
性别	-0.065（0.132）*	-0.065（0.131）*
年龄	-0.327（0.006）***	-0.322（0.006）***
婚姻状况	-0.103（0.238）*	-0.098（0.236）**
教育程度	0.233（0.120）***	0.219（0.119）***
就业状态	-0.023（0.141）	-0.017（0.140）
安置类型	0.073（0.189）**	0.078（0.188）**
住房类型	0.060（0.053）*	0.053（0.052）*
预测变量		
身份认同		0.105（0.079）***
常数项	11.259（0.505）***	10.669（0.523）***

① 课题组成员何倩完成了数据统计和数据分析，并完成了部分数据结果的分析。

续表

控制变量	因变量:"现代性"	
	模型 B2.1	模型 B2.2
调整后 R^2	0.295	0.305
F 值	62.972***	57.888***
样本量	N = 1036	

注：括号内为标准误，括号外为标准化系数，+、*、**、*** 分别表示 $p<0.10$、$p<0.05$、$p<0.01$、$p<0.001$。

资料来源：课题组"城市化过程中城市新市民（中国农业转移人口——安置民）城市融入问题社会调查"数据；课题组成员何倩完成了数据统计和数据分析，并完成了部分数据结果的分析。

研究发现，失地农民的"现代性"特征对于他们的心理适应有着异常显著的正向影响，标准化系数为 0.284，为几个变量中影响力最大的，Sig 值小于 0.001，可通过检验。加入"现代性"因素后，身份认同对于失地农民心理适应的影响力降低，从 0.195 变 0.165。统计结果说明，"现代性"对身份认同与心理适应具有中介效应，经由城市性身份认同的影响，失地农民的"现代性"会不断增强，也因此增加了其心理适应程度。[①]

此外，我们可以从表 9-24 中看到，加入"现代性"因素后，教育程度对于心理适应的影响消失，反而年龄的影响变得显著，影响力大幅提高，从 -0.009 变为 -0.082，可见"现代性"因素会更多地通过年龄差异表现出来，更年轻就意味着有更强的学习能力和改变欲望，对于城市的心理适应也会越高。同时，居住类型的影响力进一步增强，"现代性"也会对居住类型的影响力具有增强作用。

表 9-24　失地农民现代性过程中心理适应多元回归分析

控制变量	因变量：心理适应		
	模型 A1.1	模型 A1.2	模型 A3
性别	-0.043（0.056）	-0.042（0.054）	-0.024（0.053）
年龄	-0.017（0.002）	-0.009（0.002）	-0.082（0.002）*
婚姻状况	0.002（0.100）	0.010（0.098）	0.038（0.096）
教育程度	0.131（0.050）**	0.106（0.050）**	0.043（0.049）
就业状态	-0.039（0.059）	-0.027（0.058）	-0.022（0.056）

[①] 课题组成员何倩完成了数据统计和数据分析，并完成了部分数据结果的分析。

续表

控制变量	因变量：心理适应		
	模型 A1.1	模型 A1.2	模型 A3
安置类型	0.030（0.079）	0.039（0.078）	0.017（0.076）
住房类型	0.063（0.022）*	0.075（0.022）*	0.090（0.021）**
预测变量			
身份认同		0.195（0.033）***	0.165（0.013）***
"现代性"			0.284（0.032）***
常数项	3.596（0.212）***	3.208（0.217）***	2.129（0.250）***
调整后 R^2	0.018	0.054	0.109
F 值	3.755***	8.414***	15.136***
样本量	N = 1036		

注：括号内为标准误，括号外为标准化系数，+、*、**、*** 分别表示 $p<0.10$、$p<0.05$、$p<0.01$、$p<0.001$。

资料来源：课题组"城市化过程中城市新市民（中国农业转移人口——安置民）城市融入问题社会调查"数据；课题组成员何倩完成了数据统计和数据分析，并完成了部分数据结果的分析。

2. 市民化过程中现代性的反思性实践

农业转移人口在市民化过程中现代性获得离不开城市化及脱域机制的作用，空间迁移要求农业转移人口重建联系身份与流动后空间的能力。而中国的农业转移人口未能完全形成新的生活形态，也并未在城市中获得一种完全不同于传统的价值观念、心理状态和行为模式，其现代性带来的是无穷的困惑与焦虑。

（1）农业转移人口的现代性谋划：个体的主体性和自我意识的自觉生成。

农业转移人口的现代性谋划体现在城市化过程当中，城市化不仅体现为一种地域空间上的迁移，也体现为一种精神空间上的迁移，这种迁移显然会对农村生活方式和思维方式进行消解或解构。美国社会学家沃斯（Wirth）认为城市化不仅是一种地理空间的位移，更重要的是作为一种生活方式的城市性代表的是一种比农村生活方式更现代的因素，城市化即意味着从农村生活方式向"城市性"生活方式发展、质变的全过程。[①] 帕克（Park）认为城市是"一种心理状态"，不同于农村生活所塑造和形成的心理状态，[②] 索罗金（Sorokin）也认为，城市化就

[①] Louis Wirth. Urbanism as a way of life [J]. *American Journal of Sociology*, 1938, 44 (1): 1–24.
[②] R. 帕克等著，宋俊岭等译：《城市社会学》，华夏出版社 1987 年版。

是变农村意识、行动方式和生活方式为城市意识、行动方式和生活方式的全部过程。[①] 吉登斯（Giddens）认为，"脱域"机制是产生现代性的另一动力源，"是社会关系从彼此互动的地域性关联中，从通过对不确定的时间的无限穿越而被重构的关联中'脱离出来'"，是把社会关系从地方性的场景中'挖出来'（lifting out），然后再使社会关系在无限的时空地带中进行"再联结"或"再重组"[②]，这种社会关系的"脱域"（disembed-ding）"凿通"了社会生活与其"嵌入"（embedding）到在场情境的特殊性之间的关节点，也使被脱域了的制度极大地扩展了时空延伸（time-space distanciation）的范围。

在农业转移人口由脱离"生于斯，养于斯"的乡村来到城市的行为逻辑中，体现了一种个体的主体性和自我意识的自觉生成，而这正是现代性的本质规定之一，这同样是其获得发展的一场重要的社会运动。即从按照经验、常识、习俗、惯例而自发地生存的传统乡村的文化模式中脱离出来，从传统的经验式、人情式的血缘、地缘关系或乡村的经验文化模式中解脱出来，是农业转移人口作为个体从自在自发的生存状态进入到自由自觉的生存状态，而努力去适应一个更为个人主义、更具竞争性的世界，体现在削弱或者销蚀了乡土社区初级群体的控制，进取心的逐步形成，完成对个性的不断肯定，开创一种个人发展的新可能性，这是中国农民现代性进程中的重大突破。[③] 正如英格尔斯（Inkeles）所言："传统人趋向于固守家园，不愿意接受新的生活方式和新观念。而一个具有较多现代性的人，则愿意远离家园，体验和适应新的生活方式，谋求更多的自我发展机会。"[④] 克利福德·格尔茨（Clifford Geertz）在解释卡姆彭的进城农民时也同样指出，"在卡姆彭所发生的一切并不完全是对新生活的建设，也不是对传统生活方式的破坏；尖锐的社会冲突作为下层阶级居民区的特征，不是直接表明失去了文化认同性，而是表面对新的、更灵活的信仰与价值模式的探索。"[⑤]

（2）农业转移人口市民化：传统的重新嵌入与血缘、地缘关系的复制和再生产。

农业转移人口进入城市的过程意味着与最传统的行动情境的撤离，意味着其行为经历着一个全新的世界，意味着社会纽带不是从过去继承而来，而是必须被制造出来，聚焦于一种新型的相互依赖关系。事实上，农业转移人口来到城市后，其传统的社会结构和意义表达在城市中并没有被彻底摧毁，传统的行动情境

---

① 刘传江：《中国城市化的制度安排与创新》，武汉大学出版社 1999 年版。
② 安东尼·吉登斯著，田禾译：《现代性的后果》，译林出版社 2000 年版，第 18 页。
③ 潘泽泉：《被压抑的现代性：农民工融入城市的困境》，载于《广西民族大学学报》2011 年第 1 期。
④ 英格尔斯著，殷陆君译：《人的现代化》，四川人民出版社 1985 年版，第 156 页。
⑤ 克利福德·格尔茨著，韩莉译：《文化的解释》，译林出版社 1999 年版，第 183 页。

的撤离并不意味着地方生活和地方习俗完全消失,存在着传统的重新嵌入,传统血缘、地缘关系的复制和再生产,与敌对他者的分离、习惯性的强迫性力量存在,现代化并没有带来建立在血缘、地缘关系基础上的传统社会关系网络的破坏,反而促进了一系列非正式制度进入功能再现的过程,这种功能在城市空间的实践中还不断被复制和扩大,这就促成了离开乡村进城务工的农业转移人口群体,仍然依托着传统的血缘、亲缘或地缘关系所构成的社会网络及乡村的礼俗原则和行为规范,来展开其经济生活和城市生活①。

农业转移人口的传统性延存体现在一种乡土社会的社会情境的再度嵌入,变成自己在城市空间中的一种行动表征和逻辑叙事,通过在自己隔离性的空间中,重新建构了一种类似于乡土社会的生活秩序,同时利用乡土社会所涵摄的资源来完成自己的日常生活叙事,体现在脸面、人情的持续性存在,乡土信任、血缘、地缘关系的再度拥抱,对现代性的集体抗拒和焦虑。②

"同乡村生活相比,城市无疑是现代的标志或象征。因此,进入城市、获得城市体验是农民接触现代、培养个人现代性的最便捷、最直接的途径……城市与乡村的不同,对每一个从乡村进入城市的人来说会构成一种全新的社会化力量。城市会对生存于其间的人产生无所不在的影响,城市中的庞大的科层组织、工作机构、社会位置、制度规范和各类角色会对在其间工作与生活的人提出严格的要求,要求他们适应城市里的一切,要求他们同城市里生活着的庞大的人群打交道,并相互适应。"③ 正是在这样的意义上,沃思(Wirth)肯定地说:"城市改造着人性……城市生活所特有的劳动分工和细密的职业划分,同时带来了全新的思想方法和全新的习俗姿态,这些新变化在不多几代人的时间内就使人们产生了巨大改变"④。"对于下层阶级来说,生活的逼迫、无休止地为果腹而奔波和文化的贫乏,使他们保持着人类自强不息的原始本能和不断更新的活力。⑤"传统的中国农民将稳定、土地、家园、身份当作固定不变的概念,将身份视为固定于一个固定地域。流动到城市后,农业转移人口群体重新建立这些(固定)身份与(流动后的)空间的联系的能力就变得异常重要,如果我们不是将背井离乡的农业转移人口作为农民的身份本身,而是将身份视为不断变化,将背井离乡者的能力视为"创造性地建构他们历史"的依据,在寄寓的空间与其他空间的关系中来界定他们的话语;如果我们不是将身份当作"存在的一种复杂的感知,

---

① ② 潘泽泉:《社会、主体性与秩序:农民工研究的空间转向》,社会科学文献出版社2007年版,第347页。

③ ④ 周晓虹:《流动与城市体验对中国农民现代性的影响——北京"浙江村"与温州一个农村社区的考察》,载于《社会学研究》1998年第5期。

⑤ 帕累托等著,刘北成译:《精英的兴衰》,桂冠图书股份有限公司1993年版,第183页。

或者产生于某个地方体制,而是作为根据多重空间和多种目的而主动规划建构的从属感"。①

农业转移人口并没有像所预期的那样,完全"抛离了所有类型的传统社会秩序的轨道,从而形成了新的生活形态"②,也并未在城市中获得一种完全不同于传统的价值观念、心理状态和行为模式,其现代性已经由一种被追求和向往的理想价值而变成在内在精神世界和外部社会领域引发出无穷的困惑、焦虑、紧张和冲突的麻烦"问题",其现代性体验也同样没有出现"一种与传统的断裂,一种全新的感觉,一种面对正在飞逝的时刻的晕眩的感觉"③。正如诺贝特·埃利亚斯(Norbert Elias)所言,"他们必须荒弃他的原本所是,以便在人际网络中获得自保;他受到社会既有结构的持续逼迫,使他违背自己的'内在的真实',他将无从施展他的那些得心应手的才干,也不会成为他有能力成为的那种人④。"

第三节 市民化的现代性过程与城市融入：议题建构与行动纲要

农业转移人口市民化过程中的现代性与城市融入的议题建构与行动纲要,包含对农业转移人口现代性过程的议题建构与实践方略探讨、群体行为与社会融入的研究。

一、市民化中的群体行为适应与现代性过程：议题建构与实践方略

市民化中的群体行为适应与现代性过程是一个群体城市适应、由传统性走向现代性,实现城市性与现代性的过程。

---

① 路易斯·S. 西尔伯林：《巴西阿尔坎塔拉的人口迁移与基伦博人：现代性,身份和地位》,载于《国际社会科学杂志》2004年第1期；潘泽泉：《社会、主体性与秩序：农民工研究的空间转向》,社会科学文献出版社2007年版。
② 安东尼·吉登斯著,田禾译：《现代性的后果》,译林出版社2000年版,第18页。
③ 米歇尔·福柯：《什么是启蒙》,引自汪晖、陈燕谷主编：《文化与公共性》,生活·读书·新知三联书店1998年版,第430页。
④ 诺贝特·埃利亚斯著,翟三江等译：《个体的社会》,译林出版社2003年版,第35页。

(一) 行为适应、生活方式转变与市民化能力提升

行为适应是指流动者不仅理念上认同，而且行为上能够按照流入地认可的规矩和习俗办事，实践着流入地认可的行为规范、言行举止向当地人靠拢。仅有理念上的文化认可和接纳是不够的，关键还靠实践。人际交往、社会网络、婚育行为、生活习惯（如衣着打扮、饮食习俗、闲暇方式、消费行为）、社区参与、健康和教育行为、行为失范等都是衡量行为适应的指标。与谁交往、如何交往、交往面有多宽直接体现了行为适应程度；他们在日常工作中是否按照本地的习俗办事反映出他们对当地文化习俗了解的程度，折射出其行为适应水平。从农村的生活工作方式向节奏紧张的现代都市生活方式的转变是一个巨大的挑战——他们可以不接纳流入地的文化，但行动上却必须按流入地的规矩办事，否则就达不到流动的目的。农业转移人口实现市民化的能力、城市适应能力等都是影响他们市民化的重要因素。市民化过程就是由传统性走向现代性的过程。

(二) 人的现代性：从传统性走向现代性

人的现代性表现为由传统人向现代人转变中人的现代性的增长，包括他们的城市意识、行动方式和生活方式；个体的主体性、个性、自由、自我意识、创造性、社会参与意识等现代性的文化特质的自觉生成。舍勒（Scheler）指出，从传统社会向现代社会的转变，不仅是环境和制度的转化，而且是人自身的转化，这是一种发生在人的"灵魂和精神中的内在结构的本质性转化，一种人的文化心理性质和内在心性秩序更为深层的变化"。现代性是深层的"价值秩序"的位移和重构，表现为工商精神气质战胜并取代了超越性价值取向的精神气质。[1] 福柯（Foucault）把现代性理解为"一种态度"，他认为，所谓态度指的是与当代现实相联系的模式：一种由特定人民所做的志愿的选择，一种思想和感觉的方式，也就是一种行为和举止的方式，在一个或相同的时刻，这种方式标志着一种归属关系并把它表达为一种任务。哈贝马斯（Habermas）把现代性看作一种新的社会知识和时代，它用新的模式和标准取代中世纪已经分崩离析的模式和标准。在这种新的时代意识的支配下，逐渐形成了一种注重现在的精神气质，从而把人类社会历史看作不断理性化的过程。现代性是"一种态度"、一种思想和感觉的方式、一种行为和举止的方式、一种面向未来的意识、一种注重现在的精神气质，是一种发生在人的灵魂和精神中的内在结构的本质性转化、一种人的文化心理性质和内在心性秩序更为深层的变化，从而把人类社会历史看作不断理性化的过程，理

---

[1] 马克斯·舍勒著，罗悌伦译：《资本主义的未来》，生活·读书·新知三联书店1997年版，第62页。

性主义、个人主义、进步的历史观念是现代性观念的核心内容。①

（三）市民社会中的公共性：从"传统公共性"到"城市公共性"

最早提出公共性和公共哲学概念的当属美国学者李普曼（Lippmann），1955年他在《公共哲学》一书中倡导并呼吁通过梳理人们的公共精神来重建自由民主主义社会的秩序。而后，阿伦特（Arendt）、哈贝马斯（Habermas）、卢曼（Luhmann）、桑内特（Sennett）等学者对"公共性"问题进行了理论探讨，逐渐形成了哈贝马斯（Habermas）的"市民公共性"、卢曼（Luhmann）的"合法至上论"的公共性以及罗尔斯（Rawls）基于自然法论而展开的公共性等不同的公共性研究流派，20世纪90年代开始，日本学界兴起了一场堪称公共性研究运动的学术探索，并于1997年在京都成立了"公共哲学共同研究会"，后更名为"公共哲学京都论坛"，召开80余次研讨会，出版了20卷的"公共哲学"系列丛书。近年来，国内学者对"公共性"问题的关注度逐渐增加，主要集中在哲学、政治学、公共管理和公共政策、社会学、教育学和传媒学等研究领域。一般而言，学术界把20世纪90年代前以"官"为主要承载的公共性称为"旧公共性"，把起始于20世纪90年代，以全球化、市场经济的发展、消费社会的形成、老龄社会的到来等因素为背景，在"官"以外的公共性诉求视为是一种"新公共性"。20世纪90年代以来，以全球化和现代化的突进为背景，学术界掀起一股公共性研究热潮，"公共性构造"的转换问题一时成为学术界关注的热点。农业转移人口的人际交往关系大多还停留在传统的亲缘和地缘关系层面，具有内向性、乡土性、规模小、密度高、趋同性强、异质性低等特点，客观上形成了与流入地主流社会及文化相疏离的现象，降低了流动人口在城市的适应性，并可能导致行为失范等偏差行为。以"村落社会"逐渐走向消解和城市社区的社会融入为背景，培育、催生从市民社会中离析出的带有新型公共性的公共领域，进一步推进"社会建设"，建构"新公共性"的问题应运而生。

二、市民化中的群体行动与社会融入：问题聚焦、理论争辩焦点与议题

对农业转移人口市民化过程中的群体行动与社会融入的问题聚焦包括对其群体差异性和异质性、城市融入各维度的递进关系和阶段性与农业转移人口主体性

---

① 潘泽泉：《社会、主体性与秩序：农民工研究的空间转向》，社会科学文献出版社2007年版，第162页。

回归三方面的研究。

(一) 市民化过程中社会融入的群体差异性和异质性

一是以社会流动研究的奠基人索罗金（Sorokin）为代表的"部分流动说"。他们认为社会流动通常是部分流动。经济方面上升的个体可能在社会地位和权力地位方面并没有相应的提升，因此，流动者很难使自己适应这个新的"不协调"的环境。这对于代内和长距离流动者来说，困难最大，而对于代际和短距离流动者来说，困难较小。二是以霍柏（Hopper）为代表的"流动途径说"。其观点认为，社会融入主要与一个人的流动途径有关，不同群体的社会适应程度存在区别。总体而言，通过教育渠道实现直接上升流动的人比通过其他渠道间接实现上升流动的人，更容易实现社会融合。后者最初未能进入教育系统，因而无法得到相应的职业和地位培训，因此，在社会调适中他们会遇到较多困难。三是以布劳（Blau）为代表的"社会互动说"。这派观点认为，社会流动包含两个维度：职业阶层的变化与社会阶层的变化。流动者只有在经济变化转换成社会关系的变化时，其职业阶层和社会阶层才能达成一致。在这一过程中，社会互动发挥着重要作用。它和社会同化互为表里、相互强化。一方面，与新阶层广泛互动会带来更大程度的社会融合；另一方面，社会融合也容易对一个人的生活方式产生影响，从而更有助于其融入新的阶层。四是以萨维奇（Savage）为代表的"自身动机说"。这派观点认为自身的动机也在社会适应中起着重要作用。而且生活方式本身可以成为社会流动及社会融合的途径。萨维奇（Savage）在对英国中产阶级的研究发现，那些"非常想要证明自己的存在"的流动者更容易改变生活方式，融合过程因而更快。那些倾向于从新阶层选择朋友的人更容易改变生活方式，因而更容易融入新的社会阶层。那些选择与原来的阶层成员交往的人则不太容易改变自己的生活方式，因此不太容易被新阶层的人接纳。潘毅等学者通过对进城打工女青年群体的研究发现，为了摆脱农村形象，很多进城打工女青年特别渴望追求时尚。她们努力改变自己，希望拥有崭新的形象，以使自己至少表面上看起来像个城里人。

(二) 城市融入各维度的递进关系和阶段性

农业转移人口在流入地的社会融入过程是复杂的、非线性的、多元的、互动的。融入是多维度的，包括经济整合、文化接纳、行为适应和身份认同。这些维度存在一定的先后递进关系，但更是一种相互依存、互为因果的关系。农业转移人口市民化外部结构的差异性、内部主体的能动性，即城市类型的等级差异、融入成本、接纳程度等不同的市民化分类路径的可行性研究。根据农业转移人口在不同维度的融入状况，可进一步区分为隔离型、多元型、融入型、选择型、融合型等类型。农业转移人口个体外出流动与迁移往往是个体与家庭共同决策的结果，即农业转移人口融入可在个体、群体、整体三个层面展开，首先个体进入城市，需要依托相应职业活动获取一定的经济收入以维系自身生存与发展的需要；其次，农业转移人口文化接纳、行为适应及身份认同往往与其生活的社区联系在一起，通过与社区居民以及管理者的互动逐渐塑造、调适与明晰；另外，浓郁的家庭观念以及向上流动的期望使得农业转移人口较为关注子代的教育与成长，留守儿童与流动儿童的教育构成农业转移人口社会融入的一个重要面向。①

杨菊华认为社会融入的四个维度（经济整合、文化接纳、行为适应、身份认同）之间存在一定的递进关系：流动者在流入地的社会融入始于经济整合，经过文化接纳、行为适应、最后达到身份认同境界。② 朱力从社会适应的角度对农业转移人口的社会融入进行了讨论，在城市生活的农业转移人口的适应状况有三个依次递进的层次，分别是经济层面、社会层面和心理层面。当前农业转移人口的适应状况仅仅停留在经济层面，政策性与制度性因素阻碍了农业转移人口适应的深入。王春光在对农业转移人口群体"半城市化"问题的研究中指出，城市化应当是经济体系、社会体系、文化体系及制度体系的有机整合，而当前的流动人口，尤其是农业转移人口群体，仅仅在经济体系上被接纳，在其他体系上却受到排斥，在心理认同上，也缺乏对城市社会的归属感。方向新、张建通过实证分析认为，农业转移人口在经济上融入城市社会的程度较高，社会层面的融入程度有待提高，文化融入处于"半融入"的状态，而心理融入则处于十分尴尬的境地。很多农业转移人口存在相对剥夺感、社会差异感、社会距离感和不满情绪（许传新，2007；魏晨，2007；王泉超，2007；刘玉连、周芳苓，2011）。农业转移人口强烈地渴望融入城市生活，但对城市居民缺乏群体认同感，出现了对自己身份的认同混乱的现象。③

（三）空间、主体性与秩序：主体性的回归与城市融入

农业转移人口市民化过程中的城市融入离不开其主体性的回归，市民化是农业转移人口在日常生活实践中对自身所拥有的市民化能力和生活境遇不断反思、调节的能动选择的结果。

---

①③ 潘泽泉：《社会、主体性与秩序：农民工研究的空间转向》，社会科学文献出版社2007年版，第428页。

② 杨菊华：《从隔离、选择融入到融合：流动人口社会融入问题的理论思考》，载于《人口研究》2009年第1期。

1. 农业转移人口的日常生活、规训机制与场域

在前面我们已经叙述了一种主体性"自我"的行动逻辑,即一种弱者的生活方式,福柯(Foucault)关注日常创造力的程序,他并没有关注和分析那些运行权力的机构,而是关注这些机构的力量以及运作者他们"细小"的技术运作程序,重新建立和划分在城市边缘的分散性的空间,关注"生产性的机构"和"权力的微观技术"以及"日常生活在使用着的规训机制"。"正如福柯所言,我们关注的不是去弄清楚等级的暴力如何成为规训的技术,而是揭示那些早已被规训之网俘获的群体和个人,他们是分散的、策略性的以及权宜性的创造力所采取的秘密形式,消费者的消费程序和策略被推到理想的限度后,构成了反规训的网络。"[1]

农业转移人口的行为逻辑必然引入布迪厄(Bourdieu)的场域,即作为空间性场域的存在。通过场域可以全面呈现农业转移人口的关系网络、意义空间、行为策略以及资本的争夺的动态特征,可以呈现农业转移人口作为弱势群体是如何被遗忘、被贬损、被误解的经过与历史历程;通过场域可以全面呈现流动人口与场域之间如何通过关系共同打造入场的规则,搭建在场的优势和行为策略,以及所引发的争场的冲突。这里的场域是一个运作的空间,也是一个游戏的空间,"权力场域是一个游戏和竞争的空间……一切社会行动者和机构……为了维持这种力量的均衡,或要去改变它,就产生了各种策略"[2]。

2. 农业转移人口城市融入过程中的多元抗争策略与生活叙事

尽管在城市化过程中,存在把农业转移人口通过户籍制度、职业限制置放在农村身份上,实现限制个人新的空间在城市的自由发展,但存在着一种主体性建构,即一种主体力量的培育和滋养,一种弱势群体的多元抗争策略,在城市主流建制的框架中寻找空间的策略,存在着一种拒绝抽空社会关系的个体主义,表征为一种实践的策略、弱者利用强者的聪明方式。农业转移人口可以说是未被承认的创造者,是自己行为的诗人,他们在城市中空间的建构和体制外的延续性存在,是一种弱者对强者的胜利、聪明的伎俩,知道怎样成功地逃避,猎人的狡猾、花招、多重伪装,都是一种策略性的实践方式,这种策略体现在农业转移人口在体制外对自己行动的经营,表现为他们是如何在体制的夹缝中重新建构自己的生活世界的,他们是如何与城市管理者进行周旋的,又是如何在城市现代化叙事和发展主义意识形态中完成自己的生活叙事的。

弱势群体公开接受了统治者为他们描述的合理现实,并不等于他们成为丧失了"能动主体意识"的傻瓜,这种反抗表现在日常生活中哪怕是最明显接受统治

---

[1] 米歇尔·福柯:《规训与惩罚》,刘北成等译,生活·读书·新知三联书店2004年版,第206页。
[2] 布迪厄、华康德著,李猛等译:《实践与反思——反思社会学导论》,中央编译出版社1998年版,第285页。

意识形态的行为中①，正如斯科特（Scott）所言，作为底层群体的农民日常生活中经常的形形色色的回避、拖延、嘲讽、作弄及抵制等不合作和抗拒行为不过是"弱者的权力"，是一些社会弱者不得不采取的、成本最低的、也是最常用的手段，这些"不合理"行为恰恰是一个理性农民的合理选择和理性行为②，斯科特（Scott）意义上的"弱者的武器"（weapons of the weak）的运用就已经是公开地以违规来表达弱者对社会游戏规则的不合作。农业转移人口群体在城市中寄寓的空间变成了他们在城市中的"小世界"，具有一种相对的"自主封闭性"，这种空间在某种程度上能够产生一种有效的文化抵抗方式，在那里，使得源于乡村的价值手段或者一种特有的空间生态成为居于支配地位的城市文化，或城市"现代化"历程，或"发展主义"逻辑的敌对因素，成为城市现代化中的阻碍或"污名化"存在。③

3. 农业转移人口城市融入过程中的主体性回归与反思性行为流

由于社会制度本身空间的不断拓宽、城乡经济发展产生的市场机会增加、城市社会对农业转移人口的接纳度不断提高，为农业转移人口市民化提供了宏观条件和可能④。外部社会结构的差异性体现在中小城市具有宽松的户籍等制度性安排空间。对新生代农业转移人口回流式市民化的身份市民化提供了条件和可能，新生代农业转移人口也并非社会结构制约下的"木偶"。正如沃特斯（Waters）所说："对行动的强调意味着，个体不是社会世界的产品甚或摆布的对象，而是创造其周边世界的主体，他们在思考着、感觉着、行动着。"⑤ 新生代农业转移人口是一群理性的行动者，总是保持着对身边世界的思考，积极地调动各种资源，灵活地采取各种策略，去实现自己对生活的追求。在吉登斯（Giddens）的结构化理论看来，人类社会的个人行动是一个具有反思性行为流的行动模式。在具体的社会实践活动中，个人的行动是一个具有目的或意图的能动行为，这样的一个能动行动包括动机的激发过程、行动的合理化过程和行为的反思性监控过程三个方面，这种过程是一个不断积累、不断调整的过程。市民化是新生代农业转移人口对自身所拥有的市民化能力和生活境遇不断反思、调节的能动选择的结果。市民化是新生代农业转移人口"利益整合—发展理性"的行动逻辑的结果。农业转移人口的行动逻辑可以概括为生存—货币逻辑和利益整合—发展理性逻辑两个分析框架。新生代农业转移人口的个体特征和市民化意愿及能力方面，遵循

---

① 徐贲：《弱者的反抗——詹姆斯·斯考特的弱者抵抗理论》，天津社会科学院出版社 2005 年版。
② James C. Scott. *Weapons of the Weak：Everyday Forms of Peasant Resistance* [M]. New Haven and London：Yale University Press，1985.
③ 潘泽泉：《社会、主体性与秩序：农民工研究的空间转向》，社会科学文献出版社 2007 年版。
④ 胡杰成：《农民工市民化研究——一种社会互构论的视野》，华中师范大学 2009 年。
⑤ 马尔科姆沃特斯著，扬善华译：《现代社会学理论》，华夏出版社 2000 年版。

的是利益—发展的行动逻辑。利益—发展的行动逻辑中的利益不仅包括个人利益还包括家庭利益两个层面，发展也不仅包括个人的发展还包括家庭发展的内容。在个人与家庭、在结构与行动之间来遵循他们的利益—发展的行动逻辑是他们选择回流式市民化的内外环境互动的结果。折晓叶在农民合作行为的研究中指出，当农民面对"城市化暴力"时，他们往往选择"韧武器"——一种既柔软又坚实的武器，采用非对抗性抵制方式，选择"不给被'拿走'（剥夺）的机会"的做法，并且借助于"集体力"的效应，使他们面临的问题公共化，从而获得行动的合法性。①

---

① 潘泽泉：《社会、主体性与秩序：农民工研究的空间转向》，社会科学文献出版社2007年版。

第十章

农业转移人口市民化：发展现状、战略路径与政策工具

党的十八大提出"走中国特色新型城镇化道路"，我国城镇化转向以人为本、规模和质量并重新阶段。为积极推动新型城镇化建设，户籍、土地、财政、教育、就业、医保和住房等领域配套改革相继出台，农业转移人口市民化速度明显加快，大城市管理更加精细，中小城市和特色小城镇加速发展，城市功能全面提升，城市群建设持续推进，城市区域分布更加均衡。加快改革户籍制度，有序推进农业转移人口市民化是积极稳妥推进城镇化，不断提升城镇化质量的重要手段，随着工业化进程，农业人口不断向非农产业转移、向城镇转移，从而使城镇数量增加、城镇规模扩大、城镇人口比重提高。城镇化是经济社会发展的客观趋势，推进城镇化、提高城镇化率的实质，就是推进工业化的发展，推进农业人口非农化、非农人口市民化的过程。

中国农业转移人口市民化过程存在身份的"半市民化""半城市化""虚城市化"的问题，存在职业性质、公民权利与身份不一致、劳动权、参政权、社会保障权、子女受教育权等合法权益难以保障、子女接受教育困难、就业与生活不平等、社会交往区隔化、社会空间边缘化、居住空间隔离等问题，城镇人口市民化滞后于工业化和土地城镇化、户籍人口城镇化滞后于常住人口城镇化等一系列问题，因此，有必要经由国家发展战略推动、市民化的路径选择、体制机制创新和社会政策工具，实现有序推进中国农业转移人口市民化。

第一节 农业转移人口市民化的中国经验、问题聚焦与制约因素

当前我国城镇化质量不高、城镇化水平地区的不均衡发展的主要问题是农业转移人口市民化滞后,农业转移人口市民化事关我国经济社会持续健康发展全局的战略性制度变革,更是我国当前全面深化改革的重要突破口之一,市民化的水平和质量是影响我国现代化进程的关键因素,是影响城镇化质量的重要因素。解决好中国农业转移人口市民化问题,直接关系到中国"三农"(农村、农民、农业)问题的根本解决,关系到农业现代化、城市化推进、工业化发展、新型城镇化、产业结构升级乃至整个现代化健康发展,而农业转移人口市民化进程滞后则造成了城市中的"新二元结构"或"城市三元结构",削弱了城镇化对内需的拉动作用,导致城镇产业工人人口供给的不稳定性,不利于劳动者素质提高、人力资本积累和产业结构升级。因此,以促进人口城镇化为核心,以有序推进农业转移人口市民化为重点,以创新体制机制为动力,推动"城镇化"健康有序发展,具有重要的理论价值和现实意义。

一、中国农业转移人口市民化:发展现状、阶段性特征与问题视域

中国现阶段全面提高城镇化质量的重要任务之一就是能够促使农业转移人口市民化有序地进行。中共十八届三中全会就特别强调要推进农业转移人口市民化,逐步把符合条件的农业转移人口转为城镇居民。对于中国农业转移人口市民化的总体水平和现状的问题,不同的研究专家和学者曾采用不同的标准和测算指标进行测算,通过这些已有的测算数据结果我们将可以从整体上对中国农业转移人口市民化的总体水平和现状作出推论。从统筹城乡发展的角度出发,国家先后出台了一系列促进农业转移人口市民化的政策措施,加快推进就业、教育、住房、社保、户籍等制度改革,以扩大流动人口转移就业、保障合法权益、完善公共服务和允许进城落户。国务院又专门下发《关于实施支持农业转移人口市民化若干财政政策的通知》,强化财政政策供给和资金支持,推进以人为核心的新型城镇化。但受诸多因素制约,我国农业转移人口市民化进程较慢,成为城镇化相

对滞后的重要原因。[1]

(一) 中国农业转移人口市民化总体水平及其现状

随着我国改革开放的不断深入，中国的城镇化进程也在快速的推进过程当中，1949年末我国常住人口城镇化率仅10.64%，从1978年改革开放伊始的常住人口城镇化率的17.92%提高到2012年的常住人口城镇化率的52.57%，但是到2012年底，我国的城镇户籍人口仅占我国总人口的35.29%。2018年末，我国常住人口城镇化率达到59.58%，比1949年末提高48.94个百分点，年均提高0.71个百分点，近几年，我国城镇化水平不断提高，但与工业化进程相比仍明显滞后，由于大量中国农业转移人口难以融入城市社会，市民化进程明显滞后。截至2018年，中国农业转移人口中仅农民工就超过2.8836亿，这些中国农业转移人口，虽然离开农村迁往了城市，但是并没有完全融入城市生活当中去。[2]

如何评价中国农业转移人口市民化水平，以及如何科学实现对中国农业转移人口市民化水平的界定和测算，是评价和准确认识中国农业转移人口市民化的基础和前提。不同学者在对中国农业转移人口市民化问题的界定与测算方面提出了不同的观点看法。有认为应将城市内部流动人口一并作为城镇市民测算市民化水平[3]；有认为目前将农业转移人口作为城镇常住人口来核算的方法过于简单，不能反映农业转移人口融入城市的客观状况[4]；也有人通过扩展并尝试构建人口、经济、社会文化和城市建设4个维度的指标体系测算市民化水平。根据不同的测算标准，不同的市民化水平的测算结果不完全一致，如中国社会科学院发展与环境研究所、社会科学文献出版社联合发布的2013年《城市蓝皮书No.6》，2011年我国农业转移人口市民化程度综合指数仅为40.7%，《中国经济周刊》与中国社科院城市发展与环境研究所联合发布的《中国农业转移人口市民化进程报告》显示，2012年中国农业转移人口市民化程度综合指数仅为39.63%，王晓丽利用较完整的指标体系，测算出2013年中国农业转移人口市民化水平为0.478，并认为现行城镇化率高估了城镇化发展的真实水平[5]。王伶和梅建明通过29个省（区、市）的问卷调查，测算出2014年我国农业转移人口市民化进

---

[1] 匡远配、周凌:《财政分权、农地流转与农民工市民化》，载于《财政研究》2017年第2期。
[2] 资料来源于国家统计局2019年6月15日发布的新中国成立70周年经济社会发展成就系列报告之十七。
[3] 梁普明:《中国城镇化进程的特殊性及测度方法研究》，载于《统计研究》2003年第4期。
[4] 杜宇、刘俊昌:《城镇化率核算方法的改进——基于农民工市民化的视角》，载于《中国劳动关系学院学报》2014年第2期。
[5] 王晓丽:《从市民化角度修正中国城镇化水平》，载于《中国人口科学》2013年第5期。

程为 42.02%①。尽管数据之间不一致，但相差不大，所有的数据都说明，我国农业转移人口的市民化状况不容乐观，市民化水平还很低，尤其是社会保障和居住水平明显偏低。早在"十二五"期间，我国城镇化率要从目前的 47.5% 提高到 51.5% 左右，按现有的人口规模，每年需转移农村劳动力 900 万人，转移农村劳动力的任务较为艰巨。②因户口政策等方面的限制和影响，他们也无法享受与城镇居民同等水平的医疗、教育、社会保障和社会福利等基本公共产品和公共服务。

外来人口构成中国农业转移人口的主体，外来人口市民化的水平基本上能体现出中国农业转移人口市民化水平的总体趋势和形式。王桂新等的研究认为，中国城市农业转移人口总体上已达到 54% 的市民化水平，尤其是其社会关系、心理认同等非物质维度的市民化都已达到接近 60% 的较高水平。即使受户籍制度以及以此为基础的二元社会体制的屏障，中国城市化过程中农业转移人口的市民化仍然取得较大进展。③中国社科院城市发展与环境研究所魏后凯表示，我国城镇农业转移人口处于快速稳定增长阶段，总量约 2.4 亿多人，占城镇人口三分之一左右，"这些人虽身在城市，但享受到的权利、待遇等方面与城镇人口差距较大。"促进数量如此庞大的农业转移人口实现市民化，将是一项中长期的经济社会发展任务和国家战略。④

农业转移人口向市民角色的转换，是顺应广大农业转移人口意愿和我国现代化建设要求的重大转变。推进外来人口市民化已有一定的现实基础。有学者基于对全国 6 个城市的实地考察和 20 多个城镇的问卷调查发现，农业转移人口市民化意愿强烈，但在方式上，不愿意以"双放弃"换取城镇户籍。就农业转移人口市民化公共成本而言，按照 2010 年不变价格计算，每个外来移民市民化的政府支出公共成本约在 8 万元⑤。据测算，全国外来移民市民化的人均公共成本约为 13 万元，人均个人支出成本约为 1.8 万元每年，此外，绝大多数农业转移人口还需担负平均每户约为 30 万元的购房成本。稳步推进农业转移人口市民化，必须以扩大外来人口转移就业、保障外来人口合法权益、完善外来人口公共服务和安

---

① 王伶、梅建明：《我国农民工市民化进程测度方法与实证研究——基于 29 个省（区、市）4275 份调查问卷》，载于《农村经济》2015 年第 11 期。

② 李中建：《有效推进县域城镇化的思考》，载于《宏观经济管理》2011 年第 5 期。

③ 王桂新、沈建法、刘建波：《中国城市农民工市民化研究——以上海为例》，载于《人口与发展》2008 年第 1 期。

④ 宏观经济研究院课题组：《"十二五"时期促进农民工市民化的总体思路》，载于《宏观经济管理》2011 年第 9 期。

⑤ 国务院发展研究中心课题组、侯云春、韩俊、蒋省三、何宇鹏、金三林：《农民工市民化进程的总体态势与战略取向》，载于《改革》2011 年第 5 期。

置外来移民进城定居为重点,深化户籍制度改革,扎实提高人口城镇化水平,促进农业转移人口共享改革发展成果。①

综上,中国农业转移人口规模庞大,市民化意愿强烈,随着生产技术的不断发展和农村生产力不断提高,农村地区的剩余劳动力日益递增,市民化形式越来越严峻。以2016年的统计数据为例,2016年我国常住人口城镇化率为57.35%,户籍人口城镇化率是41.2%,相差16个百分点,这差额几乎全是农业转移人口,意味着我国仍有规模庞大的农业转移人口需要实现市民化转移。农业转移人口"市民化"不充分,半"市民化"现象十分严重,大部分常住人口虽然长期在城镇工作和生活,但事实上他们并没有城镇户口,并不能享有与城镇居民同等的子女教育、公共医疗、社会保障等基本公共服务,还处于"半市民化"状态。城镇化在发展过程中出现明显的异化现象,导致"量"的发展较为严重,而忽视了"质"的发展,由此带来的财政资金失衡、房价异常、农民"半市民化"等社会问题突出。农业转移人口市民化政策配套跟不上,政府体制不够完善,还处在不断摸索过程中。随着农业转移人口数量的增加,也加大了政府对于城市流动人口的管理难度,部分地区城镇社区管理十分困难,主要体现在城镇基础建设跟不上,户籍制度改革不及时,土地流转市场机制还不健全等方面。

(二) 市民化的时间过程:时间效应、现代性过程与市民化现状

关于市民化的阶段划分,多数研究者主要从国家发展战略推进、社会转型、劳动力城乡转移规模变化、迁移的时空变化、国家市民化政策调整、制度建构与国家政权建设、市民化的结构变迁和现代性过程等视角进行划分。中国农业转移人口的时间结构效应体现为迁移的时间序列、阶段性特征与渐进性过程,体现为现代性、城市性获得时间过程——从传统性走向现代性过程,也体现为时间结构——流动的经历、人力资本积累、可持续生计获得和社会关系网络重建,体现为社会转型与社会变迁、经济发展和经济转型等,从政治市民化(政治适应)到经济市民化(经济适应),再到社会市民化(社会适应)过程,从生存—经济叙事、身份—政治叙事到多元融合—发展叙事过程,从文化接纳、文化适应到文化融入过程,从身份转变、身份认同再到身份融入的过程等,从赋权(权益保障)、增能(能力提升)到促融(融入式发展),从乡土性、城市性到现代性过程,等等。

1. 市民化的时间过程:阶段过程模型、市民化方向与重点

市民化的时间过程是一个空间转换、人口迁移规模和速度变化的过程。魏后

---

① 国务院发展研究中心课题组、侯云春、韩俊、蒋省三、何宇鹏、金三林:《农民工市民化进程的总体态势与战略取向》,载于《改革》2011年第5期。

凯等学者从转移的空间变迁结合增速的波动将市民化概括为五阶段即改革开放初期的就近转移阶段、20世纪90年代初期的跨省转移阶段、20世纪90年代末期的缓慢增长阶段、2001~2002年的补偿反弹阶段、2003年以来的快速稳定增长阶段。[1] 也有学者指出市民化大体经历控制发展、曲折发展和稳步快速发展三个阶段，体现了制度政策性、"半市民化"性、地域不平衡性、紧迫性以及高额社会成本主要由农业转移人口间接支付等五个鲜明特点。基于对历史进程和特点的分析，社会保障制度创新，是农业转移人口完全退出农村、进入城市和融入城市的关键环节[2]。

事实上，中国农业转移人口市民化经过了控制与闭锁阶段（空间社会隔离与无流动的封闭模式）、就地转移与选择性准入阶段（松绑、市场缝隙与盲流模式）、民工潮与歧视性控制阶段、多元化与融合式发展阶段等四个阶段，基于中国农业转移人口的特点、历史阶段和中国社会转型的社会背景，从"农民—农民工—市民""农村土地退出—城市进入—城市融入""职业转移—地域转移—身份角色转移""土地城镇化—职业城镇化—人口城镇化""城乡二元分割—城乡一体化发展—城乡融合发展"这一整体的动态连续转变的过程中来系统考察中国农业转移人口市民化问题。中国农业转移人口市民化是一个从生存—经济叙事（经济过程）到身份—政治叙事（政治过程），再到多元融合—发展叙事（社会过程）不断发展的过程，从"生存逻辑""权利逻辑"到"发展逻辑"转变的过程，从脱嵌（空间转换与解放）、去传统化（祛魅与世俗化）到再入嵌（融入与整合）过程，从赋权（权益保障）、增能（能力提升）到促融（融入式发展）过程，从再分配话语、社会融合话语到发展话语（人口质量、生活质量与社会质量）转变的过程，从农村土地退出、城市进入、城市融入，再到城市发展的过程，从城乡二元分割、城乡一体化发展到城乡融合发展的阶段性与渐进性过程，市民化的重点和方向转向发展的逻辑、多元社会融合、包容性发展、发展型社会政策等。

2. 市民化的时间过程：政策工具、政策过程与制度转型

有序推进农业转移人口市民化社会政策的调整是内生于国家社会政策系统和政策框架中的，即服从于国家的"政策群"系统，服从中国社会发展的"基调理论"和"大的政策原则"。国家有序推进农业转移人口市民化社会政策过程通常由一种稳定和渐进主义逻辑所驱动，这是由社会政策制定和调整的有限理性、

---

[1] 魏后凯：《中国农业转移人口市民化进程研究》，载于《中国人口科学》2013年第5期。
[2] 高君：《农民工市民化进程、特点与制度创新》，载于《税务与经济》2009年第1期。

模糊性与时间性序列以及社会政策本身的模糊性与实践的模糊性所决定的。[1]

有学者将农民市民化划分为限制歧视期、规范管理期、鼓励引导期三个阶段[2]，谭崇台、马绵远则将市民化划分为进城务工限制初步放开期、规范管理期、权益保护期与逐步市民化时期四个阶段[3]。有序推进农业转移人口市民化社会政策的阶段性及其话语实践经历了控制与闭锁阶段、松绑与盲流阶段、疏堵交替阶段、政策局部调整阶段以及科学规划阶段，从控制策略到整合策略，建立从再分配话语、社会融入话语到融入式发展的社会政策转型。基于有序推进农业转移人口市民化社会政策的政策工具、政策演变和制度建构逻辑，社会政策的基本理念体现为公正性、主动性、投资性、可持续性和创新性，社会政策的目标调整转变为关注投资型国家、能促型政府、能动型社会和积极型福利，关注生命质量、生活质量和社会质量，关注包容性发展、可持续生计与资本重建，关注反社会排斥、社会团结与道德生活重建，关注社会公正、道德生活空间重建与社会发展正义，有序推进农业转移人口市民化体现了国家战略推进、国家制度变迁和社会政策调整，体现了从控制战略到整合战略的转变，从被动型、控制型社会政策向积极型社会政策转变，从生存—经济社会政策，向身份—政治社会政策和融入发展型等社会政策转变，社会政策从城乡二元分割的户籍政策到城乡一体化发展的公共服务均等化、再到城乡融合发展的发展型社会政策过程。

3. 市民化的时间过程：代际流传递、代际分化与市民化过程

农业转移人口的代际分化与市民化，体现了从打工者、移居者到城市新市民的群体分化和代际分化过程。大量的实证研究发现，中国农业转移人口市民化过程中，存在着明显代际分化的市民化逻辑，第二代、第三代转移人口教育水平明显高于第一代，劳动权益保护意识、对劳动的技能诉求都明显增强，他们没有在农村工作，尤其是没有务农的经历，他们不可能再回农村，他们可能成为在城市中"漂泊的一代"，从心理上已经"离土又离乡"。基于"代际性"和市民化进程角度，有学者认为第一代农业转移人口处于市民化的初步阶段，称之为"低市民化"阶段，第二代农业转移人口则处于市民化中间阶段，即"中市民化阶段"。虽然第二代农业转移人口的市民化水平高于第一代农业转移人口，但是他们所处的中市民化进程现实表明目前第二代农业转移人口在市民化的过程中仍面临着许多障碍，其市民化进程可谓任重道远[4]。事实上，虽然第二代农业转移人

---

[1] 潘泽泉：《多重逻辑下的社会政策过程：以农民工政策调整为例》，载于《中国社会科学》（内部文稿），2012年第5期。

[2][3] 李刘艳、吴丰华：《改革开放以来我国农民市民化阶段划分与展望》，载于《经济学家》2017年第8期。

[4] 刘传江、程建林：《第二代农民工市民化：现状分析与进程测度》，载于《人口研究》2008年第5期。

口在心态、价值观念、消费习惯、思维方式、理性精神结构和文化习俗上更接近于市民，对城市的认同感、归属感和社会适应能力较强，现代性和城市性程度也较高，具有强烈的市民化意愿。但由于户籍制度、就业制度、社会保障等种种制度安排，将他们真正排斥在了城市体系之外，使得他们融入城市社会的主观愿望、市民化期望与城市社会排斥之间的反差，形成了一道市民化的巨大鸿沟，使得他们的市民化进程受阻。同时，由于第二代农业转移人口绝大多数不愿甚至没有能力退回到农村中务农，成为城市和农村之间真正的"两栖人""边缘人""漂泊者"，给城市安全带来隐患。积极推进第二代、第三代或新生代农业转移人口市民化势在必行而又任重道远，需要加快户籍制度改革、推进土地流转、完善就业制度、提升人力资本、整合劳动力市场、推进社会保障制度改革步伐，给第二代农业转移人口创造市民化的宏观制度环境，让他们具有更多的选择权，同时加大职业培训，实现人力资本积累，让他们有能力在激烈的市场竞争中站稳脚跟，真正实现其在生存职业、社会身份、自身素质以及意识行为向市民的转化[①]。

4. 市民化的时间过程：阶段性、渐进性与市民化过程

市民化过程体现了从农村土地退出、城市进入、城市融入，再到城市发展的过程，从城乡二元分割、城乡一体化发展到城乡融合发展的阶段性与渐进性过程。中国农业转移人口市民化的时间结构效应体现了，从"生存—经济叙事"社会政策向"身份—政治叙事"的社会政策、再到"多元融合—发展叙事"的转变过程，从再分配话语、社会融入话语到融入式发展转变，从消极型社会政策、被动型回应、干预型社会政策向积极型社会政策、发展型社会政策和投资型社会政策转变，从"生存逻辑""权利逻辑"到"发展逻辑"转变，从赋权、增能到促融转变，从脱嵌、去传统化到再入嵌转变。苏丽锋的研究发现，流动时间增加能有效提高市民化水平。中国农业转移人口市民化内容经历了从生存—经济叙事到身份—政治叙事，再到多元融合—发展叙事的过程，体现了阶段性特征，从农村土地退出到城市进入，再到城市融入。

基于整体性与系统性的角度，有学者分为三个阶段，改革开放以来我国的农业转移人口流动史可分为三个阶段：20世纪80年代是"离土不离乡"阶段。由于农村实施家庭联产承包责任制，生产力大解放，劳动力剩余，此时乡镇企业异军突起，农民进厂，就地转换，成为农时种田、闲时打工、离土不离乡的流动人口。1983~1988年，乡镇企业吸纳大量农村剩余劳动力。90年代是"离土又离乡"阶段。在80年代中期，随着城市改革的启动与对外开放的深入，产生大量劳动力需求，流动人口改变离土不离乡模式，开始跨地区迁移，至90年代形成

[①] 刘传江、程建林：《第二代农民工市民化：现状分析与进程测度》，载于《人口研究》2008年第5期。

离土又离乡模式，规模显著扩大。1989年，农村外出务工劳动力由改革开放初期的不到200万人迅速增加到3 000万人，"民工潮"出现。到90年代中后期，城市就业趋于紧张，出现了流动人口回流现象[①]。21世纪初以来，进入"民工荒"与权利扩张阶段。2003年下半年，广东东莞发生"民工荒"，预示农业转移人口无限供给的时代走向结束。农业转移人口总量虽然仍在增加、但增速逐步回落；同时，出现了全职非农、举家流动及不单纯以赚钱为目的的新生代等变化。与农业转移人口的变化相应，社会与政府对农业转移人口权益日益重视，取消农业转移人口就业与流动限制、同工同酬、加入工会、享受社保福利等在21世纪头十年如火如荼展开；进入第二个十年，改变农业转移人口身份落户城镇被写入新型城镇化规划[②]。

一方面，农业转移人口市民化沿着二步转变路径，即先经过职业转换由农民变成工人，实现职业非农化，然后才提出权利发展要求，实现身份市民化，进一步向市民转变，实现社会市民化，即实现身份认同、现代性生成、社会文化心理适应、城市接纳等。另一方面，确实是经济市民化先行，接着又开始了政治市民化，再过渡到社会市民化历程。经济市民化方面，农业转移人口经历了由农民到城市产业工人的转变，实现了职业身份的转变。先成为兼业流动人口，即就地转换、离土不离乡；然后实现跨地域流动，离土又离乡，完全实现职业非农化，变成产业工人或技术工人。可见，农业转移人口的职业非农化与地域转移是同步的。此外，市民化过程也体现了由体制外向体制内发展。在2003年之前，中国农业转移人口大都在非正规城镇劳动部门就业，从事非正规就业，不是同工同酬。此后，中国农业转移人口在就业权利上开始向城镇户籍人口看齐，并被定性为工人阶级新血液。这一变化反映了整个社会开始重视中国农业转移人口权益，最终在新型城镇化战略中中国农业转移人口落户城镇被提上实践日程。总体来说，中国农业转移人口的市民化程度普遍较低，主要体现为在城镇地区的经济融入、政治融入、社会文化融入存在不同程度的困难，农业转移人口的就业状况、流动方向、市民化意愿的趋势性变化越来越明显。[③]

（三）市民化的空间过程：空间结构分化效应与市民化现状

空间是影响中国农业转移人口市民化的一个重要维度，有序推进中国农业转移人口市民化过程是一个空间的过程，体现出空间的结构性效应和空间分异的特

[①] 刘小年：《农民工市民化的共时性研究：理论模式、实践经验与政策思考》，载于《中国农村观察》2017年第3期。
[②] 中国农民工问题研究总报告起草组：《中国农民工问题研究总报告》，载于《改革》2006年第5期。
[③] 马晓河、胡拥军：《一亿农业转移人口市民化的难题研究》，载于《农业经济问题》2018年第4期。

点，通过空间的扩展和延伸，实现中国农业转移人口市民化的空间路径。苏丽锋等学者的研究发现，来自较发达地区的流动人口市民化水平更高，而且流入地第三产业的快速发展能够有效带动市民化[①]，中国农业转移人口的空间结构效应体现了城镇化空间效应、市民化水平和市民化需求的空间分化效应（东部、中西部、南部和北部）；城镇化水平和城市规模的空间效应（大城市、中等城市、小城镇）空间效应；流动空间效应（农村到城市；省际流动、省内流动、县域流动）；居住隔离与住房空间分化效应（居住环境、住房类型—商品房、自租房、企业宿舍、工地等、居住空间分异—社区、宿舍或飞地等）；群际空间交往、迁入地和迁出空间效应；脱嵌（空间转换与解放），去传统化（祛魅与世俗化）到再入嵌（融入与整合）；从城乡二元分割、城乡一体化发展到城乡融合发展；从物理或地理空间的转移、经济生产空间的转移到政治、文化和生活空间的转移。

1. 空间过程：空间分异、空间区域分化与城市规模空间不均衡效应

中国农业转移人口市民化的空间结构效应体现了空间的区域性分化与城市规模效应，空间区域分化与城市规模空间不均衡发展。资源配置的行政化倾向以及公共服务、就业机会和工资水平的空间差异等是中国农业转移人口市民化空间有序推进的制约因素。根据推测，到 2030 年中国农业转移人口数量将累计超过 4 亿，中国农业转移人口在东、中、西部以及大城市、中等城市、小城市、小城镇之间的空间选择严重失衡，东部、南部等经济发达地区流动人口最多，流动人口的市民化水平最高，省际就业、收入和社会保障差异明显。[②] 国家和地方政府财政投资在东部、南部、中部、西部地区以及行政中心城市和一般城市之间的长期失衡，致使就业机会、基础设施建设以及公共资源配置在东部、南部、中部、西部地区和不同城市之间存在巨大差距，造成地区之间以及城市之间吸引人口迁入的能量存在很大不同，从而产生农业转移人口空间选择失衡现象。空间失衡引发大城市人口集聚与城市承载力之间的矛盾日益凸显。魏后凯指出，受资源配置的行政化倾向，地方政府的经济趋利动机以及公共服务、就业机会、城市基础设施和工资水平的悬殊差异等因素影响，农业转移人口大量流向特、大、中等城市。这就造成了超大城市中国农业转移人口规模急剧膨胀，出现交通拥堵、房价高涨、住房紧张、生态环境污染、城市资源短缺、城市基础设施缺乏、社会冲突加剧、群体事件和犯罪现象加剧等"大城市病"。小城市和小城镇由于缺乏现代产业支撑，就业机会匮乏，消费水平和生活质量不高，环境污染严重，公共资源和公共服务匮乏，不足以吸引大量农村转移人口[③]，导致市民化水平较低，城镇化

---

①② 苏丽锋：《中国流动人口市民化水平测算及影响因素研究》，载于《中国人口科学》2017 年第 2 期。

③ 魏后凯：《中国农业转移人口市民化进程研究》，载于《中国人口科学》2013 年第 5 期。

质量不高，中国农业转移人口市民化效果不显著。

2. 空间过程："市民化需求"的空间区域分化

农业转移人口的"市民化需求"是衡量能否有序推进市民化的重要指标，是能否全面推进和衡量市民化实现程度的重要指标，中国农业转移人口市民化过程中，农业转移人口的"市民化需求"存在空间分化、群体分化和区域分化，体现了中国农业转移人口市民化的空间变量属性和空间结构效应，中国农业转移人口"市民化需求"具有较强的经济指向性和趋利性，体现了空间集聚差异明显、空间区域不均衡效应。

最近几年，中国"县域市民化"需求人口有了明显的增加，其人口分布呈现东部大于西部、西部大于中部的整体格局，且空间集聚差异明显。比重较小的区域进一步向中部集聚，东部由集聚向扩散的趋势、中部由点状向带状分布及西部的区域差异等空间演变特征。不同城市群之间农业转移人口的"市民化需求"人口在总体增长的同时也出现了差异化趋势，这些都表征了未来推进市民化进程侧重点的差异①。同时，中国农业转移人口市民化的空间结构效应体现了流动空间效应（农村到城市；省际流动、省内流动、县域流动）。流动人口是推动中国城镇化快速发展的重要力量，以省内与省际两类分析得出，跨省流动对农业转移人口市民化的影响为负，流入地在东部地区对其市民化有正向影响②。中国县域流入人口比重较大地区均呈现东部大于西部、西部大于中部的格局，但与省际流动人口相比，省内流动人口空间分布格局变化更加显著，增长趋势也更为明显。③

3. 空间过程："市民化水平"的空间区域分化

中国农业转移人口市民化存在中国农业转移人口市民化水平的空间区域的不均衡、空间分化效应。学者们通过对中国东部、西部、东南部等空间区域相比较发现，东部和东北地区农业转移人口市民化水平较高，西部地区次之，中部地区最低。东部地区的农业转移人口收入市民化水平明显更高，而就业和居住市民化水平均低于其他地区。东北地区的居住、消费、身份市民化水平最高，但收入和社会保障市民化水平最低。西部地区的居住市民化水平较高，消费市民化水平最低。中部地区就业市民化水平最高，但收入和社会保障市民化水平较低。东北地区则由于具有内部流动人口比例较高的特点，加之近些年东北地区城市开始逐渐放松对户籍的管制，农业人口户籍迁转进入城镇的难度有所降低，所以该地区身份市民化水平相对较高。西部地区由于收入水平偏低，所以消费市民化水平比其

---

①③ 闫东升、杨槿：《中国县域市民化需求人口分布时空格局演变》，载于《地理科学》2017年第10期。

② 张江雪、汤宇：《中国农业转移人口市民化测度研究——基于全国8城市大样本数据的调查数据》，载于《人口与经济》2017年第5期。

他地区更低。中部地区有更多的流动人口在市区、国企从事白领职业，就业状况更好，但由于中部地区社会保障制度较落后，对流动人口的覆盖面较窄，所以社会保障市民化水平偏低。①②③

中国农业转移人口市民化水平存在城市经济发展水平的空间不均衡效应，体现了不同空间的市民化水平存在差异，来自不同学者的实证研究发现，北京、上海等经济发展迅速、城市化水平高的大城市的中国农业转移人口市民化水平总体水平高，河南、云南、河北、西藏、宁夏、甘肃等经济发展迟缓、城市化水平较低的城市的市民化总体水平较低。苏丽锋等的研究发现，北京、上海、重庆3个直辖市的流动人口市民化水平较高，而陕西、河南、云南、河北、西藏较低，其他省份总体水平相近。不同市民化指标存在明显差异，北京市流动人口市民化水平为全国最高，就业、收入两个指标排名全国第二，社会保障排名第一，但居住和消费市民化水平全国排名靠后，身份市民化水平明显更高④。上海市流动人口的市民化水平也较高，其中收入市民化水平全国最高，社会保障和身份市民化水平全国排名第二。重庆市流动人口市民化水平在全国排第三，其中就业市民化水平全国最高。在流动人口市民化水平较低的陕西、河南、云南、河北、西藏，流动人口大多从事建筑、餐饮等低端产业的工作，收入水平较低，流动人口社会保障处于较低水平。其他省份中，流动人口市民化状况差异较小，而且绝大部分省份处于较低的水平，但不同指标存在差异，四川、广西、湖南、山东、安徽、吉林的就业市民化水平较高，江苏、浙江、安徽、山东、福建的收入市民化水平较高，广西消费市民化水平较低，湖南居住市民化水平较低，广东社会保障市民化水平较高，但身份市民化水平较低，黑龙江、宁夏居住市民化水平较高，内蒙古消费市民化水平较高。⑤

4. 空间过程："城市化"的空间分化效应与居住空间隔离效应

中国农业转移人口市民化存在基于城市化水平的空间效应、居住隔离与住房空间分化效应（居住环境、住房类型—商品房、自租房、企业宿舍、工地等、居住空间分异—社区、宿舍或飞地等）。根据马洛斯需要层次理论来看，他们是"虚城市化"，表面上好像是城市化了，其实并非如此。农业转移人口"虚城市化"体现为在我国城市化进程中，中国农业转移人口由于缺乏户籍制度及依附其上的相关制度（社会保障制度、教育制度、公共服务制度、医疗制度、社会救助制度、住房制度等）的接纳，导致其不能改变农民身份，难以形成城市认同感和

---

①⑤ 苏丽锋：《中国流动人口市民化水平测算及影响因素研究》，载于《中国人口科学》2017年第2期。
②④ 王晓丽：《从市民化角度修正中国城镇化水平》，载于《中国人口科学》2013年第5期。
③ 张心洁、周绿林、曾益：《农业转移人口市民化水平的测量与评价》，载于《中国软科学》2016年第10期。

归属感，组织化程度低，成为游离于城市之外特殊群体的状况。[1] 王春光等学者指出，在当前农业转移人口的城市社会融合过程中存在着突出的"半城市化"现象。[2] 这种"半城市化"现象，也即是一种介于回归农村与彻底城市化之间的状态，具体表现为：就业非正规化、居住边缘化、生活孤岛化、社会名声污名化、发展能力弱化及社会认同内卷化。从结构性和制度性因素看，流动人口"半城市化"的永久化迹象越来越突出。[3] 城市对农业转移人口融入条件的不完善可能使新生代流动人口产生"孤岛化""边际人"和"漂泊者"心理，这客观上生成了一种相互隔离、孤立、封闭的群体存在，即"孤岛"效应、"居住隔离"效应或"社会孤立"效应。[4] 过去，农业转移人口被认为迫切希望变成城镇市民，但由于户籍制度及其衍生的隐性藩篱阻碍而不能彻底市民化，成为游走在农村和城镇之间的边缘人。当前，农业转移人口依然热衷于外出，却同时倾向于保留农业户口，以农业转移人口的身份在城镇工作与生活。可以说，他们从前是"被边缘化"，现在则是"自边缘化""内卷化"，其认同建构则是"防御性认同"和"拒斥性认同"，这里的"被边缘化"主要由个体或集体的"集体排他""社会排斥"和"污名化"机制实现。[5]

（四）市民化的政治、经济社会过程与发展现状

中国农业转移人口的人口结构过程可以从中国农业转移人口市民化的政治过程、经济过程和社会文化过程进行理解，体现为经济市民化（经济适应）、政治市民化（政治适应）、社会文化市民化（社会文化适应）。农业转移人口市民化是一个发展过程，指该群体在城镇社会环境中逐步向城镇居民转变，并成为城镇户籍居民，享受与城镇户籍居民同等的待遇[6]。农业转移人口经济市民化过程中存在就业、人力资本积累、脆弱性风险暴露、经济机会获得、劳动力市场融入、金融资本积累、可持续生计获得等方面的群体分化过程。

从中国农业转移人口经济市民化现状来看，其人力资本水平存在明显的群体分化。农业转移人口市民化包括该群体职业、身份、行为、价值观等方面的变化，但前提是其职业变化、空间转移与身份转变，而该目标的实现则取决于他们

---

[1] 张春华：《组织化：农民工"虚城市化"到市民化的理性路径》，载于《学术论坛》2012年第1期。
[2] 王春光：《新生代农村流动人口社会认同与城乡融合的关系》，载于《社会学研究》2001年第3期。
[3] 郭秀云：《流动人口市民化的政策路径探析——基于城市人口管理创新视角》，载于《中州学刊》2008年第4期。
[4] 刘应君：《促进新生代农民工市民化的对策探讨》，载于《经济纵横》2012年第3期。
[5] 董延芳、刘传江：《农民工市民化中的被边缘化与自边缘化：以湖北省为例》，载于《武汉大学学报》2012年第1期。
[6] 王桂新：《中国城市农民工市民化研究——以上海为例》，载于《人口与发展》2008年第1期。

城市融入水平、融入意愿及融入资本的拥有状态。由于中国农业转移人口"农民"身份的延续,其城市社会的融入水平普遍不高,市民化意愿不强,融入资本的获取量和速度也相对较低,导致其不能获得稳定的工作和收入,难以实现在城市的可持续生计,加上职业的不稳定性、流动的不确定性和居住地的隔离性、边缘性,最终导致其市民化进程缓慢。通过实证研究方向,具有稳定职业、教育水平高、高收入群体等农业转移人口的市民化水平、市民化意愿较高,完备的社保、良好的人际关系有助于增强农业转移人口的留城意愿[①]。年轻劳动力仍然是企业用工需求的主体,而对中年劳动力需求较少。近几年,年轻农业转移人口却大幅度减少,就业不稳定、就业层次低,收入和消费水平总体偏低,以生存性支出为主,劳动权益受到侵害的现象较为突出。大多数转移人口没有接受过专业化教育培训,且现有培训质量不高,对促进就业作用有限。总体来看我国农业转移人口市民化程度偏低,难以满足转移人口自身及我国经济社会发展需求。

从中国农业转移人口政治市民化现状来看,其政治过程中存在户籍制度改革、土地制度改革、财税与赋税制度改革滞后性、不均衡性、缺乏协调性和系统性,制度设计的实用性不强,存在基于不同区域发展的国家战略、国家发展干预、国家财政投入偏好等带来的市民化差异性建构与不均衡性发展过程,体现了国家财政分配与财政改革的渐进性、滞后性和有限性等特点,难以真正实现有序推进中国农业转移人口市民化。从我国城镇化和现代化发展要求来看,我国城镇化的主要任务是解决已经转移到城镇就业的农业转移人口落户的问题,并努力提高中国农业转移人口融入城镇的素质和能力。中国新型城镇化的重点在于实现农业转移人口的市民化,农业转移人口市民化又蕴含着人口身份转变、社会结构转型、社会关系重构、价值观念、生活方式变化和思维方式、社会意识转化等诸多方面的深层结构的变迁。事实上,基于中国社会的压力型体制、晋升锦标赛机制和运动式治理的制度环境,国家发展干预与行政权力主导下的中国城镇化往往寄希望于依靠透支财政的短时间内城镇化、快速城镇化和基于量的规模城镇化,这体现了中央政府与地方政府在城镇化发展战略目标上的差异,突出地表现为"地方政府公司化"[②]"房地产绑架城镇化""地方土地财政误导城镇化"的倾向,尤其是分税制改革以后,政府权力开始"攫取市场经济所带来的规模巨大的'自由流动资源'"[③]。在 GDP 增长导向的政绩考核体系下,体制内的竞赛催生了地方政

---

① 张江雪、汤宇:《中国农业转移人口市民化测度研究——基于全国 8 城市大样本数据的调查数据》,载于《人口与经济》2017 年第 5 期。

② Oi J. C. The role of the local state in China's transitional economy [J]. *The China Quarterly*, 1995, 144 (1): 1132.

③ 渠敬东、周飞舟、应星:《从总体支配到技术治理——基于中国 30 年改革经验的社会学分析》,载于《中国社会科学》2009 年第 6 期。

府经营动机，地方政府将"城镇化"中的土地等问题视作显性的政绩指标①，在政绩驱动的政府主导型城镇化语境下，城市被"仅仅当成一种场所、抽象的空间，割裂了城市空间与社会的关系"，演变为"土地的城镇化""空间的城镇化"，产生了"空间权利分配不正义，空间资源配置不均衡，城市发展成果难以共享，城市群体分化加速"等一系列问题。②

在城镇化过程中，城市"违规的空间"的蔓延，源于政府出于利益考量而与开发商结成的"金权联盟"的违规行为，迫使公众动用"弱者的武器"，来挖掘"道德资源"与"权力集团的失范"相抗衡的结果。③事实上，中国城镇化的突出特征是政府主导、大范围规划、整体推动、土地的国家或集体所有、空间上有明显的跳跃性、民间社会尚不具备自发推进城镇化的条件等。显然，当前村庄发展不可能回避强大的城市化和现代化变迁力量，传统的自我维系、相对封闭的村落共同体难以为继。另外，在农业转移人口市民化过程中，国家、市场与社会的互动演化过程中出现了"强政府"与"弱社会"的实践悖论。在中国农业转移人口市民化过程中，国家与市场互相加强、适应和改变对方，国家与市场互动演化、互相制约、强化和改变。王春光对"撤并村庄"问题进行了深入的实证分析，提出"行政社会"的假设，行政社会过于倚重行政力量和逻辑，政府"不断地用行政手段借助于市场力量，取代社会力量"，从而解构了社会逻辑，并使之丧失了推动城镇化内生发展的能力，行政社会的实践逻辑导致"强政府—弱社会"和政府承担无限责任。④

城镇化的扭曲性则集中体现为中国农业转移人口的非市民化：一是中国农业转移人口的身份转变落后于其职业转换；二是农业人口的非农化滞后于农村土地的非农化；三是外地农业转移人口的市民化滞后于本地农业转移人口的市民化。基于城镇化战略下的中国农业转移人口市民化体现了"过度城镇化"和"没有充分工业化的城镇化"现象；四是户籍制度及其以户籍制度为核心的一系列制度安排使中国城乡人口迁移模式不同于其他很多国家城镇化过程中那种以永久性家庭迁移为主导的迁移模式，而是以临时性、单身、钟摆式迁移为主导的迁移为主，这也导致中国城镇化模式从转轨初期的"城镇化速度过低""城镇化滞后于工业化"状态转换为目前流动人口"半城镇化""不完全城镇化状态""城乡就业以及人口的比例与城乡经济结构的比例脱节严重"，存在工资"向下刚性"，

---

① 哈贝马斯著，曹卫东译：《现代性的哲学话语》，译林出版社 2004 年第 33 期。
② 任政：《城市正义：当代城市治理的理论逻辑》，载于《中国社会科学报》2013 年 8 月。
③ 陈映芳：《"违规"的空间》，载于《社会学研究》2013 年第 3 期。
④ 王春光：《城市化中的"撤并村庄"与行政社会的实践逻辑》，载于《社会学研究》2013 年第 3 期。

提供就业的弹性低，聚集于"非正式部门"特征。[1]

从中国农业转移人口社会文化市民化过程来看，中国农业转移人口市民化社会文化过程的问题表现为群体分化效应（人口结构分化），不同的群体体现出不同的市民化水平和现状。农业转移人口的女性比例稳步提升，新生代农业转移人口成为主体，受教育水平不高，缺乏职业技能培训，新生代流动人口已经处于中等市民化阶段。大量调查研究表明，居住在城市的大量农村流动人口仍处于一种"半城市化"状态，城市化程度不高。表现出"就业非正规化、居住边缘化、社会认同内卷化"等现象[2]。苏丽锋通过调查研究发现，女性、汉族、未婚流动者的市民化水平更高，而且年龄越大市民化水平越高。本地家庭规模越大、夫妻至少一方为独生子女、孩子居住在本地对流动人口市民化具有显著的提升效应，而子女数量、子女年龄、家庭再生育意愿则对流动人口市民化具有明显的负面影响。[3] 中国农业转移人口市民化具有代际分化的特点。以新生代农业转移人口为例，张斐等的实地调查研究发现，新生代流动人口市民化过程中的政治、经济、社会文化心理市民化同步发展，经济层面和社会层面的市民化略高于心理层面的市民化，但并未出现严重失衡的现象[4]。豆小红等学者通过实地调查发现新生代农业转移人口就业面广，分布在各个正规部门和非正规部门，但大多数在非正规性部门就业，且变换工作比较频繁，换职业但不换行业现象普遍。集居于环境条件较差的"城中村""没落的旧社区""居民旧房或单位闲置房""城市角落"。这些场所环境服务条件差，且在社区关系上一般也多游离于市民，形成城市社区中的"城市角落"，其空间分布和居住状况反映出其与市民差异较大、其城市融入的程度不高。[5][6] 新生代流动人口与其父辈的区别在于价值观念和生活方式不同，思想则更加开放，对城市的认同度更高，他们的生活方式也更加接近于城市年轻人，比其父辈有更多的自主和自觉意识[7]，但缺乏农村生活经验，容易产生强烈的不公平感和不满情绪，容易产生"生活依赖，心理对立"心态。[8][9]

---

[1]　Rozelle S. Dong X., Zhang L. and Mason A. Gender wages gaps in post-reform rural China [J]. *Pacific Review*, 2002, 7 (1).
[2]　王春光：《农村流动人口的"半城市化"问题研究》，载于《社会学研究》2006年第5期。
[3]　苏丽锋：《中国流动人口市民化水平测算及影响因素研究》，载于《中国人口科学》2017年第2期。
[4]　张斐：《新生代农民工市民化现状及影响因素分析》，载于《人口研究》2011年第6期。
[5]　豆小红：《"新质农民工"的市民化与制度性机会》，载于《青年研究》，2006年第3期。
[6]　蒋龙成：《基于统筹城乡发展的新生代农民工市民化研究》，浙江工业大学出版社2013年版。
[7]　李艳华：《新生代农村劳动力市民化问题研究——基于兰州市的实证调查》，载于《西北人口》2017年第5期。
[8]　单菁菁：《中国农民工市民化研究》，社会科学文献出版社2012年版。
[9]　郑爱翔、吴兆明、刘轩：《新生代农民工市民化进程中动态职业能力结构研究》，载于《教育发展研究》2018年第3期。

二、有序推进中国农业转移人口市民化：风险、挑战与发展

中国农业转移人口市民化的影响因素体现出复杂性和多层次性特点，既有政治层面的、也有经济层面和社会层面的，既有空间层面、也有时间层面和系统层面的。户籍身份的不确定性、基于户籍身份的福利待遇和社会政策工具导向、作为计划经济时代产物的城乡二元户籍制度、文化适应的滞后性、社会关系重构的失败、现代性与城市性培育滞后都是影响中国农业转移人口市民化的重要因素。还有更深层次的原因，即通过农村劳动力"候鸟型转移模式"降低工业化成本、农村土地产权制度配套的改革不彻底不全面、高城镇化抑制农民向城镇迁移的空间、对农业转移人口深层次的歧视性制度安排、脆弱性风险以及社会排斥都是阻碍中国农业转移人口市民化的深层原因。

（一）有序推行农业转移人口市民化：发展风险话语与风险挑战

本研究基于风险的维度反思有序推进中国农业转移人口市民化的国家行动、地方政府动员和发展干预的风险话语和制度环境，实现市民化发展的风险话语和风险挑战表现为结构性排斥与不平等再生产、阶层分化与地位获得失败；制度排斥与社会不平等的国家干预；空间的正义性风险、发展伦理困境与道义经济；贫困、持续性生计的破坏与脆弱性风险；社会排斥、社会偏见与歧视、边缘化与污名化；排斥性认同、防御性认同与身份歧视性标签；城乡二元分割、劳动力市场隔离与非正式就业的不确定性风险；居住空间分异、空间隔离与社会距离增大；社会冲突、社会矛盾与社会稳定威胁；文化冲突、代际隔阂与社会撕裂；半城市化、虚城市化与逆城市化风险，等等。

有序推进中国农业转移人口市民化风险体现为两个层面，即结构性风险和主体性行动风险，结构性风险指市民化的社会结构中所包括的结构性排斥、结构性隔离与不平等的再生产，阶层分化、社会流动与社会地位获得障碍、城乡二元结构分割、劳动力市场隔离与非正式就业风险、利益结构分化与可持续生计破坏风险、社会支持与社会网络结构匮乏风险等。在市民化行动中可以发现，中国农业转移人口所获得的支配要素并不足以实现市民化身份、地位，不具备享有市民权利的资格，这必然导致"使动性"减弱，社会结构"制约性"明显突出。主体性风险主要指市民化过程中个体条件呈现的制约性，主体性风险体现为可持续生计的破坏、经济发展的脆弱性风险、排斥性认同、防御性认同和身份歧视性标签，居住空间隔离、边缘化与社会距离，文化隔阂、断裂和社会撕裂、代际隔阂和代际差异性建构等。第一代中国农业转移人口进入城市的主要目的是弥补农业生产的经济收益不足，体

现为一种生存经济，新生代农业转移人口更加关注城市接纳和城市融入，关注生活质量、社会质量和生命质量，新生代中国农业转移人口无法逃离社会结构制约性的原因在于，他们不具备向农村生产环境"索求"的资本，但又无法应对城市社会结构制约性的强大力量，由此产生市民化过程中的"回流现象"。[①]

根据劳动力转移理论，我们可以发现，工业化、城市化是发展中国家摆脱贫困、解决农业问题、农村发展问题，实现现代化的必要路径。基于城市化过程中的社会和市场过程的历史现实和结构性事实是理解农业转移人口市民化的关键。国内大量的经验研究发现，农村劳动力转移的主要原因是二元经济结构造成的城乡收入差距[②]，中国早期城市重工业优先发展的战略导致中国社会收入分配不平等加剧，城乡收入差距加大，而基于重工业的劳动密集型产业发展为农村居民在城市就业、改善农村收入提供机会，实现农业转移人口的重要机制就是城市化，但中国城乡隔绝的户籍制度、工农产品的剪刀差、不合理的税费制度、城市偏向的公共物品投入、城乡隔绝的户籍制度延缓了中国城市化进程[③]。事实上，我国农业转移人口市民化进程遇到了来自多个层面的阻碍与约束，包括制度转换、社会资本、主体素质、认同归属、角色转型、现代性获得、城市性滋养等，进一步说中国农业转移人口市民化的障碍表现为综合素质较低、社会资本不足和以户籍制度为基础的二元社会体制或制度约束三大障碍。市民化过程中的风险话语包括政治过程与政治风险话语、经济过程与经济风险话语、社会过程与社会风险话语、文化过程与文化风险话语（见图 10-1）。

市民化过程	风险话语与问题视域
（Ⅰ）经济过程	1. 经济转型中的劳动力结构变迁与人力资本收益、脆弱性风险（可持续生计风险、收入风险、资产风险、健康风险）、风险分配与生存保障、参与式发展中参与权力的不均衡配置等。 2. 基于市场转型的利益驱动和机会获得、市场经济的扩散效应与滴涓效应；劳动力市场的隔离、排斥性事实和边缘化过程。 3. 贫困、资本和劳动力市场中的不可抗因素（自然资本）、脆弱性（物质资本）以及无流动的金融资本积累带来的金融服务可及性低、缺乏对人力资本进行投入的能力。 4. 劳动力市场的分割和二元化趋势、利益群体分化的格局；收入增长难、经济上的不平等和家庭结构变迁

---

① 奚海燕：《怎样看待新生代农民工"回流式"市民化》，载于《社会治理》2017 年第 5 期。
② 王桂新、沈建法、刘建波：《中国城市农民工市民化研究——以上海为例人口与发展》，载于《人口与发展》2008 年第 1 期。
③ 李实：《中国个人收入分配研究回顾与展望》，载于《经济学》2003 年第 2 期。

市民化过程	风险话语与问题视域
（Ⅱ）政治过程	1. 农业转移人口市民化实践中的理性国家、现代化发展战略、国家的梯度发展战略和反梯度发展战略、发展主义的意识形态连续谱。 2. 市民化行动中的国家自上而下的干预策略、国家动员式发展主义以及地方国家的政权形态与制度分配话语过程。 3. 理性国家、发展伦理和社会公正问题。 4. 土地制度改革、财税与赋税制度框架与政府自上而下发展干预的实践逻辑；政治动员和行政干预的方式和手段。 5. 基于不同区域发展战略所带来的市民化差异性建构与不均衡性的发展过程。 6. 国家财政分配与财政改革的渐进性和有限性。 7. 基于现代化发展战略的支配性的利益分配过程和城乡发展的制度逻辑
（Ⅲ）社会过程	1. 脆弱性风险背后的风险承担网络、社会资本的市民化效应。 2. 社会分化、结构性冲突、弱势处境与社会的不平等效应。 3. 社会网络资本的社会变迁、非正式支持网络在市民化实践的实践逻辑。 4. 社会资本积累、社会资本的总体福利效应与社会资本的市民化功能。 5. 市民化实践中的个人与群体过程。包括人口学特征、个体生活轨迹、生活质量、情感过程、生活体验与生存策略；包括群体的性别构成、年龄结构、婚姻地位、生命周期和劳动力市场参与现状；代际流动、社会分层和市民化实现。 6. 市民化过程中的家庭过程包括家庭的生命周期、家庭结构变迁、市民化过程中的代际分化与代际传递效应、市民化过程中的家庭抗风险能力、家庭禀赋决策效应、家庭的社会质量效应和家庭资产积累效应。具体体现为：家庭生育状况、家庭人力资源投资与教育决策、家庭的收入与分散经营风险的能力、家庭的资产储蓄投资和积累策略、劳动力流动的家庭偏好与家庭理性决策。 7. 市民化群体的社会心理，情感状态、精神健康与情感性支持等；包括健康风险与劳动力生产。 8. 市民化过程中的社区过程与组织化过程，社会组织与社会工作推进

市民化过程	风险话语与问题视域
（Ⅳ）文化过程	1. 市民化过程中的文化表征和文化建构、文化的社会孤立与社会排斥过程、文化的污名化、精英话语与文化偏见等。 2. 基于利己、家庭本位、排斥集体合作的"非道德性家庭主义"的价值伦理文化、族群化、排斥性认同、防御性认同和内卷化风险。 3. 人际互动的"同群文化效应"和"社会距离效应"、情境适应与文化实践过程等。 4. 市民化过程中的文化的工具箱模型、文化的传染病模型、非道德性家庭主义以及文化心理结构说，体现为现代性、传统的变迁和农村社会文化转型，体现为文化效应、图式启动、情境适应与社会心理过程，"亚文化群体"的形成等。

图 10-1 市民化过程中的风险话语与过程

（二）政治过程：理性秩序、身份政治与市民化的政治风险

政治过程表现为户籍制度、制度实践和身份政治，也表现为政治上的社区治理、民众参与、身份转变、土地制度、财政制度、社会保障和赋权问题等。在中国农业转移人口市民化的政治过程中，中国农业转移人口在公民应该依法享受的诸多权利上存在一种制度性的先天不足与缺失，如城乡分离的二元户籍制度，歧视性的就业用工制度，有差别的住房、教育与社会保障制度等。中国农业转移人口成为一个与农民、市民均不同质的群体，在市民化过程中，其利益诉求得不到重视，合法权益得不到有效保障，成为城市和农村的"边缘人"。他们处于一个"悬空"状态，城市的制度性排斥和其对农村的主动性排斥使得新生代流动人口呈现出"双重边缘化"趋向。[①]

1. 制度排斥与国家政治：户籍制度隔离、身份政治与城乡结构二元分割

中国农业转移人口政治市民化过程中，体现了社会控制、户籍制度的社会屏蔽与意识形态；体现了社会排斥、制度隔离与新的城市二元结构和社会断裂，也体现了城镇新二元结构、不均衡的利益分配与身份政治，具体包括户籍制度、社会保障与福利制度、公共服务、教育、医疗卫生、就业、劳动保障制度等。

（1）社会控制、户籍制度的社会屏蔽与歧视的制度学。我国现行的二元户籍管理制度是计划经济时期的产物，现在却成为我国新型城镇化推进、中国农业转移人口市民化的主要障碍。学者们由此提出两重"户籍墙"概念，即由农民变成农业转移人口需穿越的"显性户籍墙"，以及由农业转移人口变成市民

---

① 张春华：《新生代农民工市民化与中国乡村社会建设》，载于《求索》2011年第9期。

需穿越的"隐性户籍墙"。其中,"显性户籍墙"是指致使我国城乡严重对立的户籍制度;"隐性户籍墙"作为其衍生,在制度抑止功能上延伸与拓展,具有韧性身份证属性,本质上是一种社会屏蔽制度。① 户籍制度背后隐含着大量的相关配套制度(社会保障制度、就业制度、住房制度、医疗卫生机制、教育制度、公共资源分配制度等)及其利益分配(土地利益、财政利益、税收利益等)机制,正是这些不均衡的利益分配机制,有差别地对待农业转移人口,造成了农业转移人口利益无法得到合理保护,市民化过程步履维艰。目前,各地进行了一系列的户籍制度改革,但由于受经济发展水平、政府财政投入能力和产业转移条件的制约,一般仅停留在少数人的投资移民、人才移民、创业移民,对就业多年的农业转移人口,包括熟练工人、从农业转移人口成长起来的技术管理人员,在户口转入上限制仍较严格。有些省份实行了较为宽松的人口准入制度,但针对的主要是省内迁移人口,对跨省区人口迁移的管制还较严格。尽管有些省份和城市针对本省实行了相对宽松的户籍制度,但农业转移人口不能享受与城市人一样的福利待遇,与真正的城市市民相差悬殊。②

现行的刚性户籍管理制度及其衍生的劳动用工制度使农民的迁徙自由和择业自由受到了极大限制,使得农业转移人口无法享受到和城市居民平等的财产权、休息权、教育权、劳动权、社会福利保障权、就业权、居住权,等等。③ 在中国农业转移人口市民化过程的控制与社会利益的配置上,国家政府始终是一种主要的动力与行政主导的力量。④ 自上而下、基于政治过程的"官僚政治—权力"框架,强调社会政治动员。"社会动员的政治意义在于,它借助激励民族主义和经济社会整合,而促进全国水平的认同的形成,同时在这个过程中,巩固了国家对其所有公民的控制。"⑤ 强调政治过程中的社会控制,寻求对付社会秩序混乱和犯罪的方法,或者是支持社会制度并使其合法化的措施,在这种框架下,事实上"空间是政治的,排除了意识形态或政治,空间就不是科学的对象,空间从来就是政治的和策略的"⑥。经验研究发现,由于户籍制度的社会屏蔽功能,第一代流动人口在流动过程中的艰苦的付出无法阻挡子女向下流动的命运,户籍制度的

---

① 董延芳、刘传江、胡铭:《行为经济学视角的农民工隐性户籍墙分析》,载于《中国人口·资源与环境》2012 年第 3 期。
②③ 潘泽泉:《国家调整农民工社会政策研究》,中国人民大学出版社 2014 年版。
④ 刘小年:《中国农民工政策研究》,湖南人民出版社 2007 年版。
⑤ C. E. 布莱克:《现代化的动力》,段小光译,四川人民出版社 1988 年版。
⑥ Lefebvre, Henri. Reflection son the Politics of Space [A]//R. Peet (ed.). Radical Geography [C]. Chicago: Maroufa Press Ltd, 1977.

影响，父代的城市流动和城市工作经验与子女就业低度关联。① 现有的户籍制度改革没有从根本上触及传统户籍制度下所隐含的农村居民不能享受的各种待遇，从而使农业转移人口身份转换成本高、风险大，难以构筑农业转移人口与城市产业工人同等的国民待遇体系，最终把大多数农业转移人口挡在城市化大门之外。城乡分割的户籍制度及其附着的就业制度、社会保障制度、教育培训制度等多项制度是影响农业转移人口市民化进程的核心问题，成为农业转移人口市民化的最大阻碍。②

理性秩序的建构可以看作基于精英阶层的现代化发展战略的推进策略和发展中国家城市化运动的理性化过程，是国家或者精英阶层通过自上而下的干预方式或者权力意志实现、以城市为中心的利益重新分配和资源重新控制的过程。理性秩序的建构体现为精英阶层社会政策调整的策略空间、发展主义意识形态的话语策略和叙事的理性化过程。③ 户籍制度的背后是一种身份政治，身份政治体现了基于身份的社会成员获取特权和生活机会的社会屏蔽过程，身份制构成了社会屏蔽制度中重要的一项，国家严格控制这种身份之间的差别和转换。而且，身份的建构体现了户籍制度和城乡二元体制形塑的二元公民身份制度，即农民身份和市民身份以及基于这种区分背后的社会福利、社会保障的公民和社会待遇以及与之相关的一系列隐性制度运作逻辑。身份制度不仅是制造平等、减少贫富差距、调整阶级关系的社会整合制度，也是制造不平等、制造底层阶级的社会屏蔽制度。④

（2）新城市二元结构、贫困的空间转移与不平等再生产风险。以户籍制度为基础的城乡二元社会体制或制度约束是影响农业转移人口市民化障碍。农业转移人口长期处于城市社会的边缘，市民化进程遭受到多方面社会排斥，如政治排斥、经济排斥、市场排斥和文化排斥等，社会公共服务供给非均等化、劳动力市场分割、社会网络排斥、居住空间隔离现象比较明显，从而严重影响了中国农业转移人口市民化进程。基于社会排斥产生的根源，制度隔离即城乡二元社会结构在户籍管理制度上的供给，造成了两类人群社会公共服务非均等化局面。农业转移人口市民化首先应体现在政治身份和公民权利转变，并从其职业层次、收入水平、生活方式、居住环境、文化素质等方面获得本质上的改变，最后实现社会行为、精神结构、思维方式、价值观念和信仰、认同建构等向现代性转变，但现实

---

① Wu Xiaogang and Donald J. Treiman. inequality and equality under chinese socialism: the hukou system and intergenerational occupational mobility [J]. *American Journal of Sociology*, 2007, 113 (2): 415–445.
② 潘泽泉：《国家调整农民工社会政策研究》，中国人民大学出版社 2014 年版。
③④ 潘泽泉：《农民工政策调整的实践逻辑：秩序理性、结构性不平等与政策转型》，载于《经济社会体制比较》2011 年第 5 期。

中该群体的新市民身份却得不到认同，各方面的均等化待遇难以实现[①]，以致其无法真正融入城市社会，实现市民化，进而出现了"新城市二元结构"和带来"城市新贫困"问题。这种城镇新二元结构与原来的城乡二元结构的最大差别就是转变了贫困人口的地域空间，变成了"城市新穷人"，这一部分人生活在繁华的城市的边缘区、隔离区、老城区，面临着脆弱性风险、不确定性生活和边缘化处境，新二元结构不仅体现为居住空间和经济生活水平的分化，也体现了农业转移人口子女上学问题、农业转移人口的就业、社会保障与城市资源共享等问题，这些问题都是这种新二元结构的具体体现。

农业转移人口"虚城市化"现象是在我国城市化进程中，由于缺乏户籍制度以及依附其上的相关制度的接纳，导致其不能改变农民身份，难以形成城市认同感和归属感，而成为游离于城市之外特殊群体的状况。[②] 很多学者将这种半城市化现象归因于户籍制度。城郊农民是由于征地拆迁而被动市民化的群体，在户籍身份的"农转非"上，也体现出较强的被动性[③]。陈钊等学者认为，户籍制度导致城市内部"新二元社会"的分割在就业市场、居住区及居民心理层面广泛存在[④]。蔡昉等学者认为，城市户口背后是全面的城市公共福利，城市居民通过影响城市政府政策维护自身利益，阻碍了农业转移人口市民化进程[⑤]。王桂新等也认为，在农业转移人口市民化的过程中，城市居民的抵制会阻碍农业转移人口和城市居民的融合[⑥]。分税制改革以来，地方政府不仅存在促进财政收入增长的激励，将有限的财政资源集中用于经济建设，而不愿意提高公共福利支出比例[⑦]，导致农业转移人口在城市的福利和权利不足。因此，户籍制度改革的关键就在于转变地方政府的行为模式，构建新的地方政府激励机制，使地方政府有激励地推动公共服务均等化，加快农业转移人口市民化进程[⑧]。

（3）排斥与边缘化、身份政治剥夺与制度排斥风险。在中国农业转移人口市民化行动中，存在制度性排斥和边缘化、身份政治剥夺与制度排斥风险。

国家在推进中国农业转移人口市民化行动中，首先是存在制度实践层面的风

[①] 黄祖辉、顾益康、徐加：《农村工业化、城市化和农民市民化》，载于《经济研究》1989 年第 3 期。
[②] 陈丰：《从"虚城市化"到市民化：农民工城市化的现实路径》，载于《社会科学》2007 年第 2 期。
[③] 于莉：《从土地依恋到户籍依恋——天津城郊农民生活安全脆弱性与市民化意愿代际分析》，载于《北京社会科学》2018 年第 6 期。
[④] 陈钊：《中国城乡发展的政治经济学》，载于《南方经济》2011 年第 8 期。
[⑤] 蔡昉：《中国城市限制外地民工就业的政治经济学分析》，载于《中国人口科学》2000 年第 4 期。
[⑥] 王桂新、沈建发、刘建波：《中国城市农民工市民化研究——以上海为例》，载于《人口与发展》2008 年第 1 期。
[⑦] 傅勇：《财政分权、政府治理与非经济性公共物品供给》，载于《经济研究》2010 年第 8 期。
[⑧] 李英东、刘涛：《地方政府激励机制的重构与农民工市民化》，载于《财经理论与实践》2017 年第 9 期。

险。中国农业转移人口并未取得与市民同等的公民权,根本没有"资格"(ineligible)享有城市居民与生俱来的"自然权利"和社会保障与公共服务,市民化的根本问题不在于直接去争取维持生计的收入、福利、服务等,而是首先争取获得这些待遇和机会的"身份资格",或者说是基本的"公民权利"。对被市民化的农民而言,也应当重新回到"身份的公民权利",即如何获得平等的"市民权"问题。在现实生活中,以养老保险、合作医疗、最低生活保障为基本内容的社会保障制度发育迟缓,在保障面积、保障资金、保障效率等方面明显滞后,城乡一体化、城乡融合的社会保障制度远没有真正建立起来,强大完善的城镇保障体系把广大农业转移人口排除在外,致使进城务工的农业转移人口既享受不到农村社会保障福利,又享受不到城镇保障待遇,在这种双重困境中,农业转移人口身份转换的机会成本显然居高不下,最终其市民化实现难以为继。[1] 黄锟等学者将影响农业转移人口市民化意愿的制度性因素设定为就业制度、户籍制度、社会保障制度、土地制度等城乡二元制度因素,发现农业转移人口所从事的行业、劳动保护状况、参加当地社会保障的意愿对农业转移人口市民化意愿有显著影响。[2] 王桂新等的研究表明城市农业转移人口的社会保障状况对其市民化意愿有显著影响,城市流动人口当下的社会保障状况越好其市民化意愿就越强烈[3]。王建平等分析,城乡分割的户籍制度、农业转移人口整体技能较低、社会保障和城镇住房保障制度不完善、农业转移人口就业难度加大、农村土地权益处理机制缺失等制约着农业转移人口市民化进程[4]。

2. 国家财政、公共投入与社会成本及其分担的结构性风险

与现代化、工业化、城市化和城镇化推进相比,中国农业转移人口市民化的进程严重滞后,主要是受到制度和成本制约,制度主要是户籍制度及其附带的社会福利制度、教育、就业等因素限制,也受到农村土地制度、国家财政制度的约束,土地制度包括土地权益保障、农村土地使用权、农村土地承包权、宅基地使用权、集体收益分配权等。财政制度包括财政政策工具、财政分权(财权、人权和事权)、财政转移支付、市民化成本分担、财税制度调控等。除了常说的土地制度、户籍制度等制度因素外,成本高也是阻碍农业转移人口市民化的主要因素。对政府来说,较高的集中公共投入,加上后续的持续性投入,降低了地方政

---

[1] 何玉长、曾露:《农业转移人口市民化重在化解城乡固化》,载于《深圳大学学报》(人文社会科学版)2017年第5期。

[2] 黄锟:《城乡二元制度对农民工市民化影响的实证分析》,载于《中国人口资源与环境》2011年第3期。

[3] 王桂新、胡建:《城市农民工社会保障与市民化意愿》,载于《人口学刊》2015年第6期。

[4] 王建平、谭金海:《农民工市民化:宏观态势、现实困境与政策重点》,载于《农村经济》2012年第2期。

府尤其是大城市政府推进市民化的积极性。户籍制度改革进展缓慢，一个重要原因是地方政府不愿或无力承担与此相关的巨大财政支出。

就公共成本而言，在中国农业转移人口市民化过程中，存在明显的公共成本投入不足，基本公共服务覆盖面窄，不同规模的城市公共服务供给水平差距大。就公共服务投入成本来说，政府需要承担市民化过程中的住房补贴、随迁子女教育补贴、社会保障与社会福利、基础设施与公共服务设施、就业支持等方面的支出，推进中国农业转移人口市民化，意味着需要加大公共服务投入成本。无论是农业转移人口对市民化后的预期收益追求，还是地方政府和中央政府之间的财权与事权匹配之争，都意味着追求最大化经济收益。[1] 就地就近城镇化的本质是依托本地和返乡流动人口，在家乡及附近城镇（特别是中小城市）的创业、就业，逐步在户籍地实现职业、身份、社会生活等各方面的市民化[2]。由于社会情境、模式机理、路径机制均与异地城镇化不同，农业转移人口市民化过程中的户籍管理、社会保障、土地流转等制度改革成本，社会接纳、文化适应、网络构建等社会转变成本，资源占有、福利分配、转移支付等经济变革成本，均会发生较大改变，成本结构、成本金额有所变化，对传统城乡二元概念框架和聚落分类基础之上的人口异地城镇化、市民化和成本测算研究提出了挑战[3]。

就个人成本而言，大部分农业转移人口难以承受年均支出外的购房成本、生活成本、智力成本、自我保障成本、教育成本、生育成本等。生活成本又包括在城市生活所需要的水、电、汽、交通、通信和食物开支等。单菁菁等学者指出，推动农业转移人口市民化必须破解成本难题。在市民化过程中，满足农业转移人口的公共服务、权益保护等需求会产生相应的社会成本[4]。薛以硕、张继良等学者指出，推进公共服务均等化带来的巨大财政压力，使得政府行动迟缓，"市民化成本"成为农业转移人口市民化的主要障碍[5]。王竹林分析，由于制度供给不足和农业转移人口自身物质资本、人力资本、社会资本短缺，农业转移人口市民化陷入多重资本贫乏困境[6]。郭青等学者提出，我国财政分权体制导致中央和地方政府权责不匹配，公共投入匮乏，市民化成本分担机制滞后，致使地方政府在

---

[1] 蔡瑞林、陈万明、张丽丽：《农业转移人口市民化社会成本分担的博弈研究》，载于《华南农业大学学报》2015年第2期。
[2] 张秀娥：《城镇化建设与农民工市民化的关系》，载于《社会科学家》2013年第12期。
[3] 王晓丽：《从市民化角度修正中国城镇化水平》，载于《中国人口科学》2013年第5期。
[4] 张国胜、陈瑛：《社会成本、分摊机制与我国农民工市民化——基于政治经济学的分析框架》，载于《经济学家》2013年第1期。
[5] 薛以硕、张继良：《农民工市民化成本研究现状分析》，载于《调研世界》2014年第10期。
[6] 王竹林：《农民工市民化的资本困境及其缓解出路》，载于《农业经济问题》2010年第2期。

为农业转移人口提供社会保障和公共服务上缺乏主动性和积极性①。

3. 农村土地制度、土地流转及村庄集体经济利益分配失衡

农业转移人口定居城市,实现空间转换、职业转换、角色转型,完成"农转非"后,完全实现市民化,就意味着要放弃农村土地、农村宅基地和村庄集体经济利益。土地一直是农业转移人口在城市务工的最后退路与保障,是中国农业转移人口的"命根子"和"希望",发挥着"海绵效应",中国农业转移人口作为"理性小农",具有保守意识和抗风险意识,有着自己的"道义经济学",放弃土地就是放弃自己最后的屏障和稻草,他们不会轻易放弃土地。"农村土地流转"制度是影响中国农业转移人口市民化的重要因素,秦立建等学者的研究发现老家农地收益显著降低了流动人口转为城市户口的意愿,农村土地制度方面存在的合理补偿和权益保障问题、农村土地产权制度创新迟滞、农村土地产权界定模糊,使长期在城镇工作和生活的农业转移人口难以放弃土地,这制约了他们顺利融入城镇,实现市民化,农村土地流转失败,不利于农村土地适度规模经营,实现农业现代化。近几年,农村居民的产权利益受损严重,农村土地流转制度不完善,农村居民的土地权利受到来自多个层面的侵蚀,特别是失地农民的权益保障不到位,在一定程度上导致农民退出土地和农业的市场机制发育迟滞,从而延缓了农业转移人口进城就业与身份转换的进程。徐美银等学者认为,现有的制度对农地流转形成了多重制约,不利于农地价值的充分实现,减少了农民的财产性收入,延缓了农业转移人口市民化进程②,现有财政分权制度、成本分担制度、土地权益保障制度和农村土地流转制度制约了农业转移人口市民化成本的分摊,致使大部分农业转移人口仅完成了职业的"城市化"和空间的"城市化",而没能实现地域性迁徙和农民身份的彻底改变,农业转移人口并没有成为真正意义上的"市民"。

在土地流转过程中,由于存在地区差异、经济发展水平、城市化扩张速度和规模、土地级差收益、农民的分化和土地利益分配等因素影响,带来的矛盾和冲突日益加剧。首先,土地流转中出现了"市民化成本悖论"。现有征地制度征地范围广、补偿标准低,土地补偿款难以弥补市民化成本,低价征地高价出售又抬高了房地产价格,增加了农业转移人口的居住成本,收回承包地的规定提高了农业转移人口市民化的机会成本,宅基地在内的集体建设用地的流转限制,不仅使农业转移人口无法获得土地及房产的增值收益,不能为其定居城市提供财力支持,还导致农村土地资源的严重浪费。其次是土地制度改革中的地方政府的"功利化和经济趋利悖论",地方政府的土地制度改革主要放在争取更多的城镇建设

---

① 郭青:《我国财政分权体制下农民工公共服务权利的缺失》,载于《财经科学》2011 年第 5 期。
② 徐美银:《农民工市民化与农村土地流转的互动关系研究》,载于《社会科学》2016 年第 1 期。

用地上,具有很强的功利化和经济趋利色彩。最后是"土地增值收益分配"与"土地增值预期"悖论,发达地区的征地补偿远高于国家规定的补偿标准,由于缺乏对土地增值收益的合理分配,加大了发达地区征地农民与城市居民、边远地区农民的利益矛盾,而且由于土地增值预期的提高,农民更加不愿转让土地。现阶段我国许多地区实行的"土地换社保、土地换住房"改革,但随着土地增值潜力的不断增长,农业转移人口放弃土地获得市民身份的机会成本越来越高,农民放弃农村土地、农村宅基地和村庄集体经济利益的意愿越来越低,大部分农业转移人口希望进城定居后能保留承包地、宅基地。

4. 市民化政治过程中立法滞后和法律保障缺失

从法律规范性视角,有效应对该群体市民化社会风险需要赋予其获取城市居民的合法身份、市民化权利和社会权利,包括政治权利、公民权利、社会保障权利、居住和就业权利等,并"通过构建立法、执法、司法三维保障机制,推动该群体市民化应然、法定、现实三种权利的递进式转换,以维护其市民身份和资格的权利"[①]。需要全面剥离依附于户籍制度的市民法律权利,培育城乡居民一体化的认同模式,完善该群体市民化进程中法律保障机制的可操作性、认同性与可接受性,并统筹运行风险法律应对与整体性治理相结合的路径。

在中国农业转移人口市民化实践中,法律定位不确定、法律保障体系不完善、社会剥夺、社会排斥及政治排斥等现象频现,加上该群体法律意识普遍不高,导致自身市民化合法权益得不到有效保障。饶惠霞等学者通过研究发现,农业转移人口劳动权益存在劳动合同签订率低、劳动强度大、工资待遇低、没有得到社会保障等问题[②]。王朝新等学者通过研究发现,城乡二元户籍制的阻隔、现行法律机制不完善、部分用人单位有法不依、农业转移人口自身素质问题是造成农业转移人口劳动权益受损的主要原因[③]。

(三) 经济过程:劳动力市场结构不平等、可持续生计与市民化经济风险

经济条件、劳动力市场融入、防御经济的脆弱性风险、人力资本积累、实现赋权增能和抗逆力培养与可持续生计获得是影响农业转移人口市民化的重要因素,这些经济条件包括衣食住行、就业、经济收入和经济安全、职业质量、职业发展机会和职业稳定性、劳动力市场安全、医疗卫生健康、健康风险与健康保

---

① 郑毅:《农村转移人口市民化的法律保障机制建构》,载于《贵州农业科学》2014 年第 2 期。
② 饶慧霞:《试论农民工的劳动就业与权益保障》,载于《学术研究》2005 年第 10 期。
③ 王朝新、黄志勇:《保护农民工劳动权益的对策研究》,载于《江西社会科学》2009 年第 4 期。

障、休闲、消费与脆弱性应对、精神健康和心理弹性、社会资本与经济整合，等等。经典人口迁移理论认为，人口迁移是迁移者为了追求比原居住地更高的比较经济效益的理性选择，是个体预期收入最大化的必然结果，中国农业转移人口市民化过程中，市民化经济过程的影响因素和制约条件有工作时间、合理的经济收入、相对稳定的工作、劳动年龄、流动经历、农村资源禀赋、农业相对收入差距、技术与信息经济等。

1. 劳动力市场隔离、非正式就业、可持续生计与经济排斥风险

劳动力市场分割、就业、可持续生计与经济排斥体现为人力资本投资的缺乏与农业转移人口定居选择的层级性，体现为农民农业农村资源禀赋的缺乏、空间的隔离与市场的排斥。国内大量学者对影响中国农业转移人口市民化的影响因素进行实证研究发现，工作时间[①]、城市吸引力、婚姻家庭状况以及个人特征（包括年龄、性别、受教育程度、职业、在城市已经就业生活的年数）[②]、相对稳定的工作和比较合理的收入、年龄、文化程度和收入水平[③]、劳动年龄[④]、流动经历[⑤]、技能培训、城镇职工医疗保险参与、本地务工年限[⑥]等对中国农业转移人口的市民化有显著影响。另外，学者们发现[⑦]农民农业农村资源禀赋、农业相对收入差距也是影响中国农业转移人口进市民化的主要原因[⑧]。

（1）人力资本投资缺乏、劳动力市场中的非正式就业与收入水平低。

人力资本投资与收益、行动者的能力、工资收入、迁移预期收入、相对剥夺感、移民网络经济和比较利益差异、家庭决策人力资本投资偏好、家庭人力资本构成以及距离—迁移成本是影响中国农业转移人口市民化的重要制约因素。农业劳动力进入城市主要取决于城乡预期收益差异，差异越大，流入城市的人口便越多。"农业转移人口收入水平低，生活没有保障"是农业转移人口在城市生活的最大障碍，与之相关的"没有住房"以及非正式就业中的不签订合同，没有权利保障，是农业转移人口城市生活的巨大阻碍，使他们无法在城市中最终安定下

[①] 石智雷、彭慧：《工作时间、业余生活与农民工的市民化意愿》，载于《中南财经政法大学学报》2015年第4期。

[②③] 王桂新、陈冠春、魏星：《城市农民工市民化意愿影响因素考察——以上海市为例》，载于《人口与发展》2010年第2期。

[④⑤] 冷萱、王雨林：《农民工流动经历与市民化倾向——来自CLDS的证据》，载于《调研时间》2017年第10期。

[⑥] 王晓峰：《劳动权益对农民工市民化意愿的影响——基于全国流动人口动态监测8城市融合数据的分析》，载于《人口学刊》2017年第1期。

[⑦] 冷萱、王雨林：《农民工流动经历与市民化倾向——来自CLDS的证据》，载于《调研时间》2017年第10期。

[⑧] 蔡昉：《被世界关注的中国农民工——论中国特色的深度城市化》，载于《国际经济评论》2010年第2期。

来。经济动机依然是农业转移人口外出打工的最主要因素。中国农业转移人口市民化的关键在于稳定的经济收入和可持续生计,劳动力市场的融入和就业保障是解决中国农业转移人口收入问题的关键,提升农业转移人口的就业能力,实现他们的就业保障,维持他们的可持续生计框架,是实现农业转移人口市民化的基础和前提。

"劳动力市场灵活性政策就是创造那些报酬或保障均较低的工作,新创造的工作被看作'边缘的'而不是'正规的'就业,后者有持续就业的预期,有进行培训和获得内部晋升的机会,而且受到就业保护。但是'边缘'就业或多或少缺乏这些特性,他们可能报酬很低。在这方面,社会排斥是一个相对性概念,如果就业扩张是以扩大收入水平最低的人与有平均收入水平的人之间的差距为代价的,那么社会排斥就不会结束。"① 正是这种边缘的就业,正是缺少进入"正规部门"的门槛和资格条件,也正是流动农民工在城市中不具合法的就业、定居身份,流动农民工的就业就只能集中在"非正规部门",从事"非正规就业"。②

劳动力市场中的中国农业转移人口的人口学特征也是影响其市民化的重要因素,包括教育程度、就业、经济收入水平、年龄、性别、婚姻状况、流动经历等。国内的学者通过大量经验研究发现,就业收入是农民城镇就业的根本行为,其他行为都是围绕收入问题展开的。③ 佐赫等通过研究发现,农业转移人口进城后的工作稳定性、工资水平、工作的满意程度显著地影响其是否市民化的决策。转移人口就业不稳定和中小城市就业机会少是市民化面临的主要障碍④⑤。就业稳定差、收入水平低,与在城镇永久定居、承担高生活费用的矛盾。由于对非农就业没有长期稳定预期,农业转移人口缺乏人力资本投资的动力和融入市民社会的意愿,也难以放弃农业经营。而企业培训、社会保障、进城落户都与农业转移人口的就业年限高度相关。由于工资水平低,农业转移人口难以承担举家定居城市的生活成本,不得不让老、妇、幼留守农村。蔡海龙在对农业转移人口进行调查分析后指出,稳定就业和提高收入是农业转移人口市民化的首要诉求,改善住房条件、降低住房成本是农业转移人口市民化的安居诉求,子女在城市生活和学习是农业转移人口市民化的教育诉求,能够切实享受社会保险是农业转移人口

---

① 托尼·阿特金森,丁开杰编译:《社会排斥、贫困和失业》,载于《经济社会体制比较》2005年第3期。
② 潘泽泉:《农民工融入城市的困境:市场排斥与边缘化研究》,载于《天府新论》2008年第4期。
③ 钟甫宁、何军:《增加农民收入的关键:扩大非农就业机会》,载于《农业经济问题》2007年第1期;史耀波、李国平:《劳动力移民对农村地区反贫困的作用》,载于《开发研究》2007年第4期。
④ 佐赫、孙正林:《外部环境、个人能力与农民工市民化意愿》,载于《商业研究》2017年第9期。
⑤ 辜胜阻、李睿、曹誉波:《中国农民工市民化的二维路径选择——以户籍改革为视角》,载于《中国人口科学》2014年第5期。

市民化的保障诉求。[①]

（2）劳动力市场排斥、歧视政治经济与可持续生计风险。

在中国，农业转移人口在城市中所遭受的市场排斥也是一个重要的现实问题，市场排斥体现为经济排斥为主，包括劳动力市场排斥（是否能进入劳动力市场、兴办企业）、消费市场排斥，表现为被排斥出劳动力市场、没有指望的长期失业、临时或不安全的就业；在现代的工业社会中存在着"收入高、劳动环境和福利待遇优越"的首属劳动力市场和"收入低、工作环境差、福利待遇低劣"的次属劳动力市场，表现为劳动力市场内部的结构性排斥，即从事的不是"好"工作，而是"差"工作、缺少职业培训和缺乏保护的边缘性工作，从事非正式甚至非法、不稳定、高风险、低收入的工作，从事累、苦、脏的工作。[②③] 国家的经济结构由农业部门、传统城市部门和工业部门三部门构成，农业剩余劳动力进入城市后，首先会进入传统城市部门就业，然后才有可能进入工业部门，收入也依次增加。有学者就农民城镇就业的产业和行业分布进行统计发现，中国农业转移人口主要集中在高风险、不稳定、劳动强度大的建筑业、化工企业、民营企业和服务业[④]。"劳动力市场上有雇主和雇工两方，我们需要考虑雇主的作用，因为他们在劳动力市场上的决策可能导致工人受排斥，为了追求高回报率，或者出于短期利益。"[⑤] 中国农业转移人口是怎样被排斥出正规劳动力市场，怎样变得贫穷和边缘化，怎样陷入一种发展困境，是学者们普遍关注的问题。

社会排斥体是一种歧视政治经济学，歧视政治经济学体现了基于市场、经济机会给予、劳动力市场结构的社会排斥的政治经济学。贝克尔（Becker）认为，歧视可用货币来衡量，并提出"歧视系数"的概念，为经济学对歧视的量化分析提供工具。他将市场歧视系数定义为劳动力市场上两群体间有歧视时的工资之比与两群体间没有歧视时工资之比的差额。经济学家皮奥里（Pioli）和林格（Ringer）对波士顿的低工资群体进行了研究，提出了双元结构劳动力市场模型。狄更斯（Dickens）和K.郎（K. Lang）认为，存在两个独立的劳动力市场，存在非经济壁垒阻碍劳动力从次要劳动力市场到主要劳动力市场的流动。虽然新生代流动人口不断积累着自己在城市的社会资本，希望有一天能够成为真正的城市居民，但城市对新生代农业转移人口的"社会排斥"，则大大延缓了其市民化的进程。"社会排斥"是社会学研究中的一个重要概念，它是由法国学者拉诺（Le-

---

① 蔡海龙：《农民工市民化：意愿、诉求及建议——基于11省2 859名农民工的调查分析》，载于《兰州学刊》2017年第2期。
② 潘泽泉：《社会、主体性与秩序：农民工研究的空间转向》，社会科学文献出版社2007年版。
③ 潘泽泉：《农民工融入城市的困境：市场排斥与边缘化研究》，载于《天府新论》2008年第4期。
④ 史青华、徐翠萍：《农户家庭成员职业选择及影响因素分析》，载于《管理世界》2007年第7期。
⑤ 托尼·阿特金森：《社会排斥、贫困和失业》，载于《经济社会体制比较》2005年第3期。

noir）于 1974 年最早提出的。社会排斥起初是针对大民族排斥少数民族的种族歧视和偏见的。后来，这一概念被逐渐拓宽了，指某些群体部分地或全部出局，享受不到人类权利。不同的学者对"社会排斥"概念的理解大致可以归为三种：一是中心与边缘的视角；二是社会整合与社会分化的视角；三是参与和参与不足的视角。美国社会学家帕金（F. Parkin）将社会排斥的方式分为两种，他认为，任何社会都会建立一套程序或规范体系，使得资源和机会为社会上某些人享有而排斥其他人。总的来说，有两种排斥他人的方式：一种是"集体排他"的方式，例如以民族、宗教为区分标准，而将某些社会群体排斥在资源的享有之外；另一种是"个体排他"的方式，例如通过考试来选取人才，这样被选取者和被淘汰者都是以个体形式出现的，并没有一个身份群体被整体排斥，现代社会的基本趋势是从集体排他转向个体排他。而当前我国对于新生代农业转移人口的社会排斥主要表现在集体排他的政策。

2. 资本要素禀赋不足、能力提升与主体素质约束

导致农业转移人口难以顺利实现市民化的最大阻碍在于农业转移人口的资本要素禀赋不足、资本占有程度不高、资本能力提升有限，即他们还不能依靠自己的力量充分获得能够促使自己完全融入城镇发展的物质、权利、人力和社会资本。进城农民的整体素质是取得市民资格的重要条件，决定着由农民向市民转化的成功率。事实上，持续有效的人力资本投资与规范整合的人力素质是农村剩余劳动力转移的基本前提，也是农业转移人口市民化的重要推动力。进入城市的农业转移人口由于人力资本投入与开发的先天不足与后天迟缓、文化素质与科技素质滞后、思想观念落后、保守意识浓厚与开拓创新精神缺乏、市场竞争素质和能力低下等限制了农业转移人口就业空间的拓展，也限制了农业转移人口收入水平的提高。农业转移人口人力资本的先天缺失，导致其信息能力弱势，又不能拥有大量的社会资本，使其只能在次属劳动力市场上就业，劳动报酬低成为了必然，这也是农业转移人口诉求的重要方面。[1]

资本的占有程度与农业转移人口市民化相关，农业转移人口的物质、人力、权利资本和社会资本条件是实现市民化的基础条件，显著影响农业转移人口市民化意愿。[2] 陈延秋等学者的研究同样表明人力资本（是否参加过培训、培训次数、拥有的技能数以及技术等级）对农业转移人口市民化意愿有显著影响，此外社会资本（外地同学亲戚数和参加社会活动的数量）对农业转移人口市民化意愿

---

[1] 徐建玲、刘传江：《中间选民理论在农民工市民化政策制定中的运用——基于武汉市 436 位农民工的实证研究》，载于《管理世界》（月刊）2007 年第 4 期。

[2] 陈昭玖、胡雯：《人力资本、地缘特征与农民工市民化意愿——基于结构方程模型的实证分析》，载于《农业技术经济》2016 年第 1 期。

也有显著影响①。赵勍等学者基于私人成本与私人收益的比较对农业转移人口市民化意愿进行研究发现，农业转移人口是否愿意市民化取决于农业转移人口获得市民化净收益的大小，预期的市民化净收益越大，农业转移人口的市民化意愿越强②。资本困境中的物质资本困境表现为生存经济获得的不稳定性、就业收入的不稳定性、可持续生计的破坏、资产获得的脆弱性风险加剧和固定资产缺乏、较低水平的总收入获得和农村土地、宅基地等固定资产的弱流动性、权利保障匮乏及其收益价值的不确定性，成为阻滞农业转移人口实现市民化的物质障碍。资本困境中的权利资本困境体现为户籍身份权利、劳动力市场中的就业权利、城市住房保障权利、子女教育权利、医疗卫生权利、社会保障与福利权利等制度改革较为滞后，未能给予农业转移人口作为与城市市民相同基本生活权利、劳动权益、居住权利和公共服务权利等充分可靠的保障，陷入权利资本困境。资本困境中的人力资本困境方表现为农业转移人口通过教育、培训、技能实习等提升和再提升过程而获得的知识、信息、技能和能力。资本困境中的社会资本困境体现为在城市中出现的以亲缘、友缘和地缘纽带内卷化、居住隔离与社会距离、社会交往网络排斥与边缘化、文化冲突、代际隔阂与空间隔离、人际交往中的社会排斥、社会偏见与歧视，等等。

3. 城市化发展的低水平、要素聚集、吸纳及承载能力滞后

城市就业扩张力度不足制约农业转移人口市民化实现。城市部门创造的就业机会是农村人口向城市转移的前提。但是，我国城市化进程中的就业压力和矛盾主要体现在城市就业总量扩张不能满足就业需求，制约了农业转移人口在城市稳定就业和收入的获得。城市容量不足也制约农业转移人口市民化实现。城市的要素聚集、吸纳及承载能力都依赖于基础设施建设的进行，建立与工业化、城市化发展要求相适应的城市基础设施体系，是农业转移人口市民化的必要条件。但是，城市基础设施水平滞后、结构不合理，导致城市的各项功能难以正常发挥，严重制约了农业转移人口市民化的推进。可见，农业转移人口市民化的程度，取决于城市化所能提供和创造的就业机会及发展空间。加速市民化的推进，客观上要求我们必须对城市化发展战略进行审视和选择，培育城市的主导产业，培育有劳动力集聚效应的非正规经济部门的发展，以发挥城市的聚集效应和规模效应。③

4. 城市产业升级和梯度转移的非均衡性风险

城市产业升级对人才的"非均衡状态"不能完全解决新生代流动人口的就业

---

① 陈延秋、金晓彤：《新生代农民工市民化意愿影响因素的实证研究——基于人力资本、社会资本和心理资本的考察》，载于《西北人口》2014 年第 4 期。

② 赵勍、张金麟：《基于私人成本与私人收益的农民工市民化意愿研究》，载于《华东经济管理》2012 年第 12 期。

③ 王竹林：《农民工市民化的城市化困境及其战略选择》，载于《开发研究》2010 年第 4 期。

要求。就业的巨大压力使得新生代流动人口成为城市显性失业大军的一部分。产业升级主要表现为产业结构的改善和产业素质与效率的提高。前者主要是产业的协调发展和结构的提升，后者主要是生产要素的优化组合、技术水平和管理水平以及产品质量的提高。城市产业升级是个非均衡过程，表现为具体的行业升级速度、规模不一样，对劳动力的需求和吸纳也不一样，呈现出一种"非均衡状态"。

（四）社会过程：现代性获得、社会融入与市民化中的社会风险

中国农业转移人口市民化社会过程中，农业转移人口自身综合素质较低、社会资本不足等因素也是影响市民化的障碍。

1. 空间政治、居住空间分异与空间隔离风险

中国农民市民化的关键在于实现中国农业转移人口的城市融入，即解决他们在城市的定居问题，居住的政治体现为空间策略，即实现中国农业转移人口在城市的空间融入。中国农业转移人口在城市中遭受了社会排斥的空间过程，居住空间的隔离和排斥，使得他们难以真正融入城市，实现其市民化。

在有序推进农业转移人口市民化过程中，体现了一种基于空间权力技术的城乡二元户籍制度安排、二元经济结构和劳动力市场分割，表现为一种"反市民化"逻辑中的空间策略和分类逻辑。户籍制度安排是基于身份的空间象征，也是资源控制策略与手段的空间过程。[1] 在当代社会科学领域，对城市的社会问题日益关注，关心"社会空间正义与空间秩序"被誉为城市科学研究的"道德进步"[2]。城市社会空间结构是由城市社会分化所形成的，这种分化是在工业化、现代化和城市化的背景下产生的，包括人们的社会地位、经济收入、生活方式、消费类型以及居住条件等方面的分化，其在城市地域空间上最直接的体现是居住区的地域分异[3]。在西方发达国家，郊区化、全球城市和社会空间极化、居住空间分异、防卫社区、下层阶级聚居等社会空间演变和分异趋势等一系列的演进所带来的社会空间不平等使得城市中的社会公正问题成为关注焦点。[4] 户籍制度作为控制农村人口向城市迁移的基本手段，从居住空间的合法性控制公民的迁徙自由和居住自由，拒绝中国农业转移人口在城市中实现合法性身份转换，这一制度安排及其演变，在一定程度上促成了中国以户口为维度的空间社会分层结构。

---

[1] 潘泽泉：《社会、主体性与秩序：农民工研究的空间转向》，社会科学文献出版社 2007 年版。

[2] Smith D. Moral. Progress in Human Geography: Transcending in the Place of Good Fortune [J]. *Progress in Human Geography*, 2000, 24 (1): 1–18.

[3] 艾大力、王力：《我国城市社会空间结构特征及演变趋势》，载于《人文地理》2001 年第 2 期。

[4] Zhou Y. and Ma L. J. C. Economic Restructuring and Suburbanization in China [J]. *Urban Geography*, 2000, 21 (3): 205–236.

"市场通常对所有来者都开放，但那些不具有成员资格的人在市场中是最脆弱和不受保护的，他们往往容易被排除在共同体的安全和福利供应之外，他们在集体中总是没有保障的位置，总是处于被驱逐，处于一种无穷无尽的危险状态。"①居住分异指具有特定特征和文化的人群在城市中居住在一起从而形成特色邻里的倾向②。英国新城市社会学的代表人物雷克斯（Rex）基于"住宅阶级"的研究发现，住宅的使用差异是人类社会隔离的指示器，客观上形成了社会的阶级隔离、种族隔离和贫富隔离的分析，消费社会学提出的居住空间因社会阶层的分化而产生空间分隔的判断。③马库斯（Marcus）在1993年基于城市社会地理学的视角而提出的城市社区持续模式等，都从不同角度分析了分层结构与居住空间的关系。一些学者还通过运用社会居住分离指数及相应的统计分析，进一步研究了职业（社会经济地位）、家庭生命周期、种族与民族隔离等对西方城市居住分隔的影响。④中国农业转移人口及其随迁子女大都居住于"城中村"社区的"客观事实"既是城乡隔离的二元社会体制的"社会屏蔽"机制的结果，同时也是中国农业转移人口及其随迁子女"社会性防御"策略的结果。⑤

2. 社会网络、人际交往内卷化与社会资本匮乏

20世纪90年代中期开始，移民的社会融入与身份认同逐渐引起研究者日益升温的关注，以至于成为一个常规话题。这一领域关注的是农业转移人口市民化过程中能否实现群体性社会融入中的能动性建构自我的过程⑥。社会网络议题关注的是农业转移人口市民化过程中人际关系的排斥过程、同群效应、社会资本积累、社会关系网络重建。

学者指出农业转移人口没有真正融入城市社会并成为真正的市民在于他们没有建立以业缘关系为纽带的生活圈子，农业转移人口在从农村到城市的流动过程中，主要依赖了其传统的亲缘和地缘的社会网络，并没有从根本上改变他们以血缘地缘关系为纽带的社会网络的边界。⑦也有学者提出"虚拟社区"的概念，即在一个城市内，农业转移人口按照差序格局和工具理性构造出来的社会关系网络，相互之间的非制度化信任是构造这种虚拟社区的基础，而关系强度则是这种

---

① 迈克尔·沃尔泽著，诸松燕译：《正义诸领域：为多元主义和平等一辩》，译林出版社2002年版。
② Immons J. W. Changing residence in the city: a review of intraurban mobility [J]. *Geographical Review*, 1968, 58 (4): 62.
③ 渡边雅男：《现代日本的阶层差别及其固定化》，中央编译出版社1998年版。
④ 刘精明、李路路：《阶层化：居住空间、生活方式、社会交往与阶层认同》，载于《社会学研究》2005年第3期。
⑤⑦ 潘泽泉：《社会、主体性与秩序：农民工研究的空间转向》，社会科学文献出版社2007年版，第266页。
⑥ 梁波、王海英：《城市融入：外来农民工的市民化——对已有研究的综述》，载于《人口与发展》2010年第4期。

社区组织和构造的重要方式。事实上,农业转移人口进入城市之后,在其原有的亲缘、地缘关系的基础上再构以老乡为对象和以工具理性为目的的城市社会关系网络,这就是学界普遍理解的"同群效应",有学者对农业转移人口的同乡聚集效应的研究发现,同乡聚集有助于提高农业转移人口收入。城乡差异使得"城里人"和"农村人"的社会鸿沟并没有消除。"农村人"身份融不进城市,大量地居住在城中村或者城乡接合部,成了失去农村文化的根又没有和城市文化对接的"边缘人"。① 在农民市民化过程中,邻里交往的阻隔、社会网络的中断、社区认同的丧失等一系列问题在某种程度上都增加了农业转移人口市民化的"问题化"取向,邻里关系由此解体,而新的邻里关系又一时难以建立②,导致农业转移人口市民化社会资本的先天缺陷。在社会资本方面,有学者区分了原始社会资本和新增异质性社会资本,指出原始资本对转移人口的城市收入并无影响,新增社会资本则具有正向影响③,另一部分学者则认为整合性和跨越型社会资本(类似于同质性资本和异质性资本的划分)都能够正向提升农业转移人口收入且效应相近④,两种观点均肯定了社会资本积累对转移人口的城市融入具有积极意义。

3. 身体认同、社会情感与心理资本融入困境

心理资本是农业转移人口融入城市的重要条件,心理资本体现为社会认知资本、情感资本、个人效能感、抗逆力培养、赋权增能促融、精神健康、成就动机等。中国农业转移人口在城市的社会心理、精神健康和情感状态,以及他们是否幸福的直接体验来自于身体实践、身体体验和心理资本培育与滋养,身体不仅仅只是一个展现在空间中的客体,而是一个对生活世界之空间安排所有经验的基本要件,可以说身体是一种空间位置系统中的实践图式,它"持续不断地参与它所在生产的一切知识"⑤。中国农业转移人口市民化也是一种基于身体权力技术的反市民化逻辑。身体不仅仅只是一个展现在空间中的客体,而是一个对生活世界之空间安排所有经验的基本要件,可以说身体是一种空间位置系统中的实践图式,它"持续不断地参与它所在生产的一切知识"⑥。"身体不仅仅只是一种肉体的存在,或作为一个意义上的空洞的意符,他同样卷入了一种集体性身份认同的建构过程中。身体是一种生理潜能,通过人们所共有的个体收到的训诫、约束和

---

① 蔡志刚:《新生代农民工市民化问题初探》,载于《理论探索》2010 年第 2 期。
② 文军:《"被市民化"及其问题——对城郊农民市民化的再反思》,载于《华东师范大学学报》(哲学社会科学版) 2012 年第 4 期。
③ 叶静怡、周晔馨:《社会资本转换与农民工收入——来自北京农民工调查的证据》,载于《管理世界》2010 年第 10 期。
④ 王春超、周先波:《社会资本能影响农民工收入吗?——基于有序响应收入模型的估计和检验》,载于《管理世界》2013 年第 9 期。
⑤⑥ 皮埃尔·布迪厄著,蒋梓骅译:《实践感》,译林出版社 2003 年版,第 106 页。

社会化的各式各样的身体实践，这种生理潜能才能被社会的、集体的实现"①。布迪厄（Bourdieu）认为，"全部社会秩序通过一种特定的方式来调节时间的使用、集体和个体活动在时间中的分配以及完成这些活动的适当节奏，从而把自己强加于最深层的身体倾向"②。福柯（Foucault）引用边沁的圆形监狱"全景敞视建筑"说明现代权力机制和纪律技术的无处不在。福柯赋予医院、监狱、工作场所、学校、街道规划以及住宅等建筑以不同方式涉及了权力的培育、维护和惯性运作，在军队、教育、医院、修道院、工厂等地方都存在像监狱一样打造身体"规训"的时空秩序。③通过对理性统治、临床医学、监狱体系和性问题的研究，福柯强调空间的"规训"使身体成为一个政治领域，并产生了用以控制身体的空间政治的策略。④

中国农业转移人口在城市中的身体实践体现为一种基于城乡二元结构和制度性排斥带来的"社会支配关系的身体化""心理资本弱势化"和"精神健康分化"，表现为一种"身体焦虑"或"情感失落"或一种本体性安全遭受威胁的焦虑、恐惧、缺乏信心、狂暴或者沮丧。⑤中国农业转移人口未能在情感上融入城市、接纳城市，城市给予他们的更多的是负向的情感经历和体验、身份认同的困惑和身份转变的焦虑和无望。基于参照群体"相对收入差距"的"相对失落感"在城乡人口迁移中的心理资本影响显著，胡军辉等学者以相对剥夺感为视角对农业转移人口市民化意愿进行研究，结果表明农业转移人口市民化意愿是其应对相对经济剥夺的认知和情感体验所作出的行为反应，来自群体间和群体内的相对经济剥夺感共同塑造了市民化意愿的反馈结构。⑥

4. 社会偏见歧视、迁移网络的自愿性隔离与社会距离

人际交往的促进性悖论、内卷化与同群效应体现了对农业转移群体的偏见、情感漠视与农业转移群体的内倾性交往，体现了农业转移群体符号差异、集体意识缺失、自愿性隔离与社会距离交互效应。

（1）社会偏见、群际歧视与污名化。

户籍转变、地域转移与职业转换是农业转移人口市民化的重要内涵，但这些仅仅是其外部特征，农业转移人口市民化的真正内涵与根本标志在于其价值观念、行为模式、生活质量、社会参与、文化方式、社会网络等与城市融为一体，城市市民与政府对农业转移人口依然存在程度不同的群体偏见与歧视，工资歧

---

① 布迪厄：《实践与反思——反思社会学导论》，中央编译出版社1998年版，第285页。
② 皮埃尔·布迪厄著，蒋梓骅译：《实践感》，译林出版社2003年版，第106页。
③④ 米歇尔·福柯著，刘北成等译：《规训与惩罚》，生活·读书·新知三联书店2004年版，第224页。
⑤ 潘泽泉：《社会、主体性与秩序：农民工研究的空间转向》，社会科学文献出版社2007年版。
⑥ 胡军辉：《相对剥夺感对农民工市民化意愿的影响》，载于《农业经济问题》2015年第11期。

视、雇佣歧视、职业歧视，城市对农村的社会排斥、市民对农民的情感漠视，致使农业转移人口的城市归属感与市民认同感培育滞缓，形成农业转移人口与市民认同归属过程中的冲突与矛盾。①

格兰诺维特（Granovetter）指出，迁移网络在迁移的微观行为和宏观行为之间建立了一座"桥"，国内也有学者分析了迁移网络在劳动力流迁决策中的作用。② 来自城市和地方政府的偏见和歧视，在有序推进农业转移人口市民化过程中，体现了一种基于中国语境的布劳宏观社会结构论中的促进性假设的悖论形态。从结构社会学的传统出发，布劳（Blau）在其社会交往的宏观结构理论中曾经阐述了一个基本假设，即人们更多地与自己群体或社会阶层中的其他成员交往，处于相同社会位置的人们有着共同的社会经验和角色以及相似的属性和态度，这一切都将促进他们之间的交往，例如婚姻、朋友等性质的交往关系。③ 布劳（Blau）宏观社会结构理论中的促进性假设指出，人们同其他社会集团或阶层的交往，会促进他们向这些集团或阶层的流动。如果人们的社会交往在很大程度上是由客观分层地位决定，那么这种交往过程本身也会在很大程度上强化客观的分层位置。④ 阿特金森（Atkinson）等对苏格兰混合社区的研究曾发现，住房持有者和租房者有着不同的社会世界，"住房自有者因就业机会较多，其日常出行距离明显较长。这意味着住房自有者和租房者之间的接触相对较少⑤。"艾伦（Allen）也提出，"混合社区内不同社会群体之间几乎不存在角色示范效应⑥"。农业转移人口在人际交往中出现了内倾性交往与人际交往"内卷化"。农业转移人口基于亲缘、血缘、地缘关系而形成的根深蒂固的社会群体意识，导致农业转移人口阶层的文化的同质性、交往的内倾性、生活的趋同性，也在很大程度上抑制了流动人口阶层与现代城市社会的有机融合。由此决定了大多数流动人口在城市的生活依然是以生存需要为基本原则，真正意义上的以发展需要、享受需要与自我价值实现的市民生活并未成为农业转移人口的目标追求。⑦

（2）社会认同缺失、自愿性隔离与社会距离。

"原住民"与"外来人"，"同一阶层"与"不同阶层"以及"可信任"与

---

①⑦ 刘慧芳、冯继康：《"三农"难题视域下的农民工市民化》，载于《当代世界与社会主义》2008 年第 3 期。

② 徐济益、许诺：《迁移网络对新生代农民工市民化选择的驱动效应分析》，载于《经济体制改革》2015 年第 4 期。

③④ 刘精明、李路路：《阶层化：居住空间、生活方式、社会交往与阶层认同》，载于《社会学研究》2005 年第 3 期。

⑤ Atkinson R, Kintrea K. Owner-occupation, social mix and neighborhood impacts [J]. Policy & Politics, 2000, 28 (1): 93 – 108.

⑥ Allen C., Camina M., Casey R., Coward S. and Wood M. Mixed Tenure, Twenty Years On nothing Out of the Ordinary [M]. New York: Joseph Rowntree Foundation, 2005.

"不可信任"的考量,其实都是"内群体"与"外群体"的划分。在失地农民的社会交往中,无论哪个维度的考量都表现出内倾性的交往特征。[①] 其归属感和自我的社会认同促使其在社会交往过程中固守"内群体"与"外群体"的划分。分类观念下的内倾性社会交往致使中国农村居民与城市居民的融合不太可能发生,这种交往文化致使失地农民再一次身份隔离的发生。两个群体形成了互不交叉的独立交往圈,在"多体异质型"混合社区内部和外部形成了事实上的两个"单体同质型"的隔离群体;另一方面,不少中国农业转移人口表现出无规范性和缺乏社区集体意识的行为,使得混合社区的治安和管理情况堪忧,导致当地市民对中国农业转移人口心生不满。而管理主体的缺失导致社区管理的涣散。来自不同文化背景、收入层次和地区的人口特征上的区别,使两个群体呈现认知和行为模式上的差异,最终导致两个群体在居住空间整合下的隔离。[②]

中国农业转移人口社会交往"内卷化",即社会交往囿于中国农业转移人口群体内部,形成在城市中的"自愿性隔离",出现社会交往的"内倾性"与"趋同性",产生对城市生活的"防御性认同"或"拒斥性认同",使得中国农业转移人口难以融入城市社区,实现社会融合。[③] 进入城市集中居住的中国农业转移人口,面临新的生活而产生文化震撼,表现出对陌生环境的焦虑感和对城市生活方式的不适应,居住空间的分异在一定程度上限制了他们扩张社会网络、学习新的生活知识的努力,加剧他们对原有关系的依赖程度,使得他们往往倾向于在安置社区的群体内部重复地建构关系,其社会交往有较明显的且不断强化的同质性和内部性。劳动时间过长带来的社会交往"内卷化"使中国农业转移人口群体产生边缘化、排斥和隔离的社会心态,包括社会交往中身份差别引发的自卑、焦虑和抑郁心理,社会距离形成的自我隔离、冷漠和孤独无助感,劳动时间过长与较低收入产生的被剥夺心理、不公平感和精神压抑,这些可能会诱发中国农业转移人口不满、压抑、怨恨、敌对情绪和犯罪行为发生。将中国农业转移人口纳入城市社区体系,避免中国农业转移人口因劳动时间过长带来社会交往"内卷化"和自愿性隔离,消除因"内卷化"带来的消极社会心态,避免诱发心理健康问题和采取极端行为,对于降低城市风险、维护社会秩序和公共安全、实现城市社会稳定与和谐发展具有重要意义。

潘泽泉等学者从社会交往的角度探讨社会距离,特别关注在社会交往网络中交往对象的平均经济地位和相对经济地位。数据分析结果发现:在中国农业转移人口市民化过程中,存在基于客观社会地位与人口属性变量的主观社会距离交互

[①] 李倩、李小云:《"分类"观念下的内倾性社会交往:失地农民市民化的困境》,载于《思想战线》2012 年第 5 期。
[②] 江立华、谷玉良:《"混合社区"与农民工的城市融合》,载于《学习与实践》2013 年第 11 期。
[③] 刘世定等:《内卷化概念辨析》,载于《社会学研究》2004 年第 5 期。

效应。性别、政治面貌、教育程度、住房满意度、经济地位对失地农民的社会距离具有重要影响,具体表现为男性比女性的社会距离感更强,普通群众比党员的社会距离感更强,教育程度越高距离感越弱,住房满意度与社会距离成反比,经济条件越好距离感越弱。女性相对而言更热衷社会交往,比男性更容易融入城市,所以女性比男性的社会距离感要弱。党员身份是一种政治地位的象征,有一种优越感,政治参与度也较高,社会隔离度低。较高的教育程度可以使失地农民在经济市场中获得较高职业地位,缩小与城市居民的社会距离。居住空间隔离损害交往多样性,加剧社会隔离,住房满意度越高,相对的隔离感也越弱。社会经济地位对社会距离有着重要的影响,已经被研究证明,失地农民的社会经济地位越高和市民之间的阶层差距也就越小,交往越多,缩小了社会距离感。另外,存在其余相对社会经济地位作用的主观社会距离扩大效应。在社交往网络中的相对地位影响失地农民的主观社会距离。交往对象的平均经济地位越高,社会距离感越弱。此外,存在基于内群体交往的社会距离扩大效应和群际交往的社会距离缩减效应。总体来说社会交往对社会距离有着重要的影响,除了社会经济地位的影响外,研究还发现交往的群体选择影响社会距离,交往频率并不会对社会距离产生影响。社会交往过程中,只有选择与自身群体不同的异质性群体才能缩小社会距离感,避免社会交往的内卷化。交往性质而不是交往的频率会对社会距离产生影响,如果只存在内群交往将会增加群体凝聚力,加剧群体威胁感,增加社会冲突的可能,将进一步拉大社会距离,只有增加和城市居民之间的社会交往机会才有可能缩小社会距离。[1]

5. 新二元文化结构、文化行为适应与文化现代性困境

文化认同和文化融入对中国农业转移人口城市融入具有积极意义[2],当个体处于群体环境中时,其自身与他人进行社会比较所产生的差异感,会形成种种情感与心理因素进而影响个体与群体的关系,城乡居民的二元身份割裂,必然影响农业转移人口对其市民化转型的认同感[3],导致城乡居民间以及城乡生活方式的认同障碍,这事实上即是我国城市内部正在逐渐形成的新二元文化结构。文化资本同样可以积累,教育型文化消费通过人力资本中介正向影响新生代农业转移人

---

[1] 潘泽泉、邹大宽:《失地农民市民化过程中社会距离的影响机制——基于社会距离效应的分析》,载于《学习与实践》2017 年第 5 期。

[2] 沈蓓绯、纪玲妹、孙苏贵:《新生代农民工城市文化融入现状及路径研究》,载于《学术论坛》2012 年第 6 期。

[3] 刘培森、尹希果:《新生代农民工市民化满意度现状及其影响因素研究》,载于《西安财经学院学报》2017 年第 1 期。

口务工收入,且拓展性人力资本积累的作用较基础性人力资本更大[①]。

美国社会学家威廉·奥格本(William Ogbum)提出,文化在变迁时,各部分的变迁速度并不一致,一般来说,总是"物质文化"先于"非物质文化"发生变迁,而在非物质文化中,首先是制度,其次是风俗、民德变迁,最后是价值观念变迁[②]。所以,只有中国农业转移人口在社会交往中突破分类的观念,才能真正融入城市,真正达到市民化,而这个过程必然是一个由制度、社会结构而起,继而深入文化的变化和适应的过程。刘易斯(Lewis O.)指出:"棚户区的孩子,到6~7岁时,通常已经吸收贫困亚文化的基本态度和价值观念。因此,他们在心理上不准备接受那些可能改变他们生活的种种变迁的条件或改善的机会。"[③] 班费尔德(Banfield E. C.)也用"非道德性家庭主义"来解释"穷人基本不能依靠自己的力量去利用机会摆脱贫困之命运,因为他们早已内化了那些与大社会格格不入的一整套价值观念"[④]。而城市融入需要"具有自觉的主体性和自我意识的个体的生成,需要一种以平等的交互主体性为基础的理性的公共活动空间,来表达主体性的内涵和价值需求,或者抵御公共权力的自律化所造成的体系对生活世界的殖民化"[⑤]。另外,"熟人"与"可信任"之间是一种隐喻转换关系,不同的群体可以通过某些象征符号与其对立的符号的差别来进行社会区分。人是使用象征符号的动物,他往往需要归属于某个群体,也需要与别人交往,以便证实自我的社会认同。[⑥] 学者普遍认为,中国农业转移人口很难与城市实现融合,阻碍其适应的因素主要有"经济地位低下""制度障碍""文化差距""缺乏对城市的认同和归属感""以赚钱为目标的进城动机""以初级群体为基础的社会网络(交往局限)""与城市居民的摩擦和土地牵制"。[⑦] 虽然城市的生活经历改变着中国农业转移人口的传统心理和文化意识,影响了他们的价值观念、行为方式,但总体上,中国农业转移人口对城市的适应还停留在对城市适应的较低层次上,仅仅是一种生存适应。

社会文化层面的农民市民化,主要体现为农民在行为方式、生活习惯、思想观念、角色行为等方面发生变化,并且主动向城市靠拢,发展相应的市民素质,融入城市文化。这些是农民外部赋能和自身增能的努力过程,是农村居民、城市

---

① 金晓彤、崔宏静、李茉:《新生代农民工教育型文化消费对务工收入的逆向作用机制分析——基于全国31省份4 268份调查问卷》,载于《农业技术经济》2014年第9期。
② 威廉·奥格本著,王晓毅译:《社会变迁:关于文化和先天的本质》,浙江人民出版社1989年出版。
③ Lewis O. The Culture of Poverty [J]. Scientific American, 1966, 215 (4): 19-25.
④ Banfield E. C. The Moral Basis of a Backward Society [M]. New York: The Free Press, 1958.
⑤ 衣俊卿:《现代性的维度及其当代命运》,载于《中国社会科学》2004年第4期。
⑥ 王铭铭:《非我与我:王铭铭学术自选集》,福建教育出版社2000年版。
⑦ 朱力:《群体性偏见与歧视:农民工与市民的摩擦性互动》,载于《江海学刊》2001年第6期。

居民在互动过程中的容纳、认同与融合,是农民超越自身传统和角色转换的过程。这些可以被认为是与国家、政府相对应的社会文化层面上的农民市民化过程。一方面,农业转移人口在城市长期生活,已经逐渐脱离传统的农村生活方式;另一方面,农业转移人口又因文化背景差异以及社会制度等因素限制,无论是情感归宿还是生活方式,都未能真正融入城市生活。文化认同等非正式约束在推进我国农民市民化转型起着至关重要的影响作用,很大程度上说,我国长期二元经济结构所形成的二元文化差异影响和制约了农民市民化转型[1]。传统思想、城乡文化差异和文化素质低,延缓了进城务工人员的市民化进程。进城务工人员既有转移流动的强烈愿望,同时又受到传统思想文化的制约。传统的乡土观念使他们害怕离土又离乡,进了城的农民不愿放弃土地,依然把土地作为自己的立根之本和生活保障,把游离于城乡之间既能挣钱、又能种田的社会生活方式作为最理想的生活模式。同时,随着农村劳动力的进城,城乡文化理念的剧烈碰撞和交流不可避免地发生,进城务工人员虽然接受了城市先进的文明,有转移流动成为所在城市一员的强烈愿望,但又有"在家万事好,出门难上难"的怕冒风险心理和严重的自卑心理,他们可能很难适应城市文化的氛围,从精神上很难融入所在城市。再加上进城务工人员受教育程度和劳动力综合素质普遍较低,绝大部分进城务工人员的文化水平局限于初中以下,高中水平乃至大专层次的所占比例很少,进城务工人员就业的范围一般局限在劳动密集型加工产业和建筑业、运输业、小商业等简单技能要求的行业,这就更加影响着农民进城的步伐。[2]

6. 主体性、发展理性与市民化的个体行动困境

中国农业转移人口并非社会结构制约下的"木偶",由于社会制度本身空间的不断拓宽、城乡经济发展产生的市场机会增加、城市社会对中国农业转移人口的接纳度不断提高,为中国农业转移人口市民化提供了宏观条件和可能性[3],同时也提供了个体行动的可能性。正如沃特斯(Waters)所说:"对行动的强调意味着,个体不是社会世界的产品甚或摆布的对象,而是创造其周边世界的主体,他们在思考着、感觉着、行动着。"[4]

新经济移民理论强调基于参照群体"相对收入差距"的"相对失落感"在城乡人口迁移中的推拉作用。中国农业转移人口是一群理性的行动者,总是保持

---

[1] 姜莉:《文化认同与社会发展——基于农民工市民化转型的实例研究》,载于《哈尔滨商业大学学报》(社会科学版)2018年第2期。

[2] 李海燕、甄永辉、王崇凯:《关于进城务工人员市民化过程中的几点思考》,载于《财经论坛》2007年第9期。

[3] 胡杰成:《农民工市民化研究——一种社会互构论的视野》,载于《华中师范大学社会科学学报》2009年。

[4] 马尔科姆·沃特斯著,杨善华、李康等译:《现代社会学理论》,华夏出版社2000年版。

着对身边世界的思考,积极地调动各种资源,灵活地采取各种策略,去实现自己对生活的追求。社会理性的归同是农业转移人口市民化变量的前提。对户口迁移进行决策时,农业转移人口需要考虑对城市生活方式、城市语言文化、城市生存与发展机会等问题。也就是说,农业转移人口市民化最根本的问题是农业转移人口是否具有足够的社会资本来支撑其融入城市生活这一社会理性约束。根据蔡禾、王进等学者的研究,寻求户籍制度的保障来改变农业转移人口的生活境遇,是农业转移人口的社会理性安排,农业转移人口在城市的歧视越大,他们获得城市户籍的欲望就越强。英克尔斯(AlexInkeles)认为,农民与市民交往的过程"也许能成为促进农民现代化的学校",这种接触将促成农业转移人口对城市的整体认同和情感归属的形成。心理层面的融入则是农业转移人口城市适应的最高层次。心理的市民化水平表现为农业转移人口对城市归属感的形成。经济约束条件下的市民化是农业转移人口对城市功利性的归属感表现,这种以纯经济利益为基础的城市人与农业转移人口之间的合作是缺乏精神认同感的,这种不信任泛化的结果将阻碍农业转移人口市民化进程。所以,要促使农业转移人口具有真正意义上的城市认同感,必须从组织和制度上确保农业转移人口对城市人的精神认可,使农业转移人口市民化具备社会理性的保障和支撑。①

7. 家庭禀赋、家庭决策和家庭生命周期与市民化障碍

家庭生命周期理论往往把家庭而不是个人看作追求收益最大化的主体,看作是城市移民的主要动力。关于家庭迁移研究始于新劳动迁移经济理论,新劳动力迁移经济理论强调家庭和家庭决策在劳动力迁移决策中的重要性,用投资组合理论和契约安排理论来解释劳动力迁移行为与家庭决策的关系,前期研究多注重于家庭整体迁移问题,认为统一调配家庭劳动力的就业行为成为影响农村劳动力转移的根本因素。可以发现,家庭资本、家庭投资组合、家庭禀赋、家庭决策和家庭生命周期是影响中国农业转移人口市民化的重要因素。家庭自然资本可以为农业转移人口回流农村后提供基本的生计保障和生活来源,如土地不仅具有生产功能,还具有失业保障、养老保障功能②。外出务工的农业转移人口对其预期收入是不稳定的,他们可能找不到工作,也可能工作不稳定,在丧失非农就业机会的情况下,土地可以作为一种失业保险③。家庭人力资本和社会资本可以为回流劳动力提供人力支持和生活照料。新农保则可以弥补家庭、土地、储蓄等传统养老

---

① 方小斌:《农民工市民化的变量与路径》,载于《求索》2009年第8期。
② 石智雷、薛文玲:《中国农民工的长期保障与回流决策》,载于《中国人口》2015年第1期。
③ 姚洋:《中国农地制度:一个分析框架》,载于《中国社会科学》2000年第2期。

方式的不足,是政府提供的一种稳定性较强的制度性养老保障[①]。新农合也可以帮助他们应对疾病风险,降低参合者医疗的自付比例,提高参合者的健康水平[②]。

有国外学者的研究开启了学界对代际传承的研究,该研究指出,父母通过遗传和教育投资将"资本"传承给子女,继而影响子女的收入水平。在收入、教育等领域的研究证实附带的资本积累对子代有显著的影响。[③] 冷萱等学者发现家庭生活水平越高,越倾向于定居城镇,家庭生活周边环境越差,越倾向于未来定居城镇,即市民化倾向越高。这表明家庭生活水平越高的家庭有更多的资本融入城市,生活周边环境越差的家庭越希望定居城镇。村级层面各因素对个体是否打算未来定居城镇有显著性影响。说明村级或社区基础设施建设对个体影响较大。[④] 杨希玲、周皓等学者的研究发现,新生代中国农业转移人口的社会阶层固化、社会融合等特征均可以从代际传承的角度解释,并受到家庭环境和家庭教育因素的显著影响。代际传承的已有研究证实了父代积累的经济、社会和文化资本传承给子代并作为子代的有效资源将从根本上体现金融市民化的代际延续性和一致性。程欣炜等学者的研究发现,新生代农业转移人口认知的父代城市融入程度与老一代农业转移人口的自我认知非常接近,但认知结构具有一定差异,行为方式指标的重要性显著提升,而归属感指标的重要性则下降;经济资本、社会资本和文化资本代际传承对农业转移人口金融市民化程度有显著影响,其中文化资本下的教育环境因素对农业转移人口金融市民化程度的影响作用最大;随着农业转移人口金融市民化程度的提升,三类资本对金融市民化程度的影响作用会发生相应变化,学校非正式教育的作用趋弱,家庭非正式教育的作用趋强。[⑤]

第二节 农业转移人口市民化的战略推进、路径选择与行动策略

改革开放以来,我国越来越多的农业人口开始转移到城市,农业转移人口市

[①] 聂建亮、钟涨宝:《新农保养老保障能力的可持续研究——基于农民参保缴费档次选择的视角》,载于《公共管理学报》2014年第11期。

[②] 程令国、张晔、刘志彪:《新农保改变了中国农村居民养老模式吗?》,载于《人口研究》2008年第5期。

[③] 叶静怡、周晔馨:《社会资本转换与农民工收入——来自北京农民工调查的证据》,载于《管理世界》2010年第10期。

[④] 冷萱、王雨林:《农民工流动经历与市民化倾向——来自CLDS的证据》,载于《调研时间》2017年第10期。

[⑤] 程欣炜:《经济资本、社会资本和文化资本代际传承对农业转移人口金融市民化影响研究》,载于《农业经济问题》2017年第6期。

民化要求农业转移人口在城市获得工作岗位、实现职业转变的基础上,最终获得城镇永久居住身份,平等公平地享受城镇居民各项公共服务和社会福利,全面参与政治、经济、社会和文化生活,实现经济立足、社会接纳、身份认同和文化交融。当前,我国农业转移人口市民化遭遇诸多制度困局。破解这些困局,需要经由国家战略推动,需要进行策略选择,推行以户籍制度为核心的各类制度改革,保障农业转移人口的市民化进程。

一、有序推进中国农业转移人口市民化:发展战略与行动国家

农业转移人口市民化有助于打破传统户籍管理体制造成的劳动力市场分割对其收入增长的束缚,有助于实现社会保障和教育方面的外来人口市民待遇,降低城市生活成本和风险对外来人口务工收入的侵蚀,助推外来人口脱贫并防止其返贫。

(一)市民化过程中的"农业现代化"战略

以农业机械化、农业现代化和新型农民培育推动农民增收,实现乡村振兴,是中国农业人口市民化的前提条件和基础。农村劳动力转移与农业现代化是相依相存的,农村劳动力转移离不开农业现代化的"催化剂"作用,正是由于农业现代化的推进,农村劳动力生产率的提高,才使得农村中大量劳动力得以解放出来,流向二、三产业。同时也正是由于农业现代化的推进,使农业生产得以保证,才使得大量劳动力在二、三产业转移得如此顺畅。农业现代化的推进也离不开农村劳动力的转移,农业规模经营性越强,农业现代化推进越快。

在土地资源有限、土地增收潜力难以满足农民增收情况下,减少农民数量,增加单位农民的耕种面积成为增加农民收入的主要方式。通过加快农业机械化,加快推进农业现代化,培养现代新型农民,增加农业科技含量,推进农产品深加工、农业技术推广、农业科研等项目建设,实现农业增收和粮食增长,这样才能为农村转移出来的劳动力实现市民化提供强有力的经济支撑。[①] 只有流出地的农民实现增收,才能加快流出地的经济发展,为流动人口回乡创业或者吸引其回乡发展创造条件。

市民化过程中需要拓展农村土地增值途径与农村就业空间,逐步建立与农村

---

① 杨胜利、段世江:《城市化进程中农民工迁移流动与市民化研究——基于区域协调发展的视角》,载于《经济与管理》2017年第2期。

劳动力结构协调发展的农业产业链与新型业态。农村土地增值需确保粮食安全，防范"非粮化""非农化"趋势。农业转移人口市民化与农村土地流转的不稳定性"共生"，应抓紧完善农村土地的权能、价格体系及收益分配机制。农业转移人口市民化意愿与偏好复杂，农村土地利用转型应避免"简单化"。① 在城市化进程中，农业转移人口市民化已成为我国经济发展中一个不可抗拒的社会历史潮流。农业转移人口向市民转化，不是简单地变更户籍登记和集中居住，而是要消除制约城乡协调发展的一些因素，使他们逐步融入新型的现代市民社会，实现传统生活方式、社会角色和价值观念的转变。农业转移人口市民化，是保证现代化持续健康发展、实现经济社会现代化的必然要求。

（二）市民化过程中的"现代化"与"工业化"战略

中国农业转移人口市民化过程中由乡村进入城市，意味着进入一个新的迥异于传统乡土社会的新的空间形态，即由"传统社区"进入"城市社区"，也意味着生存空间的自我拓展，以何种方式进入空间，是否为城市空间所接纳，或同化、融合、或并存、或嵌入、或边缘化，始终存在一种空间的秩序和运作逻辑，这也是城市现代化战略面对大量移民和流动人口所必须解决的问题。

根据现代化战略的理解框架，作为城市的现代化和工业化必须关注城市经济的发展，需要经由现代化战略，实现中国农业转移人口市民化过程中现代性获得、职业非农化实现、传统性身份转变、城市性生成、社会关系重构、政治权力和政治参与的社会平等，任何社会公民都应该有话语权，而不是作为沉默的"他者"，处于贫穷和遭受边缘化的城市流动人口应参与拟定这类战略，拥有他们自己的话语权；同时尽量取消那些造成城市区隔与另类标签的社会政策与制度，城市流动人口与城市合法的居住人口都是社会公民，拥有任何公民所享有的合法权利；而且，在整个国家向现代化发展的进程中，应该关注和帮助国民从心理和行为上都转变为现代的人格都获得了某种与现代化发展相适应的现代性。②③

在整个国家的现代化发展进程中，应该关注和帮助中国农业转移人口从心理和行为上转变为现代的人格、获得某种与现代化发展相适应的现代性。现代化不仅为村落非农化、工业化、去工业化到城市化和村落终结的变迁逻辑提供了可能，而

---

① 彭建超、吴群、钱畅：《农村土地"增值"对农民市民化实现的贡献研究》，载于《人口学刊》2017年第6期。
② 潘泽泉：《现代化与发展主义语境中的中国农民工发展》，载于《广西民族大学学报》2007年第5期。
③ 潘泽泉：《社会、主体性与秩序：农民工研究的空间转向》，社会科学文献出版社2007年版，第428页。

且，现代化所带来的城市化或工业化的社会进程在城市中提供了大量的就业机会。对城市现代化的发展逻辑，不仅意味着强调"城市"和来自不同区域和空间的"人"之间活跃的互动关系，更重要的是它可能提供另一种方式来回应"现代化"问题，而且在现代化反思的视野中，不仅需要重新考量中国现代城市化进程的历史过程、社会动力和文化影响，而且必须把"城市"作为一个整体，放置到与经济环境、人文地理、自然生态……的复杂关系网络中予以重新定位，经由现代化推进中国农业转移人口市民化是一种历史的必然，也是社会发展的必然规律。①②

现代化过程也是实现中国农业转移人口走向现代性的过程。现代性意味着个体化过程，个体化意味着新的生活方式对传统的乡村社会的生活方式的抽离（the disembedding），其次意味着再嵌入。舍勒（Scheler）指出，从传统社会向现代社会的转变，不仅是环境和制度的转化，而且是人自身的转化，这是一种发生在人的"灵魂和精神中的内在结构的本质性转化，一种人的文化心理性质和内在心性秩序更为深层的变化"。现代性是深层的"价值秩序"的位移和重构，表现为工商精神气质战胜并取代了超越性价值取向的精神气质。③ 中国农业转移人口的现代性是一种"一种态度"、一种思想和感觉的方式、一种行为和举止的方式、一种面向未来的意识、一种注重现在的精神气质，是一种发生在人的灵魂和精神中的内在结构的本质性转化，一种人的文化心理性质和内在心性秩序更为深层的变化。④

（三）市民化过程中的"城市化"与"新型城镇化"战略

有序推进农业转移人口市民化需要经由城市化、城市群建设和新型城镇化建设消除"虚城市化""半城市化""伪城市化"，实现"土地城镇化"和"人口城镇化"同步发展。在我国城市化进程中，进城务工的流动人口游离在城市的边缘，职业与社会身份的分离、城市认同感和归属感的缺失均表明他们未能真正融入城市，而是呈现一种"虚城市化"和"伪城市化"现象。

1. 经由新型城镇化战略推动中国农业转移人口市民化

城镇化是指人口向城镇集中的过程，表现为城镇数目的增多和城市人口规模的扩大。新型城镇化更加注重人的城镇化，强调以人为本，关注人的可持续发展，实现人的现代化。新型城镇化模式是以现代化为发展目标，以人的城市化为

---

① 潘泽泉：《现代化与发展主义语境中的中国农民工发展》，载于《广西民族大学学报》2007年第5期。
② 潘泽泉：《社会、主体性与秩序：农民工研究的空间转向》，社会科学文献出版社2007年版，第428页。
③ 马克斯·舍勒：《资本主义的未来》，生活·读书·新知三联书店1997年版，第12页。
④ 《被压抑的现代性：农民工融入城市的困境》，载于《广西民族大学学报》2011年第1期。

核心，加快城镇化转型，提升城镇化的质量，重点和难点在于解决两亿多流动人口的市民化问题。新型城镇化是人的城镇化，城镇化本质是农业转移人口的生活方式转变和福利增进。新型城镇化战略要求以协调推进城镇化、工业化实现有序推进农业转移人口市民化。通过制度创新和政策调整深入推进城镇化和农村劳动力转移。以提高经济发展质量和扩大就业为目标，提升产业发展层次，提高城镇的人口和产业密度。以农业为侧重点实施非均衡发展战略，加快推进农业现代化，从城乡两个渠道为农村劳动力转移就业提供出路。以转变经济发展方式为契机，调整城镇发展模式和发展路径，优化城镇区域布局，深化体制机制创新，逐步消除城镇化成本，增强城镇公共服务供给能力。① 新型城镇化建设应该尊重农业转移人口市民化的主观意愿、尊重城市扩张的一般规律，这是新型城镇化区别于旧式城镇化模式的重要特征。

2. 经由"均衡城镇化""就地市民化""就近市民化"有序实现市民化

以"均衡城镇化"实现有序推进农业转移人口市民化。中国大量农村剩余劳动力主要分布在中、西部地区，包括东部大城市中的外来人口也都大部分来自中、西部地区，推动城镇化、农业转移人口市民化的主要任务还在中、西部地区，加快中、西部地区小城镇的发展将会以较低的市民化成本推动城镇化进程，提高城镇化质量。同时引导异地流动的农民回乡创业（农海归）、落户小城镇，能有效地缓解大城市在提高城市化质量中面临的市民化压力，同时能够推动区域协调发展和城乡一体化的进程。中小城市和小城镇除了要根据实际放宽落户条件外，更要注重改善发展环境，创造就业岗位。要强化中小城镇产业功能，增强小城镇公共服务和居住功能，推进大中小城市基础设施一体化建设和网络化发展。积极挖掘现有中小城市发展潜力，优先发展区位优势明显、资源环境承载能力较强的中小城市。农村剩余劳动力较大省份，要通过发展小城镇来带动经济发展，进而推动劳动力就地转移，实现就地就近市民化。②

"就近市民化""就地市民化"是与城镇化特点相适应的两种市民化方式。我国农村聚集的人口本来就很多，在乡镇企业长期发展的情况下，农村许多地区具备了形成现代产业体系的条件，这些地方，可以通过鼓励农业转移人口就地就业创业，发展现代产业环节，将工业引入农村，将农业生产也纳入现代产业体系，用生产合作社等形式将农业与现代产业接轨、与市场接轨，实现城乡一体化和城乡融合发展。发展现代农业、鼓励返乡农民工就业创业，不仅为市民化提供

---

① "城镇化进程中农村劳动力转移问题研究"课题组、张红宇：《城镇化进程中农村劳动力转移：战略抉择和政策思路》，载于《中国农村经济》2011年第6期。

② 杨胜利、段世江：《城市化进程中农民工迁移流动与市民化研究——基于区域协调发展的视角》，载于《经济与管理》2017年第2期。

基础，而且在实现农业产业化过程中随着产业链条的延伸，经营主体自身也在发生着市民化转变。鼓励和引导农民在户籍地就地完成市民化，将成为我国城镇化的优先选择。农民就地市民化的空间载体就是小城镇，20世纪80年代初期，随着乡镇企业的发展，小城镇获得了长足发展，但是由于不能实现对资源的集约利用等原因，国家调整了城镇化政策，把城市发展重点放在了大城市，现在大城市发展承载力已经到了极限，现在重新回归新型城镇化，推进就地就近城镇化。就地就近城镇化有利于农业转移人口生计资本的承接和提高，企业劳动力的稳定和忠诚，中小城市的劳动力吸引、回流与消费市场繁荣。

实现"就近市民化""就地市民化"要求推进县域城镇化，要在城市群与非城市群地区实施差别化政策，推动农业转移人口市民化转型、非农就业转型和城镇空间定位转型的复合实现。[1] 在当前二元城镇化战略背景下，中西部地区在推进就地就近城镇化的进程中，应充分考虑不同县市之间发展的差异性和不均衡性，制定差别化的政策法规，循序渐进、有所侧重地引导农业转移人口有序实现市民化，最终形成要素有序流动、主体功能约束有效、基本公共服务均等、资源环境可承载的区域协调发展新格局。

3. 经由城镇化过程中的差异化政策实现农业转移人口市民化

实现城镇化和市民化的差异化政策有利于实现有序推进中国农业人口市民化。市民化推进要因人而异，尊重农业转移人口的自主选择并兼顾农村建设、小城镇战略和城市发展，优化财政支出和转移支付制度，推动基本公共服务、产业链条和财政资金向农村基层、小城镇合理延伸，使市民化意愿不强的农业转移人口在农村安居乐业、共享发展成果，让有市民化意愿的农村居民先进入城市，然后再在经济发展的基础上，将城郊转变为城市，让城郊农民转变为城市居民。[2] 市民化推进要因地制宜，提高中西部地区就地就近城镇化比例，放开中小城镇落户限制，在充分考评的基础上，针对中西部地区广大返乡就业、就近创业的农业转移人口给予农转非政策支持和租住房财政支持，对"举家进城"流动人口的教育、养老问题给予充分保障。市民化推进同样要因城施策，针对不同发展程度的城镇提供差异性财政支持。对于欠发达中小城市，着重解决市政基础设施较差的现状，为市民化的推进打下基础；对于较为发达中小城市，重点提高公共服务水平和市民福利，增加城市对外来人口市民化的吸引力。[3]

---

[1] 冯奎、程泽宇：《推进县域城镇化的思路与战略重点》，载于《经济与管理研究》2012年第6期。
[2] 蒋和超：《城镇化过程中农转非居民的贫困消减》，载于《华南农业大学学报》（社会科学版）2017年第1期。
[3] 顾东东、杜海峰、王琦：《就地就近城镇化背景下农民工市民化的成本测算与发现——基于河南省三个县市的比较》，载于《管理评论》2018年第3期。

总之，经由城镇化过程中的差异化政策实现农业转移人口市民化要求，大城市要继续发挥吸纳外来人口的重要作用，中小城市、小城镇特别是县城和中心镇要从实际出发放宽落户条件，有序推进符合条件的农业转移人口在城镇落户，享有与当地城镇居民同等待遇。要切实保护农民的土地权益，无论是承包地换户口，还是宅基地置换，都要严格遵守法律法规，充分考虑农民的当前利益和长远生计，在农民自愿的基础上进行，努力实现城镇基本公共服务常住人口全覆盖，明确城镇政府对农业转移人口及其家庭成员的基本公共服务职能，加大相关公共支出力度，拓展投融资渠道，加强基础设施建设，提高社会保障、医疗、教育、住房等基本公共服务能力，促进农业转移人口融入城镇。

4. 经由"人口城镇化"和"主动市民化"实现农业转移人口市民化

在中国农业转移人口市民化过程中，应该着力推进从"土地城镇化"到"人口城镇化"，防止"被动城镇化"与"被动市民化"。在中国农业转移人口市民化过程中体现了国家治理"清晰化""简单化"与新型城镇化的线性化呈现形式，体现了"被动城镇化"与"被动市民化"以及"行政社会"与"地方政府公司化"。

当前的城镇化路径越来越呈现出一种"国家的逻辑"，尤其是将城镇化这一综合性、系统性的社会变革简化为"基于城市本身的城市化""土地的城镇化"，则是实现国家治理"清晰化"与"简单化"的重要权力技术。[①] 清晰化是指"将极其复杂的、不清晰的和地方化的社会实践取消，而代之以他们制造出的标准格式"；清晰化以简单化为前提，"简单化只表达了官方观察员所感兴趣的片段，现代国家机器的基本特征就是简单化"。通过简单化和清晰化的策略，使具有复杂性的新型城镇化以线性化的形式呈现在政府视野之内，成为可以操控的治理对象。但是，"实践知识、非正式过程和在不可预见的偶发事件面前的随机行动的作用"却被忽视了。[②] 我国的城镇化过程不仅仅是一个"集聚与扩散""侵入与接替"的自然生成过程，更多地表现为政府有计划的政策推动过程。因而，超常规发展与急功近利也就尤为明显，城郊"村庄"大规模向"社区"的转变，在很大程度上就是政府推动的结果[③]。

城镇化过程中产生的种种问题，以及由此所引发的国家干预，构成了一种"国家生产方式"，反映了国家在社会管理中的技术控制和科技理性的特征[④]。在

[①] 潘泽泉：《新型城镇化的政治过程：制度变迁的多重逻辑与中国实践》，载于《福建论坛》2015年第2期。

[②] 詹姆斯·C. 斯科特著，王晓毅译：《国家的视角：那些试图改善人类状况的项目是如何失败的》，社会科学文献出版社2012版。

[③] 李意：《边缘治理：城市化进程中的城郊村社区治理——以浙江省T村社区为个案》，载于《社会科学》2011年第8期。

[④] Castells M. *The urban question: a Marxist approach* [M]. London: Edward Arnold, 1977: 3.

"技术—现代化"的发展主义逻辑下[①],科学技术领域所取得的成就往往加强了人类在判断自己的理性控制能力上的幻觉,形成"致命的自负",[②] 这是一种极端现代性意识形态,精英们相信,随着科学地掌握自然规律,他们可以理性地设计社会的秩序。在城市空间的生产和重构过程中,政府和资本占据主导,在"增长"的促动和掩护下,过分追逐空间经济效益[③],而"作为一个整体,社会从属于国家权力的政治实践"[④]。城镇化与市民化过程是相伴而生的。从目前状况看,城镇化进程中,社会力量参与不足。这些社会力量包括:城乡各种居民群体、劳动群体、就业群体、社会团体、社会组织、社区组织、小区居民等。我国绝大多数的城镇化是政府主导、政府规划、政府动员、政府运作,而广大城乡居民往往只是被动接受城镇化。要更多地放权给城乡居民,创造多种途径,比如社区、小区居民参与规划等方式,让他们能按照自己的生活需求和居住需求推进城镇化。只有这样,才能够有效防止侵害城乡居民利益的"被动城镇化"和"被动市民化"的发生。[⑤]

在中国,国家与市场的互动过程是一种非零和博弈,或者说是一种建构性的合作伙伴,即在中国城镇化过程中,国家与市场互相加强、适应和改变对方,国家与市场互动演化、互相制约、强化和改变。王春光对"撤并村庄"问题进行了深入的实证分析,提出"行政社会"的假设,行政社会过于倚重行政力量和逻辑,政府"不断地用行政手段借助于市场力量取代社会力量",从而解构了社会逻辑,并使之丧失了推动城镇化内生发展的能力,行政社会的实践逻辑导致强政府弱社会和政府承担无限责任。[⑥] 行政权力主导下的中国城镇化却是寄希望于依靠透支财政在短时间内城镇化,体现了中央政府与地方政府在城镇化发展战略目标上的巨大差异,突出地表现为"地方政府公司化"[⑦]的倾向,尤其是分税制改革以后,政府权力开始"攫取市场经济所带来的规模巨大的'自由流动资源'"[⑧]。在 GDP 增长导向的政绩考核体系下,体制内的竞赛催生了地方政府经营

[①] 方劲:《当代国外发展研究主要学术争论解析与研究展望》,载于《外国经济与管理》2013 年第 6 期。
[②] 弗里德里希·奥古斯特·哈耶克著,冯克利、胡晋华译:《致命的自负》,中国社会科学出版社 2000 年版。
[③] 曹现强、张福磊:《空间正义:形成、内涵及意义》,载于《城市发展研究》2011 第 4 期。
[④] Henri Lefebvre. The production of space [M]. Oxford:Blackwell, 1991:30 (8).
[⑤] 潘泽泉:《新型城镇化的政治过程:制度变迁的多重逻辑与中国实践》,载于《福建论坛》2015 年第 2 期。
[⑥] 王春光:《城市化中的"撤并村庄"与行政社会的实践逻辑》,载于《社会学研究》2013 年第 3 期。
[⑦] Oi J. C. the role of the local state in china's transitional economy [J]. The China Quarterly, 1995, 144 (144):1132 – 1149.
[⑧] 渠敬东、周飞舟、应星:《从总体支配到技术治理——基于中国 30 年改革经验的社会学分析》,载于《中国社会科学》2009 年第 6 期。

动机，地方政府将"城镇化"中的土地等问题视作显性的政绩指标①，在政绩驱动的政府主导型城镇化语境下，城市被"仅仅当成一种场所、抽象的空间，割裂了城市空间与社会的关系"，演变为"土地的城镇化""空间的城镇化"，产生了"空间权利分配不正义，空间资源配置不均衡，城市发展成果难以共享，城市群体分化加速"等一系列问题。② 事实上，政府主导下的"土地的城镇化"无视资源与环境的约束机制，存在刻意主观能动性，从而导致城镇化与资源环境的矛盾。③

近年来，大规模的撤村建居和村庄合并已经成为不少地方政府推进城镇化进程的普遍选择，但这种"农村被城市化"现象事实上暗含着中国城镇化道路探索的误区，实质是行政强制推进市场力量对农村和农民的根本性消解，从长远来看，既损害了农民的生存和发展机会，也不利于城市的可持续发展。陈映芳调查了城市中的"违规的空间"，发现在城镇化过程中，政府出于利益考量，与开发商结成的"金权联盟"的违规行为，迫使公众动用"弱者的武器"，挖掘"道德资源"与"权力集团的失范"相抗衡，导致"违规的空间"在城市里不断蔓延。④ 李强认为，中国城镇化的突出特征是政府主导、大范围规划、整体推动、土地的国家或集体所有、空间上有明显的跳跃性、民间社会尚不具备自发推进城镇化的条件等。⑤

因此，需要经由人的城镇化推进中国农业转移人口市民化。城镇化的核心是实现"人的城镇化"目标，即推动广大农业转移人口实现由农民向市民身份的转变，共享城市发展带来的物质文明和精神文明。然而，在中国城镇化发展过程中形成了一个无法回避和难以解决的问题，即大量脱离土地进入城市的农业转移人口无法取得城市户口，不能平等地享受城市基本公共服务和社会福利，游离于城市现代文明的边缘，难以成为真正意义上的市民。这一现状的长期存在不但成为制约新型城镇化质量和农业转移人口福祉提升的主要障碍，更重要的是造成了诸多的经济和社会问题⑥。新世纪以来，面对不断物质化和技术化的城镇化发展趋势，中国政府适时地提出了"新型城镇化"的理念。在2013年第十二届全国人大一次会议上，李克强总理特别强调，"新型城镇化"说到底是以人为核心的城镇化。而要体现城镇化过程中"人"的核心地位，就必须把农业转移人口的市民

---

① 哈贝马斯著，曹卫东译：《现代性的哲学话语》，译林出版社2004年版。
② 任政：《城市正义：当代城市治理的理论逻辑》，载于《中国社会科学报》2013年8月23日。
③⑤ 潘泽泉：《新型城镇化的政治过程：制度变迁的多重逻辑与中国实践》，载于《福建论坛》2015年第2期。
④ 陈映芳：《"违规"的空间》，载于《社会学研究》2013年第3期。
⑥ 齐红倩、席旭文、徐曼：《农业转移人口福利与市民化倾向的理论构建和实证解释》，载于《经济评论》2017年第6期。

化及其社会融合问题摆到城镇化各项建设的重中之重来考虑。① 当前,中国的城镇化过于追求"物质和技术"层面的内容,而对城镇化中"人"自身的内容重视不够。城镇化的根本目的是为人类生活创造更美好、更有效的生存环境,使得城乡之间、不同人群之间更加融合。因此,面对"物"的城镇化所带来的日益严峻的挑战,我们必须重建城镇化的社会意义,以促进社会融合为目标,走新型城镇化之路。在城镇化建设中,"人"始终是最为关键也是最为重要的因素。没有人口的集聚,就没有城市的构成,城镇化战略的出发点和落脚点必须体现在作为主体的"人"的身上。②

(四) 市民化过程中的"城市群"与"深度城市化"战略

在中国农业转移人口市民化过程中,通过城市群建设,打破市民化身份供给垄断。以人口城镇化为核心,提升城市综合承载能力,实现基本公共服务全覆盖。将城市化纵深推进,引导产业梯度转移,加快人力资本建设,实现农业转移人口的市民化转变。

中国农业转移人口市民化需要经由城市群战略推进。城市群战略要求应尽快重启"县改市"工作,培育多层级城市群。中国应实行多中心网络开发战略,积极培育壮大世界级、国家级和区域级城市群,推动形成全国三级城市群结构体系。包括长三角、珠三角、京津冀、长江中游4个世界级城市群,山东半岛、海峡西岸、辽中南、哈长等10个国家级城市群,以及冀中南、东陇海、太原、呼包鄂等9个区域级城市群。"除建立城市群外,还应尽快恢复设市工作,重新启动县改市,县改市有利于提高城镇质量和构建科学合理的城市格局。通过城市群建设,打破市民化身份供给垄断,修正现有的城市垄断供给市民身份的机制,即突破城市行政管辖权的边界,以城市群的形式统筹户籍改革与向外来人口提供公共服务,也即在大城市就业、到大城市周边中小城市落户生活。"③ 为此,需要改变户籍改革中城市政府画地为牢、只管本行政区外来人口的政策,实行城市群统筹向农业转移人口提供户籍与相关公共服务、由其自主选择落户目标城市的办法。今后要以促进人口城镇化为核心,以有序推进农业转移人口市民化为重点,科学规划城市群规模和布局。以大城市为依托,以中小城市和小城镇为重点,逐步形成辐射作用大、人口积聚能力强的城市群,促进大中小城市和小城镇协调发展。

从我国城市化健康推进的客观要求出发,未来需要着力实施以农业转移人口

---

①② 潘泽泉:《新型城镇化的政治过程:制度变迁的多重逻辑与中国实践》,载于《福建论坛》2015年第2期。

③ 林建永、吴永兴:《城乡一体化的阶段性特征与战略思路》,载于《重庆社会科学》2009年第3期。

市民化为突破口的深度城市化战略,即在保持快速推进的同时将城市化向纵深推进。深度城市化战略需要保持城市化快速推进,缩小城市化与工业化的差距,加快实现高水平、全方位的农业转移人口市民化,实现城市化质量的战略性提升,提高城市综合承载能力,增强城市的集聚能力,提供良好的制度供给。① 在中国农业转移人口市民化过程中实现由浅层城市化向深度城市化转变。改变单纯追求城镇户籍数量、"为了城市化而城市化"、没有真正的城市融入与认同的浅度城镇化现象。② 实现中国农业转移人口市民化由城市规模化阶段向城市市民化阶段转变。中国正处于城市规模化阶段向市民化阶段转变,中国政府现阶段采取的城市化政策是加快城市规模化向市民化转变的关键。③ 把城乡、产业、城镇、区域结构调整结合起来,提高城镇综合承载能力,为农业转移人口提供就业岗位和生活空间。引导产业向中西部中小城市及镇梯度转移;以城市群为主体,实现大中小城市协调发展;注重资源节约与环境友好,实现城镇可持续发展;统筹城乡发展规划、产业布局和公共服务。④ 实现高质量的新型城镇化,关键在于农业转移人口市民化,而人力资本是关键中的关键。加强教育投入,提升地区人力资本水平,促进地区间教育公平,加大对落后地区的扶持力度;抑制房价上涨过快,并提高工资,让农业转移人口能在城镇买房落户;增加民生支出,切实推进农业转移人口市民化,而不是"化地不化人";进一步深化户籍制度改革,放宽农业转移人口落户条件,⑤ 都是深度城镇化的具体举措。

(五) 市民化过程中的"城乡一体化"战略

城乡一体化是推进农村现代化、有序推进中国农业转移人口市民化的基本途径。城镇城市化、新型城镇化和村庄集中是实现城乡一体化的有效途径,克服城乡二元体制是城乡一体化的制度保证。农民现代化的基本途径是农民不进城就市民化,其内容是农民享受平等的城市市民权利,城乡居民政治、经济和社会地位的平等,城乡生活方式的趋同,公共物品的享受权利平等。⑥ 经由城乡一体化,改革城乡分割的户籍制度,给农业转移人口以平等的公民权,建立城乡统一的劳动力制度,使外来人口享有同等的就业机会,建立全国统一的社会保障制度和公

---

① 相伟:《深度城市化战略的内涵与实施保障研究》,载于《经济纵横》2012 年第 4 期。
② 潘泽泉:《新型城镇化的政治过程:制度变迁的多重逻辑与中国实践》,载于《福建论坛》2015 年第 2 期。
③ 陈昌兵:《城市化与投资率和消费率间的关系研究》,载于《经济学动态》2010 年第 9 期。
④ 王新:《劳动力转移结构特征:基于城市化能力的解释》,载于《经济学家》2011 年第 7 期。
⑤ 文乐:《人力资本、空间溢出与农业转移人口市民化——基于空间面板数据的经验研究》,载于《软科学》2017 年第 9 期。
⑥ 洪银兴:《三农现代化途径研究》,载于《经济学家》2009 年第 1 期。

共服务体系，使外来人口享有同等住房、社会保障和受教育的权利；健康有序地推进城镇化，不断健全城镇公共基础设施；敞开城市胸怀，营造良好氛围，加强对城市移民的培训。城乡一体化是城市化发展高级阶段，它要求在城乡协调发展的基础上通过新农村建设和农村城镇建设来逐步缩小城乡发展差距，并最终消解城乡二元结构。与此相应的市民化需要多头并进，除了继续推进农业转移人口、城郊农民向城市转移外，还必须根据城乡一体化的内在要求加大居村农民市民化的力度。居村农民市民化理当成为我国农民市民化的重头戏，其进路在于：城乡一体化为居村农民市民化拓展、建构了可能空间，而农村公共服务的城乡均衡化建设则让这种可能变成现实。[1]

城乡一体化要求城乡统筹，保障农业转移人口生活，有序推进其市民化。当前我国经济发展已进入"以工促农""城市反哺农村"的阶段，农业转移人口是连接城市和农村、农民和工人、农业和工业的主要载体，是加快推进城市化的主体力量和关键因素。要通过加大对落后地区经济发展的政策支持，为回乡创业流动人口创造良好的环境，加快农村社会保障建设也可以为回乡流动人口发展提供一个安全网，进而为"就地市民化"打下基础。在推进城乡一体化建设的过程中，一方面要加大对农村基础设施建设完善的补助和支持，让生活在农村的居民生活得更好，享受到更多的工业文明，为实现城乡之间的垂直流动打下经济基础。另一方面，对已经走出农村在城市务工的农业转移人口要加大支持和帮助力度，通过专项资金和制度完善、规划引导，使有意愿、有条件留在城市的农业转移人口尽快留下来，融入到城市生活中。其父母虽然有的没有进城，但是他们为城市工业文明的发展做出了巨大贡献，他们辛勤劳动为城市的发展提供了源源不断的物质资料生产，今天城市发展取得的成就应有他们的一份功劳，也应该让他们的后代分享一份成果。想办法降低农业转移人口市民化的成本，加快出台或呼吁建立政府、社会和个人共同负担的一个平台，其中中央和地方政府要尽到自己应有的责任，尤其是在住房保障方面，合理控制房价虚高，加快保障房建设。[2][3]

城乡一体化战略要求加强基本公共服务均等共享的城乡户籍一体化改革。将影响农业转移人口市民化的制度因素归结为城乡分割、城市偏向的城乡二元制度。在城乡二元制度中，除了城乡二元户籍制度之外，城乡二元就业制度、城乡二元社会保障制度、城乡二元土地制度和城乡二元教育制度也会影响农业转移人口的市民化意愿和市民化能力，进而对其市民化进程具有明显的阻碍作用，因

---

[1] 吴业苗：《居村农民市民化：何以可能？——基于城乡一体化进路的理论与实证分析》，载于《社会科学》2010 年第 7 期。

[2][3] 杨胜利、段世江：《城市化进程中农民工迁移流动与市民化研究——基于区域协调发展的视角》，载于《经济与管理》2017 年第 2 期。

此，未来城乡二元制度的创新重点不能再继续停留在形式化的城乡二元户籍制度层面，而应该尽快切换到对农业转移人口的预期和收入等权利和待遇具有实质性影响的城乡二元就业制度、城乡二元社会保障制度、城乡二元土地制度和城乡二元教育制度上来。①

（六）市民化过程中的"乡村振兴"与"城乡融合发展"战略

推进由城乡一体化走向城乡融合发展，要求以规划一体化促进城乡空间融合，以产业链重组再造促进城乡产业融合，以基本公共服务普惠共享促进城乡社会融合，以体制机制创新促进城乡要素融合。

党的十九大报告首次提出实施乡村振兴战略，以农业农村优先发展作为新时代实现农业农村现代化的重大原则和方针，强调建立健全城乡融合发展体制机制和政策体系，为我们构建新型工农城乡关系指明了方向。要充分认识推动城乡融合发展的重大意义，以规划一体化促进城乡空间融合、以产业链重组再造促进城乡产业融合、以基本公共服务普惠共享促进城乡社会融合、以体制机制创新促进城乡要素融合，加快推动城乡融合发展，促进乡村振兴和农业农村现代化。

中共中央、国务院印发的《关于建立健全城乡融合发展体制机制和政策体系的意见》（以下简称《意见》），明确了城乡融合发展的总体要求、主要目标和重点任务，从顶层设计着手，搭建起建立健全城乡融合发展体制机制和政策体系。我国将以完善产权制度和要素市场化配置为重点，着力破除户籍、土地、资本、公共服务等体制机制弊端，促进城乡要素自由流动、平等交换和公共资源合理配置。下一步将建立一批国家城乡融合发展试验区，并率先从经济发达地区、都市圈和城市郊区突破。推动城乡融合发展，是实现乡村振兴的重要途径，是拓展高质量发展空间的有力抓手，也是破解新时代我国社会主要矛盾的必然选择。我们要切实按照中央的决策部署，着力破解城乡二元结构藩篱，推动新型工业化、信息化、城镇化、农业现代化同步发展，加快推动城乡融合发展，形成工农互促、城乡互补、全面融合、共同繁荣的新型工农城乡关系，促进乡村振兴和农业农村现代化。

《意见》提出，要健全农业转移人口市民化机制、建立城市人才入乡激励机制、改革完善农村承包地制度、稳慎改革农村宅基地制度、建立集体经营性建设用地入市制度、健全财政投入保障机制、完善乡村金融服务体系、建立工商资本入乡促进机制、建立科技成果入乡转化机制。维护进城落户农民的土地承包权、

---

① 黄锟：《城乡二元制度对农民工市民化影响的实证分析》，载于《中国人口、资源与环境》2011年第3期。

宅基地使用权、集体收益分配权，支持引导其依法自愿有偿转让上述权益。在此背景下，健全土地流转规范管理制度，强化规模经营管理服务，允许土地经营权入股从事农业产业化经营。推动各地制定省内统一的宅基地面积标准，探索对增量宅基地实行集约有奖、对存量宅基地实行退出有偿。

党的十九大提出乡村振兴战略，首次将"城乡融合发展"写入党的文献，标志着中国特色社会主义工农城乡关系进入新的历史时期。习近平总书记在2017年底召开的中央农村工作会议上指出，农业强不强、农村美不美、农民富不富，决定着亿万农民的获得感和幸福感，决定着我国全面小康社会的成色和社会主义现代化的质量。走中国特色社会主义乡村振兴道路，必须重塑城乡关系，走城乡融合发展之路；推动新型工业化、信息化、城镇化、农业现代化同步发展，加快形成工农互促、城乡互补、全面融合、共同繁荣的新型工农城乡关系。这是根据我国社会发展趋势作出的重大战略判断，是我们党"三农"理论创新的最新成果，是习近平新时代中国特色社会主义思想的重要内容。党中央从全局和战略高度明确提出要坚持农业农村优先发展，以推进城乡融合发展来破解城乡二元结构，把城乡融合发展作为推进中国特色社会主义乡村振兴的重要途径，纠正了我国城镇化进程中存在的制度和政策偏差，是对中国城乡关系、城乡变化趋势、城乡发展规律的深刻认识和正确把握。

二、中国农业转移人口市民化：实践原则、目标与行动纲要

党的十八大提出，要有序推进农业转移人口市民化，努力实现城镇基本公共服务常住人口全覆盖。农业转移人口是指摆脱传统农业生产方式的劳动人口，他们中的绝大部分转移到城市从事非农产业。由于我国特有的城乡二元体制，农业人口的非农化转移与制度性的城市融入相脱离，导致农业转移人口市民化面临诸多困境。当前，已进入向发达经济体转变的关键时期，以人为本地推进农业转移人口市民化，逐步实现他们与城市居民地位平等、权利一致，不仅是深化城乡体制改革、推进城市化健康发展的需要，也是推进经济社会顺利转型、全面建设小康社会的需要。

（一）有序推进农业转移人口市民化的实践原则和目标

现阶段无论从外在的政策方向、经济发展、城市承载空间来看，还是从农业转移人口自身的市民化意愿来看，我国都具备了加快农业转移人口市民化的条件。但是，由于农业转移人口市民化涉及户籍、土地、财税、就业、教育、医

疗、社会保障等诸多体制、政策、利益调整等问题，要使一个农业转移人口转变为真正的市民，政府要投入较多的财力。在不降低原市民基本公共服务水平的前提下迅速实现城镇基本公共服务常住人口全覆盖，存在较大的难度。推进农业转移人口市民化，不仅取决于各地的改革力度，而且也取决于其经济发展程度和资源环境的承载能力。无视各地的实际状况超速推进农业转移人口市民化，是不现实的制度安排，因此在目前情况下推进我国农业转移人口市民化最为切实的办法就是因地制宜、差别对待、有序推进。不同区域、不同类别城市在经济、文化、生态环境、资源优势等方面具有较大的差异性，各地政府财力的承受能力不同，不可能运用统一的模式，应结合地方实际，探索一条具有现实可行性的差序化的区域市民化路径①。

在农业转移人口市民化的关键阶段，必须明确制度创新的目标、思路和大致的制度安排。根据我国经济社会发展的需要和农业转移人口问题的复杂性，加快农业转移人口市民化制度创新的总体思路应该坚持一元化方向、渐进式改革、分类型实施、整体性推进，并从整体上将农业转移人口市民化划分为准市民化和完全市民化两个阶段，明确了不同阶段制度创新的目标、要求和制度特征，探讨了制度创新的配套措施。

（1）有序推进，同步实施。

实现时间有序、空间有序同步推进。时间上的有序要求，在推进农业转移人口市民化过程中要实现几个时间上的转变，从亦工亦农到全职非农、从全职非农到身份市民化、从城乡流动到城市融合、从谋求生存到谋求发展。包括迁移的阶段性过程、从传统性走向现代性过程、流动的经历、人力资本的积累和社会关系网络重建、社会转型与社会变迁、经济发展和经济转型等。空间有序包括城镇化空间效应（东部、中西部、南部和北部）、流动空间效应（农村到城市、省际流动、省内流动、县域流动）、住房的空间分化（居住环境、住房类型——商品房、自租房、企业宿舍、工地等、居住空间分异——社区、宿舍或飞地等）、迁入地和迁出地的空间效应、城镇化水平和城市规模（大城市、中等城市、小城镇）等空间序列。

（2）分层实施，分类推进。

有序推进中国农业转移人口市民化分类的原则要求在推进农业转移人口市民化过程中，实现生存—经济叙事、身份—政治叙事和多元融合—发展叙事分类推进，实现政治市民化（政治适应）、经济市民化（经济适应）和社

---

① 程业炳、张德化：《农业转移人口市民化的制度障碍与路径选择》，载于《社会科学家》2016年第7期。

会市民化（社会适应）分类推进（见图10-2），三个分类原则以农业转移人口的发展需求满足、市民化的阶段性目标和任务、市民化空间结构变迁、流动规模和速度的增长、国家调整中国农业转移人口市民化的政策演变、国家发展战略与制度推进、农业转移人口市民化过程中的现代性培育水平与过程作为划分的标准，体现了中国农业转移人口市民化的阶段性、渐进性、有序性和规律性特点。

市场化过程	市民化过程	市民化推进策略
（Ⅰ）生存—经济叙事	经济过程（生产政治） 1. 道义与生存经济：生理需求满足、满足个人或家庭生存性、安全性需要。 2. 可持续生计获得	生存导向—经济政策工具 人力资本培育 劳动力市场 职业获得、收入保障
（Ⅱ）身份—政治叙事	政治过程（公民政治） 公民权与公民身份获得、制度支撑战略	权利导向—制度工具 户籍制度改革 土地制度改革 财产制度改革
（Ⅲ）多元融合—发展叙事	社会过程（生活政治） 1. 生活质量——满足个人或家庭发展性需要：安全感、可获得感、幸福感、人际交往需要、成就需要。 2. 社会质量——提供健康社会发展环境的需要：包容性发展、社会公平、发展正义、社会安全、社会信任、文化包容、社会平等、社会排斥与不平等消除、社会稳定与和谐发展	发展导向—社会政策工具 发展性社会政策 投资型国家 资产社会政策

图 10-2　有序推进中国农业转移人口市民化：分层推进原则

因地制宜、分步推进。把有稳定劳动关系并在城镇居住一定年限的农业转移人口及其家属逐步转为城镇居民。重点引导农业转移人口及其家庭向中小城市和小城镇落户定居。基于空间梯度的市民化推进战略要求分类引导、有序推进。基于不同城市的综合承载能力、经济社会发展水平、产业结构布局、市民化收益和成本及基本公共服务供给水平，实施不同规模城市的户籍门槛和不同规模城市差别化落户政策。实现市域、县域、省内、省际分级、分层、分批有序推进，分类引导，重点引导农业转移人口及其家庭向中小城市、小城镇落户定居。分类有序推进。根据不同种类农业转移人口的意愿，分类分层有序推进农业转移人口市民化。第一类是基本融入城市的农业转移人口，以举家外出农业转移人口为主，在城市有固定住所和工作。政策重点是放宽落户条件，优先解决城市落户问题，促进其融入城市。第二类是常年在城市打工，但有一定流动性的农业转移人口，以新生代农业转移人口为主，在城里有相对稳定的职业和收入。政策重点是改善公共服务，使其逐步与城镇居民享有同等待遇。第三类是中年以上的第一代农业转移人口，未来10年将逐步退出城市劳动力市场，应鼓励其返乡。以改革户籍制度为主线，同步推进社会保障与福利制度、农村土地制度、财政制度、政府激励制度等，保障农业转移人口市民权益，消除市民化主要障碍，推进公共服务均等化，实现中国农业转移人口融入式健康发展，有序分类分层实现农业转移人口市民化，最终实现城乡一体发展、城乡融合发展。

(3) 可持续生计，包容性发展。

持续发展分析框架的主要包括：贫困、收入差距与中国村落村民健康维护；健康风险、农民收入能力与农村可持续问题；人口生育、营养与生育健康；人口健康状况和卫生保健；健康分化与健康不平等；公共健康伦理、公共健康生态与健康正义；人口健康与行为管理，如个人健康行为、个人健康特征等；人口健康与生活质量，如精神健康（情感慰藉和精神支撑）、医疗健康、老年人赡养、人际关系与心理健康、家庭护理与临终关怀等；人口健康与社会质量，如人口老龄化、人际关系健康、毒品和艾滋病与健康、社区环境、公共健康与社会不平等；人口健康服务与人口健康政策；健康风险冲击下的农户收入能力与村级民主研究等。包容性发展的原则体现为社会质量与包容性发展，包括社会排斥与社会不平等消除、社会公平、发展伦理与社会发展正义、包容式发展、社会整合、社会信任、社会接纳；也体现为包容性发展与公平正义。从跨学科的视角来看，社会排斥一个多向面的动力过程，这个过程包含各种各样的排斥形式：参与决策和政治过程时的政治排斥、进入职业和物质资源时的经济排斥，以及整合成为共同文化时的文化排斥，还有基于交往和社会关系网络中的社会排斥。基于跨学科基础的社会排斥分析框架包括：一是经济排斥、福利制度排斥、社会生活领域排斥、政治排斥以及文化排斥等；二是市场经济的排斥、计划经济时期经济政策的排斥、劳动力市场的排斥、公共产品、服务投入排斥等；三是长期和重复失业的上升、技能缺乏、收入低下、住房困难、罪案高发的环境、不稳定社会关系的增长、丧失健康以及家庭破裂、社会疏离、阶级团结的削弱等交织在一起的综合性问题时所发生的发展困境；四是文化排斥、文化隔离和社会歧视等。从跨学科的视角来看，包容性增长是一种整合型的发展理念，也是一种整合型发展方案，其核心内容是公平合理地分享经济增长成果，促进发展的协调与均衡。包容性增长同样包括经济、政治、文化、社会、生态等各个方面，增长应该是相互协调的。包容性增长强调从经济学上强调可持续、协调发展，政治上强调平等与权力的增长，包容性增长就是经济增长、人口发展和制度公平的有机协同。

(4) 因地制宜，协同推进。

有序推进农业转移人口市民化的整体协同推进表现为经济过程、政治过程、社会过程与文化过程同步协同整体推进的过程（见图10-3）。从生存—经济叙事、身份—政治叙事到多元融合—发展叙事，体现了中国农业转移人口市民化的阶段性、渐进性和有序性特点，也体现了市民化内容的层次性、多元性、整体性和复杂性特点，体现了市民化的群体诉求、价值和目标层次等特点。整体协同推进要求生存经济（满足个人或家庭生存性需要：职业获得、收入保障、可持续生计）、生活质量（满足个人或家庭发展性需要：生理需求满足、安全感、可获得感、幸福感、人际交往需要、成就需要）和社会质量（提供健康社会发展环境的需要：包容性发展、社会公平、发展正义、社会安全、社会信任、文化包容、社会平等、社会排斥与不平等消除、社会稳定与和谐发展）整体协同推进。生存—经济叙事包括经济市民化与经济整合、从农业到非农业的职业转变（就业市民化）、劳动力市场的融合、脆弱性风险规避与可持续生计保持、就业创业能力培养、增能和赋权、"抗逆力"培养等；身份—政治叙事包括政治市民化、身份转变、权利承认、政治身份承认与参与式发展、全面实现由农民到农业转移人口再到市民的政治身份转变（身份市民化）、社区政治与参与式发展；多元融合—发展叙事包括角色转变、文化接纳、社会融入与现代性培育，体现为社会市民化与现代性适应，也体现为消费市民化、融入式可持续健康发展，多元融合叙事包括经济融合、政治融合、社会融合、心理融合和文化融合；发展叙事包括个人发展体现为个人生活质量提高、个人能力提升与现代性获得，社会发展体现为社会质量提高、社会包容性增长、社会整合度提高、社会安全度提高、社会不平等、社会排斥与社会歧视消除等。

协同推进要求在户籍制度改革的基础上，实现公共服务对城镇常住人口的全覆盖，实现中国农业转移人口在教育、就业、医疗、社会保障和福利、住房等方面与城市居民享有同等的权利；完善就业体系，实现就业保障，优化劳动力市场，构建稳定的劳动关系，实现中国农业转移人口的劳动力市场融入，实现可持续生计；推动中国农业转移人口实现人的市民化，增强市民意识，享受市民权利，真正实现融入城市社会；实现中国农业转移人口市民化的机制，包括土地流转机制、市民化成本分担机制、公共财政投入机制等。

市民化过程	市民化过程中的风险话语与问题视域
（Ⅰ）经济过程	1. 劳动力市场融入与人力资本投资。 2. 生存经济、可持续生计、就业收入与资产建设。 3. 生活质量、职业地位获得、技能提升。 4. 增加就业创业机会。 5. 产业结构梯度升级，等等
（Ⅱ）政治过程	1. 国家战略、现代化发展战略、国家的梯度发展战略和反梯度发展战略。 2. 国家干预策略、国家动员式发展及地方国家的政权形态与制度分配过程。 3. 市民身份和市民权利、发展伦理和社会公正问题。 4. 户籍制度、土地制度改革、财税与赋税制度框架与政府自上而下发展干预。 5. 国家财政分配与财政改革的渐进性和有限性。 6. 基于现代化发展战略的支配性的利益分配和城乡发展的国家行动。 7. 社会政策与政策工具，等等
（Ⅲ）社会过程	1. 社会质量、社会包容、社会整合与社会融合等。 2. 社会支持、风险承担网络、社会资本培育与积累。 3. 市民化过程中的家庭策略包括家庭的生命周期、家庭结构变迁、贫困的代际传递效应、农村贫困的家庭抗风险能力、家庭禀赋决策效应、家庭的社会质量效应和家庭资产积累效应。具体体现为：家庭生育状况、家庭人力资源投资与教育决策、家庭的收入与分散经营风险的能力、家庭的资产储蓄投资和积累策略、劳动力流动的家庭偏好与家庭理性决策。 4. 市民化群体的社会心理转型、市民角色获得与市民角色适应，情感状态、精神健康与情感性支持与心理资本培育（效能感、精神健康等）等。 5. 市民化过程中的社区过程与组织化过程，社区发展、社会组织与社会工作推进
（Ⅳ）文化过程	1. 文化融合、文化濡化和文化市民化。 2. 市民化过程中的文化表征和文化建构、文化适应过程。 3. 文化现代性获得和城市性生成；文化与现代人格培育。 4. 文化现代性、传统的变迁和农村社会文化转型，体现为文化效应、图式启动、情境适应与社会心理过程。 5. 思维方式、价值观念、信仰与理性精神的现代性培育

图 10-3 有序推进中国农业转移人口市民化：整体协同推进与议题聚焦

（二）有序推进农业转移人口市民化的基本目标

实现中国农业转移人口市民化是一项宏大而复杂的社会系统工程，既要根据各地实际提出具体对策，又要根据我国二元经济转型与现代化建设全局，进行战略谋划与顶层设计。

有序推进中国农业转移人口市民化基本的阶段性目标表现为一个总目标，即"有序实现中国农业转移人口市民化，实现中国农业转移人口融入式健康发展"，实现城市居民的合法身份角色转变、社会经济地位和社会权利获得，实现农业生产方式和职业身份角色转变（职业化）、社会关系重构（结构化）到城市社会生活适应（再社会化），实现农业转移人口的经济融合、政治融合、社会融合、心理融合和文化融合等多元融合发展，实现其个人生活质量提高、个人能力提升、现代性获得与城市性养成，实现价值观、生活方式、行为模式、社会心理状态、精神结构、思维观念、消费品位和文化素质等各方面全面向现代城市市民转化，进一步实现生命质量、人口质量与社会质量提高，可持续生计获得，社会包容性增长，社会整合度提高，社会安全度提高，社会不平等、社会排斥与社会歧视消除等，实现社会有序发展，实现公共服务共享、社会和谐、生活富裕。

国务院发展研究中心农村经济研究部金三林提出有序推进农业转移人口市民化的"三步走"战略。第一步，在"十二五"期间，农业转移人口就业的稳定性进一步增强，公共服务均等化和在城镇落户的政策体系基本建立并取得显著进展，居住证制度全面实施，公共卫生、子女义务教育等基本公共服务实现全覆盖。第二步，在2020年前，农业转移人口市民化全面推进，除少数特大城市以外，基本实现自由迁徙，全国有50%的农业转移人口在城镇落户，基本公共服务覆盖所有未落户的农业转移人口。第三步，到2030年，农业转移人口可自由在城镇落户并融入城镇，流动人口现象终结，农业转移人口市民化基本实现。[①] 农业转移人口市民化的总体目标是：总量平稳递增，布局合理均衡，服务均等，社会融合顺畅。在具体方式上，应以省内落户定居和公共服务均等化为重点，区分不同城市、不同群体、不同公共服务项目有序推进。同时进一步明确中央政府、省级政府和城市政府在推进农业转移人口市民化方面的主要职责。

我国农业转移人口市民化的目标是，在未来20年，以平均每年800万人的规模增长，到2030年完成市民化的第一阶段转换，即身份、工作、公共服务的

---

① 金三林：《农业转移人口市民化的目标、路径及政策重点》，载于《中国经济时报》2013年10月18日。

市民待遇；第二阶段则是更长时间的农业转移人口与城市居民融合、与城市文化生活融合。届时，伴随中国工业化、城镇化和农业现代化的完成，农业转移人口问题将得到彻底解决。公共服务均等化，要快于农业转移人口市民化进程。政府要主动为农业转移人口提供与城镇居民同等质量的公共服务。稳定就业是农业转移人口市民化的基础、前提。住有所居是促进农业转移人口市民化的重要保障。病有所医是农业转移人口是否留在城市考虑的重要因素。老有所养是解决农业转移人口留居城市后顾之忧的重要内容。精神文化生活是新生代农业转移人口能否真正融入城市的重要因素。

（三）有序推进农业转移人口市民化的行动纲要

有序推进中国农业转移人口市民化的行动纲要体现为宏观层面的社会、结构与变迁，中观层面的群体、组织与制度，微观层面的个人、群体与行动，体现为三个过程，包括结构化过程、组织化过程和主体性行动的过程（见图10-4）。

市民化层面	动力和机制	核心议题与视域
（Ⅰ）宏观层面	结构化过程 社会转型 社会变迁 政治、经济、文化系统	1. 系统、结构与发展。 社会转型与发展：现代化、全球化、城市化、工业化、城乡一体化、城乡融合发展。 系统条件与系统功能满足：政治系统、经济系统、文化系统、社会系统等。 经济结构与产业转型升级与梯度转移。 城乡二元结构（户籍、社会保障、公共服务供给）。 劳动力市场结构（就业、职业与收入）。 政治结构、文化结构与社会结构转型。 基于结构性的可持续生计、脆弱性风险与社会质量
（Ⅱ）中观层面	组织化过程 国家、地方政府、家庭、社区、共同体、学校、企业、群体互动	2. 群体、组织与制度。 家庭的劳动力迁移决策、家庭禀赋、家庭人力资本投资、家庭文化资本、市民化的代际传递效应。 社区发展、社区营造与社区融入。 社会组织、社会工作与学校教育。 共同体营造与文化共同体培育。 制度创新与社会政策工具

市民化层面	动力和机制	核心议题与视域
（Ⅲ）微观层面	主体性过程 现代性培育 城市性生成 资本培育 自我意识觉醒	3. 个人、群体与行动。 人力资本培育（人力资本、社会资本、心理资本）和能力提升。 社会交往、人际关系、社会网络结构、社会资本（关系型社会资本、制度型社会资本、组织型社会资本生产）。 心理资本增强：社会认知、情感控制、个人效能感、抗逆力培养、增能、促能、精神健康与心理融入。 社会心理、现代人格与行为适应：现代性培育和城市性生成、现代人格塑造、思维方式、精神结构、信仰与价值观念的现代性。 角色转换、角色适应、角色再造与认同转变（自我认同、身份认同与社会认同转变）

图 10-4 有序推进农业转移人口市民化的行动纲要

宏观层面的结构化过程关注系统、结构与发展，包括社会转型与发展——现代化、全球化、城市化、工业化、城乡一体化、城乡融合；经济市民化、经济结构与产业转型升级与梯度转移；系统包括经济系统、政治系统、社会系统和文化系统等；从城乡二元结构（户籍、社会保障、公共服务供给）走向城乡一体化和城乡融合发展；劳动力市场结构（就业、职业与收入）转型与市场融入；经由政治结构、文化结构与社会结构转型实现政治市民化、文化市民化和社会市民化；基于结构性的可持续生计、脆弱性风险规避与社会质量保障等。中观层面的组织化过程关注群体、组织与制度，包括家庭的劳动力迁移决策、家庭禀赋、家庭人力资本投资、家庭文化资本与市民化的代际传递效应；社区发展、社区营造与社区融入；社会组织、社会工作与学校融入；空间融入、共同体营造与文化共同体培育；制度融入、制度创新与社会政策工具。微观层面的主体性行动过程关注个人、群体与行动，包括人力资本培育（人力资本、社会资本、心理资本）和能力提升；社会交往、人际关系、社会网络结构、社会资本（关系型社会资本、制度型社会资本、组织型社会资本生产）培育；心理资本增强、社会认知、情感控制、个人效能感、"抗逆力"培养、增能、促能、精神健康与心理融入；社会心理现代性生成、现代人格培育与行为适应、现代性培育和城市性生成、现代人格塑造、思维方式、精神结构、信仰与价值观念的现代性；实现角色转换、角色适应、角色再造与认同转变（自我认同、身份认同与社会认同转变）。

三、有序推进农业转移人口市民化：路径选择与中国实践

市民化的实现机制体现为市场机制——内在市场调节、政治机制——宏观社

会发展干预、社会机制——社会政策/社会工作干预机制，体现为国家主义、企业主义、平民主义及多元主义进路（见图10-5）。农业转移人口市民化的市民化路径、模式和运行动力机制研究包括市民化模式、动力机制、基本途径、行动策略、实践框架、市民化政策调整方向与变化新趋势，具体的机制还包括建立提升生命质量和农业转移人口人力资本的长效机制、建立提升农业转移人口社会资本增长、社会关系网络重构、生活质量与可持续生计获得、社会质量与包容性发展、社会融入的长效机制。在农业转移人口市民化政治过程中，面临的问题体现为社会转型与中国农业转移人口市民化方式的转变问题，科学发展、和谐社会建设与当代中国农业转移人口市民化重新定位的问题，农业转移人口市民化的反思性过程、农业转移人口市民化战略的调整和方式的转变问题，农业转移人口市民化中可持续发展问题。

市民化进路	主要行为人	目标维度	市民化行动路径
（Ⅰ）国家主义进路（等级与控制）	1. 国家——中央与地方政府/系统/制度/政府机构	制度干预与制度再分配模型/集体道德责任与促进全民福利	1. 集权型——国家干预主义模式。国家战略推动：现代化、城市化、城市圈/城市群战略、产业升级和梯度发展战略、新型城镇化战略、乡村振兴战略、城乡一体化战略、城乡融合战略等。制度支撑模式：户籍制度、社会保障与福利制度；公共服务均等化——教育/医疗卫生/就业等。土地权益保障：农村土地使用权——农村土地承包权—宅基地使用权—集体收益分配权。财政政策工具：财政分权（财权、人权和事权、财政转移支付、市民化成本分担、财税制度调控）。社会政策工具、社会救助与家庭福利；最低收入支持/增进个人与家庭福利、发展型社会政策、投资型国家、能促型政府。政府激励机制：晋升、政绩、考核与报酬。社区发展与地方发展项目推动与扶贫资金和项目实施的国家行动

市民化进路	主要行为人	目标维度	市民化行动路径
（Ⅱ）企业主义进路（利润和竞争）	2. 市场——商业部门/企业/股份制组织	自由主义社会政策模式/社会政策的剩余福利模型	2. 自由市场型——个人主义模式。 工作福利国家、劳动力市场融入。 市场经济参与、利润与自由竞争。 私营化、股份制与个人竞争。 福利补缺模式：工作伦理与工作福利。 自立、自我负责与个人支持。 提升人力资本/经济资本/增加就业创业机会
（Ⅲ）平民主义进路（言论与行动）	3. 社会——社会组织/社区/家庭/自助组织/融合发展机构/发展性基金/国际性和区域性组织	社区与社会支持/增权与民众觉醒	3. 分权型——自助民助主义模式。 社群主义与社会运动。 基于社区主义运动的地方发展模式。 参与式发展的社会政策行动。 社会工作介入/社会组织参与。 强调自立、自助和互助原则。 提升社会资本、社会组织培育。 社区建设和社区发展项目
（Ⅳ）多元主义进路（自治和分权）	4. 多元主体——国家、市场与社会的协同治理	包容性发展与融合式发展/反社会排斥与社会融合	4. 自治型分权——多元主义社会政策模式 积极性福利国家/整合劳动力市场。 投资型社会政策/发展型社会政策。 多元化的扶贫社会政策/可行性能力培养/收入支持

图 10-5　市民化进路、主要行为人、目标维度和市民化行动路径

（一）市民化的政治过程："协同性的制度创新与社会政策工具"路径

基于政治过程的制度化推进路径表现为一种制度支撑策略，体现为国家战略与行动国家、国家制度、社会政策与政治动员过程、国家干预与制度主义进路

（户籍制度、土地制度、财政制度、税收制度、成本分担制度等），体现为作为国家控制与国家行政的理性国家、秩序整合、意识形态修辞与国家政权的合法性建设等。

国家发展主义的理论进路与社会政策的意识形态连续谱强调有序推进中国农业转移人口市民化行动中国家自上而下的推进路径，包括国家战略行动、制度主义路径、社区发展主义、组织动员、政治运动等，通过政治过程，政府对有序推进中国农业转移人口市民化行动制定制度并做出回应，对社会价值进行权威性分配，实现其基本政治功能。① 阿尔蒙德（Gabriel A. Almond）认为，原来所谓的制度黑箱，不过是社会利益经由政府权力通道而得以表达与整合的一种过程。② 这个过程包括利益表达、利益整合、制度制定与执行等环节。③ 发展主义为有序推进中国农业转移人口市民化行动提供了一个宏观的视角，它有目的地在一个全面的、国家导向的发展过程中寻求国家行动、国家发展干预、制度创新、社会政策和经济政策的结合。在有序推进中国农业转移人口市民化行动中，发展主义迫切要求采纳那些能够促进社会发展的宏观经济政策，这包括财政政策、土地政策实施，也包括促进就业、提高收入以及达到其他"以人为本"的经济发展结果。它还推荐那些具有"生产主义"特质并以投资为导向的社会项目，以推动经济参与，从而使社会发展项目也对经济产生正面的回报。通过将生产主义型社会投资项目与可持续的、以民为本的全面发展过程相结合，发展主义为社会的进步性变革提供了一种普遍主义的、干预主义的思路。哈耶克（Hayek）看来，理性参与制度演化对其所做的阐明和修补，都是否定性的和消极的。这一看法源自他将旨在维护某些预期的行动秩序，视为一种价值而非目的。④ 诺思（North）认为"制度是一系列被指定出来的规则、守法程序和行为的道德伦理规范，它旨在约束追求主体福利或效用最大化利益的个人行为""制度是社会博弈的规则，是人所创造的用以限制人们相互交往的行为框架"⑤。青木昌彦（Masahiko Aoki）从博弈论的角度来考量制度，提出"制度是关于博弈重复进行的主要方式的共同信念的自我维系系统"，制度可以看作一种博弈均衡，是一种"博弈参与人、博弈规则和博弈过程中参与人的均衡策略"⑥。

---

① 戴维·伊斯顿著，王浦劬译：《政治生活的系统分析》，华夏出版社 1999 年版，第 336 页。
② Gabriel A. Almond et al. Comparative politics：a theoretical framework [M]. New York：Addison - Wesley Educational Publish，2001：49.
③ 潘泽泉：《国家调整农民工社会政策研究》，中国人民大学出版社 2013 年版，第 75 页。
④ 哈耶克：《法律、立法与自由》，中国大百科全书出版社 2000 年版，第 162 页。
⑤ 诺思著，刘守英译：《经济史中的结构和变迁》，上海三联书店 1999 年版，第 12 页。
⑥ 青木昌彦著，周黎安译：《比较制度分析》，上海远东出版社 2001 年版，第 5～11 页。

1. 身份渐变的内生发展型路径

身份渐变的内生型路径要走中国农业转移人口市民化必然分三阶段完成身份进化：城市移民、准市民到新市民，赋权（权益保障）、增能（能力提升）到促融（融入式发展），生存—经济叙事、身份—政治叙事到多元融合—发展叙事，从"生存逻辑""权利逻辑"到"发展逻辑"，这一过程结构渐变内含于二元经济结构工业化、城乡一体化、城乡融合发展进程的内生性过程。

市民化过程内生发展型路径要求保留土地承包经营权、培育城乡一体化劳动力市场、调节劳动力供求、乡籍员工层序分类开发、进城务工者实现人力资本积累和城市社会资本培育等方式实现进城务工者渐变、内生型身份进化。[①] 具体的实现策略包括，完善户籍制度"脱钩"机制，根据城镇规模类别，不同程度降低外来人口的城镇落户门槛，逐步推动基本公共服务与户籍"脱钩"，调动其进城落户积极性。[②] 通过经济社会发展规划、城乡规划和城市基础设施建设规划，引领农业转移人口市民化进程。拓宽城市建设融资渠道，提升城市基础设施建设和运营的水平。[③] 建立就业创业促进机制，通过职业指导、介绍、培训及技能鉴定等公共服务和扶持政策，支持农业转移人口就业，多渠道筹集资金，支持进城落户农民在城镇居住、就业创业、返乡投资，[④] 实现就地就业、就地市民化和就地城镇化。

2. 户籍制度创新路径

在有序推进中国农业转移人口市民化行动中，制度和政策创新上要求变革以户籍制度为核心的二元制度，取消户籍制度背后所承载的各项权利和福利，缩小城乡二元间的差异，减少制度性转变带来的各种发展困境。[⑤] 使农业转移人口享有和当地市民同等的政治参与权、表达权和权利政治、经济发展权与生产政治、社会生存权和生活政治，加强流动人口对城市的归附感和依赖感，以强化其对城市的身份认同。坚持以公共服务均等化为核心，建立城乡一体化的就业制度，使农业转移人口能够有一个稳定的工作，并能够和当地人享有同等的社会保险和福利待遇。推进制度创新应该围绕推进户籍制度改革、深化就业制度改革、完善社会保障制度、改革现有土地制度、重视教育培训，为农业转移人口市民化增强素质动力，实现农业转移人口有效增收，为农业转移人口市民化提供经济基础。户籍制度创新的具体策略有"居住证"模式、"积分入户"模式、"居住证+积分

[①] 霍生平、苏学愚：《农村进城务工者身份渐变的内生型路径》，载于《北京工商大学学报》（社会科学版）2009年第2期。

[②][③][④] 匡远配、周凌：《财政分权、农地流转与农民工市民化》，载于《财政研究》2017年第2期。

[⑤] 姚俊：《失地农民市民身份认同障碍解析——基于长三角相关调查数据的分析》，载于《城市问题》2011年第8期。

入户"等模式,对于那些不能立即实现市民化的中国农业转移人口可以实施融居住登记和就业、社保、租房、教育、计生等多种服务管理功能于一体的居住证制度,实行行政区域内的"一证通"。通过居住证制度,实现中国农业转移人口在子女就学、社会保障、技能培训、公共卫生、租房租购等方面享有与当地人口同等的权利。积分入户制度也是一种户籍制度创新,根据参与城市建设、义工服务贡献大小,确定居住年限,按照积分多少申请入户,对其子女推行积分入学政策,确保教育公平,通过积分可以申请经济保障房等。[①] 对于改革户籍制度来说,一方面,落实放宽中小城市和小城镇落户条件。中小城市和小城镇必须着力增强产业发展、公共服务、吸纳就业、人口集聚等功能,加快提升经济承载能力和社会承载能力。[②]

3. "分类梯度转移"的"复合型"路径

中国农业转移人口市民化过程中体现了基于代际分化、产业梯度转移的"就地市民化""就城市民化"或"县域市民化",体现了城市异地转移路径、农村就地转移路径与基于城市规模分类推进,体现了区域支撑机制与基于差异化群体分类的过渡性市民化空间。

(1) 代际分化、产业梯度转移与"就近市民化""就地市民化"路径。

分类梯度转移路径包括基于群体分化的分类梯度转移和基于空间的分类梯度转移。基于群体分化的分类梯度转移要求以省内落户定居和公共服务均等化为重点,区分不同群体、不同公共服务对象分类推进。基于代际分化、群体分化和市民化过程的特点,实现基于代际分化的分类市民化。第一代外出中国农业转移人口由于城市产业升级,呈现逐步退出城市劳动力市场的趋势,鼓励其返乡落户定居,鼓励返乡创业和再就业,引导其在家乡城市(城镇)落户定居,实现就地市民化、就城市民化或县域市民化,鼓励中国农业转移人口在省内实现市民化。对于新增农业转移人口,鼓励其就近就业,就地实现市民化。

在有序推进中国农业转移人口市民化行动中,通过加快产业布局调整,实现产业梯度转移,大力发展中小城市和县域经济,通过新型城镇化、深度城市化、城市群建设和撤县改市,使新增农业转移人口的大多数在省内转移就业,实现省内市民化、就地市民化或县域市民化。以举家外迁、有稳定职业、有合法生活来源和固定住所人群为重点,推进跨省流动农业转移人口在

---

① 李强:《"当代我国城市化和流动人口的几个理论问题"》,引自李培林:《农民工:中国进城农民工的经济社会分析》,社会科学文献出版社 2003 年版。
② 张方旭、文军:《从"脱嵌"到"嵌入":个体化视角下农业转移人口市民化的过程分析》,载于《人文杂志》2016 年第 7 期。

流入地落户定居。

中小城市和城镇要加快取消落户门槛,把有意愿的跨省农业转移人口转为市民;大城市和特大城市也要制定透明落户政策,合理设置门槛,通过渐进式积分制入户模式,让跨省农业转移人口落户,优先解决举家外出跨省农业转移人口的落户问题。加快推进公共服务均等化,实现基本公共服务向农业转移人口全覆盖。对暂不符合落户条件或没有落户意愿又有常住需求的农业转移人口,根据权利和义务对等原则,梯度赋权,优先解决子女教育、公共卫生、住房保障等基本民生问题,使他们在流入地居住期间享受与户籍居民同等的基本公共服务,并随社会贡献的增加享受到更多的市民权利。[①]

(2) 城市异地转移、农村就地转移与城市规模分类推进路径。

基于空间的分类梯度转移要求区分不同城市或不同城市规模分类推进。从宏观发展战略来看,中国农业转移人口市民化与城镇群、城镇化、城市化和现代化关联,新型城镇化和"符合型城市化道路"要求分类推进市民化:一是"城市异地转移"路径,即通过发展大中小城市吸纳更多的流动人口、城郊失地农民,实现部分农业转移人口市民化。二是农村就地转移路径,通过发展小城镇、新型农村社区吸引更多的农业转移人口向特定地区转移,实现部分农业转移人口市民化。三是城乡之间、地区之间、城市之间的差别较大,需要合理引导。直辖市、副省级城市、省会城市和东部城市资源优势明显,吸引大量流动人口聚集。这些城市人口增长与资源、环境矛盾加剧,环境污染、交通拥堵等"城市病"问题比较严重,承载压力较大。中小城市和小城镇发展空间广阔、潜力很大,但产业支撑和公共服务功能还需要一个发育的过程。这就需要加强政策引导、产业引导和观念引导,加快产业布局调整,加快发展中小城市,有重点地发展小城镇,增强中小城市产业承接能力,以就业带动促进人口集聚,引导人口就地就近转移就业,逐步实现人口的合理均衡分布。

基于不同城市的综合承载能力、多梯度社会结构、经济社会发展水平、产业结构布局、市民化收益和成本及基本公共服务供给水平,实施不同规模城市的户籍门槛和不同规模城市差别化落户政策(见图10-6)。实现市域、县域、省内、省际分级、分层、分批有序推进,分类引导,重点引导农业转移人口及其家庭向中小城市、小城镇落户定居。

[①] 金三林:《农业转移人口市民化的目标、路径及政策重点》,载于《中国经济时报》2013年10月18日。

城市规模	市民化思路	市民化类型	政策工具
大城市	渐进积分制市民化模式	跨域市民化 跨省、跨际市民化	社会政策为主，社会政策有序推进战略；积分制
中小城市	全面放开户籍限制，就地市民化，就近市民化	跨域市民化与就地市民化结合	经济政策为主，发展县域经济、就业推动、产业发展推动
小城镇	全面放开户籍限制，就地市民化，就近市民化	就地市民化	土地政策为主，新型城镇化战略、就业创业推进
分类推进思路与路径	总体思路与推进路径：以新型城镇化为引领。 (1) 就地城镇化与市民化路径。 (2) 异地城镇化与市民化路径。 (3) 大中城市和中小城市市民化路径		

图 10-6　基于城市规模的分类推进原则

（3）差异化政策与过渡性市民化路径。

由于经济社会发展水平的差异，不同规模城市对农业转移人口市民化能力的要求不同，体现为市民化成本的高低。但农业转移人口无论进入何种规模的城市，城市经济体都需要为其支付公共资源和服务的成本，这必然要求不同规模城市之间在内部利益、资源上实现整合与分配，支撑引导和流动机制的运行。因此在不同规模城市之间设计一体化的城乡统筹与建设机制、区域性劳动力市场建设机制、基础设施建设机制、环境保护与生态建设机制、社会发展与保障体系建设机制是极其必要的，特别是财政资源和行政权限要向中小城市倾斜。需要指出的是，当前中小城市、小城镇发展在新型城镇化发展中的作用日益凸显，土地资源成为重要的制约因素，外省流动人口多集中在经济发达地区的小城镇，在推进其市民化的过程中，应尝试进行省域之间土地指标的折算与转移，给予经济发达地区城镇化发展足够的空间，在这一点上迫切期待中央层面的顶层设计与创新。[①]

各类群体（GroupA～GroupF）的诉求不同，需要统筹兼顾（见图10-7）。户籍制度改革涉及千家万户，事关广大人民群众的切身利益，各类群体高度期待且诉求多元，需要充分尊重并统筹兼顾好不同群体的利益诉求，突出重点、兼顾

---

① 叶俊焘、钱文荣：《不同规模城市农民工市民化意愿及新型城镇化的路径选择》，载于《浙江社会科学》2016年第5期。

一般、分类分步有序推进。基于差异化群体的分类推进,表现为一种"过渡性市民化空间",即处于城市—乡村的二元社会空间谱系之间,由身处其间的各种差异化群体进行的以市民化为主要导向的一种空间互动关系所建构的地理与实践的双重意义上的空间。应该认识到,这样一个统一的"过渡性市民化空间"的概念的提出,其核心理论价值在于突破对市民化研究的城乡二元分析路径。①

类型	群体特征	群体构成	市民化政策重点
G-A	举家外迁、有稳定职业、有合法生活来源和固定住所	家庭	全面开放户籍制度,放宽落户条件,优先解决城市落户问题,促进城市融入,实现市民化
G-B	常年在城市打工,有稳定的职业和收入,没有农业技能,不想回家也不能回家	新生代农业转移人口	渐进式积分制入户模式,改善公共服务,促进城市融入,逐步推进市民化
G-C	常年在城市打工,没有稳定的职业和收入,难以实现向技术工人转移,家里人留守农村	第一代农业转移人口	居住证制度;鼓励其返乡创业和返乡就业,引导其在家乡城市(县域、城镇)落户定居,就近就地实现市民化
G-D	从事经营性、自雇性经营	家庭或个人	全面开放户籍制度,实现市民化,强化创业培训,规避经营风险
G-E	购买商品房,无稳定就业	个人	推进积分制入户模式;就业培训和人力资本培育
G-F	无稳定职业、流动性较强、无固定住所	个人	居住证制度;鼓励其返乡创业和返乡就业,引导其在家乡城市(县域、城镇)落户定居,就近就地市民化

图 10-7　基于群体结构特征的分类推进原则

4. 土地流转与土地改革城乡协同推进路径

土地流转与土地改革协同推进路径包含土地股份制、土地承包权转让、土地置换和宅基地使用权、土地承包经营权、集体利益分配权的立法保护。

首先,要让进城务工的流动人口能够在城里购房,真正落户城镇,通过采取货币补偿或用"宅基地置换"城镇住房等方式,让农业转移人口自愿退出农村的

---

① 罗峰:《"过渡性市民化空间"的理论分析与现实思考》,载于《学习与实践》2015 年第 12 期。

土地,以此获得城里的房屋使用权。其次,对于农村大量宅基地的闲置和承包地的荒芜,需要创造条件让自愿退出农村的农业转移人口获得城市的保障,在城市公共财政承受力、公共服务接纳力的前提下,创造条件,有序引导农业转移人口自愿退出农村。具体的实践策略有开展确权登记颁证,明晰和依法保障农民的财产权利,包括农民的土地承包经营权、宅基地使用权、集体收益分配权,完善农村产权流转、抵押融资等配套制度等。也可以鼓励农业转移人口能够带宅基地入城,或量化农村集体土地和集体资产,能够让农业转移人口持股进城。让农业转移人口自愿退出农村的土地,以此获得城镇的住房和城市的保障,通过推动农村土地流转,培育壮大股份合作社、专业合作社、家庭农场、专业大户等新型农业经营主体,发展多种形式的适度规模经营,提高农村土地集约高效利用,推进农业现代化创造更为有利的条件。

5. 财政分权与市民化成本分担路径

在中国农业转移人口市民化过程中,通过完善公共财政体制,充分保障农民农地流转的财产权益,调整中央与地方之间的事权关系,健全地方政府财力保障机制,完善公共服务成本分担机制,实现公共服务均等化,推进农业转移人口市民化。

基于财政分权、农地流转的农业转移人口市民化成本分担路径要求通过建立和完善农业转移人口市民化成本分担机制。中央和省级财政要加大对推进农业转移人口市民化的资金投入,建立财政转移支付同农业转移人口市民化挂钩机制,对吸纳农业转移人口较多城镇的公共服务能力建设予以较多支持,增强城镇公共产品供给能力和吸纳农业转移人口能力。避免在财政分权、户籍等制度的影响下,出现了土地财政和农地非农化流转,侵害了农民合法的财产权益,削弱了农业转移人口自身承担市民化成本的经济基础,阻滞了其市民化进程。通过加大对中小城市、小城镇和落后地区的财政转移支付力度,平衡大中小城市间、发达地区与落后地区间的财力差距。鼓励输入地省份建立"城镇化专项财政转移支付"制度,强化对市级、县级城市的市民化财力保障机制、财政奖励机制和动态调整机制。[1] 完善中央政府与地方政府的财政成本分担机制,重点要从随迁子女教育、医疗卫生、社会保障等方面建立对流动人口输入省份的财政转移支付制度,着力对跨区域流动的农业转移人口进行公共服务投入支持,对人口流入地、流出地实施差异化的财政支持政策,对外来人口净流入地给予充分的政策激励,[2] 最终有序推进中国农业转移人口市民化。

---

[1] 马晓河、胡拥军:《一亿农业转移人口市民化的难题研究》,载于《农业经济问题》(月刊)2018年第4期。

[2] 贺坤、刘林:《农村脱贫与农民工市民化关系研究》,载于《上海经济研究》2017年第2期。

(二) 市民化的经济过程："多元化的市场机制与资本培育"路径

市民化的经济过程体现为经济适应、资本培育与能力提升、经济过程与可持续生计策略。具体的路径包括农业转移人口市民化的资本培育路径，人力资本投资、脆弱性风险规避与经济上可持续生计实现路径。

1. 产业升级、产业空间梯度转移路径

依靠市场手段，借助产业布局带动人口迁移，设计不同规模城市的产业布局与结构，利用产业在不同规模城市的布局和结构层级的分配，特别是劳动密集型产业逐步向中小城市集中，带动流动人口选择流向市民化成本较低的中小城市。

城镇化进程中农民职业和身份呈现以产业为分水岭的第一次分流和以居住特征为分界线的第二次分流。全球化背景下劳动密集型产业迅速发展，中国凭借着两亿多农业转移人口的廉价劳动力优势，制造的产品迅速涌向世界各地，而成为"世界工厂"。2008年的世界金融危机，劳动密集型的经济发展模式不可持续，产业升级和转移成为中国经济发展的主要战略，产业结构升级发展与产业梯度转移战略能有效推进农业转移人口市民化。通过调整产业结构和城镇化布局来舒缓当前农业转移人口就业压力，进而推动其市民化进程的有序发展[①]。

中国经济转型升级表现为产业结构升级转型，从劳动密集型的传统制造业、重工业向新型技术、信息网络、大数据和现代金融产业转移。中国产业转型升级体现为：一是继续在制造环节转型升级，向技术含量更高的现代制造业转型和升级；二是沿产业链向上下游延伸，向上延伸发展能源、原材料、重化工等资本密集型产业，向下游发展生产性服务业；三是扩大内需，大力发展生活性服务业，提高第三产业在产业结构中的比例。制造业需要大规模高素质的产业工人，需要吸收农业转移人口中的具有一定专业技能水平的人，帮助他们建立与现代先进制造业发展相适应的产业工人技能养成体系。生产服务业的交通运输、现代物流、商业金融服务业需要一定的知识水平，并拥有一定专业技能知识的工人队伍，但与高端制造业相比，水平相对较低，可以通过周期性的培训和技能培训，逐步实现岗位转型。生活服务业，如家政服务、经营性消费服务人员，专业技能要求没那么高，可以通过短期技能培训和短期学习适应岗位，因此，后者是中国农业转移人口的主体，也是产业升级的重点。

同时，中国经济转型升级表现为产业空间梯度转移战略，在东部、中部、西北部、南部形成了不同的产业结构模式。我国东、中、西部地区的农业转移人口市民化进程渐次滞后、呈阶梯状分布，东部地区政策优势明显，发展的产业支撑

---

① 佐赫、孙正林：《外部环境、个人能力与农民工市民化意愿》，载于《商业研究》2017年第9期。

能力较强、公共服务较好、有大中城市合理分工的重点小城镇。中、西部地区因政策扶持较晚，把"合乡并镇"作为小城镇发展的总体方针。东部地区经济起步早、城镇空间密集，中、西部地区发展相对滞后、城镇潜力有待挖掘。所以，中、西部地区的农村人口尤其是有落户能力的流动人口，更加愿意流向东部的大中城市甚至特大城市，导致中、西部地区的市民化进程落后于东部地区。基于此，国家通过"中部崛起""西部大开发战略"加大了对中、西部地区的政策倾斜，以期加快中、西部地区的市民化进程，缩小农业转移人口市民化的区域差异①。

2. 人力资本培育与可持续生计路径

在中国农业转移人口市民化过程中，经由人力资本提升路径，强化农业转移人口的资产积累、人力资本提升和自我发展能力，增强其个体效能和市场竞争能力。通过投资型国家与资产型社会政策，着力构建农业转移人口工资支付保障体系，支撑其转移固定资产，增加其资产，依靠市场手段，借助产业布局，填补农业转移人口的社会资本。

有序推进中国农业转移人口市民化，需要全面推进资本积累与自我发展能力建设，实现收入增长、就业稳定、经济脆弱性风险降低与可持续生计获得。在中国农业转移人口市民化过程中，经由人力资本提升与可持续生计获得路径，强化其能力建设、资产建设和可行性能力建设，增强其自我效能感。干预的重点在于通过发展型社会政策和资产型社会政策，培育人力资本，增强人的能动性、效能感与可行能力，投资于教育和培训，创造有助于自我发展、自我实现的条件。在培育人力资本方面，通过建立健全培训体系、丰富培训内容、加大培训投入、提高培训质量等举措，逐步构建起外来移民职业培训的长效机制。对于还未进入城镇的潜在农业转移人口，则需要在农村义务教育的水平提升和环境改善等方面进一步强化，为其人力资本的"先天积累"创造更多更好的学习条件。

发展型社会政策转向农业转移人口的个人责任、工作伦理、工作福利和工作机会，转向强化其能力建设、效能感培育、自我负责和资产建设，强化其资产积累、市场经济参与和自我发展的能力，关注他们的个人责任和工作机会。不仅保障其生存权，更保障他们的发展权、发展伦理与道德正义；不仅强调满足其基本生活和物质生活需求，更强调通过教育、培训、就业等方式开发他们的潜力，增强个体效能和市场竞争能力。人力资本投资是建立在资产建设基础上的生产性投资，而且是比物质资本投资效益更高的投资。以人力资本投资为导向，投资到具有促进教育、就业、劳动技能以及低成本高效益的社会投资项目上，通过发展教育、培训、技术、就业、卫生保健等综合配套服务开发贫困者的人力资本，使其

---

① 郭秀云：《流动人口市民化的政策测度与评价体系》，载于《改革》2009年第1期。

形成自我积累和自我发展的能力。[①] 提升中国农业转移人口的抵御经济脆弱性风险水平，提高抗风险能力，强化脆弱性风险控制。生活安全风险的增加会强化城郊农民的土地依恋，负担风险的增加导致父代对市民化的反对态度，就业风险的增加导致子代对市民化的反对态度。建构规范性的农业转移劳动力就业市场，降低就业风险，将对城郊农民，特别是子代提升市民化意愿具有重要意义。[②] 促进可行市民化能力塑造，增强公共服务供给能力和效率。要把构筑有效的可行市民化能力作为推动失地农民深度市民化发展的长效之策，注重培育失地农民的经济、政治、社会、心理和发展等多方面市民化能力，其中特别要重视增强其经济能力和发展能力，以形成对其他能力的支撑作用。以人力资本投资促进失地农民可行市民化能力塑造。注重发挥城镇社区市民化行动的扶持作用。开展面向包括失地农民在内的新市民社区活动与专项帮扶。[③]

3. 赋权—增能—促融与参与式发展路径

市民化过程中的"增能""赋权"与参与式发展路径强调行动研究和主体性行为研究。参与式发展以"增能""赋权""促融""抗逆力""危机干预"，以及个人效能感为核心，基于生命模式、生态社会视角、网络化和社会支持系统，强调社会政策、社会资本投资于教育和培训，实现人力资本积累和可行能力培养。参与式发展重视参与式决策和参与式行动，重视以就业、个人责任与工作机会创造为导向创造收入的能力和机会，动员所有个人、群体和相关组织参与发展行动，促进参与就业的积极性，以及在资源、权力、物质和服务的可获得性，赋予农业转移人口以参与发展的权利。参与式发展在关注物质环境改善的同时，不断提升贫困者的生存能力与参与机会，形成农村参与式发展机制。参与式行动强调农业转移群体通过合法的途径与手段，参与到发展项目活动的全过程，通过双向沟通和协商平等对话的方式来表达自己的意愿，通过各种政策渠道建立起参与式发展机制，从而对项目活动施加影响的过程。其本质是通过公众对规划活动全过程的主动参与，协调多元的利益主张，提高规划的科学性，更好地保证规划决策与执行的公平性、公正性和公开性，使规划能切实体现公众的利益要求。[④]

经由增能或促融实现中国农业转移人口向"可行能力"的转变强调应通过政策整合、权益保障和赋权增能促融，增强全能，实现"抗逆力"培养和危机干预，实现行动方式创新与思想观念改变，实现理性精神培育和脆弱性人群保护，

---

①④ 刘敏：《贫困治理范式的转变——兼论其政策意义》，载于《甘肃社会科学》2009 年第 5 期。

② 于莉：《从土地依恋到户籍依恋—天津城郊农民生活安全脆弱性与市民化意愿代际分析》，载于《北京社会科学》2018 年第 6 期。

③ 陈浩、葛亚赛：《基于可行能力的失地农民市民化测度及其影响因素研究》，载于《华中农业大学学报》（社会科学版）2016 年第 6 期。

创造可以增强功能的社会支持网络等途径，对农业转移人口进行全面的主体性参与能力建设，以构造市民化模式的能动性主体条件，着眼于发挥人的潜能和个人发展，通过发展型政策倡导、社会组织参与和社会工作介入，给市民化群体以可行能力，帮助其通过参与式自助、参与决策、抗逆力培养、增强权能和健康人力资本培育，培育认同与控制，融入主流社会。[①]

实现由"生存"逻辑、"权利"逻辑向"发展"逻辑的转变，由"赋权"为重点的权益保障范式向以"增能""促融"为重点的社会投资范式转向。文军等学者认为，农业转移人口市民化的关键在于其角色转型，农业转移人口市民化既是其社会身份、职业身份的一种转变，也是其居住空间的地域转移，更是"一系列角色意识、思想观念、社会权利、行为模式和生产生活方式的变迁，是农民角色群体向市民角色群体的整体转型过程"。文军等认为，农业转移人口市民化是一个外部赋能和自身增能双重推进的过程。[②] 农业转移人口市民化体现为外部"赋能"与自身"增能"，需要让其获得足够的收入并拥有支付城市生活费用的能力，特别是组织能力和市场能力。[③] 当前新生代农业转移人口成为流动人口的主体，其融入城镇困难引发了深刻的身份危机，潜藏着巨大的社会风险。"融城难"的根本原因在于其公共政策体系基于户籍身份或社区身份而非平等的公民身份，通过社会权利的"赋权"逐步实现平等公民身份值得肯定，但需警惕社会权利失衡发展，因其易导向传统的"恩赐政治"而不是现代公民政治，应转向以平等公民身份基础的"劳动赋权"。乡土性的终结、城市性的养成是自然演化的结果而非国家强制干预与政策建构的结果。农业转移人口公共政策实践应由"流动人口"视角转为"移民"视角，由农民、农民工视角转向市民视角，由传统型农民走向现代型城市市民的过程，由"赋权"为重点的权益保障范式转向以"增能""促融"为重点的社会投资范式。[④]

（三）市民化的社会过程："包容性的社会机制与融入式可持续发展"路径

中国农业转移人口市民化的社会机制——融入式发展路径是一个社会文化、

---

① 何慧超、李珍：《可行能力视野下的中国城市贫困治理理念重构》，载于《湖北社会科学》2008年第11期。
② 文军：《农民市民化：从农民到市民的角色转型》，载于《华东师范大学学报》（哲学社会科学版）2004年第3期。
③ 刘爱玉：《城市化过程中的农民工市民化问题》，载于《中国行政管理》2012年第1期。
④ 冷向明、赵德兴：《新生代农民工融入城镇：政策困境及其变革研究——基于公民身份的视角》，载于《社会主义研究》2013年第2期。

心理与行为适应过程，包括现代性培育、社会支持获得、社会资本培育、社区发展和组织化过程、现代性过程中的角色转型与行为适应。

1. 社区社会资本培育路径

在中国农业转移人口的市民化政治过程中，农业转移人口市民化需要通过社区社会资本培育路径实现有序推进。通过强关系力量和弱关系力量建设，推动中国农业转移人口自身人际互动、社会网络建设，滋养城市性，培养城市主人翁意识，提升其社会资本，有助于其市民化进程。农业转移人口市民化是健康城市化、提升城镇化质量的客观要求，也是社会全面进步的表现。农业转移人口市民化最根本的问题是其是否具有足够的社会资本来支撑其融入城市生活这一社会理性约束。[①] 不同类型的社会资本对农业转移人口市民化有不同的作用，社会资本提升包括关系型社会资本、制度型社会资本、组织型社会资本的生产，包括私人关系型社会资本和公共关系型社会资本、强关系型社会资本和弱关系型社会资本，就私人关系型社会资本而言，它可以为其提供更多的就业信息，拓宽其就业途径，强关系型社会资本是先赋资本，是农业转移人口的生存资本，是基于其的血缘、亲缘与地缘为主的亲戚、老乡等构成的社会网络关系。[②]

2. 社区发展、社区营造与社区融入路径

经由社区发展项目和社区营造行动，通过社区融入、社区社会组织孵化和培育、社区社会工作发展带动中国农业转移人口市民化，通过专业的社会工作来促进中国农业转移人口依托接收城镇社区而达到逐步融入城市社会的目的，包括利用专业的社会工作，个案社会工作、小组社会工作和社区社会工作，提升其社会资本。从忽视社区到重视社区的社区发展模式，要求把社区发展和社区建设作为市民化行动基本行动单元，立足于社区行动的市民化战略和社区发展模式，基于家庭贫困脆弱性的"市民化行动"强调家庭、社区在"市民化行动"中的重要作用。社区发展模式要求用社区的发展和社区能力建设来提高社区居民的抗风险能力，经由社区赋权和基层参与，构建社区信任型的社会资本，经由非正式支持网络和资本积累，提高社区居民的抗风险能力，让社区居民都能在家庭或者社区中不断成长，从而达到市民化的目标。[③]

重视和加强社区在"市民化行动"中的作用也成了新的政策取向。对于有序推进农业转移人口市民化的社区行动，应该创造社区就业创业新机会，建立社区就业创业协会和社区救助体系，创建"充分就业社区"的方式推动居民就业；促进农业转移人口的社会参与，经由社区协商民主，实现社区居民参与社区发展决

---

① 方小斌：《农民工市民化的变量与路径》，载于《求索》2009年第8期。
② 肖峰、吴玲：《论农民工市民化内生机制之构建》，载于《学术交流》2015年第3期。
③ 刘振杰：《资产社会政策视域下的农村贫困治理》，载于《学术界》2009年第5期。

策，实现参与式发展，加强非贫困者与贫困者的互动，防止农业转移人口"边缘化"；以建立社区发展基金整合社会资源，构造"社区性社会支持网络"；建立社区贫困救助的动态管理、治理机制，以政府资本带动民间资本，形成社区养老、助老的新机制。[1] 通过加强社区自治建设，充分发挥社区功能，为农业转移人口市民化的角色转换、角色适应、角色再造、认同改变与文化适应提供公共舞台。可以通过社区社会组织的孵化和培育，以专业化社会工作策略改善社区流动人口服务，发展具有针对性和实用性的社区项目[2]，以促进流动人口与当地人的交流和理解，增强流动人口正面的城市体验，从而使他们在生活方式、文化心理、价值观念和行为习惯等方面实现身份的转化，完成市民化的转变。发展各种社区组织，成立社会服务中心，重视社会力量的参与，这些措施有利于加强新市民对城市的归属感，加快对城市生活的融入速度。

3. 组织化参与与组织化社会资本培育路径

中国农业转移人口市民化需要通过"组织化参与"和"组织化社会资本"的培育路径实现。通过社区组织的孵化和培育，以专业化社会组织发展策略改善社区流动人口服务，发展具有针对性和实用性的社区社会组织服务项目。这里的社会组织包括职业组织（如工会、行业协会类、社区服务类、公益慈善类的社会组织等）、社会团体、社区组织、文化娱乐团体、福利组织等，组织化体现为组织化社会参与、社会组织的孵化和培育以及组织型社会资本的培育和提升，组织化社会资本的缺失影响和阻碍了中国农业转移人口市民化过程。

城市中的诸多社会组织基本上没有将中国农业转移人口纳入社会组织参与和社会组织服务的对象，中国农业转移人口在城市中处于原子化的个人和生活在社会组织的边缘，进入某一组织的外来人口可以借助组织成员的身份从所在组织获取生活上的帮助，如安排临时住处、解决子女入学问题、危难时获取临时救济等。组织成员可以借助组织力量同所在社区建立交往和沟通，学会与异质人口群体打交道的方法，扩大交往范围，增加社会资本存量。组织型社会资本通过合同确定了农业转移人口与组织的关系，劳动关系受法律的保护，为其解决各种劳动纠纷创造了条件。制度型社会资本存量的增加对农业转移人口市民化意义重大，为其提供必要的就业保障，最大限度地降低就业风险；为其提供必要的劳动保护，维护他们的各项劳动权益；消除劳动力市场的分割局面，为其创造一个公平竞争的就业平台；为其创造一个平等参与国家政治生活、平等享有权利和义务的

---

[1] 金一虹：《社区：消除城市贫困的实践和机制》，载于《社会学研究》2005 年第 11 期。
[2] 刘建娥：《乡—城移民（农民工）社会融入的实证研究——基于五大城市的调查》，载于《人口研究》2010 年第 7 期。

制度环境。[1]

四、有序推进中国农业转移人口市民：保障机制与议题建构

有序推进农业转移人口市民化的保障机制体现为行政机制、市场机制和社会机制。

（一）市民化过程中的行政机制：制度保障与国家行动

政治过程中的行政机制和制度保障机制体现为经由制度创新实现户籍制度、财政制度、财政转移支付、市民化成本分担等机制创新。政治过程也体现国家通过国家战略推进市民化，包括城市化、现代化、工业化、产业化、城乡一体化、城乡融合发展、乡村振兴等战略。

中国农业转移人口市民化行动中的行政机制要求通过改革户籍制度，通过剥离和户籍绑定的各项福利政策，完善以满足新市民需求为出发点的积分制制度、居住证制度，渐进分类户籍制度改革，改善农业转移人口福利，实现公共服务均等化，劳动力市场一体化，实现城乡一体化发展和城乡融合发展。

中国农业转移人口市民化行动中的行政机制要求通过财政保障机制，实现财政转移支付，进一步加大转移人口在核算一般性转移支付和教育转移支付、社会保障和就业转移支付、医疗卫生转移支付中的权重，提高财政资金使用效率，构建多元化融资体系，加强与金融市场协作，引导社会资本参与，逐步建立新型城镇化资金保障的长效机制。[2] 市民化成本分担机制，强化政府在农业转移人口市民化过程中的财政责任，完善城镇基础设施建设，并对户籍制度进行合理改革，降低农业转移人口市民化制度阻碍。[3] 农业转移人口市民化成本除了一次性投入的公共服务设施建设等，还有大量需要连续支付的义务教育经费以及远期支付的养老金等，因此需要建立相应的可持续资金保障机制。输入地与主要输出地省份先行建立健全社会保险异地转移接续机制，探索与主要输出地省份建立健全建设用地指标跨区增减挂钩、市民化跨区利益补偿机制。[4]

中国农业转移人口市民化行动中的行政机制要求通过土地制度保障机制，完

---

[1] 赵立新：《城市农民工市民化问题研究》，载于《人口学刊》2006 年第 4 期。
[2] 许明月、段浩：《农业转移人口市民化的法律激励机制构建》，载于《比较法研究》2017 年第 6 期。
[3] 杜宝旭：《农民工市民化私人成本收益均衡系数及其城镇化效应》，载于《经济与管理研究》2018 年第 4 期。
[4] 傅帅雄、吴磊、戴美卉：《新型城镇化下农民工市民化的成本核算研究——以北京市为例》，载于《江淮论坛》2017 年第 4 期。

善土地价值补偿和土地退出后的社会保障机制,进而降低农民土地依赖意识,提升其土地退出意愿。实现由"土地保障"向"社会保障"转变,由此降低农民对土地的情感依赖,使其在退出土地、进行市民化的过程中获得更多增值收益,进而增强其市民化意愿。① 通过土地制度保障机制,完善农村土地流转制度,维护农业转移人口土地承包权、宅基地使用权、集体收益分配权,增强其自主选择权,弱化农村拉力对其市民化倾向的抑制作用。②

(二)市民化过程中的市场机制:可持续生计保障与市场结构优化

经济过程和市场机制保障可以通过产业梯度转移、人力资本培育、劳动力市场融合、就业与可持续生计保障等事项有序推进农业转移人口市民化。发挥县域经济对流动人口的吸引力,加快经济增长模式转型,促进城市经济发展,提供更多就业机会,奠定新生代农村流动人口市民化的经济基础。可以通过加快产业结构升级,提高城市创新能力,提供更多就业机会。可以通过进一步完善公平竞争、统一开放的劳动力市场,实现劳动力市场的融合。农业转移人口进入城市劳动力市场,增加了城市劳动力供给总量,企业通过雇用较低价格劳动力,直接获得经济利益;城市通过农业转移人口工生产的低廉产品和服务也获得"移民剩余"。

(三)市民化过程中的社会机制:融入式发展保障与政策工具推进

社会机制包括中国农业转移人口的现代性适应、社会资本培育、角色适应和角色现代性转型、城市融入、自我发展与社会支持等。政府应加大对农村社区的公共服务均等化投入,改善非征地农转居群体市民化的软硬件环境。政府应关注非征地农转居群体的精神文化建设,防止贫困文化的产生。强化其市民化的"自身增能"过程③,逐步缩小中国农业转移人口市民化的社会距离。加强舆论宣传,转变管理方式,引导形成开放、包容的社会氛围,促进农村流动人口的社会网络重构④。

通过社会机制,以市民化能力为核心,增强农业转移人口市民化的意愿。在

---

① 张小山、张应阳:《农民市民化意愿影响因素实证分析——基于非农收入比重和农民土地意识视角》,载于《湖南农业大学学报》(社会科学版)2017 年第 4 期。

② 齐红倩、席旭文、徐曼:《农业转移人口福利与市民化倾向的理论构建和实证解释》,载于《经济评论》2017 年第 6 期。

③ 王慧博:《我国"非征地农转居"群体市民化的社会距离研究》,载于《河南社会科学》2018 年第 3 期。

④ 李艳华:《新生代农村劳动力市民化问题研究——基于兰州市的实证调查》,载于《西北人口》2017 年第 5 期。

农业转移人口市民化的进程中，提高劳动者的市民化能力，是提升其市民化意愿，减少其城市融入、社会排斥、权益受侵等风险的关键举措。提高他们的社会适应、城市融合、就业再就业、维权等方面的能力，特别是强化该群体职业知识、技能和竞争力的培训，帮助他们尽快适应和融入城市工作，提高自身市民化的意愿。建立良好的社会支持系统，拓宽农业转移人口亲缘、地缘的原生社会支持网络，将企业、社会、政府部门纳入其中，通过客观因素与主观因素的兼顾考虑、经济因素与非经济因素的同步满足，在制度设计、政策支持、就业服务、法律援助、文化教育、心理疏导、社区融入等方面完善社会支持措施，帮助强化农业转移人口市民化意愿。[①] 加强积极的群际接触和群际互动，加强市民和失地农民的群际互动。经由积极的群际接触与互动，有助于提升群际信任水平，消除群际偏见和群际歧视，改变群体态度，避免社会交往"内卷化"和"内倾性"，缩小社会交往中的社会距离。

通过发挥基层组织的社会功能，定期开展社区互助活动，丰富失地农民的精神文化生活。加强失地农民的社会参与，帮助其找到归属感和认同感，增加社会信任，避免交往的内卷化，缩小失地农民和市民之间的社会距离感，推进失地农民市民化。规避户籍制度、教育、就业等制度因素所带来的社会距离效应。完善社会保障体系，以子女教育、住房、就业等为突破口实现公共服务均等化。建立自由平等的市场准入机制，提升失地农民的市场地位，为失地农民提供更多的就业机会，帮助失地农民提升自身的社会经济地位。稳定的就业环境可以为失地农民和市民之间提供更多的交流机会，增加信任，消除刻板印象，避免身份污名化，同时也提供了生活保障，使其立足城市有了物质基础。[②] 关注农业转移人口的精神生活，加快社会融合程度。由于思维方式、生活习惯等方面的原因，农业转移人口人际交往多局限在老乡圈子，缺乏与本地人的交流，对城市的归属感不够。促进农业转移人口社会融合，重点是以社区为主体、以服务为导向建立城市外来人口管理新模式，将农业转移人口视为城市的有机组成部分，并按照常住地原则将他们纳入当地社区的管理和服务，给予他们平等的市民待遇，更好地保障他们的合法权益。同时，鼓励、引导他们积极参与社区建设和管理，通过参与式管理和自治化管理，将他们纳入社区的民主生活中，增强对城市的认同感和归属感，以推动农业转移人口更快、更好、更顺利地融入城市。

---

① 张超、毕道君：《农业转移人口市民化意愿激发诱因分析》，载于《江淮论坛》2017年第4期。
② 潘泽泉、邹大宽：《失地农民市民化过程中社会距离的影响机制研究——基于社会距离效应的分析》，载于《学习与实践》2017年第5期。

第三节 农业转移人口市民化：政策工具、政策福利效应与政策调整

自 20 世纪 80 年代后期以来，中国农民的大规模跨区迁移，已经成为令人瞩目的社会现象。它不但冲击着实行了多年的城乡分隔的户籍制度，也迫使城市做出持续的制度和政策调整：从"盲流"阶段的农民的自由流动到以户籍政策为核心的保护城市政策中的被禁锢，再到社会身份与职业身份相分离的"农业转移人口"出现，从暂住证制度的实施，到计划生育实施流出地和流入地的双重管理，再到打工子弟学校在城市空间内的艰难生存，再到农业转移人口市民化，等等。

一、政策工具与农业转移人口市民化：从政治发展走向政策过程

中国农业转移人口市民化过程已从政治发展走向政策过程，在此过程中，政策研究应重点转向整合政策、发展型社会政策和具有包容性的资产型社会福利政策，基于跨学科的问题导向意识，建立跨学科的社会政策分析框架，迈向整体性的社会政策议题建构，经由社会政策推动农业转移人口市民化。

（一）有序推进农业转移人口市民化：从政治发展走向社会政策过程

中国农业转移人口市民化体现为从政治发展走向政策过程，是一个从生存—经济叙事到身份—政治叙事，再到多元融合—可持续发展叙事的市场，体现了从经济过程到政治过程再到社会政策过程，从生产政治到身份政治再到生活政治的过程。农业转移人口市民化过程从政治发展走向政策过程，是劳动力自愿流动的过程，通过生活政策来增加城市对外来人口的吸力。市场化初期，户籍制度难以与福利配置相脱节、难以与国有企业或其他政府公共部门招聘制度相脱节，故城市户籍对农业转移人口具有较大吸引力。但在社会保险制度，尤其在"新农村合作医疗"覆盖到整个农村、在"新农村养老保险"迅速拓展其覆盖面、在农村土地价格日渐上升的大背景下，城市户籍特别是县城和小城镇户籍的福利对农业转移人口市民化的"诱惑"已不显著。仅仅放开小城市的落户限制已不能满足其对市民化的期望，需要更多社会政策来引导农业转移人口市民化。

从政治发展走向政策过程，需要关注农业转移人口市民化政策的以能力建设

和可持续生计为主的走向,即市民化过程中的"发展型社会政策"、以资产为本的社会福利政策和"融入式可持续健康发展政策"。社会政策研究转型要求重点转向对农业转移人口进入后的整合政策、发展型社会政策和基于可持续生计的具有包容性的以资产为本的社会福利政策。重点探讨农业转移人口在面对城镇区域提供的不同程度的子女教育、失业、职业培训、医疗卫生、养老等公共服务(或政策性福利待遇)时,他们的市民化的可能性和行动意愿。农业转移人口在城市中的流动规模、生存状况的好坏、能否在城市中实现社会整合、实现市民化等是内生于社会政策变量的,内生于国家、城市政府的人口控制政策模型的,是受国家对农业转移人口社会政策调整影响的,是政府对流动和就业控制政策的一个函数。以公正为理念的社会政策对于改变弱势群体的边缘状况、提升社会地位、融入主流社会具有重要意义。农业转移人口这一弱势群体在市民化的进程中面临重重障碍,迫切需要社会政策和社会福利支持。

(二)有序推进农业转移人口市民化政策:跨学科问题意识及其分析框架

从城乡社会政策的理性推进层面,需要基于跨学科的问题意识,建立一个跨学科的社会政策框架,在中国农业转移人口市民化的政策框架中推进城镇化过程中人的健康发展。可为地方政府职能部门、街道社区提高社会建设水平,促进农业转移人口真正融入城市社区提供社会整合的政策建议。有利于从理论和社会政策层面引导社会关注农业转移人口群体,加深社会各阶层对农业转移人口的了解,并在社会政策和行动上真正接纳这一群体;有利于提供一种新的社会政策和理论分析框架,以促进农业转移人口实现共享社会发展成果,真正改善农业转移人口的生存状况,真正提高农业转移人口的生活质量和生活水平,实现农业转移人口真正融入城市,实现市民化身份的转变。从社会政策和政府决策来看,该研究有利于从社会政策层面,为农业转移人口市民化提供科学决策、政策咨询和政策服务。

这个跨学科的社会政策分析框架包括:(1)农业转移人口市民化与社会政策的相关理论研究。(2)国家发展战略转变与国家调整农业转移人口过程与社会政策体系分析。(3)国家调整农业转移人口市民化社会政策的现状、过程和潜在的社会政策含义。(4)国家调整农业转移人口社会政策过程中的个人或群体的社会政策认知与行为选择。(5)市民化过程中的国家调整农业转移人口社会政策调整与政策建议,重点包括:有序推进农业转移人口市民化的社会政策基本理念;有序推进农业转移人口市民化的社会政策调整方向;有序推进农业转移人口市民化的具体社会政策设计。(6)市民化过程中农业转移人口社会管理与服务创新。

(7) 国家调整农业转移人口市民化社会政策的社会影响及其政策行动效果评价。

（三）理论发展与范式整合：迈向整体性社会政策的议题建构

社会政策的思想得以变得更加广泛、包罗万象，以上谈到的三种主要的规范性思路功不可没。现在社会政策领域的重要思想将安全网和社会服务的提供予以保留，并视之为社会政策的核心和重要组成部分。然而，社会政策的理念已经取得了明显的实质性扩展，把生计发展的思路和各种以权利为基础的思路都包括进来，以缓解贫困并满足人民的基本需要。因此，"整体性"社会政策是国家主义、企业化思路以及平民主义范式的融合。国家主义认识到，积极的政府一方面在致力于促进经济和社会投资和监管民营部门方面发挥着重要的作用；另一方面在致力于满足人民的基本需求、保障根本的自由方面，也扮演着重要的角色。企业化思路则强调，利用特制的反贫困手段保护弱势群体以及通过经济刺激提高福利提供的效率，都是非常必要的。在那些以增进收入、提高民众生计的项目中，采纳经济上可行的、基于市场的策略，是一个基本的要素。平民主义的发展传统强调积极的社区动员的核心地位，同时借助各种机构来表达民众的需求，并强化民众在政策删定及实施过程中的参与。通过制度改革与创新，探索建立城乡互动、和谐发展的城乡一体化的制度体系，为农业转移人口市民化提供必要的制度保障。

1. 农业转移人口市民化与社会政策的相关理论、理论分析模型和新的问题意识

有序推进农业转移人口市民化政策的核心议题与基本内容具体包括：资产型社会政策、发展型社会政策理论；农业转移人口市民化与公民权理论；农业转移人口市民化社会政策与制度排斥的研究；农业转移人口市民化社会政策与社会整合或社会一体化的研究；社会政策与社会平等与正义的研究等。

公民权与市民化的研究包括社会成员资格或身份的问题和资源的分配问题；公民权视角下的社会政策制定取向（价值的或利益的）、政策执行力、农业转移人口对市民化政策的认知与认同程度、农业转移人口市民化过程中与城市市民间的摩擦与冲突；全球化背景下的农业转移人口与保护性的社会政策、反社会排斥的社会政策；如何构建公正的社会支持系统，确立中国农业转移人口"公民权"的实践途径；国家、市民社会、市民与农业转移人口对市民化这一"公民权"的认知及行动选择与社会影响之间的关系。主要命题为：内部异质性、自我认同、相对地位、参照群体、社会排斥和社区形成、定居状态、适应路径、群体互动模式、聚居规模；内部社会控制机制和冲突解决机制的存在、内部团结和保护意识的存在；农业转移人口公民权的实现机制，包括公民权利与社会福利政策的制度化；农业转移人口社会资格的确立和身份合法性；社会公平原则下资源的分配与共享问题；以及中国户籍制度的改革和农业转移人口政治参与的实现，等等。

2. 国家发展战略转变与国家调整农业转移人口政策与社会政策体系分析

有序推进农业转移人口市民化政策的核心议题与基本内容包括具体的国家与社会的行动框架、国家或者地方政府对秩序的理性追求、城市现代化以及优先发展城市的战略性框架、社会政策调整过程的"行动舞台"和行动情境、政策调整和制订的"问题源流"、引人关注的重大社会事件或危机事件、政策实施的效果反馈、政策过程的价值观念与信仰系统、由官僚、学者和研究人员等组成的政策支持者或者压力集团、针对共同关注的某一政策领域中问题解决方案形成的各种意见主张，还包括制度环境、背景因素、社会条件、社会问题、市场需求逻辑或者市场结构、权力需求逻辑和权力结构、社会再分配逻辑和利益分配结构、资本运作逻辑和资源配置结构（城市与乡村的资源配置、城市发展优先论），等等。

3. 国家调整农业转移人口市民化社会政策的现状、过程和潜在的社会政策含义

有序推进农业转移人口市民化政策的核心议题与基本内容具体包括农业转移人口市民化社会政策及社会政策困境的具体内涵及形成的机制；农业转移人口市民化社会政策的缺位与社会政策的弱势性及其转变；当前中国农业转移人口市民化社会政策的主流化趋势；国家调整农业转移人口政策的影响因素，主要包括政策制定取向（价值的或利益的）、政策执行力、流动农业转移人口对政策的认知与认同程度、国家与地方政策间的摩擦与冲突；全球化背景下的农业转移人口与保护性的社会政策、反社会排斥的社会政策；如何构建公正的社会政策支持系统，完善流动农业转移人口弱势群体的城市社会救助系统和社会政策的支持系统。

4. 国家调整农业转移人口社会政策中的个人或群体的社会政策认知与行为选择

政策过程是一个将政策受益由零和博弈转向非零和博弈的重复博弈过程，而政策结果形态便是一种纳什均衡，具体包括不同主体的政策认知能力、认知方式、利益表达、利益偏好、利益整合和利益分配逻辑、利益博弈过程与策略选择、资源控制和分配的技术手段、政策制定与执行过程中的互动情境、政治领导层在政治改革政策的选择和制定中扮演的角色以及政治领导层的政策取向、政策策略、政策价值偏好，等等。国家调整农业转移人口社会政策过程就是国家、地方政府、压力集团与社会政策对象之间的利益博弈过程。群体互动的命题有：内部异质性（社会分化、新二元结构）、相对地位、参照群体、社会排斥和社区形成、定居状态、适应路径、群体互动模式、理性计算、聚居规模；内部社会控制机制和冲突解决机制的存在、内部团结和保护意识的存在、内部能够持续不断地产生领导层。

5. 市民化过程中农业转移人口社会管理与服务创新的政策调整

有序推进农业转移人口市民化政策的核心议题与基本内容具体包括：市民化过程中农业转移人口社会管理与服务创新研究中的核心概念、理论基础、知识谱系和话语方式；市民化过程中农业转移人口社会管理与服务创新的话语实践和主要议题；市民化过程中农业转移人口社会的特点、趋势、空间特征与日常生活实践话语研究。包括互动的同质性异质性、社会支持网络、风险承担网络研究，考察少数民族流动人口的职业、居住、收入、生活现状，以及他们和一般流动人口共同遇到的就业、贫困、社会保障、子女教育等一般困难，并重点了解他们在风俗习惯、宗教信仰、语言交流、社会交往方面面临的一些特殊问题；作为城市化、现代化之战略的市民化过程中农业转移人口社会服务管理的现状、过程和创新；市民化过程中农业转移人口社会管理与服务的历史与现状；市民化过程中农业转移人口社会管理与服务机制的构建思路。

6. 国家调整农业转移人口市民化社会政策风险及其政策行动效果评价

有序推进农业转移人口市民化政策的核心议题与基本内容包括：国家调整农业转移人口政策与全球化、现代化、乡土中国解构等重大社会事件的关联程度；国家调整农业转移人口政策与流动农业转移人口的发展困境及进而促成流动农业转移人口群体发展困境的社会风险；国家调整农业转移人口政策与劳动力市场的运作逻辑；国家调整农业转移人口政策与流动农业转移人口的行动逻辑和生存策略；流动农业转移人口与城市社会安全。

7. 农业转移人口市民化制度创新、政策话语变迁、政策调整方向和具体政策设计

以往的研究更多的是关注农业转移人口市民化的对策性研究和问题式诊断，国家在调整农业转移人口市民化政策层面也集中在控制型的社会政策关注，社会政策具有碎片化特征。重点关注农业转移人口市民化政策的走向，提出市民化过程中的"发展型社会政策"、以资产为本的社会福利政策和"融入式可持续健康发展政策"。重点转向对农业转移人口进入后的整合政策、发展型社会政策和基于可持续生计的具有包容性的以资产为本的社会福利政策，思考如何实现他们与城市的社会整合，实现社会适应；如何帮助他们实现劳动市场介入、提升能力和提供收入支持；如何帮助他们获得更多的工作机会和获取更多的社会资源，即如何实现他们在城市中的社会整合和发展问题，实现他们在城市中的真正市民化问题。在具体的社会政策设计层面，重点在于社会政策设计中的有序推进、分群分类、差别化落户政策的具体设计。在推动户籍制度改革过程中，重点关注农业转移人口市民化过程中的群体性特征差异，实行不同规模城市分群分类、差别化落户政策的具体设计和调研。把有能力、有意愿并长期在城镇务工经商的农业转移人口及其家属逐步转为城镇居民。对未落户的农业转移人口，建立居住证制度。使更多进城务工人员随迁子女纳入城镇教育、实现异地升学，实施农业转移人口职业技能提升计划。稳步推进城镇基本公共服务常住人口全覆盖，使农业转移人口和城镇居民共建共享城市现代文明。

8. 农业转移人口市民化过程和社会政策的社会影响与发展风险问题

虽然国家对农业转移人口问题已经得到了一定程度上的学术关注，但是，已有的研究成果大多只是立足于国家政策本身的合理性研究层面，或立足于制度困境分析的"解决问题"层面，而忽视了国家调整农业转移人口政策对农业转移人口市民化的社会影响和社会效果、社会影响和社会效果评估研究。重新关注中国农业转移人口市民化问题的社会影响和社会后果。这些问题包括中国农村的社会稳定问题、结构性不平等问题、"群体性事件"和冲突、社会公正和道德正义、发展伦理和道德生态、社会排斥和社会风险、环境生态与文明、社会分化与社会分层、教育不平等、性别不平，等等。发展的社会风险问题要求健全风险研判机制，完善决策风险评估机制，建立风险防御协同机制和落实风险防控责任机制。

二、走向社会政策时代：有序推进市民化政策转型与发展

农业转移人口市民化的社会政策总体方向体现为融合式发展、渐进式改革、分类型实施以及整体性推进，政策定位于市民化过程中的"社会融入的可持续健康发展"、"发展型社会政策"和具有包容性的"资产型社会政策"。

在我国推进农业转移人口市民化行动中，中国的推进农业转移人口市民化政策发展仍面临多方挑战。一方面，传统的应对市场经济风险的经济政策和工具，在推进农业转移人口市民化行动中的效果非常有限；另一方面，由于一些基础性的农业转移人口市民化政策的缺陷或缺乏，诸如规范的市场经济秩序、公平的收入分配制度、健全的法治环境以及基于民主政治的公共和私人利益的表达和实现机制等，这使我国推进农业转移人口市民化政策的作用和效果有限。在中国推进农业转移人口市民化行动中，中国的推进农业转移人口市民化政策要从基础制度的建立和改善入手，在此基础上从中长期战略的视角出发，从资本投资的角度来制定和实施社会政策。有序推进农业转移人口市民化社会政策的基本理念体现为下面几个方面。

（一）公平性与正义性：从克服经济困境到消除社会排斥、实现社会融合过程

社会政策与发展伦理定位于反社会排斥与道德生活重建中，社会公正与发展正义是社会政策的基本立足点和基本理念。

20 世纪 90 年代初，英国著名社会学家马歇尔（T. H. Marshall）教授认为，社会政策是政府为增进公民福利的行动。① 另一位英国社会学家、现代福利国家理论创始人蒂特姆斯（Richard M. Titmuss）认为，社会政策关系着某种共同的人类需求和问题，是对一系列社会需求以及在稀缺的条件下人类组织满足这些需求的功能的研究。② 这种功能处于市场机制之外，传统上称之为社会服务或社会福利制度。社会政策研究在某种意义上就是要代表贫弱群体的利益来参与修订游戏规则，使之趋于更合理、更公平。消除社会排斥，走向社会发展正义，这是有序推进农业转移人口市民化政策的新取向，这种新取向表现在：减少劳动力剥削、合理的社会控制、消减社会工程的负面影响等，具体表现为：资源分配的正义取向、政策的正义取向、社会福利取向、积极的行动介入取向和赋权、公共参与取向等。③

（二）包容性与整合性：从反社会排斥、社会整合到包容性发展过程

从跨学科的视角来看，社会排斥是一个多向面的动力过程，这个过程包含各种各样的排斥形式：参与决策和政治过程时的政治排斥、进入职业和物质资源时的经济排斥，以及整合成为共同文化时的文化排斥，还有基于交往和社会关系网络中的社会排斥。

基于跨学科基础的社会排斥分析框架包括经济排斥、福利制度排斥、社会生活领域排斥、政治排斥以及文化排斥等内容；市场经济的排斥、计划经济时期经济政策的排斥、劳动力市场的排斥、公共产品、服务投入排斥等；长期和重复失业的上升、技能缺乏、收入低下、住房困难、罪案高发的环境、不稳定社会关系的增长、丧失健康以及家庭破裂、社会疏离、阶级团结的削弱等交织在一起的综合性问题所发生时的发展困境；文化排斥、文化隔离和社会歧视等。从跨学科的视角来看，包容性增长是一种整合型的发展理念，也是一种整合型发展方案，其核心内容是公平合理地分享经济增长成果，促进发展的协调与均衡。包容性增长

---

① T. H. Marshall. *Social Policy in the Twentieth Century* [M]. London：University Library，1965.
② Richard M. Titmuss. *Commitment to Welfare* [M]. London：Allen and Unwin，1976.
③ 赵娜：《关于反贫困的社会学理论综述》，载于《知识经济》2012 年第 6 期。

同样包括经济、政治、文化、社会、生态等各个方面,增长应该是相互协调的。包容性增长强调从经济学上强调可持续、协调发展,政治上强调平等与权力的增长,包容性增长就是经济增长、人口发展和制度公平的有机协同。

"包容性增长"抑或"共享式增长",是一种发展理念,也是一种发展方式,其关键议题体现为公平合理分享经济增长成果,促进地区发展的协调与均衡。包容性增长要求我国在制定市民化政策时要关注弱势群体,注重社会和经济协调和可持续发展、强调权利保障和机会平等增长、追求社会公平正义、重视制度创新。包容性发展社会政策是建立在包容性社会的基础之上的,实现包容性发展是指实现惠及所有国家和地区、惠及所有人群的发展。作为一种新的社会政策发展理念和扶贫战略,包容性发展的价值取向是公平、公正、共享、共容,倡导的是权利公平、规则公正、成果共享、利益共容。①

包容性增长的具体内涵和外延体现为:机会平等地增长,既强调通过经济增长创造发展机会,同时也强调通过减少与消除机会结构性不平等来促进社会公平,实现发展正义;包容性增长是益贫式增长,是协调、可持续增长,是平等与权利的增长,包容性增长让更多的人享受经济发展成果,让弱势群体得到保护,重视社会和谐和稳定,重视共享社会发展成果等。② 包容性增长要求我国在制定市民化政策时要注重协调发展和可持续生计,强调权利保障、追求公平正义,重视制度创新。在包容性增长理念的指导下,我国市民化政策在新阶段将呈现新的走向:重视经济社会协调发展、突出发展机会平等、加强贫困人群能力建设。③

实现反社会排斥、整合与包容性发展,要求走向多元化、包容性发展和社会融合式的市民化社会政策。有序推进农业转移人口市民化的关键不仅在于经济增长和收入提升,主张建立"多元化市民化"机制,提高市民化政策效果。事实上,国家在推进农业转移人口市民化行动中,"没能够看到市民化过程中的社会、政治和心理过程。这意味着,如果没有考虑经济、政治、公民权利以及文化方面的排斥,任何关于市民化的讨论都可能变得无效,虽然一些人拥有足够的收入、消费和基本能力,但他们被各种社会过程排斥。"④ 多元化也体现了参与主体的多元化,参与市民化行动中的主体包括国家和地方政府、商业部门、志愿者部门、非正规部门等多元主体结构。多元化、社会融合式的市民化行动在于市民化行动中帮助弱势群体,防止社会排斥的风险。基于"积极福利国家"方法,解决

---

① 顾邵梅:《以包容性增长来培养高度的文化自觉》,载于《四川行政学院学报》2012年第12期。
② 向德平:《包容性增长视角下的中国扶贫政策的变迁和走向》,载于《华中师范大学学报》(人文社会科学版)2011年第7期。
③ 张宇燕:《寻求包容性与发展的和谐》,载于《人民日报》2012年2月3日。
④ 乌德亚·瓦尔格:《贫困再思考:定义和衡量》,载于《国际社会科学》2003年第1期。

社会边缘群体的社会整合问题，制定反贫困、反社会排斥和收入分配不平等的目标和特别战略，经由社会整合、包容式发展与可持续性就业，发展整合劳动力市场的关键要素，达至社会融合，改善弱势群体的社会生活，实施政策整合的、建立在合作伙伴和多部门合作之上的新的市民化战略。

（三）发展性与可持续性：从发展主义到发展型社会政策过程

发展性体现了社会政策向发展性社会政策、资产型社会政策的转变，实现积极福利中的投资型国家、能动型政府，强调把可持续生计框架作为一种政策制定思路。生活质量和可持续生计框架强调跨学科的理论关注和现实说明，涉及政治、经济、文化、社会的诸多面向，生活质量与可持续生计框架为重新理解社会发展和人类行为提供了新的理论视域和解释语境。

生活质量与可持续生计的思维分析框架包括生计安全模式、社会支持模式、增权赋能模式和伦理价值模式（见图10-8）。（1）生计安全健康框架。体现为生存状态与生存条件维度，包括衣食住行；就业、经济收入和经济安全；职业质量、职业发展机会和职业稳定性；劳动力市场安全、医疗卫生健康、健康风险与健康保障；休闲、消费与脆弱性应对；精神健康和心理弹性等；社会资本与经济整合。（2）社会网络支持框架。体现为社会质量维度，包括就业与劳动力市场融入、社会政策与制度性支持网络、社会保障与福利、社会救助与保险、风险承担网络、社会信任与社会整合、社会团结与社会融合、人际关系与社会交往、工具性和情感性社会支持、社会关系网络与邻里关系、公共安全与社会服务。（3）增权赋能促融框架。体现为能力支持维度，包括增权赋能、抗逆力培养、增强权能、抗风险能力、社会增能和社会参与、教育与资本投入、技能培训、家庭禀赋和人口结构（劳动力人口、父母亲职业和教育水平）、政治身份与政治融入、增加个人资产等。（4）发展伦理价值框架。体现为发展伦理与正义维度，包括政治文明与政治参与机会、社会剥夺感和社会公平感事实、发展主义意识形态、发展伦理、发展过程中的社会正义与社会公平、底层道德关注和伦理支持等。

模式	目标维度	社会政策跨学科的问题视域与框架
（Ⅰ）生计安全健康框架	生存状态与生存条件维度	衣食住行；就业、经济收入和经济安全；职业质量、职业发展机会和职业稳定性；劳动力市场安全、医疗卫生健康、健康风险与健康保障；休闲、消费与脆弱性应对；精神健康和心理弹性等；社会资本与经济整合

模式	目标维度	社会政策跨学科的问题视域与框架
（Ⅱ）社会网络支持框架	社会质量维度	就业与劳动力市场融入、社会政策与制度性支持网络、社会保障与福利、社会救助与保险、风险承担网络、社会信任与社会整合、社会团结与社会融合、人际关系与社会交往、工具性和情感性社会支持、社会关系网络与邻里关系、公共安全与社会服务
（Ⅲ）赋权增能促融框架	能力支持维度	增权赋能、抗逆力培养、增强权能、抗风险能力、社会增能和社会参与、教育与资本投入、技能培训、家庭禀赋和人口结构（劳动力人口、父母亲职业和教育水平）、政治身份与政治融入、增加个人资产等
（Ⅳ）发展伦理价值框架	发展伦理与正义维度	政治文明与政治参与机会、社会剥夺感和社会公平感事实、发展主义意识形态、发展伦理、发展过程中的社会正义与社会公平、底层道德关注和伦理支持

图 10-8　市民化过程中生活质量与可持续生计的社会政策议题

经由发展型社会政策实现从消极被动型国家向积极主动干预型国家转变。发展型社会政策的实质是一种市场友好型的福利增进策略，通过社会投资可以有效地改变社会政策在经济政策面前的附属性地位。发展型社会政策理念包含了以下几个相互关联的内容：强化有助于减少生计风险的社会资本建设，人力资本作为可持续生计，注重对人力资本的投资；具体政策要根据一个人生命的不同阶段的需要进行干预，即生命周期理论；重视家庭物质资本的积累实现对贫困的预防，即家庭投资与社会风险管理理论；注重弱势群体能力提升，注重风险应急能力、可持续生计能力和发展与自主参与性能力的培养。发展型社会政策的内容包括减少风险管理成本的社会资本、反社会排斥的劳动力政策、农村生计的保护与发展、健康与医疗政策的整合以及资产为本的个人账户建设。[1] 发展型社会政策有助于提高个人或者家庭应对风险的能力，提高其可持续生计的能力，推动其自主参与的能力。贫困主要不是同收入不高有多大关系，而更多的是与人们是否具有选择愿意做什么的能力有关。[2]

发展型和投资型社会政策干预的重点在于培育人力资本、增强人的能动性、

---

[1] 张新文：《我国农村反贫困战略中的社会政策创新探讨》，载于《南京社会科学》2010 第 6 期。
[2] 徐月宾、刘凤芹、张秀兰：《中国农村反贫困政策的反思——从社会救助向社会保护转变》，载于《中国社会科学》2007 年第 3 期。

投资于教育和培训，创造有助于自我发展、自我实现的条件，培育出自我发展的能力。社会政策转向农业转移人口的个人责任和工作机会，转向强化其能力建设和资产建设，强化其资产积累和自我发展的能力，关注他们的个人责任和工作机会，不仅保障其生存权，更保障他们的发展权、发展伦理与道德正义；不仅强调满足其基本生活和物质生活需求，更强调通过教育、培训、就业等方式开发他们的潜力，增强个体效能和市场竞争能力。人力资本投资是建立在资产建设基础上的生产性投资，而且是比物质资本投资效益更高的投资，以人力资本投资为导向，投资到具有促进教育、就业、劳动技能以及低成本高效益的社会投资项目上，通过发展教育、培训、技术、就业、卫生保健等综合配套服务开发贫困者的人力资本，使其形成自我积累和自我发展的能力。①

（四）主动性与能动性：从生产政治、解放政治到能动型政治的过程

从生产政治、解放政治到能动型政治要求推进能促型国家和能动型社会建设，要求经由参与式发展实现中国农业转移人口"增能""赋权"。参与式发展以"增能""赋权""抗逆力"和个人效能感为核心，强调社会资本投资、投资于教育和培训，参与式发展重视参与式决策和参与式行动，重视以就业、个人责任与工作机会创造为导向，创造收入的能力和机会，动员所有个人、群体和相关组织参与发展行动，促进参与就业的积极性，以及在资源、权力、物质和服务的可获得性，赋予农业转移人口以参与发展的权利。参与式发展在关注物质环境改善的同时，不断提升贫困者的生存能力与参与机会，形成农村参与式发展机制。参与式行动强调农业转移群体通过合法的途径与手段，参与到发展项目活动的全过程，通过双向沟通和协商平等对话的方式来表达自己的意愿，通过各种政策渠道建立起参与式发展机制，从而对项目活动施加影响的过程。其本质是通过公众对规划活动全过程的主动参与，协调多元的利益主张，提高规划的科学性，更好地保证规划决策与执行的公平性、公正性和公开性，使规划能切实体现公众的利益要求。②

向可行能力的转变强调应通过政策整合、增强全能、"抗逆力"培养、行动方式创新、思想观念改变、保护脆弱性人群、创造可以增强功能的支持等途径，对贫困农民进行全面的主体性参与能力建设，以构造市民化模式的能动性主体条件，重点关注流动人口实践世界的生存策略，把握实践世界的生活轨迹和生活体验。在保障生存权利的基础上，着眼于发挥人的潜能和个人发展，通过合作型政

---

①② 刘敏：《贫困治理范式的转变——兼论其政策意义》，载于《甘肃社会科学》2009 年第 5 期。

策倡导和社会工作，给市民化群体以可行能力，帮助其通过参与式自助、参与决策、抗逆力培养、增强权能和健康人力资本培育，培育认同与控制，融入主流社会，这才是市民化社会政策的目的。

（五）投资性与资产性：从投资型国家到资产型社会政策、积极型社会福利过程

投资型社会政策与有序推进农业转移人口市民化体现为社会投资型国家及其行动战略。在国家推进农业转移人口市民化行动中，作为能动型抑或投资型国家应该定位于人力资本积累，聚焦于可行性发展能力的启动、资源可及性公平，推行资产社会政策。通过资产社会政策，将社会保障的焦点直指个人资产，投资儿童，支持家庭，围绕就业和工作提供支持，推动人们尤其是穷人拥有和积累自己的资产。资产能为个人提供资源控制、财务安全和应付大宗意外支出的能力，资产是对未来的投资，它使人们拥有把握机会的可能[1]。英国社会学家安东尼·吉登斯（Anthony Giddens）曾经倡导政府应积极介入"社会经济"，在积极的社会福利基础上，构建社会投资型国家。[2] 吉登斯（Giddens）倡导用社会投资型国家理念替代传统的福利国家概念，旨在推进积极的福利政策，强调提高人力资本投资对于国家和社会发展的意义。积极的福利政策和传统的福利政策的区别在于：从政策的实施目标来看，前者致力于增强人的自主生存能力，以人的发展为导向，而后者是维持人的生存。在政策的实施手段上，前者重在为培育人力资本、增强人的能动性和信心而投资于教育和培训，后者则是给付实物或现金。在政策作用的效果上，前者以预防为主、补偿为辅、以防为补，重在创造有助于自我发展、自我实现的条件，而后者则是救急式的事后补偿。[3][4]

经由资产型社会政策有序推进农业转移人口市民化行动是社会政策现代转型的需要。1990年华盛顿大学教授迈克尔·谢若登（Michael Sherraden）在《穷人与资产》一书中，首次提出了以资产为基础的社会政策：凡是广泛地和普遍性地促进公民和家庭（尤其是穷人）获得不动产和金融资产以增进他们的福利的方案、规则、法规法律，都属于资产社会政策。一个人缺乏资产是导致持续产生贫穷的机制——穷人的金融支持来源只有就业、家庭和政府福利，却没有资产，故而不存在资产的积累，不能产生可支持长期生活的资产为基础的福利效应。一个

---

[1] 石奎：《贫困阶层能力提升过程中社会政策如何发挥作用》，载于《河南社会科学》2010年第4期。
[2][3] 安东尼·吉登斯著，郑戈译：《第三条道路：社会民主主义的复兴》，北京大学出版社2001年出版。
[4] 刘振杰：《综合发展账户：社会保障城乡统筹发展之路》，载于《人文杂志》2011年第5期。

人的一生能否得到资产福利效应的惠顾,是穷与非穷的机制性标志。[1] 迈克尔·谢若登（Michael Sherraden）认为,资产社会政策是对收入分配政策的超越和提升。收入指款物的单向流动,而资产则是财富的多向积累。一个人贫穷的根源不是收入的缺乏,而是没有资产的持续积累。没有积累就不能增长,那么穷人要想爬出贫困陷阱也就十分困难。事实说明,具有包容性的以资产为本的政策符合科学的发展观。应该让每个人参与资产建设,让政策具有进步性,也让资产建设趋于终身制和灵活性,并能够对社会保护与经济发展努力积累充足的资产。[2] 资产社会政策的提出,在全球掀起了一场从理念到实践的社会政策革命。在有序推进农业转移人口市民化行动中,资产社会政策可以说是对传统收入分配政策的超越和提升。[3] 投资型国家的政策转向要求改变投入方式,从社会排斥不断走向社会融合,实现从物质资本范式、人力资本范式向社会资本范式转变,并实现三者的结合,构建社会支持网络[4]。同时,在现有社会政策体系中嵌入"上游干预"和风险管理理念,为子女提供平等的受教育与其他发展机会,加强人力资本投资、促进社会资本形成、积累个人和社区资产、消除经济参与障碍、创造良好经济社会发展氛围等方面均有着独特功效。基于资产型社会政策的推进,农业转移人口市民化行动路径要求应逐步实现以积极的资产建设为基础的福利政策取代消极的以收入为基础的福利政策;逐步转向发展型社会政策,建立个人或家庭资产账户,赋予资产账户多种功能,实现以个人资产账户为手段,拓展个人的社会资本支持网络,激励个人进行资产积累,让每个人参与资产建设,将个人资产账户制度与当前的社会保障制度充分衔接。[5][6]

(六) 渐进性、阶段性、协同性和抗风险性：政策转型与渐进性过程

有序推进农业转移人口市民化要求实现社会政策战略转变,即从控制战略到整合战略的转变,从碎片化、城乡分离式发展走向城乡一体化和城乡融合式发展;政策调整方向从"生存—经济"社会政策、"身份—政治"社会政策转向融合型—发展型—资产型社会政策。

---

[1] 杨团:《资产社会政策——对社会政策范式的一场革命》,载于《中国社会保障》2005 年第 3 期。
[2] 冯希莹:《社会福利政策范式新走向:实施以资产为本的社会福利政策——对谢若登的〈资产与穷人:一项新的美国福利政策〉的解读》,载于《社会学研究》2009 年第 2 期。
[3] 林闽钢、陶鹏:《中国贫困治理三十年回顾与前瞻》,载于《甘肃行政学院学报》2008 年第 6 期。
[4] 郑志龙:《社会资本与政府反贫困治理策略》,载于《中国人民大学学报》2007 年第 6 期。
[5] 刘振杰:《资产社会政策视域下的农村贫困治理》,载于《河南社会科学》2012 年第 9 期。
[6] 熊贵彬、黄晓燕:《资产社会政策在我国反贫困中的应用前景分析》,载于《思想战线》2005 年第 6 期。

有序推进农业转移人口市民化要求在市民化过程中规避风险，实现抗脆弱性。脆弱性是一个广泛、跨学科的概念，它不仅包括收入脆弱性，还包括与健康、暴力、社会排斥相关的风险。脆弱性产生于不同群体对多种来源的冲击，缺乏应对能力，这些冲击包括自然灾害以及环境因素、个人的健康与教育以及家庭因素、制度和政策等权益性因素、社会福利因素以及经济因素等。协同性强调必须加快推进劳动就业、义务教育、公共住房和社会保障的公共服务制度的协同改革。

脆弱性分析框架包括四个量度，即脆弱性人群的人力资产脆弱性、自然资产脆弱性、社会资产脆弱性、经济资产脆弱性。脆弱性分析框架具体包括：脆弱性人群——个人（老年人、儿童、妇女、残疾人）、家庭（婚姻破裂、劳动力损失、重大事故）（见图10-9）；脆弱性测量指标和脆弱性评估技术，包括个人或家庭在将来陷入贫困的可能性和风险程度；人力资产指标及测量，包括家庭整体劳动能力指标、单个成年劳动力受教育程度指标；自然资产指标及测量，包括人均拥有耕地面积指标或人均实际耕种面积指标、物质资产指标及测量、家庭住房指标；金融资产指标及测量，包括获得信贷机会；社会资产指标及测量，包括参与社区组织、资金支持的可获得性指标等；脆弱性与农户风险，农户风险主要包括：自然灾害和环境生态风险；个人风险（疾病、受伤、事故、家庭变动等）；失业或资产损失（人力资产、土地资产、物质资产、金融资产、公共物品、社会资产）风险；收入（创收活动、资产回报、资产处置、储蓄投资、转移汇款、经济机会）风险；福利（营养、健康、教育、社会排斥、能力剥夺）风险；政治风险（社会稳定、社会安全、社会管理、制度的合法性诉求）。这一框架将农户的各类资源、收入、消费以及相应的制度安排很好地纳入一个跨学科的体系之中。

市民化层面	核心议题与视域
（Ⅰ）脆弱性分析框架	1. 脆弱性人群：个人（老年人、儿童、妇女、残疾人）、家庭（婚姻破裂、劳动力损失、重大事故）。 2. 发展风险：灾害、环境生态风险；个人和家庭风险（疾病、受伤、事故和家庭变动）；事业和资产风险（资产、储蓄投资、经济机会、财产的安全性）；福利风险（健康营养、教育住房、社会保障与福利排斥、能力剥夺）；政治风险（社会稳定、社会安全等）；技术风险（技术变革）。 3. 家庭抗风险能力和机制：脆弱性与家庭风险应对能力和机制

市民化层面	核心议题与视域
（Ⅱ）风险承担网络框架	1. 正式的社会支持网络（国家、地方政府与社区支持，社会保障与福利，婚姻、生育和人口政策，医疗、健康政策，扶贫政策，环境生态治理政策，金融扶持和扶贫项目推动等）。 2. 非正式的社会支持网络（社会资本的程度、规模和效应、互惠性的社会支持网络、搀扶式的民间社会网络、非正式的民间信贷和馈赠形式、亲属关系和邻里互助网络等）。 3. 工具性支持和情感性支持社会网络。 4. 社会资本的累计和培育（社会组织参与、社会团结与整合、社会信任等）

图 10-9 脆弱性与风险承担网络视域中的社会政策议题

（七）整体性与协同创新性：社会政策的改革和调整动力

对中国有序推进农业转移人口市民化社会政策存在的问题采取多元化或整合型社会政策策略，政策的目标群体从个人扩展到个人、家庭和社区（见图10-10），其目标从物质性的社会救助走向增进全民福利、实现发展正义、提升人力资本、提升可行性能力、增权赋能、抗逆力培养、增强社会凝聚力、抗击社会排斥、实现可持续升级、增强抗击脆弱性风险的能力等。

市民化层面	核心议题与视域
（Ⅰ）行动主体维度	1. 国家：中央政府、地方政府、基层政府等。 2. 公民社会（非政府组织、社区、社会运动）。 3. 民营商业部门。 4. 国际发展机构（联合国机构、区域性组织等）
（Ⅱ）行为目标维度	1. 目标群体：个人、家庭与社区。 2. 目标：实现可持续生计、增进全民福利、提升人力资本、提升可行性能力、增权赋能促融、抗逆力培养、增强社会凝聚力、抗击社会排斥、增强抗击脆弱性风险的能力、实现发展正义与社会公平等
（Ⅲ）政策工具维度	1. 基本的社会服务：医疗卫生、教育培训、住房与就业、社会保障。 2. 可持续生计政策、包容性社会政策、资产型社会政策。 3. 发展型社会政策、国家投资型社会政策。 4. 社会整合与社会融合政策

图 10-10 有序推进市民化行动中的整体性社会政策议题

实现有序推进农业转移人口市民化行动需要经济政策与社会政策协同。经济政策体现了政策执行中的再分配话语，政策偏向于积极的劳动力市场政策和最低收入支持以及国家层面的社会救助，强调经由国家的宏观调控、经济手段和市场机制使农业转移人口摆脱生存和物质匮乏的危机。政策议题注重技术性和操作性工具的运用，强调对农业转移人口生产能力的培训和生产性资源的开发，经济政策执行主体是国家或地方政府。

社会政策体现了社会政策执行中的社会融合话语，政策偏向于工作福利、融入劳动力市场与社会、权利与义务平衡（见图10-11）。强调经由制度性安排和社会政策设计帮助农业转移人口抵御所面临生计风险，提供可持续生计支持，注重发展正义、社会公平和平等与发展权利，也包括增强社会凝聚力、抗击社会排斥、抗逆力培养和优势视角，注重国家和社会公民对待农业转移人口发展伦理正义等价值观，其社会政策对象包括的范围更广，包括具有生产能力的农业转移人口，也包括失去劳动能力的农业转移人口。社会政策执行的主体可以是国家和地方政府，也可以是非政府组织、社区、民营商业部门、企业、国际发展机构、区域性组织等。[①]

市民化层面	核心议题与视域
（Ⅰ）经济政策话语（生存维度）	1. 整合经济：再分配与可持续生计经济政策话语： （1）国家的宏观调控、经济手段、劳动力市场与市场机制。 （2）注重技术性和操作性工具使用，部门化、条块化解决生计方法；注重个人支持、经济效率、可持续增长；摆脱生存与物质匮乏，创造就业岗位/提高收入，收入标准的数量增长。 （3）注重可生产能力与生产资源开发；国家、地方干预：积极的劳动力市场政策和最低收入支持；国家社会动员与救助式发展。 （4）在经济中处于边缘地位的剩余型或补偿型的社会政策方法；自上而下、国家主导、供方驱动的社会政策模式

[①] 潘泽泉、岳敏：《城市贫困的社会建构与再生产：中国城市发展30年》，载于《学习论坛》2009年第10期。

市民化层面	核心议题与视域
（Ⅱ）融入型社会政策话语（生活质量维度）	2. 整合社会：社会融合社会政策话语： （1）注重工作福利、家庭福利、融入劳动力市场与社会、权利与义务平衡。 （2）整体性解决问题方法，注重抵御与消除生计风险，重构社会安全网。 （3）发展伦理、正义与社会公平，平等与发展的权利，体现生活质量的社会进步。 （4）增强社会凝聚力、抗击社会排斥、抗逆力培养和优势视角。 （5）市民化主体多元与协同治理，社会运动与集体行动、参与式发展。 （6）基于参与式需求确定和干预设计的需求方驱动的方法
（Ⅲ）发展型社会政策话语（发展维度）	3. 整合多元：多元融入—发展社会政策话语： （1）经济发展与社会发展结合。 （2）福利社会、包容性社会、投资型国家、能动性政府、发展型社会政策、资产型社会政策；社会质量、社会公平与发展正义。 （3）生存逻辑、权利逻辑与发展逻辑结合；赋权、增能与促融结合。 （4）个人、家庭、国家、市场、公民社会等多元主体协同治理。 （5）政治机制、经济市场机制与社会市场机制整合（经济救助、家庭与朋友非正式支持等）。 （6）国家动员（权力调节）、市场运动（自动调节）、社会保护运动（自我调节）结合

图 10-11　有序推进农业转移人口市民化的政策话语与社会政策议题

由于现实社会里农业转移人口的可持续生计的风险、排斥性和脆弱性既需要经济政策所倡导的收入增长，也需要社会政策的全面保护，因而平衡经济政策与社会政策的关系、促进两者之间的互动是现实中国推进农业转移人口市民化战略所需要的建构策略。一是构建相互协同的经济政策与社会政策。社会政策对经济政策具有投资功能，二者之间是一种相融合的关系。二是促进经济政策与社会政策在风险治理层面的互动。应该看到，面对推进农业转移人口市民化在生计风险和脆弱性加剧的转型背景下，经济政策与社会政策也应该是一种互动的关系。三是以可持续的社会发展为价值目标，改变推进农业转移人口市民化战略中社会政策在经济政策面前的附属性地位。[①]

[①]　张新文、李文军：《反贫困战略下经济政策与社会政策的关系探讨》，载于《广西民族大学学报》（哲学社会科学版）2010年第3期。

（八）时间性与周期性：基于个体的生命历程与家庭的生命周期的政策议题

个体的生命历程与家庭的生命周期的时间和空间交汇。个人生命历程和家庭生命周期强调个人的生命多元轨迹和家庭发展的阶段性特征，包括个人从出生、成长、成熟、老年到死亡的人生轨迹，个人生命轨迹和家庭生命周期关注生命不同阶段的重大个人或家庭事件，结婚、生育、劳动力流动、家庭成员的意外死亡、重大的疾病等，也关注社会变迁、突发的灾难性事件、重大的社会事件、金融危机、城市化、现代化、全球化。

个人生命历程和家庭生命周期的分析框架体现为四个效应，即社会质量效应、家庭禀赋—决策效应、家庭资本累计效应与家庭抗风险效应（见图10-12）。家庭的社会质量效应具体包括社会保障与福利系统、医疗与卫生系统、居住环境与生态环境系统；发展伦理与社会正义；社会信任与社会团结；社会安全感与文明程度。家庭禀赋—决策效应包括家庭生计决策系统；健康、教育和家庭投资行为和决策方式；消费、储蓄和交融投资行为；劳动力迁移和劳动力能力提升决策机制和决策行为。家庭资本累计效应包括教育、文化资本，政治地位和经济资本；社会网络、社会支持、社会关系和社会资本；医疗、健康与卫生；消费能力和消费水平；婚姻质量和生育水平；家庭资本、家庭人际关系和家庭氛围；心理资本、心理健康和心理弹性等。家庭抗风险效应包括经济危机、环境脆弱性与抗风险机制；健康风险与健康保障机制、疾病；死亡与劳动力死亡应对机制；失业、物价上涨与金融风险规避机制；可持续生计中断的恢复机制等；家庭结构变化与风险管理能力。

效应模型	系统	跨学科视域的话语框架和问题意识
（Ⅰ）家庭的社会质量效应	环境支持和社会保护系统	社会保障与福利系统、医疗与卫生系统、居住环境与生态环境系统；发展伦理与社会正义；社会信任与社会团结；社会安全感与文明程度
（Ⅱ）家庭禀赋—决策效应模型	家庭理性决策和行为支持系统	家庭生计决策系统；健康、教育和家庭投资行为和决策方式；消费、储蓄和交融投资行为；劳动力迁移和劳动力能力提升决策机制和决策行为

效应模型	系统	跨学科视域的话语框架和问题意识
（Ⅲ）家庭资本累积效应模型	资本累计和可持续生计系统	教育、文化资本，政治地位和经济资本；社会网络、社会支持、社会关系和社会资本；医疗、健康与卫生；消费能力和消费水平；婚姻质量和生育水平；家庭资本、家庭人际关系和家庭氛围；心理资本、心理健康和心理弹性等
（Ⅳ）家庭抗风险效应模型	个人与家庭抗风险能力系统	经济危机、环境脆弱性与抗风险机制；健康风险与健康保障机制、疾病；死亡与劳动力死亡应对机制；失业、物价上涨与金融风险规避机制；可持续生计中断的恢复机制等；家庭结构变化与风险管理能力

图 10-12 市民化过程中个人生命轨迹、家庭生命周期的社会政策议题

三、有序推进农业转移人口市民化：制度创新与社会政策工具

有序推进农业转移人口市民化的具体社会政策设计包括有序推进农业转移人口市民化的户籍制度改革与政策设计；有序推进农业转移人口市民化的社会保障与社会福利的改革与政策设计；有序推进农业转移人口市民化的住房、医疗卫生与教育的改革与政策设计；有序推进农业转移人口市民化的劳动权利与劳动安全保障政策、有序推进农业转移人口的劳动收入分配和就业政策和有序推进农业转移人口的社会管理与服务政策。具体还有在如何推动分类指导农业转移人口市民化、如何推进公共服务和公民权利均等化、如何推动公共服务和社会福利政策与户籍脱离、如何协调不同群体的利益诉求，突出重点、兼顾一般、分类分步有序推进的具体政策设计。

现有政策的缺陷和不足体现在下面几个方面，从政策价值来看，许多社会政策缺乏公平性和包容性，难以真正实现对中国农业转移人口的权利保障，中国农业转移人口的待遇在许多方面与城市居民存在较大的差距。从政策目标来看，一些政策把中国农业转移人口作为城镇化过程中的一种负担，地方政府的目标是解决当前现实问题，缺乏长远目标，并没有着力推进农业转移人口市民化。从现有社会政策的内容来看，政策规定存在模糊性、宏观性，缺乏具体可操作性建议，为地方政府的政策实施留下了很大的操作空间，基于地方发展的保护主义原则和地方财政投入的偏好，地方政府不愿意甚至会阻碍农业转移人口市民化。

（一）有序推进农业转移人口市民化的户籍制度改革

有序推进农业转移人口市民化要求以城乡户籍制度改革为前提，推动农业转移人口落户城镇，从源头上消除其市民化的障碍。加快户籍制度变革，制定适合当地发展需求的落户政策。提升市民化水平的关键并非以落户为核心的单一户籍制度改革，而应该剥离和户籍绑定的各项福利政策，完善以满足新市民需求为出发点的积分制度、居住证制度，渐进分类户籍制度改革，改善农业转移人口福利，实现公共服务均等化，劳动力市场一体化，实现城乡一体化发展和城乡融合发展。

改革户籍管理制度，需要建立城乡统一的户口管理制度。全面推行城乡统一的户籍登记制度，取消农业户与非农业户的划分，即通过城乡统一户籍制来彻底消除农业转移人口的农民身份，使其能够完全融入移入地社会。对于阶段性移居的人群，积极推行居住证制度，帮助他们办理居住证，规定其可以获取与当地居民等同的劳动就业、社会保险、子女入学、最低生活补助等基本公共服务，以增强城乡基本公共服务供给机制的接轨。事实上，强化户籍登记功能来消除城乡利益分配差异，将户籍性质与公共服务资源供给真正割裂开，才能避免城市融入、政治排斥、社会剥夺和冲突等方面的风险，进而加快该群体的市民化进程。

户籍制度改革需要分类推进，梯度转移，阶段推进。我国城乡发展不均衡，居民福利待遇差距较大，如果全面放开户籍容易出现大量贫民窟现象，因此，应当逐步放松户籍制度，促进城乡资源合理流动，放宽落户条件，让有意愿有能力的农业转移人口在城镇落户定居成为市民。同时，推进公共服务均等化，将社会福利与户籍剥离，让暂不符合落户条件或没有落户意愿又有常住需求的农业转移人口，能享有基本公共服务，包括解决农业转移人口随迁子女受教育问题，落实特别是北京等特大城市的异地高考政策；加强农业转移人口公共卫生和医疗服务，合理配置医疗卫生服务资源，提高农业转移人口接受医疗卫生服务的可及性；健全城镇企业职工基本养老保险与新型农村社会养老保险，以及城镇职工医疗保险和新农合之间的衔接政策，实现养老和医疗保险在城乡之间以及跨统筹地区之间的顺畅转移接续；以公共租赁住房为重点，扩大城镇住房保障覆盖范围，将中低收入住房困难的农业转移人口家庭纳入保障体系；逐步将住房公积金制度覆盖范围扩大到在城市有固定工作的流动人口群体，建立和完善住房公积金异地转移接续制度。

户籍制度的改革必须涉及户籍利益的根本，要将教育、医疗、社保、住房及公共服务无差别向农业转移人口开放。为解决城乡居民心理不平衡问题，切实打破城乡壁垒，使进城的农业转移人口切实享有无差别的社会保障和公共服务，可尝试将农村承包地承包权与经营权、宅基地使用权、集体资产收益权等进行合理折算，置换为与城市户籍人口同等的社会保障和公共服务，使农业转移人口真正摆脱对土地的依赖，成为市民。

（二）有序推进农业转移人口市民化的社会保障与社会福利政策

从农业转移人口社会保障现状出发，通过对农业转移人口社会保障公平性和制度设计的思考，强调其社会保障构建的必要性和探索其社会保障制度在实施中的可行性。一元社会保障在差别社会未必是公平社会保障模式的情况下，应构建以长期目标与城镇社会保障体系接轨的，以"底线保障""兜底保障""分类保障"为基础的，柔性过渡的分类分层分阶段的农业转移人口社会保障制度模式，做到精准社会保障，实现精准施策。在有序推进农业转移人口市民化的社会保障与社会福利政策改革的实践中，较高的统筹和缴费标准忽视了中国农业转移人口收入普遍较低的经验事实，加上一些政策设计不够科学，在一定程度上损害了中国农业转移人口的合法权益。

首先，要推进农业转移人口市民化，必须要实现我国城乡居民社会保障均等化，通过实现城乡福利均等化来促进其市民化。因此，在未来农业转移人口市民化建设进程中，政府首先需要改变现行的城乡分割的制度安排，剥离户籍制度的福利安排，逐步实现城乡居民社会保障均等化，同时要引入市场机制，改革财政制度，多途径解决农业转移人口市民化的成本问题。对于不同省份的福利安排，要"因地制宜"制定相关政策，从缩小公共基础设施差距入手，逐步缩小城乡居民福利差距，最终实现城乡居民社会保障均等化，促进农业转移人口市民化。[①]

其次，提高农业转移人口的社会保障覆盖率和保障待遇，政府主管部门应该严格督促用工单位为其购买各类社会保险，采取多种缴费档次的方式提高不同群体流动人口的参保积极性，提高其医疗保险的补偿待遇。[②] 事实上，不同流动人口群体在市民化程度、职业分布、就业方式、收入水平等方面的明显差异，决定了他们参保愿望和能力的差别，很难用一种制度或一个模式将所有流动人口都覆盖进来。必须视其异质性特征，遵循分层分类考虑，循序渐进扩展，预留缺口对接原则建立并完善适合中国农业转移人口特色的保障制度，通过拓展保障覆盖面，提高保障制度的利用效率。[③]

[①] 朱雅玲、李英东：《城乡福利差异对农民工市民化影响实证》，载于《西安交通大学学报》2016年第1期。

[②] 秦立建、童莹、王震：《农地收益、社会保障与农民工市民化意愿》，载于《农村经济》2017年第1期。

[③] 申晓梅：《农民工群体异质性及其分类保障探讨》，载于《财经科学》2008年第4期。

最后，在具体实施过程中，可以将举家外迁、有稳定职业、有合法生活来源和固定住所的中国农业转移人口直接纳入城市社会保障体系，将无稳定职业、流动性较强、无固定住所的中国农业转移人口建立外来人口过渡性的个人账户养老保险方式，促进农业转移人口社会保障与市民化的制度创新。在具体的社会保障标准的制定上，建立社会保障动态调整机制，建立适度区间标准，推动社会保障水平向适度区间收敛，缩小城乡社会保障差距。同一城市各行政区应实行统一的均等化的农业转移人口社会保障和福利待遇政策，避免造成农业转移人口过度集中于某个区，进而引发系列城市问题，社会保障均等化应注意行政区域的均衡发展。①

（三）有序推进农业转移人口市民化的住房保障与子女教育政策

着力解决农民进城的住房保障是推进新型城镇化的关键，通过对农民进城购房补贴、建设廉价房以及购房特别优惠等具体措施，采取差异性的住房保障政策，破解农民进城后的住房保障中的制度障碍、能力障碍、成本障碍、社会排斥等问题。房地产供给侧改革和农业转移人口市民化是一项复杂的系统工程，需要多方面制度改革的积极配合。就目前来看，推动房地产供给侧改革与农业转移人口市民化协同联动发展，需要加快推动现代住房制度、房地产税费制度以及农村产权制度等综合配套改革，完善其城镇购房的扶持机制，为协同推进房地产去库存和农业转移人口市民化提供制度保障。

第一，有序推进农业转移人口市民化的住房、医疗卫生与教育政策要求建立差异化农业转移人口住房政策。我国农业转移人口的地区分布十分不均衡，要根据区域性特点，因地施政，分类推进。分别采取园区配建型、公共租赁型、市政改造型、商业配建型和市民化型等多种方式解决其住房问题，要充分挖掘住房市场潜力，灵活选择公共租赁型方式、准市民化型住房政策等多种方式的组合逐步解决农业转移人口住房困难。②

第二，居住类型对外来人口的市民化意愿有显著影响，但影响的方向取决于居住类型所代表的生活环境以及附着于居住类型之上的相关物质利益。居住在政府廉租房中的外来人口，可以凭借当地流动人口社会管理与服务政策而获取相关的各种物质利益，其市民化意愿往往较强；居住在单位或工作场所的外来人口，由于缺乏应有的生活氛围以及与当地居民之间的必要互动，其市民化意愿较租住

---

① 葛乃旭、符宁、陈静：《特大城市农民工市民化成本测算与政策建议》，载于《经济纵横》2017年第3期。
② 吕萍、甄辉、丁富军：《差异化农民工住房政策的构建设想》，载于《经济地理》2012年第10期。

在私人住房的外来人口低；而居住在借住房、自建或自购房中的外来人口的市民化意愿增强，但社会隔离感与社会歧视感对这一影响有正向调节作用。

第三，高额的住房成本是阻碍农业转移人口市民化的重要因素。仅靠流动人口个人工资收入难以保证其市民化后的正常居住，这就需要制定具体的社会政策。具体的政策包括进一步加大资金投入，通过兴建廉租房小区、收购闲置二手房转租等措施，将农业转移人口纳入住房保障体系，扩大廉租房覆盖范围，降低其准入门槛，逐步构建起面向中国农业转移人口的廉租住房体系；可以通过建立混合型居住模式，经由居住空间规划提高积极群际接触的可能性。居住空间分异是阻碍社会交往的重要因素，必须改变同质性的居住模式，推行异质性社区规划。政府应加强对失地农民社区建设的干预，避免集中安置，鼓励失地农民自主选择居住空间。调查结果表明住房满意度对于失地农民的社会距离感有着重要的影响，所以应该完善失地农民的住房保障政策，加强安置社区的基础服务设施建设，消除其和普通市民之间的心理差距；可以通过修改相关法律文件，确保农民农村土地产权，给予农业转移人口在允许的范围实施流转，使其获得更多收益，以便个人有更多能力承担市民化成本；允许农业转移人口按标准以承包土地和宅基地折算成城市经济适用房等。通过在全社会范围内营造对外来人口更为理解和包容的社会文化环境，积极采取混合居住模式为其提供与当地居民互动的机会，不断提高其市民化意愿。[①] 通过重构住宅建设用地出让制度、健全和完善城镇住房保障制度、建立农业转移人口城镇购房扶持机制、加快推进房地产税费制度综合改革、进一步推进农村集体产权制度改革[②]等政策工具逐步有序、分层分类推进。

第四，在教育方面，经由社会政策工具，强化输入地政府属地管理责任，切实保障农业转移人口子女的教育权利。通过城乡融合的教育管理体制机制改革，提升对农民的教育培训权利，同时深化招生考试制度改革，建立包容性的农民子女的招生考试入学制度，完善城镇化中的教育成本分担机制，取消各种外来人口入学附加条件和额外经费支出，保障农业转移人口子女享受与城镇居民子女相同的教育机会和待遇。需要通过社会政策，加大对农业转移人口的教育投入，提高其城市"嵌入"的人力资本和市民化能力。农业转移人口市民化最需解决的就是子女的义务教育问题，因此，政府应为其提供基本的义务教育条件，确保其接受义务教育的平等权利。加大对农业转移人口子弟学校的财政资金投入，在保证农业转移人口学校基础设施建设的同时，应注重提高教师的工资和待遇等软件投

---

① 罗丞：《安居方能乐业：居住类型对新生代农民工市民化意愿的影响研究》，载于《西北人口》2017 年第 2 期。

② 唐晓旺：《房地产供给侧改革与农民工市民化》，载于《中州学刊》2017 年第 2 期。

入,吸引更多的教育人才以提高农业转移人口子弟学校的教学水平。需要经由社会政策工具,缩小教育资源差距,提高人力资本水平。通过促进城乡教育资源的流动,增加城市学校和农村学校交流,安排城市教师定期去农村教学;通过增加预算,完善农业转移人口技能培训体系,开设一些公益性的技能培训课程,通过引导农业转移人口利用城市图书馆,提高知识水平,完善自身素质。在具体操作层面,大力实行"以流入地政府为主、普惠性幼儿园为辅"的政策,逐步普及农业转移人口随迁子女学前三年教育;进一步落实农业转移人口随迁子女在输入地全日制公办中小学平等接受义务教育的政策,实行与城镇户籍学生混合编班,促进社会融合;落实异地高考政策,将农业转移人口随迁子女纳入就业地中等和高等职业教育招生范围,对于连续在本地就读的,应允许在本地参加中、高考。

(四)有序推进农业转移人口的劳动收入分配、就业及劳动权利保障

农业转移人口市民化进程中的就业是外来人口在城市立足之本,也是解决农业转移人口市民化后在城市生活的关键,是有序推进农业转移人口市民化的前提和基础,农业转移人口在就业岗位、工资、劳动保护和职业培训等方面与城镇职工存在差距,这会削弱其自身市民化的能力,也阻碍了其市民化进程。因此,需要积极引导农业转移人口外出就业,鼓励农业转移人口就地就近转移就业,扶持农业转移人口返乡创业,促进农业转移人口稳定就业、体面就业。要完善农业转移人口就业制度,提高其素质,扩展其就业渠道,促进其在城市的稳定就业与工资合理增长。建立和完善城乡统一平等的就业制度、一体化的劳动力就业市场和合适的社会保障体系,是加速农业转移人口城市进入与融合,推进其市民化,从根本上解决其出路问题的制度性对策。[①]

首先,经由社会政策工具,创造稳定就业机会,提高农业转移人口收入,扶持和规范服务业吸纳外来人口就业,以优化就业市场、建立完善的失业保障制度为关键,为农业转移人口市民化提供公平的生存环境。一是建立城乡一体化的劳动力就业市场,为转移人口提供公平的就业机会,杜绝将脏、险、累、薪酬低的就业岗位刻意提供给该群体,以保证城乡居民公平就业。二是不断扩大劳动力供给需求,增加外来人口的就业岗位,改善劳动力供需关系,并建立完善的薪酬供给、劳动时间、劳动保护等机制,保证转移人口的就业自主选择权和相关合法权益。三是完善劳动力失业保障制度,监督用工单位按照城镇职工的缴费比例,为该群体依法缴纳失业保险费,切实保障其失业后的基本生活需要,增加他们长期

---

① 高君:《农民工市民化进程中的就业和社会保障问题研究》,载于《社会科学辑刊》2008年第3期。

移居的意愿，从而为其市民化提供公平的生存环境。

其次，需要经由社会政策，完善培训制度，提高新生代农村流动人口的个体生存能力。提高流动人口人力资本投资，构建流动人口技能培训机制，提高流动人口就业能力，这既有利于增加农业转移人口城镇就业收入，激励农业转移人口市民化决策，也能够为产业结构转型升级提供人力资源保障。从福利因素包含的多个维度来看，对于增强农业转移人口市民化倾向而言，提升其职业培训水平比单纯增加受教育年限更为有效，满足其子女入学和政治参与的诉求也尤为重要。通过精准的职业培训帮助农业转移人口增加就业能力，抵御未来风险。在具体操作层面，政府部门成立的就业指导中心负责对农业转移人口进行测评、对其就业需求所需知识和能力进行评估，根据评估结果有针对性地在职业培训框架内选择课程对其进行培训。职业培训的框架应该涵盖不同行业不同阶段所需要的知识和能力。政府加强技能培训和职业教育，着力提升农业转移人口职业技能素质。建立健全农业转移人口自主选择、产学结合、校企结合的市场导向和政府购买服务的培训教育体制，加快实现农业转移人口培训资金省级统筹和国家统筹。以企业、技工院校和农业转移人口培训基地为主，力争每年新增转移就业的农业转移人口都能得到一次技能培训。尽快实现农村"两后生"免费接受中等职业教育。

最后，需要经由社会政策，鼓励农业转移人口在城镇创业。扩大更多就业岗位的同时，积极推进和扶持鼓励战略新兴产业和劳动密集型产业协同发展，以小城镇建设作为扩大农民就业的发展主线，实现城市市民和农业转移人口在就业促进方面的平等待遇。顺应经济社会转型，促进农业转移人口市民化进程。应与经济结构转型升级相应，加强农业转移人口职业技能培训，将普通农业转移人口转变成技工，在创造更多财富中从容处理农业转移人口市民化巨量成本难题，以减弱城市在其落户城镇过程上的利益排斥冲动。鼓励返乡就业创业和落户定居，促进省内就近市民化。结合产业布局调整和劳动力流向转移的趋势，把就近转移就业和省内市民化提到更加重要的位置，作为今后我国就业促进政策和城镇化战略的重点。一是实行城乡统一的就业登记制度，建立城乡人力资源信息库和企业用工信息库。二是以中西部基层为重点，加快构建全国城乡沟通、就业供求信息联网，网点到达县城、乡镇和城市街道、社区的劳动力市场和就业服务网络体系。三是加强对中小企业劳动用工的规范和指导，切实保障农业转移人口的劳动权益。四是加强对农业转移人口创业的政策引导、项目开发、风险评估、小额担保贷款、跟踪扶持等一条龙服务，扶持各类农业转移人口创业园的建设。[①]

---

① 张江雪、汤宇：《中国农业转移人口市民化测度研究——基于全国8城市大样本数据的调查分析》，载于《人口与经济》2017年第5期。

（五）有序推进农业转移人口的社会管理与公共服务政策

有序推进农业转移人口的社会管理与公共服务政策需要推进实现城市人口管理与公共服务均等化的政策创新。基于城市人口管理创新的视角，需要在城市人口管理方面对政策路径进行适当调整；在管理过程方面应当由静态管理向动态管理转变；在管理主体方面实行政府与社会互动式一体化管理；在管理手段上实行社会政策配套改革，特别要重视利益导向机制在人口管理中所发挥的作用。①

应该将外来人口纳入城市公共服务均等化范畴。在该政策的实施初始阶段，可以将有正式就业单位或者工作比较稳定或者在该城市务工时间较长的灵活就业外来人口，纳入公共服务均等化的范畴。② 更多的学者和地方政府官员把城郊外来人口市民化的重点放在了农民身份改变、居住地转移、非农就业，以及农民的行为与心理、文化没有相应城市化等方面的发展上，而忽视了公共服务对城郊农民市民化的影响。③

促进城镇基本公共服务常住人口全覆盖，实现城乡公共服务共享，促进农业转移人口市民身份转换。农业转移人口市民化能够促进居民消费和固定资产投资增长，提高服务业比重，优化经济结构，提升经济增长速度。流入地政府应改善公共支出结构，增加公共服务投资，更加突出以人为本，增加对农业转移人口的公共服务支出，包括对农业转移人口子女教育、社会保障和就业、公共医疗和卫生等民生支出，推进保障性住房建设，加大公共产品供给，降低公共产品的拥挤性。将农业转移人口纳入基本公共服务范围，推进内涵型人口市民化进程。城镇基本公共服务均等化是农业转移人口市民化的重要保障，是增进流入地社会融合的重要手段。④ 在具体的社会政策操作层面，根据常住人口配置公共服务资源，保障农业转移人口平等享有基本医疗卫生和计划生育服务。要合理调整基层医疗卫生机构布局，提高农业转移人口集中的基层社区医疗卫生机构服务能力，加强疾病预防控制工作力度。推广跨地区指定定点医疗机构的经验，解决农业转移人口异地看病报销难等问题。加强基层计划生育网络建设，建立国家和省级流动人口经费保障制度和财政转移支付制度，推进农业转移人口计划生育基本公共服务均等化。

---

① 郭秀云：《流动人口市民化的政策路径探析——基于城市人口管理创新视角》，载于《中州学刊》2008年第4期。
② 秦立建、童莹、王震：《农地收益、社会保障与农民工市民化意愿》，载于《农村经济》2017年第1期。
③ 吴业苗：《城郊农民市民化的困境与应对：一个公共服务视角的研究》，载于《中国农村观察》2012年第3期。
④ 张启春、冀红梅：《农业转移人口城市定居意愿实证研究与市民化推进策略——基于2015年武汉城市圈农业转移人口动态监测数据的分析》，载于《华中师范大学学报》2017年第4期。

参考文献

[1] 阿列克斯·英格尔斯、戴维·H.史密斯著，顾昕译：《从传统人到现代人——6个发展中国家中的个人变化》，中国人民大学出版社1992年版。

[2] 阿玛蒂亚·森：《以自由看待发展》，中国人民大学出版社2002年版。

[3] 白志礼：《另类思考：从转移农民到转移农户——农村人口市民化的路径探索》，载于《农业经济问题》2005年第12期。

[4] 蔡昉：《被世界关注的中国农民工——论中国特色的深度城市化》，载于《国际经济评论》2010年第2期。

[5] 蔡昉：《中国人口流动方式与途径》，社会科学文献出版社2001年版。

[6] 蔡禾：《利益受损农民工的利益抗争行为研究——基于珠三角企业的调查》，载于《社会学研究》2009年第1期。

[7] 蔡禾：《"农民工"永久迁移意愿研究》，载于《社会学研究》2007年第6期。

[8] 陈秉公、颜明权：《论建构实现农民工市民化社会公正的社会系统》，载于《中国特色社会主义研究》2008年第3期。

[9] 陈秉公、颜明权：《论实现农民工市民化的社会公正》，载于《江汉论坛》2008年第5期。

[10] 陈秉公、颜明权：《马克思主义公正观与农民工在市民化过程中社会公正的实现》，载于《政治学研究》2007年第3期。

[11] 陈昌兵：《城市化与投资率和消费率间的关系研究》，载于《经济学动态》2010年第9期。

[12] 陈丰：《从"虚城市化"到市民化：农民工城市化的现实路径》，载于《社会科学》2007年第2期。

[13] 陈丰：《当前农民工市民化的制度缺失与归位》，载于《南京师大学报》（社会科学版）2007年第1期。

[14] "城镇化进程中农村劳动力转移问题研究"课题组、张红宇：《城镇化

进程中农村劳动力转移：战略抉择和政策思路》，载于《中国农村经济》2011 年第 6 期。

[15] 程名望、史清华：《两代农民工城镇就业满意度及其影响因素比较分析——以上海 1446 份调查样本为例》，载于《社会科学战线》2013 年第 5 期。

[16] 迟福林：《走向消费主导的中国经济转型与改革战略》，载于《经济社会体制比较》2012 年第 4 期。

[17] 楚德江：《农民工市民化的现实困境与政策选择》，载于《西北师大学报》（社会科学版）2013 年第 3 期。

[18] 崔传义：《走出二元结构的重要关键在于解决好农民工问题》，载于《经济与管理研究》2009 年第 1 期。

[19] 单菁菁：《农民工市民化研究综述：回顾、评析与展望》，载于《城市发展研究》2014 年第 1 期。

[20] 道格拉斯·C. 诺思著，陈郁等译：《经济史中的结构与变迁》，上海三联书店、上海人民出版社 1994 年版。

[21] 董延芳、刘传江、胡铭：《农民工的身份定位与流向决策——基于同期群效应模型的分析》，载于《中国人口科学》2010 年第 6 期。

[22] 董延芳、刘传江、胡铭：《新生代农民工市民化与城镇化发展》，载于《人口研究》2011 年第 1 期。

[23] 段学芬、王瑞娟：《农民工的城市感知与农民工的市民化》，载于《学术界》2012 年第 11 期。

[24] 方堃、冷向明：《包容性视角下公共文化服务均等化研究》，载于《江西社会科学》2013 年第 1 期。

[25] 冯桂林、王文明、曹敏娜：《进程与导向：略论我国农民工的市民化问题》，载于《江汉论坛》2008 年第 5 期。

[26] 冯奎、程泽宇：《推进县域城镇化的思路与战略重点》，载于《经济与管理研究》2012 年第 6 期。

[27] 高君：《农民工市民化进程、特点与制度创新》，载于《税务与经济》2009 年第 1 期。

[28] 高君：《农民工市民化进程中的就业和社会保障问题研究》，载于《社会科学辑刊》2008 年第 3 期。

[29] 高君：《推进农民工社会保障与实现农民工市民化》，载于《宁夏社会科学》2008 年第 6 期。

[30] 高君：《推进我国农民工社会保障与市民化制度创新问题研究》，载于《城市发展研究》2009 年第 1 期。

[31] 高淑桃、王晓、赵晓霞：《论推进农民工市民化》，载于《山西财经大学学报》2012年第S3期。

[32] 龚长宇：《社区教育：农民工市民化的有效途径——对长沙市开展农民工教育的调查与思考》，载于《湖南师范大学社会科学学报》2007年第4期。

[33] 辜胜阻、李华、易善策：《城镇化是扩大内需实现经济可持续发展的引擎》，载于《中国人口科学》2010年第3期。

[34] 辜胜阻、易善策、郑凌云：《基于农民工特征的工业化与城镇化协调发展研究》，载于《人口研究》2006年第5期。

[35] 关利平、孟宪生：《进城农民工占城市经济人口比例与城市产业结构的相关性研究》，载于《东北师大学报》（哲学社会科学版）2013年第5期。

[36] 郭晓鸣、张克俊：《让农民带着"土地财产权"进城》，载于《农业经济问题》2013年第7期。

[37] 郭星华、胡文嵩：《闲暇生活与农民工的市民化》，载于《人口研究》2006年第5期。

[38] 郭秀云：《流动人口市民化的政策路径探析——基于城市人口管理创新视角》，载于《中州学刊》2008年第4期。

[39] 国务院发展研究中心课题组、侯云春、韩俊、蒋省三、何宇鹏、金三林：《农民工市民化进程的总体态势与战略取向》，载于《改革》2011年第5期。

[40] 国务院发展研究中心课题组、刘世锦、陈昌盛、许召元、崔小勇：《农民工市民化对扩大内需和经济增长的影响》，载于《经济研究》2010年第6期。

[41] 宏观经济研究院课题组：《"十二五"时期促进农民工市民化的总体思路》，载于《宏观经济管理》2011年第9期。

[42] 洪大用：《改革以来中国城市扶贫工作的发展历程》，载于《社会学研究》2003年第1期。

[43] 胡桂兰、邓朝晖、蒋雪清：《农民工市民化成本效益分析》，载于《农业经济问题》2013年第5期。

[44] 胡桂兰：《农民工居民化的概念、要素和主要标志》，载于《社会科学战线》2012年第6期。

[45] 胡宏伟、邓大松：《社会保障权利诉求、政府责任与制度变革——基于对武汉市进城农民的调查研究》，载于《西北师大学报》（社会科学版）2008年第5期。

[46] 胡秋阳：《农民工市民化对地方经济的影响——基于浙江CGE模型的模拟分析》，载于《管理世界》2012年第3期。

[47] 胡杨玲、周林刚：《公共图书馆利用状况及制约因素分析——基于深

圳特区农民工的问卷调查》，载于《图书馆论坛》2008 年第 3 期。

[48] 黄爱东：《"城中村"的困惑与"金包银"工程的曙光——厦门"金包银"工程的创新实践对防范"城中村"问题的启示》，载于《农业经济问题》2009 年第 10 期。

[49] 黄锟：《城乡二元制度对农民工市民化影响的实证分析》，载于《中国人口·资源与环境》2011 年第 3 期。

[50] 黄锟：《解决农民工问题的根本途径和基本条件》，载于《经济体制改革》2011 年第 5 期。

[51] 黄锟：《农民工市民化制度创新的总体思路和阶段性制度安排》，载于《国家行政学院学报》2013 年第 2 期。

[52] 黄锟：《深化户籍制度改革与农民工市民化》，载于《城市发展研究》2009 年第 2 期。

[53] 霍生平、苏学愚：《农村进城务工者身份渐变的内生型路径》，载于《北京工商大学学报》（社会科学版）2009 年第 2 期。

[54] 简新华、黄锟：《中国农民工最新情况调查报告》，载于《中国人口·资源与环境》2007 年第 6 期。

[55] 简新华、黄锟：《中国农民工最新生存状况研究——基于 765 名农民工调查数据的分析》，载于《人口研究》2007 年第 6 期。

[56] 简新华、罗钜钧、黄锟：《中国城镇化的质量问题和健康发展》，载于《当代财经》2013 年第 9 期。

[57] 简新华：《新生代农民工融入城市的障碍与对策》，载于《求是学刊》2011 年第 1 期。

[58] 简新华、张国胜：《论中国"农民非农化"与"农地非农化"的协调》，载于《求是学刊》2007 年第 6 期。

[59] 江立华：《城乡一体化背景下的农民工转型：一个新议题》，载于《社会科学研究》2009 年第 6 期。

[60] 蒋万胜、寿纪云：《新型城镇化：解决农民工城乡流动的重要途径》，载于《宏观经济管理》2013 年第 12 期。

[61] 凯蒂·加德纳、大卫·刘易斯：《人类学、发展与后现代挑战》，中国人民大学出版社 2008 年版。

[62] 李汉林：《关系强度与虚拟社区——农民工研究的一种视角》，引自李培林：《农民工：中国进城农民工的经济社会分析》，社会科学文献出版社 2003 年版。

[63] 李浩昇：《善待与接纳：对昆山市农民工市民化经验的解读》，载于

《人口研究》2008 年第 6 期。

[64] 李红梅：《马克思主义方法论考察我国农民工市民化问题》，载于《求索》2013 年第 8 期。

[65] 李明欢：《20 世纪西方国际移民理论》，载于《厦门大学学报》（哲学社会科学版）2000 年第 4 期。

[66] 李培林：《流动民工的社会网络和社会地位》，载于《社会学研究》1996 第 4 期。

[67] 李强：《关于城市农民工的情绪倾向及社会冲突问题》，载于《社会学研究》1995 年第 4 期。

[68] 李强：《论农民和农民工的主动市民化与被动市民化》，载于《河北学刊》2013 年第 4 期。

[69] 李强：《影响中国城乡流动人口的推力与拉力因素分析》，载于《中国社会科学》2003 年第 1 期。

[70] 李强：《中国大陆城市农民工的职业流动》，载于《社会学研究》1999 年第 3 期。

[71] 李晓云、杨龙波：《关于农民工社会保障问题的思考》，载于《市场与人口分析》2007 年 3 期。

[72] 李珍：《农民工城市融入问题研究综述》，载于《东南大学学报》（哲学社会科学版）2013 年第 S1 期。

[73] 李震：《改革城市管理体制，促进农民工市民化》，载于《中国人力资源开发》2013 年第 1 期。

[74] 李中建：《有效推进县域城镇化的思考》，载于《宏观经济管理》2011 年第 5 期。

[75] 林永博：《关于推进农民工市民化的几点思考》，载于《福建论坛》（人文社会科学版）2009 年第 2 期。

[76] 刘爱玉：《城市化过程中的农民工市民化问题》，载于《中国行政管理》2012 年第 1 期。

[77] 刘传江、赵颖智、董延芳：《不一致的意愿与行动：农民工群体性事件参与探悉》，载于《中国人口科学》2012 年第 2 期。

[78] 刘传江、周玲：《社会资本与农民工的城市融合》，载于《人口研究》2004 年第 5 期。

[79] 刘福垣：《清除劳动关系上的封建遗毒》，载于《中国人力资源开发》2013 年第 3 期。

[80] 刘洪银：《城镇化中农民二重分化取向及其实现机制》，载于《中州学

刊》2013 年第 12 期。

[81] 刘慧芳、冯继康：《"三农"难题视域下的农民工市民化》，载于《当代世界与社会主义》2008 年第 3 期。

[82] 刘小年：《农民工市民化与户籍改革：对广东积分入户政策的分析》，载于《农业经济问题》2011 年第 3 期。

[83] 刘玉侠：《城市化进程中农民工群体分化与相关社会公助问题研究》，载于《浙江学刊》2009 年第 3 期。

[84] 吕洁、桂莉、邵丽：《农民工养老保险模式选择及制度设计》，载于《河北大学学报》（哲学社会科学版）2011 年第 5 期。

[85] 吕萍、甄辉、丁富军：《差异化农民工住房政策的构建设想》，载于《经济地理》201 年第 10 期。

[86] 吕效华：《新生代农民工的市民化与乡土文化的传承》，载于《中国青年研究》2013 年第 11 期。

[87] 马晓河、胡拥军：《中国城镇化的若干重大问题与未来总体战略构想》，载于《农业经济问题》2010 年第 11 期。

[88] 梅建明：《实现农民工市民化是解决农民工问题的根本途径》，载于《武汉大学学报》（哲学社会科学版）2007 年第 6 期。

[89] 缪青：《从农民工到新市民：公民文化的视野和亟待开发的社会工程》，载于《马克思主义与现实》2007 年第 5 期。

[90] 《农民工的市民化途径理论研讨会在成都召开》，载于《社会科学研究》2004 年第 6 期。

[91] 秦阿琳：《从"流动政治"到"移民政治"——农民工城市融入的代际变迁》，载于《中国青年研究》2013 年第 8 期。

[92] 任丽娟：《农民工市民化的三项工程与保障措施》，载于《求索》2012 年第 5 期。

[93] 任远、乔楠：《城市流动人口社会融合的过程、测量及影响因素》，载于《人口研究》2010 年第 2 期。

[94] 申兵：《"十二五"时期农民工市民化成本测算及其分担机制构建——以跨省农民工集中流入地区宁波市为案例》，载于《城市发展研究》2012 年第 1 期。

[95] 申兵：《我国农民工市民化的内涵、难点及对策》，载于《中国软科学》2011 年第 2 期。

[96] 申晓梅：《农民工群体异质性及其分类保障探讨》，载于《财经科学》2008 年第 4 期。

[97] 沈映春、王泽强、焦婕、魏潇潇：《北京市农民工市民化水平及影响因素分析》，载于《北京社会科学》2013 年第 5 期。

[98] 盛昕：《新型城镇化发展中农民工市民化问题研究》，载于《华中师范大学学报》（人文社会科学版）2013 年第 S6 期。

[99] 石伟平、陆俊杰：《城镇化市民化进程中我国城乡统筹发展职业教育策略研究》，载于《西南大学学报》（社会科学版）2013 年第 4 期。

[100] 石忆邵：《新型城镇化建设对资金的需求及其来源分析》，载于《中国土地科学》2013 年第 12 期。

[101] 史乃新：《结构与制度视角下的农民工市民化》，载于《城市问题》2011 年第 11 期。

[102] 孙凤、王少国：《农民工消费能力研究》，载于《学习与探索》2013 年第 4 期。

[103] 孙立平：《转型与断裂：改革以来中国社会结构的变迁》，清华大学出版社 2004 年版。

[104] 谭崇台：《评中国工业化和城市化过程中的农民工问题研究》，载于《经济学动态》2009 年第 3 期。

[105] 汤敏：《中国经济"稳增长"的深层制约因素及其破解策略》，载于《甘肃社会科学》2013 年第 5 期。

[106] 唐钧：《社会政策：国际经验与国内实践》，华夏出版社 2001 年版。

[107] 田新朝、张建武：《基于双重结构的新生代农民工市民化及其影响研究：以广东省为例》，载于《人口与发展》2013 年第 1 期。

[108] 王爱华：《农民工市民化进程中的非制度障碍与制度性矫治》，载于《江西社会科学》2013 年第 1 期。

[109] 王春光：《对中国农村流动人口"半城市化"的实证分析》，载于《学习与探索》2009 年第 5 期。

[110] 王春光：《农村流动人口的"半城市化"问题研究》，载于《社会学研究》2006 年第 5 期。

[111] 王春光：《社会流动和社会重构——京城"浙江村"研究》，浙江人民出版社 1995 年版。

[112] 王春光：《中国社会政策调整与农民工城市融入》，载于《探索与争鸣》2011 年第 5 期。

[113] 王道勇：《应考虑制定农民工市民化行动纲要》，载于《理论前沿》2009 年第 16 期。

[114] 王道勇、郎彦辉：《农民市民化：传统超越与社会资本转型》，载于

《甘肃社会科学》2005年第4期。

[115] 王道勇：《质量型城镇化的基本内涵与制度创新》，载于《中国国情国力》2013年第8期。

[116] 王冬欣：《我国城镇化发展阶段性特征分析》，载于《宏观经济管理》2013年第10期。

[117] 王桂新、沈建法、刘建波：《中国城市农民工市民化研究——以上海为例》，载于《人口与发展》2008年第1期。

[118] 王琼、胡静：《农民工市民化与户籍制度改革：进程与思考》，载于《生产力研究》2013年第9期。

[119] 王忻怡：《我国农村剩余劳动力"两阶段"转移理论的研究述评及现实意义》，载于《经济体制改革》2012年第5期。

[120] 王新：《劳动力转移结构特征：基于城市化能力的解释》，载于《经济学家》2011年第7期。

[121] 王元璋、盛喜真：《农民工待遇市民化探析》，载于《人口与经济》2004年第2期。

[122] 文军：《回到"人"的城市化：城市化的战略转型与意义重建》，载于《探索与争鸣》2013年第1期。

[123] 文军：《农民市民化：从农民到市民的角色转型》，载于《华东师范大学学报》（哲学社会科学版）2004年第5期。

[124] 文军：《移民政策的回归及其分析维度的建构——一项以国际移民研究为中心的讨论》，载于《天津社会科学》2013年第2期。

[125] 吴海峰：《我国农民工问题的现状与发展趋势》，载于《毛泽东邓小平理论研究》2009年第9期。

[126] 吴来桂：《新生代农民工市民化的困境与对策》，载于《宏观经济管理》2013年第5期。

[127] 吴萨、曾红颖、赵崇生、陈成云、徐高鹏：《流动人口的基本公共服务需新的制度安排》，载于《宏观经济管理》2013年第4期。

[128] 吴业苗：《公共服务等值化建设与农民工——核心制度与推进路径》，载于《城市问题》2009年第11期。

[129] 吴业苗：《居村农民市民化：何以可能？——基于城乡一体化进路的理论与实证分析》，载于《社会科学》2010年第7期。

[130] 奚蕾：《城市化进程中农民工市民化问题——以泰州市为例》，载于《财经问题研究》2013年第S1期。

[131] 相伟：《深度城市化战略的内涵与实施保障研究》，载于《经济纵横》

2012 年第 4 期。

[132] 谢小青、冯桂林：《农民工"市民化"进程中社保险种选择的障碍与对策研究——以湖北省为例》，载于《江汉论坛》2009 年第 7 期。

[133] 徐月宾、刘凤芹、张秀兰：《中国农村反贫困政策的反思——从社会救助向社会保护转变》，载于《中国社会科学》2007 年第 3 期。

[134] 徐增阳、古琴：《农民工市民化：政府责任与公共服务创新》，载于《华南师范大学学报》（社会科学版）2010 年第 1 期。

[135] 薛晓峰：《以农民工有序进城促社会融合》，载于《求是》2012 年第 18 期。

[136] 杨刚强、孟霞、石欣、高威：《基本公共服务与农村劳动力转移的关系研究》，载于《宏观经济管理》2013 年第 8 期。

[137] 杨莉芸：《农民工市民化问题研究综述》，载于《经济纵横》2013 年第 5 期。

[138] 杨玫：《农民工市民化信息保障中的政府机制研究》，载于《图书馆》2014 年第 1 期。

[139] 杨玫：《市民化进程中的农民工信息保障体系研究》，载于《情报资料工作》2013 年第 1 期。

[140] 杨英强：《农民工市民化实证研究》，载于《经济体制改革》2011 年第 6 期。

[141] 杨伟鲁：《中国城市化进程中必须重视的几个现实问题》，载于《经济纵横》2011 年第 4 期。

[142] 叶鹏飞：《农民工的城市定居意愿研究基于七省（区）调查数据的实证分析》，载于《社会》2011 年第 2 期。

[143] 佚名：《城市化进程中农民工问题研究》，载于《江苏社会科学》2006 年第 2 期。

[144] 佚名：《资讯》，载于《城市问题》2013 年第 4 期。

[145] 于景辉：《社会公正视野下的农民工社会保障》，载于《学习与探索》2009 年第 2 期。

[146] 余新：《论城市化进程中的农民市民化教育》，载于《未来与发展》2010 年第 11 期。

[147] 郁建兴、高翔：《新农村建设中的城市政府》，载于《中国行政管理》2007 年第 12 期。

[148] 曾军：《市民化进程与城市文化传承》，载于《学术界》2007 年第 4 期。

[149] 张北平：《农业转移人口市民化的成本研究》，载于《山西财经大学学报》2013 年第 S1 期。

[150] 张国胜：《基于社会成本考虑的农民工市民化：一个转轨中发展大国的视角与政策选择》，载于《中国软科学》2009 年第 4 期。

[151] 张汉飞：《论农民工市民化的可持续发展路径》，载于《中共中央党校学报》2013 年第 6 期。

[152] 张华：《农民工市民化的制约因素与对策分析》，载于《统计与决策》2012 年第 11 期。

[153] 张弥：《社会结构变化中的人口迁移与城镇化》，载于《科学社会主义》2013 年第 3 期。

[154] 张小虎、雷兴长：《农民工市民化工程的战略价值与实施设想》，载于《科学经济社会》2011 年第 3 期。

[155] 张新民：《从出租屋看农民工市民化的困境》，载于《城市问题》2011 年第 2 期。

[156] 张秀娥：《城镇化建设与农民工市民化的关系》，载于《社会科学家》2013 年第 12 期。

[157] 张学春：《进城务工农民与城镇当地居民和谐相处影响因素的实证》，载于《城市发展研究》2013 年第 3 期。

[158] 张雪、吕斌：《农民工市民化用时差异的影响因素》，载于《城市问题》2013 年第 12 期。

[159] 赵俊臣：《天津宅基地换城镇房的重大意义》，载于《理论前沿》2009 年第 15 期。

[160] 赵立新：《社会资本与农民工市民化》，载于《社会主义研究》2006 年第 4 期。

[161] 郑白玲：《农民工城市安居：视野拓展及路径优化——与张国胜商榷》，载于《改革》2008 年第 1 期。

[162] 郑杭生：《农民市民化：当代中国社会学的重要研究主题》，载于《甘肃社会科学》2005 年第 4 期。

[163]《中国农民工战略问题研究》课题组、韩俊、汪志洪、崔传义、金三林、秦中春、李青：《中国农民工现状及其发展趋势总报告》，载于《改革》2009 年第 12 期。

[164] 周小刚、陈东有：《中国人口城市化的理论阐释与政策选择：农民工市民化》，载于《江西社会科学》2009 年第 11 期。

[165] 周晓虹：《传统与变迁：江浙农民的社会心理及其近代以来的嬗变》，

上海三联书店1998年版。

［166］周怡:《贫困研究:结构解释与文化解释的对垒》,载于《社会学研究》2002年第3期。

［167］朱杰堂:《农民工的边缘化状况及其融入城市对策》,载于《中州学刊》2010年第2期。

［168］祝军:《从生存到尊严:农民工市民化的一个维度》,载于《江汉论坛》2013年第8期。

［169］邹农俭:《农民工如何市民化》,载于《江苏社会科学》2013年第2期。

［170］Alba, Richard D. and Victor Nee. Rethinking Assimilation Theory for a New Era of Immigration ［J］. *International Migration Review*, 1997, 31 (4): 826 – 874.

［171］Alcock P., Erskine A., May M. *Social Policy* ［M］. Oxford: Blacwells (the reading room of CCRIT), 2003.

［172］Anthias F. The Concept of "Social Divisions" and Theorizing Social Stratification: Looking at Ethnicity and Class ［J］. *Sociology*, 2001, 35 (4).

［173］Axinn J., Stern M. J. *Social Welfare: A History of American Response to Need* ［M］. NY: Allyn & Bacon, 2008.

［174］Baldock J., Manning N., Vickerstaff S. *Social Policy* ［M］. Oxford: Oxford University Press (the faculty library), 2003.

［175］Barry A., Osborne T. and Rose N. (eds). *Foucault and Political Reason: Liberalism, Neo – liberalism and Rationalities of Government* ［M］. London: University College of London Press, 1996.

［176］Barusch, Amanda S. *Foundations of Social Policy: Social Justice in Human Perspective* ［M］. 3rd Edition. Belmont, CA: Wadsworth/Thomson Learning, 2009.

［177］Becker, Gary S. *The Economics of Discrimination* ［M］. Chicago: University of Chicago Press, 1957.

［178］Beggs, John J., Wayne J., Villemez, and Ruth Arnold. Black Population Concentration and Black – White Inequality: Expanding the Consideration of Place and Space Effects ［J］. *Social Forces*, 1997, 76 (1): 65 – 91.

［179］Berhardt, Annette, Martina Morris, and Mark Handcock. Women's Gains or Men's Losses? A Closer Look at the Shrinking Gap in Earnings ［J］. *American Journal of Sociology*, 1995, (10): 302 – 328.

[180] Blau J., Abramowitz M. *The Dynamics of Social Welfare Policy* [M]. Oxford: Oxford University Press, 2003.

[181] Borjas, George. The Economics of Immigration [J]. *Journal of Economic Literature*, 1994, 32 (4): 1667 – 1717.

[182] Bound, John and Harry J. Holzer. Industrial Shifts, Skills Level, and the Labor Market for White and Black Males [J]. *The Review of Economics and Statistics*, 1993, 75 (3): 387 – 396.

[183] Brauw, Allan., Jikun. Huang, Scott Rozelle, Linxiu Zhang and Yigang Zhang. China's Rural Labor Markets [J]. *The China Business Review*, 2002 (3): 2 – 8.

[184] Browne, Irene. Explaining the Black – White Gap in Labor Force Participation among Women Heading Households [J]. *American Sociological Review*, 1997 (2).

[185] Cancio, A. Silvia, T. David Evans, and David J. Maume Jr. Reconsidering the Declining Significance of Race: Racial Differences in Early Career Wages [J]. *American Sociological Review*, 1996, 61 (4): 541 – 556.

[186] Census Bureau of Unite State. How the Census Bureau Measures Poverty (*official Measure*) [EB/OL]. http://www.census.gov/hhes/www/poverty/povdef.html.

[187] Charles, Camille Zubrinsky. The Dynamics of Racial Residential Segregation [J]. *Annual Review of Sociology*, 2003, 29: 167 – 207.

[188] Coker, Donna. *Shifting Power for Battered Women: Law, Material Resources, and Poor Women of Color. Domestic Violence at the Margins: Readings on Race, Class, Gender, and Culture* [M]. Ed by Natalie J. Sokoloff (with Christina Pratt). New Jersey: Rutgers University Press, 2005.

[189] Conley, Dalton and Neil G. Bennett. Is Biology Destiny? Birthweight and Life Chances [J]. *American Sociological Review*, 2000, 65 (3): 458 – 467.

[190] Cotter, David A., Joan M. Hermsen, and Reeve Vanneman. Systems of Gender, Race, and Class Inequality: Multilevel Analyses [J]. *Social Forces*, 1999, 78 (2): 433 – 460.

[191] Crump, Jeff. *Deconcentration by Demolition: Public Housing, Poverty, and Urban Policy* [J]. *Environment & Planning D: Society & Space*, 2002, 20 (5): 581 – 596.

[192] Danziger S. Fighting poverty revisited: What did researchers know 40 years ago? What do we know today? [J]. *Focus*, 2007, 25 (1): 3 – 11.

[193] DiNitto D. *Social Welfare: Politics and Public Policy* [M]. Boston, MA: Allyn and Bacon, 2005.

[194] Duncan, Greg J., Jean W. Yeung, and Jeanne Brooks-Gunn. How Much Does Childhood Poverty Affect the Life Chances of Children? [J]. *American Sociological Review*, 1998.

[195] Duncan, Otis Dudley. Inheritance of Poverty or Inheritance of Race [A]// Daniel Patric Moynihan. *On Understanding Poverty* [C]. New York: Basic Books, 1968: 82–110.

[196] Edin, Kathy and Laura Lein. Work, Welfare, and Single Mothers' Economic Survival Strategies [J]. *American Sociological Review*, 1996.

[197] Esping-Andersen G. *The Three World of Welfare Capitalism* [M]. Cambridge: Polity Press (the reading room of CCRIT), 1990.

[198] Fernandez, Roberto M. and Celina Su. Space in the Study of Labor Markets [J]. *Annual Review of Sociology*, 2004, 30 (1): 545–569.

[199] Ferrera M., Matsagaris M., Sacchi S. Open Coordination agiants poverty. The new EU social inclusion process [J]. *Journal of European Social Policy*, 2002, 12 (3): 227–239.

[200] Frey, William. Immigration, Domestic Migration, and Demographic Balkanization in America: New Evidence for the 1990s [J]. *Population and Development Review*, 1996, 22.

[201] Friedberg, R. M. You Can't Take It With You? Immigrant Assimilation and the Portability of Human Capital [J]. *Journal of Labor Economics*, 2000, 18: 221–251.

[202] Gallie D., Kostova D., Kuchar P. Social Consequences of Unemployment: An East-West comparison [J]. *Journal of European Social Policy*, 2002, 11 (1).

[203] Ganland D. *Punishment and Modern Society: A Study in Social Theory* [M]. Oxford: Clarendon Press, 1990.

[204] Gill, David G. *Confronting Injustice and Oppression* [M]. New York: Columbia University Press, 1998.

[205] Gill, David. Injustice and Oppression: Origins, evolution, dynamics, and Consequences [A]// *Confronting Injustice and Oppression: Concepts and Strategies for Social Workers* [C]. NY: Columbia University Press, 1998.

[206] Hann C. *Postsocialism* [M]. London: Routledge (the reading room of

CCRIT), 2003.

[207] Howard Glennerster. United States Poverty Studies and Poverty Measurement: The Past Twenty-five Years [J]. *Social Service Review*, 2002, 76 (1): 83 - 107.

[208] Huang, Jikun, Ninghui Li, and Scott Rozelle. Trade Reform, Household Effects and Poverty in Rural China [J]. *American Journal of Agricultural Economics*, 2003, 85 (5): 1292 - 1298.

[209] Hummer, Robert A. Racial Differentials in Infant Mortality in the U. S.: An xamination of Social and Health Determinants [J]. *Social Forces*, 1993.

[210] Heckman J. J., Krueger A. B.. *Inequality in America: What Role for Human Capital Policies?* [M]. Cambridge: MIT Press, 2003.

[211] Johnson H. and Broder D. S. *The Dance of Legislation* [M]. 1996.

[212] Keister, Lisa A., Stephanie Moller. Wealth Inequality in the United States [J]. *Annual Review of Sociology*, 2000, 26 (1): 63 - 81.

[213] Kingdon J. W. *Agendas, Alternatives, and Public Policies* [M]. London: Longman, 1995.

[214] Kingson E. R., Williamson, J. B. The generational equity debate: A progressive framing of a conservative issue [J]. *Journal of Aging & Social Policy*, 1993: 5 (3): 31.

[215] Kirschenman Joleen, Kathryn M. Neckerman. *We'd Love to Hire Them, But…. The Meaning of Race for Employers* [J]. *Social Problems*, 1991, 38.

[216] Krivo and Kaufman. How Low Can It Go? Declining Black - White Segregation in a Multiethnic Context [J]. *Demography*, 1999, 36 (1).

[217] Kumar A. G. Falling Agricultural Investment and Its Consequences [J]. *Econimic and Political Weekly*, 1992, 17 (10): 2307 - 2313.

[218] Lardy Nicholas. *Agricultural in China's Modern Economic Development* [M]. Cambridge: Cambridge University Press, 1988.

[219] Lauer, Robert H., and Jeanette C. Lauer. *Social Problems and the Quality of Life* [M]. New York: McGraw - Hill, 2008.

[220] Lee Barrett A., R. S. Oropesa, and James W. Kanan. Neighborhood Context and Residential Mobility [J]. *Demography*, 1994, 31: 249 - 270.

[221] Lee Jennifer, Frank D. Bean. America's Changing Color Lines: Immigration, Race/Ethnicity, and Multiracial Identification [J]. *Annual Review of Sociology*, 2004, 30.

［222］Levy, Frank. Incomes and Income Inequality. in *State of the Union: America in 1990s* [M]. New York: Russell Sage Foundation, 1995.

［223］Lieberson, Stanley. *A Piece of the Pie: Blacks and White Immigrants Since 1880* [M]. Berkeley: University of California Press, 1980.

［224］Lister R. *Poverty* [M]. Cambridge: Polity Press (selections), 2006.

［225］Massey, Douglas S. and Kristin E. Espinosa. What's Driving Mexico – U. S. Migration? A Theoretical, Empirical, and Policy Analysis [J]. *American Journal of Sociology*, 1997, 102: 939 – 99.

［226］Massey, Douglas S. *Categorically Unequal: The American Stratification System* [M]. NY: Russell Sage Foundation, 2007.

［227］Massey, Douglas S., Joaquin Arango, Graeme Hugo, Ali Kouaouci, Adela Pellegrino, and J. Edward Taylor. Theories of International Migration: A Review and Appraisal [J]. *Population and Development Review*, 1993, 19 (3).

［228］Michael Harrington, "The Invisible Land" in *The Other America: Poverty in the United States* [M]. London Penguin Books, 1962.

［229］Moody H. R. *Aging: Concepts and controversies* [M]. 1998.

［230］Morris, Martina and Bruce Western. Inequality in Earnings at the Close of the Twentieth Century [J]. *Annual Review of Sociology*, 1999, 25: 623 – 657.

［231］National Research Council. *Measuring Poverty: A New Approach* [M]. Washington, D. C. : National Academy of Sciences, 1995.

［232］Ng Wing-faiII. *Poverty Alleviation in the Ningxia Hui Autonomous Region, China, 1983—1992* [M]. Hong Kong: The Chinese University of Hong Kong, 2000.

［233］Paquin, Gary. The Federal Budget Process: Necessary Knowledge for Social Policy Education and Practice [J]. *Journal of Social Work Education*, 1998.

［234］Park A., Loren Brandt, and John Giles. Giving Creditis Due: the Changing Role of Rural Financial Institutions in China [R]. Davidson Institute Working Paper University of Michigan, 1997.

［235］Patricia Ruggles. Choices in Poverty Measure. *In Drawing the Line: Alternative poverty measures and their implications for public policy* [M]. Washington, D. C. : Urban Institute, 1990.

［236］Patricia Ruggles. Why measure poverty? [A]//*Drawing the Line: Alternative poverty measures and their implications for public policy* [C]. Washington, D. C. : Urban Institute.

［237］Pena – Casas R. *Minimum income standards in enlarged EU: Guaranteed*

Minimum Income Schemes [M]. Brussels: Observatoire Social Europeén, 2005.

［238］Pierson C. *Beyond the Welfare State* [M]. Cambridge: Polity Press, 1991.

［239］Pimpare, Stephen. *A People's History of Poverty in America* [M]. NY: The New Press, 2008.

［240］Popple P., L. Leighninger. *Policy - Based Profession: An Introduction to Social Welfare Policy for Social Workers* [M]. Boston: Allyn & Bacon, 2004.

［241］Portes, Alejandro and Ruben Rumbaut. *Legacies: the story of the immigrant second generation* [M]. Berkeley: University of California Press, 2001.

［242］Rogers, Richard G., Robert A. Hummer, Charles B. Nam, and Kimberley Peters. Demographic, Socioeconomic, and Behavioral Factors Affecting Ethnic Mortality by Cause [J]. *Social Forces*, 1996, 74 (4): 1419 - 1438.

［243］Rskin, Mehta, Zhong et al. *Rural Poverty Alleviation in China: An Assessment and Recommendation* [R]. Report prepared for UNDP, 1996.

［244］Ryan, William. *Blaming the Victim* [M]. New York: Vintage Books, 1976.

［245］Sedgwick, Eve K. *How to Bring Your Kids Up Gay: The War on Effeminate Boys in Tendencies* [M]. Durham, NC: Duke Univ. Press, 1993.

［246］Sen Amartya. *Commodities and capacities* [M]. Amsterdam: North Holland, 1985.

［247］Sen A. Social Exclusion: Concept, Application and Scrutiny [J]. *Social Development*, 2000.

［248］Smeeding, Timothy, Lee Rainwater, and Gary Burtless. *United States Poverty in Cross National Context* [M]. Boulder, CO: Westview Press, 2007.

［249］Smith, Brenda V. Battering, Forgiveness, and Redemption: Alternative Models for Addressing Domestic Violence in Communities of Color [A]//*Domestic Violence at the Margins: Readings on Race, Class, Gender, and Culture* [C]. New Jersey: Rutgers University Press, 2005.

［250］Steckenrider J. S., Parrot T. M. *New directions in old age policies* [M]. 1998.

［251］Strait, John B. Poverty Concentration in the Prismatic Metropolis: The Impact of Compositional and Redistributive Forces within Los Angeles, California, 1990 - 2000 [J]. *Journal of Urban Affairs*, 2006.

［252］Torres - Gil F. *The new aging: Politics and change in America* [M].

1992.

［253］Tsai, Ming – Chang. Economic and Non-Economic Determinants of Poverty in Developing Countries: Competing Theories and Empirical Evidence ［J］. *Revue Canadienne d'Etudes du Developpement (Canadian Journal of Development Studies)*, 2006.

［254］Waters, Mary C. and Karl Eschbach. Immigration and Ethnic and Racial Inequality in the United States ［J］. *Annual Review of Sociology*, 1995 (21): 419 – 46.

［255］Wilson, William Julius. *Social Change and Social Dislocations in the Inner City*. Chapter 2 in *The Truly Disadvantaged: The Inner City, the Underclass, and Public Policy* ［M］. Chicago: University of Chicago Press, 1987.

［256］Wilson, William Julius. *The Declining Significance of Race: Black and Changing American Institutions* ［M］. Chicago: University of Chicago Press, 1978.

［257］Wilson, William J. *When Work Disappears: The World of the New Urban Poor* ［M］. New York: Vintage Books, 1997.

［258］Word Bank. *Attacking Poverty* ［M］. Cambridge: Oxford University Press, 2001.

［259］Word Bank. *China: Strategy for Reducing Poverty in the 1990s* ［M］. Washington, DC: World Bank, 1992.

［260］Word Bank. Global Economic Prospects 2002: Making Trade Work for the World's Poor ［R］. Washington, D. C. : World Bank, 2001.

［261］World Bank. Romania: Poverty Assessment Report ［R］. Washington: The World Bank, 2007.

［262］World Bank. *Romania: Raport de evaluare a saraciei (Romania: Poverty Assessment Report)* ［R］. Washington: The World Bank, 2007.

［263］Zhou, Min. Segmented Assimilation: Issues, Controversies, and Recent Research on the New Second Generation ［J］. *International Migration Review*, 1997, 31 (4).

［264］Zlotnik, Hania. International Migration 1965 – 1996: An Overview ［J］. *Population and Development Review*, 1998, 24 (3).

后 记

　　党的十八大报告指出,要"加快改革户籍制度,有序推进农业转移人口市民化,让广大农民平等参与现代化进程、共同分享现代化成果",2013年12月12日至13日,中央城镇化工作会议在北京举行,习近平指出:"推进城镇化的首要任务是促进有能力在城镇稳定就业和生活的常住人口有序实现市民化。"[①] 2014年的第十二届全国人民代表大会再次明确提出,"要有序推进农业转移人口市民化,推动户籍制度改革,实行不同规模城市差别化落户政策,把有能力、有意愿并长期在城镇务工经商的农民工及其家属逐步转为城镇居民",2017年10月,党的十九大报告进一步提出"加快农业转移人口市民化",对市民化发展提出了新的更高要求,这标志着有序推进中国农业转移人口市民化成为新时期国家重大发展战略。

　　建立中国的现代学术话语及其范式转型,需要连接经验与理论,诉诸"过程"与"结构",契合现代性过程中的"个人"与"社会",既要摆脱那种无视经验证据的偏激理论取向,也要摆脱那种无视理论的低层次的经验取向。理论争辩的焦点和有待研究的问题在于:经由社会转型的历史语境、时代兴趣和经验性差异,经由现代性问题、知识反应及其处方,经由现代化、人口城镇化与农业转移人口市民化的国家战略、政策工具与行动纲要,基于发展经济学、发展社会学、发展人类学、发展政治学、发展生态学、发展伦理学、城市规划学等多学科的方法、旨趣与范式,把现代性作为一种方法论工具和建构理论的方向,基于"现代性""新发展观""可持续生计""脆弱性风险""融合式发展""包容性发展""发展型社会政策""社区发展、社会组织与社会工作"等维度,基于"市民化连续统"和"跨学科视域",基于时间结构效应、空间结构效应和群体结构效应等作用机制,聚焦新的问题意识,重新思考转型期中国农业转移人口市民化的话语实践、问题向度和方法意识,反思当代中国农业转型人口市民化新的问题视域及其实践形态,再现转型期中国农业转型人口市民化行动中的历史叙事、话

---

① 《中央城镇化工作会议报告》,2013年12月12日。

语实践和行动研究，对于实现转型期中国农业转型人口市民化研究的理论范式重建、政策工具创新和市民化路径实现，具有重要的理论价值和现实意义。

中国农业转移人口市民化不仅仅是社会弱势群体共享社会发展成果的经济叙事和政治修辞，更是一种道德承诺、社会关怀与伦理正义的话语实践，一种新的政治文化身份重建，体现了客观性与社会建构的逻辑、现代性与大众民主逻辑、制度合法化语境下的文化身份认同与建构逻辑、城市公共空间道德基础建构的逻辑。中国农业转移人口市民化既是一个经济与政治现代性适应的过程，也是一个文化、心理身份认同与社会包容的现代性适应过程。需要关注弱势群体存在的价值、意义和增权的过程，关注"被压迫者"的知识、被边缘化的声音和可能的问题，关注个人困扰与社会结构的公众议题，改变底层视角的单向度历史叙事视角，多向度、动态关注底层社会的生态、处境、生命质量和经验，倾听底层声音，摆脱那种被宰制的传统意义上的知识和理性叙事的生硬的纠缠，在理性的进路中，基于过程性知识、反思性、反身性和批判性思考，以"否思社会科学"的知识场域来批判"理性自负"，同时将自己燃烧的激情和思想融汇进去，听任冥冥之中那感性力量的挣扎和召唤，以贴近他者的灵魂，与他者对话。

秉承学术共同体的使命和信仰，以认同中国问题为核心，基于中国文化的本土契合性，连接学术史的田野生命，我带领我的学术研究团队，以敏锐洞察力、系统思考力和扎根方法，深入田野，获得了中国农业转移人口市民化发展的大量的第一手资料，这部著作正是基于翔实文献和学术史梳理、扎根田野调查、个案拓展和规范问卷调查及数据统计分析基础上完成的。

本著作是基于教育部哲学社会科学研究重大课题攻关项目"有序推进农业转移人口市民化的理论与政策研究"（项目编号：14JZD015）研究成果的基础上修改而成的，该成果在充分理论思考、反复经验观察、长期田野调查、严谨的理论思考的基础上形成，课题成果汇集了课题组丰富成熟的阶段性成果、扎根田野的翔实的调查资料、基于乌托邦现实主义的关于人类生存、社会结构与价值启蒙的反思性知识。

要特别感谢教育部哲学社会科学研究重大课题攻关项目的经费支持，感谢所有的评审专家以及各相关部门的支持，感谢子课题负责人李斌教授、陈成文教授、许源源教授、甘满堂教授的合作和指导，同时，要感谢课题组成员也是我的学生杨金月、李挺、邹大宽、何倩、刘丽娟、欧阳小鹍、曾木、任杰、李亭雨、谭韵、蒋彦鹏、聂君宇、刘宁宁、王明珠、黄雪华等，他们的敬业精神和合作意识令我感动，尤其感谢他们在文献梳理、问卷设计、入户调查、数据录入、数据分析方面和部分文字撰写方面做了大量而细致的工作。感谢所有为本专著付出劳动和心血的人。

还要感谢经济科学出版社的领导和本书的责任编辑，是他们的辛勤劳动、细致严谨的工作使拙著得以面世。

教育部哲学社会科学研究重大课题攻关项目成果出版列表

序号	书　名	首席专家
1	《马克思主义基础理论若干重大问题研究》	陈先达
2	《马克思主义理论学科体系建构与建设研究》	张雷声
3	《马克思主义整体性研究》	逄锦聚
4	《改革开放以来马克思主义在中国的发展》	顾钰民
5	《新时期　新探索　新征程——当代资本主义国家共产党的理论与实践研究》	聂运麟
6	《坚持马克思主义在意识形态领域指导地位研究》	陈先达
7	《当代资本主义新变化的批判性解读》	唐正东
8	《当代中国人精神生活研究》	童世骏
9	《弘扬与培育民族精神研究》	杨叔子
10	《当代科学哲学的发展趋势》	郭贵春
11	《服务型政府建设规律研究》	朱光磊
12	《地方政府改革与深化行政管理体制改革研究》	沈荣华
13	《面向知识表示与推理的自然语言逻辑》	鞠实儿
14	《当代宗教冲突与对话研究》	张志刚
15	《马克思主义文艺理论中国化研究》	朱立元
16	《历史题材文学创作重大问题研究》	童庆炳
17	《现代中西高校公共艺术教育比较研究》	曾繁仁
18	《西方文论中国化与中国文论建设》	王一川
19	《中华民族音乐文化的国际传播与推广》	王耀华
20	《楚地出土戰國簡册〔十四種〕》	陈　伟
21	《近代中国的知识与制度转型》	桑　兵
22	《中国抗战在世界反法西斯战争中的历史地位》	胡德坤
23	《近代以来日本对华认识及其行动选择研究》	杨栋梁
24	《京津冀都市圈的崛起与中国经济发展》	周立群
25	《金融市场全球化下的中国监管体系研究》	曹凤岐
26	《中国市场经济发展研究》	刘　伟
27	《全球经济调整中的中国经济增长与宏观调控体系研究》	黄　达
28	《中国特大都市圈与世界制造业中心研究》	李廉水

序号	书名	首席专家
29	《中国产业竞争力研究》	赵彦云
30	《东北老工业基地资源型城市发展可持续产业问题研究》	宋冬林
31	《转型时期消费需求升级与产业发展研究》	臧旭恒
32	《中国金融国际化中的风险防范与金融安全研究》	刘锡良
33	《全球新型金融危机与中国的外汇储备战略》	陈雨露
34	《全球金融危机与新常态下的中国产业发展》	段文斌
35	《中国民营经济制度创新与发展》	李维安
36	《中国现代服务经济理论与发展战略研究》	陈 宪
37	《中国转型期的社会风险及公共危机管理研究》	丁烈云
38	《人文社会科学研究成果评价体系研究》	刘大椿
39	《中国工业化、城镇化进程中的农村土地问题研究》	曲福田
40	《中国农村社区建设研究》	项继权
41	《东北老工业基地改造与振兴研究》	程 伟
42	《全面建设小康社会进程中的我国就业发展战略研究》	曾湘泉
43	《自主创新战略与国际竞争力研究》	吴贵生
44	《转轨经济中的反行政性垄断与促进竞争政策研究》	于良春
45	《面向公共服务的电子政务管理体系研究》	孙宝文
46	《产权理论比较与中国产权制度变革》	黄少安
47	《中国企业集团成长与重组研究》	蓝海林
48	《我国资源、环境、人口与经济承载能力研究》	邱 东
49	《"病有所医"——目标、路径与战略选择》	高建民
50	《税收对国民收入分配调控作用研究》	郭庆旺
51	《多党合作与中国共产党执政能力建设研究》	周淑真
52	《规范收入分配秩序研究》	杨灿明
53	《中国社会转型中的政府治理模式研究》	娄成武
54	《中国加入区域经济一体化研究》	黄卫平
55	《金融体制改革和货币问题研究》	王广谦
56	《人民币均衡汇率问题研究》	姜波克
57	《我国土地制度与社会经济协调发展研究》	黄祖辉
58	《南水北调工程与中部地区经济社会可持续发展研究》	杨云彦
59	《产业集聚与区域经济协调发展研究》	王 珺

序号	书　名	首席专家
60	《我国货币政策体系与传导机制研究》	刘　伟
61	《我国民法典体系问题研究》	王利明
62	《中国司法制度的基础理论问题研究》	陈光中
63	《多元化纠纷解决机制与和谐社会的构建》	范　愉
64	《中国和平发展的重大前沿国际法律问题研究》	曾令良
65	《中国法制现代化的理论与实践》	徐显明
66	《农村土地问题立法研究》	陈小君
67	《知识产权制度变革与发展研究》	吴汉东
68	《中国能源安全若干法律与政策问题研究》	黄　进
69	《城乡统筹视角下我国城乡双向商贸流通体系研究》	任保平
70	《产权强度、土地流转与农民权益保护》	罗必良
71	《我国建设用地总量控制与差别化管理政策研究》	欧名豪
72	《矿产资源有偿使用制度与生态补偿机制》	李国平
73	《巨灾风险管理制度创新研究》	卓　志
74	《国有资产法律保护机制研究》	李曙光
75	《中国与全球油气资源重点区域合作研究》	王　震
76	《可持续发展的中国新型农村社会养老保险制度研究》	邓大松
77	《农民工权益保护理论与实践研究》	刘林平
78	《大学生就业创业教育研究》	杨晓慧
79	《新能源与可再生能源法律与政策研究》	李艳芳
80	《中国海外投资的风险防范与管控体系研究》	陈菲琼
81	《生活质量的指标构建与现状评价》	周长城
82	《中国公民人文素质研究》	石亚军
83	《城市化进程中的重大社会问题及其对策研究》	李　强
84	《中国农村与农民问题前沿研究》	徐　勇
85	《西部开发中的人口流动与族际交往研究》	马　戎
86	《现代农业发展战略研究》	周应恒
87	《综合交通运输体系研究——认知与建构》	荣朝和
88	《中国独生子女问题研究》	风笑天
89	《我国粮食安全保障体系研究》	胡小平
90	《我国食品安全风险防控研究》	王　硕

序号	书　名	首席专家
91	《城市新移民问题及其对策研究》	周大鸣
92	《新农村建设与城镇化推进中农村教育布局调整研究》	史宁中
93	《农村公共产品供给与农村和谐社会建设》	王国华
94	《中国大城市户籍制度改革研究》	彭希哲
95	《国家惠农政策的成效评价与完善研究》	邓大才
96	《以民主促进和谐——和谐社会构建中的基层民主政治建设研究》	徐　勇
97	《城市文化与国家治理——当代中国城市建设理论内涵与发展模式建构》	皇甫晓涛
98	《中国边疆治理研究》	周　平
99	《边疆多民族地区构建社会主义和谐社会研究》	张先亮
100	《新疆民族文化、民族心理与社会长治久安》	高静文
101	《中国大众媒介的传播效果与公信力研究》	喻国明
102	《媒介素养：理念、认知、参与》	陆　晔
103	《创新型国家的知识信息服务体系研究》	胡昌平
104	《数字信息资源规划、管理与利用研究》	马费成
105	《新闻传媒发展与建构和谐社会关系研究》	罗以澄
106	《数字传播技术与媒体产业发展研究》	黄升民
107	《互联网等新媒体对社会舆论影响与利用研究》	谢新洲
108	《网络舆论监测与安全研究》	黄永林
109	《中国文化产业发展战略论》	胡惠林
110	《20世纪中国古代文化经典在域外的传播与影响研究》	张西平
111	《国际传播的理论、现状和发展趋势研究》	吴　飞
112	《教育投入、资源配置与人力资本收益》	闵维方
113	《创新人才与教育创新研究》	林崇德
114	《中国农村教育发展指标体系研究》	袁桂林
115	《高校思想政治理论课程建设研究》	顾海良
116	《网络思想政治教育研究》	张再兴
117	《高校招生考试制度改革研究》	刘海峰
118	《基础教育改革与中国教育学理论重建研究》	叶　澜
119	《我国研究生教育结构调整问题研究》	袁本涛 王传毅
120	《公共财政框架下公共教育财政制度研究》	王善迈

序号	书　名	首席专家
121	《农民工子女问题研究》	袁振国
122	《当代大学生诚信制度建设及加强大学生思想政治工作研究》	黄蓉生
123	《从失衡走向平衡：素质教育课程评价体系研究》	钟启泉 崔允漷
124	《构建城乡一体化的教育体制机制研究》	李　玲
125	《高校思想政治理论课教育教学质量监测体系研究》	张耀灿
126	《处境不利儿童的心理发展现状与教育对策研究》	申继亮
127	《学习过程与机制研究》	莫　雷
128	《青少年心理健康素质调查研究》	沈德立
129	《灾后中小学生心理疏导研究》	林崇德
130	《民族地区教育优先发展研究》	张诗亚
131	《WTO主要成员贸易政策体系与对策研究》	张汉林
132	《中国和平发展的国际环境分析》	叶自成
133	《冷战时期美国重大外交政策案例研究》	沈志华
134	《新时期中非合作关系研究》	刘鸿武
135	《我国的地缘政治及其战略研究》	倪世雄
136	《中国海洋发展战略研究》	徐祥民
137	《深化医药卫生体制改革研究》	孟庆跃
138	《华侨华人在中国软实力建设中的作用研究》	黄　平
139	《我国地方法制建设理论与实践研究》	葛洪义
140	《城市化理论重构与城市化战略研究》	张鸿雁
141	《境外宗教渗透论》	段德智
142	《中部崛起过程中的新型工业化研究》	陈晓红
143	《农村社会保障制度研究》	赵　曼
144	《中国艺术学学科体系建设研究》	黄会林
145	《人工耳蜗术后儿童康复教育的原理与方法》	黄昭鸣
146	《我国少数民族音乐资源的保护与开发研究》	樊祖荫
147	《中国道德文化的传统理念与现代践行研究》	李建华
148	《低碳经济转型下的中国排放权交易体系》	齐绍洲
149	《中国东北亚战略与政策研究》	刘清才
150	《促进经济发展方式转变的地方财税体制改革研究》	钟晓敏
151	《中国—东盟区域经济一体化》	范祚军

序号	书　名	首席专家
152	《非传统安全合作与中俄关系》	冯绍雷
153	《外资并购与我国产业安全研究》	李善民
154	《近代汉字术语的生成演变与中西日文化互动研究》	冯天瑜
155	《新时期加强社会组织建设研究》	李友梅
156	《民办学校分类管理政策研究》	周海涛
157	《我国城市住房制度改革研究》	高　波
158	《新媒体环境下的危机传播及舆论引导研究》	喻国明
159	《法治国家建设中的司法判例制度研究》	何家弘
160	《中国女性高层次人才发展规律及发展对策研究》	佟　新
161	《国际金融中心法制环境研究》	周仲飞
162	《居民收入占国民收入比重统计指标体系研究》	刘　扬
163	《中国历代边疆治理研究》	程妮娜
164	《性别视角下的中国文学与文化》	乔以钢
165	《我国公共财政风险评估及其防范对策研究》	吴俊培
166	《中国历代民歌史论》	陈书录
167	《大学生村官成长成才机制研究》	马抗美
168	《完善学校突发事件应急管理机制研究》	马怀德
169	《秦简牍整理与研究》	陈　伟
170	《出土简帛与古史再建》	李学勤
171	《民间借贷与非法集资风险防范的法律机制研究》	岳彩申
172	《新时期社会治安防控体系建设研究》	宫志刚
173	《加快发展我国生产服务业研究》	李江帆
174	《基本公共服务均等化研究》	张贤明
175	《职业教育质量评价体系研究》	周志刚
176	《中国大学校长管理专业化研究》	宣　勇
177	《"两型社会"建设标准及指标体系研究》	陈晓红
178	《中国与中亚地区国家关系研究》	潘志平
179	《保障我国海上通道安全研究》	吕　靖
180	《世界主要国家安全体制机制研究》	刘胜湘
181	《中国流动人口的城市逐梦》	杨菊华
182	《建设人口均衡型社会研究》	刘渝琳
183	《农产品流通体系建设的机制创新与政策体系研究》	夏春玉

序号	书　名	首席专家
184	《区域经济一体化中府际合作的法律问题研究》	石佑启
185	《城乡劳动力平等就业研究》	姚先国
186	《20世纪朱子学研究精华集成——从学术思想史的视角》	乐爱国
187	《拔尖创新人才成长规律与培养模式研究》	林崇德
188	《生态文明制度建设研究》	陈晓红
189	《我国城镇住房保障体系及运行机制研究》	虞晓芬
190	《中国战略性新兴产业国际化战略研究》	汪　涛
191	《证据科学论纲》	张保生
192	《要素成本上升背景下我国外贸中长期发展趋势研究》	黄建忠
193	《中国历代长城研究》	段清波
194	《当代技术哲学的发展趋势研究》	吴国林
195	《20世纪中国社会思潮研究》	高瑞泉
196	《中国社会保障制度整合与体系完善重大问题研究》	丁建定
197	《民族地区特殊类型贫困与反贫困研究》	李俊杰
198	《扩大消费需求的长效机制研究》	臧旭恒
199	《我国土地出让制度改革及收益共享机制研究》	石晓平
200	《高等学校分类体系及其设置标准研究》	史秋衡
201	《全面加强学校德育体系建设研究》	杜时忠
202	《生态环境公益诉讼机制研究》	颜运秋
203	《科学研究与高等教育深度融合的知识创新体系建设研究》	杜德斌
204	《女性高层次人才成长规律与发展对策研究》	罗瑾琏
205	《岳麓秦简与秦代法律制度研究》	陈松长
206	《民办教育分类管理政策实施跟踪与评估研究》	周海涛
207	《建立城乡统一的建设用地市场研究》	张安录
208	《迈向高质量发展的经济结构转变研究》	郭熙保
209	《中国社会福利理论与制度构建——以适度普惠社会福利制度为例》	彭华民
210	《提高教育系统廉政文化建设实效性和针对性研究》	罗国振
211	《毒品成瘾及其复吸行为——心理学的研究视角》	沈模卫
212	《英语世界的中国文学译介与研究》	曹顺庆
213	《建立公开规范的住房公积金制度研究》	王先柱

序号	书名	首席专家
214	《现代归纳逻辑理论及其应用研究》	何向东
215	《时代变迁、技术扩散与教育变革：信息化教育的理论与实践探索》	杨 浩
216	《城镇化进程中新生代农民工职业教育与社会融合问题研究》	褚宏启 薛二勇
217	《我国先进制造业发展战略研究》	唐晓华
218	《融合与修正：跨文化交流的逻辑与认知研究》	鞠实儿
219	《中国新生代农民工收入状况与消费行为研究》	金晓彤
220	《高校少数民族应用型人才培养模式综合改革研究》	张学敏
221	《中国的立法体制研究》	陈 俊
222	《教师社会经济地位问题：现实与选择》	劳凯声
223	《中国现代职业教育质量保障体系研究》	赵志群
224	《欧洲农村城镇化进程及其借鉴意义》	刘景华
225	《国际金融危机后全球需求结构变化及其对中国的影响》	陈万灵
226	《创新法治人才培养机制》	杜承铭
227	《法治中国建设背景下警察权研究》	余凌云
228	《高校财务管理创新与财务风险防范机制研究》	徐明稚
229	《义务教育学校布局问题研究》	雷万鹏
230	《高校党员领导干部清正、党政领导班子清廉的长效机制研究》	汪 曦
231	《二十国集团与全球经济治理研究》	黄茂兴
232	《高校内部权力运行制约与监督体系研究》	张德祥
233	《职业教育办学模式改革研究》	石伟平
234	《职业教育现代学徒制理论研究与实践探索》	徐国庆
235	《全球化背景下国际秩序重构与中国国家安全战略研究》	张汉林
236	《进一步扩大服务业开放的模式和路径研究》	申明浩
237	《自然资源管理体制研究》	宋马林
238	《高考改革试点方案跟踪与评估研究》	钟秉林
239	《全面提高党的建设科学化水平》	齐卫平
240	《"绿色化"的重大意义及实现途径研究》	张俊飚
241	《利率市场化背景下的金融风险研究》	田利辉
242	《经济全球化背景下中国反垄断战略研究》	王先林

序号	书名	首席专家
243	《中华文化的跨文化阐释与对外传播研究》	李庆本
244	《世界一流大学和一流学科评价体系与推进战略》	王战军
245	《新常态下中国经济运行机制的变革与中国宏观调控模式重构研究》	袁晓玲
246	《推进21世纪海上丝绸之路建设研究》	梁 颖
247	《现代大学治理结构中的纪律建设、德治礼序和权力配置协调机制研究》	周作宇
248	《渐进式延迟退休政策的社会经济效应研究》	席 恒
249	《经济发展新常态下我国货币政策体系建设研究》	潘 敏
250	《推动智库建设健康发展研究》	李 刚
251	《农业转移人口市民化转型：理论与中国经验》	潘泽泉
……		